39.95

BRUCE

Directeurs de collection :
Arnaud Hofmarcher et François Verdoux

© Peter Ames Carlin, 2012
Titre original : *Bruce*
Éditeur original : Touchstone (Simon & Schuster Inc.)

© Sonatine Éditions, 2013, pour la traduction française
Sonatine Éditions
21 rue Weber
75116 Paris
www.sonatine-editions.fr

Peter Ames Carlin

BRUCE

Traduit de l'américain
par Julie Sibony

Préface d'Antoine de Caunes

SONATINE EDITIONS

Pour Sarah Carlin Ames
« This is not a dark ride »

PRÉFACE

Il m'en aura pourtant fait voir de toutes les couleurs, depuis trente-cinq ans que je l'écoute avec une ferveur intacte.

Mais là, ce soir de juillet 2012, à Londres, sur la pelouse boueuse de Hyde Park, sous cette pluie glaciale et pénétrante qui rend les étés britanniques si enchanteurs, je dois avouer que j'eus, encore une fois (et encore une fois grâce à lui), le sentiment de vivre une épiphanie.

Après trois heures tendues d'un concert *roller coaster*, quand il invita Paul McCartney à le rejoindre sur scène, la clameur des quatre-vingt mille spectateurs présents fut telle que j'éprouvai le vague sentiment – légèrement anxiogène – de m'être égaré au milieu d'un troupeau d'éléphants à la libido déréglée.

London calling.

Il faut reconnaître que, pour les amateurs de symboles, il y avait là matière à festin.

Parce qu'après avoir expédié un joyeux et bordélique « I Saw Her Standing There », ils enchaînèrent sans transition et sans sommation sur « Twist and Shout ».

Soit, outre ses vertus jubilatoires, la chanson qui, en cette nuit d'été pluvieuse, réussissait idéalement à refermer la boucle magique : celle qui part du rock des origines (subversif, émancipatoire, dansant au bord du volcan) pour aboutir à sa célébration par deux de ses plus prolifiques créateurs, continuant inlassablement à danser, étant eux-mêmes devenus le volcan.

Mais aussi parce que « Twist and Shout » fut la première chanson que Bruce junior apprit à jouer sur une guitare et qu'elle s'est transformée, au fil du temps, en un hymne qui, au terme des concerts épiques de Bruce senior, annonce la fin des hostilités. Que c'est grâce aux Beatles que ma génération l'entendit pour la première fois, nous incitant à tendre nos antennes vers l'Amérique et ses miraculeux pionniers binaires.

Enfin parce qu'il s'agit d'une de ces chansons si lumineusement évidentes que sa seule écoute suffit à faire battre un peu mieux le cœur le plus désenchanté.

Ce soir-là, pourtant, tout le monde ne l'entendit pas de cette oreille.

Au prétexte que l'heure du couvre-feu était largement dépassée, un fonctionnaire zélé prit la liberté de couper brutalement le son sur les dernières notes du morceau, laissant Bruce et Paul *twister*, mais les empêchant de *shouter*.

Il s'ensuivit un scandale à l'anglaise (soit une nouvelle clameur, de déception cette fois-ci), les vives protestations de Steve Van Zandt : « Les flics anglais sont sans doute les derniers individus de cette planète à ne pas vouloir entendre un peu plus de Bruce Springsteen et Paul McCartney. Un samedi soir ! » Et même un commentaire agacé du pittoresque maire de Londres, Boris Johnson : « Si on m'avait appelé, je les aurais laissés jammer, nom de Dieu ! »

Tout le monde survécut à l'incident. Paul le premier, habitué à être interrompu lorsqu'il joue en plein air (on se souvient de l'irruption policière en 1969 sur le toit de l'Apple Building mettant fin au tout dernier et impromptu concert des Beatles). Bruce et le groupe ensuite qui tournèrent l'incident en dérision deux jours plus tard en Irlande, et enfin le public qui, une fois n'est pas coutume, repartait frustré d'un de ces concerts marathons, partie intégrante de la légende springsteenienne.

L'anecdote vaut ce que valent les anecdotes. Elle a pour principal intérêt de commencer là où s'achève le splendide travail de Peter Ames Carlin, en plein cœur de la tournée *Wrecking Ball*. D'être l'ouverture possible d'un nouveau chapitre d'une saga dont on sait désormais qu'elle ne cessera que faute de combattants. Et encore faudra-t-il attendre la disparition du dernier d'entre eux pour en être tout à fait certain. (Souvenons-nous de cette annonce solennelle faite par Bruce le jour des funérailles de Clarence Clemons : « Clarence ne quitte pas le E Street en mourant. Il le quittera le jour où *nous* mourrons. »)

Pour l'heure, au moment où j'écris ces lignes, Bruce et la dernière mouture en date du E Street Band continuent à embraser les salles de concert et autres stades de la planète, sans qu'on puisse discerner la moindre intention de calmer le jeu. Le public (que ce soit sa première ou sa trentième expérience) en ressort toujours aussi galvanisé, abasourdi par une performance dont on n'a jamais vu l'équivalent, Bruce restant, sans conteste le plus grand performeur blanc, disons depuis Elvis, à avoir mis les pieds sur une scène.

S'il y a dans cette inoxydable longévité un mystère auquel, finalement, seul Bruce a, sans doute, la réponse, nombreux sont ceux qui ont tenté de le percer.

On trouvera bien sûr des pistes dans les interviews au long cours données au fil du temps, dans les commentaires de Bruce lui-même sur son travail (l'indispensable ouvrage *Songs*) ou dans ses interventions publiques, comme par exemple cette conférence informelle au festival South by Southwest d'Austin, en mars 2012, citée par P. A. Carlin, où il dispensait quelques précieux conseils du type rilkien : « Ne vous prenez pas trop au sérieux. Prenez-vous autant au sérieux que la mort elle-même. Ne vous faites pas de souci. Faites-vous du souci à en crever. Ayez une confiance en vous inébranlable, mais doutez. Ça permet de rester éveillé et vigilant. Prenez-vous pour le mec le plus cool du monde... et le plus nul. Ça permet de rester honnête. Soyez capable de maintenir à tout moment au fond de votre cœur et dans un coin de votre tête deux idéaux totalement contradictoires. Si ça ne vous rend pas fou, ça vous rendra plus fort. [...] Et quand vous monterez sur scène ce soir pour faire du bruit, faites comme si c'était tout ce qu'on avait... mais n'oubliez pas que c'est seulement du rock'n'roll. »

Côté édition, la somme des livres sur Bruce, textes ou photos, commence à occuper deux, trois mètres linéaires de bibliothèque. Non pas que tous soient indispensables, même si tous ont leurs mérites. Pour ma part, jusqu'à l'ouvrage que vous tenez entre les mains, je plaçais en tête de liste ceux de Dave Marsh, fine lame du journalisme, confident de la première heure et membre de la garde rapprochée. Le seul défaut des deux livres de Marsh étant de laisser filer l'histoire après 2003, année de leur dernière remise à jour.

Le *Bruce* de Carlin, écrit avec l'assentiment et la coopération de l'intéressé, des musiciens, de sa famille (y compris des ex-épouse et petites amies), s'approche au plus près du mystère sus-cité. C'est le récit d'un homme qui – à l'instar de nous tous qui nous intéressons à lui (à commencer par Jon Landau, son manager, et son célèbre « J'ai vu l'avenir du rock et il s'appelle Bruce Springsteen ») – eut un jour le sentiment d'une révélation, et qui depuis a fait de la musique de Bruce la bande-son de son existence. Enfin, disons une des pistes majeures de cette bande-son.

Ce travail-là, fouillé, méticuleux, introspectif comme savent si bien le faire les biographes anglo-saxons (quand ils ne nous noient pas sous des avalanches de détails superflus comme la marque des sous-vêtements de l'arrière-grand-mère maternelle) possède en outre un avantage décisif: sa distance critique.

Certes, Bruce y est célébré de la première à la dernière page, et chaque page tournée donne envie de réécouter encore et encore l'intégrale, mais jamais Carlin ne verse dans l'hagiographie béate. Ce n'est pas facile d'être un saint (*in the city*), encore plus quand le manque s'en fait si cruellement sentir, mais notre héros, dont la flamboyance éclaire si bien nos petites vies, a aussi (et on s'en réjouit) ses zones d'ombre comme on dit aujourd'hui, et Carlin, du mieux qu'il peut, tente de les éclairer à son tour (c'est le destin d'une zone d'ombre), au lieu de les enfouir sous le tapis.

Et puisque Bruce s'est mis à table – comme on le soulignait plus haut –, on peut considérer que non seulement le couvert est mis, mais le découvert aussi. Nous parlons ici d'un artiste qui vit à la fois dans la relecture et la réécriture permanentes de son travail passé, qu'il conjugue et entremêle d'une manière extrêmement troublante avec son travail présent. C'est-à-dire avec un goût du questionnement et de l'introspection suffisamment articulé pour lui permettre d'échapper au double écueil de la vanité et du narcissisme, pathologies si fréquentes chez ceux que brûlent les feux de la rampe.

Bref, on referme le livre, aussi *hardcore* fan soit-on, avec la satisfaction d'avoir approché d'un peu plus près l'animal, de mieux comprendre ses conflits intérieurs, ses doutes et ses contradictions. Et ayant obtenu confirmation qu'il s'agit bien là d'un homme suffisamment lucide pour survivre à sa propre légende.

J'en témoigne ici pour avoir eu le privilège de l'approcher *on* ou *off* depuis de nombreuses années : Springsteen fait partie de ces individus qui vous donnent l'impression que vous vous tenez plus droit, une fois que vous avez croisé leur route, tant leur intégrité artistique, morale et intellectuelle fait tache. Qui vous redonnent goût à la lutte, à la résistance et vous encouragent à travailler, encore travailler, sans relâche, pour affiner le trait. Qui font renaître en vous ces rêves de grandeur et de dignité que les coups de boutoir du quotidien finissent parfois par réduire en miettes.

En attendant le jour éventuel (et paradoxalement pas si improbable que ça) où cette chance vous sera offerte aussi (la relation qu'entretient Bruce avec son public est au cœur de ses préoccupations), *Bruce*, le livre, est un compromis acceptable. Quelques centaines de pages pleines de vie et de fureur, en compagnie rapprochée d'un artiste majeur et d'un homme littéralement miraculeux.

Antoine de Caunes

PROLOGUE
Le roi des bonbecs

L a toute première fois que quelqu'un a appelé Bruce Springsteen le « Boss », c'était au début de l'année 1971, dans la salle à manger glacée d'un rez-de-chaussée du centre-ville d'Asbury Park. Cet ancien salon de beauté converti en appartement était alors occupé par Steven Van Zandt, Albee Tellone et John Lyon, trois musiciens d'une vingtaine d'années pourtant déjà vétérans de la scène rock du Jersey Shore[1] dont leur maison était devenue le QG. Quand ils faisaient portes ouvertes pour leurs séances hebdomadaires de Monopoly, l'endroit se remplissait vite. Garry était un habitué, tout comme Big Bad Bobby, Danny, Davey et une douzaine d'autres.

Bruce était particulièrement doué pour la version dévoyée du jeu qu'ils pratiquaient, dans laquelle les règles officielles ne comptaient quasiment pas. Toute l'action se déroulait en fait entre les tours, quand les joueurs pouvaient conclure des alliances, négocier des ententes, distribuer des pots-de-vin, recourir à la ruse, à la coercition et à ce qu'un observateur extérieur aurait sans doute qualifié de triche. C'était justement là que Bruce excellait, à la fois grâce à ses talents sournois de persuasion et aux arguments que lui fournissaient les stocks de barres chocolatées, de petits gâteaux secs et autres sodas sucrés

---

1. Le terme Jersey Shore – ou plus familièrement le Shore – désigne les trois cent cinquante kilomètres de littoral du New Jersey, sur la côte Est des États-Unis, un ensemble d'une quarantaine de petites villes balnéaires connues pour leurs plages, leurs promenades en bois le long de la mer et leurs parcs d'attractions. *(N.d.T.)*

qu'il apportait toujours avec lui. Incroyable ce qu'un jeune homme à qui on propose deux biscuits industriels à la crème au goût délicieusement chimique est prêt à accepter quand il est deux heures du matin et qu'il meurt de faim.

C'est ainsi que Bruce gagna suffisamment de parties de Monopoly pour inspirer aux autres le surnom de « Roi des bonbecs ». Ce qui dura seulement jusqu'à ce que Bruce lui-même, qui avait aussi le don d'inventer des surnoms, s'en trouve un nouveau : le Boss.

Et ça lui est resté. « Je me souviens que les gens le surnommaient comme ça, mais sans vraiment le prendre au sérieux, se remémore son compagnon de route Steve Van Zandt. Jusqu'à ce que moi aussi je me mette à l'appeler le Boss. Là, ils l'ont pris au sérieux, parce que j'étais moi-même un boss. Alors, quand j'ai commencé à l'appeler comme ça, ils se sont dit : "Si Stevie le fait, c'est qu'il doit y avoir une raison !" »

En entendant ça aujourd'hui, Bruce glousse d'un rire joyeux. « Je vous laisse votre version », commente-t-il simplement.

Pendant trois ans, le surnom semi-clandestin de Bruce ne sortit pas du petit cercle de son groupe et de leurs amis. Qui, tous, savaient à quel point il prenait ce genre de chose au sérieux. Parce qu'un des privilèges d'être le boss, c'est de pouvoir contrôler qui a le droit ou pas de vous appeler comme ça. Assurément, le groupe et les roadies. Ainsi que certains amis, mais uniquement ceux affublés eux-mêmes d'un surnom choisi par Bruce : Southside, Miami, Albany Al, etc. Ce qui rendit d'autant plus scandaleux le moment où le « Boss » fut livré en pâture sur la place publique.

C'était en 1974, quand les concerts commençaient à se remplir et les disques à se vendre. La mythologie des débuts de Bruce sur le Jersey Shore enfla jusqu'à devenir une intrigue médiatique et, lorsqu'un journaliste entendit au détour d'une conversation un membre du groupe lâcher un « Hé, Boss ! » négligent, c'en fut terminé du secret. À l'époque du succès de *Born to Run* en 1975, le surnom de « Boss » allait devenir complètement autre chose. Un titre honorifique. Un sacre de champion. Un nouveau fragment de Bruce sacrifié sur l'autel de sa propre ambition.

Bruce ne s'en plaignit pas publiquement mais fit clairement connaître ses sentiments dès le milieu des années 1970 en corrigeant les paroles de sa chanson la plus populaire, « Rosalita » : « Tu n'es pas obligée de m'appeler lieutenant, Rosie / Mais ne m'appelle jamais Boss ! » (« *You don't have to call me lieutenant, Rosie / Just don't ever call me Boss !* »)

Parce qu'il y avait des règles. Y compris celle, cruciale, de ne jamais admettre l'existence de règles. Parce qu'on n'est pas censé montrer le Boss en train de pousser les autres à le mettre sur un piédestal. Vu de l'extérieur, il y est, c'est tout, son pouvoir et son autorité aussi inévitables que les mouvements de la marée. Alors ne songez même pas à poser la question, car c'est là que Bruce penche la tête sur le côté en vous regardant avec un air vaguement agacé.

« Des règles ? Non, je n'ai aucune règle stricte à ce sujet. »

Reformulez votre question de manière un peu différente et son expression vaguement agacée se fait plus nette.

« Il n'y avait pas de grand calcul là-dessous, dit-il sur un ton volontairement plat. Simplement, c'était moi qui payais les salaires et donc, littéralement, quand quelqu'un disait "Bon, alors, on fait quoi ?" un autre lui répondait : "Je sais pas, faut demander au boss." Voilà, c'était juste le mot que vous auriez employé dans n'importe quelle situation de travail. »

Donc « boss » est un terme générique ? Sans plus de sens que ça, ni associé à aucune éthique particulière ? Ce qui veut dire que n'importe qui, y compris la personne ici présente, peut l'appeler Boss si ça lui chante ?

L'espace d'un instant, Bruce vous dévisage.

« C'est-à-dire que, si vous m'appeliez comme ça, ce serait parfaitement *ridicule*, dit-il. Et en plus, ce ne serait pas forcément bienvenu. »

Il avale une gorgée de tequila et hausse à nouveau les épaules.

« Mais c'est quand même la première fois que j'entends parler de règles. »

Appelons-le Bruce.

BRUCE

1
L'endroit que j'aimais le plus au monde

L e camion ne devait pas rouler très vite. Pas dans une petite rue résidentielle encore endormie comme McLean Street. S'il venait juste de tourner depuis la route 79 – qui, en traversant la ville de Freehold, New Jersey, prenait le nom de South Street –, il devait rouler d'autant plus lentement qu'aucun poids lourd de sept tonnes ne peut prendre un virage à quatre-vingt-dix degrés à plein régime. Mais ce camion-là était assez haut et large pour remplir quasiment toute la chaussée et faire fuir sur son passage vrombissant les autres voitures, vélos et piétons. À condition qu'ils regardent devant eux.

La fillette de cinq ans sur son tricycle avait la tête ailleurs. Peut-être faisait-elle la course avec une amie jusqu'à la station-service Lewis Oil au coin de la rue. Ou peut-être était-elle simplement en train de jouer dehors, profitant de la douceur printanière en cet après-midi d'avril 1927.

Quoi qu'il en soit, Virginia Springsteen ne vit pas le camion arriver. Quand bien même elle aurait perçu les coups de klaxon paniqués du chauffeur alors qu'elle déboulait sur la chaussée, elle n'aurait pas eu le temps de réagir. Il eut beau écraser la pédale de frein, c'était trop tard. Il entendit – et sentit – un terrible choc. Alertés par les cris des voisins, les parents de la fillette sortirent de chez eux en courant et la trouvèrent inconsciente, mais qui respirait encore. Ils la transportèrent de toute urgence d'abord au cabinet du Dr George G. Reynolds, puis au Long Branch Hospital, à un peu plus d'une demi-heure à l'est de Freehold. C'est là que mourut Virginia Springsteen.

Le deuil commença aussitôt. Famille, amis et voisins affluèrent dans la petite maison de Randolph Street pour apporter leur soutien aux parents. Fred Springsteen, vingt-sept ans, technicien au Freehold Electrical Shop en centre-ville, gardait les mains dans les poches et parlait à voix basse. Mais sa femme Alice, d'un an son aînée, ne pouvait se contrôler. Les cheveux en bataille et les yeux rougis de chagrin, elle restait prostrée, le corps secoué de sanglots. Elle arrivait à peine à regarder le petit frère encore bébé de Virginia, Douglas. Le père du garçon n'était pas non plus d'un très grand secours, étant donné le fardeau de son propre deuil et les besoins accablants de son épouse anéantie. Si bien que, dans les premiers temps après la tragédie, le soin de cet enfant de vingt mois revint presque entièrement aux deux sœurs d'Alice, Anna et Jane. Peu à peu, les autres finirent par reprendre le cours de leur vie. Mais l'approche puis le passage de l'été n'atténuèrent en rien la douleur d'Alice.

Elle ne parvenait à trouver aucun réconfort dans la présence avide de son fils. Au mois d'août, alors qu'il allait fêter ses deux ans, il était devenu si maigre et crasseux qu'il fallut intervenir. Les sœurs d'Alice vinrent chercher ses vêtements, son berceau et ses jouets pour l'emmener vivre dans la famille de sa tante Jane Cashion jusqu'à ce que ses parents soient à nouveau en état de s'en occuper. Deux à trois années s'écoulèrent avant qu'Alice et Fred ne demandent à récupérer leur enfant. Il rentra donc chez lui, mais le fantôme de Virginia continuait à planer dans le regard d'Alice. Quand elle contemplait son fils, elle donnait toujours l'impression de voir autre chose ; l'absence de l'être qu'elle avait le plus aimé au monde et perdu si négligemment.

Bien qu'ayant retrouvé un semblant de structure familiale, le foyer des Springsteen fonctionnait encore selon la notion de la réalité un peu floue de ses occupants. N'étant plus employé par le Freehold Electrical Shop, Fred travaillait à domicile, passant au crible des montagnes d'appareils électroniques abandonnés afin de réparer ou de fabriquer des postes de radio qu'il revendait ensuite dans les campements d'ouvriers agricoles saisonniers aux abords de la ville. Alice, qui n'avait jamais travaillé, se laissait porter au gré de ses courants intérieurs. Si elle n'avait pas envie de se lever le matin, elle restait couchée. Si Doug ne voulait pas aller à l'école, elle ne l'y obligeait pas. Le ménage et l'entretien de la maison n'étaient plus des priorités. La peinture des murs s'écaillait. Dans la cuisine, des morceaux de plâtre se détachaient du plafond. Avec un seul réchaud à pétrole pour toutes les pièces, les hivers étaient sibériens. Le papier peint en lambeaux et les rebords de fenêtres effrités finirent par former le cadre naturel dans lequel se forgerait la vision de la vie et du monde du jeune Douglas, qui avait déjà hérité d'un ADN bien sombre. Où qu'il soit, quoi qu'il fasse, il verrait toujours tout à travers les vitres fêlées du 87 Randolph Street.

En grandissant, Doug Springsteen devint un adolescent timide mais fringant. Inscrit au lycée de Freehold, il adorait le base-ball, surtout en compagnie de son cousin germain et meilleur ami Dave « Dim » Cashion, lanceur et joueur de première base exceptionnel. Cashion était déjà considéré à l'époque comme un des meilleurs éléments que Freehold ait jamais donnés à ce sport. En dehors du terrain, les deux cousins passaient des heures dans le petit club de billard coincé entre les boutiques, les barbiers et les marchands de journaux massés au carrefour principal de Freehold, au croisement de South et Main Streets. Cashion, qui avait sept ans de plus que Doug, se consacra à sa carrière de joueur de base-ball sitôt après avoir terminé le lycée en 1936. Durant les cinq années suivantes, il monta peu à peu en grade, depuis les ligues amateur et semi-professionnelle locales jusqu'aux clubs-écoles de la ligue majeure, où il arriva juste au moment où la Deuxième Guerre mondiale leur fit fermer leurs portes et rediriger leurs recrues vers l'armée.

Élevé par des parents qui ne voyaient la scolarité que comme un long détour hors de la vraie vie, Doug arrêta l'école après son année de troisième en 1941 et trouva un emploi d'ouvrier tout en bas de l'échelle dans la florissante manufacture de tapis Karagheusian de Freehold (son titre officiel était *garçon ourdisseur*). Il conserva ce poste jusqu'en août 1943, date à laquelle son dix-huitième anniversaire le rendit apte pour l'armée. Envoyé en Europe en pleine guerre, Doug y conduisit des camions de matériel. De retour à Freehold après la fin du conflit en 1945, il choisit de se la couler douce et de vivre grâce aux vingt dollars de pension militaire qu'il recevait chaque mois du gouvernement.

Comme le lui avaient bien fait comprendre Alice et Fred, l'ambition scolaire et professionnelle n'était pas une priorité, ne serait-ce qu'en raison de leur total désintérêt pour toute forme de réussite ; sans parler des livres, de la culture ni rien de ce qui sortait de l'ici et maintenant. Alors, si Doug voulait habiter sous leur toit et passer sa vie affalé sur un canapé, ils n'y voyaient aucun inconvénient. Après tout, il était le digne fils de ses parents.

Doug ne fit quasiment aucun pas vers la vie d'adulte jusqu'à ce que sa cousine, Ann Cashion (la petite sœur de Dim), vienne lui proposer de sortir un soir avec elle et son fiancé. Elle avait une amie, une certaine Adele Zerilli, qui lui plairait peut-être. Alors, pourquoi ne pas faire d'une pierre deux coups et prendre un verre à quatre ? Doug haussa les épaules et dit O.K. Quelques jours plus tard, les deux couples étaient attablés dans un bar à discuter poliment tandis que Doug jetait des regards furtifs à la ravissante et bavarde brunette assise en face de lui. « Après ça, je n'ai plus pu m'en débarrasser, raconte aujourd'hui Adele. Il m'a dit qu'il voulait m'épouser, je lui ai fait remarquer qu'il n'avait pas de boulot. Alors il m'a dit : "D'accord, si tu m'épouses, je trouve un boulot." » Et elle secoue la tête en riant. « Mon Dieu, dans quoi je me suis fourrée ce jour-là ! »

Mariés le 22 février 1947, Douglas et Adele Springsteen louèrent un petit appartement dans le quartier de Jerseyville, dans la banlieue est de Freehold, où, comme presque toute

l'Amérique, ils connurent le boom de l'après-guerre. Fidèle
à sa parole, Doug s'était dégoté un boulot sur les chaînes de
montage de l'usine Ford dans la ville voisine d'Edison. Adele
travaillait déjà à plein-temps comme secrétaire d'un avocat
spécialisé dans l'immobilier. Dès le début de l'année 1949,
un bébé était en route et le petit garçon vit le jour à 22 h 50 le
soir du 23 septembre, poussant son premier cri au Long Branch
Hospital (rebaptisé depuis Monmouth Medical Center), là
où la sœur de son père avait rendu son dernier soupir vingt-
deux ans plus tôt. Il avait les yeux marron et les cheveux
châtains, pesait trois kilos pile et fut déclaré en parfaite santé.
Ses parents, alors âgés de vingt-quatre ans, l'appelèrent Bruce
Frederick Springsteen et, bien qu'ils aient leur propre maison,
firent inscrire comme adresse sur le certificat de naissance le
87 Randolph Street, à Freehold.

Quand sa femme et son fils sortirent de l'hôpital une semaine
plus tard, Doug les emmena chez ses parents et posa le petit
Bruce entre les bras de sa mère. Elle contempla en gazouillant
ce premier nourrisson qui pénétrait chez eux depuis la mort
lointaine de Virginia. Lorsque Alice croisa son regard, son visage
fatigué s'éclaira d'un coup. Presque comme si elle y retrouvait la
lueur qui brillait autrefois dans les yeux de sa propre fille. Elle
serra le bébé contre elle et, pour des années à venir, elle n'allait
plus le lâcher.

« Elle a dû t'aimer comme une dingue », Bruce entendit
quelqu'un lui dire récemment. Il laissa échapper un rire sombre.
« Comme une dingue, oui, c'est le terme. »

Durant les premiers mois de son existence dans le petit
appartement de ses parents, Bruce mangeait, dormait, gigotait
et pleurait comme n'importe quel bébé. Le sang qui coulait
dans ses veines était celui d'aïeux dont l'histoire se confondait
avec celle des États-Unis depuis le début du dix-septième siècle,
quand Casper Springsteen et sa femme Geertje avaient quitté la

Hollande pour se construire un avenir dans le Nouveau Monde. Casper ne survécut pas très longtemps[1], mais un fils resté en Hollande tenta à son tour l'aventure en 1652 et ce Joosten Springsteen fut le premier d'une longue lignée de Springsteen américains, y compris une branche qui finit par atterrir sur les terres agricoles du comté de Monmouth, dans le New Jersey, quelque part au milieu du dix-huitième siècle. Quand éclata la guerre d'Indépendance en 1775, John Springsteen délaissa sa ferme pour servir comme simple soldat dans la milice du comté de Monmouth, livrant de nombreuses batailles au cours d'une période de conscription de trois ans qui prit fin en 1779. Alexander Springsteen, également du comté de Monmouth, s'enrôla dans l'armée de l'Union en 1862 et servit dans l'infanterie du New Jersey jusqu'à la fin de la guerre de Sécession en 1865. Pendant tout ce temps-là et jusqu'au début du vingtième siècle, les Springsteen travaillèrent comme ouvriers agricoles puis, avec la poussée de l'industrialisation à Freehold, à l'usine.

Alice Springsteen venait quant à elle d'une famille d'immigrés irlandais de Kildare arrivés aux États-Unis en 1850 et installés dans le comté de Monmouth où ils travaillaient aux champs et dont certains réussirent à grimper d'un ou deux barreaux l'échelle sociale. Christopher Garrity, le patriarche de la lignée, fit venir sa femme et ses enfants en 1853. Peu de temps après, sa fille Ann rencontra un voisin, un ouvrier agricole du nom de John Fitzgibbon, qu'elle épousa en 1856. Deux ans plus tard, il investit les cent vingt-sept dollars cinquante nécessaires pour acheter une maison familiale au 87 Mulberry Street[2], une rue située dans un quartier ouvrier en plein développement juste au sud du centre-ville de Freehold. Ann Garrity marqua leur territoire en plantant une jeune pousse de hêtre qu'elle avait

---

1. Il serait mort pendant la traversée, ou peut-être même avant que le bateau ait quitté la Hollande, selon les archives généalogiques que l'on consulte.
2. Rebaptisée Randolph Street dans les années 1870.

apportée de Kildare. L'arbre s'épanouit, tout comme le mariage d'Ann et John Fitzgibbon, qui eurent deux enfants avant que John parte au combat pendant la guerre de Sécession. Sergent dans l'armée de l'Union, il récolta une ribambelle de médailles pour son courage sur les champs de bataille de Fredericksburg et de Charlottesville en Virginie, puis revint au foyer où il donna naissance à sept autres enfants avant de mourir en 1872. Remariée à un cordonnier nommé Patrick Farrell, Ann mit au monde des jumeaux, dont une fille baptisée Jennie qui eut à son tour une fille, Alice, laquelle finit par épouser un jeune technicien en électronique du nom de Fred Springsteen.

Si seulement tous les membres de sa descendance avaient pu connaître une croissance aussi vigoureuse et solide que le hêtre d'Ann Garrity ! Mais le destin et la génétique voulurent que les deux branches de la lignée de Fred et Alice Springsteen soient marquées par de lourdes histoires d'âmes brisées. Des ivrognes et des ratés, des êtres aux yeux hagards ou qui s'effritaient de l'intérieur jusqu'à disparaître entièrement. C'était les membres de la famille qui vivaient dans des pièces où l'on ne pénétrait jamais. Leurs histoires étaient celles qu'il était interdit de raconter, inspirant ce silence qui empoisonnait le sang de la lignée. Doug sentait déjà le venin s'insinuer en lui. Ce qui expliquait peut-être pourquoi il avait eu un tel coup de foudre pour Adele Zerilli, dont l'esprit indomptable allait le protéger et le nourrir pour le restant de ses jours.

Benjamine des trois filles d'Anthony et Adelina, deux immigrants italiens arrivés (séparément) adolescents à Ellis Island au tout début du vingtième siècle, Adele passa son enfance dans le quartier de Bay Ridge, à la pointe sud de Brooklyn. Anthony, qui avait appris l'anglais en deux temps trois mouvements et rapidement obtenu la nationalité américaine ainsi qu'un diplôme de droit, avait fait l'acquisition d'une luxueuse demeure familiale. Recruté par le cabinet d'avocats de son oncle spécialisé dans l'immobilier et les investissements, son panache grandit au même rythme que l'explosion des affaires dans les années 1920. Petit mais large d'épaules, détenteur d'une grosse voix, d'une garde-robe élégante et du charisme en conséquence, le prospère avocat se mouvait dans le monde tel un front climatique, altérant la pression barométrique de n'importe quelle pièce dans laquelle il entrait. Adelina, quant à elle, s'obstinait à mener la vie d'une Italienne d'antan, portant des robes traditionnelles, s'entourant de souvenirs de l'Ancien Monde et refusant de prononcer plus de quelques mots en anglais, même lorsque ses filles grandirent et devinrent de vraies Américaines modernes.

Quand survint la Grande Dépression en 1929, Anthony aurait bien voulu pouvoir remonter dans le temps, lui aussi. Contraint de faire déménager sa famille dans un appartement, il puisa dans les liquidités des quelques clients qui lui restaient de quoi réussir à maintenir ses investissements à flot. Et puis il puisa davantage. Et puis il puisa trop. Parallèlement, il s'accordait aussi d'autres indulgences, y compris une liaison avec une secrétaire qui finit par lui réclamer son cœur. Le mariage d'Anthony succomba le premier, après quoi les agents fédéraux vinrent toquer à sa porte. « Je crois que le terme était *détournement de fonds* », raconte Adele.

Puis le terme fut *coupable* et enfin *condamné*. Alors qu'il s'apprêtait à passer plusieurs années en prison, il acheta pour pas grand-chose une vieille ferme et vingt-cinq hectares de terrain en bordure de Freehold et la fit aménager afin que sa famille puisse vivre aussi confortablement – et chichement – que possible pendant qu'il purgerait sa peine dans les entrailles sinistres de Sing Sing. Sauf qu'entre-temps l'échec de son mariage et la brusque débâcle financière d'Adelina avait si profondément abattu la catholique pratiquante qu'elle était qu'elle décida de laisser ses filles se reconstruire un foyer tandis qu'elle trouverait refuge auprès de sa famille. Chargée de subvenir aux besoins de ses cadettes et tout juste bachelière, Dora se trouva un boulot de serveuse et tint la bride haute à ses sœurs. Les visites hebdomadaires d'une tante qui leur apportait toujours une valise pleine de spaghettis et de boîtes de thon les aidaient à joindre les deux bouts. Les trois filles pouvaient aussi compter sur le soutien d'un homme que leur père leur avait présenté sous le nom de George Washington, un Afro-Américain qu'il avait embauché comme journalier pour leur servir de chauffeur et d'homme à tout faire. Et, bien qu'il ne s'appelât pas réellement George Washington (c'était apparemment une invention d'Anthony) et qu'il eût déjà une bonne trentaine d'années, il devint une présence masculine régulière dans cette maison. « Tout ce que nous savions de lui, raconte Adele, c'est qu'il dansait très bien. » Selon la cadette, Eda, les choses commençaient à s'animer vers dix-neuf heures, quand la radio diffusait l'émission quotidienne *Your Hit Parade*. C'est là qu'elles montaient le son, qu'elles roulaient le tapis du salon et qu'elles faisaient claquer leurs talons. « Voilà comment on a appris à danser, poursuit-elle. Ça paraît fou, je sais, mais c'est comme ça que ça s'est passé. » L'image fait encore rire le fils d'Adele aujourd'hui. « Elles faisaient la tournée des bals, il y avait des soldats en permission et elles dansaient, dansaient, dansaient, dit Bruce. Elles avaient un succès fou. »

Dora et Eda avaient pris parti pour leur mère lors du divorce, alors qu'Adele était officiellement neutre, mais avait suffisamment d'empathie envers son père pour avoir accepté, à sa demande, d'accompagner sa nouvelle fiancée dans ses déplacements à la prison de Sing Sing, dans l'État de New York, afin qu'elle ait le droit de profiter des heures de visite réservées aux familles. Lorsque Dora eut vent de ces escapades, elle déposa une requête auprès du tribunal du comté de Monmouth pour les faire cesser. Et quand Anthony réussit malgré tout à convaincre Adele d'escorter sa secrétaire chérie une nouvelle fois jusqu'à lui, Dora s'arrangea pour faire placer sa sœur en liberté surveillée. « C'était idiot, j'étais gamine ! » s'offusque Adele. Elle avait dû en être terriblement peinée, non ? « Pas du tout. C'est

juste que je ne pouvais plus continuer à y aller, voilà tout. »
Mais, quand sa fille Ginny la contredit – « Elle ne s'en est jamais
remise » –, Adele le reconnaît aussitôt : « J'ai encore la lettre ! »

Quoi qu'il en soit, les trois filles Zerilli ne cessèrent jamais de
danser. Et même quand elles devinrent adultes, qu'elles eurent
un travail, une carrière, un mari, qu'elles durent faire face à des
épreuves et même à la tragédie, le son de la musique leur remontait toujours le moral, les faisait toujours se lever, rouler le tapis
et les transportait ailleurs. « Encore aujourd'hui, raconte Bruce,
vous mettez ces trois filles ensemble et elles dansent. Ça tenait
une grande place dans leur vie. Et c'est toujours le cas. »

Adele tomba de nouveau enceinte alors que Bruce avait
cinq mois et, quand le deuxième enfant des Springsteen – une
petite fille qu'ils appelèrent Virginia en hommage à la sœur
disparue de Doug – arriva au début de l'année 1951, il ne leur
fallut guère longtemps pour se rendre compte que leur appartement était devenu trop petit pour contenir la famille agrandie.
N'ayant pas les moyens de louer quelque chose de plus grand, ils
n'eurent d'autre choix que de se replier au 87 Randolph Street et
d'essayer de se faire une place au milieu des pièces détachées de
radio, des meubles branlants et des courants d'air du salon. Et
puis il y avait Alice, tellement heureuse d'avoir sous son toit son
petit Bruce adoré qu'elle pouvait à peine contenir son excitation.
Virginia, au contraire, ne l'intéressait pas le moins du monde.
« C'étaient des gens malades, concède Adele, mais j'étais si
jeune, qu'est-ce que j'en savais à l'époque ? Je croyais bien faire
en l'appelant Virginia, en fait c'était une erreur. » De toute
façon, Alice et Fred avaient déjà choisi leur chouchou. « Quoi
qu'il fasse, Bruce trouvait toujours grâce à leurs yeux. »

Du jour où ils emménagèrent, Alice s'occupa de son petit-fils
comme d'un roi. Elle lavait et pliait ses vêtements, puis dispo-
sait chaque matin sa tenue du jour sur son lit fraîchement refait.
Quand ni Adele ni Doug n'étaient là de la journée, Alice et Fred

s'assuraient tous les deux que le bambin soit bien nourri, bien au chaud, ait toujours de quoi s'amuser et ne s'éloigne jamais trop d'eux. Ginny, quant à elle, pouvait s'estimer heureuse quand elle avait droit à un coup d'œil. Vite contrariée par le manque d'intérêt de ses grands-parents, Ginny réclama à l'âge de deux ans qu'on la confie à d'autres adultes pendant la journée. Adele : « Elle n'avait pas envie de rester avec eux et elle s'est arrangée pour faire autrement. »

« Tout ça était complètement imbriqué avec le rôle que j'étais censé jouer, explique Bruce. Remplacer l'enfant disparu. Ce qui en faisait une forme d'affection très complexe, qui ne me revenait pas entièrement. Nous [Ginny et Bruce] étions très symboliques, ce qui constitue un poids énorme sur les épaules d'un jeune enfant. Et ça a fini par devenir un problème pour tout le monde. » Consumé par l'attention dévorante de ses grands-parents, Bruce les considérait eux, et non pas ses parents, comme ses principaux référents. « C'était très incestueux sur le plan émotionnel et les rôles se sont beaucoup mélangés. À qui vous deviez obéir, quelles responsabilités vous aviez, tout était très confus pour un gamin. Sans parler des conflits de loyauté envers les uns et les autres. On avait passé le point de non-retour. »

Bruce se souvient de la maison de ses grands-parents comme d'un endroit étrange, austère, les murs fissurés s'ajoutant à une atmosphère déjà chargée de deuil, de souvenirs et de regrets. « L'enfant morte prenait beaucoup de place, dit-il. Il y avait son portrait au mur, toujours bien en vue. » Fred et Alice embarquaient toute la famille au cimetière Saint Rose of Lima chaque semaine pour toucher sa pierre tombale et ramasser les mauvaises herbes et les bouts de verre autour. « Ce cimetière, raconte Ginny, était notre terrain de jeux. On y passait notre vie. » La mort était une présence ordinaire, surtout avec autant de membres de la famille âgés dans le quartier. « On allait à pas mal de veillées mortuaires, se rappelle Bruce. Vous finissez par vous habituer à voir des cadavres à tout bout de champ. »

La mort était une chose. Mais pour Alice, qui pratiquait un catholicisme à l'ancienne pétri de superstitions et autres terreurs, la damnation éternelle était plus difficile à affronter. Mamie Alice voyait la présence de Satan dans les éclairs et le tonnerre, si bien que le moindre orage la plongeait dans un état de panique. En une seconde, elle prenait les enfants sous le bras et fonçait chez sa sœur Jane, un peu plus loin dans la rue, qui conservait des flacons d'eau bénite afin de protéger sa famille contre de telles menaces. « Tout le monde se blottissait les uns contre les autres, raconte Bruce. Ça frôlait l'hystérie. »

Quand Fred perdit l'usage de son bras gauche après une grave attaque à la fin des années 1950, Bruce se mit à l'accompagner dans ses déambulations à la recherche de vieilles radios et de pièces détachées d'électronique dans les poubelles du quartier. Le temps passé ensemble renforça les liens entre le grand-père et son petit-fils, et enlisa le jeune garçon encore plus profondément dans les rythmes excentriques du foyer familial. Si le travail de secrétaire d'Adele la maintenait dans un emploi du temps normal, tous les autres – y compris Doug, qui surfait déjà sur les courants de l'emploi intérimaire et les longues périodes de désœuvrement – avaient complètement renoncé aux montres. « Il n'y avait pas de règles, dit Bruce. J'avais une vie comme je crois qu'aucun autre enfant n'avait, sincèrement. » À quatre ans, il avait pris l'habitude de veiller jusque tard dans la nuit. Il se relevait de son lit, retournait au salon sur la pointe des pieds, feuilletait ses livres d'images, s'amusait avec ses jouets, allumait la télévision. « À trois heures et demie du matin, toute la maison dormait et moi je regardais la fin des programmes, jusqu'à l'hymne national, puis la mire. Et je vous parle de ça *avant* l'école primaire. » Bien des années plus tard, quand Bruce termina le lycée et adopta un rythme de musicien noctambule, il eut une révélation : « J'étais simplement revenu à la vie que j'avais à cinq ans. Comme si je m'étais dit : "Hé, mais tous ces trucs d'école, c'était juste une erreur !" » C'était un retour au mode de vie que j'avais connu tout gamin, complètement inversé, mais c'était comme ça. »

Quand Adele lui lisait une histoire le soir, Bruce lui réclamait systématiquement un livre d'images intitulé *Bill, le brave cow-boy*. Écrit par Kathryn et Byron Jackson, illustré par Richard Scarry (dans un style qui n'a rien à voir avec sa série des « Grands livres de... ») et publié en 1950, *Bill, le brave cow-boy* devint chez Bruce une telle obsession qu'Adele pouvait encore le réciter par cœur le jour de son quatre-vingtième anniversaire en 2005. Le personnage central, Bill, qui semble avoir autour de six ans, arpente tranquillement le Far West où il arrête des voleurs de bétail, tue des cerfs et des élans pour son dîner, se lie d'amitié avec des Indiens (bien que sous la menace d'un revolver : « Nous allons être amis, leur dit-il fermement... »), vient à bout d'un ours, remporte toutes les épreuves d'un rodéo, puis passe la nuit entière à veiller près d'un feu de camp en chantant des chansons avant de rentrer chez lui en rêvant du grand Ouest, où « personne ne tenait *jamais* tête à l'audacieux cow-boy Bill ». Ce qui donne une idée assez fascinante des fantasmes d'un garçon élevé dans une famille aussi détraquée[3].

Lorsque Bruce fut assez grand pour jouer dehors avec les autres enfants du quartier, ses visites dans leurs maisons bien entretenues le perturbaient. Il se rendait soudain compte que les murs des chambres de ses amis étaient fraîchement repeints, que leurs fenêtres ne laissaient pas passer les courants d'air et que le plafond de la cuisine ne leur tombait pas sur la tête. Tous les adultes paraissaient fiables : des boulots fixes, des salaires réguliers et pas trace d'hystérie latente. « J'adorais

---

3. D'autant plus quand on recense le nombre de chansons qu'il allait écrire sur des héros parcourant l'Ouest américain déterminés à reprendre le contrôle de leur vie et à en trouver le sens par la même occasion. Lorsqu'on lui demande de réfléchir aux liens entre cette obsession enfantine et la ligne créative de toute sa carrière, il éclate de rire. « Voilà, c'est mon *Rosebud* ! Vous avez trouvé la clé ! » Il n'a pas du tout l'air sérieux.

mes grands-parents, mais ils étaient complètement à côté de la plaque, dit-il. Il y avait un élément de culpabilité et de honte, et ensuite je m'en voulais d'être gêné. »

À l'automne 1956, comme Bruce était en âge d'être scolarisé, Adele l'inscrivit en CP à l'école catholique de Saint Rose of Lima. Si tant est que Doug ait eu une opinion, il la garda pour lui. Mais Fred et surtout Alice avaient d'autres projets pour leur petit-fils. Bruce, décrétèrent-ils, n'était pas du tout obligé d'aller à l'école s'il n'en avait pas envie. Fred n'y avait pas traîné longtemps, Doug non plus. Alors pourquoi faire tout ce cirque pour recevoir une éducation dont Bruce n'aurait pas besoin ? Adele, dont le père avait tenu à ce que toutes ses filles aillent au moins jusqu'au bac, ne voulait pas en démordre. « Il fallait qu'il aille à l'école, raconte-t-elle. Mais [Fred et Alice] s'y opposaient. » Se sentant déjà mise à l'écart dans la vie de son propre fils et plus que lassée de jouer l'épouse modèle dans un environnement aussi tordu, Adele tapa du poing sur la table. « J'ai dit à mon mari : "Il faut qu'on parte d'ici." » Doug n'était peut-être pas d'accord, mais il ne gagna pas. Apprenant qu'un couple de cousins s'apprêtait à quitter la maison qu'ils louaient au 39 ½ Institute Street, à trois rues de chez Alice et Fred, ils en reprirent le bail et emménagèrent presque aussitôt.

C'était la seule façon pour sa mère, explique Bruce à présent, de donner à sa famille quelque chose qui ressemblait à une vie normale. Mais, sur le moment, il mit du temps à le comprendre. Sur l'enfant de six ans qu'il était alors, ce changement brutal eut un effet dévastateur. « C'était terrible pour moi à l'époque, parce que mes grands-parents étaient devenus *de facto* mes parents. Alors c'était comme si on m'arrachait à ma famille. » Son angoisse était un peu apaisée par le fait qu'il allait encore tous les jours chez ses grands-parents en sortant de l'école. Et puis cette maison jumelle sur Institute Street marquait un progrès considérable dans le confort de vie de la famille. « On avait le chauffage ! » s'exclame Bruce, qui partageait la plus grande des deux chambres avec Ginny. Doug et Adele se contentaient d'une pièce minuscule qui tenait plus du cagibi que d'une vraie chambre. Pire, la maison n'avait pas de chauffe-eau, ce qui faisait de la vaisselle, et surtout des bains dans la salle d'eau de l'étage, des opérations compliquées. De fait, comme Bruce s'en souvient, le bain n'était pas une de ses habitudes régulières.

Déjà secoué par les bouleversements ayant affecté son foyer et sa structure parentale, Bruce entra à l'école dans un état d'esprit particulièrement vulnérable et contrarié. Les règles strictes des religieuses et les exigences de travail créèrent d'abord chez lui de la confusion, puis de la colère. « Quand vous avez grandi dans une maison où personne ne part ni ne rentre du boulot, l'heure n'a jamais aucune importance, dit-il. Alors, quand tout à coup on vous demande de faire quelque chose et que vous avez vingt minutes pour le faire, ça vous rend dingue. Parce que vous ne savez pas ce que c'est que vingt minutes. » Tout comme il ne savait pas comment se tenir en classe, absorber les leçons des bonnes sœurs, ni voir leur visage pincé et les règles qu'elles agitaient en l'air autrement que comme l'incarnation terrestre d'un Dieu rageur.

Le petit Bruce faisait son possible pour se fondre dans le moule. Il enfilait son uniforme le matin, puis se rendait fièrement à l'école, agrippé à la main de sa mère. « Il arrivait en classe la tête haute, raconte Adele, et je me disais : "Parfait." » Mais que se passait-il ensuite le reste de la journée ? Pour en avoir le cœur net, Adele s'échappa un jour du travail et se planta en face de la cour pour observer son fils pendant une récréation. « Il était là, tout seul contre la palissade, sans jouer avec personne. C'était tellement triste. » Pour Bruce, la tendance à l'isolement social était aussi spontanée que son désir secret d'être au centre de tout.

« La camaraderie est un instinct humain naturel, mais moi je ne me liais pas facilement, dit-il. J'étais un solitaire, je m'étais habitué à rester dans mon coin. » Peu importait où il se trouvait physiquement, son esprit était toujours en train de vagabonder ailleurs. « J'avais une vie intérieure très riche. J'étais toujours attiré par d'autres choses, différentes de ce qui était censé être le sujet en cours. Par exemple, la façon dont la lumière frappait le mur. Ou la sensation des cailloux sous vos pieds. Quelqu'un pouvait parler d'un truc normal, mais moi j'étais focalisé là-dessus. »

Bruce avait son petit cercle d'amis, essentiellement les gamins avec qui il avait joué au ballon et aux voitures dans les jardins autour de Randolph Street. Parmi eux, son meilleur copain était Bobby Duncan, un garçon un peu plus jeune avec qui il s'était lié d'amitié avant l'école primaire. Aux yeux de Duncan, le jeune Bruce était un enfant normal : passionné de base-ball, ravi de passer un après-midi à faire du vélo jusqu'à la boutique de bonbons sur Main Street puis de rentrer chez ses grands-parents afin de regarder les dessins animés à la télé, de lire les aventures d'Archie en bande dessinée, ou les deux. Duncan avait aussi remarqué que son copain était différent. « C'était une sorte de rebelle solitaire. Il se foutait de ce que pensaient les gens. » Ce qui le distinguait tellement des écoliers lambda que les autres enfants du quartier en étaient souvent perplexes. Surtout quand ils arrivèrent à l'âge des bagarres dans les terrains vagues. « J'ai grandi dans un quartier noir, mais on était entourés de familles blanches, raconte David Blackwell, qui vivait à quelques rues de chez Bruce. On est tous devenus copains parce qu'on se battait ensemble. J'ai eu des bagarres avec tous mes amis, blancs comme noirs. Mais il y avait quelque chose chez Bruce... Je ne crois pas que vous trouverez une seule personne à Freehold qui ait essayé de se battre avec lui. » Ne serait-ce que parce que, comme le rappelle Richard, le frère de David, le petit Springsteen ignorait ou était en quelque sorte hermétique aux provocations enfantines qui déclenchent les bagarres. « Vous pouviez dire une saloperie sur sa mère, il se contentait de répondre "O.K." en haussant les épaules et il passait son chemin. Et ça, y a rien à faire, vous êtes obligé de respecter. De laisser ce gamin tranquille. »

L'attitude bizarre et obstinée de Bruce en faisait une cible rêvée pour les bonnes sœurs et leurs humiliations néomédiévales ainsi que pour ses camarades qui gloussaient de son excentricité. Bruce s'attirait assez de foudres institutionnelles pour finir un bon nombre de ses journées dans le bureau de la directrice, où il attendait des heures qu'Adele puisse venir le récupérer. Sommé de s'expliquer devant ses parents en rentrant, il avait toujours la même façon de justifier son comportement. « Il ne voulait pas retourner à l'école catholique, dit Adele. Mais je l'y ai forcé, et maintenant je le regrette. J'aurais dû me rendre compte qu'il était différent[4]. »

Toutes ces années-là, Douglas Springsteen passa le plus clair de son temps retranché en lui-même, avec une mine maussade qui lui donnait un certain charme, comme à l'acteur John Garfield, mais trop perdu dans ses pensées pour établir le moindre lien avec le monde qui bruissait juste sous la fenêtre de sa cuisine. Souvent incapable de se concentrer sur son travail, Doug se laissa dériver de petit boulot en petit boulot, ouvrier à l'usine Ford, agent de sécurité chez Pinkerton, chauffeur de taxi, puis il découpa à la chaîne d'étranges petits gadgets industriels à l'usine M&Q Plastics pendant un an ou deux, passa quelques mois particulièrement malheureux comme gardien dans la petite prison de Freehold et exerça brièvement le métier de conducteur de camion. Tous ces boulots étaient souvent espacés par de longues périodes de chômage pendant lesquelles il passait ses journées essentiellement seul à la table de la cuisine, à fumer clope sur clope en regardant dans le vide.

---

4. Adele céda aux supplications de son fils de quitter le cursus Saint Rose en 1963, juste à temps pour l'inscrire au Freehold Regional High School, le collège public qui drainait à l'époque des élèves de tous les quartiers de Freehold et de certaines petites villes alentour.

Doug se sentait plus à l'aise avec son cousin et meilleur ami Dim Cashion qui, après ses années dans les clubs-écoles de la ligue majeure de base-ball, avait bifurqué vers un poste d'entraîneur pour des équipes de la petite ligue et des ligues semi-professionnelles du New Jersey. Mais, bien que le talent et le charisme de Dim lui permissent d'initier des générations d'enfants de Freehold aux joies du base-ball, ils s'accompagnaient d'un solide fond maniaco-dépressif. Le yo-yo entre les ténèbres du désespoir et les périodes lumineuses d'énergie débridée pouvait déclencher chez lui des accès incontrôlables. « Les placards de la cuisine volaient dans la pièce, les téléphones aussi, il fallait appeler les gendarmes », raconte le frère cadet de Dim, Glenn Cashion. Et même si Doug et Dim ne s'entendaient pas toujours, s'il s'écoulait parfois des mois sans qu'ils se voient (malgré le fait qu'ils vivaient à une rue l'un de l'autre), les deux cousins passaient pourtant leurs heures perdues dans les mêmes salles de billard, à boire des bières ensemble, liés à jamais par la même histoire et la même carte génétique.

Content de pouvoir partager quelque chose avec d'autres enfants – et peut-être aussi de créer en même temps un lien avec son père –, Bruce se jeta à fond dans son équipe de petite ligue de Freehold, les Indians, où il occupait la position de champ droit. Bruce avait sans doute davantage d'enthousiasme que de talent pour le base-ball. Jimmy Leon (désormais Mavroleon), qui fut dans la même équipe que lui pendant des années, se souvient encore de la fois où une balle s'envola très haut dans le ciel d'été, pile en direction du gant tendu de son coéquipier. Du tout cuit. « Mais finalement il l'a prise sur la tête. Tout était comme ça[5]. »

---

5. Bruce et Mavroleon eurent l'occasion d'évoquer d'autres souvenirs en 1976 lorsque Bruce débarqua un soir tard dans le restaurant des parents de Jimmy, le Monmouth Queen Diner. Mavroleon finissait tout juste son service à la caisse, mais Bruce traîna un peu pour prendre des nouvelles et se remémorer le bon vieux temps, notamment la vitesse de lancer impressionnante de son ancien coéquipier, qui s'était d'ailleurs avérée suffisamment puissante pour le faire entrer dans le club-école des Cincinnati Reds pendant deux saisons, 1970 et

Quoi qu'il en soit, Bruce était fier d'avoir participé – si modestement soit-il – à la saison invaincue des Indians en 1961. Qui devint légèrement moins idyllique quand le club perdit le championnat après deux défaites d'affilée contre les Cardinals, une équipe entraînée par le coiffeur de Freehold, Barney DiBenedetto.

Mais, malgré le charme de ces quelques moments d'enfance, Bruce avait toujours à supporter la fragilité psychique de son père. «Vous ne pouviez pas avoir accès à lui, raconte-t-il en se souvenant de ses nombreuses tentatives pour parler avec lui. Vous ne pouviez pas l'atteindre, point barre. Vous arriviez à capter son attention pendant quarante secondes et ensuite vous vous rendiez compte qu'il n'était plus là. » Quand le dîner était fini et la vaisselle lavée, la cuisine redevenait le royaume solitaire de Doug. La lumière éteinte, avec juste une canette de bière, un paquet de cigarettes, un briquet et un cendrier sur la table, Doug passait des heures seul dans le noir.

En février 1962, Adele et Douglas eurent un troisième enfant, une fille qu'ils nommèrent Pamela. Avec l'arrivée du bébé, la famille fut contrainte de monter en grade et d'emménager dans une maison un peu plus grande au 68 South Street, une bâtisse blanche (équipée à la fois du chauffage central et de l'eau chaude au robinet) nichée contre une station-service Sinclair. Malgré le poids du passé et ce à quoi on aurait pu s'attendre, la douce présence de la petite Pam fut suffisamment forte pour dissiper le fatalisme maussade qui déterminait si souvent le vécu familial de Doug. À treize ans, Bruce se révéla un grand frère particulièrement gaga et, même s'il était officiellement de

---

1971. Mais si vous pensez que ça résout l'énigme de savoir à qui Springsteen peut bien faire référence dans sa chanson «Glory Days» (« *He could throw that speedball by you / Make you look like a fool* »: «Il pouvait te lancer la balle tellement vite que tu passais pour un idiot»), lisez donc l'article de Kevin Coyne sur Joe DePugh dans le *New York Times* du 9 juillet 2011. Lance Rowe, fils de l'entraîneur des Indians, passe lui aussi pour un candidat possible aux yeux de ses anciens coéquipiers. À moins que ce ne soit une combinaison des trois...

la responsabilité de Ginny de s'assurer que le bébé soit propre, nourri et paisible, Bruce était beaucoup plus à l'écoute de ses besoins. Quoi qu'il soit en train de faire, le bruit des pleurs de sa petite sœur le faisait réagir instantanément. « Je me suis vraiment occupé d'elle, raconte-t-il. Je faisais tout, les couches et tout le reste. Donc on a tout de suite été très proches. »

Un matin de 1962, Fred et Alice, qui étaient venus voir le bébé, bavardaient avec Adele dans sa nouvelle cuisine de South Street en attendant que Doug rentre de son travail nocturne à l'usine de plastique. Déclarant qu'il se sentait mal fichu, Fred monta faire une sieste à l'étage. Une heure plus tard, quand Adele vint voir comment il allait, elle le trouva froid et inerte ; visiblement mort. Elle redescendit en courant pour annoncer la terrible nouvelle à Alice, qui réagit par un simple hochement de tête. Décidant de ne rien faire jusqu'au retour de Doug, elles restèrent assises à la cuisine en attendant que la porte s'ouvre. Doug montra la même absence d'émotion que sa mère. Il se figea un instant, dit « Ah, d'accord », chercha de la monnaie dans ses poches et ressortit téléphoner d'une cabine pour prévenir les pompes funèbres et quelques membres de la famille. Lorsque Bruce apprit la nouvelle en rentrant de l'école, il devint hystérique. « C'était la fin du monde, dit-il. Mais on n'a jamais reparlé de la mort de mon grand-père. Il devait avoir soixante-deux, soixante-trois, peut-être soixante-cinq ans quand il est parti. J'étais assez proche de lui, mais en tant qu'enfant on ne sait jamais comment réagir. Je me souviens de l'enterrement, de la veillée, tout ça. Mais ce n'était pas comme aujourd'hui. Tout le monde était encore... pas pareil, c'est tout. »

La maison de Randolph Street étant sur le point d'être condamnée, Alice, désormais veuve, vint habiter chez son fils. Tout en aidant à s'occuper de Pam, elle en profitait pour déverser encore plus d'adoration sur son petit-fils de quatorze ans. Elle reprit ses bonnes vieilles habitudes en lui préparant ses vêtements le matin, en lui cuisinant ses plats préférés et en exultant à ses moindres faits et gestes. Cette fois, Adele aussi jouait le jeu, donnant à Bruce la plus grande chambre (qui était en réalité une suite, vu le solarium attenant). Et lorsque Bruce s'aperçut qu'il y avait assez de place dans le solarium pour y mettre une vraie table de billard, Adele et Doug économisèrent l'argent et roulèrent jusqu'à la ville voisine sous une tempête de neige afin de pouvoir la rapporter à temps pour Noël.

Alice l'avait caché pendant des semaines, peut-être même des mois : elle avait un problème au ventre. Mais, sans la fortune qu'il aurait fallu pour payer les frais médicaux, à quoi bon demander de l'aide à quiconque ? Adele finit par l'emmener à l'hôpital et, quand les médecins conclurent qu'elle avait un cancer, ils la gardèrent trois mois pour lui faire subir une ribambelle de traitements, tous débilitants et souvent expérimentaux. « Je pense qu'ils s'en sont servis comme cobaye parce qu'elle n'avait ni argent ni mutuelle », dit Adele.

Elle rentra à la maison affaiblie, puis elle reprit des forces. Elle semblait quasiment avoir récupéré son état normal quand Pam, alors âgée de trois ans, se réveilla en pleine nuit et demanda à sa mère si elle pouvait aller dormir dans le lit de sa mamie. Adele trouva ça un peu étrange ; c'était la première fois que Pam demandait ça. Mais elle acquiesça et regarda sa fille traverser le couloir à pas de loup et se glisser dans la chambre tout au bout. « Je me rappelle être allée dans sa chambre et qu'elle s'est décalée en soulevant les couvertures pour me faire de la place », raconte Pam.

Elles s'endormirent toutes les deux ainsi, la fillette blottie contre le corps de la vieille femme, tout comme la petite Virginia des années et des années plus tôt. On ne saura jamais à quoi Alice a bien pu penser ou rêver alors que le sommeil la gagnait. « Quand je me suis réveillée le lendemain matin, je l'ai secouée pour qu'elle se lève et elle ne bougeait plus », dit Pam. Bruce, déjà parti à l'école, ne se doutait de rien. « Je suis sûr que j'ai dû traverser la pièce où elles étaient toutes les deux, à cinq mètres de ma propre chambre. C'était une révolution pour moi ; la fin du monde. Je ne me souviens pas qu'on ait fait tout un plat pour [mon grand-père], mais c'était différent quand ma grand-mère est morte. Mon père était vraiment bouleversé. »

Mal entretenue, la vieille maison de cent dix ans sur Randolph Street tremblait sur ses fondations déjà fissurées depuis longtemps. Abandonnée par Alice en 1962, elle ne tint que quelques mois encore avant que les bulldozers n'entrent en piste. La structure fatiguée s'effondra dans un nuage de poussière et il ne resta qu'un tas crayeux de débris emportés par un camion. Une fois déblayé, le terrain fut aplani par des rouleaux compresseurs, regoudronné et devint pour l'éternité un morceau du parking de l'église Saint Rose. Bruce refusa d'assister à ça. « Je n'y suis pas retourné pendant des années après qu'elle a été rasée, dit-il. Je ne pouvais pas supporter de voir cet espace vide. C'était un lieu très, très fondateur pour moi. » L'immobilité de l'air, l'amour désespéré de ses grands-parents, l'adoration qu'il avait récoltée simplement en étant lui-même. C'étaient les bases de sa conscience. Ses racines, aussi profondes et enchevêtrées que celles du hêtre irlandais encore planté dans la terre à cet endroit.

« J'y ai repensé, dit Bruce en parlant de cette maison déglinguée qu'il n'a jamais cessé de considérer comme son véritable foyer, et je me suis rendu compte que c'était l'endroit que j'aimais le plus au monde. »

2

Un nouveau type d'homme

C e dont Bruce se souvient le plus nettement, c'est l'allure qu'avait ce type. La façon dont ses moindres gestes, pas de danse, sourires et ricanements le distinguaient de tout ce que vous étiez censé penser, ressentir ou savoir de l'Amérique moderne. « Un gamin n'a qu'une envie, c'est de bouleverser l'ordre du monde, et là, c'est ce qu'il faisait. Un peu comme de mettre votre maison sens dessus dessous pour ensuite la reconfigurer selon vos rêves et votre imagination. On sentait que ce type était en train de faire ça. »

Il parle d'Elvis Presley, ajoutant juste un poil d'analyse rétrospective à la vision qu'il en avait eue en 1957 quand, assis sur le tapis, il l'avait découvert sur la petite télévision noir et blanc de ses parents. Comme Bruce le raconte lui-même, il avait alors huit ans[1] et ne se doutait de rien, vu que son principal intérêt pour *The Ed Sullivan Show* résidait dans les comiques, jongleurs et marionnettes qui se produisaient généralement dans cette émission de divertissement du dimanche soir sur CBS. Adele

---

1. Bruce prétend qu'il était en CE2 quand il a vu Presley dans l'émission d'Ed Sullivan, mais ça ne colle pas avec les apparitions télévisuelles d'Elvis. La troisième et dernière participation de l'idole rock à cette émission eut lieu en janvier 1957, quand Bruce était au CP. Elvis partit au service militaire en mars 1958 et ne fit plus aucune apparition à la télé jusqu'en 1960, lorsqu'il fut l'invité spécial de l'émission *Welcome Home Elvis* animée par Frank Sinatra et sponsorisée par les montres Timex. Et cela paraît peu probable dans la mesure où les morceaux joués par Elvis à cette occasion n'incluaient aucun de ses hits explosifs qui auraient pu laisser entrevoir l'avènement de quoi que ce soit, si ce n'est un voyage au Fontainebleau Hotel de Miami Beach où l'émission avait été enregistrée.

Springsteen était une fidèle téléspectatrice de ce programme et, s'avéra-t-il, déjà une fan d'Elvis. « À l'époque, dit-elle, on dansait dès qu'Elvis Presley passait à la télé. » La vision électrique de ce chanteur follement rebelle resta gravée dans la conscience du jeune Bruce. « C'était en fait le précurseur d'un *nouveau type d'homme*, se souvient-il. Tout le monde a changé d'avis sur *tout* après ça. Sur la race, le sexe, les attributions des hommes et des femmes, à quoi on pouvait ressembler, comment on pouvait s'habiller. Elvis faisait tout voler en éclats. C'est fantastique d'avoir joué ce rôle-là.

« C'était un signe annonciateur qu'on avait le droit d'être différent, poursuit Bruce. Et que la différence que vous aviez peut-être déjà ressentie n'était pas forcément un handicap ; pas forcément déplacée, mauvaise ou inconvenante. Tout à coup, votre unicité vous donnait au contraire du cachet. » Un message évidemment très fort pour un gosse qui avait depuis longtemps perçu le gouffre entre les familles de ses copains et celle dans laquelle il était né. Encore mieux, Elvis disait tout ça avec une attitude qui laissait bien comprendre qu'il n'avait pas l'intention d'encourager les gens à la dissidence, encore moins à se plaindre.

« Il avait cette immense autorité incontestée, couillue », dit Bruce. Et il le faisait avec la joie insouciante du pire garnement du monde. « On aurait dit qu'il jouait, comme un enfant. Il avait l'air de tellement s'amuser ! Vous imaginez vous débarrasser d'un coup de toute la gêne et la timidité qui vous enveloppent un peu comme une couverture ? Qu'est-ce qui se passerait si vous arriviez à bazarder tout ça pendant deux minutes trente, trois minutes, en tant qu'artiste de scène ? C'était une énorme clé qui vous ouvrait les portes de votre imagination, de votre cœur et de votre âme[2]. »

---

2. Par la suite, des années de lectures et d'expérience dans les domaines culturel et politique permirent à Bruce d'avoir une analyse encore plus poussée sur Elvis et la révolution rock des années 1950. « Il y avait chez lui un élément de rock star précurseur qui était à la fois démocratique, légendaire et majestueux,

La musique avait toujours attiré Bruce, que ce soit celle du poste de radio qu'Adele posait sur le frigo dans la cuisine ou, déjà tout petit, celle du clavecin que sa tante Dora avait dans son salon. « Il déboulait en courant et venait plaquer ses mains sur le clavier », se souvient-elle. Mais, après avoir aperçu Elvis, Bruce voulut une guitare. Il alla aussitôt en parler à Adele, à qui l'idée que son fils fasse de la musique plut instantanément et, quelques jours plus tard, elle tenait sa petite main tremblante pour l'emmener louer un instrument au magasin Mike Diehl. Elle l'inscrivit aussi à des cours. Mais la méthode très austère de Diehl – d'abord la théorie musicale, puis les gammes, puis, dans un bien trop lointain avenir pour un gosse de huit ans, les accords et les chansons – exigeait beaucoup plus de patience qu'il n'en avait. Comme Bruce le formula à Steve Van Zandt des années plus tard, devoir encore se soumettre à un nouvel éventail de règles strictes était la dernière chose qu'il voulait. « J'ai besoin de faire un max de boucan *tout de suite*. » Coincé entre cette frustration et par ailleurs son incapacité à sortir de son instrument quelque chose qui ressemble à de la musique, l'intérêt de Bruce faiblit vite. La guitare retourna au magasin et, semblait-il, on en resterait là.

Sauf que, désormais, ses oreilles étaient ouvertes. Et qu'il était facile de trouver et d'aimer de nouvelles musiques vu l'appétit d'Adele pour la pop et son goût pour n'importe quel morceau dansant. Encore sous le choc de l'apparition d'Elvis, Bruce racla les fonds de tiroir pour réunir soixante-neuf *cents* et s'acheter un EP (un maxi 45 tours) des quatre plus grands tubes de Presley, mais interprétés par un certain Dusty Rhodes. Qui n'était clairement pas à la hauteur de l'original, mais, pour Bruce, ça n'avait aucune importance. « Je le mettais et ça me *rappelait*

---

dit-il. Le King ! Pas le président des États-Unis. Le *roi* du rock'n'roll ! Donc, par un fabuleux tour de passe-passe aristocratique, ça vous disait : "Maintenant, c'est moi qui commande. Je suis le Roi ! Et vous allez tous être soumis aux nouvelles règles que j'ai écrites." »

Elvis, raconte-t-il. C'était assez ressemblant pour me donner un peu de ce que je recherchais. » Entre ça et la radio d'Adele, il réussit à tenir encore quelques années, même s'il avait lui aussi un faible pour les nouveautés, en particulier le succès de 1958 de Sheb Wooley, « The Purple People Eater », qu'il ne cessait de mettre sur le juke-box du snack-bar du coin, ainsi que le morceau « Does Your Chewing Gum Lose Its Flavor (On the Bedpost Overnight) ? » par la star britannique du skiffle[3], Lonnie Donegan. Bruce comme Ginny raffolaient tellement du morceau « The Twist » de Chubby Checker qu'en juillet 1961 Adele les embarqua en voiture jusqu'à Atlantic City pour le voir se produire dans le cadre de la tournée collective organisée par le présentateur vedette Dick Clark et qui incluait également Freddy Cannon, les Shirelles et Bobby Rydell. Et si les deux gamins furent ravis d'assister à la plus célèbre attraction de la fête foraine sur les quais, un cheval sautant dans l'eau depuis un plongeoir, Adele se souvient qu'ils furent hypnotisés par la prestation de Checker. Il savait danser, chanter, jouer leur chanson préférée exactement telle qu'ils l'entendaient à la radio. Et le public hurlait, debout ! Que pouvait-on demander de mieux ?

Comme il habitait à mi-chemin entre New York et Philadelphie, Bruce arrivait à capter sur sa radio un large éventail de fréquences et, quand il tomba sur les stations de rhythm and blues de Philadelphie, un nouvel horizon s'ouvrit à lui. Une de ses chansons favorites – surtout grâce à l'éponymie avec l'adresse familiale – s'appelait « South Street », un morceau doo-wop extrêmement dansant d'un groupe vocal de Philadelphie, les Orlons, dont le chanteur Stephen Caldwell possédait une voix de baryton à vous faire des grondements dans le ventre. « Retrouve-moi sur South Street, chantaient-ils, la rue la plus branchée de la ville. »

---

3. Une variation anglaise du rockabilly américain, avec des planches à laver, des contrebassines (basses à une corde ayant une bassine pour caisse de résonance), des harmonicas, des banjos et autres instruments country bricolés à la maison.

(«*Meet me on South Street, the hippest street in town!*») Bruce se rendait-il compte que la South Street de Freehold était sans doute à des kilomètres de ce que les Orlons avaient en tête ? Aucune importance ! « Mais ça donnait une sorte de cachet magique à notre adresse, alors je suis allé l'acheter », se souvient Bruce. Puis est arrivé le morceau de guitare proto-psychédélique, « Miserlou », par le roi de la surf music Dick Dale ; les harmonies au rasoir des Four Seasons ; les groupes de folk blancs de l'émission de télé *Hootenanny* ; et enfin la vision californienne des Beach Boys, qui flânaient sur la côte ouest au son des chansons magnifiquement ouvragées de Brian Wilson.

Début 1964, Bruce était en voiture avec sa mère, assis sur le siège avant, quand « I Want to Hold Your Hand » jaillit de l'auto-radio. « C'est cette vieille histoire, quand tu entends quelque chose et que ça te colle la chair de poule, a raconté Bruce à Van Zandt. Ça te fait un effet bizarre, comme du vaudou. » Bondissant de la voiture, Bruce se précipita dans une salle de bowling à proximité où il savait qu'il y avait une cabine téléphonique et composa à toute allure le numéro de la fille avec qui il sortait à l'époque. « T'as entendu parler des Beatles ? T'as entendu cette chanson ? »

« On arrêtait tout quand ça passait, raconta-t-il en 2011 dans l'émission de radio *Underground Garage* de Van Zandt. Juste pour les entendre. Et on ne savait même pas à quoi ils ressemblaient. » Puis les Beatles vinrent agiter leurs étonnantes coupes au bol dans le *Ed Sullivan Show*, après quoi ils envahirent les ondes radio avec une flopée de compatriotes similairement coiffés dans le sillage de leurs bottines à talonnettes. L'été venu, Bruce consacra quelques semaines à repeindre la maison de sa tante Dora et investit dix-huit dollars de ses émoluments pour s'acheter une guitare acoustique qu'il avait vue dans la vitrine de la boutique Western Auto[4] sur Main Street. Il compléta son

───────────

4. La marque de pièces détachées et d'accessoires Western Auto vendait sa propre gamme de guitares électriques.

acquisition par l'achat du recueil de chansons *The 100 Greatest American Folk Songs* et s'employa à maîtriser son instrument.

Ce ne fut pas chose aisée, même à quatorze ans. Il lui fallut une ou deux semaines pour se rendre compte (grâce à son cousin un peu plus âgé, Frankie Bruno) que l'instrument était tellement désaccordé qu'il n'avait plus grand-chose d'une guitare. Et même une fois ce problème résolu, cette marque de guitare « automobile » n'était pas vraiment commode à manier. « Le manche, se souvient Bruce, consistait en gros en un tasseau de bois sur lequel étaient tendus des fils de fer. » Il y avait quelque chose dans le son qu'elle produisait, ou peut-être dans l'acharnement croissant de Bruce sur son instrument, qui usait les nerfs fragiles de son père.

« J'étais là-haut avec Bruce dans sa chambre, raconte son ami Bobby Duncan. Je lui tenais la partition pendant qu'il apprenait les accords et tout à coup on entendait son père hurler : "Je ne veux plus entendre ce machin !" » Même le faible murmure d'une guitare acoustique derrière une porte fermée à un autre étage de la maison ? « Son père détestait ça, dit Duncan. Mais sa mère aurait fait n'importe quoi pour lui. » Ce que Bruce savait pertinemment quand, en décembre, il prit Adele par la main et l'emmena chez Caiazzo's Music, près de la manufacture de tapis Karagheusian à l'angle de Jackson et Center Streets, pour lui montrer la guitare électrique noir et or ultrafine qui scintillait dans la vitrine. Fabriquées au Japon, les guitares Kent ne faisaient pas partie du must pour les musiciens professionnels. Mais celle-ci possédait la finition brillante, les formes anguleuses et le volume amplifié dont rêvait ce rocker en herbe. Alors il savait bien qu'elle était chère, mais si c'était possible, d'une façon ou d'une autre, rien ne pourrait jamais lui faire autant plaisir.

Adele jeta un dernier coup d'œil aux soixante dollars annoncés sur l'étiquette et, quelques jours plus tard, elle retourna à la Household Finance Company demander un crédit à court terme, comme elle le faisait de temps en temps quand elle avait besoin d'un coup de pouce pour arrondir une fin de mois difficile ou rendre les vacances aussi joyeuses que possible. Si Doug avait des objections, de toute façon, ce n'était pas lui qui rapportait l'argent à la maison et Adele ne l'écoutait pas. C'est ainsi qu'au matin de Noël 1964 le précieux instrument attendait Bruce exactement là où il comptait le trouver, sous les guirlandes du sapin de la famille Springsteen.

Équipé de la Kent et d'un petit ampli, l'adolescent de quinze ans se sentait paré. En rentrant de l'école, il fonçait dans sa chambre, fermait hermétiquement la porte, passait la sangle de sa guitare à son cou, allumait l'ampli, pinçait une corde et paf ! la gloire instantanée. « C'était juste : porte close et moi à l'intérieur qui faisais mes trucs, dit-il. J'avais une assez bonne oreille, ce qui aidait. Ensuite, j'ai progressé plutôt vite une fois que j'ai pigé le principe. » D'abord les accords, puis le solo tout simple de la version des Beatles du morceau « Twist and Shout » des Isley Brothers. Maîtriser les douze mesures de base du rock'n'roll avant de s'aventurer dans le royaume de la pop, avec sa plus grande palette d'accords et de possibilités mélodiques. Parfois, il jouait devant un miroir, observant ses doigts sur le manche en se délectant du potentiel de la guitare à lui servir à la fois de bouclier contre sa timidité et de tremplin pour le propulser au centre de tout. Comme il le confia à la journaliste de *Newsweek*, Maureen Orth, en 1975 : « La première fois que je me rappelle avoir regardé dans la glace et supporté ce que je voyais, c'est le jour où j'ai eu une guitare à la main. »

D'autres jeunes étaient si fascinés par l'image des groupes de rock – le côté joyeuse rébellion magnifié par la puissance d'une identité collective – qu'ils sautaient carrément l'étape musique pour aller directement à la case tendance, se choisissant un nom cool et se créant un logo pour se distinguer du commun des mortels. « C'était magique à cette époque, raconte Bruce. Rien ne vous donnait autant de cachet. C'était tellement génial que les gens mentaient. J'ai connu des gars qui se sont fait imprimer des blousons à l'effigie de leur groupe sans avoir de groupe.» Un type que Bruce ne connaissait pas encore, un camarade de classe du Freehold Regional High School nommé George Theiss, passa une bonne partie de son année de troisième à prétendre appartenir aux Five Diamonds, un faux groupe reconnaissable à leurs imperméables verts assortis qu'ils avaient décorés de diamants noirs peints dans le dos. Comme le dit Theiss lui-même : «Il y en avait peut-être un qui avait déjà vu une guitare, mais personne n'en jouait.» Theiss finit par s'en acheter une et, avec l'aide du grand frère de son copain Vinnie Roslin, il apprit les accords en open tuning de *mi*. Theiss, un beau gosse qui avait pile la bonne physionomie pour paraître à la fois menaçant et mystérieux, possédait également une voix puissante et une sorte de présence indéfinissable. Bientôt, il délaissa les Five Diamonds pour former les Sierras, un vrai groupe avec de vrais instruments dans lequel jouaient Vinnie Roslin à la basse et un certain Mike DeLuise dont la guitare Gretsch était exactement la même que celle de George Harrison. Quand un autre ami, Bart Haynes, se pointa avec une batterie, ils purent enfin compter jusqu'à quatre et produire quelque chose qui, par moments, ressemblait vraiment à du rock'n'roll.

Pourtant, l'élan des Sierras retomba. Theiss et Haynes firent équipe avec un autre guitariste nommé Paul Popkin, se choisirent un nouveau nom – les Castiles, en hommage au shampoing Castile, la marque préférée des adolescents du coin – et commencèrent à répéter dans le salon des parents de Haynes. Comme les Haynes avaient une maison mitoyenne avec une autre famille et que leurs deux salons n'étaient séparés que d'un mur, le constant raffut des guitares, de la basse et des percussions ne tarda pas à taper sur les nerfs des voisins, Gordon «Tex» Vinyard et sa femme Marion. Vinyard, alors ouvrier au chômage, alla tambouriner à la porte des Haynes pour faire cesser ce vacarme. Mais, quand il se retrouva nez à nez avec ces gamins dans le salon des Haynes, sa colère s'évapora. Entrant pour bavarder un moment avec eux, il leur demanda de lui jouer un ou deux autres morceaux, puis se mit à leur poser des questions, cherchant à savoir ce que ces lycéens espéraient faire avec leur musique, si c'était juste une lubie ou une activité qu'ils pensaient pouvoir exercer de façon plus professionnelle.

Quelque chose dans leurs réponses, ou peut-être dans l'espoir qu'ils y mirent, charma cet homme de trente-deux ans. Et, qu'il ait été à la recherche d'une façon de meubler son oisiveté ou qu'il ait voulu apporter un regain de jeunesse à la vie sans enfants qu'il menait avec Marion, il proposa aux garçons de leur servir de manager. Ils pourraient utiliser son salon comme salle de répétition, il leur fournirait autant de conseils musicaux que possible, il les aiderait à rester concentrés, à progresser et, si tout se passait comme prévu, à trouver du boulot. « On était tout le temps fourrés là-bas, raconte Theiss. Plus que chez nous. »

De son côté, à South Street, Bruce s'était lancé dans la pratique de la guitare avec une passion et une détermination dépassant tout ce qu'il avait connu jusque-là. « Quand je n'étais pas en cours, j'étais soit en train de jouer, soit en train d'écouter des disques », raconte-t-il. S'exerçant six, huit, parfois jusqu'à dix heures par jour, il progressait vite. « C'est comme la science au vingtième siècle, vous savez. Soudain, c'est là, boum ! et ça se développe de jour en jour. C'était une expansion musicale de ce genre. Comme le big bang, mais en plus gros. » Il ne fallut à Bruce que deux ou trois mois avant d'avoir pris suffisamment confiance en ses talents de guitariste pour se mettre à la recherche d'un groupe à intégrer. Un copain du YMCA, le club où les jeunes de Freehold pouvaient venir faire du sport et danser le week-end, lui parla d'un groupe baptisé les Rogues, à qui il manquait une guitare rythmique. Bruce apporta sa Kent et réussit à jouer assez de leurs morceaux pour décrocher le job, puis répéta à peine une semaine ou deux avec eux avant de donner son tout premier concert payé dans une *party* organisée par le Freehold Elks Club.

Le groupe ouvrit son set avec « Twist and Shout », le premier morceau rock que Bruce avait appris à jouer tout seul[5]. Mais cela ne dut pas très bien se passer, du moins pour le nouveau guitariste. Le reste du groupe le révoqua quelques jours plus tard, déclarant sa guitare Kent « trop merdique » et le renvoyant dans ses pénates. « Je suis sûr que je devais être furax, dit Bruce en se remémorant le long trajet à pied depuis leur lieu de répétition jusqu'au 68 South Street. Je suis rentré chez moi ce soir-là et j'ai décidé d'apprendre le solo d'une chanson des Stones, "It's All Over Now". Voilà, tout était fini. »

Mais pas pour longtemps, en fin de compte. Car Bruce s'était fait virer des Rogues à peu près au même moment où George Theiss remarquait cette jolie élève de troisième dans les couloirs du Freehold Regional High School. Elle avait les cheveux bruns, un sourire ensorcelant et un sens de l'humour plein de malice. Et lorsqu'il se décida à l'aborder pour bavarder avec elle, il se trouva que George Theiss lui aussi plut bien à Ginny Springsteen. Ils commencèrent à sortir ensemble peu après. « Du coup, je connaissais Bruce de loin, on se disait bonjour, raconte Theiss. Mais on ne peut pas dire qu'on était copains. » Quant à savoir si Theiss a joué un rôle dans le recrutement de Bruce pour les Castiles, ce n'est pas clair. Ce qui est sûr, c'est que le groupe avait besoin d'une guitare solo et qu'un jour Bruce vint frapper à la porte de Tex et Marion au 39 Center Street, à quelques numéros de Caiazzo's Music, pour demander à être auditionné. Il se brancha avec les autres, joua tant bien que mal deux ou trois morceaux et fut vite obligé de rentrer chez lui vu qu'il n'en connaissait pas d'autre.

Quand il revint à la répétition suivante (peut-être bien dès le lendemain), Bruce avait non seulement appris une demi-douzaine de morceaux supplémentaires, mais en plus il les joua

---

5. Et qui sera, pendant des décennies à venir, un secours pour tous les rappels sur rappels de ses concerts.

avec une telle aisance et une telle précision que Theiss, qui se
tenait juste à côté de la nouvelle recrue, en fut abasourdi. « Je me
souviens juste que Tex nous a regardés en disant "Alors ?" et
on a tous dit d'accord. Ensuite, je suis allé voir Tex et je lui ai
demandé : "C'est toujours moi le chanteur, pas vrai ?" » Vinyard
hocha la tête, Theiss laissa échapper un soupir de soulagement... et les Castiles entamèrent un nouveau chapitre de leur
carrière naissante.

Non contents de jouer dans le même groupe, Theiss et Bruce
devinrent aussi très bons amis. Theiss, désormais séparé de
Ginny, avait pris l'habitude de faire un crochet par le 68 South
Street le matin pour tirer Bruce de son lit et le traîner jusqu'au
lycée. La plupart du temps, ça consistait à faire le pied de grue
dans la cuisine des Springsteen en attendant que Bruce émerge
de sa chambre. « Il était toujours en retard, ou pas habillé, ou
il ne trouvait pas ses chaussures, se souvient Theiss. Et puis
après, il fallait que je poireaute le temps qu'il mange son bol de
Cheerios. »

Lorsqu'ils arrivaient enfin au lycée, Bruce se remettait en
mode radar, flottant d'un cours à l'autre selon son degré d'intérêt et de patience. Certains jours, il prenait sa guitare avec lui
et, quand sa motivation scolaire flanchait, il se dirigeait vers la
salle de répétition de l'établissement où il s'isolait dans un coin
et pouvait travailler un morceau ou un riff pendant des heures
d'affilée. « Il s'asseyait là avec sa guitare et il jouait, raconte le
prof de musique de l'époque, Bill Starsinic. De temps en temps,
j'étais obligé de dire : "Bruce, il faut retourner en cours maintenant", mais il était complètement absorbé. Hyperconcentré.
Les études, ça ne l'intéressait pas, ni de participer au groupe
du lycée, à l'orchestre, rien. Tout ce qui l'intéressait, c'était sa
musique et lui-même. »

Quand il arrivait à Bruce de s'enthousiasmer pour un cours,
ça n'avait pas tant à voir avec le sujet qu'avec ses propres

sentiments envers le professeur, comme par exemple un assez jeune prof d'anglais nommé Robert Hussey, dont la perspective un peu décalée en vint à influencer les histoires et les poèmes que Bruce écrivait. Hussey faisait également preuve d'un dévouement intellectuel et d'une empathie émotionnelle qui produisirent un fort effet sur cet élève intelligent mais scolairement à la dérive. Dans le livre d'or que Hussey fit signer à la classe en fin d'année, Bruce exprima son admiration sous la forme d'une ribambelle de superlatifs : « Cette page est trop petite pour pouvoir y écrire une fraction des compliments que j'aimerais vous faire, écrivit-il. Vous m'avez appris des choses que je n'aurais pu trouver dans aucun livre. Vous m'avez aidé à comprendre les gens infiniment mieux qu'avant. Vous avez gagné mon plus grand respect et ma reconnaissance. »

Quand les Castiles dernière mouture se réunissaient dans le salon des Vinyard pour leurs sessions de répétition régulières, ils formaient un assemblage de styles assez intéressant. Avec ses chemises en madras boutonnées jusqu'en haut et ses pantalons noirs moulants rentrés dans des bottes de cow-boy, Bruce oscillait entre le fils à papa et le « blouson noir ». Theiss, qui aimait se donner mauvais genre, s'habillait davantage comme un loubard, tandis que le propret guitariste Paul Popkin aurait pu être un boy-scout. Le batteur, Bart Haynes, un peu plus âgé avec ses dix-sept ans, était entre Marlon Brando et une petite frappe du New Jersey à l'ancienne. « Lui, c'était le classicisme, raconte Bruce. Pantalon en satin, chaussures italiennes pointues et rutilantes, chaussettes noires. Il avait une façon nonchalante de laisser pendre sa cigarette à ses lèvres, les sourcils toujours levés, les cheveux gominés en arrière, même s'ils lui retombaient toujours dans les yeux quand il jouait. Il en faisait des tonnes. Et, quand j'y repense, avec pas mal de classe. »

Tex Vinyard ajouta encore à la disparité des Castiles en recrutant Frank Marziotti à la basse, vingt-huit ans, propriétaire de la station-service Triangle Chevron sur la route 33 à Freehold.

Comme Vinyard l'avait appris en devenant client régulier de la station peu de temps après son ouverture en 1962, Marziotti arrondissait ses fins de mois comme bassiste d'un groupe de country, les Rolling Moutain Boys. « Un jour, j'étais dans mon arrière-boutique en train de gratter les cordes de ma guitare, raconte Marziotti. Tex est entré et m'a dit : "J'ai un groupe de mômes, j'aurais besoin de ton aide pour les guider." » Marziotti accepta, plus comme un service qu'il rendait à Vinyard que comme un plan de carrière et, lorsqu'il se présenta à la répétition suivante, il fut surpris de découvrir que les minus qui l'entouraient n'étaient finalement pas si mauvais que ça. « J'ai tout de suite pris le train en marche, sans aucun problème. Et je n'avais pas du tout l'impression que c'étaient des amateurs. » Marziotti fut (et reste, insiste-t-il) particulièrement impressionné par Theiss, à la fois pour sa voix puissante et son style bien reconnaissable à la guitare rythmique. « Il s'accordait en open tuning de mi et jouait en barré. Et il était super bon. Je n'ai jamais vu quelqu'un d'aussi bon. »

Le guitariste solo, en revanche, requérait plus d'assistance, surtout pour les accords. « Bruce a toujours été quelqu'un qui apprenait vite. Tu lui montrais un truc, il revenait le lendemain et il t'en montrait trois. » Il faut dire que Bruce n'avait aucune autre ambition capable de rivaliser avec sa passion pour la guitare. « Je vous garantis qu'une fois que j'avais décroché le job, je suis rentré chez moi et je me suis mis à bosser comme un malade, raconte-t-il. J'étais dans un groupe ! J'en avais bavé, je m'étais fait virer des Rogues. Mais ça, ouais, une fois que j'ai été pris dans le groupe, je passais mes nuits à écouter et à jouer. Chaque minute que j'avais de libre. Et pour moi ça n'a jamais été du travail. » Comme s'en souvient Marziotti, le jeune guitariste était incroyablement fier de ses progrès : « Il revenait et il se vantait auprès de Tex : "Hé ! Regarde ce que j'arrive à faire !" »

Vinyard se trouva un boulot d'opérateur de machine à l'usine de papier à cigarettes Peter Schweitzer, mais cette nouvelle occupation à plein-temps ne diminua en rien son enthousiasme pour les Castiles. Marion et lui devinrent presque des parents de substitution pour les garçons du groupe, Tex menant les répétitions avec une assurance qui faisait mentir le fait que sa seule pratique musicale personnelle se limitait à tourner les boutons de sa radio. Mais il savait reconnaître quand ça sonnait bien et, si les garçons ne lui donnaient pas ça, il levait la main en l'air et leur dictait des modifications.

« C'était vraiment lui qui dirigeait les répétitions quand on jouait chez lui, dit Theiss. Il nous gueulait "Stop, ça ne sonne pas bien ! Faites ci, faites ça !" Même s'il n'y connaissait que dalle. » Ce que les Castiles savaient, c'était que Tex, contrairement à leurs pères, croyait en ce qu'ils faisaient et ne demandait pas mieux que de les aider. Et si leurs mères les harcelaient sans cesse sur leurs coiffures, leurs vêtements et leurs notes, Marion était plus que ravie de jouer la maman poule sans réserve, bricolant en vitesse dans sa cuisine des sandwichs au thon ou à la saucisse et au fromage et posant sur la nappe la caisse de sodas bon marché qu'elle gardait toujours à portée de main pour étancher la soif des Castiles.

Le répertoire grandissant du groupe s'appuyait principalement sur les hits radiophoniques du moment, avec un goût particulier pour les singles plus âpres des Rolling Stones (« [I Can't Get No] Satisfaction » et « The Last Time »), des Kinks (« All Day and All of the Night »), de Ray Charles (« What'd I Say ») et des Who (une version déchaînée de « My Generation » sur laquelle Bruce était au chant). Ils préféraient éviter les Beatles, sauf si l'on compte leur reprise de « Twist and Shout », afin de se distinguer de tous les autres groupes d'ados qui tentaient d'accéder à la gloire du fond du garage ou de la cave de leurs parents. Tex avait sa propre stratégie commerciale, qui consistait à ce que les garçons maîtrisent parfaitement « In the Mood » de Glenn Miller, « Moon River » de Henry Mancini et d'autres morceaux jazz-pop qui donneraient aux Castiles un petit plus transgénérationnel. « Tex voulait qu'on ait le plus possible de concerts payés, raconte Bruce. Mais sur la carte de visite du groupe, il y avait écrit "Rock'n'Roll, Rhythm & Blues", alors c'était l'image qu'on avait de nous-mêmes. »

Vinyard inventa également – et finança – les tenues de scène du groupe. Ça commença par des pantalons noirs, des vestes noires brillantes et des chemises blanches boutonnées jusqu'en haut, avant d'évoluer vers des chemises à fanfreluches et autres atours tape-à-l'œil. Mais ces uniformes ne tardèrent pas à taper sur les nerfs insoumis des Castiles[6]. Bruce : « À un moment, on a simplement dit à Tex : "Écoute, maintenant, c'est comme ça." Et on a arrêté les chemises à froufrous. »

Vinyard réussit à faire embaucher le groupe pour animer quelques bals pour ados pendant l'été et réquisitionna la camionnette de la station-service de Marziotti afin de transporter les amplis et les instruments tandis que lui-même convoyait les garçons dans sa Cadillac bleu ciel. Pendant les concerts, Tex contrôlait le son depuis le fond de la salle, se servant de son pouce pour indiquer « plus fort » ou « moins fort » à chaque musicien. Et à la fin du spectacle, une fois le matos remballé, il entassait tout le monde dans sa Cadillac et les emmenait en ville chez Federici's pour manger une pizza et distribuer la paie du jour. En général ça faisait autour de cinq dollars par tête, ce qui n'était pas mal du tout pour des ados à cette époque. Vinyard se gardait la même chose pour lui, du moins jusqu'à ce que la serveuse vienne lui apporter la note des pizzas et des sodas. « Très vite, on gagnait notre vie, raconte Bruce. En tout cas, c'était assez pour que je n'aie plus à demander d'argent à mes parents. »

Les entrées d'argent régulières, si ce n'est spectaculaires, permirent aussi aux Castiles (souvent avec un coup de pouce de Vinyard) d'améliorer leur son avec de nouveaux amplis, micros

---

6. Une des photos promotionnelles prises par Tex à l'été 1965 montre Bruce affalé sur une balançoire à bascule, habillé d'un pantalon ultra-moulant visiblement beaucoup plus clair que celui des autres et chaussé de bottes en daim pas du tout assorties aux chaussures noires brillantes de ses comparses.

et enceintes. Ils se produisirent une douzaine de fois au cours du second semestre 1965, dont la plus mémorable fut un étrange après-midi dans un service fermé du Marlboro State Hospital où, selon Bruce, le maître de cérémonie passa vingt minutes à chanter les louanges du groupe en le plaçant au même niveau que les Beatles, voire plus haut. «Après quoi, raconte Bruce, les médecins sont arrivés pour l'emmener[7]. »

Mais la plupart de leurs concerts étaient, plus classiquement, des animations pour des *parties* organisées au Woodhaven Swim Club, au Freehold Elks Club ou au Farmingdale Mobile Home Park, ainsi que plusieurs petites fêtes données par les anciens camarades de Bruce à l'école Saint Rose of Lima, à quelques pas de chez lui. Un soir, cet automne-là, Adele enfila son manteau afin d'accompagner son fils au bout de la rue jusqu'à l'entrée de la cafétéria Saint Rose, où elle s'arrêta pour l'embrasser puis le regarder franchir la porte et rejoindre ses comparses sur scène. Reconnaissant le policier Lou Carotenuto en faction devant l'entrée, elle s'avança pour le saluer. «Elle m'a dit: "Surveille bien Bruce, un jour, il va devenir célèbre!" raconte Carotenuto. Et moi j'ai pensé: "C'est beau, les mamans, les seules qui croient en vous, quoi qu'il arrive." » Sauf qu'Adele était une Zerilli, si bien que sa foi était automatiquement multipliée par trois grâce à ses sœurs Dora et Eda, qui firent toutes les deux la queue au milieu des lycéens dans l'espoir d'avoir des tickets pour le concert des Castiles à l'occasion de l'inauguration du nouveau supermarché ShopRite de Freehold. «Oh, qu'est-ce que ça m'a plu! se rappelle Dora, la tante de Bruce. Mais déjà à l'époque il était célèbre. En tout cas pour nous. »

Et pourtant, pour Douglas Springsteen, tout ça n'était toujours que du bruit. Un raffut strident à l'étage au-dessus; le son de

---

7. George Theiss a aussi raconté sur le site internet Brucebase qu'une patiente faisait tout son possible pour séduire les membres du groupe tandis qu'un type courait partout en criant: «Banzai! »

son fils dégringolant dans le même piège qu'était devenue sa vie à lui. Quand il en avait marre, Doug attrapait le balai de la cuisine et se servait du manche pour cogner au plafond et faire taire Bruce. « À cause des voisins ! raconte Ginny Springsteen. On vivait dans une maison mitoyenne, ils étaient collés à nous. » Pour sa sœur, pour Adele, pour Theiss et pour tous les autres gamins du quartier qui connaissaient suffisamment M. Springsteen pour lui dire bonjour quand ils entraient dans sa cuisine, les tensions père-fils entre Bruce et Doug n'étaient rien d'autre qu'un conflit classique de génération. « Il n'y avait rien d'extraordinaire, dit Ginny. Il voulait que Bruce ait les cheveux courts et Bruce les voulait longs. » Elle réfléchit un moment avant d'ajouter : « Peut-être que nous, on ne trouvait pas ça si grave, mais visiblement Bruce, si. »

Si Doug ne comprenait pas son fils, en tout cas, il craignait pour son avenir. Mais il ne voyait pas du tout comment le protéger contre les dures réalités qui l'attendaient une fois qu'il aurait fini le lycée et qu'il devrait se confronter au monde du travail. À l'époque, Doug avait vu comme une bonne chose d'arrêter ses études pour s'engager dans la manufacture de tapis : presque toutes les familles de Freehold avaient quelqu'un qui travaillait chez Karagheusian. Mais la Deuxième Guerre mondiale avait chamboulé son plan de carrière et, près de vingt-cinq ans plus tard, Doug ne s'était toujours pas trouvé un métier auquel se tenir. Autrefois l'exemple type d'une petite ville ouvrière prospère, Freehold avait vu sa bonne fortune s'assombrir quand les Karagheusian, qui employaient à une époque plus de quatre cents de ses habitants, avaient quitté les lieux en 1961, déplaçant leur manufacture en Caroline du Nord, où la main-d'œuvre était moins chère. Avec les autres usines de la ville soit déjà parties soit sur le point de le faire, et tout le secteur tertiaire – boutiques, restaurants, concessionnaires automobiles, etc. – qui s'écroulait dans la foulée, les travailleurs comme Doug n'avaient plus qu'à se disputer les miettes. « Ça sonnait comme la mort de la ville, raconte le journaliste et historien Kevin Coyne, originaire de Freehold, dont le grand-père vit ses trente-deux années de bons et loyaux services chez Karagheusian se solder par un avis de licenciement et deux semaines d'indemnités. Il y avait beaucoup d'amertume. La sensation de promesses trahies. Et d'une loyauté non récompensée. »

Douglas Springsteen se consolait avec ses cigarettes et ses packs de bière. Voir son fils rentrer par la porte de derrière, guitare à la main, cheveux longs mal peignés, habillé de façon criarde, l'air aussi désinvolte, et murmurer « Salut, p'pa » en montant dans sa chambre remuait le couteau dans les plaies ouvertes de sa psyché. Bien décidé à préparer son garçon à affronter la même sombre existence que lui, Doug se raidissait sur sa chaise et demandait à Bruce de revenir bavarder une minute. Les oreilles encore bourdonnantes de musique et d'applaudissements, Bruce posait sa guitare, serrait les dents et se glissait docilement dans la noire vision du monde de son père.

Pendant des années, les amis de Bruce se sont demandé si son père s'en était pris à lui physiquement, ou sous une forme encore plus toxique de cruauté psychologique. Les gens les mieux intentionnés laissent échapper des mots comme *maltraitance* et *brutalité*. Ce qui s'est perdu dans les limbes du temps, c'est que le comportement bourru de Doug n'était qu'un mince vernis par-dessus son propre tourment. Et s'il était honteux de sa faiblesse et désespéré de ne savoir comment épargner à son fils le même destin que lui, il lui était cependant impossible de communiquer avec Bruce en profondeur. Alors, ce n'étaient pas tant les sermons, les critiques et de temps en temps les franches engueulades qui faisaient souffrir Bruce. C'était le néant qui flottait dans le regard de son père chaque fois qu'il entrait dans la pièce. Quand Bruce se tournait vers lui en espérant voir quelque chose – une étincelle d'affection, de fierté, une lueur d'amour, ou rien qu'un hochement de tête approbateur –, il se retrouvait toujours confronté à du vide.

« Ce n'était pas dans ce qu'il faisait, c'était dans ce qu'il ne faisait *pas*, dit Bruce. Dans l'absence de la moindre reconnaissance. Dans le rien. » L'air semble grésiller, et on croirait que c'était hier, comme si la fumée de cigarette et les vapeurs d'alcool étaient toujours imprégnées en lui. Sauf que Bruce a fini par comprendre que la souffrance dans cette pièce n'avait rien à voir avec lui. « Mon père, en vérité, était un type formidable. Je l'adorais. Je *l'adorais*. Mais l'alcool était un problème. Un pack de six bières tous les soirs, sans exception, ce n'est pas négligeable. Je ne sais pas si le repli sur soi venait de ça, ou... » Il laisse sa phrase en suspens, jette un regard par la fenêtre, puis hausse les épaules. « J'ai un peu écrit là-dessus moi-même. Je ne sais pas ce que vous voulez savoir de plus. Vous avez compris l'idée. »

Les Castiles démarrèrent l'année 1966 sur les chapeaux de roues, enchaînant les bals pour ados et participant à des concours entre groupes locaux dans lesquels un jury (bien que parfois douteux) décernait aux gagnants de l'argent ou des prix en nature qui incluaient parfois le droit de figurer en première partie d'artistes connus. Ces occasions ne se concrétisaient pas toujours, même pour les soi-disant vainqueurs. Mais ces shows permettaient au moins aux rockers en herbe de se rencontrer, de comparer leurs prestations et de construire une communauté musicale qui dépassait les frontières de leur lycée et de leur ville. Quand Bruce se mit à bavarder un soir avec le guitariste maigrichon et vif d'esprit des Shadows au Hullabaloo Club de Middletown, dans le New Jersey, il ne lui fallut pas longtemps avant de comprendre qu'il venait de trouver son âme sœur musicale.

« La clé, c'est qu'on était tous les deux obsédés par le même niveau de détail, se souvient Bruce. Si untel s'était coupé les cheveux, avait changé de chemise... *tout* ce que nos chanteurs préférés faisaient, pensaient, respiraient, mangeaient, buvaient, voyaient. Il n'y avait qu'une seule personne qui comprenait l'importance de tous ces événements de la même manière que moi. Et cette personne était Steve Van Zandt. » Et même si la mère et le beau-père de Van Zandt[8] habitaient Middletown, à une demi-heure de route et des années-lumière culturellement parlant (« Freehold était une ville de prolos et de blousons noirs, dit Bruce. Quand on se rapprochait de la côte, c'était plus classe »), les deux compères trouvèrent pourtant le moyen de passer des heures ensemble à écouter des disques, à en disséquer le moindre élément et à analyser ce qui caractérisait chaque partie séparément, de la voix aux renversements d'accord de la guitare rythmique en passant par les variations du batteur sur le charley. « Steve, c'était le gars vers qui vous pouviez aller – tous les grands fans de rock ont quelqu'un comme ça – sans avoir à vous expliquer, dit Bruce. Vous n'aviez pas besoin d'expliquer pourquoi vous étiez aussi remonté que le mec ait utilisé sur ce disque-là une autre guitare que sur celui d'avant, et que merde, c'est une *trahison de tout ce qui se fait de bien*! De tout ce qui est *juste* dans le monde! Et pourquoi est-ce qu'il se coiffait comme ci, et maintenant comme ça? *Non, non et non*! Tous les merveilleux débats et argumentations sur les moindres chipotages du rock'n'roll s'enflammaient dès qu'on s'asseyait ensemble, et ça continue encore aujourd'hui. Chaque fois que j'ai envie de me vautrer dans la surinterprétation d'un truc qui se passe ou qu'on essaye de faire, c'est à Steve que je demande. Il m'explique tout. Et le pire, c'est que, même quand je ne suis pas d'accord, je vois exactement de quoi il parle. Je ne peux jamais rejeter son argument d'emblée, parce que je vois exactement ce qu'il veut dire. »

---

8. Il est né à Boston sous le nom de Steven Lento et ses parents se séparèrent quand il était encore bébé. Sa mère partit s'installer dans le New Jersey quand il avait sept ans et se maria peu de temps après avec William Van Zandt, qui adopta l'enfant et lui donna son nom d'origine hollandaise. Steve ne revit jamais et ne chercha jamais à contacter son père biologique. « Je crois que c'était juste un connard bon à rien », explique-t-il.

Les Castiles firent quelques adeptes à Freehold et autour, peu nombreux mais néanmoins fidèles, y compris une bande d'exactement quarante-deux lycéens, principalement des filles, qui rédigèrent et signèrent une pétition réclamant que le groupe « soit un peu plus reconnu ». Précisément : « Ce groupe a un son fabuleux et nous protestons contre le fait que les maisons de disques et les stations de radio ignorent complètement ces garçons fantastiques. » Ce genre d'hystérie adolescente commençait déjà à taper sur les vieux nerfs de Marziotti, alors âgé de vingt-neuf ans, alors, quand une fan le coinça dans un couloir après un concert début mai au club Le Teendezvous et lui demanda, l'œil humide : « Vous êtes le papa de Brucie ? » le bassiste en eut ras le bol. « J'ai dit à Tex qu'ils pouvaient continuer sans moi », raconte-t-il. Marziotti resta encore le temps de transmettre les rudiments de leur show au nouveau bassiste, Curt Fluhr, beaucoup plus raccord en âge, après quoi il fit ses adieux au groupe.

Fluhr était devenu un Castile depuis moins de deux semaines lorsqu'il accompagna les autres au studio d'enregistrement Mr Music à Bricktown, New Jersey, pour graver les deux faces du premier 45 tours du groupe, deux morceaux originaux composés par Springsteen et Theiss. La face A, une chanson de rupture pleine d'entrain intitulée « Baby I », avec l'influence reconnaissable de Carl Wilson[9] sur la partie guitare, congédie sans états d'âme une amoureuse à qui le chanteur annonce jovialement qu'il n'aura plus besoin de ses services perfides vu qu'il s'est « trouvé quelqu'un d'autre / Quelqu'un de mieux que toi / Quelqu'un qui sera fidèle » (« *Got someone new / Somebody better than you / Somebody who'll be true* »). Mais comme tout est permis dans les chansons d'amour pop pour adolescents, la

---

9. Le guitariste solo des Beach Boys, dont le son à la croisée de Chuck Berry et Dick Dale a contribué à définir le style « surf music » des années 1960 (même si Carl suivait en fait les indications de son frère Brian, qui passaient souvent d'abord par le filtre d'un guitariste de studio).

face B, « That's What You Get », préfigure une flopée de futures chansons de Bruce, avec des paroles sombres dans lesquelles le mensonge d'un homme conduit on ne sait trop comment à la mort prématurée de sa fiancée, qui a l'air de choquer mais pas de surprendre le narrateur. « Voilà ce qu'on récolte quand on m'aime » (« *That's what you get for loving me* »), conclut-il dans le refrain[10]. Ce qu'ils récoltèrent avec cet enregistrement se résuma à un petit joyau pour impressionner les copains, une carte de visite pour les imprésarios et guère plus.

Sur ce 45 tours figurait également le nouveau batteur du groupe, Vinny Manniello, recruté pour remplacer Bart Haynes quand, un peu plus âgé que les autres, celui-ci termina son lycée au Freehold Regional et s'engagea dans les US Marine en espérant y décrocher un meilleur grade et une meilleure affectation pour s'être enrôlé de lui-même plutôt que d'avoir attendu le service obligatoire. Haynes savait qu'il allait de toute façon finir au Vietnam avec un fusil entre les mains, mais quand il revint en permission après ses classes, il donna l'impression que tout ça n'était qu'une blague de plus, portant son uniforme de caporal avec toute l'autorité d'un gamin le jour d'Halloween. « C'était un dur, qui se laissait un peu aller au gré des hasards, dit Bruce. Il était dingue, imprévisible et très drôle. » Quand on lui tendit un planisphère, Bart Haynes fut bien incapable d'y situer l'obscur pays de jungles et de montagnes dans lequel il allait bientôt devoir risquer sa vie.

Quant aux autres Castiles, ils passèrent l'année suivante à lutter pour affiner leur musique et se frayer un chemin vers de meilleurs beach-clubs, discothèques et peut-être une scène de concert ou deux, même si c'était pour passer derrière douze autres groupes. Ils n'eurent jamais beaucoup de succès de ce côté-là,

---

10. On peut aussi noter le vers où le chanteur dit « Je tombe à genoux et je pleure » (« *I fall down on my knees and I cry* »), qui sera répété quasiment mot pour mot dans la chanson « Downbound Train » de Bruce presque deux décennies plus tard.

mais Vinyard réussit à leur obtenir une série de shows semi-régu-
liers au Cafe Wha?, une des salles rock les plus célèbres (et maintenant iconique) de Greenwich Village à New York. Pratiquement
toutes leurs prestations dans ce club avaient lieu l'après-midi,
lors de concerts destinés aux adolescents. Mais jouer sur la scène
qui avait contribué à lancer à la fois Bob Dylan et Jimi Hendrix,
lequel s'était encore produit là quelques mois plus tôt, n'était pas
rien. Alors que la plupart des autres groupes de la région, nourris
à la Beatlemania, avaient renoncé à leurs ambitions ou s'étaient
séparés, les Castiles étaient devenus une solide association
professionnelle, grâce aux progrès constants de Bruce à la guitare
autant qu'au charisme grandissant de Theiss comme chanteur et
qu'aux puissantes harmonies à trois de Theiss, Popkin et Bruce.
L'arrivée de l'organiste Bob Alfano, qui maîtrisait à la perfection
le mélange tourbillonnant de blues et de gospel en vogue parmi
la nouvelle génération de rockers psychédéliques californiens,
donna au groupe un son encore plus complexe.

Alors que 1966 cédait la place à 1967 et que la culture des
jeunes aux cheveux longs penchait désormais vers le psychédélique effréné, les Castiles suivirent le mouvement. Les tenues
de Bruce virèrent aux couleurs flashy et aux imprimés à fleurs
tandis que ses boucles noires s'allongeaient pour former un
rideau devant ses yeux et une cascade sur ses épaules et sa
nuque. Avide disciple des émissions de rock à la télé – la prestation littéralement explosive des Who dans *The Smothers
Brothers Comedy Hour* (grâce au goût un peu trop prononcé de
Keith Moon pour la pyrotechnie et de Pete Townshend pour le
fracassage de guitare) fut une révélation majeure –, Bruce prit
l'habitude de commencer tous les concerts haut perché sur une
chaise de maître nageur d'où il sautait ensuite dans un moment
spectaculaire. En avril, lors de leur performance dans le cadre de
la Catholic Youth Organization à Saint Rose of Lima, il pimenta
le show en équipant la scène d'un stroboscope, de fumigènes et
autres gadgets. Quand ils arrivèrent à leur morceau phare, Bruce

fit un signe de tête à un ami afin qu'il allume le stroboscope, puis les fumigènes. Une fois la fumée dissipée, il grimpa sur son ampli et se servit de sa guitare pour faire exploser un vase de fleurs acheté pour l'occasion, dont il ne resta plus que des tessons jonchés de pétales. Le public rugit et le jeune Bruce, dans son nuage de fumée, se prit pour un artiste psychédélique visionnaire jusqu'à ce que, quelques minutes plus tard, les lumières de la cafétéria se rallument. C'est là que son prof de géométrie de quatrième vint le voir et lui tapa dans le dos en s'exclamant : « Bruce ! C'était vraiment chouette. »

Les témoignages de sympathie intergénérationnelle de ce genre étaient devenus chose de plus en plus rare. Dès le milieu de 1967, Freehold, comme à peu près tous les autres hameaux, villages et villes de la nation, s'était atomisée en camps ennemis : les parents contre les enfants, les faucons contre les pacifistes, les conservateurs contre les progressistes, les Blancs contre les Noirs, etc. Alors peut-être que Bruce aurait pu s'y attendre quand, le 19 juin, se présentant au Freehold Regional High School afin de récupérer sa robe et sa toque pour la cérémonie de remise des diplômes le soir même, on l'informa qu'il n'aurait pas accès à l'auditorium à moins de se couper les cheveux, qu'il avait à l'époque aux épaules. Ni une ni deux, Bruce fit demi-tour et sortit d'un pas ferme pour aller attraper un bus pour New York et passa son après-midi à écumer les clubs de Greenwich Village[11].

L'ironie suprême, bien sûr, était que la coiffure et les tenues rebelles de Bruce ne correspondaient en rien à ses vices

---

11. Au grand dam de sa mère Adele, pas seulement parce qu'elle se réjouissait d'assister à la remise de diplôme de son fils, mais aussi parce qu'elle avait pris une demi-journée de congé afin de préparer la grande fête qu'elle avait prévue à la maison le soir. La fête, au moins, se déroula sans accroc, devenant particulièrement joyeuse tard dans la soirée quand Bruce réapparut, juste à temps pour recevoir la mobylette qu'Adele lui avait achetée comme cadeau. Pourtant elle reste encore un peu fâchée de l'insouciance adolescente de Bruce. « J'ai pleuré et tout, dit-elle. Demandez-lui plutôt à lui de vous raconter cette histoire. »

supposés. Ayant souffert du mode de vie étrange de ses grands-parents, dégoûté par le tabagisme et l'alcoolisme de son père, Bruce tenait trop à rester maître de soi pour risquer de mettre en péril son équilibre avec des drogues, de l'alcool ou une quelconque anarchie psychosociale. Alors, même si ses cheveux le faisaient passer pour un excentrique aux yeux de la génération de ses parents, la sobriété obstinée de Bruce le distinguait aussi des hippies au regard brumeux parmi lesquels il évoluait. Et s'il pouvait trouver de l'énergie pour la politique et les sentiments contestataires de l'époque, c'était moins par intérêt philosophique que viscéral. « C'était très concret, dit-il. Dans cette génération, tout était politisé. Je ne connaissais personne qui ne faisait pas au moins semblant de s'y intéresser. Au minimum, vous étiez obligé d'adopter une posture. » Et à Freehold, une coupe de cheveux non traditionnelle et une chemise à fleurs sortie du pantalon suffisaient à vous dessiner une cible dans le dos. Même aujourd'hui, le look de Bruce dans les années 1960 est capable de réveiller le doute chez certains policiers de l'époque. « Il traînait dans les rues avec les autres, affirme l'ancien agent (et par la suite préfet de police) Bill Burlew. Il avait les cheveux longs, il était toujours fourré avec les Street People [un célèbre gang de Freehold]. » Quand un concert de protestations s'élève autour de lui dans le salon de coiffure Joe's Barbershop, Burlew ne peut que hausser les épaules. « Ah bon, alors peut-être que c'était juste un gosse comme les autres. »

Comme l'était le batteur originel des Castiles et caporal de l'US Marine Bart Haynes qui, le 22 octobre 1967, patrouillait avec son unité dans la province de Quang Tri lorsque des soldats nord-vietnamiens lâchèrent une pluie de tirs de mortier sur les troupes américaines. Haynes fut tué dans l'embuscade et, quand la nouvelle de sa mort parvint à Freehold une semaine plus tard, Bruce et les autres membres des Castiles eurent du mal à encaisser le choc. En particulier, George Theiss qui, à peine quelques jours plus tôt, avait rêvé de son ami. Comme Theiss l'a raconté à Kevin Coyne, dans son rêve un téléphone sonnait et il tendait la main pour décrocher. La voix au bout du fil était celle de Bart Haynes, qui émergeait parmi les grésillements avec un seul et lugubre message : « Je vais bien... Je vais bien[12]. »

---

12. Tout ce paragraphe est inspiré du livre *Marching Home* de Kevin Coyne, une histoire de Freehold et des soldats que la ville envoya au combat au fil des diverses guerres américaines (Viking, 2003).

3

Alors que mon esprit
tord les nuages en rêve

Au début de l'année 1968, les Springsteen semblaient être dans une bonne passe. Bruce entamait son deuxième semestre de fac au Ocean County Community College (rebaptisé plus tard Ocean County College), concentrant ses études sur l'anglais, avec de bonnes notes en classe d'écriture[1]. Doug s'était dégoté un boulot durable à l'usine de gobelets jetables Lilly Cup, offrant davantage de stabilité financière à sa famille et de structure à ses journées. Il pouvait se traîner pendant des jours, voire des semaines, le regard terne, mais déterminé. Puis, du jour au lendemain, il se réveillait entortillé dans ses draps et trouvait à peine l'énergie d'enfiler une chemise, un manteau, et d'atteindre la porte. Mais ça finissait par passer et, un beau matin, il se levait en grande forme et traversait la semaine suivante comme une boule de flipper, frénétique et imprévisible. « Avec tout ce qui se passait, on n'avait aucune idée de ce qui relevait d'un problème mental ou pas », raconte Ginny Springsteen. Sa mère acquiesce tristement puis évoque un événement qui les fait se crisper toutes les deux. Adele lâche encore un de ses énigmatiques « Oh, et tu te souviens quand... » mais elles se contentent de grands roulement d'yeux et de quelques ricanements sombres. « Il n'était pas très bien dans sa tête, c'est tout, conclut Adele. Le pauvre. »

---

1. Par la même occasion, les études lui permettaient de repousser à plus tard l'armée et le monde du travail grâce à un sursis d'incorporation.

Parfois les problèmes surgissaient à l'improviste. Un soir, cet hiver-là, alors que chacun vaquait à ses occupations habituelles d'après dîner – Doug à la cuisine ; Ginny, Adele et Pam au salon devant la télé ; Bruce dans l'escalier pour monter dans sa chambre –, quelqu'un sur South Street pointa un revolver sur la porte d'entrée des Springsteen et tira un coup de feu. La balle traversa le battant et termina sa course dans la rampe d'escalier en bois, à quelques dizaines de centimètres de là où se trouvait Bruce.

Qu'est-ce que c'était que ce bordel ? Ils ne le savent toujours pas. Peut-être était-ce lié aux tensions raciales grandissantes dans la ville. Ou peut-être l'œuvre aléatoire d'un fou solitaire, ou encore une très mauvaise blague. « Je crois que la police est venue », se souvient Bruce. En tout cas, il ne l'a certainement pas pris pour lui. « J'étais encore gamin, je trouvais ça plutôt excitant, dit-il. C'était juste bizarre. »

Un dimanche matin quelques semaines plus tard, Bruce monta sur sa mobylette pour accompagner Ginny chez une amie, la déposa et rebroussa chemin, ses longues boucles noires flottant dans la brise printanière. Il était presque à la maison quand un homme qui ramenait son fils chez lui après la messe à bord d'une grosse berline ne vit pas la mobylette qui se dirigeait vers lui sur Jerseyville Avenue. Bruce fut projeté par-dessus le capot et atterrit tête la première sur le bitume. Quand le policier Lou Carotenuto arriva sur les lieux, Bruce était sur le trottoir, conscient mais assommé et se tenant le genou, qu'on voyait sortir de son jean déchiré, sanguinolent. « Il se frottait la jambe mais il n'arrêtait pas de dire : "Ça va, ça va !" raconte Carotenuto. Comme Doug l'aurait fait. » En voyant le regard hébété de Bruce, son genou sanglant qui enflait à vue d'œil et ses réactions pour le moins confuses, Carotenuto appela une ambulance, qui transporta l'adolescent presque inconscient dans un hôpital près d'Asbury Park. Là, le personnel des urgences découpa son jean trempé de sang et orienta Bruce vers un vieux docteur dont la patience pour les ados hippies déglingués avait visiblement atteint ses limites.

Devant ce jeune ensanglanté et semi-cohérent, le médecin contempla ses cheveux longs et marmonna qu'il avait peut-être eu ce qu'il méritait. Il lui diagnostiqua une commotion cérébrale et ordonna son maintien en observation pour y subir d'autres examens. Inquiète pour son fils et le montant astronomique des frais d'hospitalisation, et ayant reçu le rapport de police qui désignait clairement l'autre conducteur comme étant en tort, Adele engagea un avocat pour se préparer à un litige au cas où l'assurance adverse refuserait de payer. Elle apprit rapidement que leurs chances dans un procès civil seraient nettement meilleures si Bruce apparaissait à la barre comme un brave Américain propre sur lui. Quand Doug revint le voir à l'hôpital accompagné d'un coiffeur, Bruce se mit à crier comme un putois. « Je lui disais que je le détestais, que je n'oublierais jamais », raconta-t-il un jour sur scène dans les années 1980. Encore aujourd'hui, Adele a l'air horrifiée au souvenir de cet épisode, même s'il s'agissait juste de maintenir la famille – et en particulier leur fils – à flot. « Tout le monde se moquait de lui ! dit-elle. Mais on s'en est tellement voulu. Je n'aurais jamais cru qu'il le prendrait aussi mal. » Pourtant, avec trois enfants à nourrir et toutes les factures courantes à payer, la famille avait besoin d'argent plus que Bruce de ses cheveux.

Et puis Ginny, au milieu de son année de terminale, tomba enceinte. Le fait que son petit copain d'alors, Michael « Mickey » Shave, soit un cavalier professionnel de rodéo ne facilita pas la tâche à ses parents pour affronter la stigmatisation sociale et religieuse de cette grossesse précoce hors mariage. Mais la situation fâcheuse de Ginny était loin d'être une première dans ce coin de Freehold, ni même dans la famille, alors Adele respira un grand coup et fit ce qu'il y avait à faire. Le jeune couple fut marié lors d'une modeste cérémonie, la famille donna une petite fête pour célébrer ça et les deux tourtereaux rassemblèrent leur courage en vue de ce passage accéléré à l'âge adulte qui allait les mettre à l'épreuve comme aucun adolescent ne peut y être préparé[2].

De retour dans l'antre nocturne de sa cuisine, Doug était hanté par une seule idée qui ne le lâchait plus : il en avait assez. Assez d'histoire familiale, assez de regards inquisiteurs, assez de Freehold. Imaginant des cieux ensoleillés et un rivage aussi loin que possible de celui du New Jersey, ses pensées se tournèrent vers la Californie, destination traditionnelle des réfugiés de la côte Est à la recherche d'un nouveau départ. « Il avait juste envie de bouger, raconte Adele. Moi, je ne voulais pas partir. Je ne voulais pas laisser Ginny qui venait d'avoir un bébé, et puis je travaillais pour le même homme depuis vingt-trois ans. Mais Douglas a dit : "Très bien, dans ce cas je partirai sans toi." » Sentant le désespoir dans sa voix, Adele ne pouvait pas ignorer le besoin qu'exprimait son mari. Alors ils se mirent d'accord : ça prendrait peut-être du temps – sans doute plusieurs mois – pour économiser l'argent nécessaire à un si grand projet. Mais ils partiraient. Et, comme Doug le fit bien comprendre, il n'avait pas l'intention de revenir.

Fin septembre 1968, Tex et Marion Vinyard invitèrent les Castiles et leurs amis à ce qui était devenu chez eux une célébration régulière : une fête commune pour marquer les anniversaires de Theiss et de Bruce, nés à un jour d'écart. En apparence, c'était une quasi-réunion de famille, comme toujours : un gros gâteau, des sandwichs, des chips, l'éventail habituel de sodas bon marché. Les photos dans l'album de Marion – sur les pages intitulées « Fête d'anniversaire pour les 19 ans de nos garçons, George et Bruce » – montrent une maison remplie de jeunes gens maigrichons à cheveux longs, tous fraîchement lavés et (à part

---

2. Quarante-deux ans plus tard, Ginny et Mickey sont toujours mariés, avec trois enfants et trois petits-enfants.

Theiss) rasés, vêtus de leurs plus beaux pantalons, chemises repassées et pulls à l'effigie de leur université. Sur une des images, le très barbu Theiss offre un modèle de glamour rock de la fin des années 1960, la chemise déboutonnée révélant son torse nu, les bras d'une sylphide blonde enroulés autour de son cou. Sur une autre, Bruce, en chemise et pull sans manches, est assis par terre en tailleur, penché sur une guitare acoustique sous le regard captivé d'une jeune femme qui se tient à distance respectueuse. Quand on lui demande de réagir à la différence de style entre les photos du chanteur et du guitariste des Castiles, Theiss éclate de rire. « Ouais, ça en dit long. Ça correspond pas mal à la réalité. »

Ce qui ne transparaît pas dans ce tableau chaleureux, c'est que les Castiles s'étaient séparés à peine quelques semaines plus tôt. Le plus étonnant est peut-être qu'ils aient réussi à rester ensemble si longtemps. « On avait commencé comme des petits blousons noirs de Freehold et on a tous fini comme des hippies aux cheveux longs, raconte Bruce. C'est juste qu'on grandissait et qu'on changeait. Je me souviens bien qu'il y avait quelques dissensions entre nous, mais je ne me souviens plus à propos de quoi. Peut-être que je commençais à chanter, ou qu'on ne voulait plus jouer la même musique. » Sans doute les deux. Complètement envoûté par les compositeurs-interprètes Tim Buckley et Leonard Cohen, Bruce avait passé l'hiver à noircir ses cahiers de poèmes, comme par exemple l'onirique « Nuages » (« Alors que mon esprit tord les nuages en rêves / Qui me plaisent pendant que le soleil se noie dans / La nuit je regarde et tu es partie ») ou le surréaliste-mais-trop-réaliste « Impressions des bidonvilles » (« Des chevaux d'or battent le pavé / Sous leurs pas se bousculent des enfants affamés / Parce qu'ils n'ont pas eu à manger »). Dans « Jusqu'à ce que tombe la pluie », Apollon lui-même apparaît dans un grondement de tonnerre sur des nuages en feu pour proclamer une révélation : « En atteignant l'âge canonique de dix-huit ans j'ai découvert / Que ce qui est rond n'est pas rond du tout, et ce qui est en haut peut être en bas. » Tout ça est très profond et romantique, parfait pour un jeune troubadour avec des soucis en tête et une guitare à la main. Abordant le printemps avec un nouveau répertoire de chansons acoustiques, il avait donné quelques concerts solo au Off Broad Street Coffee House de Red Bank et ressenti une émotion complètement différente en se présentant seul avec rien d'autre à offrir que sa guitare, sa voix et ses pensées les plus intimes.

Au même moment, les Castiles, désormais tous bacheliers et prêts à s'engager dans des études ou la vie professionnelle avec des petits boulots au bas de l'échelle et des stages de formation, commençaient à s'essouffler. Sur le calendrier du rock'n'roll, la séparation aurait dû avoir lieu depuis longtemps : les groupes adolescents sont censés être des créatures éphémères. Mais même un changement inévitable peut être vécu comme un bouleversement, et vers la mi-juillet Bruce et Theiss ne se parlaient presque plus. Parfois ils se disputaient sur scène. Et lors d'un de leurs concerts au Off Broad Street à cette période, un fan prit une photo qui montre Bruce l'air exaspéré brandir son majeur en direction de Theiss, visiblement à cran. Tout n'allait clairement pas pour le mieux dans le monde des Castiles. Et c'était avant que la police de Freehold ne s'en mêle.

Cela se produisit la première semaine d'août 1968. Et même si tous les gosses de Freehold n'étaient pas complètement tombés dans les drogues ou l'excentricité qui étaient devenues la marque de fabrique de leur génération, la police locale avait déjà décrété que la quantité de stupéfiants qui circulaient en ville et leur consommation enthousiaste par les jeunes Freeholders avaient atteint des proportions inquiétantes. Elle n'avait pas tout à fait tort. Depuis l'été 1967, il était incroyablement facile de se procurer de la marijuana si on connaissait les bonnes personnes. En 1968, ces mêmes personnes pouvaient aussi vous fournir du LSD, des champignons hallucinogènes, des amphétamines, des tranquillisants, de la cocaïne, de la DMT, du speed, de l'héroïne...

toutes les friandises en magasin. Évidemment, la question de savoir qui prenait quoi devint un sujet brûlant parmi les jeunes. Quand certains consommateurs se mirent à porter des colliers sur lesquels étaient enfilés de petits disques de couleur (distribués à l'origine dans les boîtes de céréales comme éléments d'un jeu), il suffisait de regarder le cou de quelqu'un pour connaître sa drogue de prédilection : vert pour l'herbe, jaune pour le LSD, rouge pour le speed, etc. Bref, la jeunesse insouciante de Freehold s'amusait bien, jusqu'à ce qu'il s'avère qu'il y avait parmi elle un policier des stups, ou quelqu'un aspirant à le devenir. Une fois les flics au courant du secret, les colliers leur mâchèrent le travail. En une semaine, ils avaient établi une liste avec les noms, les adresses et les drogues correspondantes.

Les voitures de police se mirent en branle à quatre heures du matin. Elles se déversèrent dans presque tous les quartiers de la ville simultanément, les agents tambourinant aux portes des maisons en pleine nuit, brandissant leurs mandats de perquisition, effectuant des fouilles, ramassant ce qu'ils savaient déjà devoir trouver et embarquant les jeunes hors-la-loi. Le soleil était à peine levé que toute la ville était en émoi. « Ils habitaient tous chez papa-maman et les flics sont venus les chercher chez papa-maman, se souvient Bruce avec une horreur feinte. Et en plein milieu *de la nuit* ! Avait-on *idée* d'une chose pareille ? Il n'y avait jamais eu de coup de filet auparavant ! L'expression et l'acte en lui-même étaient inconnus au bataillon. Les gens étaient choqués. *Ici ? Chez nous ?* » L'événement eut un fort impact sur les Castiles, surtout parce que Vinny Manniello, Paul Popkin et Curt Fluhr s'étaient fait choper dans la rafle. « Tout ce dont je me souviens, c'est que je me suis réveillé un matin et que la moitié des gars avaient disparu, raconte Bruce. Avec George, on était dehors et on s'est dit : "Bon, ben, c'est peut-être le moment d'arrêter." »

Un ou deux jours après, Bruce tomba sur John Graham et Mike Burke, deux musiciens un peu plus jeunes que lui (ils avaient seize ou dix-sept ans), de New Shrewsbury. Déçus par leur récente expérience au sein du groupe Something Blue spécialisé dans les reprises de blues et des Stones, respectivement bassiste et batteur, ils étaient à la recherche d'un chanteur-guitariste quand ils entendirent Bruce parler du coup de filet géant à Freehold. Les trois musiciens bavardèrent un moment et, quand ils en arrivèrent à évoquer leur amour commun pour Cream et The Jimi Hendrix Experience – les deux meilleurs groupes de blues psychédélique, chacun composé de trois membres –, *et* le fait qu'il fallait trouver une solution de rechange pour le concert des Castiles le 10 août au club Le Teendezvous, tout s'éclaira. « J'étais prêt pour un power trio, à ce moment, dit Bruce. Je crois qu'on a dû répéter un soir ou deux, et puis on a joué ce week-end-là. Après, il n'y avait plus de retour en arrière possible. »

Ayant choisi de s'appeler Earth (en français « Terre »), le trio – qui devenait quartet chaque fois que Bob Alfano, le talentueux organiste des Castiles, rappliquait avec son orgue Hammond – se bâtit un répertoire à partir des tubes les plus connus de Cream, Hendrix, Traffic, les Yardbirds et Steppenwolf, dont le single tout juste sorti « Born to Be Wild » devint un des classiques en clôture de leurs shows. Se spécialiser dans ce genre de morceaux propices à l'improvisation leur permettait de jouer de longs concerts facilement, surtout vu le style de plus en plus dynamique de Bruce à la guitare. Bientôt, deux jeunes managers en herbe, Fran Duffy et Rick Spachner, convainquirent Bruce, Burke et Graham de les laisser gérer leur carrière naissante et leur programmèrent une série de concerts qui les occupa tout l'automne.

Au même moment, Bruce, qui ne se sentait toujours pas à sa place sur les bancs de l'école, céda aux supplications de ses parents et rempila pour un semestre au Ocean County Community College (OCCC). Ses nouveaux associés de Earth, qui avaient tous les deux grandi dans une ville de nantis où l'on prenait l'éducation au sérieux, étaient une source supplémentaire de motivation. « Ils étaient intelligents, ils avaient l'air cultivés et ils avaient des familles qui avaient l'air cultivées, raconte Bruce. Ces mecs-là allaient à la fac, ce qui les différenciait de mes potes de Freehold, qui eux allaient au Vietnam. » Squattant le sous-sol des Graham (où le groupe répétait), Bruce s'imprégna de l'atmosphère résidentielle cossue de New Shrewsbury et, pendant un temps, s'efforça de s'y conformer. Graham comme Burke lisaient et écrivaient énormément, si bien que, quand ils ne parlaient pas musique, les trois garçons envisageaient leur avenir littéraire. Temporairement galvanisé par ses ambitions universitaires, Bruce leur annonça qu'il prévoyait de bifurquer après ses deux années au OCCC pour étudier le journalisme à Columbia University. Graham et Burke ne doutaient pas une seconde de ses capacités à le faire. « Il était très impressionnant et agréable », dit Burke. « Un type vraiment sympa, drôle, intelligent, et un puits de science en musique, renchérit Graham. Et sur scène, il n'avait peur de rien. »

Les administrateurs du OCCC se sentaient moins confiants pour leur propre avenir. Avec toutes ces autres facs transformées en foyers de contestation, de dissidence, parfois même d'émeutes, ils craignaient que la même chose ne se produise dans leur institution non encore reconnue par l'État (les formalités furent terminées en 1969), une perspective à laquelle l'établissement semblait bien trop fragile pour survivre. Espérant éviter cette calamité, ils décidèrent de prendre les devants : ils repéreraient les jeunes qui leur paraissaient ne pas se fondre dans le moule et les garderaient à l'œil. Pas pour les contrôler ni fomenter des raisons de les renvoyer, bien sûr. Juste pour s'assurer que tout le monde était content. Et que personne ne projetait de tout faire péter.

Instantanément, Bruce fut dans le collimateur de la fac. « On était seulement une poignée à avoir les cheveux longs et il en faisait partie, raconte un ancien camarade de classe, Bo Ross.

On se mettait tous autour d'une table dans les locaux de l'association étudiante, on traînait, on discutait. » Bruce, dans son
souvenir, ne parlait pas beaucoup et portait des lunettes de soleil
à monture métallique avec des verres jaunes qui lui donnaient
un petit air d'assassin. Souvent perdu dans ses pensées, il
impressionnait, ou peut-être déstabilisait les autres en brisant
brusquement le silence d'un couloir par un éclat de mélodie
rocailleuse. Une fois de plus, il paraissait tellement perché sur
sa propre longueur d'onde que même les gros durs qui adoraient
chercher l'embrouille et persécuter les petits hippies gardaient
leurs distances. « Je crois qu'il avait l'air trop bizarre pour qu'on
vienne l'emmerder, finalement », dit Ross.

Peut-être que toute cette attitude étrange en public n'était
qu'un jeu, le prolongement de cette confortable distance qui
l'avait protégé pendant l'enfance. Mais, dans l'intimité de son
cours de « composition avancée », Bruce se sentait suffisamment à l'aise pour ouvrir en grand les portes de ses profondeurs secrètes. Soigneusement rédigées sur du papier réglé, les
nouvelles de Bruce se lisent comme de sombres méditations sur
un monde vidé de son humanité. Dans l'une d'elles, le narrateur épie une femme seule la nuit, « caressée seulement par les
mains glacées de la lune. Elle avait partagé son amour et s'était
fait piétiner par l'avidité de ceux à qui elle l'avait donné ». Son
professeur le gratifia d'un A et griffonna ces compliments dans
la marge : « Oh, Bruce, vous avez un bel esprit... du moins ce
qu'on en voit sur le papier. » Un autre devoir lui valut également un A et des louanges sur son usage des métaphores et des
images, mais les commentaires se concluaient par une question :
« Où voulez-vous aller ? Sans connaître votre direction, je ne
peux pas vous aider. »

Mais la composition la plus frappante de Bruce est aussi la
plus dérangeante. Même son professeur, admiratif, accompagna
son A d'un petit mot, admettant : « Je ne peux pas dire que j'aie
tellement apprécié l'histoire », et pour cause. Rédigée de façon

austère et empreinte de souffrance, la nouvelle décrit une jeune fille, vêtue d'une fine robe de soirée blanche, attaquée par une « créature sans visage » qui « plaqua son corps fragile contre le trottoir dur ». Après des descriptions très crues de ses blessures et des lambeaux sanguinolents de sa robe, la dernière image est celle de la fille mutilée agonisant sur le trottoir, « crucifiée sur la croix de la nuit par la violence d'un homme[3] ».

À un moment durant son troisième semestre au OCCC, Bruce trouva un message dans son casier : pouvait-il prendre un rendez-vous pour s'entretenir avec le conseiller d'orientation ? Il s'exécuta et, d'après ses souvenirs, la conversation fut extraordinairement personnelle et blessante. « On m'a dit que les gens se plaignaient de moi, se rappelle-t-il. Et, pour être honnête, c'est même tout ce qu'on m'a dit. C'était bizarre. J'ai demandé "À propos de quoi ?" mais il n'y avait rien de spécial. » Dans des versions antérieures, Bruce a raconté que certains étudiants de sa promo étaient allés jusqu'à faire circuler une pétition réclamant son renvoi de l'école, sous prétexte qu'il était trop décalé. Mais Bo Ross trouve cette histoire un peu tirée par les cheveux, ne serait-ce que parce que Bruce n'était pas le seul à être convoqué chez le conseiller d'orientation. Bien décidée à déjouer cette émeute étudiante tant redoutée, l'administration avait envoyé la même lettre à tous les gamins qui passaient leur pause-déjeuner à la table des chevelus de la cafétéria.

« On a *tous* eu un rendez-vous, raconte Ross. Et le type était cool. Il nous demandait nos opinions sur certaines choses, moi j'avais trouvé ça plutôt sympa, finalement. » Mais, pour Bruce, qui maintient que le conseiller lui a fait état de la pétition réclamant son renvoi, c'était encore une goutte de plus dans une

---

3. Évidemment, les détails ont été changés. Mais toute personne connaissant un tant soit peu l'histoire familiale des Springsteen pense aussitôt à Virginia Springsteen, une petite fille tuée par un camion sans visage sur le trottoir de McLean Street.

longue suite d'humiliations scolaires. «Ça a consolidé le sentiment que j'avais de ne pas être à ma place, dit-il. Et, au fond, il y avait juste ce cours qui me plaisait [de composition avancée], et dont j'ai tiré un certain profit parce que ça m'a encouragé. Tout le reste, c'était encore la preuve de, vous savez... que je n'avais rien à foutre là.»

Earth se produisit tout l'automne dans les divers lieux habituels du comté de Monmouth – Le Teendezvous, le Off Broad Street Coffee House, le Hullabaloo –, se forgeant une réputation assez solide pour attirer un public venu de toute la région. Mais, bien que le groupe ait donné un concert de rentrée au OCCC en septembre, Bruce continuait de cloisonner complètement sa vie musicale et sa vie universitaire. Même ses copains à la table des chevelus ne savaient rien de Earth, ni des talents de guitariste de Bruce, jusqu'à ce qu'un ami de Bo Ross débarque en s'extasiant sur ce nouveau groupe sensas qu'il venait de voir. «Il disait: "Putain, ce mec est *trop bon*"», se souvient Ross. Et il ne parlait pas simplement des prouesses de Bruce à la guitare. «Ce qui l'avait le plus impressionné, c'est que ce type était monté sur scène et avait *réveillé* tout le monde. Il avait une présence.» Quelques jours plus tard, un autre ami de la table des hippies apporta une photo de Bruce en concert avec Earth. «En plus, il avait une sacrée allure sur scène. Et nous, on l'avait toujours trouvé bizarre. Alors là, ça nous a fait... *ouah!*»

Au même moment, les managers Spachner et Duffy avaient réussi à décrocher une date pour Earth au célèbre Fillmore East de New York, à l'époque la vitrine de tous les groupes hippies/ psychédéliques importants qui passaient en ville. Bruce était déjà un habitué du Fillmore en tant que spectateur – il y allait généralement seul, pour voir les groupes du moment et absorber ce qu'il pouvait de leur prestation musicale et scénique en vue d'un usage et d'une adaptation ultérieurs –, mais ce jour-là le Fillmore serait officiellement fermé. Le public, si on pouvait appeler ça comme ça, serait l'équipe de *NYPD : Now You're Practically Dead*, un film d'auteur underground et vaguement porno dans lequel figurait une scène de débauche dans un concert rock. Le boulot de Earth consistait à incarner les musiciens sur scène, jouant en play-back sur une chanson du groupe Rhinoceros[4] tandis que les acteurs et les figurants dansaient, s'arrachaient leurs vêtements et finissaient par se battre et se rouler sur scène autour d'eux. « Pendant qu'on faisait semblant de jouer, le réalisateur a dit à une super nana d'enlever son haut, raconte Burke. Vous auriez dû voir la tête de Bruce ! » Plus tard dans la soirée, le réalisateur grimpa sur la passerelle au-dessus du plateau pour filmer une scène de sexe aérienne ponctuée à un moment crucial par un plan sur une petite culotte qui dégringolait de la rampe d'éclairage pour atterrir gracieusement sur les clefs de la guitare de Bruce. Le film ne sortit jamais, mais Earth récolta quand même le salaire exorbitant (pour eux) de trois cent cinquante dollars en une journée de travail.

Le prochain (et dernier) concert du groupe à New York devait être en tant que moitié d'affiche d'une soirée le 28 décembre au Crystal Ballroom, une salle de mille huit cents places à l'intérieur du Diplomat Hotel sur West 43rd Street. Il ne fallut pas longtemps aux organisateurs pour se rendre compte de leur erreur : Earth était complètement inconnu à New York et les quelques fans qu'ils avaient vivaient sur le Jersey Shore. Devant la perspective d'un désastre financier, ils imaginèrent une solution brillante : affréter des bus et offrir gratuitement le transport aller-retour aux fans. Quand le comité étudiant du OCCC accepta d'aider à promouvoir le show, les billets commencèrent à se vendre. Le jour du concert, la salle était presque remplie, offrant au trio la plus large audience de sa courte carrière.

---

4. Un groupe de hard-rock montant de l'époque, signé chez Elektra Records, dont la structure et le son auraient bientôt une influence majeure sur l'écriture et le jeu de scène de Bruce.

Et puis il y avait quelques invités de marque dans l'assistance. Comme le raconta Spachner aux trois garçons le lendemain, deux cadres de deux gros labels différents[5] l'avaient alpagué après le spectacle pour lui proposer de prendre le groupe sous contrat. Mais rien d'aussi sérieux ne pourrait arriver, ajouta-t-il, tant que chacun des membres du trio n'aurait pas signé un contrat désignant Spachner et Duffy comme leurs managers officiels. Le seul problème était que Graham et Burke étaient encore trop jeunes pour pouvoir signer quoi que ce soit sans l'autorisation légale de leurs parents. Et en l'occurrence leurs parents n'étaient pas très contents de la quantité de temps et d'énergie que leurs fils consacraient à leur hobby musical. Spachner et Duffy organisèrent une petite rencontre pour les amadouer. « Mais déjà en y allant, j'avais un mauvais pressentiment, raconte Burke, parce que ma situation familiale était des plus précaire. J'avais une relation absolument désastreuse avec mes parents, et pour John, c'était encore pire. » Les contrats ne furent jamais signés.

Earth donna une poignée de concerts dans les premières semaines de 1969, y compris lors d'une *party* organisée par le syndicat étudiant du OCCC[6] et de deux ou trois soirées au club Le Teendezvous. Les places pour la date du 14 février prévue au départ au Paddock Lounge de Long Branch se vendirent si vite que les organisateurs de cet événement baptisé « Massacre de la Saint-Valentin » le programmèrent finalement dans une plus grande salle à l'Italian American Men's Association Clubhouse de la ville. Ce show fut encore une bonne soirée pour Earth, et excellente pour Bruce, dont la guitare hurlante et la présence charismatique fascinèrent un très grand spectateur au fond de la

5. D'après leurs souvenirs, Burke et Graham disent qu'il s'agissait de Columbia et Elektra.

6. Que Bruce ait pu continuer à se faire railler par des camarades de promo qui avaient eu autant d'occasions de le voir jouer de la guitare et chanter au sein d'un groupe de rock de plus en plus populaire dépasse l'entendement.

salle. Vini Lopez connaissait Bruce de l'époque où il était batteur du groupe Sonny and the Starfighters, la formation du guitare-héros local Sonny Kenn avec laquelle les Castiles avaient parfois partagé l'affiche. Quand Lopez avait su que ce guitariste était le même que celui dont parlaient ces potes musiciens d'Asbury Park, il s'était déplacé jusqu'à Long Branch pour voir de quoi il retournait. Il ne fut pas déçu du voyage. « Vous imaginez la rock star qu'il est devenu ? Eh ben, il était là, devant moi, le même en plus jeune, dit Lopez. Je n'avais pas besoin de plus pour me convaincre. » Earth ne devait plus jamais se produire en public.

4

Merde, faut qu'on monte un groupe

Dans la nuit du samedi au dimanche 23 février 1969, peu après trois heures du matin, Bruce grimpa jusqu'au deuxième étage de l'immeuble qui abritait le Upstage Club. Assise sur un tabouret à l'entrée en haut des marches, Margaret Potter, propriétaire avec son mari Tom de ce club d'Asbury Park, le regarda arriver. Il avait l'air sous-alimenté et, avec ses habits râpés, ses longs cheveux noirs lâchés et son étui à guitare cabossé, il faisait encore plus clodo que la plupart des clients miséreux du club.

« Est-ce que je peux venir jouer de la guitare ce soir ? »

Le Upstage ayant ouvert depuis presque un an, pas mal d'inconnus avaient déjà monté ces marches avec leur guitare en bandoulière pour poser la même question, espérant tous pouvoir se joindre aux jam-sessions d'après minuit. D'habitude, Margaret faisait signer les candidats sur son bloc-notes et leur disait de patienter jusqu'à ce qu'ils entendent leur nom dans les haut-parleurs. Mais là, les musiciens faisaient justement une pause et quelque chose dans la voix de Bruce, ou peut-être sa façon d'éviter son regard, le lui rendit sympathique.

« C'est fait pour ça, répondit-elle en lui désignant les micros et les amplis sur la scène. Vas-y, branche-toi. »

Ce n'était pas la première visite de Bruce au Upstage. Par pure coïncidence, il était venu voir un ou deux mois plus tôt le Downtown Tangiers Band, un groupe d'Asbury Park composé du chanteur-guitariste Billy Chinnock, du bassiste Wendell John, du clavier Danny Federici et de Vini Lopez à la batterie.

Bruce avait été impressionné : « Je trouvais que Vini et les autres étaient des super stars. Ils étaient vachement bien », dit-il. Mais c'est l'après-concert, tard dans la nuit, quand tout le monde venait taper le bœuf – la salle grouillant de musiciens, de fans acharnés et de filles avec des étoiles dans les yeux –, qui fut un vrai coup de foudre. « Je me suis simplement dit : "C'est l'endroit le plus cool que j'aie jamais vu de ma vie." »

Une semaine pile après le show de Earth pour la Saint-Valentin, Bruce retournait donc au Upstage, guitare à la main. Suite au feu vert de Margaret Potter, il grimpa sur la scène, ouvrit son étui pour en sortir sa toute nouvelle Les Paul dorée et passa la sangle à son cou. Sentant le poids de l'instrument sur son épaule, il monta le volume et prit une grande inspiration. « J'étais venu pour me faire remarquer, vous comprenez », dit-il aujourd'hui.

Au début de l'année 1969, le Upstage était justement l'endroit pour ça. Ouvert en mars 1968 au premier étage au-dessus d'une boutique de chaussures Thom McAn dans le centre d'Asbury Park, c'était un bar avec de la musique live destiné aux musiciens et aux amateurs avertis enthousiasmés par les jam-sessions qui commençaient après minuit et faisaient vibrer la salle jusqu'à l'aube. À l'automne, Potter avait étendu son bail au deuxième étage de l'immeuble afin d'y construire une scène plus grande équipée d'une sono puissante, de lumières et d'un placard rempli d'instruments pour que les jams puissent battre leur plein. Éclairé dans la nuit surplombant Cookman Avenue, le Upstage était comme une arche pour les musiciens du Shore et autres jeunes rebelles... un monde baigné de lumière noire et de stroboscopes, où le rythme de vie tournait autour des horaires inversés du club.

Sans relever les yeux, Bruce arracha à sa guitare une longue plainte stridente en coulissant de bas en haut du manche. Le son déchira l'air enfumé du club. Il continua, ses doigts galopant comme des araignées le long des frettes, courant après les mélodies, se dédoublant en harmonies, changeant de direction pour ensuite bondir à nouveau vers le ciel. Les têtes se tournèrent. Les conversations se turent. En quelques instants, tous les yeux étaient rivés sur le guitariste, dont le visage était toujours caché sous le rideau de ses cheveux bouclés.

« En un clin d'œil, il avait conquis la salle. »

Geoff Potter, le fils de Tom Potter, alors âgé de dix-neuf ans, travaillait à l'entrée avec sa belle-mère. « D'habitude, il y avait tout un tas de raffut et d'agitation entre les sets, dit-il. Mais là il était sur scène en train d'improviser des riffs et en cinq minutes on n'entendait plus que sa guitare. »

Certains des musiciens reconnurent le Bruce des Castiles, quand il se produisait dans le circuit lycéen au milieu des années 1960. D'autres avaient raconté avoir vu un guitariste inconnu jouer des reprises miraculeuses d'Eric Clapton et de Jeff Beck autour du Ocean County Community College. Mais personne dans le public ne s'attendait à ce déferlement de puissance et de finesse, surtout avec l'intensité viscérale qu'il faisait résonner dans la salle.

Après avoir regardé ça quelques minutes depuis la porte, Margaret descendit au bar Green Mermaid qui occupait le premier étage du club pour chercher Sonny Kenn. « Faut que tu montes ! Y a un gars qui joue de la guitare sur scène, on dirait Clapton ! » Kenn la suivit jusqu'au deuxième et, même si le très chic *guitar hero* toisa d'un œil méfiant la ceinture en corde et le jean déchiré de ce nouveau venu (« On aurait dit Tiny Tim[1], putain ! », raconte Kenn), il ne pouvait s'empêcher de regarder et d'écouter. Et quand Big Bad Bobby Williams, un des vieux habitués du Upstage, se mit à la batterie, suivi de près par l'ancien bassiste des Motifs, Vinnie Roslin, le blues exubérant du trio fit voler en éclats le scepticisme de Kenn. « C'était carrément cool,

---

1. Il fait référence au personnage de Tiny Tim dans *Un chant de Noël* de Charles Dickens, et non à l'excentrique joueur de ukulélé de la fin des années 1960.

dit-il. Je me rappelle avoir pensé : "La vache, il a un truc !" Je ne sais pas comment, mais ce gamin maigrichon dépotait comme personne. »

Et en effet, les grappes de spectateurs qui bavardaient quelques minutes plus tôt se pressaient désormais vers la scène, avec un flot constant de gens qui remontaient bruyamment du Green Mermaid et de Cookman Avenue pour venir se masser derrière eux. Dans un autre coin de la salle, le bras droit de Potter, Jim Fainer, regardait ébloui les trois musiciens passer d'un blues improvisé baptisé « Heavy Bertha » au morceau « In-A-Gadda-Da-Vida » des Iron Butterfly. « Vous ne pouviez pas le quitter des yeux, raconte Fainer. Bruce avait cette *présence*. À vous faire dresser les poils dans la nuque. Il avait un instinct, un don. »

Ça, Vini Lopez le savait déjà, grâce à son excursion jusqu'à Long Branch le samedi précédent. Le batteur avait chanté les louanges de Bruce à Danny Federici, le clavier du Downtown Tangiers Band, qui avait accepté de faire équipe avec Lopez pour former un nouveau groupe. Mais ni l'un ni l'autre n'avaient plus entendu parler de Bruce jusqu'à ce qu'ils se retrouvent au Upstage Club une semaine plus tard. Quand Lopez l'aperçut en pleine jam-session, il balança un coup de coude à Federici : « C'est lui ! » Ils foncèrent vers le bord de la scène, où le set venait de se terminer. Lopez fit signe à Bruce et grimpa sur l'estrade afin de l'inviter à rester pour un set de plus. Bruce, qui commençait tout juste à s'échauffer, sourit. « Allons-y ! » Alors Lopez s'installa à la batterie. Bruce proposa un blues en douze mesures et Lopez, avec Federici au clavier et Roslin toujours à la basse, se lança dans une nouvelle impro. Le guitariste inventait au fur et à mesure les paroles des couplets et, quand ses doigts se déployaient vers le haut du manche de sa Les Paul, les trois autres enchaînaient sur un passage instrumental plus intense. Presque instantanément, ils jouèrent à l'unisson, les solos ardents de Bruce se mêlant parfaitement aux parties d'orgue élaborées de Federici, au solide jeu de basse de Roslin et à la frappe sauvage de Lopez à la batterie. Ça dura quarante-cinq minutes non-stop, glissant d'un morceau, d'un style et d'une rythmique à l'autre. Dans le public, ceux qui n'étaient pas collés à l'estrade dansaient et virevoltaient sur la piste. Quand le tee-shirt de Bruce fut trempé, il l'enleva et le balança dans un coin de la scène.

Une heure plus tard, les quatre musiciens épuisés descendirent au Green Mermaid où ils s'assirent autour d'une table à carreaux rouges et blancs, rayonnants de bonheur, des vibrations encore plein les doigts. Au bout d'un moment, Lopez finit par formuler tout haut l'idée qui lui était déjà venue la fois où il avait vu Bruce jouer avec Earth.

« Merde, faut qu'on monte un groupe. »

Bruce sentait que le destin venait de frapper à sa porte. Il rêvait depuis longtemps de jouer avec des gars aussi dévoués à la musique qu'il l'était lui-même et il venait de les trouver. Mieux encore, Lopez connaissait déjà un entrepreneur local d'accord pour servir de mécène et de manager au groupe. Lopez emmena Bruce le rencontrer, un fabricant de planches de surf nommé Carl « Tinker » West, et ils l'invitèrent à venir assister à leur prochain concert informel, qui s'annonçait déjà comme la principale attraction de la jam-session nocturne au Upstage le samedi suivant.

West se présenta au club comme promis et, après avoir entendu Bruce jouer de la guitare et vu de ses propres yeux la façon dont ce jeune musicien injectait dans chacune de ses notes son mélange personnel détonant de rage et de joie, il se rendit compte que Lopez n'avait pas exagéré. « Ce type a un truc, déclara-t-il à la fin du set. C'est quelqu'un qui capte votre attention, il sort du lot. »

Ce qui n'était pas un mince compliment de la part de cet homme de vingt-huit ans, un nouveau venu à Asbury Park qui apparemment en connaissait un rayon sur pas mal de choses et prenait un plaisir manifeste à partager ses opinions sans détour. De plus, West possédait un charisme qui séduisait les jeunes gens animés d'une ambition dont ils ne savaient trop que faire. «Dès que je l'ai rencontré, j'ai compris que c'était quelqu'un dont j'avais beaucoup à apprendre, dit de lui Billy Alexander, qui devint un de ses plus proches lieutenants. Qu'est-ce qu'il ne savait pas faire? Pas grand-chose. Alors je faisais tout mon possible pour passer le maximum de temps avec lui.» Et Alexander savait toujours comment retourner quiconque était tenté de contester les décisions de son chef. «Je leur disais: "Écoute, je sais que tu as tes idées. Mais ne t'aventure pas là-dedans si tu n'es pas sûr de ton coup, parce que Tinker est *vraiment* un génie."»

West avait travaillé comme ingénieur aérospatial pour les laboratoires Wyle à El Segundo, en Californie. Mais rien de cette raideur militaire ne pouvait enrayer son enthousiasme à fréquenter des beatniks, des musiciens et tous ceux qui traînaient leurs tongs dans le milieu du surf à Los Angeles. West aimait s'amuser. Surfeur lui-même, il faisait de la guitare et suivait un programme de cours rigoureux pour apprendre à jouer des congas. Il construisait des amplis et devint par la suite un expert en acoustique. Parallèlement, West appliqua ses compétences aéronautiques au monde du surf et s'improvisa inventeur et fabricant d'une série de planches rapides et légères dont la nouveauté marquante était la dérive – ou aileron – réglable et amovible.

C'est ainsi que naquit la Challenger Surfboard Company, qui suivit son créateur à San Francisco en 1965, où West assista à l'explosion de la scène musicale hippie. Aussi, en 1968, lorsqu'il décida d'étendre l'emprise de sa société sur le marché de la côte est en implantant une usine sur le Jersey Shore, il n'avait aucun doute qu'il trouverait là-bas une scène similaire. Mais il ne trouva à Asbury Park que des bars à touristes, des groupes de reprise et une scène qui, aux yeux du connaisseur qu'il était, se résumait à « de la merde en barre. Zéro créativité. Zéro morceau original. Je m'emmerdais à mourir ».

Après une visite au Upstage et une bonne discussion avec Tom Potter, il reprit quelque peu espoir. Et quand Potter le présenta à Lopez un soir au Green Mermaid, West lui fit une proposition : si Lopez pouvait réunir un groupe capable de jouer des compositions originales de façon intéressante, il se chargerait non seulement de les manager, mais il leur construirait un système d'amplification top niveau et leur fournirait un espace de répétition permanent dans le fond de l'usine Challenger.

Il officialisa son offre quand Lopez revint à l'usine avec Bruce un ou deux jours après la jam-session au Upstage. Tout ce qu'il leur restait à faire désormais, déclara-t-il, c'était de devenir le plus grand groupe du monde, bordel. « Vous, vous faites la musique. Moi, je m'occupe du bla-bla. »

Ils se serrèrent la main et se mirent au boulot.

Bruce, Vini Lopez, Danny Federici et Vinnie Roslin installèrent leur matos dans une salle inoccupée de l'usine Challenger East, un bunker de béton trapu coincé dans une rangée d'usines et d'entrepôts sur une colline de Wanamassa, juste à l'ouest d'Asbury Park, et les répétitions officielles commencèrent dès le lendemain matin. Et elles continueraient, avait décrété West, jusqu'à la fin de la journée de travail des ouvriers. Il se fichait de savoir s'ils se croyaient au-dessus de ça ou trouvaient que le plus important était de passer des heures à fixer l'horizon en imaginant des riffs de malades. C'étaient des conneries qu'ils n'avaient qu'à faire pendant leur temps libre. « Tant que je dois bosser, vous devez bosser aussi, expliqua-t-il aux quatre musiciens. Alors, chaque fois que je suis là à poncer une planche de surf, y a *intérêt* à ce que je vous entende jouer pas trop loin. »

Billy Alexander contribuait à faire appliquer le règlement. « Si la musique s'arrêtait trop longtemps, Tinker ou moi allions leur filer un coup de fouet. Je frappais à la porte et je passais la tête à l'intérieur. "Alors, les gars, qu'est-ce que vous foutez ? Nous, on est toujours en train de fabriquer des planches !" Et aucun ne se plaignait jamais. Ils adoraient ça. »

Les quatre membres du groupe observaient donc des horaires de bureau, apprenant par cœur les compositions de Bruce, cogitant ensemble pour trouver des arrangements (ce en quoi l'aide de Federici, qui avait une formation classique, était particulièrement appréciable), puis répétant les morceaux encore et encore jusqu'à ce que les progressions d'accords, les interruptions soudaines et les redémarrages surprises soient gravés sur le bout de leurs doigts. Et quand ils avaient terminé leurs exercices proprement dits, ils passaient des heures à jouer des standards de rock et de blues qu'ils connaissaient par d'autres groupes du coin ou entendaient à la radio. Ce qui leur inspirait souvent d'autres grilles d'accords, lesquelles requéraient à leur tour une nouvelle mélodie que Bruce cherchait à la guitare avant de beugler par-dessus une ou deux phrases qui lui trottaient dans la tête depuis quelques jours.

Ces longues journées et soirées passées ensemble à réfléchir aux mêmes choses et à respirer le même air furent cruciales pour unifier les goûts et les personnalités individuels des quatre musiciens en un son riche et homogène composé à parts égales de Cream, Steppenwolf et surtout Rhinoceros, le groupe méconnu qu'Earth avait été censé incarner pendant le tournage de *NYPD : Now You're Practically Dead*. Sorte de super groupe constitué de vétérans d'Iron Butterfly, d'Electric Flag et des Mothers of Invention, Rhinoceros ne vendit pas beaucoup d'albums après ses débuts en 1968, mais sa combinaison de guitares puissantes, d'orgue à gospel et de voix soul fit tourner plus d'une tête chevelue sur la scène musicale de la côte Est. Y compris celles de Bruce et de ses amis.

Le nouveau groupe de Bruce arborait ses influences de manière aussi voyante que n'importe quel autre assemblage d'adultes pas tout à fait formés. Mais ces quatre-là avaient la technique pour le faire bien et assez de personnalité pour se les approprier. Le grand et athlétique Lopez dégageait une énergie impétueuse qui lui donnait une présence magnétique sur scène, où il frappait ses toms avec puissance et panache, jouait aussi de la flûte à bec et pouvait chanter des harmonies parfaitement justes dans les aigus. Il avait également un tempérament agressif, parfois explosif, qui faisait de lui une sorte de menace partout ailleurs. « Mais les seules fois où je me battais, dit-il, c'était pour protéger mes potes. Et je ne reculais devant personne. »

Federici, quant à lui, était un prodige aux joues de chérubin qui cherchait à échapper à la rigueur de sa formation classique dans un brouillard de fumée de haschisch et parfois par de dangereuses farces qui devinrent d'autant plus risquées quand il développa une fascination pour l'électronique. Pourtant il n'avait pas besoin d'étincelle extérieure pour mettre le feu aux poudres. Prenez par exemple l'après-midi où il voulut déménager d'une maison à une autre, la banquette arrière de sa voiture croulant sous les vêtements tandis que le siège avant était occupé par une grosse jardinière contenant le plant de marijuana dont il s'était soigneusement occupé tout l'été. Se souvenant qu'il avait des chemises à récupérer dans un pressing du centre d'Asbury, Federici se gara à la première place qu'il trouva et fila chercher ses affaires. De retour dans la rue quelques minutes plus tard avec des cintres en métal pendus au bout du pouce, il découvrit que sa voiture avait disparu. Des voleurs, pensa-t-il. Et qui n'avaient pas seulement pris sa voiture, mais aussi ses chemises, ses jeans, ses pantalons et ses chaussettes ; il n'avait pas d'autre solution que d'alerter la police.

Il s'avéra que les flics avaient déjà repéré la voiture de Federici. Et même à l'endroit précis où il l'avait laissée, sur une place non autorisée, pile devant une bouche d'incendie. Avec un énorme buisson de marijuana sur le siège passager. Ce qui n'empêcha pas Federici de se rendre sans la moindre hésitation au poste de police le plus proche, où il fut aussitôt appréhendé. Quand sa mère vint payer sa caution pour le faire libérer un ou deux jours plus tard, il repartit avec sa voiture et ses vêtements. Et pour le haschisch, il savait de toute façon où se réapprovisionner.

Roslin traînait sur la scène musicale de Freehold depuis plus longtemps que Bruce. Membre originel du groupe pré-Castiles de George Theiss, les Sierras, il avait ensuite fait partie des Motifs, qui coiffaient souvent les Castiles au poteau lors des concours entre groupes au milieu des années 1960. Savoir si les Motifs étaient réellement meilleurs – ou bénéficiaient simplement du fait d'avoir pour manager Norman Seldin, musicien du Jersey Shore et fréquent organisateur de ces compétitions – faisait l'objet d'une petite polémique à l'époque, mais Bruce n'avait jamais douté de leur suprématie à Freehold. « Ils étaient à vous couper le souffle, dit-il. Je n'avais jamais rien vu ni approché d'aussi bien. » Un peu plus âgé et plus établi dans sa vie d'adulte, Roslin avait préféré garder son propre appartement en dehors de l'usine. Mais c'était la personne qu'il fallait pour le groupe.

Ils passèrent un mois à travailler leur petit répertoire des compositions de Bruce, avec également quelques reprises choisies, notamment « Voodoo Chile » de Hendrix et « Crown Liquor », un morceau de Billy Chinnock que Lopez et Federici avaient joué dans un autre de leurs groupes précédents, Moment of Truth. Réfléchissant à se trouver un nom, les quatre compères se décidèrent pour Child (en français « Enfant »), qui leur semblait signifier un nouveau départ ; un groupe dont la musique sonnerait comme quelque chose de neuf et de spontané.

Il ne leur manquait plus que des dates de concert. West marcha quelques centaines de mètres sur Sunset Avenue jusqu'au club Pandemonium, qui avait récemment ouvert dans le Shore Motel sur la route 35, et en revint avec un contrat pour trois soirées à compter du mercredi 2 avril. Le groupe serait seul à l'affiche et devrait donc assurer pendant trois ou quatre sets. Mais savoir faire durer les morceaux pendant une demi-heure et plus était une seconde nature chez des jammeurs expérimentés, donc ça ne présentait aucun problème.

Quant à gérer leur trac, ils se contentèrent de se souvenir des succès individuels qu'ils avaient déjà connus chacun de leur côté. « On était un peu comme un groupe de vieilles stars », dit Lopez, et dans le contexte du New Jersey en 1969, il n'avait pas tort. Ainsi arriva le 2 avril, et même si personne ne se rappelle exactement ce qu'ils jouèrent ce premier soir, ils réussirent à attirer un nombre raisonnable de spectateurs, dont beaucoup ressortirent suffisamment convaincus pour revenir le lendemain avec des amis. Le vendredi, le public débordait sur le trottoir et jusqu'au coin de la rue. Le patron du club, Mickey Eisenberg, ne laissa pas repartir West avant de l'avoir convaincu de signer pour cinq nouvelles dates la semaine suivante, avec une soirée additionnelle le 20 avril.

Un concert au Teendezvous suivit début mai et servit de préfiguration aux deux gros shows en plein air dont West avait pensé qu'ils pourraient lancer leur carrière sur une orbite allant bien au-delà des bars de plage et des boîtes pour ados du Shore. « La stratégie, c'était de donner des grands concerts dans des parcs, comme à San Francisco », explique-t-il. West leur avait déjà construit un système de sonorisation adapté à des lieux de la taille d'un parc et, avec pour pivot central un performeur aussi vibrant que Bruce qui était capable de décoller comme une chandelle romaine, Child allait faire passer pour du pipi de chat tous ces groupes californiens babas cool.

Ils commencèrent le samedi 3 mai avec un mini-festival pendant tout un après-midi dans le West End Park de Long Branch. West avait recruté deux ou trois autres groupes en ouverture et, la douceur du climat et les billets d'entrée à un dollar aidant, le concert attira près d'un millier de spectateurs. Child empocha mille dollars net – ce qui équivalait à plusieurs soirs de travail dans un club –, mais le plus important pour

West, c'était de donner l'occasion au groupe de jouer devant autant de monde et de voir ce que ça leur faisait.

« Bruce n'était pas très sûr de lui au départ, raconte West en se remémorant les premiers pas de sa star dans la cour des grands. Mais, une fois qu'il a commencé à se produire sur ce genre de scène, on voyait qu'il s'était passé un truc. Il se nourrissait de cette adrénaline. Et quand vous êtes devant une foule en délire, vous vous mettez à croire que vous pouvez tout faire. » Bruce reçut une nouvelle dose d'adulation collective le 11 mai quand Child retourna à Long Branch en clôture d'un festival de musique qui s'était tenu toute la journée sur l'immense pelouse du Monmouth College. L'université avait installé la scène sur une avancée en béton devant le Wilson Hall, en haut d'une trentaine de marches qui surplombaient la pelouse ensoleillée où le public était assis, dansait et lançait des Frisbee. Mais, quand West et son groupe montèrent sur l'esplanade, ce paisible après-midi printanier prit une autre tournure. « Je me suis rapproché pour m'asseoir près de la scène, raconte Barry Rebo, un étudiant de Monmouth qui avait entendu parler de Bruce par un ami qui l'avait vu en concert avec Earth l'année d'avant. Tout à coup, tous ces jeunes sont arrivés en courant et ont déferlé sur la scène. »

Envahie par une foule de fans hurlants surexcités, l'esplanade se transforma soudain en un déchaînement d'hystérie façon Beatlemania. Mais, dans le contexte post-68 d'émeutes et de violences publiques, les quatre jeunes musiciens maigrichons et dépenaillés au centre de la cohue éprouvèrent tous la même crainte que les choses puissent dégénérer et échapper à tout contrôle. Lopez, Federici, Roslin et Bruce abandonnèrent leurs instruments sur place et se réfugièrent comme un seul homme dans l'entrée du Wilson Hall en claquant la porte derrière eux. Ils n'eurent qu'une minute pour se regarder en balbutiant avant que la porte se rouvre en grand et qu'un incrédule Tinker West les rejoigne. « *Showtime !* aboya-t-il. Alors maintenant vous allez vous bouger le cul et sortir me faire de la musique ! »

Ils sortirent donc. Une grande clameur les accueillit et, reprenant leurs instruments, ils firent tonner un rugissement de rock'n'roll à plein volume. Les morceaux étaient pour la plupart inconnus : beaucoup étaient des compositions originales de Springsteen, certaines datant de moins d'une semaine. Mais il était impossible pour des jeunes provinciaux élevés sur les bancs de l'église de rester insensibles à l'alternance d'orgue de cathédrale et de déchaînement rock d'un morceau aussi scandaleusement blasphémateur que «Resurrection». «Prix spécial discount sur le lot de trois Ave Maria ! cria Bruce entre la fin d'un couplet et le lancement d'un solo. Mon âme est nettoyée, *hey* ! »

Le public dansait et sautait en rythme, et le groupe eut droit à trois rappels, qui furent la cerise sur le gâteau d'un «show débridé et époustouflant, selon la critique dans la gazette du Monmouth College. Ils ont littéralement fait trembler tout le campus». Encore mieux, poursuivait l'article, des gens s'étaient plaints du bruit jusqu'à Norwood Avenue, à près d'un demi-kilomètre de là. À la fin du concert, Rebo s'approcha des musiciens, qui étaient encore sur scène en train de débrancher les amplis et d'enrouler les câbles, et il se présenta à Bruce, qui avait l'air, se souvient-il, complètement sous le choc. «Il était visiblement stupéfait de l'accueil. Et quand on a parlé, il n'arrivait pas à me regarder dans les yeux, ce qui était bizarre vu qu'il venait de se montrer si énergique sur scène. Je n'avais jamais vu quelqu'un se métamorphoser comme ça. »

Le groupe fit presque aussi bien lors d'un concert en plein air gratuit organisé à Richmond, Virginie, à cinq cent soixante kilomètres au sud d'Asbury Park. L'opération avait été montée par Billy Alexander, ex et futur bras droit de West, qui avait déménagé là-bas pour ses études. Vite devenu familier des clubs, bars et autres soirées privées de cette petite ville étudiante, Alexander avait convaincu West de le laisser organiser un concert gratuit dans le parc – officiellement afin de célébrer la fin de l'année scolaire, mais surtout d'appâter le public de

Richmond en vue d'une série de concerts payants qu'il comptait mettre en place à partir de la rentrée. Ce concert gratuit en après-midi attira entre quatre et cinq cents fans de rock qu'il impressionna suffisamment pour poser les fondations d'un marché demandeur qui allait contribuer à faire vivre le groupe, et Bruce, pendant les années à venir.

Mi-juin, les parents de Bruce démissionnèrent de leurs boulots respectifs, entassèrent dans la voiture leurs affaires et leur plus jeune fille, Pamela, et quittèrent Freehold pour ce que Doug jurait être la dernière fois. Le départ n'avait pas été facile. Les humeurs de Doug avaient dégringolé en zone rouge ce printemps-là et, pendant un temps, Adele avait craint que quelque chose de terrible ne leur arrive sur la longue route vers la côte ouest. « Il pensait des choses qui n'étaient tout simplement pas vraies, dit-elle. De nos jours, tout le monde est bipolaire, mais à l'époque... » Elle laisse la fin de sa phrase en suspens. « Disons juste qu'il y a eu beaucoup d'histoires », complète Ginny.

Se retrouvant tout seul dans la maison de South Street, Bruce était à la fois soulagé et triste de les voir partir. « C'était dur parce que j'étais très proche de ma petite sœur », dit-il. Mais, tout comme il comprenait le besoin féroce de son père de prendre ses distances avec les fantômes familiaux de Freehold, Bruce était lui aussi impatient de se délester des attentes de ses parents – en particulier celles qui l'avaient envoyé à la fac – pour voir où sa propre ambition et les courants internes dont elle se nourrissait le mèneraient.

À peine quelques semaines plus tard, Bruce repéra Pam Bracken assise au bar du club Student Prince d'Asbury Park. Bracken, qui venait de rentrer chez ses parents après sa première année d'études à Kent State University, remarqua elle aussi Bruce qui buvait un soda au comptoir et tomba sous le charme de ce jeune musicien gentiment dragueur. Elle fut particulièrement séduite par le contraste entre son métier notoirement décadent et son attitude relativement réservée. Comme elle s'en rendit compte en parlant avec lui, Bruce ne disait pas de gros mots, ne buvait pas et ne prenait pas de drogues. Il avait l'air tellement *gentil.* Aussi, quand il lui proposa de venir déjeuner à Freehold le lendemain, elle accepta volontiers l'invitation.

Elle frappa à sa porte pile à l'heure dite. Puis elle frappa encore. Aucun son ne provenait de l'intérieur. Au bout d'un moment, Bruce finit par sortir, encore hébété de sommeil, et s'assit sur les marches du perron. Il était très content de la voir, lui dit-il. Un peu fatigué, mais il savait ce qui le réveillerait : un rapide aller-retour à la boulangerie pour aller chercher un quatre-quarts à rapporter à ses copains. Les voilà donc partis comme un couple d'amoureux en goguette par une belle journée d'été.

« Des années plus tard, raconte Bracken, Bruce m'a avoué que la vraie raison pour laquelle il fallait qu'on aille se promener, c'était pour que l'autre fille qu'il avait rencontrée cette nuit-là puisse sortir de sa chambre. » Pourtant ils démarrèrent une his-toire, qui devint vite suffisamment sérieuse pour durer presque deux ans, avec de longues périodes de séparation dues à la fois aux études de Bracken, à la carrière en électron libre de Bruce ainsi qu'aux détonateurs émotionnels cachés derrière son regard sombre bien que toujours plein d'espoir.

Avec deux mois de loyer prépayés dans la maison familiale désertée, Bruce ouvrit les chambres, canapés et parquets du 68 South Street aux autres membres du groupe. Lopez et Federici vinrent s'installer pour l'été, faisant tous les jours les trajets ensemble pour aller répéter à l'usine Challenger. Tout l'été, ils se produisirent devant des salles combles, au Pandemonium et dans quelques autres clubs sur les quinze kilomètres de plage entre Sea Bright et Asbury Park. Ce qui signifie que Child s'était mis à générer des revenus avant même de devenir les stars de festivals que West voulait en faire. Mais ce dernier avait toujours en tête son schéma directeur, si bien que lorsque son ancien comparse dans l'électronique californienne, Doug

«Goph» Albitz, lui envoya un passe pour un festival musique et arts de trois jours prévu pour la mi-août à White Lake, dans l'État de New York, il lui proposa par la même occasion de venir avec son nouveau groupe afin qu'il se produise sur la petite scène qu'animerait le clown militant Wavy Gravy avec les membres de son collectif Hog Farm. Malheureusement, Child s'était déjà engagé pour ces trois soirs-là au Student Prince sur Kingsley Street. Ne voulant pas risquer de se mettre à dos le patron du club – et, comme tout le monde, ne se doutant pas de l'événement colossal que Woodstock s'apprêtait à devenir –, West laissa le groupe à Asbury Park et prit sa voiture pour se rendre au festival tout seul.

« Et si vous aviez vu les merdes qu'ils passaient là-bas, grommelle-t-il encore. Je me baladais en me disant: "Putain! Quel con je suis! Pourquoi j'ai laissé le groupe dans le New Jersey?" Et j'avais raison, bien sûr, parce que si j'avais emmené Springsteen à Woodstock, c'était fini. On se serait évité des années de galère. Mais le groupe était booké, on avait besoin de ce fric, point barre. »

Il est impossible de savoir comment ce public hippie vautré dans l'acide et la boue aurait réagi au rock'n'roll débridé de Bruce et de Child. Mais il ne fallut qu'une semaine à une des plus grosses stars de Woodstock pour manifester son approbation sans réserve à notre guitariste en herbe. Non pas que Janis Joplin ait jamais entendu Bruce jouer une seule note de musique. Mais, quand la chanteuse de blues psychédélique vint donner un concert au Convention Hall de Asbury Park le 23 août et qu'elle aperçut ce jeune homme de dix-neuf ans qui l'observait depuis les coulisses avec Lopez, Roslin et West, elle ne cacha pas son enthousiasme. « À la fin du set, raconte Lopez, elle est sortie de scène, elle l'a vu et elle lui a jeté un regard qui disait quelque chose du genre: "Mais t'étais *où* pendant toutes ces années?" »

« Oui, je crois qu'elle m'avait remarqué, se souvient Bruce. J'avais dix-neuf ans, les cheveux longs, j'étais une star locale et j'en avais la posture. » Mais Joplin n'eut pas le temps de dire quoi que ce soit avant que son manager l'attrape par les épaules et la renvoie sur scène pour son rappel. Alors Bruce se tourna vers ses copains avec ce que West décrit comme « l'air hagard d'un lapin pris dans les phares d'une bagnole ». Selon West et Lopez, Bruce n'avait pas l'intention de faire plus ample connaissance avec la chanteuse californienne. Bien au contraire, ils se souviennent qu'il leur a murmuré « Je me casse » et qu'il s'est précipité vers la sortie de secours au bout du couloir, par laquelle il a disparu.

Quand Joplin eut terminé sa dernière chanson, elle revint directement à l'endroit où elle avait laissé Bruce. Ne le trouvant plus là, elle fronça les sourcils de surprise et de déception. « Où est-ce qu'il est ? » cria-t-elle à West, Lopez et Roslin. Lopez lui montra l'issue de secours au bout du couloir : « Il est sorti par là. » Joplin partit furieuse s'enfermer dans sa loge. Quelques minutes plus tard, le manager du bluesman avec qui elle partageait l'affiche, James Cotton, vint trouver West dans le couloir. « Allez, Tinker, dit-il. Janis a vraiment envie de se faire Bruce. » West haussa les épaules. « Qu'est-ce que vous vouliez que je fasse ? J'ai juste dit : "Désolé, il est parti." »

Avec Lopez et Federici installés dans la chambre en face de celle de Bruce, la maison Springsteen devint une sorte de squat de musicos, où ils passaient des heures à écouter des disques, à tripatouiller les postes de CB de Federici ou à organiser des sorties impromptues à la plage pour aller surfer, traîner sur la promenade du bord de mer ou voir un autre groupe jouer dans un des bars de la côte. Bruce, tout ce temps-là, avait le raffinement gastronomique d'un chien sauvage, se délectant de sandwichs cheddar-mayo ou de poulet frit dégoulinant de graisse au drive-in de la chaîne Tasti Dee-lite. Les légumes étaient quasi inconnus au bataillon et le dessert consistait souvent en une montagne de ce que Pam Bracken décrit comme « ce truc visqueux dégueulasse parfumé à la fraise » dont Bruce se régalait, arrosé de généreux *spllosh* de chantilly en bombe. Quand, un soir, Bracken lui fit la surprise de lui préparer un bol de vraies fraises fraîchement coupées accompagnées de crème nature, il en goûta une bouchée, grimaça et décréta qu'il trouvait ça « atroce ».

Introduite auprès de la famille élargie de Child – aides en tout genre, amis et parasites –, Bracken se sentait de plus en plus à l'aise dans le cercle de son fringant petit copain. West était particulièrement chaleureux, lui disant qu'elle pouvait se considérer comme partie intégrante du groupe, qu'elle était la bienvenue à tous leurs concerts. Elle en était ravie, jusqu'à ce que Bruce se mette à la traquer partout, des éclairs dans les yeux. Pourquoi était-elle restée si longtemps à parler avec Tinker ? Pourquoi avait-elle l'air si réjouie quand elle était avec lui ? La moindre once de sympathie entre Bracken et un autre homme suffisait à le mettre en rage.

« Bruce ne supportait pas que quelqu'un d'autre me porte de l'attention, dit-elle. S'il avait l'impression que je m'amusais en discutant avec un type, il ne m'en parlait même pas. Il disait "C'est fini entre nous" et il me faisait la gueule pendant un jour ou deux. »

Le loyer de la maison de South Street arriva à expiration en septembre et les garçons retournèrent s'installer dans l'usine Challenger, où West leur avait aménagé une nouvelle salle de bain et quelques lits de camp pour poser leurs sacs de couchage. La possibilité d'être hébergé gratuitement avec tout le matériel musical à portée de main était une configuration presque idéale pour un jeune homme si impatient de construire son avenir. Et puis Bruce se souvint du petit train électrique que Fred et Alice lui avaient offert quand il était gamin.

Bruce n'y avait plus joué depuis des années. Mais c'était la relique à laquelle il tenait le plus ; quelque chose qu'il aurait envie de transmettre à son propre fils si un jour il en avait un. Il l'avait rangé dans le grenier de la maison de South Street pour le mettre à l'abri et il l'y avait oublié. Il téléphona au propriétaire pour lui demander s'il pouvait venir récupérer son vieux jouet, mais le type refusa tout net. La maison était *sa* propriété, aboya-t-il. Et, maintenant que les Springsteen ne payaient plus le loyer, tout ce qui était resté à l'intérieur aussi !

Impuissant et furieux, Bruce recruta Lopez pour l'accompagner dans une opération de sauvetage type commando. La maison était vide, les portes fermées à clé et les fenêtres aussi. Bruce essaya toutes les ruses habituelles : escalader jusqu'à la fenêtre de sa chambre au premier étage, grimper sur le toit, chercher partout un accès, en vain. Ne voulant pas casser une vitre, il resta assis un moment dans le noir, revint dans la voiture de Lopez et roula froidement sur la route 35, celle qui le ramenait à l'usine Challenger, à sa guitare et à tout ce que l'avenir lui réservait.

Vivant (pratiquement) et répétant dans l'usine, le groupe travaillait constamment. Et pas toujours sur sa musique, quand l'atelier de planches de surf était débordé de commandes. Réquisitionnés de force, les musiciens, y compris Bruce, passaient alors quelques heures à trimballer, poncer et enduire de résine les planches Challenger. Mais, la plupart du temps, West laissait aux garçons le loisir de se consacrer à leur musique sans interruption. Et le jour où un emmerdement occasionnel surgit – la découverte abrupte qu'un groupe de Long Island, New York, baptisé Child, avait déjà produit un album original sous ce nom –, ils allèrent au Inkwell Coffee House de Long Branch, se commandèrent des burgers et des bières (un Pepsi pour Bruce) et firent défiler en vain une succession de noms peu convaincants comme Locomotive, Moose Meat (en français « Viande d'élan ») ou The Intergalactic Pubic Band (« Groupe pubien intergalactique »). Fort heureusement, le vieux copain de Lopez, Chuck Dillon, trouva un truc qui sonnait plus dur et plus cool : Steel Mill (« Aciérie »).

De son côté, en Virginie, Billy Alexander rognait sur le temps de ses études afin de lancer le groupe à Richmond, organisant une série de concerts dans diverses salles, dont plusieurs à la City's Free University et à la Virginia Commonwealth University, puis deux shows fin novembre dans un gymnase de trois mille cinq cents places où ils firent la première partie un soir d'un groupe de jazz-rock ambitieux baptisé Chicago Transit Authority et la fois suivante des héros du heavy metal Iron Butterfly.

La popularité croissante de Steel Mill dans les villes étudiantes du centre de la Virginie donna un nouveau coup de fouet au groupe. À vrai dire, leur réputation à Richmond était si grande qu'ils jouèrent finalement *après* les vedettes de Chicago. Mais, pour Alexander, qui avait aidé à la fabrication de leur sono et assisté à leurs répétitions et leurs shows, le moment de vérité se produisit lors du concert à la Free University le 20 novembre. C'était au début du set, pile quand ils attaquaient « Goin'Back to Georgia », un rock sudiste mâtiné de blues que Bruce avait composé dans l'esprit des Allman Brothers. Démarrant sur un accord de *mi* tonitruant, le morceau montait jusqu'à la pleine puissance vocale de Bruce, ponctué par quelques riffs de guitare pointus qui déclenchaient des breaks de batterie de Lopez auxquels répondaient les nappes d'orgue de Federici par-dessus la basse de Roslin. Puis tout le monde revenait au refrain, chanté sur des harmonies à trois voix aussi précises que les instruments avaient été anarchiques.

« Je vous jure que j'ai senti mes poils se dresser, raconte Alexander. Tout est entré en connexion. Le public était en transe et Bruce rayonnait. C'était comme s'il *savait*. Il venait de faire un pas de géant. Et le prochain allait le propulser en orbite dans l'espace. »

5

Sortez les flingues et les munitions, tout va bien se passer

L'écriture de Bruce avait déjà beaucoup évolué depuis les poèmes romantiques et les expérimentations de chanteur-compositeur auxquels il s'était essayé pendant ses années de lycée et de fac. Délaissant les dames diaphanes, les oiseaux portés par le vent et les enfants faméliques de son imaginaire adolescent, il se tourna vers sa propre enfance et le fléau des lettres de mobilisation, des flics, des profs et des prêtres qui avaient hanté sa jeunesse.

Et même si la plupart de ses textes en cette fin des années 1960 n'étaient pas encore tout à fait aboutis, la force de la musique vous prenait aux tripes. La chanson «Sister Theresa», accompagnée d'une simple guitare et de la flûte à bec limpide de Lopez, transpose la passion de la foi en un érotisme manifeste. «Tu dis que tu es mariée à Jésus-Christ / Et qu'il est dans ta chambre tous les soirs, chante Bruce. Viens un peu avec moi / Je te promets de te faire sourire.» («*You say you're married to Jesus Christ / And that he's in your bedroom every night / [...] Come with me for a while / I promise I'll make you smile.*») Ce morceau servait souvent de pendant à «Resurrection», un des préférés des fans pour sa critique apocalyptique du catholicisme. Mais ni l'un ni l'autre n'arrivaient à la cheville de «The Wind and the Rain», une chanson de rupture dont l'apogée en forme d'ouragan avait la troublante manie de coïncider avec des descentes de police massives, des orages imprévisibles et, par un soir extraordinaire, la foudre qui s'était abattue pile sur le bâtiment dans lequel ils jouaient. «Vlam! Ça a pété dans toute la pièce, raconte Lopez. Il y a eu une réaction en chaîne d'étincelles, comme si on avait allumé une rangée de cierges magiques. »

Bruce avait aussi écrit toute une litanie de chansons anti-guerre : « We'll All Man the Guns », « The War is Over », « The War Song », etc. Mais les paroles étaient souvent affaiblies par l'indignation vertueuse de leur auteur. « America Under Fire », par exemple, décrit le pays comme un cercle de l'enfer peuplé de « soldats vaincus hallucinés », de femmes « toutes devenues des putains » et de rues grouillant d'hommes à la fois aveugles et « ivres de folie ». Et si ces horreurs ne suffisaient pas à rendre l'idée d'un monde à la dérive, la coda du morceau incluait une reprise sarcastique du refrain du générique de l'émission *Mickey Mouse Club*.

Les textes de Bruce étaient clairement moins forts que sa musique. Mais, même à cet âge incertain, ses ambitions d'auteur étaient frappantes, en particulier quand il s'agissait de défier les conventions de l'écriture rock. « Bruce s'est mis à écrire ces… combinaisons étranges, raconte Steve Van Zandt. De longs morceaux épiques. Je ne me rappelle personne d'autre qui composait avec autant de changements d'accords. Peut-être les Mothers of Invention, mais je ne crois pas qu'il était très fan. » Bruce se souvient d'avoir été très inspiré par les Allman Brothers. « C'était presque du rock sudiste, parfois, dit-il. Du rock progressif, du rock sudiste. Il y avait un amalgame entre les genres, à l'époque, je pense, et les Allman Brothers ont eu beaucoup d'influence. Mais ce qui est intéressant dans leurs chansons, c'est que les arrangements étaient assez complexes. »

L'interminable et protéiforme « Garden State Parkway Blues », par exemple, se compose de trois ou quatre morceaux différents – différents en son, en style et en voix –, agrégés ensemble par des passages instrumentaux et des solos. Dépassant souvent les trente minutes lors des concerts, il commence par un gentil groove rock sur un tempo médium qui accompagne la description narquoise de la routine matinale d'un homme partant au travail, depuis son petit-déjeuner (« *Whoa, my Kellogg's cornflakes are my very best friend!* » : « Ouah, mes Kelloggs'corn flakes sont mes meilleures amies! ») jusqu'au moment où il est au volant de sa vieille bagnole d'occasion qui refuse de démarrer. « Mais je m'en fous, parce qu'elle a du cœur[1]! » (« *But I don't care [...] it's really got a heart!* »)

Le refrain est une répétition de plus en plus frénétique de la phrase « On embauche à neuf heures, on débauche à cinq » (« *Punch in at nine, punch out at five* »), puis on enchaîne brutalement sur un solo de guitare nonchalant avant de repartir sur un segment parlé à propos de factures impayées et autres obligations non remplies. Suite à quoi le rythme s'accélère à nouveau, les guitares et la batterie reprennent à plein régime et les paroles décrivent une autoroute interminable pleine de « monstres à deux yeux » (« *two-eyed monsters* »). Puis vient un doux passage onirique sur fond de flûte à bec dans lequel se côtoient Douglas Fairbanks, Peter Pan, les gardes de Buckingham Palace et le mythique leader des Hell's Angels, Sonny Barger. Ensuite arrivent les clippers, les chariots, les soldats du soleil et un homme sans nom qui refuse de prendre la rampe d'accès avec sa voiture. Le groupe se lance alors dans une longue boucle répétitive de trois accords (qui sera remaniée trois ans plus tard pour la coda de « Kitty's Back ») et ce rêve s'incarne finalement sous la forme d'un musicien qui s'évade, instrument à la main : « jouant de la guitare et chantant, il descend de la colline verte [...] et des soldats du soleil dansent et chantent sous vos yeux » (« *playing with his guitar singing, he goes down upon the green hillside [...] and sunlight soldiers dance and sing before your very eyes* »).

---

1. Bruce raconte souvent qu'il regardait son père lutter pour faire démarrer sa voiture le matin. L'une d'elles ne pouvait pas passer la marche arrière, si bien que lorsque Doug l'avait garée dans l'allée du jardin, il était d'abord obligé de la pousser jusqu'à la rue avant de pouvoir monter dedans.

« Garden State Parkway Blues » n'est peut-être pas l'incursion la plus réussie de Springsteen dans le genre picaresque, mais même les dix minutes de la mini-épopée « Jungleland » sur l'album *Born to Run*, avec un sens de la narration beaucoup mieux maîtrisé, ne peuvent égaler l'audace qu'avait la structure modulaire tortueuse de « Garden ». Peu de temps après, Bruce rejeta en bloc toutes les chansons qu'il avait composées pour Steel Mill et il n'en a plus jamais joué une seule en public depuis plus de quarante ans[2]. Aujourd'hui il concède qu'elles étaient « marrantes » et il y perçoit les liens avec le travail alors en gestation qui allait suivre. « J'ai fini par resserrer les choses, comme dans "Rosalita" et certaines de mes premières chansons qui avaient vraiment plein de circonvolutions, dit-il. J'ai toujours été intéressé par ce style-là. Mais c'est vrai que Steel Mill a joué ce morceau pendant longtemps et qu'il plaisait beaucoup aux gens. »

En tout cas à Tinker West, sans aucun doute. Bruce en était à peine aux balbutiements de sa carrière d'auteur-compositeur et personne ne pouvait prédire jusqu'où lui et son groupe iraient. Mais, avec Grateful Dead, Jefferson Airplane, Santana et une flopée d'autres groupes qui tournaient à San Francisco, et les types des maisons de disques mollement à l'affût, Tinker savait exactement où trouver le tremplin le plus efficace.

West commença par appeler Doug « Goph » Albitz, qu'il avait vu travailler avec Wavy Gravy au festival de Woodstock au mois d'août. Celui-ci passait le plus clair de son temps aux fourneaux de l'Esalen Institute, à Big Sur, sur la côte, à environ deux heures de route au sud de San Francisco. Lieu de retraite et de méditation très prisé des hippies californiens huppés, l'Esalen, avec son côté à la fois sélect et New Age, attirait certains des artistes et

---

2. Même si quelques mélodies, progressions d'accords, ainsi que certaines bribes de paroles seront recyclées au fil des années.

des musiciens les plus populaires de l'époque. Les Beatles, sans Paul McCartney, avaient médité dans les collines d'émeraude de l'Esalen. Bob Dylan aussi était passé par là, ouvrant la voie à Simon and Garfunkel, Arlo Guthrie et Joan Baez. La plupart avaient fini par se produire dans la grange avec vue sur l'océan qui servait de salle de spectacle. Et quand Goph se rendit compte que l'institut n'avait toujours pas trouvé de groupe pour son réveillon de passage aux années 1970, l'affaire fut vite conclue.

Les membres de Steel Mill se mirent en route le lendemain de Noël dans une flottille à deux voitures, Bruce dans le pick-up Ford 1948 remis à neuf de West tandis que Roslin, Lopez et Federici étaient tous les trois dans un break. Ils se suivirent jusqu'à Memphis où ils se séparèrent quand West, épuisé après avoir conduit le camion quinze heures d'affilée, atteignit sa limite. Il se rangea sur le bas-côté en disant à Bruce que c'était son tour de prendre le volant.

Bruce se doutait que ce moment viendrait, mais il ne savait pas vraiment conduire. Il avait évité les voitures depuis que sa seule et unique tentative d'apprendre avec son père lui avait laissé un sentiment d'humiliation. «J'étais censé réussir en un coup. C'était un peu: si tu n'y arrives pas, c'est foutu.» Et les quelques heures qu'il avait passées à piloter la berline automatique de Pam Bracken sur le parking de l'usine Challenger ne l'avaient pas préparé à manœuvrer la boîte à vitesses de ce vieux pick-up cahotant.

«J'ai été obligé de lui dire: "Appuie sur cette pédale! Maintenant pousse le levier de vitesses par là et relâche la pédale", se souvient West. Le camion s'est mis à grincer et à bondir par à-coups sur l'autoroute, mais finalement il a réussi à démarrer et, tant qu'il n'avait pas besoin de s'arrêter, ça allait.»

Bruce et West arrivèrent à l'Esalen le 30 décembre, peu après les trois autres. Ils posèrent leurs valises dans le pavillon principal et filèrent directement dans la grange où ils passèrent quelques heures à se dérouiller les doigts et les jambes. Après quoi une jeune femme souriante arriva avec une miche de pain à peine sortie du four présentée sur une planche à découper avec un pot de beurre maison. Les garçons se jetèrent dessus, engloutissant goulûment d'épaisses tartines de ce pain chaud et parfumé. Juste devant les portes ouvertes de la grange, ils pouvaient voir des nuages floconneux glisser dans le ciel et des rayons de soleil danser à la surface de l'océan. C'était tellement magique qu'aucun d'entre eux, pas même les fumeurs de hasch expérimentés (à savoir tout le monde sauf Bruce), ne se demanda ce qui pouvait bien donner à ce pain cet arôme si sucré et ce petit arrière-goût d'herbe.

« L'herbe de Big Sur était une des meilleures du pays à l'époque, raconte Albitz. Et comme il en poussait partout, on l'utilisait pour un tas de trucs. »

L'histoire ne dit pas quelle quantité Bruce, perpétuellement affamé, en avala, ni ce que ce jeune homme rigide et toujours maître de lui pensa de cette incursion inattendue dans les hautes sphères de la perception. « Tout ce que je sais, se souvient Lopez, c'est qu'on en a tous mangé. Et qu'ensuite les choses sont devenues un peu bizarres. »

Finie la répétition. Lopez, Federici, Roslin et Bruce reposèrent leurs instruments afin d'aller visiter de plus près ce paradis hippie dont ils avaient tant entendu parler. Bruce et Lopez déambulèrent tous les deux sur la pelouse principale de l'institut, tombant – presque littéralement – sur une séance de quête spirituelle où des gens enveloppés de draps blancs rampaient dans l'herbe. « Quelqu'un nous a dit qu'ils étaient censés être des amibes en pleine phagocytose, se souvient-il. Et nous, on est repartis en se disant : "Ah, ah ! C'est donc comme ça qu'on parvient à atteindre son moi intérieur, comment est-ce qu'on n'y a pas pensé plus tôt ?" » Les deux musiciens trouvèrent un sentier qui montait vers les canyons déserts un peu plus haut dans les falaises. Ils grimpèrent un moment à travers les buissons et les rochers, savourant le silence dans l'air et le soleil dans leur dos. Tout ça était si beau et si étrange que lorsque, Lopez vit quelque chose remuer dans les hautes herbes, il se pencha, souleva une pierre et trouva « un *énorme* lézard géant, un monstre de Gila. Et là, Bruce et moi, on a complètement flippé et on est retournés à l'institut en courant ».

Steel Mill donna un deuxième concert dans la grange de l'Esalen le 2 janvier avant de remonter jusqu'à San Francisco afin d'auditionner pour le plus grand imprésario de la ville, Bill Graham, et d'essayer de décrocher une place parmi vingt autres groupes sur sa liste de premières parties. Ces auditions libres avaient lieu régulièrement les soirs de relâche au Fillmore West, une sortie bon marché (deux dollars l'entrée) pour laquelle le public avait trois consignes : boire, rire, ou écouter les candidats. Bruce faillit faire une crise de nerfs en apercevant le groupe Grin, dont le leader était un très jeune guitariste prodige du nom de Nils Lofgren.

Après avoir grandi dans le Maryland, Lofgren avait arrêté le lycée pour se lancer dans une carrière musicale en Californie et il fut le premier surpris quand Neil Young le sollicita pour jouer sur son album *After the Goldrush* en 1970 et l'accompagner sur sa tournée[3]. Au début, Bruce fut intimidé par les prouesses du jeune guitariste. « Hors de question de passer après ce mec », marmonna-t-il après avoir vu Lofgren exécuter un autre solo de ses doigts magiques. Il retrouva son sang-froid à temps pour le set de Steel Mill et, quand Lofgren lui fut enfin présenté, Bruce se sentit instantanément à l'aise. « Quand j'ai rencontré Nils, c'était comme si on se connaissait déjà, dit-il. On avait la même façon de voir la musique et on s'intéressait aux mêmes choses. »

Les rabatteurs de Graham se montrèrent encourageants, mais sans rien promettre. Peu importe, car West avait déjà calé

---

3. Lofgren a aussi fait partie du groupe Crazy Horse sans Neil Young pendant une courte période et il a joué sur l'album *Tonight's the Night* et la tournée éponyme de Young.

un show au College of Marin le 10 janvier, et trois jours plus tard ils obtinrent un créneau au club Matrix en première partie de Boz Scaggs. Le *San Francisco Examiner* avait dépêché un critique du nom de Philip Elwood pour couvrir le concert. Mais, au bout du compte, Elwood consacra quatre-vingt-dix pour cent de son article au set de Steel Mill. « Je n'ai jamais été autant enthousiasmé par un groupe inconnu », écrivait-il, considérant la prestation de Steel Mill comme « une des soirées rock les plus mémorables depuis longtemps ». Il continuait en faisant l'éloge des compositions de Bruce, en particulier les arrêts et les reprises spectaculaires au milieu des morceaux, et décernait une mention spéciale à « Lady Walking Down by the River » pour ses paroles captivantes et une coda à la guitare déchaînée qu'Elwood qualifiait de « très, très puissante ».

Bill Graham rappela le lendemain, réussissant à joindre Lopez à Oakland dans la maison de Linda Mendez, une amie de West qui avait accepté de loger les musiciens chez elle. Graham félicita Lopez pour l'article dans l'*Examiner* et proposa au groupe la première partie du guitariste de blues Elvin Bishop au Matrix. Il y avait juste un léger problème : ils allaient devoir rassembler leurs affaires et se démerder pour être sur scène dans, voyons voir… trois heures. Ou même un peu moins. Trois heures et une traversée délirante du Bay Bridge plus tard, Bruce lançait le décompte de leur premier morceau et Steel Mill était de nouveau sur scène, prêt à tout donner.

Le salaire n'était pas mirobolant : Roslin se rappelle avoir touché la coquette somme de cinq dollars. Mais la sensation électrique de jouer à l'épicentre de la scène rock américaine les motivait et le nombre croissant de fans dont ils commençaient à disposer dans une ou deux facs du coin attisait leurs espoirs. Allez savoir où tout ça pourrait bien les mener ! Tant que le groupe réussissait à progresser tout en prenant ses marques dans la ville rock la plus importante de la côte Ouest, ça valait le coup.

Sauf que l'ambiance était de plus en plus tendue au sein du groupe. Le cœur du problème semblait venir de Roslin, qui s'était fait kidnapper par deux jeunes filles aux yeux clairs qui lui avaient offert de partager leur appartement, leurs drogues et (apparemment) leurs corps. Le joli bassiste n'avait pas hésité une seconde et il se plaisait tellement dans sa nouvelle installation qu'il lui arrivait souvent de rater les répétitions, les réunions et même de temps en temps la balance avant un concert. Ce qui n'était pas du goût de ses comparses. Et le leader, Bruce, avec toute son énergie débordante et obsessionnelle, était particulièrement agacé.

Mais sa mauvaise humeur lors de ce séjour en Californie avait aussi à voir avec ses fréquents allers-retours pour aller rendre visite à ses parents et à sa petite sœur dans leur nouvelle maison de San Mateo. Doug, Adele et Pam étaient arrivés dans la région de San Francisco l'été précédent et, après avoir passé une ou deux journées pénibles à explorer les différents quartiers de la ville, Adele avait trouvé une agence immobilière qui ressemblait un peu à celle dans laquelle elle avait si longtemps travaillé à Freehold. Elle avait demandé au premier employé disponible de lui expliquer où vivaient «les gens comme [eux]» et suivi ses indications jusqu'à la banlieue ouvrière de San Mateo sur la péninsule au sud de San Francisco, où ils avaient loué un petit appartement. Doug s'était trouvé un boulot de chauffeur de bus pour l'aéroport et, même si ses visions les plus sombres continuaient à résister à l'ensoleillement perpétuel de leur nouveau cadre de vie, une sorte d'optimisme s'était fait jour. «Ça avait l'air d'aller mieux, raconte Bruce. Je trouvais qu'ils avaient une meilleure vie.» Pourtant les journées de Doug se terminaient toujours dans la solitude de sa cuisine sombre et enfumée. «On est devenus beaucoup plus proches par rapport à nos habitudes, mais il n'a jamais vraiment changé, dit Bruce. Il n'y avait rien à faire, c'était sa nature profonde.» Néanmoins, Bruce avait besoin de ce lien. «Je me souviens très bien de la seule fois où

Bruce a serré mon père dans ses bras, raconte Pam Springsteen. Je crois qu'il repartait après être venu nous voir. Et c'était un moment très fort. »

Les semaines se changèrent en mois. On était mi-février et Steel Mill était toujours dans le coin de San Francisco, trimant pour enchaîner les concerts plus mal payés les uns que les autres en espérant décrocher un gros coup. Ce qui sembla se profiler à l'horizon lorsque Bill Graham leur demanda de venir auditionner en studio pour son nouveau label, Fillmore Records. Le groupe présenta ses plus grands succès de scène, « Goin'Back to Georgia » et « He's Guilty », en ajoutant le tout nouveau « Cherokee Queen » et la ballade country « The Train Song », dominée par le piano et les chœurs, afin d'exposer toute la palette de sa diversité musicale. Graham fit irruption dans le studio la mine radieuse en disant qu'il en avait assez entendu pour leur proposer sur-le-champ un contrat d'enregistrement exclusif. Ce qui avait l'air d'un rêve jusqu'à ce que le groupe se rende compte que l'avance que Graham avait en tête était seulement de mille dollars. Somme pour laquelle il comptait s'approprier les droits d'édition sur toutes les chansons de Bruce, contrôlant ainsi la façon dont elles seraient utilisées et s'octroyant la part du lion sur les revenus qu'elles seraient amenées à générer à perpétuité. West laissa aux membres du groupe le temps d'en débattre entre eux, mais ce qu'il pensait de cette offre ne faisait aucun mystère. « Graham veut les droits de Bruce ? Pas question de laisser personne lui prendre ça. C'est son plan retraite, merde. Et il n'est pas à vendre. »

L'argument de West parlait à Bruce, même si l'idée de rentrer avec un contrat d'enregistrement en poche lui plaisait bien. Lopez ne se voyait pas exiger de son ami qu'il renonce à ses droits d'édition, même s'il aurait adoré que le groupe reçoive le sésame qu'aurait pu représenter le soutien de Bill Graham. Mais Roslin persista à vouloir convaincre ses acolytes et leur manager d'accepter la proposition, aussi mesquine soit-elle. «On n'a qu'à prendre ce qu'il nous donne et voir ensuite», disait-il en calculant que l'imprimatur de Graham ferait monter le tarif de leurs shows et par conséquent la valeur des chansons que Bruce écrirait même après avoir décroché un meilleur deal ailleurs. Mais Bruce avait déjà pris sa décision. Après la réunion, il entraîna Lopez à l'écart pour l'en informer : il fallait que Vinnie Roslin s'en aille.

Il avait toujours détonné dans le groupe. Au contraire de l'énergie que Federici et Lopez insufflaient dans leur jeu, Bruce trouvait que Roslin se comportait de plus en plus en touriste. Il avait un bon toucher à la basse, mais, aux oreilles de Bruce, guère plus. Et son attitude stoïque sur scène n'apportait rien au dynamisme du groupe. Sans compter qu'il était encore moins sur le coup depuis qu'il s'était mis à fricoter avec Bambi et Pan-Pan à San Francisco. Toutes ces répètes et ces balances manquées avaient fini par lui coûter cher : des départs de morceaux ratés, des riffs oubliés et, parfois, toute une chanson jouée avec une ligne de basse qui n'avait rien à voir avec ce que faisaient les autres. En tant que protecteur et homme de main de Bruce, Lopez savait que c'était à lui d'annoncer la mauvaise nouvelle à Roslin. «Bruce ne faisait pas ces trucs-là, dit-il avec regret. Il comptait sur moi pour certaines choses, alors je m'en chargeais.» Lopez baisse les yeux en se remémorant la suite des événements : Roslin anéanti par la nouvelle, pleurant et suppliant qu'on lui laisse une deuxième chance. «Mais il n'y avait pas de retour en arrière possible, dit-il. Y a jamais de retour en arrière.»

Presque deux mois après leur arrivée sur la côte Ouest, Bruce, Lopez, Federici et West durent bien reconnaître que leur épopée californienne avait fait long feu. Dangereusement fauchés, ils négocièrent deux soirées de suite au centre étudiant de la Free University à Richmond, Virginie. Mais qui assurerait la basse une fois là-bas ? Bruce commença par faire comme s'il n'y avait pas du tout réfléchi. Mais, quand Lopez suggéra de faire appel à son acolyte Steve Van Zandt, Bruce acquiesça vigoureusement. Ils lui téléphonèrent dans le New Jersey et Van Zandt n'eut pas besoin de se faire prier : il les rejoindrait en Virginie, où il aurait une heure ou deux pour répéter avec le reste du groupe avant la première date le 27 février. « Je me suis dit : "Ouais, bien sûr, pourquoi pas ?" » se souvient Van Zandt. La perspective de devoir se mettre à la basse, un instrument dont il n'avait quasiment jamais joué, ne l'arrêta pas une seconde. « C'est pas très compliqué dans un groupe de hard rock, vous savez. »

De retour dans son circuit habituel de clubs, universités et premières parties de concerts, Steel Mill continuait à remplir les salles et à attirer les foules étudiantes, en particulier au Monmouth College et à la Free University où les spectateurs pouvaient se compter par milliers. Les médias locaux commencèrent aussi à manifester leur intérêt, surtout après que West eut invité un petit groupe de journalistes, critiques, disc-jockeys et autres personnalités de l'industrie musicale à une répétition publique à l'usine Challenger le 11 avril. Joan Pikula, une journaliste du quotidien *Asbury Park Press*, publia quatre jours après un long portrait du groupe (« Steel Mill ouvre la voie à de nouveaux musiciens de talent ») où elle les décrivait comme des pionniers de l'innovation musicale. « Ils ont prouvé qu'il y avait ici un public pour des artistes de haut niveau », concluait Pikula en ajoutant même que Steel Mill pourrait bien faire du Jersey Shore la prochaine Mecque américaine du rock'n'roll.

Longtemps, Bruce resta convaincu que Steel Mill pourrait l'emmener aussi loin qu'il le désirait. Ce groupe était son avenir. « On jouait devant des milliers de personnes sans avoir sorti un seul disque, dit-il. C'était incroyable. Des auditoriums et des gymnases pleins à craquer. On ne jouait pas très souvent, mais c'étaient des concerts dont on ressortait avec cinq cents dollars en poche et ça nous durait des mois. Pour un groupe local, c'était un gros succès. Et, dans le coin, on était des grosses stars. »

Pikula écrivit un article encore plus exalté à la mi-juin, quand Steel Mill se produisit en première partie des célèbres rockers de Grand Funk Railroad. Ce groupe du Michigan allait bientôt battre le record des ventes de billets pour le Shea Stadium de New York : si les Beatles avaient mis quatre-vingts jours pour le remplir en 1965, il faudrait seulement soixante-douze heures à Grand Funk Railroad en 1971. À ce moment-là, cependant, ils jouaient encore dans des salles omnisports de province. Quand le groupe prévu pour assurer leur première partie, les MC5 (des protopunks du Michigan eux aussi, dont le tout nouveau deuxième album avait été produit par un certain Jon Landau, jeune diplômé de Brandeis University), fut contraint d'annuler, Steel Mill accepta l'invitation de dernière minute à venir le remplacer au Ocean Ice Palace de Bricktown.

D'après l'article de Pikula, intitulé « Rock et injustice », Steel Mill avait fait de l'ombre aux têtes d'affiche. Afin d'en convaincre ses lecteurs, elle braquait son microscope de critique sur les leaders respectifs des deux groupes : « [Mark] Farner [de Grand Funk] est superficiel ; ce qu'il écrit est d'une médiocrité constante, tout comme sa façon de jouer. Springsteen n'est ni superficiel ni médiocre. Sa musique est diverse et raffinée, et fusionne une variété infinie de langages musicaux… et son jeu, inventif, finement nuancé et propre, est magnifique. »

Certes, l'impression de Pikula sur cette soirée avait pu être influencée par sa loyauté envers ces gars qu'elle commençait juste à connaître. Elle prenait aussi le soin de décrire la capacité de Farner à entraîner une salle remplie de fans à lever le poing et à faire d'autres gestes quasi révolutionnaires. Mais la rhétorique de Grand Funk sonnait creux à ses oreilles alors que la passion dans la musique de Steel Mill n'inspirait pas seulement aux spectateurs de se défouler par la danse, mais aussi de se concentrer sur les idées et les images véhiculées par les paroles. « Steel Mill a fait la musique, concluait-elle. Grand Funk a récolté l'argent. C'est là que réside l'injustice. »

Bruce fut impressionné par cet article. « C'était du lourd, se souvient son vieil ami Lance Larson, un fidèle musicien d'Asbury Park. Il était censé être là pour leur dérouler le tapis rouge, alors, quand dans le journal, ils ont dit qu'il était largement meilleur que ces grosses stars bien établies, Bruce en a été très fier. »

Il allait encore avoir de quoi être fier au cours de l'été 1970. Steel Mill rassembla quatre mille fans lors d'un concert en plein air au Clearwater Swim Club à Atlantic Highlands, dans le New Jersey, avant d'enchaîner sur une série de shows grassement payés pour les galas de fin d'année dans les facs habituelles de Virginie. Ils retournèrent à Richmond pour un grand raout estival organisé au dernier étage du parking aérien au coin de Seventh et Marshall Streets en plein centre-ville, avec une fois de plus en première partie le groupe local Mercy Flight, dont tous les membres, du manager Russell Clem au batteur « Hazy » Dave Hazlett, étaient devenus des copains de leur clique. Le chanteur, Robbin Thompson, avait développé une grande amitié avec Bruce, qui dormait souvent chez lui quand Steel Mill se produisait à Richmond. Alors, à la fin du show dans le parking, ils partirent tous les deux ensemble et, comme d'habitude, passèrent une bonne partie de la nuit à parler musique.

Bruce admirait la puissance vocale de Thompson et son charisme sur scène. Aussi, commençant à se sentir un peu dépassé par tous les rôles qu'il avait à tenir au sein de Steel Mill, il lui demanda s'il ne voudrait pas auditionner pour devenir co-chanteur et leader du groupe. Thompson réagit avec la plus grande incrédulité. « Bruce était à l'évidence le leader de Steel Mill, pourquoi avait-il besoin de moi ? » Le reste du groupe partageait sa confusion. Puisque tous les spectateurs et critiques se déclaraient hypnotisés par les talents exceptionnels de Bruce comme guitariste, performeur et chanteur, pourquoi faire venir un deuxième leader qui lui ferait de l'ombre ? « C'était bizarre, comme stratégie », reconnaît Van Zandt. Mais pas très étonnant, poursuit-il, vu le nombre d'options qu'avait à sa disposition le compositeur principal, chanteur, guitariste solo et directeur musical du groupe. « Bruce ne savait pas quel genre de rôle il voulait jouer. Parce que c'est embêtant d'avoir autant de talents différents. Il était en même temps le leader, le *guitar hero*, l'auteur. Et parfois on s'en sort mieux quand on ne fait qu'un truc à la fois et qu'on le fait bien. »

Après une semaine de répétitions, Lopez, Federici et Van Zandt comprirent où il voulait en venir. Le dernier jour de la mise à l'essai de Thompson, Bruce réunit ses trois partenaires dans un des entrepôts de l'usine pour en discuter. Il ne leur fallut que quelques minutes pour revenir dans la salle de répète et annoncer à Thompson qu'il pouvait commencer tout de suite s'il était toujours d'accord. Il l'était. Il arrêta la fac la semaine suivante, partit rassembler ses affaires et revint s'installer dans le New Jersey.

Le groupe retourna à Richmond fin août puis roula toute la nuit pour rejoindre le Tennessee et se produire dans le cadre du Nashville Music Festival, où, parmi les cinquante mille spectateurs, se cachaient un certain nombre de responsables de maisons de disques. En plus de son set, Steel Mill avait été choisi par les organisateurs pour accompagner sur scène la tête d'affiche du festival, Roy Orbison, pour le plus grand plaisir des fans qu'étaient Bruce et Van Zandt. Quand les huiles des maisons de disques firent la tournée des loges pour serrer les mains et féliciter chacun de sa belle prestation, Thompson remarqua quelque chose que les autres ne virent pas ou ne relevèrent pas spécialement.

« Les autres disaient : "Hé, t'as vu, y a tel ou tel label qui est là, c'est le type en train de parler à Tinker et à Bruce", se souvient-il. Et pendant que j'assistais à tout ça, je me suis rendu compte que le type en question et tous les autres gens qui parlaient de Steel Mill étaient en fait là pour voir Bruce. Ça m'a fait comme un déclic : "Ah, d'accord, j'ai compris ce qui se passe." » Car même si Steel Mill se présentait comme un groupe composé de cinq membres à parts égales, tout le monde pouvait parfaitement identifier celui qui comptait plus que les autres. « Et je ne l'ai jamais oublié », conclut Thompson.

De retour à Richmond, le groupe donna encore quelques concerts avant que Lopez ne parte un soir avec une fille et ne soit réveillé à quatre heures du matin par des flics revolver au poing. Un de ses colocs avait trois kilos de marijuana planqués dans sa chambre et toutes les personnes présentes se retrouvèrent inculpées de trafic de drogue. Étant donné la gravité des chefs d'accusation, la seule chance pour Lopez de revoir la lumière du jour avant dix ou quinze ans était de s'offrir les services d'un avocat professionnel. Les membres de Steel Mill ne disposaient pas de l'argent nécessaire, mais ils savaient où le trouver. Avec un concert de rentrée prévu pour le vendredi 11 septembre, ils n'auraient qu'à faire de cette représentation une soirée caritative et envoyer les recettes à Vini. « Hazy » Dave Hazlett, l'ancien complice de Thompson, pourrait prendre la place de Lopez à la batterie. Et pour mettre toutes les chances de leur côté, ils joueraient à l'endroit où ils avaient réuni quatre mille fans au mois de juin : le Clearwater Swim Club d'Atlantic Highlands.

Ça commença comme un après-midi paradisiaque de la fin d'été. Chaud, mais avec une brise venue de l'océan et des hectares de jeunes du New Jersey affalés sur la pelouse en pente. Le concert démarra à dix-sept heures avec deux groupes locaux, Task et Sid's Farm, puis un dernier set de Jeannie Clark qui fit chauffer l'ambiance grâce à son répertoire folk habituel, avec l'aide de Van Zandt à la guitare solo, de Garry Tallent à la basse et d'un chanteur et musicien de blues d'Asbury Park nommé John Lyon. La présence policière à l'extérieur semblait plus lourde qu'à l'ordinaire, une volonté délibérée des services de police de la commune. « Middletown était connue pour n'avoir aucune criminalité, raconte l'enfant du pays Van Zandt. Et aucune population noire. Mais un maintien de l'ordre un peu autoritaire typique des petites villes résidentielles de banlieue. » Soucieux d'être correctement préparé en cas de révolution, le chef de la police de Middletown, Joseph McCarthy[4], avait commandé pour ses troupes tout un attirail de casques anti-émeute, matraques, boucliers et autres. Et après avoir reçu plusieurs plaintes du voisinage à propos du bruit qui s'élevait au-dessus Des arbres lors des concerts d'été au Clearwater, il s'était dit que ce festival serait l'occasion idéale d'étrenner ce nouveau matériel. « Façon Halloween, peut-être, poursuit Van Zandt. Ils n'en avaient absolument pas l'usage. Mais ils étaient là. »

Comme lors de la convention démocrate à Chicago en 1968. Ou de la manifestation à Kent State University en mai 1970, dans laquelle la petite amie de Bruce, Pam Bracken, alors en deuxième année dans cette fac, s'était aventurée quelques instants avant que la garde nationale ouvre le feu et tue quatre étudiants non armés. Bracken s'était enfuie à toutes jambes ce jour-là. Quatre mois plus tard, près de cinq mille fans de rock s'étaient rassemblés pour écouter de la musique à plein volume, fumer et boire discrètement ce qu'ils avaient réussi à se procurer et oublier le tout récent couvre-feu de dix heures imposé à la ville de Middletown. « C'était l'incarnation du conflit des générations, dit Van Zandt à propos de l'ambiance qui régnait ce soir-là. L'incarnation *physique*. »

Steel Mill, avec Hazlett derrière la batterie de Lopez, monta sur scène sur le coup de vingt heures et démarra son set habituel, alternant les exhortations au divertissement, au sexe, aux chagrins d'amour, aux trains fous et à danser dans les rues au fil des morceaux fiévreusement subversifs que Bruce écrivait depuis plus d'un an. La foule était compacte sur toute la

---

4. Cet homonyme n'a rien à voir avec le sénateur républicain du même nom connu pour sa traque des sympathisants communistes dans les années 1950 et qui est décédé en 1957. *(N.d.T.)*

pelouse et encore plus sur l'esplanade devant la scène, enivrée de musique dans une ambiance bon enfant. Quelques gosses se firent peut-être embarquer après avoir été pris en flagrant délit de consommation de shit ou de vin. C'est la vie. Et si la température montait, c'était surtout à cause de l'intense prestation de Bruce. Vêtu d'un débardeur blanc et de son traditionnel jean maintenu à la taille par une corde, il se nourrissait de l'énergie de la foule, sa voix se mêlant à celle de Thompson, ses solos de guitare virevoltant comme des toupies d'un couplet à l'autre.

« Bruce se distinguait toujours des autres par cette magie qu'il dégageait », raconte Joe Petillo, le guitariste du Upstage qui était venu voir ses copains de Steel Mill faire leur show. Il avait déjà vu Bruce jouer ; il avait partagé des solos avec lui au Upstage. Mais, depuis le milieu de la pelouse, Petillo sentit son admiration monter d'un cran. « Quand il arrivait sur scène, c'était lui le maître. Vous saviez qu'il était en train de se passer quelque chose d'unique. »

En effet. Jusqu'à ce que la grande aiguille sur la montre au poignet de McCarthy ne marque dix heures. Chantant et jouant toujours au milieu de la scène, Bruce savait qu'il poussait les bornes. « Il y avait cette menace de "Si vous dépassez ne serait-ce que d'une minute...", se souvient-il. Et, bien évidemment, on a dépassé, on dépassait toujours. » En quelques secondes, la police de Middletown, en tenue anti-émeute intégrale, apparut en haut des collines qui entouraient la fosse de Clearwater. « On se serait crus dans un western, commente Van Zandt. Vous relevez la tête et vous voyez tous ces uniformes partout autour de vous. Et à un moment, ils ont chargé. » Ils se ruèrent toutes matraques dehors vers la scène, où Bruce et son groupe entamaient les premiers accords du dernier morceau de la soirée, « He's Guilty » (« Il est coupable »). Ça tombait bien !

« Dans mon souvenir, il y avait des gens qui fumaient du shit parmi les spectateurs et ils ont voulu faire une descente, raconte

Bruce. Ils ont envoyé les flics dans la fosse et c'est là que tout a démarré. »

C'était juste au moment où Bruce et Thompson attaquaient le premier couplet : « Nous sommes ici pour juger le crime de ce garçon, criaient-ils. Tous les jurés se levèrent de leurs chaises / Il est coupable ! Il est coupable ! Qu'on l'envoie en prison ! » (« *We're here to try this boy for his crime [...] / Jury all got up in the chairs / He's guilty ! He's guilty ! Send that boy to jail !* »)

« Le groupe était en délire ! La foule était en délire ! » se remémore Bill Alexander, qui avait repris ses fonctions de régisseur de scène pour Steel Mill pendant les vacances d'été de la fac. Et puis la sono s'arrêta d'un coup : les flics avaient tout débranché, coupant les amplis mais aussi les ventilateurs internes qui empêchaient les éléments électroniques surchauffés de fondre. Un des techniciens prit le risque de se faufiler derrière la police pour rebrancher les câbles, arrachant un rugissement sauvage à Bruce alors qu'il relançait le morceau.

McCarthy, comprenant que les hippies s'étaient débarrassés des policiers et avaient bravé ses propres ordres, fulminait d'indignation. Une seule solution s'imposait : coffrer tout le monde. En quelques secondes, tous les membres du staff technique d'Alexander se retrouvèrent menottés et poussés sans ménagement vers les cars de police stationnés au milieu de la route 36. Alexander, qui avait miraculeusement réussi à échapper aux forces de l'ordre, courut vers le fond de la scène où il tomba nez à nez avec un flic furibard qui l'agrippa d'une main par sa chemise en lui désignant les amplis de l'autre.

« Le chef veut que tout ça disparaisse !

– Comment vous voulez que je fasse ? lui hurla Alexander. Vous venez d'embarquer tous mes gars.

– Je m'en tape.

– Vous êtes débile ou quoi ? »

Cette dernière observation, quoique sans doute judicieuse, s'avéra pourtant une erreur stratégique. En un clin d'œil, Alexander se retrouva avec des menottes aux poignets tandis qu'un avant-bras costaud le plaquait contre le mur.

« Vous êtes en état d'arrestation ! cria le flic.

– Pour quel motif ? »

Une torche à six piles s'écrasa sur son crâne.

« Le voilà, le motif ! »

Pendant ce temps, sur scène, Bruce, Van Zandt, Thompson et Hazlett se cramponnaient à leur groove jusqu'à ce que la police reprenne le contrôle des sources de courant, stoppant net la musique. Ce qui, étonnamment, ne diminua en rien l'emprise de Bruce sur la foule alors qu'il se tenait tout seul au milieu de la scène, tapant des mains au-dessus de sa tête et braillant *a cappella* : « Il est coupable ! Il est coupable ! Qu'on l'envoie en prison ! »

Tom Cohen, guitariste dans un autre groupe managé par West et baptisé Odin, assista à tout l'épisode depuis le milieu de la pelouse. « Très vite, c'est devenu le chaos généralisé. On pensait que la révolution allait éclater sous nos yeux. » Sauf que personne n'arrivait à détacher son regard de Bruce, toujours en train de crier et de taper des mains. « Il n'y a plus de musique, il n'y a plus de courant, raconte Joe Petillo, et il a *encore* des milliers de gens à ses pieds. »

Vu depuis la scène, c'était une perspective à la fois grisante et terrifiante. « C'était la première fois qu'on se rendait compte de l'influence que le groupe avait sur le public, explique Thompson. Il y avait vraiment des blessés parmi la foule, notre matériel était endommagé, mais ces gens-là avaient l'air prêts à faire tout ce qu'on leur demandait. » Aux yeux de Bruce, ils le faisaient déjà. « On était juste des petits voyous du rock'n'roll, dit-il. Il y avait plein d'autres trucs dans l'air, mais nous, en fait, tout ce qui nous intéressait, c'était la musique... Je voulais juste continuer à jouer, point barre. Ça n'allait pas plus loin que ça, vraiment. »

C'était sans compter sur la police de Middletown. « Les flics ont envahi la scène, raconte Bruce. Ils hurlaient sur tout le monde en agitant leurs matraques et leurs trucs. Devant moi, c'était le chaos total. Je me suis retourné et c'était la même chose derrière. Et Danny était dans la merde. » En effet, quelques policiers avaient décidé d'escalader la scène par l'arrière, mais quand ils s'étaient agrippés aux amplis pour commencer à grimper, une pile d'enceintes s'était effondrée sur eux, touchant le chef McCarthy en pleine tête avant de clouer au sol les autres assaillants. Relevant les yeux et voyant Federici derrière son Hammond B3, les flics en tirèrent la conclusion évidente : « Ce petit blondinet vient de nous balancer des enceintes dessus ! » Mais cet organiste au visage d'ange aurait-il seulement songé à faire une chose pareille ? Beaucoup des personnes présentes ne s'en souviennent pas comme ça. Pourtant Van Zandt n'a aucun doute. « Bien sûr que Danny a fait ça, dit-il. Comment je le sais ? Parce que je l'ai *vu*. J'étais juste à côté de lui. Il y avait une pile d'enceintes et il a donné un coup de coude dedans pour les faire tomber sur eux. »

Pas étonnant que les flics aient été aussi remontés.

« Arrêtez-moi ce connard ! »

Quand Federici vit juste au pied de la scène une bande de policiers amochés et furieux se ruer vers lui, il bondit vers l'autre bout du plateau, sauta à terre et ne s'arrêta de courir qu'une fois caché sous une couverture dans la voiture de Greg Dickinson, un des techniciens du groupe, qui raccompagna l'organiste paniqué chez lui où il resta terré avec sa femme, Flo, et leur bébé Jason.

Pendant ce temps, Bruce et les autres se planquèrent sous la scène en espérant échapper à la rafle. Mais, en entendant que les flics comptaient confisquer leur matériel, ils se remirent en mouvement, jetant pêle-mêle amplis, instruments, câbles et table de mixage à l'arrière du camion de West. Bruce et Hazlett sautèrent sur le siège avant et les trois compères s'enfuirent par la sortie de service. Une fois sur la route, ils sombrèrent dans le silence, essayant de digérer ce qui venait d'arriver et de décider quoi faire à présent. Ils évitèrent l'usine Challenger en pensant que ce serait la première cible des flics.

Heureusement, il n'y eut finalement aucun raid après le concert. À la place, la police fit évacuer les lieux et émit un mandat d'arrêt contre Federici, dont la spectaculaire disparition lui valut le surnom qu'il allait garder toute sa vie : le Fantôme. Le pauvre Alexander – tabassé au point d'être méconnaissable puis jeté à l'arrière d'une camionnette – porta plainte contre les forces de l'ordre tandis que l'ACLU (Union américaine pour les libertés civiles) lança une enquête sur les circonstances dans lesquelles s'étaient déroulées la vingtaine d'arrestations pour consommation de drogues, d'alcool et ce que la police avait appelé des « agressions ».

Le triste sort d'Alexander fit enrager le reste du groupe et toute l'équipe tint plusieurs réunions de crise pour debriefer ce qui s'était passé et dresser une liste de témoins et de preuves. Mais, quand Alexander, accompagné de son avocat (qui était aussi son oncle), ressortit en boitant de son entrevue au commissariat de Middletown, il n'avait obtenu que des menaces et des avertissements. « J'ai entendu McCarthy dire : "Si votre client ne retire pas sa plainte, on va lui sortir des flingues, des couteaux, tout ce qu'il faudra. Et on l'enverra à l'ombre pour un bon bout de temps !" » raconte Alexander. Tenant aussitôt parole, les flics firent courir le bruit qu'en fouillant sous la scène après le concert ils avaient découvert un sac rempli de drogues et d'armes, apparemment planqué là par les musiciens de Steel Mill, qui, bizarrement, n'avaient pas pensé aux nombreuses cachettes possibles dans leurs propres véhicules et caisses de matériel. Sèchement mis en garde par son oncle avocat (« Tu as vraiment envie de passer le restant de tes jours en taule ? »), Alexander retira sa plainte, à son corps défendant.

Sur Bruce, à quelques jours de son vingt et unième anniversaire, ce concert avait laissé une marque indélébile. Il avait passé presque toute la soirée à savourer encore une fois l'énergie électrique d'un public déchaîné. Mais le dénouement terrible et la brutalité assoiffée des policiers de Middletown l'avaient profondément choqué. « Tout ce truc politique avec Steel Mill... confia-t-il à Tom Cohen quelques jours plus tard, énumérant les nombreuses chansons qu'il avait écrites sur l'urgence d'arrêter la guerre, de se rebiffer contre l'autorité et de changer le monde. On parle toujours de la révolution, mais en fait tout le monde s'en fout. Personne ne fait rien. À part en parler. » La prochaine chanson révolutionnaire que Springsteen allait écrire – sans doute avec l'aide de Robbin Thompson – s'appellerait « Change It ». Sauf que, cette fois, l'appel à la révolte sociale serait enrobé de sarcasme.

Ça commençait par : « Tout le monde récite ses dictons préférés / Tout le monde chante ses chansons préférées / Tout le monde a son jeu préféré / D'accord, on a tout bon, mais je crois qu'on a tout faux. » (« *Everybody's saying their favorite sayings / Everybody's singing their favorite songs / Everybody's got a favorite game they're playing / Well, ha, we're all right, but I guess we're all wrong.* ») Et puis les paroles devenaient de plus en plus acerbes : « Alors prenez du LSD et butez les poulets / Sortez les flingues et les munitions, tout va bien se passer / Tout ce que vous avez à faire, c'est de continuer à glander. » (« *So take LSD and off the pigs / Break out the guns and ammo, everything's gonna be just fine / All you gotta do is hang around.* »)

L'enthousiasme de Bruce pour la rhétorique du poing levé avait disparu. Il était temps de repenser aux forces et aux limites de Steel Mill, et à l'avenir qui s'ouvrait en grand devant eux. Alors, tout en continuant à jouer tout l'automne avec le groupe, Bruce reprit aussi ses concerts en solo dans les clubs et les bars. Il reversait l'argent dans la caisse commune de Steel Mill, mais son esprit était déjà en train de dériver dans une autre direction.

6
Pour des raisons personnelles, ceci sera ma dernière chanson

Bruce et Steel Mill restèrent près d'un mois sans remonter sur scène après le désastre de Clearwater. Un break qui avait autant à voir avec le séjour prolongé de Lopez à la prison de Richmond qu'avec la quantité de matériel détruit et les blessures aussi bien physiques que morales. Réémergeant de l'usine Challenger début octobre, le groupe fila à Richmond pour assurer sans grand enthousiasme la première partie de la Ike and Tina Turner Revue. Le seul point positif, c'est qu'ils en profitèrent pour célébrer leurs retrouvailles avec Lopez, tout juste libéré de prison, ce qui valait largement le voyage.

De retour sur le Jersey Shore deux jours plus tard, Steel Mill donna un nouveau concert à guichets fermés dans le gymnase du Monmouth College, où Danny Federici, toujours en cavale, faillit se faire pincer à la fin du show par des flics de Middletown qui traînaient par là. Fort heureusement, les policiers avaient sous-estimé les trésors de ruse qu'étaient capables de déployer les membres du groupe quand il s'agissait d'échapper à la loi. Comme s'en souvient Lopez: «Bruce a fait monter tous les spectateurs des premiers rangs sur la scène, notre copain musicien d'Asbury Park David Sancious s'est mis au clavier et Danny s'est volatilisé.» Encore un coup du Fantôme! Un peu plus tard, ils retournèrent à Richmond pour deux dates fin octobre, puis attendirent un mois avant leur prochain concert comme têtes d'affiche au Newark State College le 25 novembre. Deux jours après, Steel Mill faisait la première partie de Black Sabbath et de Cactus au Sunshine In, un nouveau venu dans le circuit des clubs d'Asbury Park.

Au début, l'intervalle entre les shows déconcerta la nouvelle recrue Robbin Thompson. Mais les concerts qu'ils donnaient attiraient souvent un public beaucoup plus nombreux que la plupart des groupes locaux auraient pu espérer cumuler sur une semaine entière. Au Monmouth College, il y avait eu quatre mille spectateurs, dont beaucoup avaient passé deux heures, voire plus, à attendre sous une pluie battante pour être le plus près possible de la scène. Quand Thompson vit le paquet d'argent qu'ils récoltèrent à la fin de la soirée, il en eut le souffle coupé. « On avait encaissé plus de trois mille dollars, et c'était littéralement : "Tiens, voilà dix pour toi, dix pour toi, dix pour moi, dix pour toi…" raconte-t-il. Je m'étais fait cinq cents dollars en un soir, je n'en revenais pas. Je n'avais jamais gagné autant d'argent avec aucun groupe avant ça. Le seul problème, c'était qu'ensuite on n'allait sans doute pas retravailler avant un mois. »

Et en effet, les concerts de Thanksgiving fin novembre furent les derniers du groupe pour l'année 1970. Peu de temps après, Springsteen partit sur la côte Ouest pour passer les vacances de Noël avec ses parents et sa sœur à San Mateo. Là-bas, il occupa son temps à dorloter la petite Pam, se régaler des pâtes et des poulets rôtis d'Adele et partager le silence de la nuit avec Doug.

Loin des visages et des sons qui lui étaient familiers, Bruce sentait ses oreilles de rocker en manque de musique. Se baladant sur la bande FM de la région de San Francisco, il tomba amoureux du nouvel album de Van Morrison, *His Band and the Street Choir*, puis de celui de Joe Cocker, *Mad Dogs & Englishmen*, un live tiré de la tournée américaine que le chanteur avait faite l'hiver et le printemps précédents, accompagné d'un orchestre de près de trente musiciens. Et même si c'étaient des artistes très différents, la soul à la fois exigeante et spirituelle de Morrison contrastant avec la soul-gospel bordélique de Cocker, ils avaient tous les deux la même vision exubérante, truffant leurs chansons de cuivres, choristes de gospel et solistes en tout genre. Mais surtout, les deux groupes se jetaient dans leur musique comme des prédicateurs évangéliques, en y mettant tout ce qu'ils avaient, persuadés qu'ils accéderaient par la vertu de cet art au royaume du sacré. Et après les rugissements hargneux de Steel Mill, les paroles poing en l'air et les compositions guitare-basse-batterie-orgue, ces deux disques ouvraient un nouvel horizon de possibles.

Le swing du rhythm and blues à l'ancienne ; le funk cadencé de James Brown ; les possibilités apparemment infinies qu'autorisait une palette plus large de musiciens, de sons et d'inspirations. Asbury Park regorgeait de musiciens capables de tout jouer ; y compris, bien sûr, les membres de Steel Mill. Mais, avec de tels bouleversements qu'il sentait monter en lui, Bruce ne se voyait pas construire un nouveau groupe autour du nom de Steel Mill et des attentes qu'il suscitait. Alors, quand les premières lueurs de 1971 éclairèrent la Californie, Bruce avait déjà pris sa décision : c'en était fini de Steel Mill.

Il annonça la nouvelle aux autres un ou deux jours après son retour dans le New Jersey tout début janvier. En arrivant à l'usine Challenger, il alla trouver Lopez et Federici dans leur chambre et le leur dit tout net : Steel Mill s'arrêtait. Lopez se rappelle avoir été « surpris et consterné » par la décision abrupte (et unilatérale) de Bruce, mais avant qu'il ait le temps de répondre, Bruce leva une main et lui dit de ne pas s'inquiéter : « Il m'a expliqué : "Je vais prendre une nouvelle direction et je veux que tu sois mon batteur." » Federici ne reçut pas la même garantie ; il n'allait plus jouer avec Springsteen pendant presque deux ans, à son grand regret. Thompson, qui à peine quelques mois plus tôt avait planté ses copains de Mercy Flight pour rejoindre le groupe de Springsteen, fut à la fois choqué par cette nouvelle, mais pas surpris de l'entendre. « On ne peut pas dire qu'on était en perte de vitesse », souligne-t-il. Mais il l'avait senti venir depuis qu'il avait vu les responsables des maisons de disques tourner comme des mouches autour de Springsteen lors du festival à Nashville.

Tinker West, qui avait investi beaucoup de son argent personnel pour bâtir la carrière et la réputation de Steel Mill, fut celui qui le prit le plus mal. « Je me disais : "Attends, ça fait deux ans et demi qu'on fait ça, maintenant on en arrive enfin à recevoir des offres, ça avance dans la bonne direction. On commence à se faire quatre ou cinq mille dollars par concert." Mais ensuite j'ai pensé : "Tant pis, je trouverai toujours une autre façon de gagner de l'argent." Et puis Springsteen avait un vrai talent. Il avait envie de pouvoir écrire des trucs pour un groupe de dix musiciens. Qu'est-ce que vous vouliez que je fasse ? Je n'allais pas me mettre à lui hurler dessus. »

Steel Mill avait encore une date programmée au club D'Scene de South Amboy le 18 janvier, après quoi ils donnèrent deux concerts d'adieu au Upstage les 22 et 23 janvier. Les deux soirées affichèrent instantanément complet, et vu la quantité d'amis, de voisins et de compatriotes qui en franchirent les portes, la salle devint vite une masse compacte d'épaules et de visages levés suant à grosses gouttes dans la chaleur ambiante. Les rappels se prolongèrent pendant près de quarante minutes, avec en apogée une version de « Resurrection » à faire trembler les murs, qui ne suffit pourtant pas à rassasier le public déchaîné. Quand ils revinrent encore une fois sur scène, Bruce s'avança jusqu'au micro pour annoncer ce qui serait l'ultime rappel du groupe. « Pour des raisons personnelles, déclara-t-il, ceci sera ma dernière chanson. » Il décompta l'intro et recommença ce morceau qui décrivait sa propre évolution depuis les fantasmes d'un catholicisme sombre jusqu'aux feux de la scène. « Gloire, gloire, résurrection ! chantait-il. J'adresse mes prières à la terre et au soleil / Gloire, gloire, résurrection ! » (« *Hail, hail, resurrection ! I'll say my prayers to the earth and the sun / Hail, hail, resurrection !* »)

La renaissance rock de Bruce ne s'arrêtait pas à la scène. Fréquentant de plus en plus assidûment le Upstage au début de l'année 1971, le jeune inconnu timide qui en avait monté les marches deux ans plus tôt était devenu une présence imposante.

« Il monopolisait l'attention, se souvient Albee Tellone, un multi-instrumentiste qui jouait régulièrement des sets folk au Green Mermaid. Il nous refaisait des sketches entiers de George Carlin qu'il avait mémorisés, ou bien des scènes de films en récitant tous les dialogues. Bruce avait un charisme incroyable et il adorait rigoler avec tout le monde. »

Dans ses moments plus intimes avec sa petite amie Pam Bracken, Bruce savait se montrer tout aussi attachant. « Il racontait de super histoires, mais, jamais de ragots, dit-elle. Je trouvais ça chouette. » Mais, même si Bruce l'impressionnait par ses ambitions et sa discipline, Bracken devinait aussi le tourbillon émotionnel qui nourrissait sa détermination. Pas vraiment adepte des principes féministes, il comptait sur sa copine pour s'occuper de son linge (et parfois celui des autres membres du groupe) et mettait impatiemment les pieds sous la table pendant qu'elle lui préparait les hamburgers, les poulets rôtis et les spaghettis bolognaise qu'il lui réclamait pour le dîner. Le jour où il se cassa une incisive dans les vagues de Bradley Beach, Bruce appela Bracken et lui ordonna de prendre la boîte d'Excedrin dans sa salle de bain et de la lui apporter *tout de suite* ! « Je crois qu'il avait horriblement mal », dit-elle en se souvenant de l'éclair de colère dans les yeux de son amoureux quand elle le trouva, sanguinolent et abattu, sur la promenade du bord de mer.

À la fois terriblement désireux de goûter aux réconforts d'une intimité affective et terrifié par les exigences qu'elle impliquait, Bruce oscillait entre des crises de jalousie et des périodes d'infidélité à peine dissimulées. Comme s'en souvient Bracken, Bruce ne pouvait jamais résister à une femme ayant besoin d'aide ou de soutien. Robbin Thompson était fiancé et sur le point de se marier quand il partit s'installer dans l'usine Challenger, mais lorsque sa future épouse le rejoignit à Asbury Park une semaine ou deux après son emménagement, leur relation déjà instable vola en éclats. À bout de nerfs et chamboulée, la jeune femme se consola entre les bras de l'ami-coloc-collègue de son ex. « À ma grande consternation, commente Thompson. Mais ce n'est pas que Bruce me l'avait piquée ni rien. On s'est séparés et elle a trouvé quelqu'un d'autre. »

Cette nuance ne comptait pas beaucoup pour Bracken, qui avait un peu de mal à avaler les excuses penaudes de son petit copain, selon lesquelles il aurait simplement prêté un soutien affectif à la fiancée esseulée de Robbin pendant cette période éprouvante. À vrai dire, Bracken réagit si violemment à ses arguments que Bruce finit par lui flanquer une gifle. Blessée et choquée, Bracken ouvrit brusquement la porte et partit dans la rue. Bruce ne tarda pas à lui courir après en gémissant qu'il était désolé et qu'il ne l'avait frappée que parce qu'il avait peur qu'elle devienne « hystérique ».

La relation de Bruce avec l'ex de Thompson prit fin une ou deux semaines plus tard, ce qui le renvoya dans les bras de Bracken, mais avec l'ordre strict qu'elle se tienne désormais éloignée de ses concerts. « Ta mère n'allait pas au boulot avec ton père, si ? Pourquoi tu as besoin de venir me regarder bosser ? » Bracken haussa les épaules. « C'est-à-dire que mon père n'était pas un musicien rock », répondit-elle. Elle savait déjà ce qui le gênait, de toute façon. « Ça l'empêchait de rencontrer d'autres femmes. »

Insaisissable par nature, Bruce n'avait aucun problème à ricocher du canapé d'un copain à la chambre vacante d'un autre ou à l'appartement d'une nouvelle conquête. Il restait rarement au même endroit plus d'un mois d'affilée, si bien que ses amis et les musiciens avec qui il jouait avaient souvent du mal à le joindre. Et même si Bracken savait parfaitement quand son *boyfriend* par intermittence cherchait à l'éviter, elle n'arrivait pas à lui en vouloir. Pas juste à cause de son talent et de sa beauté, mais aussi parce qu'elle devinait les blessures qu'il s'efforçait de cacher. Il évoquait rarement sa famille devant elle et, même s'il était gaga de son jeune neveu (le fils de Ginny), Bracken ne rencontra Ginny qu'à une seule reprise au cours des deux ans et quelques qu'elle passa avec Bruce.

Il l'emmena pourtant une fois à une réunion de famille chez son grand-père Zerilli, dans la maison où sa mère Adele et ses deux sœurs Dora et Eda avaient passé leur adolescence et qu'on appelait encore « la maison sur la colline ». Leur père volage, Anthony Zerilli, s'y était installé à sa sortie de prison dans les années 1940 et cette ferme d'Englishtown, dans le New Jersey, était restée sa résidence depuis. N'étant plus autorisé à exercer le droit, Anthony s'était refait une carrière comme conseiller fiscal, avec suffisamment d'autres activités annexes[1] pour gagner non seulement des revenus confortables mais aussi une réputation qui lui avait permis de travailler avec des délégations commerciales étrangères. Considéré comme un magnat par ses proches, Anthony jouait son rôle à la perfection, en particulier quand il organisait une réunion familiale. En voyant le monde aggluntiné sur la pelouse de son grand-père, Bruce roula les yeux, se remémorant comment un cousin éloigné qui était venu un jour rendre visite au vieux patriarche était reparti au volant d'une de ses voitures. « Ils espèrent tous que ce sera leur tour », grommela-t-il.

Dans la maison, Bracken remarqua une salle à manger protocolaire avec au centre une table impeccablement cirée qui pouvait facilement accueillir douze convives. De là, Bruce l'emmena dans un petit salon où une vieille dame dans un rocking-chair grinçant parlait italien à toute vitesse et il la présenta à Adelina, la première femme d'Anthony et la grand-mère de Bruce[2]. En voyant son petit-fils arriver, elle lui fit signe d'approcher et lui prit le visage entre ses mains. « Elle n'arrêtait pas de

---

1. Les détails sur le travail et la vie d'Anthony après son séjour en prison sont un peu flous, en raison à la fois de sa brouille avec le reste de la famille et du fait que personne dans les jeunes générations ne sait vraiment ce qu'il fabriquait.

2. Après être resté des dizaines d'années sans se voir, le couple divorcé renoua les liens lors d'un mariage dans la famille à la fin des années 1960. Anthony venait d'enterrer sa troisième épouse (la secrétaire pour laquelle il avait quitté Adelina à la fin des années 1930 était également décédée) et, après avoir recommencé à se parler, ils se remirent ensemble. Ils ne se remarièrent jamais, mais vécurent dans la « maison sur la colline » pendant les dix années restantes de la vie d'Anthony.

lui pincer les joues en disant "Mon mignon! Mon mignon!" » se souvient Bracken.

Quant à Anthony, il entraîna Bruce et Pam dans une grange où il entreposait les trésors qu'il avait collectés au cours de sa carrière. Ouvrant le tiroir d'une commode, il fouilla à l'intérieur jusqu'à retrouver une cuillère en fer-blanc que lui avait offerte un dignitaire européen. « Ça me paraissait complètement absurde », confesse Bracken. Bruce sourit, remercia son grand-père d'un hochement de tête et partit sans un mot.

Alors que l'hiver 1971 sévissait sur Asbury Park, Bruce se réchauffait avec le cercle de musiciens qu'il avait rencontrés au fil de ses jam-sessions nocturnes au Upstage. La plupart de la clique de Steel Mill continuait à graviter dans les parages, en particulier Van Zandt. Mais désormais l'orbite de Bruce incluait aussi Big Bad Bobby Williams, le rocker folk Albee Tellone, le chanteur, bassiste et harpiste de blues John Lyon, le bluesman irlandais Big Danny Gallagher, le videur du Upstage Black Tiny (monté « comme un distributeur de Pepsi avec des bras et des jambes », selon son collègue Jim Fainer) et les indéboulonnables habitués du club John et Eddie Luraschi, deux frères livrés à eux-mêmes qui s'étaient trouvé là une famille de substitution. Ainsi que Garry Tallent, bassiste et encyclopédie vivante du rock'n'roll, et David Sancious, pianiste de formation classique. Et d'autres encore, chacun trimballant sa petite légende et ses excentricités personnelles. Et, en tant que musiciens vivant dans une station balnéaire assoupie entre deux saisons, aucun d'eux n'avait l'ombre d'un billet de dix dollars. « On ne pouvait pas sortir dans les bars, on pouvait à peine s'acheter un pack de bière, sans même parler de drogue », raconte Tellone, dont l'appartement sur Sewall Avenue (partagé avec Van Zandt et Lyon) était devenu le QG de ces jeunes hippies sans le sou, notamment les soirs où se tenaient leurs parties hebdomadaires de Monopoly. Renommé Monopoly-Sans-Pitié, le jeu auquel ils jouaient était

aussi compétitif que pimenté de nouvelles règles volontairement absurdes, de blagues pour initiés et de suffisamment de
rebondissements improvisés pour en faire une satire ludique du
capitalisme, de l'autorité et de la cruauté aveugle. Des ajouts
personnalisés à la pile des cartes « Chance » et « Caisse de
communauté » vous imposaient des coups du sort directement
inspirés des gros titres du *Asbury Park Press*. Si vous tiriez la
carte *Émeutes raciales!*, toutes vos petites maisons vertes
et vos magnifiques hôtels rouges étaient réduits en cendres.
Une autre carte funeste et vous étiez victime d'une descente
de police qui vous coûtait des milliers de dollars en amendes
et frais judiciaires. En revanche, avec un peu de chance, vous
pouviez tomber sur la carte du chef de la police de Middletown
McCarthy, qui vous donnait le pouvoir d'arrêter et d'envoyer en
prison n'importe quel autre joueur à n'importe quel moment.

Mais, bien entendu, ce n'était que le début, puisque la phase
la plus drôle et la plus cruciale du jeu se déroulait hors des
limites du plateau. Rares étaient ceux qui parvenaient à égaler
la force de persuasion de Bruce et il gagnait plus de parties que
tous les autres… même si sa suprématie devait peut-être tout
autant à ce talent unique que John Lyon décrivit au journaliste
du *Time*, Jay Cocks, en 1975 : « Bruce n'avait aucun scrupule. »

Bruce abordait aussi ces parties avec son sens de la facétie et
un penchant romantique pour les coups de théâtre. Comme il l'a
raconté lui-même, la scène se déroulait tel un opéra-comique,
peuplé de personnages grandiloquents et fait de luttes à la vie à
la mort. Tous ceux qui n'avaient pas déjà un surnom attribué par
Bruce se retrouvaient vite affublés d'une étiquette sur mesure.
« C'était la formation d'une identité de groupe, explique Van
Zandt. Tout à coup on est devenus le "Rat Pack[3]" du rock'n'roll.

---

3. À l'origine, le terme « Rat Pack » (littéralement « bande de rats »), était
employé dans les années 1950 pour désigner un groupe d'amis informel autour
d'Humphrey Bogart : Frank Sinatra, Judy Garland, Lauren Bacall, Katharine
Hepburn, Spencer Tracy, George Cukor et d'autres. Le nom aurait pu être donné

C'est arrivé un peu comme ça et, moi, je l'ai encouragé de manière très consciente parce que je suis un mec qui aime les bandes. Un mec "Rat Pack".»

L'accent sur l'identité de groupe permettait à tout le monde de s'associer librement avec les uns ou les autres pour former tandems et alliances au gré des envies de chacun. Pendant un temps, Bruce sembla être sur tous les fronts à la fois : au centre des jam-sessions électriques au deuxième étage du Upstage, ou bien dans des jams acoustiques (le plus souvent au sein des Hired Hands d'Albee Tellone) dans l'atmosphère plus tranquille du Green Mermaid. Van Zandt et Williams formèrent un groupe connu sous divers noms : Steve Van Zandt and Friends, le Big Bad Bobby Williams Band et/ou le Steve Van Zandt and Big Bad Bobby Williams Band. Dans tous les cas, le groupe se composait aussi de Garry Tallent à la basse, David Sancious au clavier et le toqué de blues Johnny Lyon à la voix et à la harpe, tandis que Springsteen les rejoignait de temps en temps pour ajouter une deuxième guitare et des chœurs.

Mais, quand Bruce se mit sérieusement à organiser son nouveau groupe, quasiment tous les musiciens de Williams lui firent faux bond pour s'allier à la nouvelle entreprise. Sans surprise concernant Van Zandt, étant donné l'amitié qui liait les deux guitaristes. Puis Garry Tallent déménagea sa basse dans l'usine Challenger, suivi de près par Sancious et Williams, dépité, n'eut plus que ses yeux pour pleurer. « Il traînait tout le temps dans ce bar en répétant "Les enfoirés !" raconte Tellone. Quand quelqu'un lui demandait de quoi il jouait, il répondait : "Les seconds couteaux." » Mais, dans le sillage de Steel Mill, ils

---

par Lauren Bacall qui, voyant son mari et ses amis revenir d'une soirée à Las Vegas, épuisés et hagards, aurait lancé : « Vous avez l'air d'une bande de rats ! » Après la mort de Bogart en 1957, Frank Sinatra devint le leader de ce qu'il appelait désormais « le Clan » ou « le Sommet », avec notamment Dean Martin et Sammy Davis Jr. *(N.d.T.)*

savaient tous quel leader avait les meilleures chances de percer. Alors, quand, à l'hiver 1971, il fut question d'engager des musiciens, Bruce Springsteen allait pouvoir s'offrir exactement ce qu'il voulait.

West fit passer une annonce dans le *Asbury Park Press* à la recherche de voix féminines et de trompettistes, et les auditions démarrèrent très vite. Un flot de candidats se présentèrent, y compris une lycéenne à la crinière flamboyante venue de Deal, dans le New Jersey, qui commençait déjà à tourner dans les bars pour chanter avec des groupes locaux. Bruce et West aimaient bien son style, mais ils finirent par annoncer à la jeune Patti Scialfa qu'elle allait devoir grandir un peu, peut-être même finir le lycée, avant d'avoir l'âge de les accompagner sur les routes.

Les candidats qui allèrent plus loin dans le processus de sélection purent entendre les discours enflammés de Bruce sur Van Morrison. Le mélange de rock, blues, jazz, gospel et musique celtique opéré par cet artiste irlandais serait l'étoile polaire musicale de leur nouveau groupe, disait Bruce. Il fit jouer des morceaux de Morrison au saxophoniste Bobby Feigenbaum puis recruta les chanteuses de gospel Delores Holmes et Barbara Dinkins en mettant un disque de Morrison sur lequel il leur demanda d'improviser des chœurs. Mais Dinkins trouvait que Bruce était surtout impressionnant par la force de ses propres compositions. « J'étais en admiration devant ses créations originales, dit-elle. Il avait ces longs cheveux bouclés et ces rouflaquettes, mais il écrivait ses chansons du fond de son cœur et de son âme. J'ai tout de suite vu qu'il avait quelque chose de spécial. »

Une fois ses choristes choisies, Bruce s'assura que sa bande de jeunes rockers négligés les traite avec les égards qu'elles méritaient. « Bruce les avait rencontrées dans une église et la première fois qu'elles sont venues il m'a demandé de faire attention à ce que je dirais en leur présence, raconte Tom Cohen, qui jouait la guitare solo dans le groupe Odin managé par West. Il disait comme ça : "Ah, ces filles, mon pote, t'as pas intérêt à parler comme un chiffonnier devant elles. C'est des dames comme il faut." »

Bruce auditionna quelques autres musiciens au cours d'une série de jam-sessions acoustiques et électriques qu'il donna – parfois sous le nom de Bruce Springsteen Jam Concert – au Upstage et au Green Mermaid. Le trompettiste jazz Harvey Cherlin se fit embaucher aux côtés de Feigenbaum dans la section cuivre et le groupe au complet – Bruce, Van Zandt, Tallent, Sancious, Lopez, Feigenbaum, Dinkins et Holmes, avec quelques apparitions ponctuelles de West et de ses congas – se cala sur un rythme de répétition brucien de quatre ou cinq sessions de plusieurs heures chaque semaine. « C'était comme un boulot, raconte Feigenbaum. Mais, quand on jouait en public, personne n'était aussi au point que nous. On était *ultra-synchros*. »

Début mars, West reçut un coup de fil du manager du Sunshine In qui voulait programmer Steel Mill en première partie des Allman Brothers le 27. Apprenant que le groupe s'était séparé en janvier, Fisher ne se démonta pas et reformula aussitôt son offre : « Amène-moi Springsteen et je me fous de qui l'accompagne. » Quand Van Zandt, gros fan des Allman Brothers, apprit la nouvelle, il insista pour que son copain accepte la proposition, même si leur nouveau big band avait encore besoin de quelques mois de travail avant de pouvoir prétendre reprendre le flambeau de Steel Mill. Bruce repensa aux scènes exubérantes des spectacles de Joe Cocker pendant la tournée *Mad Dogs & Englishmen*. Si les organisateurs se fichaient de savoir avec qui il jouait, alors il jouerait avec tous les gens qu'il connaissait. Y compris ceux qui ne savaient pas une note de musique.

Ainsi eurent lieu les prémices du groupe qui finirait par être brièvement connu sous le nom de Dr. Zoom and the Sonic Boom. Afin d'étoffer le noyau dur dont les membres étaient encore en formation, mais qui avaient déjà suffisamment répété pour pouvoir jouer ensemble, Springsteen recruta John Lyon au chant et à la harpe, puis l'équivalent d'un second groupe au complet pour doubler tous les postes (John Waasdorp au clavier, Williams à la batterie, West aux congas et Tellone hésitant et encore un peu scolaire au saxophone).

Comme toujours, Bruce organisa des répétitions régulières pour s'assurer que cet orchestre de foire surdimensionné ait au moins une idée des morceaux et des arrangements. Mais leur vraie mission était surtout de s'amuser, avec juste ce qu'il fallait de bizarrerie. Pour être sûrs d'avoir la tête de l'emploi, certains des musiciens allèrent se dénicher des tenues de scène dans une friperie. Quand Lyon revint avec le costume rayé et le chapeau mou vintage d'un vieux bluesman, Bruce hurla de joie. « Hé, mais c'est Johnny Chicago ! s'exclama-t-il. Qu'est-ce que tu fous là, mec ? » Lyon, qui connaissait par cœur les légendes de tous les grands bluesmen de Chicago, répondit du tac au tac : « M'appelle pas juste *Chicago*, mec. Tu vois pas que je suis des quartiers sud ? » Et c'est ainsi que Lyon devint Southside Johnny et que naquit l'impro blues qu'il mena avec eux quelques minutes après, « Southside Shuffle ». Mais comment allaient-ils appeler leur orchestre de fête foraine ? Ils commencèrent par adopter la proposition que fit West de but en blanc : Bruce Springsteen and the Friendly Enemies (« Bruce Springsteen et les ennemis amicaux »). Puis vint l'idée plus intéressante de Dr. Zoom and the Sonic Boom (« Dr Vroom et le bang supersonique »), mais trop tard pour les affiches du Sunshine In. Ce fut donc les Friendly Enemies, du moins pour le show du 27 mars.

Ils jouèrent en première partie du concert des Allman Brothers à guichets fermés et leur set enthousiasma le public du club, qui parut absolument ravi du spectacle donné par ces musiciens déguisés en majorettes ou en caricatures grotesques, le quartet silencieux de joueurs de Monopoly dans un coin et, sur le devant de la scène, le mécano (le videur du Upstage Eddie Luraschi) allongé sous une moto en train d'ajuster et de resserrer soigneusement les bougies de son moteur. Springsteen lui-même ajouta une couche d'étrangeté à tout ça, lâchant sa guitare pour aller danser avec les choristes, revêtant une paire de grosses lunettes en écaille et chantant au moins une chanson assis autour du plateau de Monopoly.

Depuis les coulisses, les stars de la soirée furent à la fois amusées et impressionnées. « Les Allman ont été super cool, se souvient le saxophoniste Feigenbaum. On était juste des petits gars du coin, mais ils ont été très accueillants. Et Duane Allman avait adoré le jeu de Steve à la guitare. Je me rappelle qu'il a dit à Steve qu'il avait le meilleur slide du pays, après lui. » À la fin du concert, Duane prit Van Zandt à part pour lui montrer des plans à la guitare, puis décida que les Friendly Enemies/Dr. Zoom feraient de nouveau leur première partie quand la tournée des Allman Brothers les ramènerait à Asbury Park en novembre. Ce concert n'aurait jamais lieu : l'incroyablement talentueux mais très dissolu Duane Allman se tua dans un accident de moto fin octobre.

Au printemps, West transféra l'usine Challenger East dans une structure en bois un peu funky vingt-sept kilomètres plus au nord, le long de la côte, à Atlantic Highlands, embarquant avec lui toute son électronique et le centre névralgique de la carrière de Bruce. La plupart des autres musiciens avaient des boulots à côté pour réussir à joindre les deux bouts : Lopez bossait sur un chantier naval, Van Zandt dans le bâtiment, etc. Bruce, quant à lui, ne dérogeait pas à sa règle de ne jamais, jamais travailler en dehors de l'industrie musicale. Il gagnait donc sa vie en donnant des concerts acoustiques solo dans les bars tout le long de la côte et en faisant la guitare rythmique dans le deuxième groupe de Van Zandt, le Sundance Blues Band, également composé de Lopez, Tallent, Johnny Lyon et, pendant un moment, d'un guitariste du nom de Joe Hagstrom. Quand Tom Potter, patron du Upstage, lui proposa un set électrique, Bruce réquisitionna la section rythmique de son nouveau big band et se produisit sous le nom de Bruce Springsteen and the

Hot Mammas. Parallèlement, West joua son rôle en trouvant deux dates pour l'orchestre exubérant que tout le monde appelait désormais Dr. Zoom and the Sonic Boom. Même si personne ne se faisait d'illusion sur sa longévité. Le groupe fit ses débuts officiels comme tête d'affiche d'un show au Sunshine In le 14 mai avant de donner un concert d'adieu dès le lendemain soir au Newark State College.

Pendant ce temps, les répétitions continuaient avec le big band, rebaptisé le Bruce Springsteen Band en raison de la nouvelle résolution de Bruce d'en devenir le leader assumé.

Composé de neuf musiciens, le Bruce Springsteen Band donna enfin son premier concert après une longue période de gestation l'après-midi du 10 juillet à l'annuel Nothings Festival du Brookdale Community College. Trois autres groupes managés par West (Sunny Jim, Odin et Jeannie Clark) se chargèrent de chauffer la salle. Ceux qui s'attendaient à retrouver le son tonitruant de Steel Mill furent sans doute déçus (même si la nouvelle formation fit une reprise de « Goin'Back to Georgia »), mais la tonalité plus jazz du big band laissait encore beaucoup de place aux explorations de Bruce à la guitare. Ça devint particulièrement électrique pendant « You Mean So Much to Me », une nouvelle composition qui commençait dans un style à la Van Morrison, puis atteignait son apogée lors d'un exercice très travaillé de guitares harmonisées à la Allman Brothers entre Bruce et Van Zandt avant d'en revenir à un dernier couplet où s'entrecroisaient les cuivres et les voix.

Le deuxième show eut lieu un soir plus tard au Sunshine In avec un créneau de choix en première partie de Humble Pie, un groupe anglais montant composé entre autres du chanteur Steve Marriott, ancien des Small Faces, et du guitariste Peter Frampton. Humble Pie venait de donner un énorme concert au Shea Stadium de New York (avec Grand Funk Railroad en tête d'affiche), mais quand ils arrivèrent au Sunshine In au milieu du set du Bruce Springsteen Band, le tonnerre d'applaudissements et de cris saluant les héros du pays mit quelque peu mal à l'aise les stars supposées de la soirée. À la fin du set, Marriott, Frampton et leurs copains remontèrent en vitesse dans leurs stretch limousines en claquant les portières derrière eux. Comment pouvaient-ils passer après une première partie aussi dévastatrice ? Est-ce que ça valait seulement la peine d'essayer ? « Le manager du club a dû sortir pour les convaincre de revenir, se souvient Feigenbaum. Et je comprenais leur problème. Le public ne voulait pas qu'on parte. On avait retourné la salle. »

Quoi qu'il en soit, les membres de Humble Pie se calmèrent et donnèrent un concert qui mit suffisamment le feu à la salle pour égaler l'ovation qu'avaient reçue les petits gars du coin. Une fois leurs ego soulagés, ils considérèrent d'un autre œil ce groupe d'Asbury Park et son potentiel pour enflammer leur propre tournée. « On buvait des coups après le show, raconte Cherlin, et Frampton me parlait. "On vous adore, on va faire une tournée mondiale, on vous veut comme première partie !" Il disait qu'il allait nous faire signer chez A&M Records [le label de Humble Pie] et nous aider à devenir des stars, mais il flippait parce qu'il avait déjà parlé de tout ça à Bruce et que Bruce ne voulait pas l'écouter. »

Cherlin, qui n'avait jamais imaginé qu'on puisse lui adresser un tel discours, alla trouver West, furieux, pour savoir ce qu'il en était. Le manager secoua la tête en rigolant. « Il m'a répondu "Ah, ouais, un gros label, c'est ça ? Eh ben, bonne chance ! Vous allez vous faire baiser !" Et d'une certaine façon, il avait raison. Mais j'avais vingt-deux ans et Humble Pie était déjà un grand nom[4]. »

Il ne fut pas le seul à ressortir du Sunshine In ce soir-là avec des doutes sur les ambitions qu'avait West pour le groupe. Mais la nouvelle formation donna néanmoins une série de concerts en juillet, dont un set spectaculaire de soixante minutes lors

---

4. Bruce : « Ça ne me paraît pas complètement plausible. S'ils nous avaient proposé leur première partie, on aurait sauté dessus. »

d'un festival en plein air au Guggenheim Band Shell dans le parc du Lincoln Center à New York. Commençant par un arrangement gospel-blues de « C. C. Rider » qui s'enchaînait sur une version jazzy de « Down the Road Apiece », le groupe interpréta aussi une demi-douzaine de nouveaux morceaux qui révélèrent à quel point la vision musicale de Bruce avait progressé au cours des six mois précédents. Vint ensuite « You Mean So Much to Me », avec son mélange harmonieux de rhythm and blues et de guitare boogie sudiste, suivi du très rock « C'mon Billy » puis d'un morceau chanté par Delores Holmes, « I'm in Love Again », joyeuse composition de Springsteen qui n'avait rien à voir avec la chanson éponyme de Fats Domino, mais évoquait les groupes de filles R&B de la fin des années 1950 et du début des années 1960.

La chanson beaucoup plus rock « Dance, Dance, Dance » (qui ressemblait davantage à un « Dancing in the Street » en plus brut qu'à la chanson des Beach Boys du même nom) déferla ensuite sur des piques de guitare de Bruce et des solos de saxophone d'influence be-bop. Après quoi les deux derniers morceaux placèrent la barre encore plus haut. Composé par Dinkins (avec un coup de main de Sancious), « You Don't Leave Me No Choice » commençait par une impro de deux minutes au piano avant de déboucher sur un récit que Dinkins chantait sur fond d'une progression d'accords mineurs propulsée à une vitesse supersonique par Lopez, qui frappait comme un dingue sur sa batterie. À partir de là, le morceau se déchaînait encore plus, avec d'abord un solo de guitare enflammé de Bruce, puis l'arrivée de Van Zandt, Feigenbaum et Cherlin qui se jetaient dans la mêlée.

Le groupe ne s'arrêta pas pour reprendre son souffle avant d'attaquer son morceau phare : une version de treize minutes d'une autre composition originale pourtant affublée d'un nom déjà connu. Comme pour « Dance, Dance, Dance » et « I'm in Love Again », « Jambalaya » n'avait rien de commun avec la chanson éponyme de Hank Williams, sinon la même vision romantique de La Nouvelle-Orléans. D'ailleurs, sur les set lists manuscrites de Bruce, la chanson était souvent, sinon toujours, orthographiée «Jumbeliah», soit pour dissiper la confusion possible avec celle de Williams (même si visiblement il se fichait pas mal de faire doublon avec les Beach Boys, Fats Domino, etc.), soit parce qu'il préférait cette graphie plus brute, ou encore parce qu'il n'était pas très doué en orthographe. Construite autour d'une progression simple de trois accords, «Jambalaya/Jumbeliah» décrit une fille «forte comme un lion / [...] sauvage comme un tigre» («*strong like a lion / [...] wild like a tiger*»), qui t'aime tellement fort que «tout ce que tu peux faire, c'est / Tourner, tourner, tourner» («*all you can do is / Roll over, roll over, roll over*»). Une fois de plus, la musique était plus puissante que les paroles et les parties de saxophone écrites par Van Zandt associées à ses lignes de guitare slide, aux parfaites harmonies des chœurs et aux solos de guitare rapides et précis de Bruce transformaient le morceau en une véritable épopée. «C'était la chanson dont tout le monde parlait, se souvient Cherlin. Notre plus gros tube. Les gens la réclamaient et on la travaillait tout le temps.»

Malheureusement, ils avaient joué tout leur set devant un public composé d'une petite poignée de copains et d'un ou deux badauds. «Tinker nous avait dit: "Les mecs, on va jouer au Lincoln Center!" Et nous, on avait pensé "Cool! La classe!" raconte Bruce. Mais en fait il y avait zéro public.» Le contraste entre les rêves de gloire que Bruce avait échafaudés autour de ce show au Lincoln Center et la réalité lui fait toujours grincer les dents aujourd'hui. «Chaque fois que je vais à New York et que je passe devant cet endroit, je me dis encore [*de sa voix la plus sinistre*]: "Ah. C'était là."»

7

Quelqu'un d'autre avec un petit grain de folie dans les yeux

Bruce se souvient de l'avoir rencontrée près de la plage à l'été 1971. « Elle travaillait dans un petit stand sur la promenade d'Asbury Park, dit-il. Elle était magnifique. Italienne, vous savez. Et drôle ! Tellement drôle. » Diane Lozito a une version un peu différente ; dans son souvenir, ils se sont croisés pour la première fois au Green Mermaid, le bar sous le Upstage. Son petit ami, Billy « Kale » Cahill, un étudiant en droit qui bossait comme maître nageur à Asbury Park pendant l'été, avait fait la connaissance de Bruce par l'intermédiaire de copains quelques semaines plus tôt. Cahill, en dépit de ses études brillantes et de sa dégaine rassurante de maître nageur, consacrait son temps libre à ses deux activités favorites : boire des bières à la chaîne et foutre le bordel. Bruce avait pris l'habitude de l'appeler Wild Billy (Billy l'Excité) et, quand il rencontra sa petite copine de seize ans, il la surnomma Crazy Diane (Diane la Dingue). Pour sortir avec Kale, disait-il, il fallait forcément être dingue.

Une nuit, aux premières lueurs de l'aube, Bruce, Cahill, Lozito et un ou deux autres amis quittèrent la chaleur humide du Upstage et décidèrent d'aller faire un plouf matinal dans un des lacs du comté de Monmouth. Difficile de savoir si c'était le lac Topanemus de Freehold – communément rebaptisé Greasy Lake (lac huileux) en l'honneur de la couche visqueuse de lotion solaire qui luisait à sa surface en été – ou le très boisé lac Carasaljo en bordure de Bricktown. Cahill plongea dans l'eau noire depuis les hauts rochers du rivage et au même moment, quelque part dans la pénombre, une décharge magnétique fit des étincelles entre Bruce et la menue Diane.

Quand Cahill repartit à la fac de droit quelques semaines plus tard, Bruce appela Diane pour l'inviter au restaurant. Ils passèrent la nuit ensemble, mais se ressaisirent aussitôt, ne voulant pas faire de peine à Cahill, leur ami à tous les deux. Pourtant, dans les jours et les semaines qui suivirent, l'attraction devint trop forte pour pouvoir l'ignorer. « On s'est mis ensemble, raconte Lozito. Il avait vingt-deux ans[1] et, quand il n'était pas sur scène, il était timide et discret. Mais c'était cool qu'il soit introverti, je le trouvais parfait. »

Sauf que, comme toujours, aucune petite copine ne pouvait rivaliser avec sa passion pour la musique. Lorsqu'au printemps Tinker West déplaça le QG de sa production de planches de surf et de musique à Highlands[2], un peu plus loin sur la côte, Bruce suivit et s'installa dans le salon de la maison d'en face, un bungalow occupé par son ami Louie Longo et sa fiancée Dorothea « Fifi Vavavoom » Killian, qui avait fait partie des chœurs de Dr. Zoom. « Bruce avait une super bonne influence, raconte Killian. Il ne buvait pas, ne prenait pas de drogue. Il ne faisait que répéter tout le temps. »

Les nuits entières passées à répéter ou à jouer dans les clubs empiétaient sur les journées de Bruce ; pourtant elle se souvient qu'il trouvait encore l'énergie de partager son amour pour le base-ball avec Dennis Palaia, un gamin du quartier. « Bruce dormait beaucoup la journée, mais chaque fois que ce gosse venait frapper à notre porte, il se traînait dehors, pieds nus et en jean coupé, pour lancer quelques balles. Dès que Dennis le lui demandait, Bruce sortait jouer avec lui. »

Malgré ses cheveux longs et ses rouflaquettes de rocker, non seulement Bruce était devenu copain avec le petit Dennis, mais

---

1. Il avait fêté son anniversaire le 23 septembre.
2. Highlands se distingue de sa voisine Atlantic Highlands en étant réellement sur l'Atlantique et beaucoup plus basse en altitude.

il accéda au rang de héros local le jour où Tinker lui loua un petit clavecin bon marché pour qu'il puisse s'entraîner et composer de chez lui. Bruce alla chercher l'instrument en pick-up avec Tinker au magasin de musique, l'aida à le charger sur la plate-forme arrière et, quand ils arrivèrent à l'entrée de Highlands, il passa derrière de façon à pouvoir en jouer tandis qu'ils descendaient Locust Street. Le son de la musique en mouvement fit sortir tous les gamins de chez eux et ils se mirent à poursuivre le musicien jusqu'à sa maison, où les plus costauds l'aidèrent ensuite à pousser l'instrument jusqu'à sa place dans la petite véranda couverte.

Cet ancien paria avait désormais des amis et des admirateurs tout le long du Jersey Shore. En revanche, il avait épuisé la patience de Tinker West depuis quelques mois, depuis que le scepticisme du manager sur l'avenir du big band avait éclipsé sa foi dans les talents de son leader. Les choses se durcirent particulièrement à l'automne quand ils calèrent une série de concerts dans la ville étudiante de Richmond, Virginie, où Springsteen comptait de nombreux fans. Ces déplacements s'étaient toujours avérés lucratifs à l'époque des vaches maigres de Steel Mill, mais à présent, vu les proportions qu'avait prises le big band, ils leur coûteraient beaucoup plus cher en nourriture, essence et notes d'hôtel. Quel sens cela aurait-il, se demandait Tinker, de faire un si long trajet et de se donner autant de mal pour qu'au final chacun récolte cinquante ou au mieux cent dollars de bénéfice ?

Au début de l'automne, Bruce et Tinker trouvèrent un compromis : ils feraient les petits concerts avec le noyau dur des cinq musiciens et ajouteraient les cuivres et les chœurs seulement pour les shows les plus importants. Mais Tinker ne voyait toujours pas l'intérêt de saturer le marché en multipliant les dates dans les petits clubs, aussi quand Bruce décida d'accepter une proposition de représentations régulières au Student Prince, ils se trouvèrent dans une impasse. Tinker resterait ingénieur du son et directeur technique du groupe, mais il n'occuperait plus la fonction de manager.

La version à cinq du Bruce Springsteen Band (Bruce, Van Zandt, Tallent, Sancious et Lopez) prit donc ses quartiers sur la scène du minuscule Student Prince tous les vendredis, samedis et dimanches soir de début septembre à la mi-octobre, avant de rappeler les cuivres et les choristes pour emmener le groupe au complet jouer en tête d'affiche à la University of Richmond. Mais la bonne humeur des retrouvailles s'évanouit rapidement sous l'effet d'une série de mini-catastrophes qui commencèrent dès qu'ils mirent un pied en ville. Lopez, Cherlin et quelques autres membres du groupe eurent maille à partir avec un junkie qui les menaça d'un couteau. Quand le trompettiste se mit à pester contre West, qui leur avait promis de leur trouver des piaules plus classiques (et moins dange-reuses), l'ultra-fidèle Lopez lui balança un coup de poing dans la lèvre, provoquant une nouvelle démission brutale. Pendant ce temps, Delores Holmes se faisait tabasser par son petit copain et, quand Bruce l'emmena aux urgences, il finit par rester avec elle si longtemps qu'ils durent retarder le concert de plusieurs heures.

Ce fut le début de la fin du big band. La version à cinq continua à se produire régulièrement au Student Prince jusqu'à la mi-décembre, présentant souvent les dernières compositions de Springsteen. Comme toujours, il avait un rythme de produc-tion étonnant. Mais désormais son travail prenait une nouvelle direction. « Je commençais à revenir en douceur vers la musique soul, qui a toujours été très populaire sur le Shore, dit-il. J'avais un peu fait le tour de ma phase guitare et je m'intéressais alors aux ensembles, au groove, à des choses qui swinguaient davan-tage. J'avais étudié tous les chanteurs de ces groupes de soul, pour moi, c'était une évolution naturelle. Et à partir de là vous comprenez d'où est sorti le E Street Band. »

Il suffit d'écouter les morceaux qui revenaient dans tous les concerts du Bruce Springsteen Band pendant les dernières semaines de 1971 et les premiers mois de 1972. « Down to

Mexico » débute avec un déluge d'orgue et continue comme un joyeux groove dont le rythme et la fluidité évoquent une voiture filant vers le Sud dans un nuage de poussière. « All I Wanna Do Is Dance » enchaîne les power chords retentissants tandis que d'autres chansons témoignent du registre grandissant de Bruce en tant que parolier. « Look Towards the Land » décrit un monde onirique de bohémiens, de marins et de bateliers du Mississippi imaginé par un étranger déterminé à se frayer un chemin jusqu'au centre du cercle. « J'ai envie / de voler des diamants aux riches pour les jeter à la mer », chante-t-il (« *I wanna be / Stealing diamonds from the rich men to throw in the sea* »). « Ballad of Jesse James », connue aussi sous le nom de « Don't You Want to Be an Outlaw », est encore plus remarquable du fait de sa place parmi les toutes premières d'une série de nombreuses chansons que Bruce (rêvant toujours au brave cow-boy Bill) allait situer dans le mythique Far West.

Bruce bâtit aussi un époustouflant morceau live à partir d'une boucle improvisée de deux accords qui devint connue par la suite sous le titre de « I Remember ». Dans la version enregistrée lors d'un concert dans un club cet hiver-là, ça ressemble à un vieux morceau soul traditionnel qui monte en crescendo, allant du murmure au rugissement, pour ensuite retomber puis exploser encore plus fort alors que Bruce explore toutes les facettes de la passion, de la culpabilité et de l'espoir. La chanson atteint son apogée avec un couplet dans lequel Bruce, de plus en plus ardent, raconte une rencontre fortuite avec une ancienne petite copine tandis que le groupe accompagne le désir qui enfle dans sa voix : « Et j'ai dit : "Darling, je te veux, je me sens fiévreux", et elle a dit : "Non, chéri, je peux pas"... "Mais je t'aime !" "Je peux pas !" "Je t'aime !! Tu veux pas venir chez moi ?" Et elle a dit, elle a dit : "*Baby*, je viens chez toi, je viens chez toi, je viens chez toi !" » Puis il le crie à tue-tête, avec dans la voix un mélange de surprise et de triomphe : « Mon bébé va venir chez moi ! » (« *Baby's coming home !* »)

La musique reprend de plus belle et la guitare de Bruce s'envole comme un feu d'artifice dans la pénombre d'un ciel d'été.

Alors que Bruce progressait tant bien que mal vers une forme d'avenir glorieux, il vivait toujours dans une ville moribonde, marquée par une forte ségrégation raciale (la communauté afro-américaine et les autres minorités ethniques habitaient presque exclusivement les quartiers ouest délabrés). Les commerces le long du bord de mer d'Asbury Park étaient connus pour ne confier aux Afro-Américains que les jobs les plus minables. Les tensions couvaient depuis des années, mais la combinaison d'une période de canicule, de coupes sèches dans les programmes sociaux et de la pénurie d'emplois déclencha des journées d'émeutes intermittentes qui mirent d'abord le feu à des pans entiers des quartiers ouest avant de s'attaquer aux quartiers d'affaires. La vague de destructions et les conflits à la fois raciaux et sociaux qui perduraient réduisirent Asbury Park à l'ombre calcinée de la ville prospère qu'elle avait été autrefois. Avec les commerces de détail qui désertaient le centre pour se réfugier dans les grandes galeries marchandes de banlieue et les touristes qui préféraient continuer sur l'autoroute en attendant de trouver un lieu de vacances moins agité, la ville sombrait peu à peu dans une froideur nihiliste terrifiante.

À l'automne 1971, la morosité s'était emparée du Upstage. « Il y avait tellement d'aiguilles en circulation, tellement de speed et d'héro que tous les gens que je connaissais, sauf la bande de Bruce, avaient l'hépatite C, raconte Bobby Spillane, ancien employé du club. On se shootait avec tout ce qu'on arrivait à faire entrer dans une seringue. Bière, vin, amphètes. » L'arrivée des drogues dures, dit Sonny Kenn, balaya l'atmosphère autrefois électrique du club jusqu'à la rendre carrément cotonneuse. « Avant, les gens venaient pour danser, ou au moins pour écouter la musique. Mais, à la fin, ils étaient juste affalés devant la scène et la musique n'était plus que la toile de fond de leurs propres hallucinations. »

Parallèlement, les excès d'alcool de Tom Potter et tous les comportements erratiques qu'ils engendraient étaient devenus si destructeurs qu'il ne se préoccupait plus de tenir la bride à certains allumés du personnel comme Eddie Luraschi, qui s'amusa par exemple à remplacer les vieux dessins animés que Potter projetait aux murs entre les sets par un film porno hard dans lequel une femme sans défense se faisait violer par un prisonnier fugitif. « C'était dégueulasse et il y avait des filles dans le public, raconte Albee Tellone. Les gars allaient le voir en lui disant : "Mec, qu'est-ce que tu fous, putain ?" Mais lui, il se marrait, il le repassait à l'envers, à l'endroit. Ce n'était pas une attitude normale et Potter était trop saoul pour intervenir. »

Potter laissa le bail du Upstage expirer à la fin du mois d'octobre, avec suffisamment de préavis pour programmer quelques concerts de clôture. Bruce et son groupe participèrent à une jam-session toute la nuit du 29 octobre, mais ils ne purent pas venir pour la véritable dernière le 30 : le Bruce Springsteen Band avait déjà un show prévu à la Virginia Commonwealth University ce soir-là. Les deux choristes du groupe (Delores Holmes et la nouvelle venue Francine Daniels) en étaient, mais pour la dernière fois, et les cuivres avaient disparu. Le rêve de Bruce d'avoir son propre orchestre de rock'n'roll façon R&B s'écroulait. « On avait pas mal de bons morceaux, se remémore-t-il. Mais je m'étais construit un public en jouant des gros riffs de guitare, du rock progressif. Et je me suis rendu compte que c'était ça que les gens aimaient, pas le rhythm and blues. Ça, c'était ce que j'aimais *moi*, mais ça faisait fuir mon public, alors on a arrêté. »

Personne ne savait que Bruce était déjà en contact avec un producteur de New York qui allait bientôt se consacrer entièrement, au prix de presque tous les autres aspects de sa vie, à faire de ce filiforme guitariste issu du coin le plus miteux du Jersey

Shore la plus grande rock star de la planète. Le genre de truc que beaucoup de rabatteurs des grandes villes racontent à beaucoup de gamins de province avec des étoiles dans les yeux. Mais il y avait une grosse différence entre tous ces types-là et Mike Appel. Parce que Mike Appel pensait exactement chaque mot de ce qu'il disait.

Tinker West s'était peut-être lavé les mains de ses fonctions de manager, mais ça n'avait en rien entamé la foi qu'il avait dans son ex-protégé de vingt-deux ans ni son sentiment de responsabilité envers lui. En discutant avec son ami Pat Karwan, guitariste des 1910 Fruitgum Company, un groupe de pop bubblegum vilipendé par la critique, mais très populaire auprès du public, West se mit à parler de ce gosse incroyable dont il s'était occupé et qui avait maintenant besoin d'un vrai manager professionnel. Karwan lui donna les noms de deux copains de l'industrie musicale qui cherchaient justement un gamin talentueux à prendre sous leur aile. Mike Appel et Jimmy Cretecos étaient deux jeunes auteurs-compositeurs sous contrat chez Pocketful of Tunes, la société de production de Wes Farrell. Ils avaient écrit un tas de chansons pour le projet phare de Farrell, le groupe imaginaire au centre de la série télévisée à succès *The Partridge Family*, sur ABC, et ils avaient envie de se reconvertir dans la production et le management. Ça valait le coup d'organiser un rendez-vous.

La recommandation de Karwan, suivie d'un coup de fil de West, convainquit Appel de rencontrer le jeune inconnu en début de soirée le 4 novembre 1971. Tinker passa chercher Bruce dans son pick-up et prit la Garden State Parkway jusqu'à Manhattan, au coin de la 34ᵉ Rue et de Madison Avenue, où Appel (Cretecos n'était pas présent lors de ce premier rendez-vous) les reçut dans les bureaux de Farrell. West déballa son topo à Appel en lui assurant que Bruce écrivait des chansons incroyables, jouait magnifiquement de la guitare, possédait une voix fantastique et une sorte d'emprise magique sur les specta-teurs. Et pas seulement dans sa ville natale; il l'avait aussi vu à l'œuvre aux quatre coins de la côte est et en Californie. Bruce, pendant ce temps, restait assis en silence avec la guitare acous-tique Martin D-45 de West posée sur son jean élimé. Malgré son visage poupin, Appel était aussi exigeant que Tinker et il demanda au musicien ce qui l'avait conduit dans ce bureau en particulier. Bruce haussa les épaules. Ces temps-ci il avait l'impression d'être comme un poisson à l'étroit dans son aquarium, dit-il. Maintenant il avait besoin de rejoindre l'océan, sans quoi il n'aurait jamais aucune chance de percer.

Bruce baissa les yeux vers le manche de sa guitare, gratta un accord et chanta le premier couplet de «Baby Doll», une ballade surréaliste sur une fille tellement en marge de la société que tout le monde la prenait pour une aveugle, une sourde ou une muette. «Mais je savais qu'ils se trompaient, chantait Bruce. C'est juste que tu aimais le silence.» («*But I knew they were wrong / You were just a silent one.*») Le morceau suivant, «Song For Orphans», avait un peu plus de verve, mais aucune des deux chansons ne sonna aux oreilles d'Appel comme quelque chose pouvant s'approcher d'un succès critique ou populaire. «Il n'y avait aucune magie là-dedans, dit-il aujourd'hui. Je crois que c'était un gros boulot pour lui d'écrire ces chansons. Il savait qu'il fallait qu'il se trouve une autre voie.»

Ce fut tout ce que Bruce joua pour Appel ce jour-là, ce qui peut sembler étonnant vu le vaste répertoire de chansons qu'il avait déjà composées pour Steel Mill et le Bruce Springsteen Band. Pourtant, Bruce n'en dit pas un mot quand Appel lui reprocha de n'avoir rien d'autre à lui montrer. «Il va te falloir beaucoup plus que deux morceaux pour décrocher un contrat de disque», le prévint-il. Mais Appel avait senti quelque chose briller derrière le sweat-shirt à capuche de ce musicien gringalet.

«J'avais été frappé par un passage sur une fille sourde qui dansait devant un orchestre silencieux, raconte-t-il. Et dans l'autre chanson ["Song For Orphans"], il y avait cette phrase : "La hache a besoin d'un bras plus fort / Tu ne sens pas tes muscles frémir ?" [*"The axis needs a stronger arm / Can't you feel your muscles play?"*] Ces mots m'étaient restés dans la tête. Je me rappelle avoir demandé à Bruce de quoi ça parlait et il m'a répondu : "D'espoir ! Ça parle d'espoir !" »

Appel n'était pas convaincu par ce qu'il venait d'entendre. Mais quelque chose dans ce que Bruce ne disait pas – et l'impression qu'il ne disait pas tout – l'intrigua. Alors, bien qu'il détestât baisser la garde, il agrémenta ses commentaires de quelques encouragements. « Il faut que tu continues à écrire », dit-il à Bruce pendant qu'il remballait sa guitare et se préparait à rentrer chez lui. Avoir un super groupe, c'était très bien s'il voulait rester dans le circuit des clubs du New Jersey. Mais, dans la grande ville, des bons groupes, on en trouvait à la pelle. « Si tu veux percer, ce sera en tant que chanteur-compositeur. Écris de très bonnes chansons, et là tu auras une vraie carrière. »

Les trois hommes se serrèrent la main. Bruce répondit qu'il allait passer les fêtes en Californie, qu'il se concentrerait sur l'écriture de nouvelles chansons pendant ses vacances et qu'il le recontacterait en rentrant. « Parfait ! s'exclama Appel. Je serai là. »

Sur le chemin du retour, Tinker avait encore un dernier conseil à prodiguer à son jeune ami. « La seule chose que je lui ai dite, se souvient-il, c'est que, s'il devait signer avec eux, ou avec n'importe qui d'autre, il fallait qu'il prenne son propre comptable. "Tous les papiers qu'ils t'envoient, tu les mets dans un dossier pour ton comptable." Mais, évidemment, ce n'était pas comme ça qu'il fonctionnait à l'époque. »

À Asbury Park, les autres membres du Bruce Springsteen Band se demandaient s'ils appartenaient encore à un groupe en état de fonctionnement. Après avoir passé la première moitié de l'année 1971 à bâtir le son et l'identité de leur nouvelle formation, ils recevaient un accueil du public plus que mitigé. « Il ne se passait plus rien sur le Shore », raconte le bassiste Garry Tallent. Et peut-être que ça n'avait rien à voir avec le groupe. Les émeutes avaient laissé Asbury Park exsangue et tué le circuit des clubs pour tout le monde, surtout pour ceux qui jouaient leurs propres compos. Le Bruce Springsteen Band réussit quand même à décrocher une nouvelle résidence de six week-ends d'affilée au Student Prince, une aubaine qui arrivait à point pour la période des achats de Noël. Mais tous les musiciens du groupe avaient usé leurs semelles sur la scène du Prince depuis le lycée et, maintenant que c'étaient des adultes professionnels, le club les payait moins qu'avant. « En fait, le patron ne nous payait même pas du tout, précise Tallent. Il nous laissait juste nous installer et jouer. On était obligés de mettre quelqu'un à la porte qui demandait un dollar par personne à l'entrée et on se payait avec ça. »

En s'enfonçant dans les profondeurs de l'hiver, la situation devint vraiment trop difficile. C'est alors qu'ils décidèrent, plus ou moins d'un commun accord, de déménager à Richmond, où l'hiver serait plus doux et où la ville regorgeait d'étudiants amateurs de musique dont beaucoup n'avaient pas oublié Steel Mill et son charismatique leader. L'idée fit mouche aussitôt et tout le monde commença à faire ses bagages.

Du moins, c'était ce que Tallent, Van Zandt et Sancious pensaient. Mais Lopez resta dans le Nord afin de travailler sur un chantier naval. Et Bruce, élément clé de la carrière de tous ses petits camarades, avait d'autres choses en tête. « Je ne me rappelle pas avoir jamais envisagé de partir à Richmond », dit-il. Surtout au moment où il avait peut-être cette opportunité à New York. D'autant que ce n'était pas son unique option. À l'approche des fêtes, il allait bientôt faire son pèlerinage annuel chez ses parents en Californie. Et cette fois, il n'était pas sûr de revenir. Sans bail qui le liait à aucune maison ni appartement, avec pour tout bagage un sac à dos contenant la totalité de ses livres et de ses vêtements, Bruce avait pris l'habitude de mener une vie à tous les vents. Ce qui convenait parfaitement à son caractère indécis. « J'étais toujours ambivalent sur tout ce que je faisais, dit-il. Ce qui est assez drôle, parce qu'en même temps j'étais la personne la plus impliquée que j'aie jamais vue. Mais au milieu d'un truc il y avait toujours le truc d'après. Toujours : si je suis ici, je ne peux pas être là. Si je fais cette musique-ci, je ne peux pas faire celle-là. »

Il partit donc en Californie. Et en disant au revoir à Lopez, Tallent et Sancious, il leur donna rendez-vous quand il reviendrait. S'il revenait. Quelques jours plus tard, Tallent reçut un coup de fil d'un manager du New Jersey nommé Peter Scherkeryk – essentiellement connu pour avoir lancé la carrière de sa femme, la chanteuse folk Melanie –, pour lui dire à quel point il aimait le Bruce Springsteen Band et lui demander si ça les intéressait qu'il s'occupe de leur groupe. Le bassiste éclata de rire. « Quel groupe ? rétorqua-t-il. Notre leader vient de se volatiliser dans la nature. »

Une fois de plus, Bruce fit la route vers l'Ouest en compagnie de Tinker, à bord du même pick-up que deux ans plus tôt, quand ils étaient venus avec les amplis, les micros et les espoirs de conquête du monde de Steel Mill. Ils avaient pas mal bourlingué depuis. Cette fois, la route semblait balayée par le vent, les villes qu'ils traversaient des visions floues de volets fermés et de portes closes. Arrivé à San Mateo en pleine nuit, Bruce trouva l'appartement de ses parents verrouillé, toutes lumières éteintes, et il dut lancer des cailloux contre les fenêtres des chambres. Il finit par réveiller sa petite sœur de neuf ans, Pam, qui dévala l'escalier pour ouvrir à son frère. Il la serra dans ses bras, reçut l'étreinte émue de sa mère, le hochement de tête et la poignée de main de son père, puis alla dire au revoir à West. Il se débrouillerait pour rentrer, lui dit-il.

Les semaines suivantes furent chargées en émotions et fertiles en créations. Certains jours, Bruce allait rôder dans les clubs à la recherche de musiciens locaux qui accepteraient de taper le bœuf avec un étranger. « Ça n'a pas trop marché », dit-il. Peut-être parce que Bruce avait décidé de se tenir à l'écart de la mouvance rock'n'roll. « Je me disais : "OK, il y a un tas de guitaristes, un tas de groupes vraiment pas mal, un tas de musiciens, mais pas grand monde qui ait réellement sa propre voix, sa propre histoire", et en parallèle de ce que j'écrivais et de tout le reste, j'avais toujours travaillé sur cette autre voix. La voix solo. Un gars, une histoire, quelques accords, des paroles. Et il allait falloir faire avec ça. »

Depuis le lycée déjà, Bruce écrivait des poèmes et des chansons, et le travail d'inspiration autobiographique qu'on l'avait encouragé à poursuivre dans son cours de composition avancée à l'université l'avait aidé à s'ouvrir à cet aspect du processus créatif. « Le travail d'écriture à la fac se mélangeait avec celui des chansons, dit-il. Ce qui m'intéressait, c'était d'écrire des paroles et je m'y entraînais très régulièrement. Et c'est quelque chose que j'ai continué à faire ensuite, parce que je voulais pouvoir être totalement indépendant et jouer absolument tout seul. »

Les nouvelles chansons de Bruce se concentraient surtout sur la narration, avec des images inattendues, des métaphores qui parfois fonctionnaient et parfois pas, mais retenaient toujours l'attention. « Cowboys of the Sea » transformait les propres rêves d'enfant de Bruce autour du brave cow-boy Bill (qui, en grandissant, était devenu le hors-la-loi Billy the Kid) en une oraison funèbre sur la fin de la Frontière et le tribut d'une société de plus en plus restrictive et obsédée par l'argent. « If I Was the Priest » se déroulait dans un coin poussiéreux de l'Ouest où la terre était gorgée de sang et d'hypocrisie, où Jésus faisait office de shérif tandis que la Vierge Marie tenait le saloon le soir, disait la messe le dimanche et bossait comme prostituée le lundi.

Bruce puisa dans sa propre conscience pour truffer « Randolph Street » de coups d'œil nostalgiques vers sa douce enfance égarée auprès d'Alice et Fred. « Border Guard » faisait directement référence à Doug, bien que sans le nommer, décrivant une figure autoritaire qui souffre davantage que tous ceux qu'il chasse de sa vue. « La nuit est son maître / Et tu sais que la lumière de l'aube amène son ravisseur », chantait-il (« *The night time is his master / And you know the dawn light brings his captor* »). Le reste des chansons parlait d'autre chose, avec un net penchant pour les décors grandioses – le Far West sauvage, l'aristocratie ternie de Hollywood – et les personnages bizarroïdes dotés d'une certaine cruauté.

« Je commençais à avoir une image plus claire de moi-même : un gars et sa guitare. Et un répertoire qui ferait impression juste avec l'essentiel, raconte Bruce. Ma musique de cette époque, c'étaient mes premiers tâtonnements pour trouver la poignée de chansons avec lesquelles un gars seul, avec une guitare sans étui et le manche fêlé, pourrait aller démarcher un mec comme John Hammond. »

Une douzaine de chansons émergèrent, puis deux douzaines. Elles ont toutes l'air de coups d'essai comparées à « It's Hard to Be a Saint in the City ». En surface, « Saint » ressemble à un exercice typique de fanfaronnade rock où le chanteur s'autoproclame héritier moderne de Casanova, digne du Marlon Brando de *L'Équipée sauvage*, et où les loubards marquent leur territoire sur les trottoirs des ruelles sombres. Mais, vers le milieu du morceau, le paysage urbain prend un tour si cauchemardesque que le narrateur disparaît dans le décor. Satan surgit d'une plaque d'égout en exhibant une main suffisamment forte pour faire vaciller la police et la structure civique qu'elle représente. Trouvant refuge dans le métro, le chanteur sent les flammes de l'enfer (« *It's too hot in these tunnels / You can get hit up by the heat!* » : « Il fait trop chaud dans ces tunnels / Tu peux te faire assommer de chaleur »). Mais ensuite le métro s'arrête et il réussit péniblement à ressortir à l'air libre, pour découvrir qu'il n'a fait que revenir à son point de départ : entouré par les mêmes putains, estropiés et loubards du début. « C'est tellement dur d'être un saint, hurle-t-il, quand t'es qu'un gamin dans la rue. » («*It's so hard to be a saint / When you're just a boy out on the street.*»)

N'ayant pas réussi à sympathiser avec des musiciens californiens, Bruce regagna le Jersey Shore à la mi-janvier 1972. Il donna quelques concerts en tant que guitariste rythmique du Sundance Blues Band (Van Zandt, Lopez, Sancious et Southside Johnny) avant de prendre la route du sud pour Richmond, où le Bruce Springsteen Band avait dix soirées prévues sur un mois au club Back Door. Mais, s'il avait quelques nouvelles chansons pour le groupe et continuerait à en écrire d'autres au cours de l'hiver, Bruce se consacrait secrètement à relancer sa carrière solo. « À un moment, j'avais d'un côté le groupe et un répertoire de nouvelles chansons, de l'autre ma musique acoustique, et j'hésitais un peu sur la direction à prendre, raconte-t-il. Je me disais : "OK, j'ai joué pas mal de genres différents sur lesquels j'ai apposé ma marque personnelle." Si quelqu'un avait flashé sur Steel Mill à l'époque, on aurait peut-être marché. Mais, au bout du compte, je trouvais quand même que les trucs que je faisais tout seul étaient plus intéressants. C'était plus là qu'on entendait une voix originale. »

Quand Bruce composa le numéro des bureaux de Wes Farrell en février 1972, Mike Appel n'avait aucune idée de qui il avait au bout du fil. Il s'était écoulé presque trois mois depuis que le producteur en herbe avait reçu Tinker West et son jeune guitariste pour une brève entrevue. Mais, dès que Bruce mentionna le nom de West, tout lui revint et Appel l'invita à revenir lui présenter sa nouvelle fournée de chansons. Passe me voir lundi, le 14, après les heures de bureau, dit Appel. Et cette fois, son associé Jimmy Cretecos serait aussi là pour l'écouter.

Bruce prit le bus d'Asbury Park jusqu'à la gare routière de Port Authority à Manhattan et fit le reste à pied, sa guitare à la main, pour rejoindre les bureaux de Farrell sur Madison Avenue. Il se présenta à l'entrée du building peu après vingt heures trente, vêtu de ses habituels jean délavé, tee-shirt et sweat à capuche. La plupart des bureaux à l'étage de Farrell étaient éteints, mais Appel et Cretecos, accompagnés par un nouvel employé de vingt et un ans, Bob Spitz, chargé de fourguer le catalogue de Farrell aux stations de radio, firent asseoir leur hôte sur une chaise de la salle de réunion. Spitz était peut-être plus jeune et moins expérimenté qu'Appel et Cretecos, mais il partageait la même détermination à grimper le plus vite possible dans l'échelle du show-biz. Pendant que les deux paroliers faisaient des heures sup nocturnes pour essayer de monter leur propre maison de disques, Spitz tapait sur sa machine à écrire en espérant produire un scénario potable pour un épisode de la série *The Partridge Family*. Mais il était prêt à tenter tout ce qui pouvait sembler prometteur, aussi quand Appel avait passé la tête par la porte pour l'inviter à venir voir ce petit jeune qu'ils allaient recevoir, Spitz s'était levé d'un bond. « Bruce s'est assis et j'ai dit : "Tiens, j'ai qu'à enregistrer !" J'avais un petit magnétophone à bobines, alors je suis retourné le chercher, Bruce a sorti sa guitare et a chanté une chanson. »

Il commença par « No Need », une ballade ardente sur une fille riche et séduisante qui arrive à passer outre la maladresse du chanteur pour voir la beauté dans sa musique. « Et elle sait que je bafouille quand je parle, chantait Bruce, alors elle dit "Tu n'as qu'à pas parler, bébé, juste chanter." » (« *And she knows how I stumble when I talk / So she says, "Don't talk at all babe, just sing"* ») En entendant ce morceau – la combinaison des paroles vibrantes de Bruce, de la mélodie et du sentiment d'urgence dans sa voix –, les trois hommes se plaquèrent contre le dossier de leur chaise. « Avec Mike et Jimmy, on se regardait bouche bée », se souvient Spitz. Puis il y eut « Cowboys of the Sea », « If I Was the Priest » et « It's Hard to Be a Saint in the City », qui donna des palpitations à Appel. Suivirent encore une poignée d'autres chansons, dont les premières versions de « For You » et « The Angel », mais Appel et Cretecos avaient déjà pris leur décision. Quand Bruce eut terminé, Appel expliqua longuement pourquoi ces nouveaux morceaux étaient telle-ment meilleurs que ceux qu'il lui avait joués la fois d'avant : les paroles étaient plus vivantes, les changements d'accords si inattendus, les mélodies si pénétrantes. C'étaient des chansons sophistiquées, poursuivit Appel, capables de révolutionner l'industrie musicale. Alors oui, Jimmy et lui-même voulaient travailler avec lui. Et si Bruce arrivait à trouver un manager plus passionné – quelqu'un qui serait prêt à suer davantage, saigner davantage et ramper sur davantage de verre pour lui –, eh bien, qu'il aille signer avec lui tout de suite.

À sa manière, le discours d'Appel avait la même passion et la même flamme que celles dont le musicien venait juste de faire preuve. Incroyablement flatté, Bruce accepta de revenir le lendemain pour discuter contrats et gros sous. Il laissa Appel et Cretecos seuls avec Spitz, dont les yeux brillaient comme ceux d'un lémurien. « J'étais carrément amoureux, dit-il. J'aurais vendu ma propre mère pour suivre ces mecs-là. Et ils le savaient. »

Les trois hommes fermèrent les bureaux et allèrent dîner au restaurant Burger Heaven tout proche, où ils s'installèrent à une table et restèrent des heures à faire des plans sur la comète, essayant d'imaginer les quelques semaines et mois à venir. Leur heure était enfin venue, affirmait Appel. Farrell, surtout connu pour avoir écrit le tube « Hang On Sloopy », travaillait alors presque exclusivement à fournir des chansons au groupe imagi-naire de la série *The Partridge Family*. Cela faisait un moment qu'ils cherchaient à quitter le navire, et Appel était convaincu que Bruce Springsteen était leur ticket de sortie. Une fois qu'ils auraient fait signer à ce gosse un contrat de management, ils allaient devoir plaquer tout le reste. Il avait promis à Bruce sa sueur, son sang, sa vie. Et si ce gamin continuait à mettre les siens dans sa musique, il fallait qu'eux aussi s'investissent à cent pour cent. « À minuit, on avait tous les trois décidé de quitter Farrell », raconte Spitz.

Pas tout de suite, cependant. Se souvenant de leur obligation contractuelle de faire partager à Farrell toutes leurs nouvelles découvertes, Appel fit consciencieusement venir Bruce dans le bureau de son chef pour y jouer deux ou trois chansons afin de lui faire écouter quelques bribes de ce son qui l'avait chaviré. Il n'est pas certain qu'il ait jamais pensé que l'homme derrière le personnage de Keith Partridge (joué par David Cassidy) pourrait être séduit par un artiste aussi mal dégrossi. Mais Appel présenta pourtant son chanteur ébouriffé à Farrell. Deux morceaux et dix minutes plus tard, ils étaient ressortis. « Comme ce n'était pas sa tasse de thé, il a laissé passer Bruce Springsteen », constate Appel avec toujours autant d'incrédulité.

Libérés de leurs obligations contractuelles, Appel et Cretecos consacrèrent le mois suivant à passer des coups de fil pour leur nouvel artiste et à rédiger les ébauches d'accords et de contrats qui serviraient de fondations à leur future maison de production. Tout ça se déroulait essentiellement dans le bureau de Vel Thornton, la responsable administrative de Farrell, qui passait une bonne partie de son temps en rendez-vous à l'extérieur. Spitz travaillait à un poste placé devant l'entrée du bureau de Thornton et, dès qu'il la voyait arriver, il donnait un grand coup de coude dans le mur afin de prévenir ses deux acolytes de filer par la porte de derrière pour regagner la petite pièce où ils étaient censés pondre de joyeux morceaux pop pour le prochain album de la Partridge Family.

Appel et Cretecos démissionnèrent de leurs postes à la mi-mars et s'associèrent à cinquante-cinquante pour créer une société de gestion qu'ils baptisèrent Laurel Canyon, Ltd[3]. Spitz aussi était de la partie, faisant office à la fois de comptable,

---

3. Bien qu'on les ait souvent soupçonnés de vouloir profiter de la popularité alors écrasante des artistes du quartier de Laurel Canyon à Los Angeles (Joni Mitchell, Jackson Browne, Graham Nash, Carole King, etc.), Appel jure que cette inspiration lui était venue lors d'un week-end dans une maison de campagne

de responsable administratif, d'enregistreur de bande démo
et de logeur pour Bruce, qui prit l'habitude de squatter le hamac
que Spitz avait accroché au milieu du salon de son minuscule appartement new-yorkais. Toujours à la recherche d'une
adresse permanente pour ses locaux, le trio s'installa provisoirement dans les bureaux de la 54ᵉ Rue Ouest appartenant à
Jules Kurz, un vieil avocat du show-biz avec lequel Appel avait
travaillé et s'était lié d'amitié. Quand Appel avait eu besoin
d'un contrat type pour son nouveau client, Kurz lui avait sorti
les documents qui allaient désormais régir la carrière d'auteur
et de chanteur de Bruce en studio comme sur scène. Quant
à savoir si Bruce – et même Appel, d'ailleurs – les avait lus
avec attention, c'est difficile à dire. Mais tous deux avaient
signé ce contrat de management moins d'une semaine après
l'audition du mois de février. Et à partir de là, les vies de Bruce
et d'Appel allaient rester liées à travers les bons moments, les
moments difficiles et d'autres encore qu'on ne peut que qualifier
d'épouvantables.

Aîné des cinq enfants élevés par Thomas et Marie Appel,
Mike était né dans le Bronx en 1942 et avait grandi dans le
village cossu de Old Brookville, sur la côte nord de Long Island.
Le père d'Appel travaillait comme un fou pour faire prospérer
son affaire immobilière et attendait de ses enfants, en particulier de son fils aîné, qu'ils suivent son exemple. Quand ce
n'était pas le cas, les choses tournaient mal et très vite. « Mon
père était dominateur, autoritaire et très étouffant, raconte
Stephen, le frère cadet de Mike. C'était dur pour Mike. Très
dur. Papa avait une relation difficile avec nous tous, mais c'est
Mike qui le payait le plus cher physiquement. Qui prenait
les coups. »

---

entourée des plus beaux buissons de laurier qu'il avait jamais vus. [*Laurel*
signifie « laurier » en anglais, *N.d.T.*]

Tout comme l'avait fait Adele Springsteen pour son fils, Marie Appel entretenait le côté artistique de Mike. Autrefois chanteuse elle-même, elle avait repéré et elle encourageait l'intérêt de son grand garçon pour la musique. Quand Michael émit pour la première fois le souhait de jouer de la guitare, elle lui en acheta une acoustique et l'inscrivit à des cours. Quand il se mit à écouter la radio, elle lui offrit les 45 tours d'Elvis Presley, de Chuck Berry et de Carl Perkins. Quand son amour du rock'n'roll se transforma en un désir impérieux de faire lui-même la musique, elle lui paya une guitare électrique Silvertone et un ampli, propulsant son fils dans le domaine qui allait finalement déterminer sa vie.

La mère d'Appel lui avait fourni les outils et les encouragements, mais quand il commença à jouer dans un groupe et à tourner dans le circuit lycéen de l'ouest de Long Island, l'ambition ultra-exigeante de son père reprit le dessus. Sans jamais ménager ses efforts, Appel montait des groupes, écrivait leurs chansons et conduisait les répétitions avec une discipline de fer. Il cultivait aussi les relations professionnelles qui lui permettraient de mettre un pied dans l'industrie musicale. Il emmena son premier groupe, les Humbugs, enregistrer une maquette dans un studio new-yorkais, qui leur fit décrocher un contrat chez un des petits labels rock de la 20th Century Fox. Deux de leurs morceaux se classèrent dans les meilleures ventes régionales. Pendant ce temps, Appel termina ses études de commerce à St. John's University et, quand l'armée vint toquer à sa porte, il échappa à la conscription en s'engageant dans une unité de réserve des marines, ce qui lui permit de n'avoir à faire que six mois de classes avant de pouvoir retourner à la vie civile, avec en échange un week-end de service par mois pendant quelques années. Pourtant l'entraînement à la dure des marines contribua à alimenter la réputation déjà grandissante qu'avait Appel de mener ses affaires à la baguette. « C'était un vrai marine », dit de lui son frère. D'ailleurs, Appel gardait un chapeau de sergent instructeur qu'il avait eu à la base de Parris Island, en Caroline du Sud, et qu'il se mettait sur la tête chaque fois qu'il passait en mode coups de pied au cul.

Appel reprit les rôles de guitariste solo, chanteur et compositeur dans un groupe proto-hippie baptisé Balloon Farm, dont le single psychédélique avant l'heure, « A Question of Temperature », avec sa guitare déchaînée et ses paroles délirantes (par exemple, le « cyclone de canicule qui tourbillonne dans [la] tête » du narrateur et le laisse dans une « chouette humeur, suspendu à un fil ») se classa dans le Top 40 en 1968. Appel signa un contrat d'auteur-compositeur avec une maison de production et finit par croiser la route de Jimmy Cretecos, un jeune auteur qui venait d'écrire un tube pour Robin McNamara, « Lay a Little Lovin' on Me », avec l'icône de l'industrie pop Jeff Barry. Appel et Cretecos se lièrent d'amitié, et quand Appel décrocha un boulot d'auteur à demeure chez Wes Farrell, il demanda à faire venir Cretecos comme son co-auteur. Farrell leur offrit à tous les deux un salaire hebdomadaire de deux cent cinquante dollars, et ce fut le début de leur collaboration.

Chargés d'écrire des chansons pop entraînantes pour la radio, Appel et Cretecos étaient productifs, mais aussi impatients de se voir attribuer leurs propres projets et le mérite de leur succès. Ayant des goûts plus underground que leur employeur, ils signèrent un contrat de production avec un groupe de heavy metal appelé Sir Lord Baltimore. Excité par le potentiel de ce groupe, Appel recruta le très sociable Dee Anthony pour leur servir de manager. Anthony partageait l'enthousiasme d'Appel et il lui fut si reconnaissant de lui avoir offert la possibilité de travailler avec ces musiciens qu'il les convainquit de plaquer leurs deux producteurs et de le laisser, lui seul, les mener jusqu'à la gloire. À la fois furieux et impressionnés (le *culot* de ce mec !), Appel et Cretecos tentèrent de nouveau leur chance avec un groupe de country-rock baptisé Montana Flintlock, qui ne reçut aucune attention et l'aventure s'arrêta là. Sauf pour le lien qu'Appel avait tissé avec leur ingénieur du son, un certain Carl West que tout le monde appelait Tinker.

Maintenant qu'il avait Bruce Springsteen dans sa vie, Appel s'était débarrassé de tout le reste, son boulot, son assurance santé, la stabilité financière qu'il avait construite pour sa femme Jo Anne et leurs deux jeunes enfants, James et Germaine. « Le dévouement de Mike pour Bruce Springsteen était total, raconte Peter Philbin, un ancien journaliste devenu attaché de presse qui s'occuperait bientôt de plaider leur cause chez Columbia Records. Je n'ai jamais vu de manager aussi zélé que lui. Il avait une foi absolue en Springsteen. Et il mérite d'être salué pour ça. »

Ce que Bruce ne manque pas de faire. « Mike prenait les choses au sérieux, dit-il. Il adorait la musique. Il y mettait tout son cœur, et le reste aussi. C'est, entre autres, ce qui m'avait plu chez lui, le fait que c'était tout ou rien. J'avais besoin de quelqu'un d'autre avec un petit grain de folie dans les yeux, parce que c'était comme ça que je voyais les choses. Ce n'était pas du business. Si le business devait en faire partie, alors d'accord. Mais au départ ce n'était pas du business. C'était une idée et une chance, et Mike comprenait ça très bien. Pour moi, c'était ça qui comptait. »

De retour dans le New Jersey, Bruce appela son ami Howard Grant et ils décidèrent une fois de plus de passer la soirée au cinéma. Bruce avait connu Grant vers la fin de sa période Castiles et au début de Earth, quand ils traînaient tous les deux dans les mêmes bars du Shore. La famille de Grant possédait plusieurs salles de cinéma dans la région et, quand ils avaient racheté le Cinema III à Red Bank, ils en avaient confié la gérance à Howard. Bientôt, son copain Bruce, mordu de cinoche, devint un client régulier ; en général, il venait deux ou trois soirs par semaine, se souvient Grant, qui laissait le musicien toujours fauché se gaver de films jusqu'à la dernière séance. Puis, quand Grant baissait le rideau, ils ramassaient par terre les paquets de pop-corn et de bonbons vides, et sortaient une télévision vingt-sept pouces que le père de Grant avait reliée à un des premiers modèles de magnétoscope. Grant éteignait toutes les lumières, introduisait dans l'appareil une des cassettes de rock'n'roll qu'il avait pu trouver et le vrai spectacle de la soirée pouvait commencer.

Ils faisaient ça régulièrement depuis 1968. « On regardait tout ce qui nous tombait sous la main : Elvis, les Beatles, les Rolling Stones, James Brown et plein d'autres, raconte Grant. Et Bruce voulait toujours voir et revoir les mêmes trucs. Il étudiait les pas de danse de James Brown et il se levait pour l'imiter. » Il était également fasciné par la personnalité de ses idoles : leur façon de parler, de bouger et de se comporter en dehors de la scène. « Bruce se demandait par exemple : "Ça doit faire quoi d'être Rod Stewart ou Mick Jagger ?" On voyait qu'il y pensait déjà comme quelque chose qui pourrait – et même qui allait *sûrement* – lui arriver aussi. Il savait qu'il pouvait aller jusque-là. »

Prêt à tout pour devenir un musicien reconnu, Bruce était cependant beaucoup moins attiré par la célébrité et l'argent. « On dirait qu'ils n'ont pas d'amis », disait-il en voyant les images de super stars du rock qui descendaient d'avion et répondaient aux journalistes avant de s'engouffrer dans leur limousine pour disparaître dans un tourbillon de chromes lustrés, de paillettes et de fumée de cigarette. « Ne me laisse jamais devenir comme ces types-là. Et si je deviens comme eux, que je ne me rappelle plus qui sont mes amis, je t'ordonne de monter sur scène et de me foutre une baffe. »

Et d'ailleurs, Bruce conçut à cet effet un plan digne de son personnage du Dr. Zoom : si Grant le surprenait jamais en train de jouer les super stars sur scène, il voulait qu'il monte sur le plateau avec un autre copain, qu'ils s'installent près du microphone et qu'ils se mettent à jouer aux échecs. « Et je comprendrai alors que je suis en train d'oublier d'où je viens », dit-il à Grant.

Ce qui frappa Grant, à part la détermination de son ami à garder son humilité, c'était la confiance de Bruce dans ce que l'avenir lui réservait. « Il savait déjà qu'il allait devenir un de ces gars-là. C'était là qu'il plaçait la barre. Et il avait raison. »

8

Maintenant j'aimerais bien voir
si vous avez un peu d'oreille

Bruce garda l'info pour lui.

Ses rendez-vous avec Appel. Le contrat de management qu'il avait accepté de signer. Le fait que sa nouvelle carrière en solo allait bientôt torpiller le Bruce Springsteen Band autour duquel ses amis et associés avaient bâti leur vie. « Je gardais mes pensées pour moi. C'était simplement ma nature », dit-il. Steve Van Zandt, en tout cas, ne fut ni vexé ni même étonné par la discrétion de son meilleur copain. « Bruce n'est pas un grand bavard, vous savez », explique-t-il. Et puis, jusqu'où allait la loyauté de chacun envers le groupe ? Vu l'accueil mitigé qu'ils avaient reçu et la série morose de concerts dans des bars à moitié vides dont ils avaient dû se contenter ces derniers mois, l'enthousiasme n'était plus de mise. Au printemps 1972, quasiment tous les musiciens du Bruce Springsteen Band avaient un boulot à côté et au moins un autre groupe régulier.

Ils avaient quand même quelques dates de prévu, dont deux dans des lycées pour lesquelles les membres du groupe désormais installés à Richmond durent revenir dans le New Jersey mi-mars, pile au moment où Tinker West mettait la touche finale au studio d'enregistrement qu'il s'était construit au deuxième étage de sa nouvelle usine Challenger. Afin de l'aider à finaliser son installation, ils déballèrent leur matériel dans le studio et jouèrent quelques-unes de leurs nouvelles chansons pendant que Tinker laissait courir une bande, vérifiait la balance, tripotait ses boutons et ses cadrans.

La bande a enregistré une demi-douzaine de chansons du répertoire du groupe : quatre nouvelles compositions de Springsteen, une reprise façon hymne funèbre de « It's All Over Now, Baby Blue » de Bob Dylan et une version fougueuse d'une rareté R&B de Jimmy Jones, « I've Got to Have You Baby ». Les morceaux les plus frappants sont ceux de Bruce. Il y a le rock western « Ballad of Jesse James », également connu sous le titre « Don't You Want to Be an Outlaw », puis le plus lent « Look Towards the Land », avec un piano très présent, tandis que « When You Dance », d'une durée de presque dix-sept minutes, révèle la grande compétence du groupe dans la veine jam des Allman Brothers et des Grateful Dead. L'instrumental « Funk Song », sur lequel le bassiste Garry Tallent (surnommé au choix « Funk », « Funky » ou « Funky White Boy ») hurle « *Right on !* » à certains instants cruciaux, montre enfin le talent du groupe pour les tours de force R&B survoltés.

Les bavardages entre chaque morceau tournent essentiellement autour du niveau des micros et des retours, mais avec une bonne dose de déconnade et de plaisanteries. Bruce et Lopez appellent tous les deux Tinker « Stinky » (littéralement, « qui pue »). Van Zandt se moque de la manie obsessionnelle de Bruce de triturer les cordes de sa guitare : « Brucie se réaccorde, prise trente-trois ! » Et Bruce rappelle à sa petite bande que, dans un studio, « sur chaque prise, il faut que ça balance, mais la bonne, c'est quand t'es en transe ». Lorsqu'un microphone laisse échapper un hurlement de larsen, il se lance dans une diatribe contre l'électronique en imitant l'accent des rues. « Sérieux, c'est quoi toute cette électronique ? Mes gars à moi jouent *acoustique* ! Mes gars n'aiment pas tous ces gadgets à la con. Sérieux, mes gars jouent avec leurs tripes, le reste, ils s'en tapent. »

Le Bruce Springsteen Band donna encore un dernier concert à Richmond le 17 mars, puis un autre à la fac de Hampden-Sydney le lendemain, toujours en Virginie. Un mois s'écoula avant qu'ils se produisent au Rutgers College mi-avril. Après ça, les membres firent chacun leur chemin jusqu'à la fin juin, où ils jouèrent dans le cadre d'une fête privée dans un entrepôt de Point Pleasant, New Jersey. Puis le calendrier resta vide. « Tout à coup, il ne se passait plus rien, dit Tallent. J'avais plus ou moins fait une croix sur tout ça. »

Leur groupe étant au point mort, les cinq musiciens menèrent chacun leur vie pendant l'été. Lopez resta sur le Jersey Shore pour travailler sur un chantier naval de Point Pleasant. Van Zandt, Garry Tallent et David Sancious retournèrent à la vie qu'ils s'étaient construite à Richmond. Van Zandt forma un duo de country-blues avec John Lyon baptisé Southside Johnny and the Kid, décrochant rapidement des dates dans des clubs. Sancious travaillait au tout nouveau studio Alpha Recording Corp. tandis que le jeune marié Tallent prit un boulot dans un magasin de musique de Richmond tout en songeant à ouvrir sa propre boutique à l'autre bout de la ville. En attendant, Sancious avait écrit quelques morceaux de jazz fusion et, dès qu'Alpha Recording avait un studio de libre, il convoquait Tallent et un batteur du nom d'Ernest « Boom » Carter pour des sessions d'enregistrement au pied levé.

À New York, et en particulier dans les bureaux de Columbia Records et de la toute nouvelle société Laurel Canyon Ltd, les rouages de la passion, de l'orgueil et du business s'enclenchèrent pour finalement déboucher sur une série d'événements qui allaient se révéler si cruciaux que quasiment toutes les personnes impliquées en garderaient un souvenir différent. Surtout quand viendrait le moment de se répartir les mérites, les torts et les assignations à comparaître. Tout ça pour ce jeune guitariste famélique et sans diplôme qui attendait impatiemment à l'arrêt d'Asbury Park le bus qui le ramènerait à Manhattan.

Pendant que Bruce végétait sur le Shore, Mike Appel, Jimmy Cretecos et Bob Spitz passaient en revue leurs contacts à la recherche d'un ami ou d'un collègue qui pourrait leur ouvrir les portes d'une maison de disques. Ils enchaînaient les coups de fil. Les numéros de charme. Ils demandèrent encore et encore et finirent par supplier. « Vous n'avez jamais entendu un type comme ça, promettait Appel à tout bout de champ. Et si vous êtes trop sourd pour lui prêter ne serait-ce qu'une oreille, vous allez vous en mordre les doigts. »

Des semaines s'écoulèrent. Contact après contact, on les ignorait, quand on ne les rejetait pas purement et simplement. Refusant de s'avouer vaincu, Appel opta pour une stratégie plus audacieuse. Si les sous-fifres ne voulaient même pas se donner la peine d'écouter Bruce, eh bien, il appellerait directement le président de Columbia Records, Clive Davis. En s'entendant dire que Davis était en déplacement, Appel fouilla dans sa mémoire pour retrouver le nom d'un cadre de chez Columbia, n'importe lequel, qui pourrait avoir l'autorité nécessaire pour organiser une audition. Un seul nom lui revint à l'esprit.

« Très bien, alors passez-moi John Hammond. »

L'homme qui avait fait venir Bob Dylan chez Columbia en 1961. Après avoir découvert, façonné Billie Holiday, Count Basie, Benny Goodman et Pete Seeger et signé des contrats d'exclusivité avec eux. Unanimement reconnu comme un des seuls vrais visionnaires dans l'histoire de l'industrie musicale américaine, Hammond avait la réputation de ne pas aimer être pris à la légère ni approché sans un total respect et une déférence absolue. C'est en tout cas ce que pensaient la plupart des gens. Alors, quand la secrétaire d'Hammond, Mickey Harris, décrocha le téléphone et entendit Appel réclamer une audition personnelle pour un illustre inconnu, elle le rembarra instantanément. M. Hammond n'avait tout simplement pas le temps, dit-elle. Qu'il lui envoie une bande démo et elle la porterait à l'attention de son patron. Donc merci encore d'avoir appelé, M. Hammond vous recontactera si ça l'intéresse et...

Appel continua son monologue, mais maintenant sur un ton plus cinglant. Est-ce que Columbia n'avait pas pour ambition supposée de faire signer les musiciens les plus talentueux de leur époque et de leur bâtir des carrières sur le long terme, voire sur des décennies? Parce que, si c'était le cas, alors elle était en train de commettre une erreur, une *grave* erreur, en faisant barrage à Bruce Springsteen.

« J'essaie juste de savoir s'il y a quelqu'un qui s'intéresse à la musique chez vous », aboya Appel dans le combiné, sous le regard médusé et bientôt alarmé de Cretecos et Spitz qui l'écoutaient à quelques pas de là. « On agitait les mains en lui chuchotant : "Non, mec, fais pas ça! Fais pas ça, putain!" » raconte Spitz. Mais la fureur indignée d'Appel était passée à la vitesse supérieure et personne, surtout pas la secrétaire d'une maison de disques, ne pouvait plus l'arrêter. Harris bredouilla bien quelque chose encore, mais la tirade à la mitraillette d'Appel avait fini par tellement la troubler et/ou l'agacer qu'elle avait perdu toute envie de discuter avec lui. Après avoir raccroché, Appel se tourna vers ses compagnons atterrés avec un grand sourire. « J'ai eu Hammond », dit-il.

Cretecos et Spitz se regardèrent, bouche bée. Cretecos demanda : « Tu as calé un rendez-vous précis? » Appel balaya la question d'un revers de main. « Ils vont rappeler dans dix minutes. » À présent, Cretecos et Spitz étaient encore plus sceptiques qu'avant. « On s'est dit : "Ouais, c'est ça!" Il n'y a aucune chance qu'ils rappellent. » Pourtant le téléphone sonna presque exactement dix minutes plus tard. Appel sauta sur le combiné et se mit à griffonner quelque chose dans son agenda. « C'était Mickey, la secrétaire d'Hammond, raconte Spitz. Mike avait décroché une audition. »

Quand Hammond revint au bureau une ou deux semaines plus tard, il jeta un coup d'œil à son calendrier à la date du 2 mai et il eut un trou. *Mike Appel?* Qui était ce Mike Appel qu'il était censé rencontrer à onze heures du matin? Un manager qui lui avait quasi forcé la main, expliqua Harris. D'autres patrons de l'industrie du disque auraient pu se formaliser : leur temps était précieux, ils avaient autre chose à faire que de le perdre avec un manager arriviste et son petit protégé parfaitement inconnu. Hammond, au contraire, fut intrigué. Comme il l'avait appris depuis plusieurs dizaines d'années, la quête de nouveaux artistes intéressants et occasionnellement géniaux exigeait de savoir décrypter certains signes qui n'avaient parfois rien à voir avec la musique. À la façon dont le décrivait Mickey, cet Appel avait l'air complètement cinglé. Mais c'était peut-être que quelque chose de vraiment extraordinaire l'avait poussé jusqu'à eux. « Parfois, écrivit Hammond par la suite, c'est tout simplement ça. »

Né dans un univers de privilèges sociaux et économiques que vous réserve le fait d'être un descendant de la famille Vanderbilt, John Hammond avait reçu une éducation privée et fait ses études dans la prestigieuse Yale University avant de se reconvertir en fervent militant des droits civiques. Homme menu et chétif – conséquence d'une scarlatine dans son enfance qui lui avait laissé un cœur affaibli –, Hammond était un passionné de jazz depuis les années 1920, époque où il faisait le mur de la très sélect Hotchkiss School, dans le Connecticut, pour prendre le train et aller écouter du jazz et du blues dans les clubs de Harlem. Son obsession le conduisit très tôt vers une carrière de critique musical, qui finit par aboutir au job de ses rêves comme dénicheur de talents, défenseur, conseiller et superviseur des artistes maison chez Columbia Records.

Toujours poli, en particulier avec les musiciens et leur entourage, Hammond ne se privait pourtant pas de dire le fond de sa pensée quand il flairait la médiocrité ou le cynisme. « J'étais assis à côté de lui [dans les réunions de travail], et quand on passait un disque qu'il n'aimait pas, il me murmurait le plus fort possible : "Mais qu'est-ce que c'est que cette merde ?!" raconte le jeune cadre d'alors Al Teller (par la suite président de Columbia). Mais c'était un vrai démocrate, un fana de musique et il écoutait tout ce qu'on lui présentait. » Et quand ce qu'il entendait lui plaisait, Hammond n'hésitait pas à en faire sa nouvelle croisade.

Mais il n'avait encore jamais rencontré de force aussi implacable que celle d'Appel, lequel pénétra avec son client dans le joyeux fouillis du bureau d'Hammond à onze heures tapantes le matin du jour dit. Les trois hommes se serrèrent la main et Hammond leur désigna des chaises qui croulaient sous des piles de 33 tours. Une fois installé, Appel se lança dans son laïus habituel de bonimenteur. « Alors, comme ça, c'est vous qui avez découvert Bob Dylan, dit-il en guise d'introduction. Maintenant j'aimerais bien voir si vous avez un peu d'oreille, parce que là j'ai quelqu'un qui vaut mieux que Dylan. »

« Ça semblait un peu agressif par rapport à la situation », écrivit Hammond dans son autobiographie en 1977. Bien que profondément atterré, Bruce ne pouvait qu'assister en spectateur à la scène. « J'étais sous le choc, confia-t-il à son ami et biographe Dave Marsh quelques années plus tard. J'avais envie de disparaître sous terre et je pensais : "Mike, s'il te plaît, tais-toi. Laisse-moi jouer une chanson, bordel !" » Dès qu'Appel s'interrompit pour reprendre son souffle, Hammond contre-attaqua : « Je ne sais pas ce que vous essayez de me prouver, mais vous avez réussi à m'être antipathique. » Puis il se tourna vers Bruce et lui demanda de jouer un morceau. Bruce attrapa sa guitare et commença « It's Hard to Be a Saint in the City ». Instantanément, Hammond remarqua l'habileté du jeune homme à la guitare. Puis il se concentra sur les paroles. « J'ai tout de suite entendu que c'était un poète-né, écrit-il. Mais j'ai contenu mon enthousiasme. »

Bruce joua quelques autres chansons – « Growin' Up », « Mary Queen of Arkansas » et « If I Was the Priest » – et l'excitation d'Hammond ne fit qu'augmenter. « Je ne voulais pas montrer à Appel à quel point j'étais impressionné », raconte-t-il en se remémorant qu'il hochait la tête en demandant au jeune artiste de continuer à jouer. L'audition dura finalement deux bonnes heures. Après quoi, Hammond voulut savoir si Bruce était prêt à donner un petit concert improvisé dans un club de New York le soir même, histoire de montrer comment il se débrouillait en public. Mike et Bruce répondirent qu'il n'y avait pas de problème, et Hammond décrocha son téléphone pour réserver un créneau en début de soirée au club Gaslight AuGoGo de Greenwich Village, quelque part dans le creux entre l'happy hour et le set du bluesman Charlie Musselwhite programmé pour vingt et une heures.

Bruce et Appel regagnèrent dans un état second les bureaux provisoires du manager sur la 54ᵉ Rue Ouest, où Appel, Cretecos et Spitz firent chauffer leurs téléphones pour répandre la nouvelle du concert imminent en espérant mobiliser autant d'amis, de fans et de sympathisants que possible. Pendant ce temps, Bruce alla faire une sieste dans le hamac du petit appartement de Spitz à Greenwich Village. Quand Spitz rentra chez lui sur le coup de cinq heures, il prêta à Bruce sa Martin D-35 acoustique et l'escorta jusqu'au Gaslight, où un public clairsemé regarda ce chanteur inconnu monter sur scène et faire deux ou trois blagues en accordant sa guitare.

Seul sur la scène qui avait contribué à lancer Bob Dylan une décennie plus tôt, il reprit les mêmes morceaux qui avaient allumé des étoiles dans les yeux d'Hammond ce matin-là – entre autres « It's Hard to Be a Saint in the City » et « If I Was the Priest » –, mais cette fois investis de l'énergie et du charisme qui s'emparaient toujours de lui en public. Même sans sa guitare électrique et les riffs ébouriffants dont il émaillait ses morceaux avec le groupe, le talent d'instrumentiste de Bruce crevait les yeux. Au bout d'une demi-heure, Hammond fit signe à Appel : « Ça suffit, dit-il, on y va. »

Sur le trottoir devant le club, Hammond annonça à Bruce que sa vie était sur le point de changer. « Vous allez devenir un artiste Columbia », se rappelle l'avoir entendu dire Spitz. Il y aurait encore quelques étapes à franchir – entre autres une audition avec le président de Columbia, Clive Davis –, mais Hammond promit à Bruce de le guider tout au long du processus, usant de tout son poids et de son expérience pour faire en sorte que la compagnie entière sache bien qui il était et de quoi il était capable. L'étape suivante devait avoir lieu dès le lendemain après-midi dans le building de CBS, où Hammond, avec l'aide d'Appel comme coproducteur, enregistrerait de quoi graver un acétate de démonstration qu'il pourrait faire circuler dans la boîte. Bruce arriva au studio avec sa guitare en bandoulière et la session se déroula sans accroc. « Je me suis mis au micro et j'ai chanté les meilleures chansons que j'avais, raconta-t-il en 1998. J'étais totalement confiant dans ce que je faisais... et en même temps nerveux. » Quand Clive Davis revint au bureau un ou deux jours plus tard, Hammond se présenta à sa porte avec un acétate fraî-chement gravé qu'il posa sur son électrophone. Suffisamment convaincu pour charger Hammond de lui organiser une audition en tête à tête, Davis reçut Bruce chaleureusement quelques jours après et lui demanda de sortir sa guitare.

Avant la fin de la première chanson, Davis se redressa dans son fauteuil. « J'ai trouvé qu'il avait vraiment quelque chose de spécial, dit-il. J'étais très impressionné par son écriture et son imagerie. » Car même s'il pouvait entendre des similitudes entre ce jeune compositeur-interprète et Dylan, le président de Columbia était surtout excité de voir en quoi Springsteen se distinguait de son aîné. Et au fil des chansons dans lesquelles Bruce dépeignait les situations crues de ses mondes réel et imaginaire à New York et dans le New Jersey, Davis se sentit happé par un univers aussi excitant qu'inexploré. « Les sujets sur lesquels il écrivait, la poésie qu'il y mettait étaient très différents du style de Dylan », dit-il. À la fin de l'audition, Davis demanda à Hammond de faire signer M. Springsteen chez Columbia Records le plus rapidement possible.

Le contrat final arriva au bureau d'Appel quelques jours plus tard. Bruce en emporta une copie à Asbury Park pour le relire attentivement. Incapable de décrypter tout seul ce jargon juridique, il s'assit sur le sol de son appartement sans meubles avec Robin Nash, une amie qui traînait dans les cercles musicaux du Jersey Shore, et ils lurent le précieux document à la lumière d'une bougie car il n'avait pas de quoi payer ses factures d'électricité. « On l'a épluché mot à mot, écrivit-elle dans un article publié sur un site de fans. Je regardais tous les termes compliqués dans un dictionnaire. »

Le lendemain, Bruce appela ses parents à San Mateo pour annoncer la bonne nouvelle à sa mère. Pam Springsteen, alors en dernière année d'école primaire, se rappelle avoir entendu les réponses qu'Adele faisait à son fils. « Maman disait : "Hun-hmm, hun-hmm... ah bon ? *Ah bon ?* Et qu'est-ce que tu vas prendre comme pseudo ?" Un silence, puis : "Tu ne vas *pas* prendre de pseudo ?" Ma mère était super contente. Et je crois que mon père aussi. »

Plus que ça, le passage de son fils dans la cour des grands (selon les critères de Doug) marqua le début d'un changement progressif mais très net dans sa façon de concevoir le monde et ses possibilités. « C'est là, se souvient Pam, qu'il a commencé à dire : "À partir de maintenant, je ne dirai plus jamais à personne ce qu'ils doivent ou ne doivent pas faire de leur vie." »

Bruce avait désormais une nouvelle équipe de conseillers et de collaborateurs, chacun avec ses propres attentes et ses avis tranchés. Ils n'étaient pas toujours d'accord entre eux, et il apparut vite que le querelleur Appel entretenait une rivalité grandissante avec l'élégant gentleman qui leur avait offert la chance que Bruce et lui attendaient depuis si longtemps. Et pas parce qu'Hammond et lui avaient des idées divergentes sur le travail et la carrière de Bruce. Encore piqué au vif par son expérience avec Dee Anthony et sir Lord Baltimore, Appel ne pouvait s'empêcher de regarder d'un mauvais œil toute personne risquant de menacer sa suprématie dans la carrière de Bruce.

Les contrats qu'Appel fit signer à Bruce au cours des semaines et des mois suivants établissaient tous Appel et/ou Laurel Canyon Ltd comme partenaires à part entière de l'artiste sur les plans créatif et financier. La première série de documents traçait les contours d'un contrat d'enregistrement qui engageait Bruce à travailler exclusivement avec l'équipe de production d'Appel et Cretecos. Si bien que lorsque viendrait le moment de signer avec une maison de disques, l'accord serait passé entre le label et Laurel Canyon, en échange des droits exclusifs sur les morceaux enregistrés par Bruce. Le contrat suivant rendait Laurel Canyon et sa société annexe d'édition musicale, Sioux City Ltd, propriétaires à cent pour cent des chansons que Bruce écrivait. Ce qui paraît ahurissant, surtout pour l'époque. Mais, selon les lois et les normes en vigueur dans l'industrie musicale, environ la moitié des gains d'une chanson devait être obligatoirement reversée à son auteur-interprète, ce qui ramènerait de fait le partage entre Bruce et Appel autour de cinquante-cinquante. Un généreux pourcentage tout de même pour Appel, qui garderait également le contrôle sur la façon dont les morceaux pourraient être réédités et repris.

Le contrat de management, que Bruce tarda à signer pendant plusieurs mois, accordait en outre à Appel cinquante pour cent sur tous les gains de Bruce. «Il me semblait qu'Elvis Presley et son imprésario le Colonel Parker avaient un accord à cinquante-cinquante», expliqua plus tard Appel. Quand son avocat, Jules Kurz, lui fit remarquer que la part de Parker dans la carrière de Presley était en fait plus proche de vingt-cinq pour cent, Appel révisa le contrat avec un partage à soixante-quinze – vingt-cinq.

Malgré ses atermoiements, Bruce finit par signer tous ces contrats sans même y faire jeter un œil par un avocat indépendant. Ce qui peut sembler ridicule, mais du point de vue de Bruce, faire confiance à Appel quand il lui disait que c'étaient des contrats justes et équitables était une question d'honneur. Ils avaient déjà un accord oral et Mike avait été le premier à tenir parole, prouvant son engagement sans réserve en quittant son travail, en s'endettant sérieusement et en mettant en péril la sécurité de sa propre famille. Tout ça parce qu'il croyait en Bruce et en sa musique. Alors, pour Bruce, il était naturel de placer la même foi aveugle en Appel, sans quoi il n'aurait pas été digne de la réciproque.

Car désormais ils étaient tous dans le même bateau : Appel, Bruce et Cretecos. Des frères de sang, unis pour donner à Bruce et à sa musique le public, la reconnaissance et les récompenses qu'ils méritaient. Chacun avait sa part de boulot à faire et de décisions à prendre, aussi Bruce ne leva-t-il pas un sourcil quand la première vague d'argent qui arriva de la maison de disques servit à financer le déménagement de Laurel Canyon Ltd dans ses propres locaux juste au coin de la 55ᵉ Rue Est, dans le même immeuble où siégeait Albert Grossman, l'excentrique mais notoirement efficace manager de Dylan. Et si Appel voulait claquer un gros morceau de cette avance dans une razzia de meubles chez Macy's, Bruce n'y voyait aucun inconvénient non plus. Il se fichait aussi de savoir (ou ne se rendait pas compte) combien pouvaient coûter la moquette, les bureaux, les chaises, les canapés et les tables basses pour autant de pièces. Et si son loyal manager avait envie de suivre l'exemple extravagant de Grossman en s'installant un trône digne du roi Arthur afin de dominer toute personne qui pénétrerait dans son antre, après tout, c'était plutôt rigolo.

Plus que rigolo. Presque une victoire. Car pour Bruce, après toutes ces années à jouer devant les mêmes fans dans le même petit circuit de clubs et de facs du New Jersey et de la Virginie – osant à peine tenter sa chance sur le marché new-yorkais plus compétitif –, Appel avait volé à sa rescousse comme un super héros du show business. Il enfonçait les portes. Il tournait en ridicule ceux qui n'avaient que non à la bouche et obligeait les puissants à lui manger dans la main. Quand Bruce regardait Appel, il voyait en lui un alter ego : un combattant infatigable avec la musique dans l'âme et le monde entier en ligne de mire. Le salaire de trente-cinq dollars par semaine, en plus du loyer, de l'argent pour une nouvelle guitare et d'autres indulgences occasionnelles lui semblait plus que suffisant. Il était sur la bonne voie.

À présent, tout ce que Bruce avait fait comptait. Après avoir établi la liste de toutes les chansons qu'il avait écrites, Cretecos et Spitz passèrent des semaines à l'aider à enregistrer des bandes démo de qualité professionnelle qu'ils pourraient utiliser pour déposer un copyright sur ses œuvres. La plupart de ces morceaux ne sortirent jamais sous leur forme originelle, même si certains (comme «Circus Town» et «Vibes Man») seraient réutilisés en partie ou évolueraient jusqu'à devenir une chanson à part entière. Rien que dans les titres, la fascination de Bruce pour les personnages hors norme et l'imagerie gothique est criante. De «Balboa vs. the Earth Slayer» («Balboa contre le Tueur de la Terre») à «Calvin Jones & the 13th Apostle» («Calvin Jones et le 13e Apôtre») en passant par «Black Night in Babylon» («Nuit noire à Babylone»), les allusions sont aussi explosives que l'audace de leur auteur: un jeune homme de vingt-deux ans abordant déjà les mystères fondamentaux de la foi, la guerre, Dieu, la vie et la mort.

Et quand Bruce se confrontait aux courants sombres qui nourrissaient son art, les souvenirs et les visions lui semblaient aussi perçants que la première fois qu'ils avaient écorché sa peau. Le processus créatif lui offrait un certain réconfort (la bouffée de catharsis puis la sensation d'avoir réussi à maîtriser le tumulte), mais le travail d'écriture était toujours extrêmement pénible et les plaisirs fugaces. Pourtant Bruce avait soif de lien, besoin du baume des projecteurs et de l'énergie qui lui parvenait de la salle quand il était sur scène.

Mi-avril, le propriétaire d'un magasin de disques de Freehold, Victor «Igor» Wasylczenko, engagea Bruce pour un set acoustique lors d'un concert qu'il organisait au Freehold Township

High School, rival du Freehold Regional High School où Bruce avait été élève. En se rendant sur place avec Wasylczenko quelques jours avant le spectacle, Bruce se promena dans les rues de son ancien quartier pour la première fois depuis de longs mois. Ça faisait déjà trois ans qu'il n'habitait plus là. Une éternité pour un si jeune homme. Mais, à arpenter de nouveau ces trottoirs, remontant Randolph Street d'un pas hésitant, prenant un moment pour poser la main sur le tronc rêche du hêtre qui marquait l'emplacement de sa maison d'enfance, c'était comme s'il n'était jamais parti. Et comme s'il ne partirait jamais, qu'importe où il irait et combien de temps il s'absenterait.

Apparaissant sur scène sans être annoncé (le groupe Sunny Jim, qui avait fait maintes fois la première partie de Steel Mill, occupait ce soir-là la tête d'affiche et Bruce n'avait aucune intention de leur voler la vedette), il passa de la guitare au piano, jouant une panoplie de ses nouvelles chansons, dont plusieurs allaient devenir phares dans sa carrière. Mais *le* morceau qui marqua le plus les spectateurs, qui les laissa bouche bée et les bras ballants, ne serait plus jamais joué nulle part.

« Bruce a commencé ce morceau en utilisant des mots comme "papa-maman", comme s'il chantait avec la voix d'un enfant », se souvient Wasylczenko. Les paroles décrivaient un homme et un petit garçon marchant main dans la main pour aller pêcher dans un lac, mais ça aurait tout aussi bien pu être lors d'une des virées régulières avec Fred Springsteen pour récupérer des pièces détachées de radios dans les poubelles du quartier. « On sentait l'amour incroyable de ce gamin pour son grand-père, tout ça dans le récit de cette partie de pêche. » Le public hocha la tête en rythme tout du long jusqu'au dernier couplet, où l'on suit l'enfant qui rentre de l'école quelques jours plus tard. « Il le décrit en train de revenir à la maison, poursuit Wasylczenko. Il traverse le couloir et il est abasourdi par quelque chose qu'il voit dans le salon. » Quand l'enfant arrive enfin devant sa mère, la question qu'il lui pose sert de dénouement cinglant à la chanson.

« Il demande : "Maman, pourquoi est-ce que papy dort dans une boîte ?" Et le public était complètement assommé, raconte Wasylczenko. Il n'y avait pas un bruit dans la salle. Personne n'a applaudi. Ils étaient juste... sans voix. Bruce s'est détourné rapidement et j'ai vu des larmes couler sur ses joues. Je crois qu'il n'a plus jamais rejoué ce morceau. »

Bruce donna quelques autres concerts en solo ce printemps et cet été-là, dont le plus important fut un gala de charité en juillet que son vieux copain Howard Grant avait organisé dans son cinéma de trois cents places à Red Bank, afin de récolter des fonds pour le candidat démocrate à l'élection présidentielle George McGovern, sénateur progressiste du Dakota du Sud. Les billets se vendirent comme des petits pains, avec un excédent de spectateurs debout dans le fond et les allées de la salle. Pourtant, raconte Grant, Bruce montra des signes visibles d'impatience pendant le laïus politique. « Il n'était pas du tout politisé, dit-il. Il ne croyait pas que les choses pourraient changer en meilleur ni en pire grâce aux hommes politiques. Mais rappelez-vous qui McGovern avait en face de lui. Et puis c'était un truc de génération. Bruce était prêt à soutenir quiconque se présenterait face à Richard Nixon. »

En pleine hostilité anti-hippie dans les petites villes du centre du New Jersey, ajoute Bruce, soutenir n'importe quel candidat, c'était prendre un risque. « J'ai voté, raconte-t-il. Pour la première fois. Alors j'avais bien dû réfléchir à ces élections. » Et il devait aussi avoir quelques opinions tranchées sur les problèmes, vu les réticences qu'il avait à se dévoiler aux autorités du comté de Monmouth. « S'impliquer dans n'importe quel truc où il fallait s'identifier à l'entrée ? C'était aller bien plus loin que ce qu'aucun d'entre nous était prêt à faire. Il fallait sûrement une pièce d'identité, ce que les gens avaient rarement sur eux. Et une preuve de domiciliation, j'imagine. Moi, je squattais à droite à gauche, à l'époque. Franchement, en 72, où est-ce que j'habitais ? »

La seule politique qui affectait réellement la vie de Bruce provenait du conflit grandissant entre ceux de ses mentors qui le voyaient comme le compositeur-interprète solitaire qu'il était devenu depuis sa première audition avec Appel et ceux davantage attirés par le chanteur et guitariste rock qu'il avait été pendant la grande majorité de sa carrière. John Hammond insistait pour que Bruce continue dans le style qu'il lui avait présenté lors de leur première rencontre et Appel partageait naturellement sa vision. Mais, alors qu'approchaient les sessions d'enregistrement prévues pour début juillet, Bruce ne pouvait s'empêcher d'entendre ses nouveaux morceaux joués par un groupe. À l'évidence, certaines des chansons acoustiques retenues pour le futur album – « The Angel », « Mary Queen of Arkansas » et « Visitation at Fort Horn », pour n'en citer que quelques-unes – trouveraient une plus grande résonance dans un arrangement solo plus intime. Mais pour « It's Hard to Be a Saint in the City », il fallait le pouls électrique de Manhattan, tout comme il fallait à « Lost in the Flood » des grondements et des rugissements pour animer ses friches à l'abandon. Cretecos était du même avis, et quand la question arriva sur le bureau de Clive Davis, il prit le parti de Bruce et Cretecos.

Aux yeux de certains observateurs chez Columbia Records, la décision de Davis contre celle d'Hammond tenait autant à la rivalité professionnelle latente entre les deux dirigeants qu'à l'identité musicale de Bruce. Hammond avait certes donné à Bruce et Appel l'impression que son imprimatur personnel était la garantie d'obtenir un contrat d'enregistrement. Le fait que Davis ait été immédiatement convaincu par Bruce et l'ait signé dans la foulée montrait qu'Hammond n'avait pas exagéré son pouvoir. Mais, quarante ans plus tard, Davis prend bien soin de mettre les choses au clair. « John était un découvreur de talents qui avait toujours plein d'idées, dit-il. Certains de ses artistes étaient signés, d'autres pas. Ce que je sais, c'est qu'après avoir vu John, Bruce a dû venir jouer ses chansons devant moi.

John n'avait pas le pouvoir de faire signer des artistes. » Ni de manœuvrer pour faire en sorte que sa nouvelle recrue signe plutôt chez Epic Records, la filiale plus jeune et sans doute plus branchée du label, comme c'était apparemment le plan d'Hammond, d'après les souvenirs d'Appel. Lequel n'était pas très chaud, et Davis, qui risquait d'y perdre un talent prometteur aux dépens de son propre label, s'y opposa catégoriquement. Bruce resterait chez Columbia.

Le fait que Davis approuve l'idée d'un groupe au complet donna le feu vert à Bruce pour décrocher son téléphone et rappeler les membres du Bruce Springsteen Band. Garry Tallent se souvient de n'avoir rien perçu dans ce message qui ait pu annoncer de quelconques rêves de gloire. « Il m'a juste demandé si je pouvais venir pour l'aider à enregistrer », dit-il. Au-delà des quelques journées en studio prévues au programme, Bruce ne faisait aucune promesse, ne prenait aucun engagement et ne donnait pas la moindre impression que ce récent et spectaculaire rebondissement – il venait de signer un contrat d'enregistrement chez un des plus grands et des plus prestigieux labels – méritait peut-être quelques précisions, voire une explication aux yeux des quatre musiciens qui l'avaient accompagné jusque-là. Au contraire, les membres du groupe se rendirent compte que la nouvelle équipe de managers et de cadres dirigeants autour de Bruce les considérait comme quelque chose de subalterne pour la suite de sa carrière. « On était comme une bande de clodos du New Jersey, raconte Tallent. Bruce qui rameutait ses potes, quoi. »

Si le but avait réellement été de rameuter ses copains, on aurait pu s'attendre à ce que Steve Van Zandt en fasse partie. Ils avaient passé tellement de temps ensemble au cours des sept dernières années à travailler pour en arriver précisément là. « J'étais son meilleur ami et un genre de lieutenant depuis toujours », dit Van Zandt. Ils avaient tant partagé autour de la musique et collaboré si étroitement depuis deux ans qu'il n'avait aucun doute sur le fait que leur aventure se poursuivrait à l'occasion du premier album de Bruce et au-delà. « Je savais exactement le son qu'il voulait entendre, dit-il. Mais j'étais trop proche. Ils ne pouvaient pas avoir directement accès à lui et le manipuler sans me trouver sur leur passage. Ou du moins c'est ce qu'ils pensaient, alors Mike Appel a décidé que je n'étais pas nécessaire. »

Les autres musiciens virent le conflit pointer dès la première prise de la première journée de studio. « Steve était là pour la première session, raconte Tallent. Mais il avait une opinion [sur la façon dont les morceaux devaient sonner] et Mike ne voulait pas d'autre opinion. » Appel, quant à lui, affirme qu'il ne fut pour rien dans la rapide éviction de Van Zandt. « Bruce a décidé qu'il n'avait pas besoin de lui, dit-il. Je crois juste qu'il trouvait à l'époque qu'avoir un second guitariste n'était pas le bon équilibre musical. Il ne faut pas oublier que Bruce est déjà lui-même un sacré guitariste. »

Quelle que soit la personne à qui en revint la décision, Van Zandt n'eut pas l'occasion de sortir sa guitare de son étui. Son unique contribution à l'album fut le moment où il mit un grand coup dans la réverb au dos de son ampli pour créer le grondement de tonnerre au début de « Lost in the Flood ». On lui annonça la nouvelle juste après cette session. « Je ne me souviens pas si c'est Mike ou Bruce qui me l'a dit. Je pense que ça devait être Bruce. Et ouais, ça m'a foutu les boules. Ultra-déprimant. »

Pour Bruce, c'était une question de survie professionnelle. « N'oubliez pas, j'étais un gars qui faisait son premier album. Et eux, ils ne voulaient pas du groupe ! dit-il. John Hammond voulait en gros la même chose que ce qu'il avait vu derrière son bureau. » Et même si Bruce avait tout juste réussi à convaincre Appel et Hammond (mais surtout Clive Davis) de le laisser utiliser une section rythmique sur certains morceaux, leur goût pour les guitares superposées – et même une seule guitare électrique un tant soit peu bruyante – avait déjà atteint ses limites. « J'avais l'impression d'être là en sous-marin, raconte Bruce. Je savais qu'à un moment, si ça marchait pour moi, j'aurais envie de la totale [avec un groupe électrique]. Mais à ce stade ça ne les intéressait pas. »

Et l'incompatibilité supposée entre Van Zandt et les coproducteurs Appel et Cretecos ? « Ils ne *connaissaient* pas Steve. Vraiment, c'est juste que ça ne les intéressait pas d'avoir une guitare électrique. Ils disaient : *"Ça,* on veut bien, mais *ça* non." * Je l'ai accepté comme un compromis entre John Hammond et la maison de disques d'un côté et l'album que j'essayais de faire avec Mike en tant que producteur de l'autre. Et puis je crois que j'étais aussi très influencé par ce truc du mec tout seul avec sa guitare et ses chansons. J'étais en plein dans cette phase de réinvention de moi-même. Et c'est comme ça que ça s'est fini. »

Van Zandt retourna dans le New Jersey, posa sa guitare et n'y retoucha plus, dit-il, pendant presque deux ans. En entendant ça, Bruce fronce les sourcils. « C'est vrai ? Je ne sais pas, peut-être qu'il exagère, mais peut-être pas. » Van Zandt : « Je bossais dans le bâtiment, sur un marteau-piqueur, et le week-end je jouais au foot. » Bruce, se souvenant à présent de cet épisode, éclate de rire : « Mais *oui* ! Il s'était trouvé un vrai boulot ! Qu'est-ce qui lui a pris ? » Lorsqu'il se blessa un doigt sur un terrain de football, Van Zandt se mit à beaucoup pratiquer le piano pour se remuscler. Démangé par l'envie de rejouer en public, il forma un groupe de bars avec, entre autres, un batteur dont le cousin musicien avait décroché un job sur la tournée des Dovells, un groupe du début des années 1960 surtout connu pour leur tube « Bristol Stomp ». Ils recrutèrent Van Zandt comme directeur artistique de leurs tournées et le guitariste reposa son marteau-piqueur pour de bon. « On faisait partie d'un de ces grands shows collectifs avec un tas de vieilles gloires de la chanson, et ça m'amusait beaucoup. J'ai pu rencontrer tous mes héros. »

L'enregistrement de *Greetings from Asbury Park, N.J.* commença début juillet par les sessions avec le reste du groupe aux 914 Sound Studios, qui se trouvaient dans la petite ville un peu paumée (et donc pas chère) de Blauvelt, dans l'État de New York, à environ trois quarts d'heure de route au nord-ouest de Manhattan. Appel et Cretecos étaient à la régie, attentifs aux volontés de Bruce qui, de son côté, dirigeait le groupe. Les sessions se déroulaient dans une ambiance de travail précise et sérieuse, plus comme un séminaire professionnel que le genre d'énergie tous-pour-un, un-pour-tous qui avait soudé entre eux les membres de Steel Mill et du Bruce Springsteen Band. Avec tous ces murs capitonnés et ces cabines vitrées qui séparaient Bruce, Appel et la petite bande d'Asbury Park, il était plus facile pour chacun de se concentrer sur sa partie que sur les éventuelles répercussions sur leur avenir de ce nouveau développement dans la carrière de leur leader. Bruce guida donc ses musiciens, moins Van Zandt, au fil de « For You », « It's Hard to Be a Saint in the City », « Lost in the Flood » et « Does This Bus Stop at 82nd Street? ». Il leur fallut deux jours pour enregistrer les pistes de base, se souvient Tallent. Quand ils eurent terminé, les adieux sur le parking des studios furent aussi vagues qu'informels. Pour ce qu'ils en savaient, c'était peut-être bien la dernière fois qu'ils jouaient ensemble. Tallent et Sancious reprirent le cours de leur vie à Richmond. Lopez retourna à son chantier naval. « Et pour nous, dit Tallent, ça s'arrêtait là. »

Bruce, Appel et Cretecos passèrent encore environ une semaine à fignoler les morceaux enregistrés par le groupe avant de s'occuper des chansons acoustiques que Bruce allait jouer tout seul. Avec l'idée que l'album devrait se répartir à parts égales entre les morceaux électriques et acoustiques, ils en enregistrèrent cinq où Bruce s'accompagnait lui-même à la guitare et, dans un cas, au piano : un conte moral sur la guerre de presque huit minutes intitulé « Visitation at Fort Horn », une ballade impressionniste chez les motards (« The Angel »), une ambiance de polar nocturne («Jazz Musician»), une ballade appelée «Arabian Nights», qui n'avait pourtant rien à voir avec le Moyen-Orient, et la complainte rêveuse d'une artiste de cirque dans «Mary Queen of Arkansas». Les sessions, relativement rapides, prirent fin début août, et quelques jours plus tard les bandes étaient chez Columbia. Lorsque Clive Davis y prêta une oreille, ce qu'il entendit lui plut. Les morceaux étaient tout aussi bien construits et magnifiquement interprétés que sur la démo de Bruce. Les arrangements du groupe apportaient un certain entrain sans occulter l'importance des paroles. C'étaient, en somme, des titres parfaits pour un album. Mais est-ce qu'aucune de ces chansons d'une grande profondeur, à l'imaginaire débridé, pourrait se frayer un chemin jusque sur les ondes des radios du pays? Au bout d'un ou deux jours, Davis décrocha son téléphone et appela Bruce directement.

«Je lui ai demandé s'il voulait bien écrire d'autres morceaux», se souvient Davis. Et, plus précisément, au moins un ou deux qu'il pourrait imaginer à la radio. «C'est toujours un sujet délicat avec les artistes. Mais une des choses qui faisaient de Bruce quelqu'un de si spécial était qu'il ne se vexait jamais.»

Loin de là, même. «Je lui ai dit: "Oui, vous avez sans doute raison", raconte Bruce. Après je suis descendu à la plage et j'ai écrit "Blinded by the Light" et "Spirit in the Night". Donc c'était un coup de fil plutôt positif. C'est devenu les deux meilleures chansons de l'album.»

Ajouter ces nouveaux morceaux supposait de reconvoquer les musiciens du groupe pour une ou deux journées d'enregistrement supplémentaires. Mais avec les trois cinquièmes d'entre eux qui habitaient en Virginie et l'horloge qui tournait, Bruce envisagea un plan B: Lopez ferait la batterie, mais ils engageraient le célèbre pianiste de studio Harold Wheeler pour les parties de clavier et Bruce, grâce aux miracles de la postsynchronisation, jouerait à la fois la guitare et la basse. Enfin, il avait une dernière carte dans sa manche: un autre musicien d'Asbury Park qu'il avait un peu fréquenté au cours de l'année précédente. Bruce entendait déjà les morceaux dans sa tête et il savait qu'une seule personne serait capable de leur apporter la touche manquante : le saxophoniste Clarence Clemons. Le musicien, qui jouait à l'époque avec Norman Seldin and the Joyful Noyze, accepta volontiers de venir participer aux enregistrements et, comme Bruce l'avait imaginé, ses riffs à la Junior Walker ajoutèrent aux chansons la parfaite touche de rhythm and blues. Clemons et Lopez restèrent encore un peu pour poser des chœurs et des claquements de mains et, une fois que ces deux nouveaux morceaux eurent remplacé « Arabian Nights » et « Jazz Musician » sur le master définitif, la composition du premier album de Bruce ne bougea plus.

La tâche accomplie et les disques épreuves gravés, Bruce rentra dans le New Jersey tandis qu'Appel et Bob Spitz emportaient un acétate du nouvel album à Los Angeles pour faire monter l'excitation et travailler leurs contacts dans La Mecque artistique de la côte ouest. Ils prirent une chambre au célébrissime Hyatt House[1] sur Sunset Boulevard, l'hôtel que fréquentaient toutes les rock stars, et firent la tournée des patrons de la musique, des amis haut placés d'Appel et des huiles des maisons de disques. Tout le monde eut droit à un extrait de l'album ainsi qu'à la dose habituelle de bonhomie et de fanfaronnade d'Appel. Il avait décroché le numéro gagnant et il avait bien l'intention de le faire savoir à tout ce qui comptait dans l'industrie musicale de Los Angeles. Personne n'avait voulu le croire, mais désormais le monde entier saurait que Bruce Springsteen et le type qui l'avait découvert n'étaient pas là pour rigoler.

Tout ça fut balayé quand Bruce leur téléphona à l'hôtel un soir à dix heures pour annoncer à Appel qu'il avait décidé

---

1. Également surnommé le Riot House (« la maison des émeutes »), ce qui donne une idée de l'ambiance : bruyante, chahuteuse et, pour beaucoup de clients de l'époque, embrumée de tequila sunrise, de jolies créatures aux courbes sinueuses et de narcotiques en tout genre.

d'éliminer l'abscons « Visitation at Fort Horn » de la face B du disque. Le morceau était trop long (sept minutes), il dominait la fin de l'album et volait la vedette à « Spirit in the Night » et « It's Hard to Be a Saint in the City ». Il fallait l'enlever, point à la ligne, insista Bruce.

Appel le prit mal. Bruce ne savait-il pas que Columbia avait déjà validé le disque fini, masterisé tout l'album et gravé des dizaines de démos ? Changer quoi que ce soit à ce stade obligerait le label à tout mettre à la poubelle, remasteriser la totalité, graver de nouveaux acétates, etc. « Mike devenait dingue, raconte Spitz. On était sûrs que Columbia allait nous claquer entre les doigts ; il avait déjà poussé la barre trop loin. » Appel se prépara à une réaction indignée quand il appela Hammond pour lui annoncer la nouvelle le lendemain matin. Au lieu de quoi ce dernier prit instantanément le parti du musicien. « On fera tout comme veut Bruce », dit-il.

Justement, Bruce arriva un jour avec une vieille carte postale démodée sur laquelle était inscrit en grosses lettres « Greetings from Asbury Park, N.J. » (avec des images de la plage et de la promenade incrustées dans chaque lettre), déclarant à Appel que c'était l'illustration parfaite pour la couverture de l'album et pour le titre aussi (en français : « Salutations d'Asbury Park, New Jersey »). À ses yeux, la discussion était close. Sauf que Columbia avait une politique stricte pour ses nouveaux artistes : tout premier album *devait* avoir sur sa pochette une grande photo de l'artiste ou du groupe afin de graver une image indélébile dans la tête des acheteurs potentiels. Après que Bruce eut quitté la pièce, Appel se tourna vers Spitz : « Ça va être une cata, dit-il. Personne ne saura qui c'est. » Mais ça, Columbia l'avait déjà compris, ce qui expliquait leur règle inflexible.

Appel, Spitz et Bruce eurent alors rendez-vous avec le directeur artistique de Columbia Records, John Berg. Persuadé que le taciturne et pragmatique Berg balaierait la carte postale d'un revers de main, Appel laissa Bruce exposer son idée en se disant qu'ils pourraient ensuite passer aux autres options plus réalistes. Mais Berg resta un long moment à contempler l'image en hochant la tête d'un air pensif. Fouillant dans un tiroir, il en sortit une pile de cartes postales vintage du même genre. « Faut que je vous disc, je suis un grand fan de cartes postales », confia-t-il en tendant sa collection à Bruce, qui s'y plongea avidement tandis que Berg recommençait à étudier la carte d'Asbury Park. « C'est exactement ce qu'on va faire, reprit-il. C'est une idée de génie. C'est parfait. » Appel en resta sans voix. « On pensait que ça nous tuerait, dit Bob Spitz. Mais on avait tout faux. »

Encouragés par l'enthousiasme à la fois de Davis et d'Hammond, Bruce et sa bande étaient aussi protégés au sein de l'empire Columbia que pouvait espérer l'être un groupe inconnu n'ayant pas encore fait ses preuves. Du moins à ce stade-là, car dans les maisons de disques le pouvoir et les allégeances fluctuent sans cesse, et généralement sans prévenir. Les premiers chiffres de ventes après la sortie de l'album en janvier 1973 seraient cruciaux. Et même s'ils l'ignoraient encore, les exemplaires de démonstration du disque étaient déjà en train de gagner des alliés à Bruce dans les bureaux des commerciaux, des attachés de presse et des découvreurs de talents de la maison. Al Teller, qui officiait alors à la direction commerciale, avait pour habitude d'écouter tous les acétates de promo qui lui tombaient sous la main. En général, il les mettait en fond sonore, mais si quelque chose lui faisait relever la tête de son travail, alors il y regardait de plus près. Et si Teller n'avait jamais entendu parler de Bruce Springsteen lorsqu'il posa l'aiguille de son électrophone sur la face A de *Greetings*, il ne lui fallut qu'environ huit mesures pour lâcher son stylo. « Je l'ai écouté en entier d'une traite, raconte-t-il. Ensuite, j'ai fait venir quelques chefs de produit et je leur ai dit : "Faut que vous m'écoutiez ça !" »

Les disques acétates étaient trop fragiles pour supporter plus de quinze ou vingt écoutes au total ; généralement l'équivalent d'une semaine d'utilisation intensive. Mais, au bout d'une journée, Teller avait déjà complètement aplani les sillons du sien. En rentrant chez lui ce soir-là, il se concentra sur la mission qui l'attendait désormais : vendre ce produit. Mais qui était ce Bruce Springsteen, bon sang ? Comment faire pour susciter un intérêt pour un artiste dont la sensibilité de poète urbain allait à l'encontre de tous les formats populaires à la radio ? Heureusement, sa campagne de la journée – et les autres commerciaux qui avaient eu la même réaction que lui en écoutant leur acétate – semblait avoir enclenché un mouvement au sein de la compagnie. « Ça plaisait à tout le monde, dit Teller. Mais on était quelques-uns à vraiment *adorer*. » En particulier un jeune chargé de promo du nom de Paul Rappaport, un découvreur de talents à l'oreille aiguisée, Steve Popovich, et, dans la filiale texane du label, un autre responsable de promotion nommé Michael Pillot.

Tous complètement envoûtés par trente-cinq minutes de chansons écrites et interprétées par un illustre inconnu de vingt-trois ans originaire du Jersey Shore. La plupart pouvaient à peine expliquer ce qui les avait autant touchés et encore moins pourquoi ils avaient été si vite subjugués. Mais dans le torrent continu de musique qui s'écoulait dans les couloirs et les bureaux de Columbia – la maison même de Bob Dylan, de Paul Simon, de Miles Davis et des Byrds –, ce nouvel artiste les avait emportés dans le flot de son propre courant. Et, en un clin d'œil, ces récents convertis étaient en passe de devenir des prédicateurs. Bientôt, certains les appelleraient – parfois par dérision, parfois comme le plus beau des compliments – les apôtres de Bruce Springsteen. « On a tous été affectés par son aura, confiait Popovich quelques mois avant sa mort en 2011. Il y a certaines choses qui ont ce pouvoir. Vous y croyez profondément, ça vous absorbe totalement. C'est ce qui s'est passé avec Bruce. Pour nous, c'était un outsider, sorti de nulle part, et c'est ce qui a plu aux gens. »

9

J'avais enfin, enfin, trouvé ma place

Clarence Clemons jurait que cette histoire était vraie. Le tonnerre, les éclairs, les rafales de vent balayant le Jersey Shore. Une tempête estivale de plus sur la côte est, quoi. Sauf que celle-ci allait faire partie d'une des légendes de l'histoire du rock'n'roll, où il fut dit que l'explosion karmique déclenchée par la rencontre de deux musiciens avait failli réduire en cendres le club Student Prince d'Asbury Park sur Kingsley Street. Ou quelque chose dans ce genre. Pourtant l'incident s'était produit en septembre 1971, plusieurs mois avant Appel, Hammond, Columbia et tout le reste. Mais il donnait le ton de ce qui était sur le point de se produire, alors...

« Je jure sur une pile de bibles que cette porte a été arrachée de ses gonds, m'a assuré Clemons quelques semaines avant sa mort en juin 2011. Je le jure sur *deux* piles de bibles. Et c'était du costaud, hein. La porte principale sur la rue. Celle en bois, avec la serrure, qui fait que quand vous la fermez, vous fermez le club, O.K. ? Une putain de grosse porte bien lourde. Eh ben, quand je l'ai ouverte, elle a été emportée par le vent. Elle s'est mise a valdinguer dans la rue en direction du Wonder Bar. C'est la vérité. »

Garry Tallent en est moins sûr. Pourtant il était là avec les autres, il venait de reposer sa basse, entre deux sets du concert que donnait le Bruce Springsteen Band ce soir-là au club. Quand on l'interroge sur l'arrivée spectaculaire de Clemons, et le départ non moins spectaculaire de la porte d'entrée, il hausse les épaules. « Je ne me souviens pas de la tempête, dit-il. Et il y avait tout le temps des gens qui passaient faire le bœuf, alors je ne m'en souviens pas spécialement. C'est peut-être vrai, si ça se trouve. Mais ça m'aurait plus marqué, vous ne croyez pas ? »

Quand, quelques mois à peine après la mort de Clemons, on pose directement la question à Bruce, il prend une mine grave : « *C'est* vrai. Sûr et certain. » Et *quid* de tous ceux – les *membres du groupe*, quand même – qui affirment le contraire ? « Ils se trompent. »

Bruce et Clemons repensaient souvent à cette fin de septembre 1971, quelques jours après que Bruce avait assisté à un concert des Joyful Noyze au Wonder Bar. Norman Seldin, au clavier, était le leader du groupe, mais l'ex-petite amie de Bruce, Karen Cassidy, en était la chanteuse, et elle lui avait parlé de ce charismatique saxophoniste qui partageait le devant de la scène avec elle. À la fin du set, Cassidy était venue saluer Bruce. « Je lui ai demandé comment ça allait et il avait des étoiles dans les yeux, raconte-t-elle. Il m'a posé des questions sur Clarence et j'ai éclaté de rire. "J'en étais sûre ! Tu vas nous le piquer !" » Mais tant pis. Cassidy était allée rejoindre Clemons et lui avait montré du doigt Bruce, qui sirotait un Pepsi au bar. « Je lui ai dit que j'avais un ami dont j'étais sûre qu'il allait devenir une très grande star et qu'il fallait qu'il le rencontre. » Quand le Bruce Springsteen Band prit ses quartiers pour une série de soirées régulières au Student Prince, à quelques rues de là sur Kingsley Street, elle emmena Clemons les voir. Ça supposait de sortir en pleine tempête, mais Clemons s'en moquait. Il fourra son saxo dans son étui et ils y allèrent.

Lorsqu'il pénétra dans le club, avec la porte arrachée qui s'envolait derrière lui, ses yeux se fixèrent instantanément sur ce jeune Blanc gringalet qu'il avait croisé quelques soirs plus tôt. Bruce et son groupe faisaient justement une pause, mais Bruce le vit arriver et, comme il le raconta des années après, se sentit aussitôt subjugué. « Voilà mon frère, voilà mon sax, mon inspiration, mon partenaire, mon ami pour la vie. »

Il y avait des vibrations dans l'air, c'est sûr. Et quand Cassidy entraîna Clarence derrière elle pour faire les présentations, il désigna d'un hochement de tête le saxophone qu'il avait trimballé sous la pluie. Ce serait possible de se joindre à eux pour le prochain set ? Bien sûr que oui, c'était possible. Quelques minutes plus tard, Clemons montait sur scène avec le reste du groupe et attendait le décompte du premier morceau. Ils commencèrent, se souvient-il, par un instrumental sans titre.

« Je n'oublierai jamais, jamais, la sensation que j'ai eue quand on a joué cette première note, dit-il. C'était tellement urgent, tellement réel, tellement excitant pour moi. C'était comme si j'avais cherché pendant très, très longtemps et que là, Dieu merci, j'avais enfin, enfin, trouvé ma place. »

Bruce le sentait aussi. Même au milieu d'une jam-session impromptue dans un bar miteux où seulement la moitié d'une moitié de salle écoutait la musique d'une moitié d'oreille, leur alchimie faisait des étincelles sur scène. « Se tenir à côté de Clarence, c'était comme de se tenir à côté du mec le plus dément de la Terre, écrivit plus tard Bruce. Ça vous rendait fier, ça vous rendait fort, heureux et excité par la perspective de ce qui pourrait vous arriver, de ce que, ensemble, vous pourriez réussir à faire. »

« Et voilà, dit Cassidy, c'était fait. »

En vérité, Bruce allait mettre neuf mois avant de retomber sur Clemons lors d'un prochain concert. Mais, dès qu'il débarqua au Shipbottom Lounge de Point Pleasant ce soir de juin 1972, Clemons insista pour qu'il monte jammer avec eux sur scène. Bruce dut emprunter une guitare, mais ils connaissaient tous les mêmes vieux standards de rock et de soul, et le groove qu'ils avaient trouvé au Student Prince rejaillit aussitôt. Les deux musiciens s'échangèrent leurs numéros de téléphone à la fin du set – Bruce épelant le nom de famille de son nouvel ami avec une faute d'orthographe : « Clemens » – et se promirent de rester en contact. Cette fois il ne fallut à Bruce que deux semaines pour recroiser les Joyful Noyze et refaire un bœuf avec Clemons. Le courant entre les deux hommes passa encore mieux ce soir-là et, à la fin du set, ils sortirent prendre un pot tous les deux (à vingt-deux ans, Bruce avait commencé à boire une goutte d'alcool de temps en temps) et bavarder un peu. Ce «dernier verre» du petit matin se prolongea finalement en une aventure spirituelle de plusieurs jours. «On a descendu South Street en s'arrêtant dans tous les bars en chemin, on a parlé et écouté de la musique non-stop pendant deux ou trois jours, me raconta Clemons. C'est un peu flou dans mon souvenir maintenant, mais j'ai des frissons quand j'y repense.»

Vu la façon dont ses yeux brillaient en disant cela, il est difficile de savoir si Clemons entendait cette histoire comme un exposé des faits purement journalistique ou une fable allégorique sur son lien spirituel avec Bruce. Mais là encore, ce dernier confirme point par point, jusqu'à l'étrange lueur verte de la liqueur qui faillit avoir raison des deux musiciens et du copain qui les accompagnait. «À l'époque, je commençais tout juste à boire, alors je prenais tout ce qui me tombait sous la main, raconte Bruce. Ma position, c'était: "De toute façon j'aime pas l'alcool, alors ça ou autre chose..." Sauf qu'on a eu un petit accrochage avec cette chartreuse verte. Clarence aurait sans doute pu s'enfiler la bouteille[1], mais moi et mon pote [dont il se souvient seulement qu'il s'appelait Jimmy], on a calé au milieu. On a commencé à en boire et mon pote a foncé vers la porte, direct dans le caniveau. Je crois que j'ai eu des bouffées de chaleur. C'était plutôt marrant.»

Tout en déroulant les étapes de son passé – son enfance dans le comté de Norfolk, en Virginie, dans les années 1940 et 1950, avec un père docker et une mère institutrice stricte avec qui il n'était pas question de faire le malin –, Clemons décrivait les

---

1. Pas selon l'intéressé: «C'était tellement fort qu'on était là... *Putain de merde!* Le mec aurait dû nous empêcher de boire ce truc. Après ça, on n'a plus bu pendant un petit moment.»

débuts de sa vie comme une quête sacrée : un pèlerinage incon-scient de plusieurs années jusqu'à rencontrer le seul musicien suffisamment puissant pour le mener aux portes de la tran-scendance. « J'étais toujours à la recherche de quelque chose », disait-il en se remémorant les chœurs de gospel qu'il entendait les dimanches matin et le chatoiement du saxophone qu'il avait déballé au Noël de ses neuf ans. Les après-midi héroïques sur les terrains de football américain du lycée et du stade de la University of Maryland Eastern Shore avaient compté, certes, mais il savait que là n'était pas son destin. Les contours de ce dernier se révélaient seulement pendant les milliers d'heures qu'il passait dans sa chambre avec son électrophone, à jouer du sax en imitant ses héros King Curtis et Boots Randolph. L'éclat dans les yeux de ce jeune homme le propulsa encore plus loin. Pratiquement dès son premier show avec son premier groupe de quartier, Clemons devint l'attraction majeure de chacun de leurs concerts. Bâti comme une armoire à glace, avec la voix chaude et le charisme qui allaient de pair, il avait une façon de bouger qui faisait trembler la scène sous ses pieds tandis que son saxo ténor rutilant faisait la passerelle entre les histoires du rock, du R&B, du jazz et du gospel et la promesse du samedi soir suivant.

Diplômé de sociologie en 1964, Clemons s'essaya à la carrière de footballeur dans l'équipe des Cleveland Browns, qui prit fin quand un gros accident de voiture lui fracassa les deux genoux. Il déménagea alors dans le New Jersey et trouva un emploi de conseiller d'orientation auprès de gamins à problèmes à la Jamesburg Training School for Boys, où lui et sa première épouse Jackie faisaient également office de gardiens, ce qui leur permettait de bénéficier d'un logement de fonction sur place. Clemons jouait dans des groupes le soir, d'abord avec une forma-tion baptisée les Entertainers qui faisait des reprises de soul jazz, puis avec les Joyful Noyze de Norman Seldin, également un groupe de reprises très au point et très grand public, si populaire qu'il était souvent réservé des mois, voire même une année à l'avance. Recruté sur la force d'une seule jam-session, Clemons devint rapidement un des leaders du groupe. Il servait aussi de paratonnerre pour les patrons de club qui ne supportaient pas de voir un Noir dans leur établissement. Norman Seldin, pour son plus grand mérite, se fichait pas mal de ce qu'ils pouvaient penser. « Un jour, un type m'a traité d'enculé parce que j'aimais les nègres, se souvient-il. J'ai répondu : "O.K., on ne fait pas le concert, allez vous faire foutre." » Ça n'empêchait pas le groupe de tourner et de plus en plus – la présence magnétique de Clemons n'y était sans doute pas pour rien –, mais Clemons gardait aussi son saxo avec lui les jours de relâche. Dès qu'il passait devant un bar qui avait l'air animé et qu'il entendait de la musique s'en échapper, il s'arrêtait immédiatement et entrait voir à l'intérieur si par hasard il n'y avait pas moyen de faire le bœuf avec le groupe. « J'appelle ça mon temps de recherche, disait-il avec le recul. Le temps que j'ai passé à essayer de trouver Bruce. »

À l'automne 1972, l'objet de sa recherche se rendit compte que le frisson qu'il avait ressenti ce premier soir quand Clemons était monté avec lui sur la scène du Student Prince n'était pas une illusion. S'il avait encore le moindre doute, celui-ci fut balayé par le travail au saxophone de Clemons sur « Blinded by the Light » et « Spirit in the Night ». Lorsque Bruce et Appel se dirent qu'il était temps de caler quelques shows avec une formation au complet, Bruce passa une série de coups de fil pour reformer le Band de cinq musiciens qui l'accompagnerait. Lopez et Tallent furent tout de suite de la partie et, quand Sancious se fit excuser afin de pouvoir terminer son propre premier album (en faisant la gueule parce qu'il s'était fait piquer son bassiste), Bruce recruta Danny Federici au clavier. Puis il appela Clemons pour lui proposer de se joindre à eux. Ce dernier n'hésita pas une seconde, même s'il savait que ça voulait dire faire faux bond à Norman Seldin, lequel se plaignit amèrement d'avoir été laissé en plan. « J'étais furax, raconte Seldin. J'ai dit à Clarence : "T'as une chance sur dix millions que ça marche !" Je ne le voyais pas là-dedans ; je le voyais dans un quartet de jazz à la Herbie Mann. Mais, que ça me plaise ou non, c'est ça qu'il allait faire. »

Clemons trouva sa place si facilement dans la petite bande très soudée de Bruce qu'on aurait dit qu'il avait toujours été là, peut-être parce qu'il gravitait en marge des mêmes cercles depuis tellement longtemps. Il connaissait déjà Tallent de l'époque où le bassiste était le seul visage blanc de l'excellent groupe de rhythm and blues Little Melvin and the Invaders. « Melvin m'avait dit : "Faut que tu rencontres ce petit Blanc ! Ce petit Blanc funky !" » racontait Clemons en se souvenant des soirs où il était venu remplacer le saxophoniste attitré du groupe.

« Il connaissait tout le monde à l'usine Danelectro[2], dit Tallent. Et comme c'était Clarence, on s'est tout de suite super bien entendus. » Federici, déjà enchanté par le simple fait de remonter sur scène avec ses anciens acolytes de Steel Mill, ne tarda pas à reconnaître en Clemons un complice idéal pour ses canulars en coulisses. Et si Lopez se montra quelque peu nerveux à l'arrivée de ce nouveau venu, c'était plus dû au fait de devoir admettre un autre mâle alpha dans sa meute. Mais, loyaliste dans l'âme, il ravala son anxiété et accepta Clemons au sein de la confrérie musicale dont il savait pertinemment être le fondateur.

Bruce accueillit ses musiciens avec une pluie de tapes dans le dos et la promesse d'un salaire fixe de trente-cinq dollars par semaine, dont il les assura qu'il augmenterait dès qu'ils commenceraient à donner davantage de concerts, et dans des salles de plus en plus importantes. Ils étaient tous logés à la même enseigne, exactement comme avant, disait-il. Pourtant ce ne serait pas un groupe sur le même modèle que Steel Mill,

─────────

2. Danelectro est un fabricant américain d'instruments de musique et d'accessoires, surtout rock : guitares, basses, amplis, pédales d'effets, etc. *(N.d.T.)*

ni même que le quintette du Bruce Springsteen Band. « Ça ne m'intéressait pas de *faire partie* d'un groupe, explique Bruce. À la limite, *d'avoir* un groupe. J'adorais jouer avec eux... mais j'avais appris *via* Steel Mill que la petite entreprise démocratique, c'était fini. »

Les musiciens reçurent le même discours de la part d'Appel, qui leur fit bien comprendre que sa seule préoccupation était de s'occuper de son seul et unique client, Bruce Springsteen. « Ça n'était plus Steel Mill, rien à voir avec la bande fraternelle qu'on formait à l'époque, dit Lopez. Désormais, on était des employés. Et on avait toujours présent quelque part dans un coin de la tête qu'on était remplaçables. » Bruce ne le voyait pas de façon aussi abrupte. « C'étaient les gars que je connaissais, dit-il. Et je ne cherchais pas spécialement de très grands musiciens. Je cherchais des gens qui savaient ce que ça voulait dire de jouer ensemble dans un groupe, des gens qui étaient en même temps de vrais individus, avec chacun son caractère et sa couleur personnelle. » Ces gars avaient tout ça, plus des années d'histoire commune. « J'avais eu des tas d'expériences de vie avec ces musiciens avant qu'on entre en studio ; des gens qui voudraient bien m'aider à capturer le son que j'avais dans la tête. »

Avec quelque chose d'aussi important en vue que la sortie d'un album chez un gros label, les musiciens de ce nouveau groupe sans nom furent excités comme des puces de se réunir pour trois jours de répétition dans le salon privé d'un hôtel de Point Pleasant. Puis ils roulèrent jusqu'au West Chester State College de West Chester, en Pennsylvanie, afin d'apparaître brièvement en première partie du duo comique Cheech & Chong le 28 octobre. Après quoi ils reprirent la route vers le Nord pour se produire en tête d'affiche d'un concert d'Halloween que Tinker West organisait au Long Branch Armory. Comme ils avaient cette fois suffisamment de temps pour jouer un set complet, Bruce commença d'abord seul en scène avant de faire venir le reste du groupe pour une série de morceaux plus

exubérants. Ses shows allaient conserver cette structure acous-
tique/électrique pendant quasiment toute l'année à venir.

Ils donnèrent encore d'autres concerts au cours des semaines
suivantes, essentiellement des premières parties au club
Kenny's Castaways dans l'Upper East Side de Manhattan. Mais
le plus mémorable de tous en ce début d'hiver fut cet après-
midi du 7 décembre où Appel leur avait prévu une apparition
spéciale devant les détenus de Sing Sing. Pour Bruce, ce concert
promettait d'être historique car il serait le premier membre de
sa famille à pénétrer dans la prison depuis le séjour carcéral de
son grand-père Anthony Zerilli à la fin des années 1930 et au
début des années 1940. Bruce garda ça pour lui, même si Appel,
qui avait commencé à essayer d'appâter les critiques musicaux autour de cet événement, aurait sans doute apprécié cette
accroche supplémentaire. Et ça lui aurait bien servi: malgré le
matraquage qu'il avait effectué auprès des journalistes, dont
l'attention serait déterminante pour le succès de l'album en
janvier, la seule réponse qu'il reçut fut celle de Peter Knobler
et de Greg Mitchell, deux rédacteurs du magazine *Crawdaddy!*,
fans absolus de Bob Dylan. Les deux hommes se présentèrent au
bureau d'Appel le matin du 7, bavardèrent un moment de Bruce
et de son nouveau disque, puis montèrent dans la voiture du
manager pour rejoindre le van du groupe et faire la route jusqu'à
Ossining. «Bruce était un jeune type dépenaillé et facile d'accès,
raconte Mitchell. Juste un mec comme un autre avec son jean,
son sweat-shirt et ses bottes. Ils étaient tous très accessibles et
ravis de notre attention.»

Installés dans une chapelle de la prison remplie de criminels au regard dur, ils accordèrent leurs instruments dos à la
foule puis se mirent à hocher la tête avec un certain malaise
tandis que Lopez décomptait le départ du premier morceau.
Ils se lancèrent, mais curieusement la musique semblait rendre
les détenus encore plus agressifs qu'ils ne l'étaient quelques
minutes plus tôt. Ils conclurent leur première chanson au son de

quelques cris de colère dans le fond du public puis enchaînèrent sur une deuxième. « Ça n'a pas eu l'air de plaire aux prisonniers non plus », raconte Mitchell. Ayant à l'esprit les images récentes des émeutes dans la prison d'Attica, à l'autre bout de l'État de New York, les musiciens passèrent de l'incompréhension à un début de panique larvée. Puis Jim Fainer, l'ingénieur du son que Tinker West avait emmené pour la journée, tendit une oreille au-delà des enceintes de retour de scène et se rendit compte que la sono ne marchait pas. « Je l'avais branchée à l'envers », reconnaît-il. Les haut-parleurs se rallumèrent dans un crachotis de grésillements juste au moment où Bruce entamait une reprise du tube R&B de Buddy Miles, « Them Changes ». Entendant enfin quelque chose, les prisonniers rugirent de plaisir et se mirent à taper des mains en rythme. Ils hurlèrent leur bonheur à la fin du morceau et, tandis que Bruce et sa bande se préparaient à attaquer le suivant, « un petit Noir trapu et chauve, une boule de muscles, a déboulé dans l'allée centrale comme s'il avait encore les flics au cul. Il est passé sous le nez du gardien, a foncé vers la scène, a sorti un truc de sous sa chemise, et c'était… un saxo alto ! » (extrait de l'article de Mitchell et Knobler dans *Crawdaddy !*).

Bruce demanda un blues à douze mesures en *do*. Ses musiciens s'exécutèrent aussitôt et reculèrent pour se tenir en retrait pendant que le mystérieux saxophoniste se lançait. Cela aurait pu être un moment pénible et embarrassant, sauf que, comme le racontèrent Mitchell et Knobler : « … il était génial ! » Il faut toujours croire aux miracles. Et quand il regagna sa place après avoir sauté dans les bras des gardiens, Bruce réclama les applaudissements du public et tonna dans le micro : « À la fin du concert, vous pourrez *tous* rentrer chez vous ! »

Les deux journalistes de *Crawdaddy !* restèrent avec Bruce et sa bande pour leur show au Kenny's Castaways le soir même. « Je ne me rendais pas bien compte de l'auteur-compositeur qu'il était, je ne savais pas s'il était bon ou pas, raconte Mitchell, mais je les aimais bien, lui et son groupe, et on avait été suffisamment impressionnés, juste sur la base des vibrations qu'ils dégageaient, pour tout laisser en plan et aller voir le show. » Ils se mêlèrent à un public d'une trentaine de noceurs agités, pour la plupart trop occupés à boire et à discuter entre amis pour jeter ne serait-ce qu'un regard vers la petite scène au fond de la salle d'où provenait la musique.

Ils jouèrent encore trois soirs dans ce club, puis firent un break de presque trois semaines avant de partir dans l'Ohio pour assurer la première partie du groupe parodique de reprises rétro des années 1950 Sha Na Na à Dayton (où les organisateurs pensaient avoir programmé un certain « Rick Springsteen[3] ») et à Columbus. Après quoi ils revinrent sur le Jersey Shore pour attendre la sortie officielle cinq jours plus tard du premier album de Bruce Springsteen, *Greetings from Asbury Park, N.J.*, le 5 janvier 1973.

« *Madman drummers bummers and Indians in the summer with a teenaged diplomat / In the dumps with the mumps as the adolescent pumps his way into his hat[4].* »

C'est Clive Davis qui parle. Assis à son bureau. Le regard rivé sur l'œil sombre de la caméra vidéo qui enregistre sa performance pour qu'elle puisse éventuellement être montrée dans les locaux des programmateurs de radio, des distributeurs régionaux et des disquaires aux quatre coins des États-Unis. « Je voulais à tout prix m'assurer que les gens se rendent compte à quel point ses textes étaient exceptionnels », dit-il. Et c'est vrai qu'ils ne passaient pas inaperçus dans la bouche d'un président de label de quarante ans en manches de chemise et en cravate. « Je ne

---

3. Confondant apparemment Bruce avec le chanteur australien Rick Springfield, dont le premier tube, « Speak to the Sky », venait juste de sortir.

4. Début de la chanson « Blinded by the Light » : « Des *bad trips* de batteurs fous, des Indiens en été, avec un diplomate adolescent / Dans les décharges avec les oreillons tandis que l'ado s'astique dans son chapeau. » *(N.d.T.)*

dirais pas que c'était du niveau des comédies musicales de Broadway », minimise Al Teller, à l'époque directeur marketing. Mais le fait que Davis ait consacré autant d'efforts et de temps pour faire savoir à toute l'industrie musicale combien il croyait personnellement en cet artiste-là était une très grosse carte à jouer. « La présence de Clive avait un poids considérable, explique Teller. Et chaque bureau avait reçu de sa part une note manuscrite au sujet de Bruce. Il s'est profondément impliqué dans tous les aspects » de la sortie et de la promotion de l'album.

Mais dans une maison de disques fondée sur les goûts personnels et les loyautés individuelles de chacun, les prescriptions du président n'avaient pas grand pouvoir. En particulier, s'agissant d'un jeune inconnu débraillé dont les chansons ne présentaient aucune ressemblance perceptible avec quoi que ce soit d'autre au hit-parade. « On ne peut pas dire qu'il y ait eu un enthousiasme débordant pour *Greetings* », reconnaît Ron McCarrell qui, alors âgé de vingt-deux ans, était responsable chez Columbia Records de la communication auprès du public étudiant. Il n'avait pas besoin d'entendre un baratin sur Springsteen, vu qu'il avait déjà assisté à un de ses concerts au Kenny's Castaways. Avec ses deux parties, acoustique et électrique, il avait trouvé la soirée décousue, l'œuvre d'un artiste « qui était encore en train de tâtonner pour voir ce qui marchait ou pas ». Alors comment se fait-il que ça l'avait chopé par le colback et plaqué au dossier de sa chaise ? McCarrell secoue la tête. « Quelque chose de spécial... Il n'avait pas encore vraiment trouvé quoi, et nous non plus. Mais c'était là. » Et tout comme John Hammond, Clive Davis et la petite secte d'adorateurs qui ne cessait de s'agrandir au sein des bureaux de Columbia dans la tour « Black Rock », siège de CBS sur la 6e Avenue, il était bien déterminé à mettre tout en œuvre pour faire de Bruce Springsteen une star. Paul Rappaport raconte : « Je me revois en train de sauter comme un fou sur un canapé en suppliant qu'on m'accorde un budget pour des émissions live et en hurlant : "On est sur le point d'entrer dans l'histoire du rock!" C'était vraiment comme une sorte de confrérie. On était tous embarqués dans la même mission. »

À la demande expresse de Davis, tous les représentants régionaux reçurent l'ordre de faire la tournée des stations de radio et des disquaires avec leurs moniteurs Fairchild de la taille d'une valise pour leur montrer la vidéo enregistrée par le président, tapissant les murs d'affiches promotionnelles. Des réclames commencèrent à passer en boucle sur les fréquences FM les plus populaires juste après le jour de l'An : « Bruce Springsteen réussit à caser dans une seule chanson plus d'images que la plupart des autres artistes sur un album entier ! » Quand les disques sortirent enfin des cartons le matin du 5 janvier, les attentes du public avaient atteint un niveau... bof, pas terrible. En revanche, l'excitation était palpable sur les terres de Springsteen : à Richmond, Asbury Park et surtout à Freehold, où Victor Wasylczenko avait transformé la vitrine, les rayonnages et presque tous les murs de son magasin de disques en une exposition de pochettes, posters et photos promotionnelles de l'album *Greetings from Asbury Park, N.J.* « On aurait dit que je ne vendais que Bruce, raconte-t-il. Mon but, c'était que chaque personne qui entrerait dans la boutique reparte avec le disque. » Ce ne fut pas aussi efficace qu'il l'avait espéré. « J'ai vendu plus d'albums de la Partridge Family que de Bruce, ce premier jour. J'ai battu des records de ventes avec les Partridge, dans la propre ville natale de Bruce, le jour de la sortie de son premier album. »

Et peut-être que ça n'avait rien d'étonnant. *The Partridge Family Notebook* débarquait avec toute la force de frappe d'une série télé hebdomadaire encore très populaire, alors que *Greetings* arrivait comme un petit écureuil, à l'image du jeune barbu hirsute qu'on voyait en photo dans le cadre d'un timbre-poste au dos de la pochette. Les non-initiés pouvaient facilement supposer qu'il s'agissait une fois de plus d'un troubadour aux yeux tristes marchant dans les pas des santiags poussiéreuses de Bob Dylan.

Mais ceux qui posèrent bel et bien l'aiguille de leur électro-phone sur *Greetings* y découvrirent autre chose : une série de chansons verbeuses et tortueuses dont les styles, les sons et les arrangements particuliers étaient liés entre eux par une voix qui semblait tout autant érodée par la vie qu'impatiente de la prendre à bras-le-corps.

Démarrant par une descente accélérée le long du manche de la guitare, « Blinded by the Light » est ensuite envahi par un déferlement de guitares pétillantes, de bourdonnements de basse et de batterie légère qui se heurtent au son éclatant d'un saxo avant de converger ensemble pour le premier couplet, dans lequel Bruce déverse l'ouragan de souvenirs, d'observations et de fantasmes qui constituent le début de ce qu'il appellera plus tard sa série d'« autobiographies tordues ». Et tout est là. Les batteurs indisciplinés, les matchs de base-ball de la petite ligue, les ados en chaleur, les courses de voitures trafiquées, les parcs d'attractions croulants, les autorités locales mal intentionnées et les saucisses en beignets suintants de graisse sur la promenade en bois fatiguée le long de la plage. Sauf que, dans cette vision, l'action se déroule dans une lueur surnaturelle : tout le monde court pour s'enfuir, en quête de quelque chose de plus vaste, ne serait-ce qu'un aperçu du cœur de cet infini on-ne-sait-quoi.

Cette narration décousue se poursuit dans « Growin' Up », les mémoires d'un jeune lycéen marginal, puis fait un bond jusqu'au présent avec la fantaisie urbaine de « Does This Bus Stop at 82nd Street ? », dans laquelle notre péquenaud du New Jersey s'émerveille devant le tourbillon en Technicolor des publicités, des néons des boîtes de strip-tease et des foules bigarrées qui grouillent sur les trottoirs jusqu'à ce qu'il aperçoive une image aussi belle que fugace : une femme jette une fleur en l'air, un homme la rattrape au vol et le lien qui se noue entre eux éclipse la musique et tout le reste.

Les deux chansons acoustiques, « Mary Queen of Arkansas » et « The Angel », ont aussi leurs images marquantes et, dans le cas de la seconde, un piano vibrant et une basse acoustique (jouée par le professionnel de studio Richard Davis) pour installer l'ambiance. Mais, avec le recul, toutes les deux sont surtout intéressantes en raison des indices qu'elles donnent sur la vision d'auteur naissante de Bruce. Dans « The Angel », c'est l'attrait de la route et du danger tapi dans l'ombre, tandis que « Mary Queen of Arkansas » esquisse déjà le thème qui sera au cœur du futur « Born to Run » : le perpétuel désir d'ailleurs. « Mais je connais un endroit où on peut aller, Mary, conclut la chanson, où je pourrai trouver un bon boulot et recommencer sur de bonnes bases. » («*But I know a place where we can go, Mary / Where I can get a good job and start all over again clean.*»)

Les ténèbres menacent. Elles sont partout dans l'apocalypse spirituelle de la ballade guerrière « Lost in the Flood » et elles grondent comme une rame de métro sous chaque vers de « It's Hard to Be a Saint in the City ». Et leur doux arôme décrépi parfume aussi « For You », l'adieu ambivalent d'un amant hébété à sa lumineuse, mais émotionnellement fragile petite amie qui pourrait bien avoir mis à exécution ses propres penchants suicidaires.

« For You » est un morceau fabuleux, peut-être même *le* morceau de l'album. Ou du moins il le serait s'il n'était pas suivi de « Spirit in the Night », le récit romancé de cette fameuse excursion à Greasy Lake. Ici, le coup de foudre de minuit s'inspire du *Songe d'une nuit d'été* de Shakespeare, où l'action est sanctifiée par les esprits magiques qui virevoltent dans les arbres. Bruce avait senti la magie dans l'air ce soir-là. Et peut-être n'est-ce pas un hasard si la présence musicale du morceau est définie par le saxophone de Clemons. On peut presque entrevoir le réalisme magique de sa propre silhouette dans la scène et entendre les échos de la tempête à déchirer les cieux qui avait, selon lui, annoncé en fanfare son arrivée entre les bras de son frère de musique. Ce qui rend d'autant plus frustrant le sentiment que le groupe est absent sur *Greetings*, même si les musiciens sont un élément central des arrangements de l'album.

Avec une oreille tendue vers les penchants country de Hammond et l'autre vers les énormes succès de Cat Stevens, Appel et Cretecos utilisent les guitares et les claviers comme des fondations musicales qui se ressentent plus qu'elles ne s'entendent. Le jeu de Lopez (sur la batterie standard du studio plutôt que la sienne propre) est varié, avec une emphase sur les graves (tout en toms, grosse caisse et pas de caisse claire), et même la guitare de Bruce, capable d'envols et de hurlements sur scène, a autant de punch qu'un souvenir de guitare. Mais peut-être cela tenait-il aussi et surtout aux préférences musicales de Bruce. « La musique que j'écrivais tout seul était plus individuelle que le style que j'avais développé avec mes différents groupes, explique-t-il au chapitre consacré à *Greetings* dans le recueil de paroles qu'il publia en 1998, *Songs*. L'indépendance liée au fait d'être un chanteur solo comptait beaucoup pour moi. »

Désormais engagé dans une relation amoureuse qui lui semblait plus durable et plus nécessaire qu'aucune de ses histoires précédentes, Bruce décida de franchir deux caps émotionnels d'un coup : il inscrivit son nom sur le bail d'un appartement et proposa à Diane Lozito d'emménager avec lui. Ce qu'elle accepta aussitôt. Mais Bruce, dans un accès chevaleresque, insista pour d'abord rencontrer ses parents l'un après l'autre et leur demander leur bénédiction. Stratégiquement, ils choisirent de commencer par la mère de Diane, Rita.

« Il est venu dîner à la maison et maman l'a adoré, raconte Lozito. Elle le trouvait charmant. » Charmée, peut-être. Mais Rita Lozito n'était pas tout à fait convaincue que Bruce incarnât l'avenir qu'elle espérait pour sa fille. « Elle m'a quand même dit de rester avec Kale [son ancien petit ami] parce qu'il faisait des études de droit et qu'il aurait un vrai métier. »

Vexé, mais ne s'avouant pas vaincu pour autant, Bruce passa voir le père de Diane à New York, Mike Lozito, et l'impressionna également. Mais pas assez pour faire oublier au vieil homme sa propre vie dissolue, qu'il attribuait au fait d'avoir grandi parmi d'autres musiciens de jazz dans les night-clubs new-yorkais. «Ils se ressemblaient tellement, dit Diane Lozito de son père et de son petit copain. Mais il a quand même répondu : "Pas question. Les musiciens sont tous des coureurs de jupons."»

Si les deux tourtereaux étaient déçus de ne pas avoir l'approbation des parents de Diane, ils n'avaient cependant pas l'intention que ça les empêche de vivre leur vie. Bruce acheta une paire d'alliances bon marché pour tromper les bailleurs (dont la plupart rejetaient les couples non mariés) et ils finirent par trouver un deux-pièces dans le quartier de Bradley Beach, en bord de mer, à cinq minutes au sud d'Asbury Park. Quand le propriétaire lui réclama une fiche de paie récente ou toute autre forme de garantie prouvant qu'il pourrait s'acquitter du loyer mensuel, il revint avec un récent numéro de *Newsweek* qui rapportait qu'il avait signé chez Columbia Records. «Du coup, ils se sont dit qu'il devait être réglo, même s'il avait l'air aussi miteux», raconte Lozito.

Dans l'intimité de son couple, le personnage public de Bruce s'effaçait, révélant le cœur tendre et parfois explosif d'un jeune homme vulnérable sur le plan affectif. «Il y avait une vraie proximité physique entre nous, dit Lozito, beaucoup d'étreintes et de câlins. C'était parfait, parce que je fais un mètre soixante-cinq et lui un mètre soixante-quinze, donc on s'imbriquait pile poil dans les bras l'un de l'autre. Il avait du mal à dormir la nuit, alors je restais réveillée avec lui devant la télé pendant qu'il s'empiffrait de cochonneries : des gâteaux, des sodas, vraiment n'importe quoi. On se ressemblait beaucoup. Tous les deux lunatiques et colériques. Mais c'était aussi quelqu'un qui contrôlait tout et qui était très parano avec les gens en dehors de notre cercle proche. Je n'ai jamais pu dire à mes amis où on habitait et, quand je voulais les voir, il fallait que ce soit ailleurs que chez nous. »

Pourtant Lozito n'était pas du genre à se laisser marcher sur les pieds, comme Bruce le redécouvrait chaque fois qu'une de leurs discussions s'échauffait un peu. « Diane était une femme italienne au tempérament agressif et ils avaient de violentes disputes, raconte Albee Tellone. Je crois même qu'ils en venaient aux mains parfois. Par exemple, elle se jetait sur lui et il était obligé de se défendre. » Clarence Clemons, qui deviendrait bientôt un de leurs fréquents visiteurs, avait le même genre de souvenirs. « Diane était une boule de feu ! Elle ne lui passait strictement rien, mais elle l'aimait et ils étaient toujours collés ensemble. On aurait dit deux gosses, complètement amoureux l'un de l'autre. Et on ne s'ennuyait jamais avec eux. Jamais. » Bruce, quant à lui, sourit et secoue la tête. « Oh, oui ! dit-il, c'était une sacrée bagarreuse. »

Mais il y avait une chose contre laquelle les accès de furie de Diane ne pouvaient rien, c'était la guitare et le bloc-notes de Bruce. Éprouvant l'envie de se remettre au piano, il fit l'acquisition d'un clavecin d'occasion qu'il installa dans la petite véranda de l'appartement, où il restait des heures à méditer en contemplant les passants. Et ce qu'il ne pouvait pas voir depuis sa véranda, Bruce le découvrait lors de ses propres flâneries le long de la promenade, observant les manœuvres des motards, les beuglements des fêtards avinés, les serveuses des bars de la plage… le même univers de flippers et de bolides customisés dans lequel il vivait depuis cinq ans, sauf que maintenant il le voyait sous un nouveau jour romantique et poignant, devinant le froid dans l'ombre du néon et la tristesse qui planait derrière le sourire fatigué de la serveuse. Dans son imagination, ce décor avait tout le charme des cow-boys, des hors-la-loi, des anges et des démons dont étaient peuplés les livres, les films et les chansons qui reflétaient l'histoire réelle et imaginaire du pays. Et quand tout ça se mélangeait à ses propres fantasmes, les textes qui en sortaient étaient si riches en détails et si vibrants de vérité qu'ils avaient le don de déclencher des tempêtes domestiques. « Quand il a écrit "Sandy", raconte Tellone, Diane est devenue dingue. Elle a cru qu'il la trompait : "Il parle d'une foutue serveuse de la plage !" Mais en fait il parlait *d'elle* et elle ne percutait pas. »

Sam McKeith, lui, avait percuté dès la première fois qu'il avait entendu Bruce jouer avec son groupe.

Jeune imprésario ambitieux au sein de la vaste agence artistique William Morris, McKeith s'était déjà fait une place en s'occupant de faire tourner des groupes de soul dans toute la Nouvelle-Angleterre. Mais, comme l'en avait mis en garde son mentor dans la profession, sa réussite dans ce créneau particulier permettait facilement aux vétérans de l'agence (tous blancs) de le cataloguer comme le Noir de service qui resterait à jamais cantonné au circuit des clubs afro-américains. Ce qui ne suffirait pas à lui bâtir une vraie carrière, si bien qu'à l'automne 1972 McKeith avait la ferme intention d'étendre son champ d'action au rock'n'roll grand public. Il avait déjà assisté à un des concerts en solo de Bruce au club Max's Kansas City de New York cet été-là et il avait été séduit par les visions sombres de ses chansons. Alors, quand Bob Spitz (avec qui McKeith avait travaillé du temps de la fac, à l'époque où Spitz produisait des shows étudiants au Albright College de Pennsylvanie) vint le voir quelques semaines plus tard, il lui suffit d'écouter un enregistrement live des mêmes morceaux interprétés sur scène par Bruce et son groupe pour être électrisé. « J'étais déterminé à mettre toutes mes forces dans la bataille pour faire exister ce mec », dit-il. McKeith lança le début des opérations à la toute fin de 1972 en décrochant la première partie de deux concerts des Sha Na Na dans l'Ohio. De retour chez lui pour le 31 décembre, Bruce fêta le réveillon avec Diane et accueillit 1973 avec ses valises prêtes et une motivation décuplée.

Avec la sortie de *Greetings* prévue pour le 5 janvier, ils attaquèrent la nouvelle année sur les chapeaux de roues, commençant par quatre soirs d'affilée en première partie du duo de comédie-rock Travis, Shook and the Club Wow au club Main Point de Bryn Mawr, en Pennsylvanie. Après quoi ils eurent un seul jour de repos avant de reprendre la route pour Boston où les attendaient huit soirées en première partie du guitariste folk blues David Bromberg au Paul's Mall. Et ils continuèrent ainsi pendant des semaines, et finalement des mois, à écumer le circuit rock'n'roll du nord-est des États-Unis. Par moments, cette nouvelle vie en tant qu'artiste d'une grande maison de disques, avec les moyens de communication et le soutien financier que ça impliquait de la part de Columbia, était grisante.

En pénétrant dans les studios de l'influente radio rock de Boston WBCN-FM pour une interview avec la célèbre animatrice Maxanne Sartori, Bruce était tellement content qu'il en devint nunuche. Après avoir joué en direct une reprise du standard de jazz « Satin Doll » façon Armée du Salut (saxo, accordéon, tuba et guitare), il fit remarquer que c'était sa toute première radio et qu'il voulait donc dire bonjour à sa maman, ce qu'il fit sous les rires des personnes présentes dans le studio. Puis il alterna les segments d'interview sur un ton jovial, mais hésitant et les extraits acoustiques de *Greetings*, dont une version fougueuse de « Blinded by the Light » avec la participation aux chœurs de Jimmy Cretecos, du chef d'équipe des roadies Albee Tellone et d'un attaché de presse de Columbia nommé Ed Hynes. « C'est mon nouveau 45 tours, les gars ! lança Bruce aux auditeurs. Si vous venez l'acheter tout de suite, je vous dédicace l'étiquette ! » Interviewé par la journaliste Barbara Schoeneweis du *Asbury Park Press* quelques jours plus tard, Bruce se présenta vêtu d'une veste en cuir verte élimée, d'une chemise fripée, d'un jean et de bottes fatiguées. Épuisé et inquiet à l'idée de donner l'impression qu'il aurait renié ses racines pour devenir une vedette glam-rock, il marmonna « à sa manière maussade caractéristique » deux ou trois commentaires sur sa vie en tant qu'artiste d'un gros label. « C'est bizarre de travailler pour une grande maison », confia-t-il à Schoeneweis, ajoutant que « c'était comme de m'arracher une dent quand il a fallu signer » le contrat avec Columbia[5]. Parlant de sa période Asbury Park, il s'inventa d'autres légendes, affirmant qu'il avait pour habitude d'interrompre les groupes en plein set si ce qu'il entendait ne lui plaisait pas. « Le monde n'a pas besoin d'un autre quartet de rock et le marché a encore moins besoin d'être inondé de davantage de merdes », dit-il. Bruce refusa de répondre à aucune question sur sa nouvelle musique, ses origines familiales ou son avenir professionnel, disant à Schoeneweis que tout ce qu'il y avait à savoir se trouvait dans l'album. Mais, quand elle lui demanda ce qui rendait ses chansons aussi irrésistibles à John Hammond de Columbia et aux critiques musicaux de tout le pays, il ne put s'empêcher de laisser paraître une lueur de fierté.

« Eh ben, c'est moi. »

Les concerts de Bruce étaient de plus en plus dominés par son travail avec le groupe. Il commençait par une de ses chansons solo en acoustique ou bien se faisait accompagner par le tuba de Tallent et le saxo de Clemons pour produire le son voilé d'orgue à vapeur de « Circus Song » (qui deviendrait par la suite « Wild Billy's Circus Story »). Puis il convoquait le reste du groupe, troquait sa guitare acoustique contre sa toute nouvelle Fender[6]

---

5. Une exagération, pour ne pas dire plus.
6. Fin 1972-début 1973, en quête d'un son et d'un look nouveaux pour inaugurer sa carrière de musicien désormais signé par un label, Bruce s'était rendu au magasin de musique de Petillo à Ocean Township, dans le New Jersey, pour se chercher un nouvel instrument. Il en était ressorti avec une Fender Telecaster de 1953 restaurée, dont le manche d'origine avait été remplacé par celui d'une Fender Esquire des années 1950. Il avait déjà vu et entendu cette guitare entre les mains de plusieurs autres musiciens d'Asbury Park avant lui. « Elle avait fait le tour de la petite scène locale avant d'atterrir chez Petillo, raconte-t-il. C'est là que je l'ai trouvée, pour cent quatre-vingt-cinq dollars. » L'inscription « Esquire » bien visible sur la tête de l'instrument a longtemps

et lançait l'intro instrumentale modifiée de «Does This Bus Stop at 82nd Street?». Et c'était là que le musicien-poète tout en retenue et en tons sépia de *Greetings* prenait brusquement des couleurs éclatantes. Revue et corrigée comme une sorte d'ode R&B à la Van Morrison (pensez à sa chanson «Domino», par exemple), mais en plus rapide et plus granuleuse, la nouvelle version de «82nd» démarrait à plein régime puis montait encore en puissance. L'image finale du matador rattrapant la rose jetée par la femme, sur fond d'un saxo enflammé et d'un groupe déchaîné dans son ensemble, paraissait désormais joyeuse. Une invitation à la fête, mais une fête qui battrait déjà son plein.

Et ça continuait à swinguer par la suite avec le funk maréca- geux de «Spirit in the Night» puis une version expresse de «It's Hard to Be a Saint in the City» tout en guitare torride, lignes de basse vibrantes et frappes de batterie à faire trembler le sol. Bruce jouait rarement en public le premier single de l'album, «Blinded by the Light» («Y a trop de mots», expliqua-t-il dans une inter- view radio), préférant soit revenir deux ans en arrière avec «You Mean So Much to Me», soit piocher dans la liste grandissante de nouveaux morceaux qu'il écrivait maintenant avec pour seul critère de savoir ce qu'ils pourraient donner entre les mains de ses complices sur scène. «Thundercrack», qui évoquait Diane et sa captivante façon de bouger sur la piste de danse, finit par devenir peu à peu le clou du spectacle grâce aux saisissants rebondissements instrumentaux créés par sa structure étourdis- sante en arrêts et reprises. Cette chanson fut très tôt ajoutée à la playlist et très souvent utilisée en clôture des concerts à partir de janvier. Et elle arriva accompagnée de «Rosalita (Come Out Tonight)», encore un hommage à Diane qui, sur fond de rythmes d'inspiration mexicaine, se voulait un conte triomphal d'amour, de rock'n'roll et de liberté. En particulier au moment où le

──────────

laissé croire aux fans qu'il s'agissait d'une guitare Esquire pure souche. «Moi, je considère que c'est une Telecaster, même si ce n'est pas tout à fait exact. Disons que c'est une bâtarde, si vous voulez.»

chanteur passe chercher sa copine et prend la route en se jurant de ne jamais se retourner. « Parce que la maison de disques, Rosie, vient de me donner une grosse avance ! » (« *Because the record company, Rosie, just gave me a big advance !* »)

« La seule chose qui compte, c'est que les gens voient le groupe, confia Bruce dans une autre interview. Peu importe que la salle soit vide ou remplie... les mecs du groupe jouent toujours avec leur cœur. C'est une super bande de mecs, ils donnent tout ce qu'ils ont à chaque fois. » Même au début de l'année, quand la plupart des concerts se concentraient encore dans le Nord-Est, le rythme de vie d'une tournée requérait une endurance considérable. Le tarif originel de sept cent cinquante dollars par soirée couvrait rarement les frais hebdomadaires d'essence, de nourriture et les salaires de la tournée ; sans parler de ce que dépensaient Appel et Cretecos pour maintenir les lignes de téléphone et l'électricité au bureau new-yorkais. « On a carrément dû emprunter un van pour le matos », raconte Albee Tellone, le musicien folk du Upstage qui avait rejoint la bande en tant que roadie (et qui deviendrait bientôt leur directeur de tournée). Avec un autre habitué du Upstage, le bluesman celte Big Danny Gallagher, un vrai mastodonte, ils formaient une équipe technique réduite à sa plus simple expression et souvent renforcée par Cretecos, qui remplissait la triple fonction de tourneur, ingénieur du son et régisseur lumière. La plupart du temps, ils voyageaient avec deux véhicules : le Maxivan Dodge qu'on leur avait prêté, dont les sièges arrière avaient été retirés pour faire de la place aux guitares, claviers et amplis, et un gros break pour le groupe et le staff. Il n'y avait quasiment aucun espace pour dormir, même si vous pouviez toujours vous caler entre les instruments à l'arrière du van afin de grappiller quelques heures de sommeil. Lorsque le matériel du groupe devint plus imposant et nécessita carrément la location d'un camion, la remorque devint un autre refuge possible pour les membres épuisés et/ou infirmes de l'équipe.

Perpétuellement fauchés et contraints de squatter dans des résidences universitaires, des vestiaires ou chez des amis ou de la famille éloignée, Bruce, le groupe et les deux roadies bossaient dur et se plaignaient rarement. Les trente-cinq dollars de la paie hebdomadaire ne tombaient pas toujours à l'heure et parfois pas du tout. Tellone réglait des milliers de dollars d'essence sur sa carte de crédit personnelle et n'était jamais prioritaire sur la liste de remboursements d'Appel. Peu importait, il y avait toujours un autre concert à donner, un autre camion à décharger, un autre public à convertir. Après quoi tout le monde aidait à remballer le matos dans le van, avalait en vitesse un hamburger (s'ils arrivaient à en trouver un quelque part) et remontait dans les bagnoles pour faire les cinq cents kilomètres de route jusqu'au club suivant, où ils recommençaient depuis le début. Et ça n'arrêtait jamais, entassés dans le break enfumé, Bruce captivé par l'autoradio avec Clemons juste à côté qui commentait les chansons qu'ils entendaient et qui de temps en temps s'engueulait âprement avec lui quand leurs goûts divergeaient.

Tout le monde avait ses bizarreries, même si personne ne pouvait rivaliser avec Big Danny Gallagher, qui sortait souvent de ses gonds quand on essayait de lui dire ce qu'il avait à faire, comme par exemple la fois où Lopez lui demanda de l'aider à installer sa batterie sur la scène. « Big Danny a littéralement répondu à Vini : "Tu me prends pour qui, putain ? Ton esclave ?" raconte Tellone. Et moi, j'ai dit : "Techniquement, c'est bien ça. Un roadie est *censé* être un serviteur sous contrat." » Gallagher n'en avait que faire. Il secoua la tête, ricana et sortit d'un pas énergique fumer une clope et boire une bière.

« Si je n'étais pas convaincu qu'on faisait de la bonne musique, je ne serais pas resté », confie Garry Tallent. Mais sa femme avait un boulot, ce qui leur assurait une rentrée d'argent régulière. Et puis, après toutes ces années à répéter, à jouer et à rêver, il se passait enfin quelque chose, semblait-il. C'était particulièrement palpable quand ils donnaient une série de concerts sur plusieurs soirs d'affilée à Boston, Bryn Mawr ou dans toutes ces autres villes où Bruce n'avait soit jamais joué, soit jamais eu beaucoup de succès. À présent, ça avait l'air de commencer à prendre, lentement, mais sûrement. Arrivés en milieu de semaine, ils se produisaient souvent le premier soir devant un auditoire clairsemé. « Ensuite on faisait parfois une radio », et à mesure que le bruit se répandait, le public grossissait et l'accueil devenait de plus en plus électrique. « Le week-end venu, la salle était bourrée à craquer et déchaînée. »

Et quand il y avait parmi les spectateurs un critique d'un grand quotidien, comme par exemple Neal Vitale du *Boston Globe*, le buzz allait encore plus vite. « Le concert fut un régal, écrivit-il après avoir vu le groupe au Oliver's Nightclub. Il était évident, alors que la soirée de mercredi se prolongeait jusqu'aux petites heures du jeudi matin, qu'on venait d'assister à un show dont on se souviendrait longtemps. On avait le sentiment d'avoir eu devant nous un artiste unique, absolument brillant, qui n'allait pas tarder à exploser et qu'on aurait la chance d'avoir vu à ses débuts avant qu'il devienne une star. »

10
Écoute ton ferrailleur... Il chante

Malgré toute la publicité, les critiques extatiques et la foi aveugle des dirigeants, ces galettes fraîchement pressées de *Greetings from Asbury Park, N.J.* restèrent sur les rayons. Un relevé interne à Columbia daté du 19 mars montre que soixante-quatorze mille exemplaires avaient été expédiés chez les disquaires, mais, vu le niveau ridicule des ventes hebdomadaires, la plupart de ces albums allaient être renvoyés sous forme de retours et portés au passif sur le bilan trimestriel de CBS. Pendant ce temps, Loudon Wainwright III, autre compositeur-interprète présenté comme un héritier de Dylan[1], vendait trois fois plus de disques avec son *Album III*, en grande partie grâce à son nouveau tube «Dead Skunk». Six jours plus tôt, dans une note du 13 mars, Sal Ingeme, responsable de la communication chez CBS, incitait ses équipes à redoubler de zèle sur la promotion du 45 tours négligé de Bruce, «Blinded by the Light»: «Je suis sûr que vous savez tous à quel point il est important pour nous de consacrer *tous nos efforts* à pousser à la fois le single et l'album de cet artiste.»

Lorsque la première tournée du groupe sur la côte ouest, en *guests* du chanteur et harpiste de blues Paul Butterfield et de sa nouvelle formation, Better Days, fut annulée à la dernière minute (juste au moment où Bruce et sa bande arrivaient

---

1. Lequel, il est intéressant de le rappeler, n'avait alors que trente et un ans, était toujours aussi productif et n'avait nullement besoin d'héritier.

là-bas après une traversée marathon du pays), Columbia et Sam McKeith s'empressèrent de caler suffisamment de concerts de remplacement pour au moins amortir le voyage. Columbia organisait justement un show au club Troubadour sur le Santa Monica Boulevard de Los Angeles pour présenter le groupe de folk rock Pan qu'ils venaient de faire signer et qui devait jouer en première partie de soirée. Mais, même en invité surprise n'ayant droit qu'à un set de trente minutes tard dans la nuit, et handicapé par un ampli de guitare grillé qui le contraignit à jouer la plupart de ses morceaux au piano, Bruce réussit à convertir une salle dissipée d'habitués et de professionnels de la musique en un public captivé. Sur Peter Philbin, jeune critique de rock au *Los Angeles Free Press*, la demi-heure en compagnie de ce rocker folk du New Jersey eut l'effet d'une révélation. À la fin du set, il suivit le groupe dans la contre-allée derrière le club et se présenta à un Bruce encore en sueur. Ils bavardèrent quelques minutes et, en rentrant chez lui, Philbin pondit un article dithyrambique. « Jamais aucun chanteur débutant ne m'a autant impressionné », écrivit-il. Et, tout en notant les similarités de ce nouveau venu avec Dylan, Philbin poursuivait en qualifiant Bruce d'artiste « totalement original », doté d'une « remarquable capacité à emmener son public exactement où il voulait ».

Bruce et le groupe firent un petit tour par Berkeley avant de revenir à Los Angeles pour assurer la première partie de Blood, Sweat and Tears au Santa Monica Civic Auditorium. Quand Philbin se glissa en coulisses, Bruce et Appel le reconnurent aussitôt et se précipitèrent vers lui pour lui serrer la main et le remercier de son article. Nettement plus détendu que dans la contre-allée derrière le Troubadour, Bruce interrogea Philbin sur ses groupes et ses disques préférés, et quand il s'avéra que le critique était un fan de Van Morrison, avec un sérieux penchant pour son éthéré *Astral Weeks*, les yeux de Bruce s'illuminèrent : c'était aussi un de ses albums favoris ! « Appelle-moi quand tu passes à New York ! » lança-t-il de sa voix râpeuse.

Emballé par sa musique et la perspective de faire partie du petit monde naissant de ce talentueux musicien, Philbin démissionna de son poste au *Free Press*, fit ses valises et déménagea à New York. « Je voulais voir de plus près de quoi ce type était capable, dit-il. Et, une fois qu'il t'admet dans son cercle, tu y es. » Philbin trouva un boulot au service de la communication internationale de CBS Records et devint bientôt un des plus fervents défenseurs de Bruce au sein de la compagnie. Une chance pour Bruce, qui allait bientôt avoir besoin d'autant d'amis que possible.

De retour sur leurs terres d'origine à la mi-mars, Bruce et sa clique reprirent leur tournée des clubs et des facs, passant d'une série de sept soirées en tête d'affiche au Oliver's de Boston à une ribambelle de premières parties avec le groupe du moment. Sha Na Na par-ci, Lou Reed par-là, et puis Stevie Wonder ou les Beach Boys. Rhode Island, la Pennsylvanie, l'Ohio, le Connecticut, de temps en temps un concert rien que pour eux au Main Point, etc. Le rythme était implacable, la route interminable, alors mieux valait avoir la foi. Pas seulement dans le talent de Bruce, même si c'était la base, indéniablement. Mais surtout dans les credo fondamentaux qui l'animaient, à savoir que, tout corrompu que le monde puisse paraître, certaines choses restaient pures ; que ces choses méritaient qu'on les respecte ; et que le rock'n'roll était la plus importante d'entre elles. « Il n'y avait aucun cloisonnement, raconte Tallent. On voyageait ensemble, on vivait ensemble, on était encore dans un truc à la "un pour tous, tous pour un". »

La route et les sacrifices que cette vie exigeait les rapprochaient suffisamment pour voir et connaître les défauts et les petites manies de chacun. Et qu'on ne s'y méprenne pas, ces garçons n'avaient pas simplement *l'air* d'une bande de chevelus excentriques mal rasés. Ils en avaient aussi le comportement. Prenez Federici, par exemple, avec ses joues de séraphin, ses

canulars incessants et sa vision très Danny-centrée de la responsabilité personnelle. Tallent était plutôt du genre à garder ses
pensées pour lui, jusqu'à ce que quelque chose vienne réveiller
sa mémoire encyclopédique sur à peu près n'importe quel fait
historique concernant le rock, la pop, la soul et la country des
soixante-quinze dernières années. Parallèlement, l'approche
volcanique de Lopez en matière de résolution de conflits ne
faisait que s'intensifier avec la pression, la fatigue et les priva-
tions de la route. Le batteur n'hésitait jamais à se faire justice
de ses propres poings et sa réputation de bagarreur un peu fruste
ne fit qu'empirer, dit-il, quand Bruce se mit à le surnommer
« Mad Dog » (« Chien fou ») sur scène. Comme il le reconnaît lui-
même, Lopez ne reculait devant personne. Pas même Clemons,
qui se voyait comme le fidèle protecteur et le faire-valoir de
Bruce en toutes circonstances et en voulait terriblement à
quiconque menaçait son sentiment de suprématie au sein de ses
semblables. S'ils parvenaient à maintenir une paix relative pour
l'instant, il y avait de la tension dans l'air entre tous ces ego.

Quant aux conflits personnels de Bruce, ils restaient généralement confinés au vase clos de ses propres pensées. Déjà tiraillé
entre sa loyauté envers ses camarades et sa propre indépendance
créative, il devait aussi prendre en compte l'engagement qui
le liait désormais à la machine qui avait pris vie autour de lui.
Quand il réussissait à ne pas s'encombrer l'esprit avec tout ça,
alors surgissaient les visions, les souvenirs et les esprits hantés
qui peuplaient son imaginaire, les perturbations internes qui
l'avaient poussé vers sa guitare à l'origine. Et tout le monde dans
le groupe savait alors le laisser tranquille. Jusqu'à ce qu'il sorte
s'acheter quelque chose à manger. Parce que là, il fallait clairement intervenir, et d'urgence.

« Bruce se nourrissait encore comme un ado, raconte Albee
Tellone. Il achetait toute sa nourriture à l'épicerie du coin. L'idée
qu'il se faisait d'un repas, c'était des petits gâteaux sucrés genre
Ring Dings ou Devil Dogs et un Pepsi. Au bout d'un moment,

on était obligés de lui dire : "Mec, laisse tomber ces saloperies. Faut que tu manges des vrais trucs : un steak ! du poisson ! une salade !" » Quand Bruce résistait, ils le kidnappaient purement et simplement : Clemons l'attrapait par un coude, Big Danny Gallagher par l'autre et Tellone ouvrait la marche jusqu'à un restaurant qui leur serve de véritables aliments pour humains.

Appel, en sa qualité de figure paternelle sévère, mais aimante, exerçait son pouvoir avec panache et force claquements de fouet. Alors, s'il passait le plus clair de son temps à New York à s'agiter pour décrocher de la promo, des dates de concert, et à œuvrer pour le bien de Bruce Springsteen en général, ses virées éclairs avec le groupe étaient toujours mémorables. Son fameux chapeau de sergent instructeur ajoutait un petit quelque chose à ses tournées d'inspection, sa façon d'aboyer les ordres et d'user d'intimidation sur toute personne se trouvant en travers de son chemin. « Il entrait dans la peau de son personnage avec ce chapeau, dit Tallent. À déambuler comme un petit Hitler. Je crois même qu'il m'est arrivé de l'appeler comme ça. » Mais Appel était aussi un type charmant, charismatique, dévoué corps et âme à son client. « C'est tout à fait vrai, confirme Tallent. Et il faisait le boulot comme n'importe quel manager parce qu'il croyait vraiment en Bruce. Il a même pris une hypothèque pour pouvoir financer la tournée du groupe, tout ça. Alors je me fous de tout ce qu'on peut dire sur Mike. C'est lui qui nous a lancés. »

Quand Bruce ne se sentait pas à l'aise dans une salle ou devant un public en particulier, il ne pouvait résister à l'envie de suivre ses instincts subversifs. Lors d'un concert à New York devant un parterre de cadres en costume-cravate, il passa tout le set à jouer de la guitare slide en se servant du pied de son micro en guise de *bottleneck*. Le grincement strident qui s'en échappait faisait davantage penser à un miaulement de chat écorché qu'aux éloquents solos qu'il était capable de jouer avec ses dix doigts. « J'avais amené une dizaine de types importants avec moi ce soir-là, raconte Peter Philbin. C'était tellement horrible qu'ils ont quitté la salle. » Envoyé par avion à Los Angeles pour participer à un des shows de la série « A Week to Remember », une sorte de festival produit par Clive Davis afin de célébrer les principaux artistes de Columbia Records, Bruce attaqua fort avec une version très blues de « Spirit in the Night ». Mais vu la réaction mutique de ce public truffé de professionnels, le rocker, connu pour son énergie électrique, perdit tout son entrain au point que Davis le prit dans un coin plus tard pour lui donner un conseil élémentaire : « Tu pourrais peut-être penser à utiliser tout l'espace de la scène. Parce que, bon... tu restes *planté* là. »

Bruce n'aimait pas jouer pour des gens dont l'enthousiasme pouvait se résumer au montant inscrit sur leur fiche de paie. Que sa propre soif de réussite ait pu l'amener jusqu'à accepter de se produire dans le cadre du congrès de vente annuel de CBS à San Francisco lui glaçait le sang. Jeté sur la scène encore enfumée après le grand show de lasers et de feux d'artifice que venait de donner le Edgar Winter Group, Bruce arriva excédé. N'ayant droit qu'à un set de quinze minutes maximum, il joua plus d'une demi-heure et conclut par une version interminable de « Thundercrack » qu'il étira encore en y intercalant un petit monologue comique au milieu et une série de solos méandreux qui auraient usé la patience de ses plus fervents adorateurs. Dont John Hammond, qui fulminait de rage quand il vint demander des comptes en coulisses à son artiste indiscipliné. « Qu'est-ce que tu fais, Bruce ? cria-t-il. Tu ne peux pas passer après un show grandiloquent avec un truc comme *ça* ! » Bruce haussa les épaules et le laissa en plan.

Ça n'avait pas tant à voir avec John Hammond qu'avec le mélange d'ambition, d'appétit et de self-control qui grondait dans ses tripes. Quelle part de lui-même allait-il devoir sacrifier pour réussir ? Et comment se sentirait-il plus tard si les vertus auxquelles il s'accrochait si obstinément s'avéraient n'être rien d'autre que des créations de ses propres peurs ? « Quand vous êtes jeune et vulnérable, vous écoutez des gens dont les idées et les objectifs ne sont pas forcément les vôtres, confia-t-il au journaliste du *Los Angeles Times* Robert Hilburn quelques années plus tard. Si on m'avait dit que je ferais mon premier album [presque] sans aucune guitare, j'aurais halluciné. Je ne l'aurais pas cru. Pourtant j'ai bien fait un album comme ça. » Et à présent la seule chose qui pouvait être pire que de trahir ses nouveaux bienfaiteurs était de mesurer tout ce qu'il avait abandonné de lui-même pour devenir ce qu'ils voulaient qu'il soit.

Au printemps 1973, Appel téléphona à Bruce pour lui annoncer une grande nouvelle : le groupe de jazz-pop Chicago, un des plus gros succès de Columbia (dont le Bruce Springsteen Band avait fait la première partie en 1971 alors qu'ils s'appelaient encore les Chicago Transit Authority), leur proposait de faire l'ouverture officielle de tous ses concerts sur sa prochaine tournée estivale des salles omnisports. Porté par son premier album numéro un au hit-parade et trois années consécutives de tubes non-stop, Chicago était indiscutablement au sommet de sa carrière. Or, depuis qu'il avait vu Bruce au club Max's Kansas City à l'été 1972, le producteur et manager du groupe, Jim Guercio, avait à cœur de l'aider comme il pourrait. « Je trouvais qu'il dépotait grave », dit Guercio. Quand vint le moment de planifier la prochaine tournée nationale de Chicago, Guercio lui proposa donc la première partie. « J'étais sûr qu'ils s'entendraient super bien. »

Même si le tarif de mille dollars par soir était une régression par rapport aux mille cinq cents autour desquels ils arrivaient à tourner depuis mi-février – et qu'ils étaient rarement invités à voyager à bord du jet privé des têtes d'affiche –, Bruce et sa clique profitaient néanmoins du standing des hôtels, des repas et des boissons accordé en ce début des années 1970 aux artistes dans le haut du Top 40. « Et le mieux, c'était les gars de l'autre groupe, raconta Bruce en 1974. C'étaient des mecs géniaux, des mecs vraiment, vraiment authentiques. » Après le show, les deux bandes se réunissaient pour faire la fête au son du chanteur et bassiste des Chicago, Peter Cetera, qui jouait de la musique polonaise sur l'accordéon de Federici. Un soir particulièrement animé à Hartford, dans le Connecticut, une partie des gars de Chicago embarquèrent Lopez et quelques autres sur les traces de jeunes femmes extrêmement amicales qu'ils avaient connues lors d'un précédent passage dans la ville. Toute la petite compagnie, y compris Bruce et ses autres musiciens, passa ensuite le reste de la nuit dans la piscine de l'hôtel à glousser et à faire les fous jusqu'au petit matin.

Les concerts en eux-mêmes n'étaient pas toujours aussi conviviaux. Vu les contraintes des normes syndicales et la patience limitée du public, Bruce était obligé de réduire l'heure et demie de son set habituel à quarante minutes pile, sans possibilité de rappels. Au début de la tournée, il avait accès à tout le matos son et vidéo de Chicago, mais au bout du deuxième soir le staff de Chicago brida le volume. Un ou deux jours plus tard, ils lui coupèrent les écrans vidéo, limitant l'impact de sa prestation à un vague gazouillis au loin. « J'avais accepté cette tournée parce que je n'avais jamais joué dans d'aussi grandes salles jusque-là », expliqua-t-il au journaliste Paul Williams en 1974. Mais, soir après soir, les signes de lassitude du public ébranlèrent sa confiance. « Je suis devenu dingue pendant ce tour, dit-il. Le pire état d'esprit dans lequel j'ai jamais été, je crois, et juste à cause des conditions dans lesquelles on devait jouer. »

Démoralisé et furieux, Bruce prit Appel dans un coin et déclara tout net qu'il ne ferait plus jamais de figuration dans la tournée d'un autre groupe superstar. « À partir de maintenant, on se limite au circuit des clubs et on fera notre chemin petit à petit. » Comme l'explique Peter Philbin, la position de Bruce était à la fois courageuse et stupide. « Chicago était et restait un groupe phare de chez Columbia, dit-il. Alors, quand un nouveau groupe inconnu qui n'est dans les bonnes grâces de personne les plante au milieu de leur tournée... eh ben, ça ne passe pas très bien auprès du label. Et Bruce a eu plusieurs fois ce genre d'incidents. »

Pire, il venait de perdre son plus fervent partisan au sein de la maison de disques. Malgré la réputation en or dont jouissait Clive Davis dans le reste de l'industrie musicale, ses années de luttes intestines avec l'ancien président Goddard Lieberson, parmi d'autres à l'étage des cadres dirigeants de chez Columbia/CBS, finirent par le rattraper à la fin de mai 1973, quand Davis fut licencié à la suite d'allégations le soupçonnant d'avoir puisé dans les caisses pour financer la bar-mitsva de son fils. Beaucoup d'autres accusations, la plupart concernant des crimes bien plus graves que les frais de réception d'une bar-mitsva, avaient ébranlé les bureaux de CBS ce printemps-là. Mais pour Bruce, la menace était plus simple. Sans Davis pour le soutenir au plus haut niveau de la compagnie, sa position chez Columbia avait commencé à s'effriter.

Quand ils avaient beaucoup de route à faire jusqu'au lieu de leur prochain concert, Bruce préférait voyager avec Albee Tellone dans le camion matériel. Installé sur le siège passager, il avait la place d'ouvrir son cahier et de laisser son imagination errer dans le monde qu'il voyait défiler par le pare-brise.

Partout, des fragments d'histoires jaillissaient des vitrines des magasins, des enseignes, des visages des badauds sur le trottoir, bavardant à un carrefour ou sortant d'un supermarché avec une piscine en plastique gonflable sous le bras. Quand ils passèrent devant une boîte à strip-tease sur le bord de la route annonçant le retour d'une danseuse populaire, Bruce nota « Kitty's Back » (« Kitty est de retour ») sur sa page, ouvrant la voie à une intrigue urbaine de dealers, de complots et de perfides femmes fatales.

Les yeux grands ouverts kilomètre après kilomètre, Bruce se construisait une vision de la vie américaine moderne sous l'angle du passant perpétuel. Tout ça lui rappelant sa propre existence. «On passait des heures à parler de tout et de rien, raconte Tellone. Mon ex-femme, ses ex-petites copines, la musique, l'écriture.» Quand il se concentrait sur les mots qu'il avait griffonnés dans son cahier, Bruce se heurtait souvent au lycéen dilettante qu'il avait été. «Il lui manquait les bases, explique Tellone. Mais il rattrapait son retard, il avait toujours avec lui un dictionnaire des synonymes et un dictionnaire de rimes, il trouvait des mots et il me demandait s'ils allaient dans tel ou tel contexte.»

Bruce lisait peu de livres, c'étaient les films qui lui servaient d'apprentissage sur l'écriture narrative, le rythme de la dramaturgie, l'importance de la voix des personnages et des relations entre eux. Il observait l'imagerie visuelle des réalisateurs pour voir comment un plan bien filmé pouvait révéler des idées et des thèmes que le dialogue ne parviendrait jamais à exprimer. Il trouva une riche inspiration conceptuelle dans un western de 1959 où l'acteur Audie Murphy joue un jeune trappeur ingénu dont le premier contact avec la grande ville manque de le corrompre. Se reconnaissant dans cette histoire, Bruce nota le titre du film dans son cahier: *The Wild and the Innocent* (sorti en France sous le titre *Le Bagarreur solitaire*). Et tout ça continua à s'étoffer quand il se rendit compte qu'il pouvait lire le même scénario sur les visages des musiciens qui l'accompagnaient de ville en ville. «Il y avait un tas de personnages autour de moi, raconte Bruce. Tout le monde avait un surnom. Et puis la vie de la rue, la promenade du bord de mer. Je puisais beaucoup dans mes origines. Je cherchais à faire ma tambouille et finalement c'était quoi ma vie?» Il connaissait déjà la réponse à cette question: «Eh ben, le New Jersey. Le New Jersey était intéressant. Je trouvais que ma petite ville était intéressante et les gens qui y habitaient aussi. Et tout le monde était concerné par ce que j'appelle le "E Street shuffle[2]", cette petite danse qu'on fait tous les jours simplement pour rester en vie. C'est une danse très intéressante, je trouve. Alors comment je pouvais écrire là-dessus ? Ça m'inspirait énormément, et puis je voulais aussi raconter mon histoire, pas celle de quelqu'un d'autre. »

L'enregistrement du deuxième album de Bruce commença aux 914 Sound Studios à la mi-mai. Étant donné l'importance des concerts comme source de revenus au jour le jour pour le groupe, les sessions se répartirent sous la forme de quelques journées par-ci par-là jusqu'à la fin septembre. Le fait de travailler de nuit (au grand regret d'Hammond, qui pensait qu'Appel essayait de le tenir à l'écart) était en fait un stratagème conçu par l'ingénieur du son en chef Louis Lahav afin de pouvoir enregistrer gratuitement pendant que le patron du studio Brooks Arthur dormait tranquillement chez lui. L'arrangement fonctionna très bien jusqu'à ce qu'Arthur débarque à l'improviste une nuit et comprenne ce qui se passait. « Il n'était pas content, se souvient Tallent. On peut dire ça comme ça. »

Le système D était devenu pour eux une seconde nature. Tandis que Bruce et le reste du groupe faisaient tous les jours les deux heures de trajet pour aller et revenir de Blauvelt, Lopez et Federici avaient planté leur tente sur le parking du studio et campaient. Quand David Sancious se lassa de Richmond et revint vivre chez sa mère à Belmar, dans le New Jersey, Bruce lui proposa de rejoindre le groupe au piano, reléguant du même coup Federici à l'orgue, à l'accordéon et autres claviers additionnels. Ce qui n'était pas du goût du Fantôme, surtout lorsque son jeune collègue se mit à faire le petit chef. « Il se levait et venait me voir pour me dire : "Tu ne devrais pas jouer comme ça, tu

---

2. Le *shuffle* est à la fois un style et un pas de danse dans lequel on bouge les pieds rapidement en les traînant (*shuffling*) et en les tapant sur le sol, un peu comme dans la gigue. Mais le verbe *to shuffle* désigne aussi une façon de s'agiter nerveusement d'un pied sur l'autre, de jongler pour s'en sortir. *(N.d.T.)*

devrais jouer comme ça", confia Federici au journaliste Robert Santelli en 1990. Ça me dérangeait franchement. Donc nous n'avions pas de bons rapports. » Ce qu'ils avaient en commun, en revanche, était un dévouement total au groupe et à son leader.

Bruce arriva en studio avec une pile de chansons, dont beaucoup avaient été largement rodées par des mois et des mois de performances live. Mais, à mesure que l'album trouvait sa voix, il semblait résister à certains des plus gros succès de scène. Un des chouchous du public, « Thundercrack », fut très vite éliminé, ainsi que « Zero and Blind Terry », « Seaside Bar Song », « Santa Ana » et *le* morceau dont tout le monde s'accordait à dire qu'il ferait un carton en 45 tours : la ballade R&B ultra-sensuelle « The Fever ». Tous sacrifiés pour la même sacro-sainte raison pourtant parfaitement ambiguë : ils ne collaient pas dans le film que Bruce se voyait écrire et réaliser. Situé en partie sur le Jersey Shore et en partie dans le New York City qu'il avait découvert – puis ré-imaginé comme décor de son propre *West Side Story* –, l'album devint un recueil d'histoires sur le thème de la libération : à travers la musique, les amis, les amours, à travers la prise de conscience que même un ferrailleur comme Fred Springsteen pouvait marcher la tête haute et une chanson aux lèvres.

Étant donné la passion retrouvée de Bruce pour un rock'n'roll plus collectif, il n'est pas étonnant que les premières notes du premier morceau de l'album, « The E Street Shuffle », qui lui donne en partie son titre, soient celles d'une section de cuivres en train de s'accorder. Vite au point, ils jouent ensuite une brève introduction avant l'entrée en scène d'un riff de guitare R&B ultra-entraînant (emprunté au tube de 1963 « The Monkey Time » du chanteur soul de Chicago Major Lance) qui installe le groove dans lequel le reste du groupe, cuivres inclus, va vite s'engouffrer. De là, Bruce décrit un vendredi soir typique dans la vie des jeunes désœuvrés et des prostituées qui peuplent cette mythique « E Street[3] ». Il ne se passe rien d'exceptionnel. Mais tout le monde finit par trouver le chemin de la fête et, quand les musiciens enclenchent la vitesse supérieure, les noceurs poussent des cris de joie, convergent et se mettent à danser. Avec des cuivres éclatants, une section rythmique filant à toute allure, un piano électrique qui swingue et ce riff de guitare qui ondule, la petite entreprise finit par trembler sur ses fondations et décoller comme une fusée.

À la fin, les deux personnages principaux de la chanson, Power Thirteen et Little Angel, s'éloignent de la piste de danse « et sortent se balader un peu plus loin » (« *and they move on out down to the scene* »). Peut-être sur la partie plus calme de la promenade, où le narrateur de « 4th of July, Asbury Park (Sandy) », accompagné de sa guitare acoustique, contemple les lumières de la fête foraine dans la fumée des saucisses à hot dog en rêvant à quelque chose de plus vaste. Il a déjà goûté à l'amour interdit de la fille de son patron, mais quant à savoir si la fuite est une vraie solution ou juste une illusion de plus, cela reste un mystère.

À partir de là, l'aventure quitte le bord de mer pour la ville de New York avec « Kitty's Back », dont les paroles, entre Tom Waits et *Les Aristochats*, se déploient sur fond d'un jam instrumental débridé, rehaussé par le premier et dernier solo de guitare épique que Bruce enregistra au studio.

Passons à la face B de l'album et à l'intro au piano de « Incident on 57th Street », morceau dans lequel Spanish Johnny et Puerto Rican Jane[4] parviennent à trouver un répit amoureux au milieu d'une guerre de gangs, de descentes de police et d'une atmosphère

---

3. Ainsi nommée d'après la petite rue résidentielle tranquille de Belmar où Sancious habitait avec sa mère.

4. Dont les antécédents littéraires sont ouvertement explicités dans le deuxième couplet, où Johnny se comporte « comme un Roméo cool » (« *like a cool Romeo* ») tandis que Jane suit son cœur « telle une Juliette tardive » (« *like a late Juliet* »).

de canicule pesante. Ici, la libération revêt la forme de la vague promesse d'un autre quartier de la ville «où le paradis n'est pas aussi bondé» («*where paradise ain't so crowded*»). Mais, comme dans l'original de Shakespeare, le paradis ne dure pas : Johnny disparaît en quête d'argent facile, laissant Jane avec cette promesse on ne peut plus fragile : «On pourra marcher jusqu'à l'aube peut-être.» («*We may walk until the daylight maybe.*»)

La dernière chanson de l'album, «New York City Serenade», une longue ballade de presque dix minutes, nous ramène dans la Grosse Pomme, où même les putes sur le trottoir oscillent entre grandeur et non-existence. L'intro au piano de David Sancious, mi-Tchaïkovski mi-Charlie Mingus, donne le ton solennel du morceau avant de se dissoudre dans un motif d'accords plus simples rejoints par la guitare acoustique de Bruce et les claquements et soupirs des congas de Richard Blackwell, un de ses voisins d'enfance. Chantant presque dans un murmure, Bruce nous livre sa version personnelle de *West Side Story*, où l'on se bastonne pour la dignité et les petits plaisirs qu'on trouve dans le simple fait d'être en vie. Alors, même si un joueur de vibraphone dans un club de jazz peut s'adonner à sa glorieuse mélancolie sur scène, il ne pourra jamais rivaliser avec la grâce du ramasseur d'ordures qui arpente les rues avec du satin sur le dos et une chanson aux lèvres. «Écoute ton ferrailleur, écoute ton ferrailleur, murmure Bruce. Il chante, il chante, il chante...» («*Listen to your junkman / Listen to your junkman / He's singin', he's singin', he's singin'...*»)

Les romances et les chagrins d'amour, le voile des projecteurs, les routes balayées par le vent. Une vie nomade qui tenait debout à grand renfort de musique, de camaraderie et de Chatterton. Et puis une image qui avait évolué pour coller au personnage de poète urbain rêveur qui hantait la plupart des chansons de l'album. La photo au dos de la pochette montrait Bruce en poète des rues, merveilleusement dépenaillé avec ses Converse noires, son débardeur vert fripé, son bracelet au poignet et sa ceinture en cuir serrée autour de sa taille filiforme, entouré par d'autres énergumènes tout aussi débraillés et intrigants. Le titanesque Clemons, pieds nus, en short, chemise ouverte, casquette en tissu sur la tête et bandana autour du cou ; Lopez, perché sur une marche plus haut que les autres, chemise hawaïenne grande ouverte sur des abdos en tablettes de chocolat. Sancious, pieds nus également, porte une tunique africaine noire tandis que Tallent, cheveux longs et barbe fournie, se tient debout à côté de Federici qui, assis, avec ses boucles blondes et son sourire d'ange, a vraiment la tête d'un bonimenteur qui veut vous vendre quelque chose.

Sur la lancée de *The Wild, the Innocent & the E Street Shuffle*, c'était toute la personnalité de Bruce qui semblait avoir changé. Le *guitar hero* d'Asbury Park, Sonny Kenn, qui régnait toujours en maître sur le circuit du Jersey Shore, se rappelle être allé voir un de ses shows à East Brunswick, à l'issue duquel il fut surpris de découvrir que le rocker au visage juvénile dont il se souvenait était devenu entièrement quelqu'un d'autre. « Il se la jouait cool, accroupi dans un coin de la loge, il m'a fait [dans un murmure rauque branché] : "Heeeey, *maaan*"... cette espèce de truc à la Tom Waits. Ce que je trouvais bizarre, parce que c'était pas le mec que je connaissais. » Kenn hausse les épaules. « Mais je pense quand même que *The Wild and the Innocent* est un de ses meilleurs albums. Tellement expérimental, tellement tout, putain. S'il s'était arrêté là, c'était déjà une belle carrière pour n'importe qui à sa place. »

Pourtant *The Wild, the Innocent & the E Street Shuffle* reçut un accueil plus que mitigé chez Columbia, en raison à la fois de l'échec commercial de *Greetings* et de la nature inclassable du son et de la structure de ce nouvel album. Même Hammond tiqua quand il s'aperçut que le premier extrait 45 tours, « The E Street Shuffle », partait avec un sérieux handicap pour le Top 40 à cause de ses quatre minutes et vingt-six secondes, au moins une minute de plus que presque toutes les autres chansons qui passaient en boucle sur les radios à tubes. Depuis que Clive Davis n'occupait plus le fauteuil de président, l'aura de Bruce avait été éclipsée par un nouveau venu au catalogue, Billy Joel, dont les mélodies au piano étaient beaucoup plus grand public que ne pourrait jamais l'être le troubadour du New Jersey. En outre, Billy Joel était arrivé dans la maison *via* Charles Koppelman, tout juste promu à la tête du service « découverte de nouveaux talents » et qui avait juré de faire de lui une star. Et si le temps et l'investissement que ça demanderait devaient se faire au détriment d'un autre jeune artiste, eh bien... bienvenue dans l'industrie du disque !

Sorti le 11 septembre 1973, *The Wild, the Innocent & the E Street Shuffle* se vendit un peu mieux que *Greetings* l'hiver d'avant, à un rythme d'environ deux mille exemplaires par semaine pendant la période des fêtes. La réception critique atteignit les mêmes sommets que pour le précédent : Ken Emerson, du magazine *Rolling Stone*, le classa parmi les meilleurs albums de l'année tandis qu'Ed Ward, dans *Creem*, le qualifiait de « génial ». D'autres critiques en firent autant. Du côté des radios, certaines stations de la côte est et du Midwest se mirent à diffuser « Rosalita », en grande partie grâce à la mission évangélisatrice de DJ tels que Ed Sciaky à Philadelphie ou Kid Leo à Cleveland, qui tous les deux bataillèrent ferme pour convaincre leurs chefs non seulement de passer les disques de Bruce à l'antenne, mais aussi de retransmettre ses shows en direct quand il se produisait en ville.

Mais, comme les personnages de « New York City Serenade », Bruce balançait encore entre le triomphe et la chute. D'un côté, chacun de ses concerts engendrait une nouvelle fournée de convertis, dont beaucoup traînaient avec eux toute une bande de copains au show suivant, et quand à leur tour les copains enthousiastes remplissaient leur voiture, et donc les salles, les patrons de clubs s'en rendaient compte. Tout comme d'ailleurs les artistes avec qui Bruce partageait l'affiche et dont les managers envoyaient des lettres à Appel en déclarant qu'ils préféraient désormais *ne pas* passer après Springsteen, dont l'attitude douce-reuse en coulisses cachait en fait le cœur d'un lion qui rugissait beaucoup trop fort et envoûtait le public de façon irrécupérable. Comme s'en souvient Tallent, même de solides alliés tels Jackson Browne ou Bonnie Raitt (ou du moins leur agent) eurent des périodes où ils évitaient Bruce en première partie. « On était encore copains et tout, dit Tallent, mais je crois qu'à une ou deux reprises ils avaient eu l'impression de ne pas être reçus avec le même accueil que d'habitude. »

Néanmoins, malgré cette légère amélioration des ventes, *The Wild and the Innocent* ne répondait pas aux attentes de Columbia pour le second album d'un artiste considéré comme montant. Dans les premières semaines de 1974, les plus prosaïques parmi la structure dirigeante de la compagnie – par exemple les comptables qui traquaient les chiffres sur les comptes de résultats trimestriels – commencèrent à grogner. On va où, avec ce Springsteen, au juste ? C'est pas lui qui a joué ce set ultra-chiant en tirant une gueule de trois kilomètres au congrès de San Francisco ?

« On a eu plein de réunions sur le catalogue de nos artistes, raconte Michael Pillot, qui travaillait à l'époque aux "nouveaux talents". Et on a beaucoup discuté de savoir si on gardait Bruce ou pas. » Tout le monde ne s'en souvient pas comme d'un moment aussi grave. « Ses ventes n'étaient pas à la hauteur de nos espérances, certes », concède le successeur de Clive Davis, Bruce Lundvall, qui ajoute ensuite que le premier concert de Bruce auquel il avait assisté cet hiver-là l'avait convaincu que ce gamin deviendrait une star. « Et ça, je l'ai dit aussi. »

Les plus fervents défenseurs de Bruce au sein de Columbia restaient sur le qui-vive. Lorsque la rumeur sur la campagne visant à le lâcher parvint aux oreilles du directeur de la communication, Ron Oberman, il pondit une lettre virulente, cosignée par une demi-douzaine de ses collègues, implorant Koppelman de lui laisser encore une chance. Cette profession de foi permit de gagner un peu de temps, mais ça ne remontait toujours pas la cote de Bruce auprès de la direction. Quand le nouveau président de CBS, Walter Yetnikoff, constata le temps que Bruce passait affalé dans le bureau de son pote Peter Philbin, le grand chef ordonna à son employé d'arrêter ça tout de suite.

« Déjà qu'on ne vend rien avec ce gosse ! fulmina-t-il. Il ne va nulle part. Maintenant en plus il te distrait, je veux que ça cesse immédiatement. »

À en croire le souvenir de Philbin, il rétorqua du tac au tac : « Je t'emmerde ! Tu ne vois pas ce que ce gosse va devenir ? »

Yetnikoff resta bouche bée une seconde, puis sortit du bureau furieux, sans un mot de plus. Mais il ne renvoya pas Philbin pour son impudence, pas plus qu'il ne débarqua Bruce du label. À la place, il proposa une stratégie de compromis selon laquelle Columbia/CBS avancerait à Bruce et Appel juste de quoi produire un nouveau 45 tours. « On lui a donné pour mission de nous faire un bon disque, raconte Lundvall. S'il était bien, la compagnie lui fournirait l'argent pour produire le reste de l'album. Sinon, eh bien... il faudrait qu'ils retentent leur chance ailleurs. »

Bruce accepta le défi (il n'avait pas le choix), mais non sans amertume. « Ils veulent fourrer leur nez dans mes affaires, dit-il à J. Garrett Andrews de la gazette *Daily Herald* de Brown University au printemps 1974. Je n'ai pas besoin de ça. Qu'on me laisse juste faire ma musique et qu'on me foute la paix. Ils m'emmerdent pour que je leur fasse un single. Je ne sais pas, peut-être que ça part d'un bon sentiment, mais ça m'étonnerait. »

Ce qu'il pouvait penser de leurs motivations avait peu d'importance. Alors que Bruce entamait l'année 1974, son avenir – professionnel, personnel, émotionnel – se jouerait en un seul et dernier coup. Un 45 tours décisif qui soit lui permettrait de continuer sa route, soit sifflerait la fin du voyage.

11
L'hyperactivité, c'était notre truc

M ontant sur scène sous les panneaux insonorisants délabrés et cradingues de l'auditorium du Nassau Community College le 15 décembre 1973, Bruce remercia d'un hochement de tête les timides applaudissements et se jucha sur un tabouret. Danny Federici, assis juste derrière sur sa droite, attendait patiemment pendant que Bruce, taquinant les cordes de sa guitare acoustique, faisait un bref discours d'introduction. « Retour à ce fatidique été de l'année 1973... Les filles se baladent sur la promenade le long de la plage, les gars sont massés autour du flipper. » La suite dans un murmure : « On est aux alentours du 4 juillet... » Après une version en duo très feutrée de « Sandy », Bruce et Federici furent rejoints sur scène par les autres membres du groupe qui empoignèrent leurs instruments et tournèrent leur attention vers Sancious qui se lançait dans une intro au piano largement improvisée de « New York City Serenade ».

Ils avaient peut-être une cinquantaine ou une soixantaine d'étudiants devant eux. Bruce, barbu mais les cheveux coupés court, vêtu d'un jean et d'un tee-shirt moulant, dirigeait le groupe avec sa précision habituelle, passant du délirant « Spirit in the Night » à une reprise millimétrée du morceau de Rufus Thomas « Walking the Dog », construit autour d'interruptions abruptes, des moments de silence auxquels mettaient fin un coup de sifflet strident ou un « On y va ! » de Clemons signalant au groupe de repartir plein pot. Ce petit jeu dura un moment, sur un rythme de plus en plus frénétique, jusqu'à ce qu'arrive un blanc sans sifflet ni injonction, rien que Bruce qui resta planté impassible face au public. Il garda la pose dix, quinze... *vingt* secondes, puis se mit à observer les spectateurs en pivotant la tête comme un hibou, faisant encore monter la tension d'un cran. Enfin, un léger haussement d'épaules souligné d'un imperceptible «Hunh!» relança aussitôt le groupe sur le couplet suivant, sur fond des acclamations du public. Le dernier morceau, le capricieux «Thundercrack», permettait à chaque musicien d'être mis en avant tour à tour, jusqu'au solo de guitare de Bruce en apogée, surtout mémorable pour les mimiques à la Chaplin qu'il fit pendant la partie la plus lente, presque muette, son visage se tordant dans tous les sens pour imiter le pincement d'une corde puis le grondement d'une note basse. Lorsque Clemons laissa échapper un bêlement chevrotant de son saxophone, Bruce arrêta tout et prit une expression faussement exaspérée. «Pourquoi est-ce que je paie ces mecs cinquante dollars la semaine? Pour *ça*?»

La blague, évidemment, était que Clemons, Lopez, Sancious, Federici et Tallent, désormais rebaptisés le «E Street Band», étaient devenus un élément central des concerts et de la renommée de Bruce. Chacun avait droit à plusieurs solos pendant les shows et était libre de jouer ce que bon lui semblait, sans limitation de temps. «Ça ne m'intéresse pas d'avoir un groupe si c'est juste pour qu'ils fassent de la figuration derrière moi, confia Bruce dans une interview de 1974. Je veux qu'ils dépotent... J'ai une bande de gars qui jouent super bien, alors autant qu'on les voie. Autant qu'ils jouent. Je leur dis : "Lâchez-vous et quand vous aurez fini dites-le-moi et on fera un truc tous ensemble."»

Comme sur le nouvel arrangement speed-jazz de «Blinded by the Light», sur lequel la guitare de Bruce commentait à peu près chacune des phrases du texte avant que lui répondent les nappes d'orgue de Federici, les riffs et les cris de Clemons façon King Curtis, le blues déchaîné de Sancious au piano et les breaks de batterie ultra-vifs de Lopez. Aiguillonné par la rapidité du groupe et la virtuosité de ses camarades, ce dernier caracolait tellement au-delà du tempo que Tallent se mettait à douter de sa propre capacité à compter jusqu'à quatre. « Vini se lançait dans un break et, quand arrivait le moment de revenir tous ensemble sur le un, il n'était pas là. Il me jetait un regard noir et je me disais : "Oh, oh, je suis dans la merde". » Mais la vitesse et le danger vont de pair, et la seule chose plus excitante que de foncer à sa propre perte était le moment où tout se remettait en place d'un coup, seulement pour mieux dévier aussitôt dans une autre direction. « L'hyperactivité, déclara Bruce bien des années plus tard, c'était notre truc. »

De son côté, Mike Appel faisait sa partie du boulot avec la même énergie frénétique. Apprenant que les équipes commerciales de CBS réuniraient leur congrès annuel à Nashville au mois de février, il programma un show au coin de la rue de l'hôtel où logeaient tous les cadres, dans une stratégie de guérilla pour tenter de reconquérir leurs faveurs. Bon, d'accord, la combine tourna au fiasco : malgré les tracts qu'Appel avait placardés partout, personne de chez CBS ne vint au concert. Ce camouflet ne fit que renforcer sa détermination à tout faire pour que la maison de disques, l'industrie musicale, *le monde entier*, tombent sous le charme de Bruce. Il en devint d'autant plus farfelu.

Pour fêter Noël, Appel emballa de ses petites mains des morceaux de charbon (des briquettes, plus précisément) qu'il envoya aux programmateurs de radio qui refusaient de donner une chance à Bruce sur leurs ondes. Il se rendit aussi tristement célèbre pour avoir appelé un gros ponte de la chaîne de télé NBC afin de le convaincre d'ouvrir le Super Bowl – *le Super Bowl !* – avec Bruce tout seul au milieu du terrain qui jouerait sa chanson anti-guerre « Balboa vs. the Earth Slayer ». Tout ça, plus les argumentaires de vente agressifs dont il bombardait la Terre entière, par courrier, par téléphone, par télégramme, au pied levé sur un bout de trottoir. Souvent suivis de lettres de relance ou de coups de fil qui pouvaient prendre un ton hostile s'il percevait quelque résistance. « Est-ce que j'étais trop agressif ou trop extravagant ? se demande Appel. C'est ce que disent certains. Mais cette attitude un peu dingue où on prenait nos rêves pour des réalités était assez répandue à l'époque. Et regardez ce que ça a donné. »

Et puis, n'était-ce pas le juste reflet de la tornade que Bruce et son groupe incarnaient sur scène ? « C'est sûr que Mike ne fait pas dans la dentelle. C'est son côté new-yorkais, explique Peter Philbin, originaire de Los Angeles. Mais je n'ai jamais vu aucun manager y croire autant que lui. Il avait une foi totale. » À tel point, d'ailleurs, qu'il ne pouvait plus exprimer sa mission en termes de rock'n'roll ou de show business pur et dur. « Bruce Springsteen n'est pas juste un chanteur de rock, confiait-il à ses amis, ses collègues, et en particulier aux producteurs, tourneurs et directeurs de programmes qui voulaient bien l'écouter. C'est une *religion*. »

Comme n'importe quel apôtre digne de ce nom, Appel était prêt à tous les sacrifices pour hisser Bruce un peu plus haut vers le sommet. Si faire des économies signifiait diviser par deux le salaire du compagnon des débuts Bob Spitz, puis carrément supprimer son poste parce que le petit frère, Stephen Appel, venait d'avoir son bac et serait prêt à bosser gratos, eh bien, adieu, Bob Spitz. Puis ce fut au tour du coproducteur et comanager Jimmy Cretecos de se volatiliser, soit parce qu'il ne voyait plus une seule lueur d'espoir dans l'avenir financier de Bruce, soit en raison de luttes intestines bien plus sombres dont personne ne veut parler dans le détail. Y compris l'intéressé lui-même, qui explique d'une voix douce et douloureuse qu'il a assez souffert de son court rôle dans la carrière de Bruce et qu'il ne fera aucun commentaire sur le sujet, malgré tout ce qu'il y aurait à dire.

Pourtant, même Appel traversa une crise de doute cet hiver-là. Épuisé par deux années de lutte, de dettes impayées et de

frustration, il lui arrivait de songer à déchirer le contrat de Bruce
et à l'orienter vers un autre manager qui réussirait peut-être là
où lui avait échoué pour le catapulter vers le destin qu'il méritait. Mais alors il réécoutait un des albums ou bien il assistait
à un concert et l'espoir renaissait, la foi revenait, intacte, et la
croisade continuait. Quelque chose allait changer, il en était sûr.
Il fallait simplement persévérer. Et, en ce début 1974, persévérer
consistait précisément en une chose : isoler la véritable essence
de Bruce Springsteen, de sa musique, de son groupe, de sa voix,
de sa vision, et la distiller en quatre minutes maximum de
rock'n'roll sans complaisance et néanmoins radio-compatible.

Récemment séparé de Diane Lozito, Bruce était allongé sur
le lit de la petite maison qu'il louait désormais à West End,
un quartier de Long Branch, dans le New Jersey. Cahier ouvert
devant lui, guitare à la main, il grattait les cordes distraitement,
son hameçon plongé dans les profondeurs de sa conscience,
attendant qu'une idée morde. Une progression d'accords, une
bribe de mélodie, une impression visuelle, n'importe quoi. C'est
alors que trois mots lui tombèrent sur le bout de la langue : *born
to run* («nés pour fuir»).

Le titre d'un film de série B à moitié oublié ? L'inscription à
l'aérographe sur le flanc d'une Chevrolet 64 qu'il aurait aperçue
sur la boucle Ocean Avenue-Kingsley Street à Asbury Park ?
Bruce n'en avait pas la moindre idée. Et puis ça n'avait aucune
importance. «Ça me plaisait parce qu'il y avait un côté cinématographique qui collait bien avec la musique que j'entendais
dans ma tête», écrivit-il vers la fin des années 1990. Il trouva des
accords, avec un couplet qui rappelait un peu le morceau «Don't
Worry Baby» des Beach Boys – une histoire d'amour, de désir
et de bagnole composée par Brian Wilson –, et s'efforça d'imaginer où la chanson pourrait le mener à partir de là. Comme
chez Wilson (qui travaillait avec le parolier Roger Christian), les
routes de Bruce le portaient toujours vers des idées plus vastes

et des sentiments plus intenses : « Les voitures m'intéressaient seulement en tant que véhicules pour écrire mes chansons. »

Aux yeux de Bruce, les courses de voitures sauvages dans les rues d'Asbury Park représentaient un défi aux restrictions économiques et sociales qui empêchaient les défavorisés, les jeunes et les exclus de s'épanouir pleinement. « Le New Jersey est un trou miteux, confia-t-il cet hiver-là à Jerry Gilbert, de l'hebdomadaire musical anglais *Sounds*. Enfin, je veux dire, ça va, c'est chez moi. Mais c'est un trou. » Cette prise de conscience, malgré (ou peut-être grâce à) son simplisme adolescent, était devenue inséparable de sa passion pour le rock. « L'obsession, c'était la fuite », dit-il à Eve Zibart en 1978. C'était ce qui faisait le lien entre tout, du « School Days » de Chuck Berry au « Stuck Inside of Mobile with the Memphis Blues Again » de Dylan. « La chanson est une délivrance. C'est une expression de la monotonie, de la routine quotidienne dont vous vous évadez. »

Tenté par une version plus vive, plus brûlante, du film intérieur qui nourrissait sa musique depuis plus d'une décennie, Bruce congédia ses alter ego pour rester seul au centre de l'écran, monter dans la voiture et sentir les vibrations du volant entre ses propres mains.

« Le jour on ronge notre frein dans les rues d'un rêve américain qui fout le camp / La nuit on s'arrête et on tremble de chaud / Avec des meurtres plein nos rêves... »
(« *In the day we sweat it out on the streets of a runaway American dream / At night we stop and tremble in heat / With murder in our dreams*[1]... »)

À partir de là, la suite coula toute seule : les surfeurs frissonnant dans les vagues, les grondements des voitures filant sur la

---

1. Il s'agit d'une première version de « Born to Run », avec des paroles légèrement différentes de la version définitive. *(N.d.T.)*

route 9 en direction d'autres villes identiques un peu plus loin sur la côte, l'éclat métallique des bolides trafiqués passant et repassant en boucle sur le front de mer d'Asbury Park. « Comme des animaux tournant en rond dans une cage noire et sombre, au bord de l'overdose sensorielle / Ils vont finir la nuit dans une bagarre absurde / puis regarder le monde exploser. » (« *Like animals pacing in a black, dark cage, senses on overload. They're gonna end this night in a senseless fight / and then watch the world explode.* »)

Tout le monde, partout, avec un moteur gonflé, mais nulle part où aller.

« C'est un piège mortel ! Une condamnation au suicide ! Il faut qu'on se tire tant qu'on est jeunes / Parce que les vagabonds comme nous, bébé... »
(« *It's a death trap! A suicide rap! We gotta get out while we're young / 'Cause tramps like us, baby...* »)

C'est là qu'on en revient aux trois petits mots et à la prise de conscience déterminante à l'origine de cette chanson et de tout ce qui allait suivre :

« *... on est nés pour fuir* » (« *... we were born to run* »).

Il lui faudrait encore des mois pour affiner précisément les paroles et davantage encore pour capturer le son étincelant qu'il avait dans l'oreille. Mais il avait trouvé le cœur de la chanson, dont les accords et la mélodie résonnaient d'une telle vérité qu'il sentait déjà qu'il avait touché quelque chose de fort. Une chanson avec la même énergie que « Thundercrack » ou « Rosalita », mais condensée à son essence la plus vitale. « Ç'a été le tournant décisif, écrivit-il plus tard. Ça m'a donné la clé pour l'écriture de tout le reste de l'album. »

Bruce, le groupe et Appel se remirent au travail aux 914 Sound Studios le 8 janvier 1974, où ils passèrent d'abord deux jours à esquisser des versions rudimentaires de « Born to Run » et d'une autre nouvelle composition, « Jungleland », dont le décor, les personnages et le point de vue omniscient étaient dans la lignée directe des épopées urbaines antérieures « Incident on 57th Street » et « New York City Serenade ». Ensuite la petite troupe reprenait la route pendant environ une semaine, refaisait une brève escale au 914, repartait à nouveau, repassait trente-six ou quarante-huit heures en studio avant de retourner à Boston, dans l'Ohio ou en Virginie, partout où un public réclamait une nouvelle dose de « E Street shuffle ». En l'occurrence, ce planning d'enregistrement en pointillé convenait très bien à Bruce. Il n'avait pas encore tous les morceaux et il n'était pas sûr de savoir comment trouver le son à la fois éclatant et grave comme la mort qu'il voulait conférer à cet album. Alors pas d'urgence, surtout vu que les concerts commençaient à très bien marcher. Chaque fois qu'ils étaient de retour dans un club ou une ville où ils avaient déjà joué, le public était plus nombreux et la paie plus consistante. Le tarif par soirée que demandait désormais leur agent Sam McKeith avait triplé par rapport aux sept cent cinquante dollars dérisoires de l'année précédente. Et, de temps en temps, les programmateurs d'un lieu à la mode montaient un plus gros show et ils touchaient alors un petit pactole, comme la fois où ils avaient empoché la somme astronomique de quatre mille deux cents dollars pour une seule soirée à Richmond fin janvier.

Après un an au contact d'artistes évoluant dans une orbite légèrement plus haute que la sienne, Bruce commençait à accorder davantage d'importance à son style vestimentaire, troquant ses débardeurs fripés et ses sweats à capuche contre des tee-shirts blancs immaculés, généralement mis en valeur par une veste ou un pull. Même sa barbe s'assagit, passant du stade clairsemé et hirsute à quelque chose de plus dense et de plus

fourni. Le staff aussi devint plus pro[2], avec une nouvelle génération de techniciens suffisamment expérimentés pour savoir
anticiper et réparer « le facteur merdier », comme ils l'appelaient, avant que l'erreur d'un patron de club ou un problème
de communication ne foute en l'air le concert du soir. Et s'il
fallait un volontaire pour avoir une franche et utile discussion
avec quelqu'un qui faisait mal son boulot ou qui emmerdait le
monde, on pouvait toujours compter sur Lopez. Sauf qu'il ne
réfléchissait pas toujours avant d'envoyer ses missiles. Et que
parfois il les dirigeait contre ses propres amis et *compañeros*.

Tout le monde était conscient que Lopez était à l'origine de la
première mouture du groupe ; qu'il avait fait venir Federici pour
l'aider à juger des talents de Bruce avant qu'ils lui proposent
de se joindre à eux à l'hiver 1969. Lopez et Bruce ne s'étaient
plus quittés depuis et, même si le batteur savait lequel des
deux composait, chantait et jouait la guitare solo sur les
morceaux, il savait aussi lequel était, en tout cas sur un point, le
patriarche de leur petite entreprise. Il suffit de regarder la photo
au dos de *The Wild, the Innocent & the E Street Shuffle* pour
s'en rendre compte : Bruce, appuyé contre un rebord de fenêtre
avec Clemons, tous les autres assis ou voûtés tandis que Lopez
se tient bien droit au-dessus d'eux, chemise ouverte et abdos
au vent tel un héros victorieux. « Des fans ont continué de
m'appeler Bruce pendant très longtemps à cause de cette photo »,
raconte-t-il.

Lopez se faisait parfois épingler par les critiques pour son jeu
extravagant, mais jamais par son boss. « Il avait ce son incroyablement excentrique, confia Bruce trente ans plus tard. Un
style fabuleux qui collait parfaitement avec ces deux premiers
albums. » Mais Bruce savait que son troisième disque devrait
être beaucoup plus tenu. Et leur comportement aussi. Ce qui

2. Albee Tellone comme Big Danny Gallagher n'en faisaient plus partie
depuis fin 1973.

devenait de moins en moins compatible avec les crises de Lopez. En particulier lorsque les tensions grandissantes entre le batteur et Clemons atteignirent un point de non-retour. Un jour, une dispute ridicule[3] dans la maison qu'ils partageaient avec Federici dégénéra au point qu'il y eut des meubles fendus, des cloisons défoncées et que Clemons se retrouva à brandir une lourde enceinte en guise d'arme. « Je voulais lui faire peur », raconta Clemons. Message reçu. « Il m'a chopé par la gorge et il m'a secoué comme un pantin, dit Lopez. Il était costaud, vous savez. Après ça, j'ai déménagé de la maison. »

Le compagnonnage de cinq ans entre Bruce et Lopez vola en éclats lors d'une session d'enregistrement à Blauvelt début février. À un moment de la soirée, Stephen Appel arriva avec la paie hebdomadaire du groupe. Mais, quand Lopez refit le compte et se rendit compte qu'il manquait plusieurs centaines de dollars par rapport à d'habitude, son côté sanguin reprit le dessus. Sortant du studio en trombe, il trouva Stephen dans l'entrée en train de bavarder avec Louis Lahav. Poussant de grands cris au sujet de cette histoire d'argent, soit Lopez fonça sur Stephen en lui plaquant les billets sur le torse avec suffisamment d'élan pour le faire tomber accidentellement à la renverse (version de Lopez), soit il lui décocha un coup de poing qui l'envoya valdinguer à travers la porte ouverte de la pièce d'à côté (souvenir de Stephen). Quoi qu'il en soit, Bruce avait assisté à la scène.

« Bruce a bondi comme une furie, raconte Stephen Appel. Il a hurlé : "Qu'est-ce que tu fous ?" Et Vini s'est enfui dans les bois. »

Stephen se releva tant bien que mal et regagna sa voiture d'un air digne, mais Bruce le rattrapa sur le parking. « Il m'a demandé : "Qu'est-ce qui s'est passé, putain ?" et je lui ai répondu : "Tu étais là !" » Quelques instants plus tard, le jeune

---

3. Provoquée soit par le refus de Clemons de nettoyer la cuisine après un marathon de fumette, soit parce que, selon les termes du saxophoniste lui-même : « Vini avait fini par me casser les couilles. »

frère d'Appel démarrait, laissant Bruce hésiter entre poursuivre son batteur rebelle dans la nature ou retourner au studio où l'attendait le reste du groupe.

Deux jours plus tard, Bruce frappait à la porte de Lopez à Bradley Beach, où le batteur stockait le matériel de scène du guitariste. En entrant, il lui annonça la nouvelle sur un ton monocorde et glacial :

« Hé, mec, t'es viré. »

Lopez secoua la tête. Comment ça ?

« Tu ne fais plus partie du groupe. »

Lopez essaya de négocier : il avait merdé, il le savait. Et si son jeu n'était pas à la hauteur, il pouvait travailler davantage. Enfin quoi, il méritait une seconde chance. Tout le monde avait droit à une seconde chance, non ?

« Nan, rétorqua Bruce. Pas de seconde chance. C'est un monde cruel. »

« Je sentais qu'il était mal, se remémore Lopez. Mais, en même temps, il était Bruce. Toujours un peu détaché. »

Lopez ne pouvait s'y résoudre. Il discuta, il insista. Il supplia presque. Puis il se souvient que ça dégénéra. Que Bruce l'accusa d'être un batteur de merde, en lui disant que plusieurs critiques et amis lui conseillaient depuis longtemps de prendre quelqu'un d'autre à sa place et que maintenant il n'avait plus le choix. Au bout du compte, Lopez finit par lui montrer la porte en lui criant de foutre le camp fissa. « D'habitude je l'aidais à porter son matos jusqu'à sa voiture, dit-il. Mais là, il pouvait toujours courir. »

La première personne qu'ils auditionnèrent fut Johnny Arntz, un gros cogneur d'Asbury Park avec qui Tallent et Federici avaient joué ados. Mais, quand Sancious leur amena Ernest « Boom » Carter, le multi-talentueux batteur de Richmond qui faisait partie, avec Tallent, de la première mouture de son trio de jazz fusion, ça colla immédiatement. « Ce mec sait vraiment *jouer* de la batterie, confia Bruce à un journaliste lors des débuts de Carter avec le groupe. Il connaît la subtilité. Il ne frappe pas comme une brute, il ne fait pas juste du bruit. Il est discret. Un gars vraiment fin. »

Carter fut aussi capable d'être au point assez vite pour pouvoir jouer un concert avec eux moins d'une semaine après qu'ils commencèrent à répéter ensemble. Mike Appel avait déjà annulé une série de dates pour laisser au nouveau batteur le temps de se mettre dans le bain et d'apprendre les morceaux. Mais le patron du Satellite Lounge à Cookstown, New Jersey, refusa qu'ils se désistent. Tout était organisé, les billets vendus, ça s'annonçait pour lui comme une soirée particulièrement lucrative. Et ils allaient tout faire capoter à cause d'un batteur pas assez préparé ? Hors de question, putain. Alors Appel se mit à évoquer une litanie d'autres raisons : les sessions d'enregistrement, la fatigue, et puis la crise pétrolière, tiens. Les réserves du pays étaient à sec. Les automobilistes devaient faire des heures de queue à la pompe pour remplir leur réservoir. Ils risquaient de se retrouver coincés dans le sud du New Jersey sans essence et sans moyen de rentrer chez eux.

« Je m'en occupe », leur promit le type. Et d'ailleurs, s'ils ne venaient pas, c'est *d'eux* qu'il s'occuperait. « En gros il nous a fait comprendre qu'il nous enverrait des gens pour nous tuer si on annulait le concert, se souvient Tallent. Il avait dit un truc du genre : "Je sais où vous habitez." » Donc finalement il s'avéra qu'ils pouvaient *parfaitement* caler un concert pendant leur pause. Et quand le show fut terminé et qu'arriva le moment de reprendre la route, l'essence leur fut livrée directement sur le parking du club par deux gendarmes.

Alors, même si leurs albums étaient introuvables chez les disquaires aux alentours des clubs où ils se produisaient[4],

---

4. Selon des des rumeurs chez Columbia/CBS et le récit de certains disquaires, il semblerait que quelqu'un de haut placé dans la maison de disques ait ordonné aux représentants de contraindre les détaillants à troquer leurs exemplaires de

les mois de tournée – et un petit groupe de disc-jockeys enthousiastes – commençaient à payer et pas toujours là où ils s'y attendaient. De passage au Texas et dans l'Arizona au printemps, ils jouèrent devant une salle quasi vide à Dallas, mais trouvèrent une foule enflammée à Houston, un club en délire à Austin et, curieusement, un auditorium comble à Phoenix. « Je me demande bien pourquoi on est si populaires dans cette ville en particulier, confia Bruce à un journaliste après le spectacle. On ne joue jamais à guichets fermés dans une aussi grande salle, jamais. Donc, je ne sais pas ce qu'il y a, mais ce qui s'est passé ici n'arrive jamais. »

Quelques semaines plus tard, en avril, Bruce et le groupe se rendirent dans le Massachusetts pour une série de concerts au Charlies Place, un petit bar près de Harvard Square, à Cambridge. Debout dans la brume avant le début du set, qui ne commençait que tard dans la soirée, Bruce était en train de lire la critique de *The Wild, the Innocent & the E Street Shuffle* parue dans le *Real Paper* de Boston et affichée sur la façade du bar quand il entendit une voix dans son dos. C'était un jeune homme à l'allure soignée.

« Qu'est-ce que vous en pensez ? lui demanda-t-il en désignant l'article.

– C'est vachement bien », répondit Bruce.

Les yeux brillants derrière ses petites lunettes à monture métallique, le type tendit la main et se présenta. Il s'appelait Jon Landau et, oui, c'était lui qui avait écrit ce papier. Bruce éclata de rire, lui serra la main et resta bavarder un moment avec lui. Après quoi il passa en coulisses pour préparer le matos avant le show. Landau entra dans le bar rejoindre l'ami qui l'avait amené là – un critique musical du nom de Dave Marsh – et ils se trouvèrent deux places assises.

Greetings et de *The Wild and the Innocent* contre le premier album de Billy Joel chez Columbia, *Piano Man*, sorti la même semaine que le deuxième 33 tours de Springsteen.

Dès que le concert commença, Landau en eut le souffle coupé. Subjugué par l'intro improvisée de Sancious sur « New York City Serenade », il fut carrément renversé par l'interprétation débridée de « Spirit in the Night », « Kitty's Back » et « Rosalita ». Pendant les rappels, il était debout, hurlant comme une créature qui n'aurait plus rien d'humain.

À la fin du show, il alla se présenter à Appel et traîna un peu pour discuter de Bruce et des difficultés de la production de disques. « Le lendemain, j'ai reçu un coup de fil de Bruce et on a parlé pendant des heures », raconte-t-il. Bruce, qui lisait toujours les critiques avec la plus grande attention, avait tiqué sur la partie de l'article dans laquelle Landau émettait des réserves sur la production de ses deux premiers albums et, comme il avait déjà lu ce même reproche dans pas mal de journaux, il voulait savoir exactement ce que Landau entendait par là. « De fil en aiguille, on a parlé, parlé, parlé à bâtons rompus, et puis on s'est dit qu'on avait encore plein de choses à se dire. Et voilà, c'était parti. »

Lorsque Bruce et son groupe repassèrent à Boston un mois plus tard pour faire la première partie de Bonnie Raitt au Harvard Square Theatre, Landau était là. Cette fois, il avait perdu le peps qui l'avait porté pendant toute cette soirée au Charlies. Luttant pour sauver son mariage en ruines, doutant de son avenir professionnel et même de la passion pour le rock et la soul qui avaient enflammé son imagination depuis tout petit, il était par ailleurs à quelques heures de son vingt-septième anniversaire. Accablé et éteint, il resta assis tout seul dans un coin, le regard aussi vide que la vie qu'il avait l'impression de s'être construite. Jusqu'à ce que le noir se fasse et que la musique commence. Parce que là, tout lui revint d'un coup, et avec encore plus de force qu'avant.

Springsteen est tout à la fois. C'est un loubard rock'n'roll, un poète urbain, un latin lover, un danseur de ballet, un

acteur, un amuseur public, un meneur de groupe, un guitariste de folie, un chanteur extraordinaire et un compositeur
de rock vraiment hors du commun.

Et autre chose encore : un remontant pour l'âme. Une lueur
d'espoir dans le ciel le plus sombre qu'il avait jamais traversé.

À la fin des deux heures du set, je ne pensais qu'à une
chose : est-ce que c'est possible d'être aussi bon que ça ?
Est-ce que quelqu'un peut me parler autant, est-ce que le
rock peut encore s'exprimer avec tellement de puissance
et de gloire ? Alors j'ai senti les bleus sur mes cuisses, à
l'endroit où j'avais frappé les mains en rythme pendant
tout le concert, et j'ai su que la réponse était oui.

Quatre décennies plus tard, ça reste un texte époustouflant.
Une demande à l'aide, une déclaration d'intention, un cri de
ralliement. Un texte si vibrant d'émotion que Landau s'en est
senti penaud pendant des années. « Je m'adressais à moi-même,
aux lecteurs et à lui. »

Un soir où j'avais besoin de me sentir jeune, [Springsteen]
m'a donné l'impression d'entendre de la musique pour la
première fois. J'ai vu mon passé de rock'n'roll défiler sous
mes yeux. Et j'ai vu autre chose. J'ai vu l'avenir du rock et
il s'appelle Bruce Springsteen.

Bien que publié dans un journal de Boston plus qu'alternatif,
cet article du 22 mai 1974 résonna dans l'industrie musicale et
en particulier dans les bureaux de Columbia/CBS Records avec
la force d'un coup de tonnerre.
  « Ça a retenu l'attention, dit Ron McCarrell, alors cadre
marketing chez CBS et supporter actif de Bruce. On était

suspendus à un fil en espérant qu'on ne s'était pas trompés. Et là cet article venait conforter nos convictions. » Et du même coup raviver l'intérêt de la maison de disques pour un artiste qu'elle avait quasiment laissé tomber. Brusquement les représentants se remirent au boulot, inondant de nouveau les disquaires des quatre coins du pays avec les albums de Bruce, accompagnés d'une campagne promotionnelle presque entièrement basée sur l'article de Landau. « Je me souviens d'avoir pris cette citation pour en faire un poster à destination des disquaires, raconte McCarrell. Et en gros ç'a été le début de ce qui a débouché sur la campagne massive pour la sortie de *Born to Run.* »

On pourrait penser que Bruce était aux anges. Et il l'était. Sauf la partie de lui qui détestait tout ça. « Je me débarrassais tout juste de ce truc avec Dylan qui me collait à la peau, confiait Bruce à Tony Tyler de l'hebdomadaire britannique *New Musical Express* en 1975. Et j'étais là chez moi en train de me dire, tant mieux, les gens n'ont pas l'air de gober ces bobards, et là *ouaaaaahh !* "L'avenir du rock." Non ! C'est pas possible ! »

Alors, oui, l'article de Landau l'avait beaucoup touché. Mais le voir amplifié en une nouvelle campagne de battage médiatique... « C'était comme s'ils l'avaient complètement sorti de son contexte pour gonfler le truc, et qui allait avaler ça ? Ça allait énerver les gens plutôt qu'autre chose. Déjà, moi, ça m'énervait. Quand j'ai vu ça, j'ai eu envie d'étrangler le mec qui avait conçu cette pub. »

Sauf que, bien sûr, les services de com' avaient repris la proclamation de Landau *exactement* dans le sens où il l'entendait. Mais, pour Bruce, il y avait une différence considérable entre les éloges argumentés d'un critique et l'incantation racoleuse d'affiches promotionnelles. « C'est comme si je partais toujours avec dix points de retard, parce que non seulement il fallait jouer, mais il fallait d'abord enlever ces conneries de la tête des gens. » Seule la musique comptait, ce qui expliquait pourquoi Bruce avait interdit à Appel de produire des tee-shirts et autres objets portant son nom et son image, dans un accès de purisme qui avait également pour conséquence de les priver d'un complément de revenus qui aurait pu les aider à consolider leur organisation encore balbutiante[5]. Et même s'il était encore peu fréquent qu'on leur propose un concert dans une salle omnisports ou un stade couvert, Bruce avait clairement dit qu'il n'était pas question de jouer dans des lieux où il perdrait le lien avec le public qu'il arrivait à établir dans des clubs ou des petites salles.

Appel, quant à lui, était d'accord avec les priorités de son client. « On était les enfants prodiges, dit-il. Si on devait investir du temps ou de l'argent dans quelque chose, il fallait que ça apporte un plus à ses concerts. C'était ça, le moteur. Pour nous, les bénéfices étaient uniquement artistiques. »

À l'été, l'engouement pour les shows de Bruce et de son groupe avait encore monté d'un cran. Les équipes de com' de Columbia/CBS firent de la série de trois soirées au Bottom Line de New York mi-juillet une vitrine pour toutes les figures de l'industrie musicale, journalistes, programmateurs radio et DJ qui seraient tentés de venir voir par eux-mêmes. Et cette fois, quasiment tous réclamèrent à grands cris d'en être. Et Bruce brilla comme jamais sous les feux des projecteurs et les yeux de la profession, livrant des performances explosives et parfaitement réglées où il alternait des versions boostées de ses propres morceaux et des reprises de standards comme « Then He Kissed Me[6] » des Crystals ou « No Money Down » de Chuck Berry, auxquels il insufflait la profondeur et la passion de la liturgie du rock. Les premières ébauches de « Born to Run » et

─────────

5. Et qui laissa aussi la porte grande ouverte aux entrepreneurs locaux pour écouler auprès des fans leurs propres productions de tee-shirts, stickers et autres à l'effigie de Springsteen et du E Street Band, souvent avec des marges confortables.

6. Revisité pour l'occasion en « Then She Kissed Me ».

de «Jungleland» plaçaient la barre encore plus haut. Lorsque le E Street Band retourna à Phoenix à la fin du mois, les deux mille six cent cinquante places du Celebrity Theatre se vendirent si vite que les organisateurs ajoutèrent un show supplémentaire en deuxième partie de soirée, qui fit salle comble également. La recette du soir pour le groupe s'éleva à onze mille cinq cents dollars, presque trois fois ce qu'ils avaient jamais gagné en une seule journée.

La pression qui montait autour de Bruce commençait à étouffer même les artistes à succès qui le prenaient en première partie de leur show. Lorsqu'Appel reçut un coup de fil de dernière minute des producteurs du Schaefer Music Festival au Wollman Rink de Central Park pour lui demander si Bruce pouvait faire la première partie d'Anne Murray, il implora le manager de la chanteuse pop canadienne de laisser son client jouer *après* la tête d'affiche, comme un bonus de clôture. Le manager en question accepta l'invitation d'Appel à venir voir un des concerts de Bruce, mais en ressortit dubitatif. Comment un petit groupe régional, tout dynamique soit-il, pourrait-il amoindrir la force de frappe qu'avait Murray avec des tubes grand public comme «Snowbird»? Mais son raisonnement oubliait de prendre en compte le nombre de fans de New York et du New Jersey que Bruce attirerait. Et la réaction qu'ils auraient quand leur héros devrait quitter la scène pour laisser la place à Murray. Le show se déroula pourtant comme le manager de Murray l'avait souhaité. «Ils l'ont regretté après», précise Appel.

Rien ne semblait pouvoir les arrêter, jusqu'à ce que David Sancious vienne trouver Bruce pour lui annoncer une nouvelle stupéfiante: le label Epic Records, filiale de CBS, lui offrait un contrat solo. Par conséquent, il quittait le groupe et, pire encore, il prenait Boom Carter avec lui. À vrai dire, ce fut une séparation à l'amiable. Les deux musiciens acceptèrent de rester un mois de plus pour laisser le temps à Bruce de leur trouver des remplaçants. De son côté, Bruce (certainement de mèche avec

Appel) ne dit rien à personne pendant quelques semaines, en espérant que le pianiste et le batteur changeraient peut-être d'avis. Mais non. Alors, début août, Appel fit passer une petite annonce dans la rubrique « Recherche de musiciens » du *Village Voice*, pour un batteur (« pas de Jr. Ginger Baker »), un pianiste (« du classique à Jerry Lee Lewis »), ainsi qu'un trompettiste (« jazz, R&B et latino ») et un violoniste. « Tous doivent savoir chanter. Hommes ou femmes. Bruce Springsteen & the E Street Band. Columbia Records. »

Plus de cent candidats postulèrent, donnant lieu à deux mois d'audition pour choisir parmi une soixantaine de batteurs et presque autant de pianistes. Et aucun ne fit l'affaire, jusqu'à ce que débarquent deux jeunes New-yorkais pourtant déjà bien rodés au métier. Max Weinberg et Roy Bittan, respectivement batteur et pianiste, se présentèrent séparément, mais avec un passé musical aussi long et divers l'un que l'autre. Originaire du nord du New Jersey, Weinberg avait fait ses débuts profession-nels à l'âge de six ans comme phénomène dans le groupe qui animait des mariages de Herb Zane. À côté, Bittan, qui venait du quartier de Rockaways dans le Queens et avait commencé comme tout le monde dans un groupe au lycée, était un relatif débutant. Étonnamment, tous les deux avaient passé pas mal de temps à jouer dans des orchestres de comédies musicales à Broadway, donc ils étaient bien formés à l'art de l'accompagne-ment qui consiste à allier régularité et créativité tout en gardant les yeux et les oreilles grands ouverts sur ce qui se passe autour.

Bittan avait vu Bruce et son groupe se produire dans un club un peu plus tôt dans l'année et il était tombé en pâmoison. « Je voyais où ils allaient, dit-il. Je sentais qu'ils avaient besoin de devenir un groupe plus rock. » Convoqué pour une audition, Bittan resta assis en silence pendant que Bruce lui montrait les accords de « She's the One » à la guitare et, quand il fut invité à jouer ce qu'il voulait par-dessus, le pianiste se lança immé-diatement. « J'ai reconnu le beat à la Bo Diddley et j'ai réagi instinctivement, j'ai improvisé un truc en me disant: "Je ne sais pas si ça va coller." » Mais Bruce hocha la tête, le reste du groupe se joignit à eux, et c'était parti. Puis vinrent « New York City Serenade » – sans l'introduction – et « Let the Four Winds Blow » de Fats Domino. Ça avait l'air de bien se passer, songea Bittan.

Weinberg, en revanche, n'avait jamais vu ni entendu Bruce jouer. Mais il avait eu de bons échos sur lui, et puis le commentaire « pas de Jr. Ginger Baker » l'avait amusé. Il ne s'explique pas bien pourquoi, d'ailleurs, vu qu'il avait déjà un job attitré dans la comédie musicale *Godspell* tous les soirs et qu'il prenait des cours à Seton Hall University la journée. « Et je savais déjà que les groupes finissent toujours par vous briser le cœur », dit-il. Pourtant il appela pour auditionner. Curieux de voir ce que ça donnerait, mais suffisamment détaché pour ne pas en faire une montagne, Weinberg se présenta au SIR, un espace de répétition et de location de matériel dans le centre de Manhattan, avec en tout et pour tout une caisse claire, un charley et une grosse caisse. Étant donné que le candidat précédent était arrivé avec tout un attirail de cymbales étincelantes et de toms rutilants, le kit à trois éléments de Weinberg faisait, comme il dit, « un effet ultra-minimaliste ». Ils jouèrent pendant trois heures, passant de rythmes rock à des shuffles de Chicago, de La Nouvelle-Orléans et autres.

Mais le vrai test décisif fut le moment où Bruce se retourna brusquement en agitant les bras. Sans avertissement ni explication, Weinberg fit pourtant exactement ce qu'il fallait et s'arrêta net. Bruce sourit et relança le morceau. Une demi-heure plus tard, en plein milieu d'une autre chanson, et cette fois sans même se retourner, il leva la main droite en l'air. Ce fut l'instant crucial. « Tu es le seul mec à m'avoir sorti un *rimshot*, confia Bruce à Max bien des années plus tard. C'est là que j'ai su que j'avais trouvé mon batteur. »

Avec Bittan également à bord, la nouvelle équipe répéta une dizaine de jours avant de s'échauffer avec deux concerts surprises (et pourtant vite complets) au club Main Point de Bryn Mawr. Après quoi le E Street Band repartit sur les routes.

Bittan et Weinberg s'intégrèrent vite au groupe, apportant tous les deux de nouvelles possibilités musicales et des personnalités faciles à vivre qui adoucirent beaucoup la tension qui s'était accumulée entre les autres au fil des années, des concerts et des kilomètres. « Il y a eu une période d'ajustement, parce qu'on était comme une famille et que tout à coup ils débarquaient dedans, me confia Clemons. Mais on s'est très vite habitués à eux parce qu'ils étaient excellents. Et c'était comme si, du jour au lendemain, le groupe était devenu adulte. »

Sauf que, chaque fois que la tournée repassait par chez eux, et malgré ses vingt-quatre ans, Bruce était loin de se sentir adulte. Début 1974, sa relation avec Diane Lozito s'était fissurée en une succession de disputes, engueulades, ruptures et réconciliations tendues qui menaient de nouveau inévitablement aux mêmes conflits qui les avaient opposés plus tôt. Lozito était impétueuse et pugnace, Bruce, dominateur et têtu. Lozito avait besoin de sa dose d'attention publique, Bruce voulait tout garder pour lui. Ce qu'ils avaient en commun était une passion farouche qui les rendait fous tous les deux, surtout lorsque leur relation commença à vaciller. Chaque fois que Lozito essayait de le quitter, Bruce lui courait après et la ramenait de force à la maison, même quand elle le suppliait de la laisser tranquille. La fois où elle partit secrètement se réfugier à Nantucket, évitant ainsi le réseau informel des espions de Bruce (les fans du Jersey Shore, ça peut servir à beaucoup de choses), il rumina tout seul jusqu'à ce qu'un jour il repère à Centrak Park une amie de Lozito, Debbie Schwartz. Le fait qu'elle se trouvât au pied d'une scène sur laquelle il était en train de se produire devant plusieurs milliers de spectateurs (au Schaefer Festival en juillet) ne l'aida en rien à dominer son amère curiosité.

« Il est venu droit vers moi et il m'a demandé : "Où est Diane ?" » raconte Debbie Schwartz (aujourd'hui Debbie Colligan). « Tu es en plein concert ! » lui rétorqua-t-elle. Bruce n'en avait que faire. Il voulait une réponse *tout de suite*. Se sentant acculée, Schwartz lui avoua que Lozito avait logé chez elle à Nantucket mais qu'elle venait de partir s'installer à Boston. « Je n'ai pas pu supporter de vivre avec elle plus de deux semaines ! cria Schwartz. Elle est dingue ! » Tout en regagnant le centre de la scène, Bruce hocha la tête et lui lança : « Je sais ! »

« Le plus ironique, commente-t-elle aujourd'hui, c'est qu'ils étaient en train de jouer "Spirit in the Night", qu'il avait écrite pour elle. »

À présent les chansons d'amour qu'il composait étaient plus hagardes que fougueuses. Des histoires de romance, d'obsession et de promesses rompues par le temps, les circonstances, ou pire. La première version de « She's the One » – plus longue que la version définitive et dont une grande partie des paroles fut ensuite recyclée pour « Backstreets » – commençait par une fixation érotique (la femme aux grâces assassines et aux recoins secrets : « *With her killer graces and her secret places* ») avant de s'égarer dans un dédale de souvenirs de légendes brisées, de défis perdus, d'abandons et d'un amour « comme le soleil » (« *just like the sun* »). Le texte partait dans tous les sens, truffé d'images, de situations et de fils narratifs contradictoires. Mais « She's the One » était un morceau évolutif, encore en cours d'écriture. Et, tout comme l'album à peine ébauché auquel il était destiné, il serait fini, insistait Bruce, quand il serait fini.

12
Bon, allez, on n'a qu'à laisser pisser

u début de l'été 1974, lorsqu'ils eurent un mix abouti du single « Born to Run », Mike Appel invita le président de Columbia, Bruce Lundvall, au studio d'enregistrement. Lundvall écouta la bande démo sans rien dire. À la fin, il se tourna vers Bruce. « Tu viens de faire un tube », déclarat-il. À la grande surprise de Lundvall, Bruce se contenta d'un haussement d'épaules. « Il ne me croyait pas, raconte Lundvall. Mais je lui ai dit que c'était un hit assuré et que maintenant il fallait travailler au reste de l'album. »

On pourrait penser que ces louanges catégoriques venant de la personne la plus haut placée dans sa maison de disques auraient allégé la pression de la dernière chance qui pesait sur les épaules de Bruce. Eh bien, on aurait tort. Car chaque fois qu'il réécoutait ses deux premiers albums, tout ce qu'il entendait étaient les choses qu'il regrettait de ne pas avoir faites autrement. Les textes surchargés, le son guindé, la distance entre ce qu'il avait voulu dire et ce qui sortait des enceintes. « Son but était d'écrire de façon aussi directe que les grands auteurs-compositeurs, dit Appel. On ne parlait que de ça : l'équilibre, l'équilibre, l'équilibre. »

Ce qui semblait beaucoup plus facile à dire qu'à faire pour Bruce, qui passait des heures à suer sur chaque syllabe de son cahier, chaque note de chaque instrument et chaque nuance de chaque texture sonore. Tout, selon lui, devait être là dans un but bien précis. « Il n'arrêtait pas de revenir avec de nouvelles paroles, raconte Appel. Rien que pour "Born to Run", il a dû y avoir quelque chose comme cinq versions différentes. "Qu'est-ce que tu penses de celle-là, Mike ? Et là, comme ça ?" Au bout d'un moment, j'ai fini par lui dire de choisir celle qu'il préférait, moi, j'en avais marre. »

Mais ce n'était que le début. Toujours persuadé que c'était peut-être sa dernière chance de faire un disque, Bruce ne pouvait se permettre aucun compromis. Il fallait que cet album dise tout. Rien n'aurait jamais autant d'importance. En partie parce que les chansons qu'il écrivait étaient tirées de ses expériences les plus intimes, les plus profondes. Mais aussi parce que ses voyages et sa prise de conscience grandissante des errements politiques et culturels de l'époque[1] l'avaient convaincu que le sentiment d'abandon spirituel qu'il éprouvait résonnait bien au-delà de son propre vécu.

« Les gens avaient devant eux un pays qui avait atteint ses limites », dit Bruce de l'Amérique post-Nixon de 1975. Dans une période dominée par le cynisme et l'ironie, il voulait créer une œuvre qui pourrait réhabiliter le rock'n'roll comme une force culturelle capable d'inspirer et même de produire un changement dans la vie des gens, leur ville, le monde autour d'eux. Ce qui supposait de faire un album à la fois porteur de l'esprit de la tradition rock et qui soit un témoin vital de sa propre époque. Est-ce que ce serait le plus grand album rock de tous les temps ? Peut-être pas. Mais ça ne voulait pas dire qu'il ne fallait pas tout donner pour au moins essayer.

Appel, lui-même un joyeux mégalo, le soutenait sans réserve, et tant pis si le processus créatif devait s'avérer particulièrement douloureux. Bruce semblait déterminé à faire de chaque étape une bataille en règle contre les limites du débat philosophique et de l'endurance physique. « On pense qu'il y a une bonne façon de faire, mais c'est une illusion », confia Bruce au journaliste Joe

---

1. Les crimes du gouvernement Nixon, la fin peu glorieuse de la guerre du Vietnam, les crises économique et écologique tenaces, le scandale du Watergate et la démission humiliante de Nixon en 1974.

Levy du magazine *Rolling Stone* trois décennies plus tard. Sauf que, poursuivait-il, quand on est jeune et suffisamment paumé, se perdre dans le travail peut sembler bien plus séduisant que de se confronter directement à ses propres dysfonctionnements. « Je ne savais pas travailler autrement, disait Bruce. C'était sympa, mais épuisant. Volontairement épuisant, je pense. »

Lorsque Barry Rebo, le vidéaste qui suivait la carrière de Bruce depuis l'époque de Steel Mill, arriva à Blauvelt en janvier 1975 pour filmer une session d'enregistrement, il trouva Bruce, Appel et le groupe tristes et aussi blêmes que des fantômes. Un an après le début du travail sur le single « Born to Run » et la première ébauche du squelette de « Jungleland », ils avaient au total un seul morceau fini. Bruce en avait écrit une poignée d'autres, dont « She's the One » et « Wings for Wheels[2] » qu'ils jouaient déjà en concert[3]. Avec des professionnels aguerris comme Roy Bittan et Max Weinberg désormais embarqués dans l'aventure, Rebo s'attendait à ce que le travail avance plus facilement qu'avant. Mais la session, qui dura toute la nuit, fut au contraire une interminable série de faux départs, de soucis matériels, de prises désynchronisées et d'efforts de plus en plus découragés pour trouver l'énergie de recommencer.

Même pendant le dîner tardif dans la régie, plein d'anecdotes, de blagues et de ballons gonflables, la tension était palpable. Il suffisait de jeter un œil à travers la vitre pour voir un accordeur de piano s'échiner autour de celui du studio, perpétuellement désaccordé. Quand l'homme prévint Appel que l'instrument avait des problèmes structurels et ne pourrait jamais rester stable plus de trente minutes d'affilée, Appel

---

2. Le premier titre de « Thunder Road », avec des paroles moins soignées et un final très dansant à la « Rosalita ».

3. Et qui comportaient tous les deux des couplets et des digressions qui finiraient par être recyclés pour d'autres chansons, comme par exemple tout le milieu de la première version de « She's the One » qu'on retrouverait dans « Backstreets ».

hocha la tête, mais refusa la proposition du type de se tenir à leur disposition toute la nuit pour un tarif de dix dollars par heure. Ils n'avaient tout simplement pas les moyens de s'offrir ses services.

De nouveau à pied d'œuvre sur le coup de onze heures, Bruce, le groupe et la petite équipe de production s'attelèrent à un nouvel essai sur «Jungleland». Vêtu d'un tee-shirt et d'un blouson d'aviateur, Bruce lança le décompte depuis sa cabine et ferma les yeux pour chanter le premier couplet. Ils en étaient à peine à la moitié du deuxième quand Appel les interrompit *via* l'interphone de la régie en expliquant que les instruments s'étaient désynchronisés. Ils reprirent quelques instants plus tard, trébuchèrent, recommencèrent du début. Quand ils réussirent enfin à faire le morceau en entier, Appel enfonça le bouton de son microphone : «O.K., pour nous c'était une super prise. Bruce, qu'est-ce que tu veux faire?»

Springsteen haussa les épaules. «On en refait une, dit-il. Cette fois avec...»

Toujours devant son micro, Appel n'avait pas l'air d'entendre. «Quelle super prise! C'est génial d'en avoir une dans la boîte, non?»

Nouvel essai. Bruce, dans sa cabine, paupières closes, dansait et ondulait des bras en chantant, emporté par la musique. Et puis le *skronk* du bouton de l'interphone depuis la régie. «On arrête!» aboya l'ingénieur du son Louis Lahav. «Pourquoi?» demanda Appel. «Trop rapide.» Bruce soupira et ils recommencèrent, cette fois jusqu'au bout. Tout le monde convint que celle-ci était quasi parfaite... tout le monde sauf Bruce qui, sourcils froncés, réfléchissait à une transition au piano en 4/4 entre la première partie de la chanson et le solo de sax. «Tu trouves que ça marcherait, ces accords au milieu?» demanda-t-il. Tandis qu'Appel évaluait la nécessité de remanier la structure du morceau *une fois de plus*, Bruce entraîna le groupe dans une reprise débraillée mais joyeuse du «Anything Goes» de Cole Porter.

Encore d'autres tentatives sur «Jungleland», encore d'autres interruptions. Entre les prises, Bittan restait à son piano, l'air désemparé, cherchant de nouveaux renversements d'accords qui pourraient mieux coller dans le morceau. Mais pourquoi ceux-ci sonnaient brusquement si faux? Dans la régie, Appel se rendit à l'évidence: «Il est encore désaccordé, marmonna-t-il d'un air sombre. Est-ce qu'on le dit à Bruce?» Toujours isolé dans sa cabine, Bruce rouvrit les yeux et aperçut la caméra de Rebo juste de l'autre côté de la vitre. «Barry, euh... dit-il sur un ton amical, mais ferme, tu ne peux pas faire ça pendant que je fais ça.» Puis il réclama une autre prise.

«C'était l'enfer, raconte Jon Landau, que Bruce avait invité à venir voir ce qu'ils trafiquaient. J'ai assisté à une partie de tout ça, c'était tout simplement l'enfer. Atroce.» Habitué aux méthodes des studios d'enregistrement modernes, Landau était scandalisé. Tous les studios professionnels dans lesquels il avait travaillé ou qu'il avait visités avaient leurs propres accordeurs de piano, électriciens et experts en acoustique prêts à intervenir à tout moment lors d'une session en cours. Si n'importe quel instrument tombait en panne, des techniciens qualifiés pouvaient soit le réparer en un rien de temps, soit le remplacer par un autre qu'ils avaient en stock. «Ce que j'ai vu lors de ces sessions, dit Landau, c'est que Bruce n'arrivait pas à créer un élan à cause de toutes ces interruptions.» Après avoir parlé avec Roy Bittan, qui était familier des studios d'enregistrement, Landau se rendit compte qu'ils partageaient les mêmes frustrations. «Je me rappelle qu'il m'a dit: "Mais qu'est-ce qu'on fout ici, putain?"»

Tout ça ressemblait à une bonne blague sur un perfectionniste qu'on était en train de rendre fou. Sauf que ça n'avait rien de drôle. À part peut-être, de loin, pour le vieux copain de Bruce, ex-compagnon de route devenu entre-temps producteur et manager du groupe Southside Johnny and The Asbury Jukes. «Si ça vous prend six mois pour pondre un single, c'est qu'il y a clairement un truc qui ne va pas, déclara Steve Van Zandt trente ans plus tard. Qui peut tolérer ça ? Je ne sais pas comment ils ont fait pour avoir autant de patience. En principe, en trois heures, ça devrait être bouclé. »

Il fallait que quelque chose change. Alors Bruce décrocha son téléphone pour rappeler l'homme dont les mots l'avaient déjà tellement aidé dans sa carrière. Bruce avait vu l'avenir de son nouvel album et il s'appelait Jon Landau.

Un mois après la parution de son cri du cœur dans le *Real Paper*, Landau avait subi une intervention chirurgicale pour tenter de diminuer les symptômes de sa maladie de Crohn, une inflammation intestinale chronique. Au bout d'un long été de convalescence qui lui avait valu un séjour prolongé à l'hôpital et des mois d'alitement, il avait émergé en meilleure forme qu'il ne s'était senti depuis des années, bien que son mariage avec la critique de film Janet Maslin se soit récemment soldé par un divorce. Il déménagea à New York à la fin de l'automne et reçut une invitation de Bruce à venir passer une soirée chez lui à Long Branch. Mais comme, le matin en question, une tempête de neige avait bloqué les routes, il téléphona pour suggérer de remettre ça à une autre fois. « Mais j'ai senti pendant qu'on se parlait qu'il avait vraiment envie qu'on se voie ce jour-là », raconte-t-il. Bien emmitouflé, il prit un train depuis Pennsylvania Station qui, après moult retards et ralentissements, finit par arriver à Long Branch cinq heures après. Ce soir-là, Bruce étala par terre sa collection de disques et les deux fanas de musique commencèrent à passer leurs préférés sur l'électrophone, analysant les morceaux sous toutes les coutures possibles et imaginables : l'architecture de la musique, la structure narrative des paroles, le ton et l'émotion du chanteur, l'interaction entre la batterie et la basse, etc. Quand ils eurent un petit creux après minuit, ils prirent la voiture pour aller dîner au Inkwell Coffee House de Long Branch ouvert vingt-quatre heures sur vingt-quatre. De retour chez Bruce, ils continuèrent jusqu'à l'aube et retournèrent au Inkwell pour le petit déjeuner. À neuf heures du matin, Landau reprit un bus pour rentrer à New York.

« C'était juste quelqu'un d'intéressant et j'étais curieux, explique Bruce. J'étais passé à côté du monde des idées auquel vous donnent accès de vraies études universitaires, mais j'étais très attiré par les gens qui savaient manier les mots et exprimer leurs pensées. Je me disais : "Il y a quelque part un rapport avec ce que je fais." La vie de l'esprit compte autant que la vie du corps. » Pour Landau, ce fut une expérience tout aussi décisive sur le plan personnel. « Ça reste dans ma tête comme un moment clé qui nous a rapprochés et qui nous a fait passer à un autre niveau, dit-il. Pour lui aussi, je crois. Je pense que d'avoir fait le choix d'aller jusque là-bas dans une tempête de neige, c'était un geste lourd de sens pour moi comme pour lui. Et c'est à ce moment que les choses ont commencé à prendre forme pour *Born to Run*. »

En apparence, les deux hommes auraient difficilement être pu être plus différents. Élevé dans une famille d'intellectuels qui avait quitté le Queens pour s'installer à Lexington, dans le Massachusetts, alors qu'il était au collège, Landau était peut-être un ou deux crans au-dessous des meilleurs élèves de son établissement, mais il s'en tira suffisamment bien pour être admis à Brandeis University, où il étudia principalement l'histoire tout en s'intéressant avidement à la philosophie et à l'histoire culturelle américaine. Mais sa véritable passion, c'était la musique. Initié à Pete Seeger et son groupe les Weavers dès l'âge de cinq ans (un des avantages d'avoir pour parents des intellos de gauche), Landau commença les cours de guitare en CE1 et progressa régulièrement en s'appuyant sur la fameuse méthode Mel Bay jusqu'à l'aube du rock'n'roll au milieu des années 1950. « Après est arrivé le boum boum

boum de morceaux comme "That'll Be the Day", "Johnny B. Goode", "Good Golly, Miss Molly", toute cette série de disques, raconte-t-il. "Rock and Roll Shoes", "Sweet Little Sixteen". La vache, qu'est-ce que j'adorais cette chanson. J'ai plongé là-dedans corps et âme. Je les adorais toutes.» À onze ans, Landau prenait le métro tout seul du Queens à Brooklyn pour aller assister aux grands spectacles de rock organisés par le présentateur de radio vedette Alan Freed au Paramount Theater les samedis après-midi. Il écoutait le Top 40 sur la station new-yorkaise WMGM-AM tous les soirs, traquant les fluctuations du classement avec un bloc-notes et un crayon à la main. «Je me souviens que "Sweet Little Sixteen" était montée jusqu'à la deuxième place, mais qu'une autre chanson, peut-être "The Purple People Eater", l'a empêchée de devenir numéro un», dit-il en secouant la tête devant une telle injustice.

Landau s'enthousiasma pour les artistes de rhythm and blues du milieu des années 1960 (Aretha Franklin, Otis Redding, Sam & Dave, pour ne citer qu'eux) et s'immergea dans leur musique également. Il avait joué de la guitare dans un groupe au lycée et, en arrivant à Brandeis University, il forma avec son ami Tom O'Connell, étudiant dans la fac voisine de Tufts, un duo à la Simon and Garfunkel qu'ils baptisèrent Jelly Roll. Ils avaient leurs propres compositions, qui leur valurent un petit succès local. Alors qu'on leur proposait un contrat et la possibilité de se rendre à Nashville pour enregistrer une démo avec des musiciens professionnels, Landau décida au contraire de renoncer à sa carrière de chanteur. «J'ai eu peur, confie-t-il. Je ne sais pas si c'était pleinement conscient de ma part, mais je n'avais pas envie de me retrouver sous le feu des projecteurs. Je n'étais pas fait pour ça.»

Au même moment, il commença à écrire des critiques de disques pour le magazine *Crawdaddy!* de Paul Williams, qui n'était alors qu'un fanzine ronéotypé publiant des articles sérieux sur le rock, le rhythm and blues et d'autres formes de musique pop[4]. *Crawdaddy !* se bâtit vite un petit lectorat national et, environ un an plus tard, un jeune Californien du nom de Jann Wenner envoya à Landau la maquette du magazine consacré à la musique et à la culture jeune qu'il comptait lancer à son tour à l'automne 1967. Impressionné par ce prototype du futur *Rolling Stone*, Landau rejoignit l'équipe à distance en tant qu'éditorialiste et critique musical, et sa réputation comme son influence grandirent en même temps que celles du magazine. Chaque fois que Jerry Wexler, le grand producteur et découvreur de talents du label Atlantic Records, passait lui rendre visite, Landau en profitait pour consolider leurs liens et en apprendre le plus possible sur les rouages internes de l'industrie musicale et les complexités de la production de disques. Un autre de ses amis du milieu, Danny Fields, qui travaillait à la communication chez Elektra Records, lui demanda un jour d'écrire une analyse critique sur les MC5, un groupe protopunk radical que le label venait de faire signer, et Landau pondit un long article détaillé de vingt pages. Lorsque le label planta les MC5 six mois plus tard[5], il les recommanda à Wexler, qui proposa de les prendre chez Atlantic, mais à condition que Landau promette de produire leur album suivant.

Landau accepta la mission et leur collaboration s'avéra étonnamment fructueuse. « Il avait bien fait ses devoirs, il savait tout sur les disques, ce qui lui a fait gagner beaucoup de points auprès de moi », raconte le guitariste des MC5, Wayne Kramer. Landau aida ce groupe chaotique à clarifier sa vision musicale, conseilla Kramer sur la façon d'organiser leur structure économique (qui jusqu'à présent était gérée à travers l'association de leur

---

4. Williams, encore étudiant lui aussi, fut très certainement le premier journaliste et rédacteur en chef américain à jamais tenter une chose pareille.

5. Non pour n'avoir pas vendu assez d'exemplaires de leur premier album, *Kick Out the Jams*, mais parce que la chanson éponyme, avant d'être réenregistrée dans une version épurée pour la sortie du single, incluait à plusieurs reprises le mot *motherfucker* (« enculé »), ce qui à l'époque les rendait beaucoup trop subversifs.

manager John Sinclair) et d'améliorer la communication entre
eux. « Jon nous a appris à nous parler honnêtement, comme un
genre de thérapie de groupe, dit Kramer. On faisait des réunions
où il nous demandait par exemple : "Alors, Wayne, qu'est-ce que
tu penses de tel truc ?" "Et toi, Fred [Smith, l'autre guitariste
du quintette], qu'est-ce que tu penses de ce que Wayne vient de
dire ?" Ça nous a élevés à un nouveau degré de conscience. »

Le fruit de leurs efforts, l'album de 1970, *Back in the USA*,
se fit éreinter par les critiques et les fans qui le trouvaient beaucoup trop mesuré pour un groupe de révolutionnaires déchaînés,
mais les mois que Landau avait passés à travailler avec eux
restèrent en tout cas dans la mémoire de Kramer comme une des
périodes les plus heureuses et productives de leur carrière. « J'ai
vraiment insisté pour qu'il soit notre manager, raconte le guitariste. Mais il répétait qu'il ne voulait absolument pas devenir
manager, il voulait juste produire des disques. » Et en effet
Landau continua à produire des albums pour Livingston Taylor,
le petit frère de James, lui-même auteur compositeur interprète
de grand talent, et tenta de produire celui du J. Geils Band, un
groupe de blues rock de Boston qu'il avait amené à Wexler chez
Atlantic Records. Mais ce disque ne vit jamais le jour[6], et quand
les problèmes de santé de Landau dus à sa maladie de Crohn
s'aggravèrent, il revint à la vie plus paisible de journaliste
musical. Largement reconnu comme un des meilleurs représentants américains de cette toute jeune pratique qu'était alors la
critique de rock sérieuse, Landau confiait à ses amis qu'il aurait
aimé qu'on le surnomme le « roi des critiques rock ». Il plaisantait plus ou moins. Mais plus ou moins seulement.

La première contribution de Landau à l'album *Born to Run* lui
trottait dans la tête depuis plus d'un an : se tirer des 914 Sound

───────────

6. Même si le J. Geils Band allait bientôt devenir un groupe acclamé qui
finirait par vendre énormément d'albums.

Studios. « Fais quelque chose, bon sang ! implorait-il son ami. Tu es un artiste de niveau international, tu mérites un studio de niveau international ! » Enfin convaincu, Bruce alla voir Appel et lui demanda de leur trouver un nouvel endroit. Quand les sessions d'enregistrement reprirent au mois de mars, ce fut à la Record Plant, en plein cœur de Manhattan. Et même si Appel n'était pas persuadé qu'ils aient besoin d'un expert supplémentaire en studio, la parole de Bruce faisait toujours la loi et Appel dut se pousser un peu pour faire de la place au troisième coproducteur de l'album : Jon Landau.

« Jon adorait Bruce, raconte Appel. Il était prêt à jouer n'importe quel rôle qu'on voudrait bien lui donner. Alors il allait falloir trouver de la place pour nous deux. » Landau accepta. « Mike était assez pragmatique, dit-il. Il a compris ce que voulait Bruce et il a fait de son mieux pour s'y adapter. » La tension qui en résulta n'était pas pour déplaire à Bruce, qui avait appris les avantages d'être le pivot entre deux forces opposées quand, petit garçon, il vivait sous le toit de ses grands-parents sous l'autorité parentale de deux couples à la fois. Pendant qu'Appel et Landau se disputaient son attention, lui pouvait tirer un riche profit des points forts respectifs de ses deux partenaires, se tournant vers Landau pour les conseils concernant la structure et la narration tout en s'en remettant à la maîtrise du détail d'Appel pour être sûr que chaque note sonne parfaitement juste. « On s'entendait bien, dit Landau en parlant d'Appel. C'est moi qui dirigeais sur pas mal de trucs, mais Mike a une endurance phénoménale. Quand on en arrivait au niveau des détails infimes sur lesquels j'avais du mal à garder ma patience, Mike était un bourreau de travail. » Et puis ils étaient tous trop concentrés sur l'album pour s'embêter avec des conflits de personnalité ou de territoire. « Il n'y avait rien de fourbe chez Jon, dit Appel. C'est juste qu'on n'a jamais vraiment eu l'occasion de bien se connaître. »

Comme Appel le confia à son biographe Marc Eliot en 1989, « ce que Landau fit de plus important fut de relancer l'album et de secouer Bruce pour qu'il se bouge les fesses ». Et en effet, les oreilles fraîches de Landau aidèrent Bruce à identifier des coupes et des modifications évidentes. « Jungleland », par exemple, perdit son intro hispanisante mélodramatique à base de percussions, de maracas et de phrases de violon passionnées au profit d'un élégant prélude dans lequel les talents de la violoniste Suki Lahav[7] étaient bien mieux utilisés. Landau contribua aussi à alléger les arrangements de « Thunder Road ». Mais, malgré la lucidité qu'il apportait, Landau encourageait également la tendance de Bruce à soupeser pendant des heures la moindre note, le moindre accord de guitare ou silence de l'orgue. Comme Landau le reconnut plus tard, il leur fallait souvent les lamentations d'Appel au milieu de la nuit – « Les gars ! On est en train de faire un *disque*, là ! » – pour se remettre au boulot.

Appel se souvient aussi d'avoir dû lutter pour convaincre Bruce et Landau de renoncer à inclure « Linda Let Me Be the One » et « Lonely Night in the Park » sur l'album définitif. « Je leur disais : "Vous croyez vraiment que ces chansons merdiques peuvent tenir la route à côté de 'Backstreets' ou de 'Thunder Road' ? C'est ce que vous croyez ? Vous vous foutez le doigt dans l'œil !" » Et il se révéla aussi têtu, et bien avisé, quand il se battit au contraire pour garder « The Heist », par la suite rebaptisé « Meeting Across the River », parmi les titres de l'album. Musicalement, avec son piano, sa contrebasse et sa trompette bouchée, ce morceau paraît plus proche de la poésie urbaine romantique de « New York City Serenade » et de « Incident on 57th Street » que du rock ultra-fignolé qu'ils cherchaient à atteindre sur ce nouveau disque. Mais cette fois les paroles et la musique avaient été épurées au maximum afin d'illustrer la dernière tentative de rédemption désespérée d'un homme.

---

7. La femme de Louis Lahav, qui participait aux concerts du groupe depuis l'automne 1974, en particulier sur un très joli arrangement piano violon voix de « Incident on 57th Street ».

Ils avaient encore tellement de détails à régler, tellement d'heures, de jours, de semaines et de mois de travail pour ajuster la tonalité précise de tel solo de guitare, le glissando sur telle introduction au piano, ou bien la meilleure manière de mixer les différentes pistes afin d'obtenir à la fois le son étincelant et la puissance émotionnelle que Bruce voulait entendre. Il s'était mis à voir cet album comme un roman musical, chaque chanson individuelle s'inscrivant dans une même histoire globale. Et, comme dans un roman, les chapitres – en l'occurrence les morceaux – devaient s'assembler, contraster mais également se mettre en valeur les uns les autres. Alors, même si « Thunder Road » semblait parfait dans la version jouée par tout le groupe, il collerait peut-être mieux avec le reste de l'album dans un contexte complètement différent, avec un son et un message complètement différents. À un moment, alors que la chanson était déjà entièrement finalisée, Bruce la démolit jusqu'aux fondations pour la reconstruire comme un morceau mélancolique à la guitare acoustique avec une mélodie totalement nouvelle, une grille d'accord simplifiée, des paroles modifiées et le cri final, « *I'm pulling out of here to win* » (« Moi, je me tire de là pour gagner ») susurré tel un soupir de défaite.

Le processus paraissait lent, morose et tortueux. Quand la femme de Tallent vint assister à une session un soir, elle se retrouva à passer huit heures à regarder Bruce diriger le groupe sur huit mesures d'un passage instrumental dans un morceau. « En partant, elle m'a dit : "C'est la dernière fois que je t'accompagne en studio !" » se souvient Tallent. Les musiciens, évidemment, n'avaient pas le choix. « Tout ce qu'on pouvait faire, c'était tenir bon. Fumer un max de shit et essayer de garder son calme », racontait Clemons, qui passa seize heures à jouer et rejouer chaque note de son solo sur « Jungleland » afin de satisfaire l'oreille exigeante de Bruce attentive au moindre détail.

Quand les sessions furent enfin terminées, Bruce décrivit toute cette période comme une boucle sans fin de parties injouables, d'erreurs irréparables et d'enregistrements immixables. L'expérience, confia-t-il à John Rockwell du *New York Times* fin 1975, lui avait paru « comme un total anéantissement. C'était dévastateur, le truc le plus difficile que j'aie jamais eu à faire ». Et son obstination à refuser l'aide de gens plus expérimentés, en particulier quand il s'était agi de mixer les versions finales des morceaux, n'avait fait qu'aggraver les choses. Car même s'il exigeait d'avoir le contrôle absolu sur tous les aspects de l'album, le fait de détenir autant d'autorité accroissait aussi son fardeau moral. Plus il s'agrippait à l'objet de ses désirs, moins il avait de recul pour l'appréhender dans sa globalité.

Steve Van Zandt passa un beau jour voir où ça en était et trouva Bruce, Landau et Appel en train de s'échiner à diriger les musiciens de studio très cher payés d'une section de cuivres[8] sur un passage de « Tenth Avenue Freeze-Out », un bruyant défoulement R&B à l'ancienne censé célébrer le lien spirituel de Bruce avec son groupe. Comme toujours, le processus mettait des plombes. De plus en plus énervé et fatigué, Bruce vint trouver son vieux pote, alors allongé sur la moquette de la régie. « Qu'est-ce que t'en penses ? » lui demanda-t-il. Van Zandt leva les yeux vers lui. « Moi ? J'en pense que c'est nul. » Bruce se raidit et laissa échapper un bref ricanement. « Eh ben, vas-y, t'as qu'à faire mieux ! » aboya-t-il en se laissant choir lourdement dans un fauteuil.

« Ça a l'air d'un mythe, mais, pour une fois, c'est une histoire vraie », raconte aujourd'hui Van Zandt. Sous le regard découragé de son ami derrière la vitre de la régie, Van Zandt se leva, poussa la porte du studio et se planta au centre de la pièce. « O.K., les enfants ! lança-t-il. Vous pouvez me virer toutes ces partitions, maintenant. » Restant debout, Van Zandt pointa le doigt vers chacun des musiciens et lui chanta sa nouvelle ligne mélodique.

---

8. Composée des frères Michael et Randy Brecker (respectivement au sax et à la trompette), du saxophoniste Dave Sanborn et du tromboniste Wayne Andre.

Après une brève répétition avec les cuivres uniquement, il fit signe à l'ingénieur du son de faire tourner la bande. Et quand ils réécoutèrent l'ensemble, ça collait parfaitement avec le groove joyeux et entraînant à la Stax Records qu'ils avaient recherché toute la soirée. Et là Bruce se tourna vers Appel. « Faut qu'on prenne ce mec dans l'équipe », dit-il. Van Zandt accepta la proposition de son vieux copain, mais, comme il dit, surtout parce qu'il ne pensait pas s'engager dans grand-chose.

« Pour moi, le truc de Bruce n'allait pas durer très longtemps, raconte-t-il. Ils avaient sept concerts de prévus, point barre. Alors j'ai pris cette invitation plutôt comme : "Hé, t'as qu'à venir jouer ces sept derniers shows avec nous." » Ce qui lui convenait parfaitement vu que son activité principale – manager, producteur et compositeur des Asbury Jukes – commençait à payer maintenant qu'ils étaient devenus le groupe le plus populaire dans le circuit des bars de la côte Est. Néanmoins et, malgré ce qu'il avait pu se passer entre eux au cours des dernières années, Van Zandt se considérait toujours comme le lieutenant le plus fidèle de Bruce. Si son pote avait besoin de lui, il serait là et sans poser de questions. « Et finalement, je suis resté sept ans. »

Le mixage – le processus consistant à filtrer, optimiser puis fondre ensemble les différentes pistes sur lesquelles était enregistrée chaque performance individuelle – s'enlisa vite dans un nouveau processus tortueux qui les mena jusqu'à l'aube du 20 juillet, quelques heures à peine avant que Bruce et sa troupe soient attendus pour le lancement de leur tournée été-automne à Providence, Rhode Island. Le fait de pouvoir enfin quitter les studios de la Record Plant fut pour eux tous un immense soulagement, mais leur répit émotionnel fut de courte durée.

Cinq jours plus tard, Appel débarqua dans leur hôtel à Kutztown, en Pennsylvanie, avec un acétate du master de *Born to Run*. Une fois Bruce, sa nouvelle copine Karen Darvin et le reste du groupe réunis, Appel posa le disque sur l'électrophone portatif bon marché que Bruce trimballait toujours avec lui sur la route et le laissa tourner. Quand les dernières notes de «Jungleland» se dissipèrent, tout le monde poussa des cris de joie, applaudit et se tapa dans la main. Stephen Appel, qui faisait toujours office de directeur de tournée, remarqua que son grand frère avait les larmes aux yeux. Un vent de soulagement semblait souffler par la fenêtre ouverte, sauf pour Bruce, qui restait assis, le visage tendu, les yeux rivés sur la moquette. «Je sais pas, dit-il d'un air sombre. J'aurais pas vu ça comme ça.» La barbe en bataille, il se leva d'un bond, arracha l'acétate de la platine et sortit d'un pas furieux dans la cour de l'hôtel, où il le balança dans la piscine.

Qu'est-ce qui n'allait pas? *Tout*, en fait. Les parties de sax avaient l'air d'une mauvaise imitation de Springsteen (c'est là que Clemons quitta la pièce ulcéré). Le piano noyait les guitares. Le mix avait la limpidité d'une tempête de merde. Tout ce temps, tout ce travail, et c'était ça qu'ils pouvaient faire de mieux? Et en guise de conclusion, un «*Fuck!*» retentissant. Leur enthousiasme légèrement refroidi, les musiciens restants sortirent tour à tour pour rejoindre leur chambre ou (plus vraisemblablement) le bar. Seul avec les frères Appel, Bruce sombra dans l'abattement. Est-ce qu'il était conscient qu'un acétate ne sonnait jamais aussi bien que le disque fini? Est-ce qu'il avait songé que l'électrophone portatif sur lequel ils venaient d'écouter l'album, avec ses enceintes en plastique, son bras en fer-blanc et son allure de jouet pour enfants, n'était peut-être même pas capable de restituer le son riche et complexe qu'ils avaient produit? Apparemment pas.

Mais Bruce s'obstinait à considérer tout ce projet comme une perte de temps. Une cruelle parodie de rock'n'roll. De la merde en boîte. Appel téléphona à Landau, qui était parti en Californie rendre visite à ses collègues de *Rolling Stone*, lui expliqua ce qui se passait et tendit le combiné à Bruce. C'est ainsi que s'engagea, comme s'en souvient Landau, une conversation «combative».

« Ce que j'essayais de lui faire comprendre, c'est qu'une partie du boulot consiste à savoir finir. Je disais : "Écoute, tu ne peux pas et tu ne pourras jamais mettre toutes tes pensées, toutes tes idées, toutes tes impulsions créatives dans un seul disque." » À partir de maintenant, insista Landau, il fallait que Bruce note toutes ses nouvelles idées dans son carnet pour le *prochain* album. « Parce qu'il *va* y avoir un prochain album, crois-moi », lui promit-il.

Bruce n'était toujours pas convaincu. Il raccrocha et se tourna vers Appel, qui secouait la tête, affalé dans un fauteuil. « O.K., rien à foutre, déclara Appel. On bazarde tout. Non, sérieux, c'est vrai. Rien à foutre. » Il continua sur le même ton, expliquant qu'il allait annoncer la nouvelle au président de Columbia, Bruce Lundvall, dès le lendemain matin. C'est sûr qu'il serait furax. Mais bon, c'était ça, le show business. Et peut-être qu'ils pourraient laisser le label sortir le single « Born to Run » comme bouche-trou en attendant qu'ils réenregistrent les morceaux en version cent pour cent live, sans aucun overdub ni artifice à la Phil Spector. Oui, ça pourrait fonctionner. Ou, mieux encore, ils n'auraient qu'à enregistrer quelques concerts et se servir des nouvelles chansons live comme pistes de l'album. Tout était possible, après tout.

« Je faisais exprès d'être encore plus dingue que lui, vous comprenez ? explique Appel. Comme ça, c'était à lui d'incarner la voix de la raison. » Bruce, Karen Darvin et les frères Appel montèrent dans la voiture de Mike et prirent la route, direction New York. Ils étaient peut-être à mi-chemin quand Bruce se mit à rire. D'abord discrètement, puis aux éclats. « Il trouvait hilarant que Mike soit aussi cinglé, raconte Stephen Appel. Tout à coup, il était de super bonne humeur. À la fois Mike et Jon lui avaient dit exactement ce qu'il fallait. Je n'ai jamais vu Bruce aussi heureux que pendant ce trajet en bagnole. » Une fois arrivés à New York, Bruce balaya d'un revers de main les six heures de torture qu'ils venaient de subir. « Bon, allez, dit-il, on n'a qu'à laisser pisser. »

Born to Run sortirait pile un mois plus tard.

Début août, le groupe parcourut quelques-unes de ses villes fétiches afin de se roder avant une série de cinq soirées, avec deux shows par soir, au Bottom Line, dans le West Village de New York. Les dix concerts affichèrent complet instantanément – ce qui n'était pas un exploit vu la jauge de quatre cents places de cette salle –, mais, cette fois encore, l'enjeu n'était pas tant les fans qui payaient leur place que les critiques, faiseurs d'opinion et autres gourous de l'industrie musicale invités par CBS qui détermineraient la façon dont serait reçu le nouvel album tant attendu de celui qui incarnait soi-disant l'avenir du rock. « La terre entière est venue à ces concerts, raconte Van Zandt. Et pas de façon très bienveillante. C'était plutôt du genre : "Vas-y, montre-nous un peu ce que tu sais faire !" »

Alors Bruce leur montra, avec dix shows d'une heure et demie compacts mais intenses qui mélangeaient une sélection de morceaux de ses deux premiers albums, des extraits du nouveau et des reprises des années 1960, qui mettaient en lumière les liens de Bruce avec les fondations du rock (la version des Beach Boys de « Then I Kissed Her », « When You Walk in the Room » des Searchers et « It's Gonna Work Out Fine » d'Ike et Tina Turner). Et tandis que le groupe jouait avec sa discipline et son énergie habituelles, Bruce, lui, était comme un possédé. Il agitait les bras, se mettait à faire des petites danses épileptiques (imaginez une marionnette avec un courant de cinq mille volts dans ses fils), puis bondissait de la scène et fonçait entre les rangées de tables pendant que les spectateurs envoûtés essayaient de lui taper dans la main sans lâcher leur verre. De retour sur l'estrade, il flirtait avec les filles des premiers rangs, s'adressait en criant à sa famille dans le fond et racontait des histoires sans queue ni tête sur son enfance et sa période avec les Castiles et Steel Mill.

Les célébrités vinrent en masse, y compris l'acteur Robert De Niro, qui ne manqua pas de remarquer le petit numéro dans lequel Bruce répétait à ses fans qui lui réclamaient un rappel

« *Are you talkin' to me ?* » (« C'est à moi que vous parlez ? »,
qui devint en 1976 une des répliques cultes de son personnage de psychotique dans *Taxi Driver*), accompagné du réalisateur Martin Scorsese, qui en ressortit avec l'envie de confier
au rocker un rôle dans un de ses films. Lorsque Clive Davis
débarqua avec Lou Reed dans son sillage, l'ancien président
de Columbia[9] n'en revint pas du chemin qu'avait parcouru le
jeune folkeux timide qu'il avait rencontré en 1972. « J'étais
abasourdi, raconte-t-il. C'était la meilleure performance live que
j'avais vue de toute ma vie. » Quand Davis le retrouva dans les
loges pour le saluer après le concert, Bruce le prit dans ses bras
et lui murmura à l'oreille : « C'est bon, je bouge assez pour toi,
maintenant ? »

De leur côté, les services de com' de Columbia/CBS
s'agitaient pas mal aussi. Ayant reçu pour consigne du président
Bruce Lundvall de dépenser deux cent cinquante mille dollars
afin de faire courir le buzz aussi vite, loin et inéluctablement
que possible, Glen Brunman conçut la campagne marketing de
Born to Run comme un plan de débarquement militaire, avec
plusieurs forces prêtes à passer à l'attaque en vagues successives. Commençant par des posters et des présentoirs destinés
aux disquaires, ils profitèrent des nombreux articles et critiques
générés par la série de shows très *people* au Bottom Line pour
inonder la presse d'encarts publicitaires annonçant la sortie
de l'album à la fin du mois d'août. Un déluge de Bruce ceci et
Bruce cela, le tout illustré par de magnifiques portraits du jeune
artiste barbu qui ressemblait à un motard poète avec ses boucles
brunes, son jean noir, son blouson en cuir, son badge d'Elvis
Presley sur la poitrine (ou sur la manche, selon les photos) et
sa Fender désormais bien amortie en bandoulière avec une
paire de Converse pendue aux clés de la guitare. Rien qu'avec
ça, vous aviez tout l'album sous les yeux : la quintessence du

---

9. Devenu entre-temps président du label Arista Records.

rock'n'roll des années 1950 et la poésie beatnik du folk rock des années 1960 mêlées au délabrement spirituel de l'Amérique du milieu des années 1970.

Et si ça n'était pas assez iconique en soi, regardez bien la pochette de l'album lui-même : la photo noir et blanc de Bruce – blouson de cuir noir, guitare à la main, badge d'Elvis épinglé sur la sangle – affalé sur l'épaule puissante de Clemons, dont la chemise blanche contraste vivement avec son chapeau noir et, bien sûr, sa peau noire éclatante. Car Bruce savait que dans cette image résidait le cœur de son groupe : l'unité, la fraternité, un micro-accomplissement des idéaux américains de force, d'égalité et de communauté. L'essence de la devise « *E pluribus unum* » (« Un à partir de plusieurs »), passée au prisme de l'union du rock'n'roll et du rhythm and blues. « Une amitié et une narration imprégnées de l'histoire compliquée de l'Amérique sont en train de prendre forme et il y a déjà de la musique dans l'air, écrivit Bruce trente-cinq ans plus tard à propos de cette photo dans la préface des mémoires fantasques de Clemons, intitulées *Big Man*. La magie de l'album commence à opérer. »

Et, en termes d'évocation d'images, elle opérait à tous les niveaux : l'union visuelle d'Elvis, Dylan et Brando, avec une touche de Stagger Lee[10] pour le côté voyou. Et si ça couvrait un gros morceau d'iconographie culturelle, les chansons elles-mêmes puisaient encore plus loin avec leurs visions d'amours de jeunesse, de petites villes, de routes trépidantes et des dangers de la mégapole. Avec en prime, grondant sous la surface, une étincelle d'espoir et la promesse – fragile, mais quand

---

10. Lee Shelton (1865-1912), plus connu sous son surnom de « Stagger Lee », « Stagolee » et autres variantes, était un proxénète noir de Saint Louis, Missouri, qui devint une figure du folklore américain après le meurtre d'un homme qui lui aurait arraché son Stetson dans un saloon en 1895. Ce fait divers fit de lui une icône dans la communauté noire – incarnant la virilité, la dureté, le style, l'amoralité et la rébellion contre l'autorité blanche – et inspira la célèbre chanson folk traditionnelle « Stagger Lee », reprise sous différents titres par de très nombreux musiciens. *(N.d.T.)*

même – que n'importe quelle route américaine pouvait vous conduire partout où vous aviez eu l'imagination, le courage et la chance de vouloir vous rendre. Mais, en plein mandat de Gerald Ford, après plus de douze années caractérisées par des assassinats, la guerre, la corruption politique et l'effondrement de la culture hippie/Woodstock/*flower power*, l'affirmation d'une telle croyance – d'autant plus de la part d'un vétéran de ces mêmes conflits culturels – était saisissante.

Pourtant elle est bien là, dès l'introduction de « Thunder Road », avec son petit air de boîte à musique rouillée, tandis que la voix de Bruce, qui paraît plus jeune et plus claire que sur ses précédents albums, salue une fille qui sort sur son perron dans la brise du crépuscule. Tous les deux rejetés socialement, ils n'ont que leurs prières pour espérer une occasion qui ne se présente jamais. Alors le chanteur lui propose la seule chose qui lui reste à offrir : le moteur de sa voiture et la route pour quitter la ville. « Allez, la nuit s'ouvre en grand / Ces deux voies nous mèneront n'importe où ! » (« *Well, the night's bustin' open / These two lanes will take us anywhere!* ») Le groupe est explosif, mais Bruce, d'une voix de crooner incroyablement chaude et puissante, couronne le tout. « Ça a dû me venir directement des disques de Roy Orbison, dit-il de sa nouvelle technique vocale. Cette grosse voix lyrique, très ronde. J'adorais le son de sa voix, alors j'ai essayé. Je me suis dit : "Allez, je me lance." Et ça n'a pas donné exactement pareil, mais ça a donné quelque chose. » En effet, les enceintes bouillonnent d'un sentiment d'urgence romantique. Même quand les paroles deviennent un peu tirées par les cheveux (le tueur dans le soleil, la guitare qui parle, les fantômes qui crient), la force dans la voix de Bruce fait qu'on demeure hypnotisé. Meurtri, brûlé et quelque part insoumis, il prend le rêve américain au pied de la lettre, misant tout sur l'invitation de la route qui s'ouvre à lui et sa propre volonté acharnée : « C'est une ville pleine de perdants / Moi, je me tire de là pour gagner ! » (« *It's a town full of losers / I'm pulling out of here to win!»*) L'épopée d'un héros qui tient autant de l'*Iliade* que de *L'Équipée sauvage*.

Chaque chanson vise droit au cœur ; chaque intro au piano, chaque ligne d'orgue, chaque break de batterie, chaque note de guitare distordue est là pour raviver un souvenir, débusquer une cicatrice, indiquer l'avenir. Le guilleret « Tenth Avenue Freeze-Out » est à la fois le récit mythique de la création du E Street Band et une méditation sur le pouvoir transformatif de l'amitié. Les guitares hurlantes de « Night » dépeignent le circuit formé par Ocean Avenue et Kingsley Street comme l'arène de la dernière chance où les classes populaires peuvent accéder à la gloire, tandis que « Backstreets », tour à tour maussade et explosif, met en scène une romance adolescente brisée dans une ville mourante et sans âme. Sur la face B, une explosion de batterie jaillit en ouverture du titre qui donne son nom à l'album. Plus rapide, plus âpre et d'une écriture plus délirante que son pendant au début de la face A, « Born to Run » sonne comme un mélange du « Like a Rolling Stone » de Dylan et des « Good Vibrations » des Beach Boys. Comme dans le premier, les paroles imagées de « Born to Run » (les cages, les machines à suicide, les jantes de velours, les bourdons à moteur) définissent un vocabulaire d'une étonnante nouveauté. Et comme dans le deuxième, la musique est suffisamment puissante pour renvoyer les paroles au second plan. Les deux réunis, il en sort un morceau d'une force cyclonique, capable de souffler les maisons, d'arracher les arbres de la terre, de projeter les vaches jusqu'au comté voisin.

« She's the One » revient aux fondamentaux, déroulant son histoire d'amour obsessionnel sur un beat à la Bo Diddley joué avec toute la subtilité d'un char d'assaut. Mais telle est la douleur du désir ; tels sont les plaisirs d'une passion déçue. Le jazz de piano-bar de « Meeting Across the River » entraîne son héros maudit dans un film noir des années 1950 et le projette dans les rues sombres qui vibrent déjà de l'animation qu'on retrouve dans le morceau de bravoure en clôture de l'album, les neuf minutes trente-trois de l'épique « Jungleland ».

Là, après un prélude au violon, un simple piano accompagne le récit élégiaque de Bruce contant l'histoire du renégat Magic Rat, qui fait équipe avec une fille aux pieds nus pour finir poursuivi par les « forces de l'ordre maximum », ennemies des gangs de rue, des groupes de rock, des amants au cœur vide et de tous les autres personnages qui battent le pavé. Et ce soir-là ils s'habillent comme des visionnaires, ils brandissent leurs guitares « comme des crans d'arrêt » qu'ils manient avec la grâce de danseurs de ballet. Magic Rat et la fille aux pieds nus s'éclipsent ensemble et leur union coupe toute la ville dans son élan. Un saxophone solitaire résonne dans la nuit et, quand se termine cette mélodie d'une tristesse infinie, tout a changé. Reprenant sur un ton lugubre et monocorde, Bruce raconte la mort de Magic Rat, abattu non par les flics ou un rival, mais par son propre rêve. En un clin d'œil, les rues sont en feu, les batailles font rage, les rêves s'évaporent. Quand la fumée se dissipe, la dévastation est telle que même les poètes en restent muets : « Ils se tiennent en retrait et laissent faire. » (« *They just stand back and let it all be.* »)

Comme l'affirmeraient les critiques, *Born to Run* était à la hauteur de toutes les promesses jamais faites au sujet de Bruce Springsteen. Des premières notes vaporeuses de « Thunder Road » à la passion viscérale de « She's the One » et « Night » en passant par l'ambition insatiable animant le morceau-titre et les tragédies de « Backstreets » et « Jungleland », l'album se présentait à la fois comme un résumé des vingt années précédentes de rock'n'roll, un portrait de son époque et la pierre angulaire d'une carrière qui allait désormais refléter et façonner la culture des vingt années suivantes, et des vingt encore après. Comme *Meet the Beatles!*, le premier vrai album américain des Beatles, le *Blonde on Blonde* de Bob Dylan, le premier album d'Elvis Presley ou le *Nevermind* de Nirvana, *Born to Run* établissait un son et une identité suffisamment puissants pour altérer de façon définitive la perception de ceux qui l'écoutaient, qu'ils aiment ou pas ce qu'ils entendaient. « C'est l'album dans lequel je laissais derrière moi mes définitions adolescentes de l'amour et de la liberté, écrivit Bruce. *Born to Run* marquait une frontière. » Près de quarante ans plus tard, c'est toujours le cas.

13
Méfiez-vous de vos rêves,
ils pourraient bien se réaliser

Les critiques qui saluèrent la sortie de *Born to Run* avaient l'air de célébrer le second avènement du Christ. « Le plus pur aperçu de la passion et de la puissance du rock'n'roll en près d'une décennie », clamait Robert Hilburn du *Los Angeles Times*. Ce qui pouvait sembler déjà pas mal, jusqu'à ce que vous lisiez les réflexions du critique musical en chef du *New York Times*, John Rockwell : « Les talents de M. Springsteen sont si puissants et variés qu'il est difficile de vouloir même essayer de les décrire en si peu de mots... vous vous devez d'acheter ce disque. » Prenez *Rolling Stone* et vous aviez Greil Marcus, un des rares critiques de rock à pouvoir prétendre marquer quelques points contre Jon Landau dans une joute intellectuelle, qui considérait *Born to Run* comme « un magnifique album qui remplit tous les paris qui ont jamais été placés sur [Springsteen] ». Chez *Creem*, l'article était signé de la main jaunie de nicotine de Lester Bangs, le gonzo journaliste dont la plume acide pouvait réduire la musique et les musiciens qu'il trouvait surfaits en une flaque nauséabonde. Mais si Bangs avait flairé le coup de bluff dans la campagne marketing de Columbia (« un des plus gros battages médiatiques de ces derniers temps »), son enthousiasme pour le disque l'emportait sur le reste. « Bruce Springsteen est un archétype américain et *Born to Run* sera probablement le meilleur album de l'année », écrivait-il. Et ce n'était pas fini : « En ces temps de misère économique et de désirs au rabais, la musique de Springsteen est majestueuse et passionnée et l'assume pleinement... et on peut s'envoler avec lui en savourant la percée grisante d'un nouveau gamin surdoué qui surfe au sommet de sa puissance et qui fait le malin parce qu'il le réussit pile, cet accord, et qu'il aura le dernier mot au nirvana des petites frappes. »

Plus l'engouement autour de *Born to Run* continuait à croître, plus semblait s'imposer comme une évidence l'idée que cet album, comme Bruce lui-même, était tout simplement héroïque : le cadeau de Dieu aux déshérités culturels des années 1970. À côté de ça, le coup du « nouveau Dylan » était du pipi de chat. Ce qui ne faisait que renforcer le scepticisme des journalistes et critiques qui n'avaient pas l'oreille particulièrement tendre pour la musique de Springsteen, mais en revanche, l'œil méfiant envers ce cocktail magique de buzz et de suivisme moutonnier. Et que penser des nombreux liens entre la petite caste des critiques musicaux et le cercle proche déjà très incestueux de Springsteen ? Tout lecteur un tant soit peu attentif de magazines de rock et autres revues culturelles pour jeunes aurait reconnu le nom de Landau d'après les nombreux articles et éditoriaux qu'il signait et d'après l'ours de *Rolling Stone*. Et même si les lecteurs ne pouvaient pas deviner que Marcus et Landau étaient des amis de longue date – et que c'était d'ailleurs le premier qui avait recruté le second au magazine –, ils pouvaient certainement se demander si les liens personnels et professionnels de Marcus avec Landau (son collègue chez *Rolling Stone*) n'avaient pas pu influencer son enthousiasme pour *Born to Run*.

Et puis, bien sûr, Landau était également très ami avec le journaliste Dave Marsh, qui l'avait accompagné à son premier concert de Springsteen au printemps 1974, présenté au chanteur puis encouragé à publier son « J'ai vu l'avenir du rock » dans le *Real Paper* de Boston. Il serait sans doute hâtif de supposer que Marsh, qui était passé par les bureaux de *Creem* à Detroit, ait pu d'une façon ou d'une autre embobiner Bangs pour qu'il écrive un article aussi extatique. Mais Marsh avait lui-même rédigé un portrait élogieux de Bruce qui était paru dans *Creem* un mois avant la critique de Bangs, ce qui réintroduisait le soupçon d'une forme de cooptation entre initiés. C'était soit ça, soit l'ingéniosité d'un guitariste peu éduqué du New Jersey qui avait eu l'intuition que n'importe quel artiste réussissant à combiner l'intelligence souterraine de Dylan et l'extravagance sexuelle de Presley serait l'incarnation même des fantasmes les plus fous des critiques de rock intellos. Alors peut-être n'était-il pas si difficile de comprendre ce que voulait dire Henry Edwards du *New York Times* quand il suggéra, juste après que la première vague d'articles sur *Born to Run* avait inondé la presse, que « si Bruce Springsteen n'existait pas, les critiques auraient dû l'inventer[1] ».

Et ce n'était qu'un début.

Des mois après avoir décrété que Bruce ne donnerait aucune interview à la presse écrite si le sujet n'était pas placé en couverture (au départ un coup de bluff, qui se mua en nécessité lorsque les demandes atteignirent des proportions ingérables), Appel reçut un coup de fil d'un rédacteur en chef de *Newsweek* lui disant que le magazine était prêt à faire sa une sur Springsteen. Les deux plus grands hebdos d'actualités du pays avaient déjà consacré une place importante à Bruce dans leurs colonnes, à commencer par la généreuse couverture que le magazine *Time* avait accordée à *Greetings* et à *The Wild and the Innocent*, tandis que *Newsweek* avait publié un papier sans interview mais globalement très positif[2] au moment de la sortie de *Born to Run*

---

1. Petit aparté sans doute injuste, mais néanmoins intéressant: Edwards allait bientôt se consacrer à un grand projet, l'écriture du scénario de *Sgt. Pepper's Lonely Hearts Club Band*, le film rock le plus honni de tous les temps, avec les Bee Gees et Peter Frampton dans les rôles principaux. Chute de l'histoire complètement inattendue: Edwards était un ami de Dave Marsh, qui continue à parler de lui avec affection. Allez comprendre.

2. À part la suggestion selon laquelle l'album aurait pu s'inspirer davantage du détachement ironique que Bette Midler mettait dans son jeu. Ce qui revenait au même que de reprocher à Midler de ne pas avoir le talent de Neil Young dans ses solos de guitare.

à la fin du mois d'août. Mais, cette fois-ci, *Newsweek* voulait faire quelque chose de beaucoup plus approfondi. « À l'époque, mettre un artiste en couverture, c'était comme pénétrer en terre sacrée, raconte Maureen Orth, la journaliste à qui on avait confié la responsabilité de cet article. Mais les réd' chef l'adoraient, et quand je l'ai vu jouer à Asbury Park, j'ai pensé, "Oh, mon Dieu, c'est un immense, *immense* performeur." »

Pourtant, d'après certaines sources qui avaient pu parler soit avec Orth elle-même, soit avec l'un des enquêteurs qui travaillaient avec elle, *Newsweek* comptait présenter Bruce moins comme un nouvel artiste dynamique que comme le dernier exemple en date d'une série d'idoles pop créées de toutes pièces par l'industrie musicale.

Lorsque le journaliste culturel du *Time* Jay Cocks eut vent du projet de *Newsweek*, ce qu'il en entendit lui laissa penser que ses confrères s'apprêtaient à dézinguer leur sujet. Déjà fan des deux premiers albums de Bruce et considérant *Born to Run* comme un ajout non négligeable au répertoire du rock'n'roll américain, Cocks prit doublement ombrage des desseins de *Newsweek* : il n'appréciait pas du tout de se faire doubler par la concurrence sur un sujet consacré à Springsteen et il appréciait encore moins le traitement narquois qu'ils prévoyaient manifestement de lui réserver. « Je trouvais que ça aurait donné une image désastreuse d'un important artiste américain, dit-il. Je trouvais que le *Time* devait faire une contre-attaque. Et j'avais toujours eu envie d'écrire sur lui. C'était aussi simple que ça. » Déboulant dans le bureau de sa chef de service, Martha Duffy, Cocks expliqua ce qui se tramait à *Newsweek* et lui exposa son idée de les prendre en combat singulier. Duffy fut immédiatement partante et réussit à convaincre ses supérieurs de les laisser publier leur propre article de couverture sur Springsteen.

En apprenant que le *Time* était aussi sur le coup, Orth retourna voir Appel et Bruce pour les avertir qu'ils commettaient une grave erreur. « Bruce n'était pas assez solide pour supporter les deux couvs en même temps, vu ce que ça représentait, raconte-t-elle. Je leur ai dit : "Vous allez le regretter toute votre vie." »

Pour les rédacteurs en chef des deux magazines, cette rivalité tourna au combat de coqs. S'ils reconnaissaient de part et d'autre l'absurdité de mettre la même pop star encore relativement inconnue en couverture la même semaine, aucun ne pouvait s'imaginer reculer, surtout après que la rumeur de ce duel au sommet s'était répandue comme une traînée de poudre dans les milieux journalistiques new-yorkais. « Complètement dingue, non ? » lance Appel, le regard bleu pétillant de jubilation. Mais, au moment même où Bruce s'apprêtait à faire la une des deux plus grands hebdomadaires du pays, l'avalanche incessante de publicité, de critiques et de médiatisation le mettait de plus en plus mal à l'aise. « Jusque-là, j'avais toujours le sentiment de tout contrôler, se plaignit-il à Andrew Tyler, de l'hebdomadaire britannique *New Musical Express*. Maintenant je ne suis plus très sûr. » Se confiant à Cocks, Bruce lui dit qu'il ne comprenait pas d'où pouvait bien venir toute cette « agitation ». « J'ai l'impression d'être à l'extérieur de tout ça, même si je sais que je suis à l'intérieur. » Dans l'interview qu'il donna à Orth pour *Newsweek*, Bruce qualifia sa notoriété toute fraîche de nuisance. « *Quel* phénomène ? demanda-t-il. On se déplace en voiture, on n'est pas des phénomènes. Tout ce battage, c'est plus un obstacle qu'autre chose. » Et s'il pensait que le battage autour de *Born to Run* avait déjà atteint des proportions absurdes, eh bien, il n'avait encore rien vu.

Datées du 27 octobre 1975, mais parues en réalité une semaine plus tôt, les couvertures du *Time* et de *Newsweek* déferlèrent sur le pays le même jour. Comme on pouvait s'y attendre, cette double exposition simultanée créa l'événement dans l'histoire des médias. L'article de Cocks dans le *Time*, intitulé « La nouvelle sensation du rock », célébrait les accomplissements de son sujet tout en évoquant son passé (dans les termes choisis par Bruce pour en parler) et les contours de sa vie quotidienne. Le papier de Maureen Orth (avec la collaboration de Janet Huck et de Peter S. Greenberg), sous le titre « La fabrication d'une rock star » en une du magazine, oscillait entre des jugements favorables sur les concerts et la musique de Bruce et des analyses parfois caustiques fournies par le journaliste Henry Edwards du *New York Times* (dont l'essai anti-Springsteen servait de référence critique principale) et par Joe Smith, président du plus gros concurrent de Columbia, Warner Bros. Records. Smith comparait Bruce à Elton John et à James Taylor (de chez Warner) et le trouvait un cran en dessous.

Aujourd'hui, Orth affirme que son unique intention était d'écrire un portrait fidèle. « Je voulais rendre compte de la vérité, dit-elle. C'était un article mesuré, pas juste idolâtre. » Si elle cherchait à dénoncer quoi que ce soit, poursuit-elle, c'était la machine à fabriquer des stars – des services de com' de chez Columbia jusqu'à Mike Appel – qu'elle voyait à l'œuvre pour manipuler et pervertir un jeune musicien dont elle admirait sincèrement le travail. « Je découvrais des choses qui me portaient à croire que ce gamin se faisait balader. Un gamin innocent et timide qui à l'époque n'était peut-être pas très averti. Qui pensait à lui ? » Néanmoins, l'article de *Newsweek* finissait en comparant Bruce à Coca-Cola : encore un produit ultra-marketé que ses consommateurs prenaient pour « *the Real Thing* » (« le vrai, l'original », qui était alors le slogan principal de Coca). De leur côté, Cocks et le *Time* se concentraient sur l'idée, comme dans « Thunder Road », qu'il y avait vraiment « de la magie dans la nuit » et que, pour beaucoup de fans, quelles que soient leurs raisons, Bruce était cette magie.

Si d'autres s'inquiétaient de ce que pouvaient raconter ces articles, Bruce était trop préoccupé par la crainte que leur existence même ne marque l'instant précis où sa musique, sa réputation et son âme seraient consumées par les feux des projecteurs. Il commença par s'en vouloir, furieux d'en être arrivé à devenir juste une célébrité de plus. « Il avait peur que la gloire soit nocive, explique Stephen Appel. Il l'avait vue détruire des vies. Les gens se perdaient dans leur propre caricature. » Alors, pendant que Mike Appel savourait son triomphe marketing et que les membres du E Street Band se réjouissaient de ce que toute cette attention pourrait signifier pour l'avenir de leur groupe, Bruce fulminait dans sa chambre d'hôtel à Los Angeles. « C'était au-delà de ce qu'aucun d'entre nous aurait jamais pu espérer, raconte Steve Van Zandt. Et lui, il était *furax*! Moi ça me faisait marrer. Je trouvais ça drôle. » Garry Tallent aussi, qui avait aperçu les magazines en vitesse à l'aéroport de Dallas où il prenait un vol pour se rendre à leur prochain concert. Mais le bassiste avait une vision un peu différente : « C'était l'exemple typique de quand on dit : "Méfiez-vous de vos rêves, ils pourraient bien se réaliser." »

Le jour de la parution des magazines, Bruce le passa à jouer au flipper dans une salle de bowling avec Ron Oberman, directeur de la communication de Columbia, puis au billard chez Frank Shargo, un ancien cadre de CBS. Dans les bureaux à New York, certains membres du service de com' commençaient à penser que leur nouvelle vedette n'avait peut-être pas tort sur les risques pervers d'une surexposition. « La première fois qu'on a eu le disque entre les mains, je me rappelle avoir dit : "C'est le moment de passer à l'attaque! Il faut qu'on fasse tomber les murs!" raconte le responsable marketing Ron McCarrell. Alors on s'est peut-être un peu emballés. » Il en prit conscience quelques semaines après que certains des plus ardents supporters de Bruce avaient déjà perçu la possibilité d'un contrecoup négatif. Le découvreur de talents Michael Pillot avait bien essayé de ralentir la machine quelque part entre la série de shows au Bottom Line et la sortie de l'album, mais c'était sans savoir qu'une campagne de pub fonctionne comme une fusée spatiale : une fois qu'elle est lancée, il n'y a plus moyen de revenir en arrière. « La réponse avait été un non pur et simple, se souvient Pillot. Ils m'ont rétorqué : "Tu voulais que ça bouge, non ? Eh ben, là, ça bouge." »

Et pendant que Bruce se lamentait à Los Angeles comme un Hamlet inversé, ressassant indéfiniment la sagesse des choix qu'il avait déjà faits, une autre partie de lui-même, plus secrète, était bien obligée de constater qu'il n'avait pas seulement *cédé* à toute cette publicité, mais qu'il l'avait aussi activement alimentée. « Je n'aurais pas pu être sur ces couvertures si je ne l'avais pas voulu, confia Bruce au journaliste Bill Flanagan en 1992. Je n'étais pas obligé de faire ces interviews. Je me revois assis dans une pièce en train de me demander : "La vache, est-ce que j'ai envie de ça ? C'est un peu flippant." Mais je ne voulais pas me retrouver sur mon fauteuil à soixante balais à me dire : "Oh, j'aurais dû, j'aurais pu, si seulement !" Hé, on n'a qu'une vie ! Alors je me suis dit : "Allons-y." »

Le premier effet concret des couvertures du *Time* et de *Newsweek* fut d'obliger Bruce à quitter le bungalow qu'il louait à Long Branch depuis le printemps 1974. Cette petite structure sans fondations coincée entre les larges maisons familiales du quartier, qui passait autrefois inaperçue, était devenue comme un aimant pour la nouvelle meute de fans dont la détermination à repérer leur proie balayait tout respect qu'ils auraient pu avoir pour la vie privée de n'importe quelle personne ordinaire. Chassé de cette maison – si rapidement, à vrai dire, qu'il y abandonna le clavecin sur lequel il avait composé une grande partie de *Born to Run*[3] –, Bruce en loua une autre plus isolée sur une colline boisée d'Atlantic Highlands. Largement moins glamour que ce à quoi on s'attendrait pour une rock star, mais elle avait une

---

3. Dont l'intérieur du couvercle avait été signé par Bruce et tous les membres du E Street Band pour marquer l'achèvement de *Born to Run*, selon la propriétaire de la maison Marilyn Rocky. L'instrument resta là pendant des années, jusqu'à ce qu'en déménageant un des locataires le sorte sur le trottoir avec les poubelles. Peut-être survit-il encore quelque part sur le Jersey Shore...

jolie vue sur la baie de Sandy Hook, et une chambre d'amis pour pouvoir héberger le nouveau directeur de tournée, Rick Seguso, quand le groupe avait quelques jours ou semaines de repos.

L'album en lui-même atteignit des niveaux de vente exceptionnels, même en tenant compte du battage, se classant en troisième position du hit-parade du magazine *Billboard*. Au total, il allait se vendre à plus de sept cent mille exemplaires en un an (un score remarquable pour 1975) et largement plus au fil des mois et des années à venir. Et, bien que le single « Born to Run » ne dépassât pas la vingt-neuvième place des classements, il servit de carte de visite extrêmement efficace pour les disquaires et les programmateurs radio, et devint également un triomphe assuré lors des concerts.

À part ça, le succès de *Born to Run* ne changea pas grand-chose à la vie quotidienne de tous ceux qui travaillaient au sein ou au service du E Street Band. Certes, leur mode de déplacement évolua de leurs camionnettes Ford exiguës à un bus municipal excédentaire de la ville de Red Bank réaménagé avec des couchettes métalliques branlantes, puis à un véritable bus de tournée professionnel. Mais l'entourage dormait toujours dans des hôtels pas chers (quand ce n'était pas dans le bus en mouvement), se nourrissait essentiellement dans des restoroutes et n'avait jamais de bonne surprise en recevant sa paie hebdomadaire. « C'est sympa de faire un tube, raconte Tallent, mais on se disait "On dirait pas qu'on a fait un tube. On dirait toujours qu'on est des indigents." »

On n'aurait pas dit non plus que le pays entier avait été emporté dans un vent de Springsteen-mania. Car, même si le service de com' de CBS était devenu relativement généreux dans son soutien financier pour la promotion de la tournée, la diffusion radio et autres, Bruce restait un illustre inconnu dans la plus grande partie du Sud américain, du Midwest et de la côte ouest. Dans certains coins, les organisateurs de concerts n'étaient guère prêts à payer plus que les deux mille cinq cents dollars par soirée que le groupe facturait déjà début 1974. Mais quel que soit l'endroit où il jouait, ou devant combien de spectateurs, les shows de Bruce étaient encore plus explosifs qu'avant, en raison à la fois de l'excitation générée par le nouvel album et de la trouille bleue qu'il avait de finir comme l'homme d'un seul succès.

La plupart des soirs, il réussissait à ravaler toutes ses peurs et ses angoisses, et à les transformer en cette dose de kérosène dont il avait besoin pour se propulser au-delà de la rampe de projecteurs, dans le ciel au-dessus du public. Parfois la pression le paralysait et Bruce en fulminait de rage. Quand il y avait de temps en temps un problème matériel, par exemple un hurlement de larsen, il lui arrivait de s'emporter et de balancer un coup de pied dans un ampli. La nourriture aussi pouvait s'avérer un sérieux point de discorde, comme la fois où, après un concert à La Nouvelle-Orléans, lors du traditionnel dîner en famille qu'ils partageaient toujours dans les loges en sortant de scène, le directeur de tournée Rick Seguso bouleversa les habitudes en remplaçant la commande de poulet frit par du poulet cordon-bleu, une des spécialités du traiteur local. La majeure partie de l'équipe se réjouissait d'avoir du nouveau au menu. Mais, quand Bruce, déjà à bout de nerfs à cause d'un problème de larsen, les rejoignit pour s'attabler avec eux, il examina d'un œil dubitatif cette escalope roulée au jambon et fromage, en goûta une bouchée, puis lâcha ses couverts en plastique sur son assiette en carton. « C'est quoi cette merde ? » souffla-t-il. Seguso expliqua l'histoire du traiteur, les plaisirs culinaires de La Nouvelle-Orléans, tout ça, mais le chanteur le fusilla du regard. « Moi, je trouve ça *imbouffable*! » déclara-t-il. Ce à quoi le directeur de tournée répondit en balayant la table d'un grand geste de la main : « Personne d'autre n'a l'air de s'en plaindre. » Alors Bruce attrapa son morceau de poulet et le lui balança à la figure. « Eh ben, t'as qu'à le manger! » aboya-t-il avant de quitter la pièce comme une furie et de foncer vers la sortie, sans doute pour se réfugier dans le Kentucky Fried Chicken le plus proche.

« J'ai juste dit : "Oh, putain !" se souvient Seguso. Et tout le monde m'a regardé en faisant : *"Ouaaahhhh !"* »

« Je crois que Bruce avait beaucoup de pression, commente Garry Tallent. Mais c'est sûr qu'il a un sacré coup droit avec le poulet cordon-bleu. »

La pression monta encore d'un cran mi-novembre quand Bruce et le groupe – dont aucun n'avait jamais quitté l'Amérique du Nord – s'embarquèrent pour l'Angleterre en vue d'une mini-tournée européenne d'une semaine afin d'amorcer la pompe pour la vraie grande tournée prévue quelque part au premier semestre 1976. La première étape, au Hammersmith Odeon de Londres, serait bien sûr la plus importante. Débuts officiels de Bruce dans la capitale britannique, ce serait pour lui l'occasion de se faire connaître auprès de l'establishment culturel londonien : un petit cercle tatillon de critiques et de faiseurs d'opinion qui n'avaient que mépris pour ces Yankees qui débarquaient chez eux en pensant pouvoir leur offrir quelque chose que la ville des Beatles, des Rolling Stones et de David Bowie n'avait pas. Le fait que Bruce et son E Street Band aient un look et un son aussi nettement américains ne faisait qu'ajouter au challenge. Alors, en arrivant devant le théâtre et en découvrant sur la marquise l'inscription proclamant en grandes lettres lumineuses : « Londres est enfin prête pour Bruce Springsteen et le E Street Band », le chanteur déjà échaudé par les effets de la surmédiatisation s'inquiéta. Les affiches et les autocollants « J'ai vu l'avenir du rock » placardés sur tous les murs de la ville l'agacèrent encore un peu plus et, quand il se rendit compte que le foyer du théâtre ainsi que chaque siège de la salle étaient pavoisés de tracts « Londres est enfin prête pour... », il explosa littéralement. Bruce courut de siège en siège, arrachant un à un tous les prospectus et les déchirant en mille morceaux avant de les éparpiller par terre comme des confettis.

Trois décennies plus tard, le souvenir de ce show était encore gravé dans les mémoires comme l'histoire d'un fiasco : la collision d'un artiste ultra-anxieux et d'un public au flegme agressif. Le fait que Bruce ait passé la plupart du concert avec un épais bonnet en laine enfoncé sur le front et parfois sur les yeux ne dut certainement pas aider. Pourtant, comme en témoignent la vidéo et l'album live sortis trente ans après, ce premier concert à Hammersmith fut loin d'être une catastrophe. Quand les lumières s'éteignirent, Bruce entra en scène sous une ovation enthousiaste, qui se mua en un silence captivé lorsqu'il attaqua « Thunder Road » dans un arrangement épuré pour piano, voix et glockenspiel. Après quoi « Tenth Avenue Freeze-Out » électrisa la salle avec son funk enjoué tandis que l'intro au piano sans fioritures de « Lost in the Flood », un morceau moins connu de *Greetings*, déclencha un élan d'applaudissements spontanés.

Alors, peut-être que le public n'avait pas la charge électrique de ceux devant lesquels Bruce avait l'habitude de se produire aux États-Unis. Et, oui, dans le calme qui précéda « The E Street Shuffle », un cockney énervé lança : « Hé ! Monte le son de la guitare ! » Il est clair que certains spectateurs apprécièrent plus que d'autres. Vivien Goldman, journaliste pour l'hebdomadaire musical anglais *Sounds*, estima le concert quelque part entre « très, très bien » et « moyen, moyen », concluant ainsi : « L'injonction de devoir à tout prix faire un malheur à Londres s'est avérée un poids trop lourd pour ses maigres épaules. » Également dans le public ce soir-là, Michael Palin des Monty Python confia à un ami qu'ils étaient arrivés en attendant le Messie, mais qu'ils avaient eu le télévangéliste Billy Graham à la place. Néanmoins, les concerts de Stockholm et d'Amsterdam se passèrent bien et le deuxième show au Hammersmith Odeon une semaine plus tard en clôture de cette mini-tournée reçut un accueil nettement plus chaleureux que le premier. Pourtant Bruce et le groupe rentrèrent complètement démoralisés.

« On a donné quatre concerts, on s'est fait dégommer et on a foutu le camp », résume Bruce. Mais peut-être qu'ils avaient été trop déboussolés par le dépaysement pour y voir clair. « On parle de gars qui n'avaient jamais voyagé nulle part, précise-t-il. On ne trouvait pas de hamburgers ! En 1975, l'Europe était très... européenne. Alors on est rentrés chez nous dare-dare et on n'y a pas remis les pieds pendant six ans. Ce n'était pas par hasard. »

De retour aux États-Unis, Bruce et le groupe fêtèrent la fin de la tournée *Born to Run*, et toutes leurs autres réussites de 1975, par cinq soirées au Tower Theater, une salle de trois mille cent dix-neuf places en banlieue de Philadelphie. Les billets partirent instantanément, avec une pression particulièrement forte sur le dernier concert le soir du Nouvel An. Avec plus de quatre-vingt-dix mille demandes pour une offre de quinze mille tickets au total, une question évidente se posait : pourquoi ne pas admettre que le groupe était désormais trop gros pour les théâtres traditionnels et ne pas le programmer plutôt au Spectrum, la salle omnisports de Philadelphie ? Cette dernière pouvait accueillir plus de dix-huit mille personnes pour un concert de rock et, vu la demande, Bruce n'aurait aucun mal à la remplir quatre, voire cinq soirs d'affilée. Et puisqu'ils avaient des problèmes perpétuels de trésorerie et qu'ils étaient obligés de courir après le public dans la moitié du pays (la tournée *Born to Run* avait d'ailleurs perdu de l'argent), pourquoi résister à une occasion de faire un gros chiffre quand elle se présentait ?

Parce que pour Bruce, c'était tout simplement hors de question. Surtout en cette fin d'année 1975.

Il avait déjà fait des compromis sur la promo de l'album. Pour lui, c'était alors un geste de survie, il suffisait de se rappeler la période de désespoir après *The Wild and the Innocent*. Oui, mais voilà : *cela ne lui avait pas demandé de modifier une seule note de sa musique*. Il avait même tenu bon quand Columbia avait insisté pour sortir une version écourtée du 45 tours « Born to Run » à destination des radios. Alors, quand il s'agissait de son vrai lien avec le monde – les précieux moments où il pouvait regarder les gens dans les yeux, exposer ses sentiments les plus profonds et se sentir regonflé par leur énergie –, il ne pouvait y avoir de compromis. Pas d'écho forcé, pas de fans perchés aux derniers rangs à des kilomètres du cœur de l'action. Ça, comme Bruce le martelait à tout bout de champ, ça n'arriverait jamais. *Jamais.*

Une position courageuse. Mais qui le mettait devant ses propres contradictions. Avoir travaillé si dur pour offrir son art et sa vision à un public le plus large possible et refuser de jouer dans des salles plus grandes signifiait qu'il se rendait inaccessible à une bonne partie de ses fans. Et s'il voulait vraiment donner les shows les plus détonants de l'histoire du rock'n'roll, ça supposait d'avoir les meilleurs musiciens, le meilleur son, les meilleures lumières et le meilleur staff technique du métier. Qui tous méritaient d'être payés pour leur travail, comme Bruce lui-même serait payé quand ses royalties sur *Born to Run* commenceraient à tomber. Et rien de tout cela ne serait possible sans ouvrir les portes suffisamment grandes pour pouvoir accueillir les foules que Bruce avait invitées à le suivre avec le succès de cet album.

« C'est un problème », confia Appel au journaliste John Rockwell cet automne-là. Alors peut-être pouvaient-ils trouver un moyen de jouer à Madison Square Garden sans totalement se soumettre à son ambiance de béton et d'acier. Peut-être pouvaient-ils tendre un rideau pour à la fois éliminer l'écho et réduire la capacité de la salle en supprimant les rangées trop éloignées. En tout cas, c'était une option ; quelque chose à quoi ils réfléchiraient en 1976, une fois qu'ils auraient décidé quoi faire avec tous les enregistrements qu'Appel avait commandés sur la tournée d'automne en se disant que la meilleure façon d'exploiter le succès de *Born to Run* serait de sortir un album live multidisque qui mettrait en valeur les performances exaltées de Bruce tout en offrant à ses nouveaux fans un aperçu des trésors qu'ils avaient ratés sur les deux premiers albums.

Bruce n'avait pas encore donné son accord, il voulait écouter les bandes avant de se prononcer. Landau, bien que ne faisant pas officiellement partie de l'organisation, n'hésitait pas à faire savoir à Bruce qu'il trouvait l'idée très mauvaise. Mais les opinions contradictoires sur un éventuel album live importaient beaucoup moins que ceux qui les défendaient, et pourquoi, et que ce qu'ils seraient prêts à faire pour asseoir leur autorité sur la suite des événements.

Au bout du compte, c'est toujours une affaire de contrats. Les trois qu'Appel et Bruce avaient signés ensemble, tous pour une durée de cinq ans, entraient dans leur cinquième année. Le producteur manager avait toujours promis de réduire ses pourcentages une fois que Bruce serait devenu populaire auprès du grand public et, très clairement, ce moment était arrivé. Mais, entre-temps, Landau aussi. Et lorsque Bruce lui dit que ni lui ni le moindre avocat n'avaient jamais vraiment examiné sérieusement les contrats d'Appel, Landau lui enjoignit d'y remédier le plus vite possible. Bruce suivit son conseil et en ressortit anéanti de surprise, de trouble et de colère. Appel, s'apercevait-il à présent, avait le contrôle sur tout ce qui comptait : son argent, ses chansons, sa carrière, tout.

Et malgré les promesses que son manager lui avait faites de modifier les termes de leur accord quand Bruce aurait percé, ça ne s'était pas encore produit et visiblement ça ne se produirait pas tant que Bruce n'aurait pas accepté de proroger la durée des contrats. Lorsque Bruce, encore sous le coup de la colère, déclara qu'il n'était plus complètement sûr de vouloir renouveler quoi que ce soit, Appel lui annonça une nouvelle surprise : il avait, dans son rôle d'éditeur, négocié avec Columbia/CBS une avance de cinq cent mille dollars sur les royalties à venir de *Born to Run*.

La maison de disques avait approuvé le prêt sans problème et, à présent, tout cet argent était bien à l'abri sur un des comptes de sa société Laurel Canyon Ltd. Appel assura à Bruce qu'il aurait les cinquante pour cent qui lui revenaient de droit, même s'il ne prolongeait pas les contrats. Mais s'il acceptait d'en signer de nouveaux, alors il pourrait avoir soixante-quinze pour cent. Sinon Appel serait obligé de s'en tenir aux termes bien moins généreux de ce qu'ils avaient tous les deux signé en 1972.

Les affaires sont les affaires, après tout, même dans le show-biz. Mais c'était un dur rappel à la réalité pour Bruce, car entre Mike et lui, ça n'avait *jamais* été du business. Dès l'instant où ils s'étaient serré la main à l'hiver 1972, ils avaient été des croisés, des soldats en marche vers la gloire. Les contrats pouvaient dire ce qu'ils voulaient, pour Bruce, les poignées de main et les promesses qu'elles symbolisaient signifiaient beaucoup plus. Du moins, c'était ce qu'il avait cru. Mais sous le faisceau du projecteur qui accompagnait son entrée sur la scène du Tower Theater le soir du 31 décembre, Bruce ne savait plus à quoi il devait croire. À part à la seule chose qui lui avait toujours réussi : brancher sa guitare, tourner le volume à fond et se jeter à corps perdu dans la musique.

Vêtu de ses éternels jean et blouson en cuir, avec une longue écharpe multicolore autour du cou, Bruce resta un moment bouche bée en découvrant ses musiciens, qui lui avaient fait la surprise de tous se mettre en smoking blanc, après quoi ils atta-quèrent « Night » à fond de train. Après un bref commentaire sur la tenue de ses acolytes – « Qu'est-ce qu'ils sont classe ! » –, il lança « Tenth Avenue Freeze-Out » dans une version slow d'une sobriété candide avant de replonger dans les marais ensor-celés de « Spirit in the Night ». Puis Bruce s'autorisa une petite allusion à ses gloires récentes (« Les saisons se suivent et se ressemblent, vous avez votre photo en couverture du *Time* et de *Newsweek*, mais le bus ne s'arrête toujours pas ») et enchaîna sur un « Does This Bus Stop at 82nd Street ? » encore plus punchy que d'ordinaire, avec en point d'orgue, après l'image de la fille jetant une rose au jeune matador chanceux, un exultant : « Et ça, c'est *moi* ! »

C'est alors qu'arriva quelque chose d'assez inhabituel : une très longue intro au piano avec une série d'accords lugubres accompagnés de gémissements plaintifs au saxo et à la guitare, soulignés de temps en temps par un frémissement de cymbale. Bruce s'avança vers le micro et se mit à parler d'une voix sombre et monotone.

Quand j'étais gamin, j'habitais dans, euh... une petite maison sur la rue principale. Et le soir mon père fermait la porte à clé pour qu'on soit obligés de rentrer par la porte de derrière. Et il restait assis là, il était tout le temps assis à la cuisine. Il éteignait toutes les lumières dans la maison et il restait là sans rien faire. Il a toujours fait ça, autant que je m'en souvienne, jusqu'à ce qu'ils partent vivre ailleurs...

Puis il raconta les longues discussions nocturnes qu'il avait avec son père. Quand il trouvait Doug assis tout seul à la table de la cuisine, la pièce uniquement éclairée par la lueur de sa cigarette. Le mélange de vapeurs d'alcool et de tabac dans son haleine. Quand il demandait à Bruce de rester parler avec lui, et ses tentatives maladroites pour revêtir son amour paternel inhibé de quelque chose d'utile : le cruel exemple de sa propre vie d'adulte, le fait qu'un homme responsable devait mettre de côté ses rêves et se préparer à ce que la vie avait de pire à offrir.

Et puis il se mettait à me crier dessus et moi je me mettais à... à lui crier dessus aussi, et il me répétait tout le temps à quel point ce monde était pourri. Et moi, je lui répondais que... ben, que c'était ma vie.

Alors il entama le premier couplet de « It's My Life », des Animals, d'abord comme au ralenti pour appuyer la tension de chaque vers avant d'attaquer le refrain de façon explosive, avec des chœurs de tout le groupe. « Je vais y arriver, c'est sûr !

chantait-il avec hargne. Je coupe le cordon ! » («*I'm gonna make it for certain / I'm breakin' loose!*»)

L'histoire de son père, de sa famille, de son enfance, toutes les vieilles terreurs à présent mêlées au délitement de sa relation avec Appel, à la peur viscérale que tout ce à quoi il avait toujours travaillé, tout ce qu'il avait accompli malgré la certitude de Doug que ça ne se réaliserait jamais, que tout ça soit en train de s'effondrer sous ses yeux. Sauf qu'il ne laisserait pas faire ça, alors cette fois il le criait à pleins poumons, avec toute la salle suspendue à ses lèvres :

« C'est ma vie, et je ferai ce que je veux ! » («*It's my life, and I'll do what I want!*»)

Il s'acharnait sur sa guitare, les muscles bandés, les veines de son cou tendues et saillantes alors qu'il hurlait une dernière chose :

« Faut pas me pousser ! » («*Don't push me!*»)

14

C'était toi et moi, bébé,
je me souviens du soir où tu m'as promis

Avec deux ou trois mois de repos devant lui et un album qui s'approchait du million d'exemplaires vendus, Bruce s'accorda quelques petits plaisirs. Il en profita pour conduire plus souvent sa spectaculaire Chevrolet 1957 et faire peindre des flammes orange sur la carrosserie jaune poussin (l'équivalent de la Cadillac rose d'Elvis, mais en version décapotable, plus musclée et frémissante de puissance symbolique). Il avait acheté cette voiture au cours de l'année 1975, quand *Born to Run* était encore en gestation et qu'il se sentait attiré par l'incarnation physique des chansons qu'il avait écrites. « Le rock'n'roll est un rêve de fétichiste, déclara Bruce dans l'émission radio de Steve Van Zandt en 2011. Les totems comme les vestes ou les chaussures exercent une force tellement étrange sur votre imaginaire. Il y a une puissance spirituelle là-dedans. »

Mais, dès que le visage de Bruce ainsi que son attribut automobile devinrent célèbres aux quatre coins du pays, sa Chevrolet fonctionnait comme un mégaphone : *Bruce est là !* Dans la rue, les fans criaient et agitaient la main en le voyant passer. D'autres se jetaient au milieu de la chaussée pour toquer à sa vitre quand il attendait à un feu rouge. Parfois il croisait des voitures qu'il voyait piler et faire brusquement demi-tour pour le suivre. « Il ne pouvait plus la prendre pour aller nulle part, parce que tout à coup il devenait une cible », raconte Peter Philbin. Bruce la cacha dans son garage et, quand il apprit que Philbin repartait vivre à Los Angeles pour prendre un poste au service « découverte de nouveaux talents » de la filiale de CBS sur la côte ouest[1], il proposa à son copain de la lui vendre pour mille dollars. Une fraction de ce qu'elle lui avait coûté, mais c'était encore trop cher pour Philbin, alors la flamboyante Chevrolet resta dans le garage de Bruce, dont elle ne bougea plus jusqu'à ce qu'il la revende des années plus tard[2].

Et puis Bruce confia à Rick Seguso – premier d'une longue série de directeurs de tournée qui lui serviraient de colocataires, d'assistants personnels et d'hommes de compagnie – le soin de trouver leur prochaine maison. Cette fois Bruce voulait louer quelque chose de beaucoup plus grand dans un endroit encore plus isolé ; une maison de type familial où il pourrait à la fois vivre confortablement et accueillir les répétitions du groupe, y compris toute la nuit s'il en avait envie. Une ou deux semaines plus tard, Seguso emmena Bruce sur Telegraph Hill Road à Holmdel, dans le New Jersey, pour visiter une vaste demeure sur un élevage de chevaux qui avait été jadis un avant-poste de cavalerie. L'immense bâtiment en bois était suffisamment spacieux pour contenir le groupe ainsi que tous les instruments, amplis et autre matériel. La terrasse à l'arrière donnait sur une piscine à fond métallique – un bassin pour chevaux reconverti – et les vertes collines ondoyantes au-delà. Après un seul coup d'œil, Bruce signa le bail pour qu'ils puissent y emménager au plus vite, même s'il ne gagnait pas encore assez d'argent pour payer le loyer sans la participation de Seguso. Et, bien que les dollars sonnants et trébuchants n'aient pas encore concrètement commencé à affluer, Bruce pouvait déjà avoir un avant-goût des

---

1. Une nomination décidée par le président de CBS, Walter Yetnikoff, pour récompenser le flair de Philbin et son dévouement acharné au nouvel artiste phare de Columbia. « Tu avais raison et j'avais tort, lui dit Yetnikoff. Maintenant je veux que tu nous dégotes de nouveaux groupes. »

2. Elle appartient maintenant à un collectionneur privé et circule dans l'exposition présentée en 2009 au Rock and Roll Hall of Fame and Museum et désormais itinérante, intitulée « From Asbury Park to the Promised Land : The Life and Music of Bruce Springsteen » (« D'Asbury Park à la Terre promise, la vie et la musique de Bruce Springsteen »).

fruits de son travail acharné chaque fois qu'il poussait la porte de sa maison de location ou contemplait la vue majestueuse depuis les fenêtres de son salon. C'était au moins une façon de se distraire temporairement de la mélancolie qui s'était glissée derrière sa guitare pour se loger dans sa poitrine.

Le spleen de Bruce s'était déclaré très tôt sur la tournée *Born to Run*, quelques heures avant le show du 4 octobre devant un parterre de quatre mille spectateurs au Michigan Palace de Detroit. « Je n'avais pas envie de monter sur scène », confia-t-il à Robert Hilburn quelques années plus tard. Malgré l'avalanche de bonnes critiques qu'avait reçues l'album et l'énergie euphorique qu'il sentait planer dans les salles de concert, ce déferlement médiatique lui donnait l'impression d'être devenu un personnage de fiction. « J'étais perçu comme une invention, comme un bateau qui passe. » Dans les loges, s'efforçant de se concentrer sur le show qui l'attendait, Bruce ne ressentait que du détachement. Il n'avait plus rien à dire, plus rien à révéler. Tout était déjà déballé et livré en pâture à des journalistes charognards qui présumaient que chaque note qu'il jouait avait en fait été concoctée par quelqu'un d'autre que lui. « Mais moi je savais d'où je venais, dit-il à Hilburn. Je connaissais chaque bosse et chaque creux du chemin. Je savais en quoi je croyais et ce que je voulais. » Cette pensée à elle seule suffit à le propulser de nouveau sur scène avec une envie aussi féroce qu'un désir de vengeance. Et ça fonctionna. Il s'y remit une fois de plus : le rocker ingénu, dans ces mêmes jean, tee-shirt noir et blouson en cuir qui en disaient tellement long sur là d'où il venait et là où il allait.

Alors personne ne soupçonna le doute qu'il avait dans le cœur, pas même quand le petit monologue comique improvisé au début de « The E Street Shuffle » sonna comme une interprétation rock'n'roll d'*En attendant Godot* : « Quelque part, y a quelque chose, où que ce soit... commença-t-il. Même si c'est de plus en plus difficile de le trouver. Et, euh... quelque part, où que ce soit, quelque chose. Peut-être qu'il n'est pas là maintenant. Mais quelque part, quelque part ce soir. Clarence, pince-moi ! Y a des étincelles sur E Street... »

Avec cette fameuse avance de cinq cent mille dollars en jeu et la tension qui montait entre Appel et Bruce, ce dernier réclama à nouveau des copies de tous ses contrats et alla trouver conseil auprès de la seule personne en qui il commençait à avoir plus confiance que n'importe qui d'autre : il s'envola pour Los Angeles, où Jon Landau s'était provisoirement installé, le temps de produire l'album *The Pretender* de Jackson Browne. Landau vint le chercher à l'aéroport et ils finirent au restaurant. La brouille avec Appel, expliqua Bruce, était en train de s'envenimer. Il avait besoin de l'aide d'un avocat mais ne savait pas où en trouver un bon. Landau lui prit un rendez-vous avec le sien, Mike Mayer, qui se raidit dès le premier coup d'œil qu'il jeta aux contrats. En gros, dit-il, chacune des clauses et des sous-clauses était la version cauchemardesque des normes courantes de l'industrie musicale ; elles étaient toutes tellement orientées en défaveur de Bruce que lorsque David Benjamin, avocat spécialisé dans le monde du spectacle – et qui travaillait avec l'équipe de Peter Parcher et Mike Tannen qui reprendrait bientôt la représentation de Bruce –, en prit connaissance quelques mois plus tard, il en resta bouche bée. « Ces contrats avaient tous les pièges classiques. » Ils étaient même si retors, à vrai dire, qu'il était difficile de croire qu'Appel ait pu les imaginer tout seul. « Appel n'avait jamais été manager de personne, explique Benjamin. Il ne *connaissait* pas les pièges. » Plus vraisemblablement, selon Benjamin, le véritable auteur de ces contrats devait être l'avocat d'Appel, Jules Kurz, « un gars de la vieille école ». La distinction bien nette entre management, production et édition ; la propriété totale des chansons de Bruce ; la disparité dans les revenus de l'édition ; la distance contractuelle entre Bruce et Columbia Records. « C'étaient tous les pièges de la vieille école. »

De retour à New York et au bord de la panique, Bruce débarqua à l'improviste chez Bob Spitz, l'ancien assistant d'Appel qui travaillait désormais avec l'équipe de management américaine d'Elton John. Lorsque le concierge téléphona à Spitz pour annoncer le visiteur, il semblait décontenancé. M. Bruce, comme disait l'homme, n'avait « pas l'air en forme ». Après avoir pensé que Bruce avait pris une cuite, Spitz se rendit vite compte qu'il était sobre, mais totalement affolé. Ils ne s'étaient pas revus depuis que Spitz avait quitté Laurel Canyon en 1974, mais Bruce se lança presque immédiatement dans une tirade angoissée au sujet d'Appel. « C'est là qu'il m'a tout raconté, dit Spitz. Qu'il pensait que Mike l'avait entubé et que c'était fini, que maintenant il travaillerait avec Jon. » Mais, bien sûr, rien n'était jamais aussi simple.

Landau, qui était de passage à New York à l'occasion d'une pause dans les sessions d'enregistrement de Browne, habitait à quelques rues de chez Spitz et Bruce l'invita à les rejoindre. « On s'est assis à la table de ma salle à manger, se rappelle Spitz, et Bruce m'a dit : "S'il te plaît, tout ce dont tu te souviens, tout ce que tu peux me dire pour m'aider." » Quand Spitz lui demanda s'il voulait se séparer complètement de Mike, Bruce secoua la tête : « Je veux que Mike me produise, mais pas qu'il me manage. » Landau semblait d'accord, mais Spitz était interloqué : « Quel est le problème, alors ? Il te produit déjà. » Bruce secoua à nouveau la tête, catégorique : « Non. Il me prend trop d'argent. C'est du vol pur et simple. »

S'il leur fallait un témoignage de première main sur la légèreté avec laquelle Mike Appel gérait l'argent de Bruce, ils avaient poussé la bonne porte. « Quand un chèque arrivait pour les royalties de Bruce, on allait le déposer à la Apple Bank au coin de la 54e Rue et de la Sixième Avenue et on retirait du cash en échange, raconte Spitz. Mike mettait les billets dans la poche de sa veste en jean Levi's et ensuite il payait tout avec. » Lorsque Spitz émettait des réserves sur la façon singulière que son patron avait de gérer l'argent de son client, Appel les balayait d'un haussement d'épaules. « Il disait : "On récupérera tout un jour !" » À l'époque des vaches maigres, c'était difficilement contestable parce que, comme Spitz était bien placé pour le savoir, Appel faisait pareil avec son propre argent, se rémunérant au strict minimum quand les finances de Laurel Canyon frôlaient le rouge. C'était le seul moyen de payer les voitures, les hôtels et les salaires qui permettaient à Bruce et au groupe de continuer à avancer, en route vers la gloire que Bruce méritait. Qui avait le temps de tenir des comptes détaillés quand ils avaient le monde à conquérir ? Bruce, en tout cas, se fichait pas mal de ce genre de subtilités ; du moment que sa musique restait pure et leur vision claire, le reste avait peu d'importance. Et il savait qu'Appel était d'accord avec ça. « Je pense que Mike est le meilleur, le numéro un, confia Bruce à John Rockwell juste avant la sortie de *Born to Run*. Je n'aime pas faire les choses à moitié. Mike le comprend. Et c'est lui qui a souvent dû subir la foudre des décisions que je prenais. »

Mais Appel n'était plus le seul homme qu'il connaissait dont l'engagement, la passion musicale et l'expertise professionnelle pouvaient compléter ses propres forces et compenser ses faiblesses. Et peut-être que le raffinement intellectuel et émotionnel de Landau en ferait un bien meilleur partenaire pour la suite du voyage. Près de deux ans après que Landau avait proclamé avoir vu en lui l'avenir du rock, Bruce restait convaincu que ce critique reconverti en producteur était le mieux placé pour l'y emmener. Bruce prenait tellement au sérieux les conseils de Landau qu'on aurait dit que ce dernier avait déjà pris ses quartiers dans les bureaux de management d'Appel. D'abord enthousiasmé par le projet d'album live qu'Appel avait d'ores et déjà annoncé à CBS comme suite de *Born to Run*, Bruce fit brusquement volte-face quand Landau objecta qu'il était beaucoup trop tôt dans sa carrière pour publier un album en forme de bilan. Quant à l'idée ambitieuse d'Appel de monter une tournée estivale sur les campus universitaires avec leur propre chapiteau itinérant d'une capacité de six mille places, elle fit long feu après que Landau eut fait remarquer les quelques problèmes logistiques potentiels. « Bruce s'est même enflammé, il s'est mis à dire que c'était l'idée la plus débile qu'il avait jamais entendue, raconta Landau dans une déposition avant le procès. Il disait : "Je n'arrive même pas à croire que j'aie pu y accorder plus de dix minutes d'attention !" » Landau paraissait le premier surpris que Bruce puisse changer d'avis de façon aussi abrupte et radicale.

D'autres propositions affluaient, certaines assez conséquentes pour résoudre les soucis financiers de Bruce en l'espace d'une seule prestation. La chaîne NBC lui offrit cinq cent mille dollars pour une heure de télévision en prime time que Bruce pourrait remplir avec ce qu'il voudrait. Hors de question, rétorqua-t-il. Un organisateur de concerts à Philadelphie rêvait d'un énorme show pour le 4 juillet 1976 au JFK Stadium, pour lequel il laisserait Bruce programmer en première partie une douzaine de groupes du New Jersey encore méconnus. Et, selon les ventes de billets, il serait payé entre cinq cent mille et un million de dollars pour ce travail. Une fois de plus, Bruce refusa. Un concert dans un stade, insistait-il, était la dernière chose dont il avait envie.

Les avocats de Bruce réussirent cependant à obtenir une sorte de trêve temporaire, permettant ainsi à Appel d'organiser une tournée de deux mois qui leur rapporterait un peu d'argent en ciblant des petites villes dans lesquelles ils n'avaient jamais pris le temps de se produire, comme l'Appalachian State University à Boone, en Caroline du Nord, ou le Freedom Hall Civic Center à Johnson City, dans le Tennessee. Ce projet se vit affublé du surnom pas très élégant de « tournée des fonds de tiroirs », ce qui aurait pu paraître insultant pour les villes en question si Bruce et sa bande n'étaient pas eux-mêmes à l'affût du moindre dollar pour pouvoir continuer à chauffer leurs maisons et remplir leurs estomacs.

N'ayant pas renoncé à trouver une solution dans laquelle Appel et Landau pourraient tous les deux travailler pour lui, Bruce alla voir son manager avec une proposition qui leur permettrait à la fois de dessiner leur avenir commun et de résoudre leur problème de contrat. Appel devrait accepter de déchirer les anciens contrats et de s'en tenir aux termes plus équitables sur lesquels ils s'étaient déjà mis d'accord. En outre, Bruce exigeait d'avoir le contrôle total sur ses chansons. Si Appel consentait à cela, alors ils pourraient continuer exactement comme avant. Avec encore une condition : dorénavant, chaque aspect de leur relation professionnelle serait garanti par une poignée de main. Rien de plus, rien de moins. « J'en avais ma claque des contrats, explique Bruce. Et je voulais être très très prudent sur la suite des événements. Mais Mike et moi étions arrivés à un point où je pensais qu'on avait trouvé un consensus. C'était juste entre nous. Mais on avait un arrangement sur lequel on s'était mis d'accord. » Bruce ressortit de cette entrevue soulagé. Mais ensuite Appel en parla à son père. Et quand ce dernier dit à son fils qu'il serait bien idiot de déchirer ces contrats qui lui étaient si favorables, Appel changea d'avis. « Le lendemain, c'était non, raconte Bruce avec un léger haussement d'épaules. Je savais que ça venait de l'influence de son père, et cette fois, c'était la fin. »

Il est facile aujourd'hui pour Bruce de balayer ça d'un haussement d'épaules. Mais, dans la canicule de 1976, le revirement soudain d'Appel était un véritable affront. « Il ne croit pas à ma parole ! s'indigna Bruce auprès de Landau. Mike sait très bien que je tiens parole à deux mille pour cent, il sait que, si je dis que je vais respecter ce truc, c'est que j'ai l'intention de le respecter. Mais il refuse quand même ! »

À partir de là, le conflit ne pouvait que se solder par un procès. Bruce engagea Mayer pour le représenter tandis qu'Appel choisit Leonard Marks. Les avocats avaient chacun leur petite armée d'associés, de confrères, d'investigateurs et d'auxiliaires juridiques, tous prêts à s'attaquer à la série de contrats et d'accords qui liaient Bruce à Appel et qui les liaient ensemble à CBS Records, l'agence William Morris, etc. Les deux intéressés gardèrent leurs distances pendant tout le printemps et le début de l'été, préférant s'éviter pendant que leurs brigades respectives se préparaient au combat. Il ne se passa pas grand-chose jusqu'à la mi-juin, quand les avocats de Bruce informèrent CBS que le chanteur prévoyait de démarrer l'enregistrement de son quatrième album au mois d'août, avec Landau à ses côtés comme coproducteur. Deux semaines plus tard, les troupes d'Appel ripostèrent par une lettre signifiant à tout ce beau monde que cet enregistrement n'aurait certainement pas lieu : dans la mesure où la relation de Bruce avec le label était en tant que sous-traitant de Laurel Canyon Ltd, actuel signataire du contrat avec CBS, le musicien était légalement tenu de travailler en accord avec les instructions d'Appel puis de fournir les enregistrements à sa société de production. Et, début juillet, les avocats d'Appel firent clairement savoir que leur client n'autoriserait pas Jon Landau à participer à quelque enregistrement que ce soit avec Bruce Springsteen.

Maintenant qu'Appel lui avait concrètement ôté des mains sa propre carrière, Bruce n'avait d'autre choix que de rendre coup pour coup. Ses avocats déposèrent plainte le 27 juillet, accusant Appel de fraudes multiples et d'abus de confiance, entre autres. Appel contre-attaqua deux jours plus tard en invoquant toute une liste de manquements que Bruce aurait commis à l'égard de son manager et des accords qui les liaient juridiquement.

Le seul enregistrement que Bruce réalisa cet été-là s'avéra être les dépositions qu'il fit devant l'avocat d'Appel, Leonard Marks, en présence des siens, de ceux de CBS Records et d'autres encore représentant Jon Landau (également cité dans les poursuites engagées par Appel) et Bernard Jacobs, un notaire de l'État de New York. Totalement béotien en matière de procès civil (ce qu'auraient dû prévoir Mayer et son équipe), Bruce n'avait aucune idée de ce à quoi s'attendre ni de l'attitude à adopter dans ce qui serait une confrontation contradictoire.

Et la contradiction, l'avocat d'Appel se chargea vite de l'apporter. Sans cesse pressé de répondre à des questions destinées à le prendre de court (par exemple l'interminable série de questions sur l'intitulé exact des fonctions, le rôle et les salaires de son équipe de tournée) ou à révéler ses caprices de rock star (« Avez-vous logé dans de bons hôtels lors de vos tournées en 1975 ? » « Est-il vrai que vous aviez généralement une suite pour vous-même ? »), Bruce paniqua. Il se mit à crier. Il poussa des jurons, se référant avec mépris à maître Marks en l'appelant « Lenny ». À un moment, il monta sur la table de conférences et sauta dessus d'indignation. Puis il finit par en descendre d'un bond, ouvrir la porte d'un coup de pied et partir en courant pour aller s'enfermer dans les toilettes pour dames.

Un comportement désastreux à tout point de vue et il fallut finalement que le juge s'en mêle et prenne Bruce à l'écart pour lui expliquer comment son propre témoignage pourrait se retourner contre lui. Mais, quand Bruce remplaça Mayer par une équipe d'avocats dirigée par Peter Parcher, sa stratégie changea afin de tirer parti de la colère brute derrière ces emportements. Selon Springsteen, son avocat Mike Tannen, Landau et d'autres finirent par s'apercevoir qu'Appel n'accepterait jamais un règlement à l'amiable avant d'avoir compris qu'il n'y avait plus rien à sauver dans sa relation avec Bruce. Quand les confrontations reprirent, Bruce parlait encore fougueusement, mais avec une idée précise derrière ce qu'il disait et la colère qu'il laissait paraître en le disant. « Je n'ai jamais douté de Mike Appel et je me rends compte que rien de ce que j'ai écrit ne m'appartient... Il m'avait dit que j'avais cinquante pour cent des droits d'édition et il m'a menti... J'ai été trompé... Chaque mot de "Born to Run" est de moi, il n'y a rien de lui dans cette putain de chanson. Et elle ne m'appartient pas. Je ne pourrais même pas l'imprimer sur un bout de papier si je voulais. J'ai été trompé. » Bruce répétait ces phrases comme un refrain. «Il m'a menti!» «Il a été malhonnête avec moi!» «Il a trahi ma confiance!»

Et si ça ne suffisait pas à expliciter les sentiments de Bruce à l'égard d'Appel, il avait aussi écrit une nouvelle ballade mélancolique intitulée «The Promise» («La Promesse»). Dans le décor du Jersey Shore, les paroles racontaient l'histoire de Bruce à travers les mots d'un coureur amateur dont la voiture de course qu'il avait fabriquée lui-même, la «Challenger», portait le même nom que les planches de surf de Tinker West dans l'usine où Bruce avait vécu et répété avec Steel Mill. Tout du long, la chanson égrène les icônes de la vie de Bruce : le décor familier des routes et des usines, le groupe de rock qui travaille dur pour atteindre «ce son à un million de dollars», la route 9 et même la Thunder Road, cette route magique qui mène à tout dans *Born to Run*. Sauf que, dans «The Promise», tous ces rêves de jeunesse ont été volés, malmenés et laissés pour morts sur le bas-côté. À la fin, le coureur se voit lui-même comme un fantôme errant dans un désert aussi vide que son esprit l'est devenu. «Quand la promesse est rompue, tu continues à vivre / Mais on t'a volé quelque chose au fond de ton âme, chante-t-il. Comme quand la vérité est dite et que ça ne fait aucune différence / Il y a quelque chose qui devient froid dans ton cœur.» («*When the promise is broken you go on living / But it steals something from down in your soul / Like when the truth is spoken and it don't make no difference / Somethin' in your heart goes cold.*»)

Bruce interpréta une première version de «The Promise» au Monmouth Arts Center de Red Bank le 3 août, puis continua à la jouer régulièrement en y apportant de légères modifications au fil des neuf mois de concerts qu'ils baptisèrent «la tournée du procès». Instantanément plébiscitée par les fans, «The Promise» était, comme «Something in the Night» – une autre ballade sombre où de jeunes idéalistes se rendent compte, trop tard, que réaliser ses rêves peut être la pire chose qui vous arrive –, un signe avant-coureur clair de la direction qu'il prenait. Pourtant le point d'orgue émotionnel des concerts venait souvent de « Backstreets » et des ardents passages parlés qui dominaient la transition entre le dernier couplet du morceau et sa conclusion frénétique. Comme on put l'entendre par exemple lors d'une version particulièrement enflammée au théâtre Palladium de New York le 4 novembre 1976, le groupe s'effaçait pour laisser la place au piano de Bittan et aux légers tintements du glockenspiel de Federici. Bruce restait seul dans la lumière et commençait tout doucement d'une voix parlée-chantée :

C'était toi et moi, bébé. C'était toi et moi, bébé. Je me souviens, je me souviens du soir où tu m'as promis. Oui je me souviens, je me souviens de ce soir. Je me souviens que tu m'as promis... Tu m'as juré que c'était toi et moi, tu m'as juré que c'était toi et moi. Tu m'as promis que c'était toi et moi.

Il s'interrompit un moment, sa voix se brisant en un long gémissement déchirant. Les tintements de Federici imitaient alors peu à peu les cloches d'une église.

Tu m'as juré. Je me souviens, je me souviens... On avait dit que quand les rois sonneraient les cloches... On avait dit que quand il serait minuit et qu'elles sonneraient, quand les rois, quand les rois sonneraient les cloches... Alors on s'est tous les deux promis. Quand les rois ont sonné les cloches, on s'est juré. On s'est juré. On s'est juré. On s'est juré. On s'est dit qu'on partirait !

Le piano et les cloches se mettaient alors à carillonner en chœur, de plus en plus fort pendant que la voix de Bruce montait en puissance jusqu'à devenir un cri exalté.

Tu avais dit... Tu avais dit qu'on partirait!... On avait dit
qu'on partirait, quand les cloches sonneraient. Quand les
rois sonneraient les cloches, on avait dit qu'on partirait.
Tu m'as promis. Tu m'as promis. Et tu as menti. Et tu as
menti. Tu as menti! Tu as menti!

Et puis il levait une main en l'air, Weinberg frappait un grand
coup sur le cercle de sa caisse claire et, comme si de rien n'était,
tout le monde reprenait le mantra obsessionnel du refrain:
« *Hiding on the backstreets, hiding on the backstreets...* »
(« Cachés dans les petites rues sombres... »)
   Chaque mot, chaque phrase incantatoire, chaque cri
d'indignation confirmait ce que les avocats et les dirigeants du
label avaient déjà compris de la bataille entre Bruce et Appel, à
savoir que l'argent n'était pas le problème; que les accusations
de fraude et de violations contractuelles étaient en réalité un
vernis sur un combat autrement plus émotionnel. « C'étaient
deux personnes qui en gros étaient mariées ensemble, qui
avaient abattu des murs l'un pour l'autre et l'un avec l'autre,
résume David Benjamin[3]. Et c'était une alliance formidable tant
qu'elle fonctionnait. » Mais, comme dans beaucoup de mariages
précoces, un des deux partenaires était tombé sous le charme de
quelqu'un d'autre. « Écoutez, poursuit Benjamin, j'ai divorcé, je
sais ce que c'est. Malgré toute l'importance qu'a pu avoir Mike,
c'était un mariage de jeunesse. Jon faisait découvrir à Bruce
des choses que Mike ne pouvait sans doute pas lui donner. Et
quand un des deux partenaires tombe amoureux de quelqu'un
d'autre, toutes les douleurs du premier mariage s'en trouvent
magnifiées. »

---

3. Bruce réorganisa complètement sa défense après sa déposition désastreuse
et s'entoura d'une équipe d'avocats plus expérimentés qui comprenait Benjamin,
l'avocat-conseil chevronné Peter Parcher et Mike Tannen, qui travailla
également de près avec Paul Simon pendant les années 1970.

Quand il avait quelques moments de libres entre les tournées et les procédures judiciaires, Bruce passait du temps avec sa nouvelle petite amie, une certaine Joy Hannan, de Little Silver, dans le New Jersey, diplômée de l'université et divinement dénuée de problèmes. Ils s'étaient rencontrés sur la piste de danse du Stone Pony à Asbury Park. Il l'invita au cinéma quelques soirs plus tard et commença alors ce qui ressembla pendant un ou deux ans à une très longue amourette de vacances.

« J'étais sa meilleure pote, raconte Hannan. On allait à la plage, on traînait au Pony, je l'emmenais faire de la voile. En gros on s'amusait. » Sillonnant le Shore dans le vieux pick-up blanc rouillé que Bruce appelait le Supertruck, ils parlaient de tout sauf de sa carrière et des batailles juridiques. Mais la passion musicale de Bruce planait toujours dans l'air autour d'eux. Les souvenirs que garde Hannan du temps passé avec lui sont indissociables de la voix de Tammy Wynette chantant « Stand by Your Man ». « Quand il aimait une chanson, on l'écoutait en boucle », dit-elle. Pendant un mois d'affilée, Bruce ne passa plus que le tube country de Wynette. « Il adorait la musique country, ce son nasillard. Et il savait vraiment apprécier quand une phrase était bien tournée. » Bruce braillait en chœur avec la radio dès qu'un morceau lui plaisait. Et le jour où il tomba sur une ballade de Frank Sinatra alors qu'ils roulaient au milieu d'une tempête de neige dans le quartier de Hannan à Asbury Park, Bruce gara sa camionnette le long du trottoir, prit sa fiancée par la main et la fit descendre pour se mettre à danser la valse dans la rue en chantant à son oreille alors que les flocons tourbillonnaient dans la lumière des réverbères.

Bruce aimait aussi traîner avec ses copains, aller au cinéma, faire la tournée des clubs pour boire quelques bières, écouter les groupes qui jouaient et, quand on l'y invitait, grimper sur scène pour taper le bœuf avec eux. Il se sentait particulièrement bien au Stone Pony, un club relativement nouveau sur Ocean Avenue à Asbury Park. Bruce était devenu un des chouchous du patron,

Jack Roig, depuis que celui-ci l'avait aperçu, peu de temps après son apparition en couverture du *Time* et de *Newsweek*, tout au bout de la queue en train de fouiller dans ses poches à la recherche des trois dollars du ticket d'entrée. « J'ai dit : "Bruce ! Mais qu'est-ce que tu fous là, bon sang ?" se souvient Roig. Et de fait il n'avait *pas* d'argent. Ni portefeuille, ni pièce d'identité, rien. »

Bruce ne protesta pas lorsque Roig vint le tirer par le bras pour le faire entrer directement. Et puis Roig lui paya une bière, ils s'assirent pour bavarder un moment et très vite Bruce se mit à considérer le Pony comme une extension de son propre salon. Il venait régulièrement, s'enfilait quelques cocktails et, quand le bar était vraiment saturé de monde, il passait de l'autre côté du comptoir et faisait le serveur gratis. Loin d'être un barman aguerri, Bruce n'avait aucune idée des mélanges exacts et s'intéressait encore moins aux additions et à vérifier la monnaie. Il prenait l'argent des clients sans regarder et leur rendait au pif une poignée de pièces qui pouvait se monter à beaucoup plus cher que le prix des boissons. « Je suis sûr qu'il a dû me coûter une fortune, ces soirs-là, dit Roig. Mais il mettait tellement d'ambiance que je ne pouvais pas lui en vouloir. »

Qu'il soit saoul ou qu'il n'ait pas bu une goutte d'alcool, Bruce conduisait toujours d'une manière peu orthodoxe. D'ailleurs, Rick Seguso ne fut pas étonné le moins du monde lorsqu'il reçut un coup de fil de Bruce au milieu de la nuit pour lui demander un service urgent. Il s'était fait arrêter au volant du Supertruck et il n'avait sur lui ni son permis ni les papiers du véhicule. Quand il avait essayé d'expliquer aux flics qu'il était Bruce Springsteen, ces derniers avaient levé les yeux au ciel, sorti les menottes et l'avaient embarqué au poste. « Ils ne veulent pas croire qui je suis, murmura-t-il à Seguso. Il nous reste encore des exemplaires de *Born to Run* quelque part ? » Seguso en attrapa une pile, ainsi que la pièce d'identité de Bruce et la carte grise de la camionnette, et vola à la rescousse de son chef. Quelques albums dédicacés plus tard, les flics le laissèrent partir avec une tape dans le dos et un conseil amical de rouler plus prudemment à l'avenir.

À la fin de l'année 1976, la maison que louait Bruce à Holmdel était devenue le centre des opérations. Pendant que le groupe répétait dans le salon, une équipe managériale *ad hoc* menée par le directeur de tournée Rick Seguso gérait les affaires dans les bureaux installés dans deux chambres inoccupées. Mike Tannen se chargeait des négociations et contrats sensibles depuis New York, mais au jour le jour, la stratégie et la planification s'élaboraient à Holmdel, ce qui était devenu particulièrement compliqué à cause des cordons de la bourse qu'Appel contrôlait toujours et des manœuvres de son avocat pour saisir tous les bénéfices des concerts de Bruce tant que l'imbroglio juridique ne serait pas démêlé. Si bien que Bruce, ses musiciens et son staff étaient dans une situation critique. Ils n'avaient plus de quoi continuer à tourner, ce qui était pourtant la seule façon de faire rentrer de l'argent et de pouvoir payer les salaires de tout le monde.

« C'est sûr, on était déjà fauchés avant, mais là on était *encore plus* fauchés, raconte Garry Tallent. On avait fait un carton avec l'album, mais concrètement on n'en voyait pas la couleur. Rien. On vivait comme des miséreux. » Sur la route, la métaphore évidente de leur situation était le bus de tournée déglingué qu'ils utilisaient désormais : un gros machin ronflant dont le moteur atteignait péniblement des pointes à soixante-dix kilomètres/heure sur du plat et capitulait carrément dès qu'il fallait monter une côte avec un plein chargement à bord. Les passagers devaient alors mettre pied à terre et grimper jusqu'au sommet, où le bus les attendait pour la descente. Au vu de leurs difficultés financières, Bruce accepta donc quelques concessions, se laissant même convaincre par Seguso de jouer dans une salle omnisports à Phoenix et à Philadelphie, mais en installant un grand rideau noir fait sur mesure afin d'améliorer l'acoustique et de supprimer les places trop lointaines, histoire de préserver un semblant d'intimité. « Il y était farouchement opposé, raconte Seguso. Mais sans ça on n'avait plus les moyens de payer les gens ni de continuer la tournée. »

Chez eux, les membres du groupe se retrouvaient face à des défis encore plus difficiles à gérer. Sans la garantie d'un revenu régulier – avec les quantités d'argent aspirées par le trou noir judiciaire, la paie de la semaine se transformait souvent en une simple reconnaissance de dette –, la vie domestique devenait dure. Surtout vu le mirage des bonus et des augmentations de salaire qu'ils avaient espérés dans la foulée de *Born to Run*. Le soir où Tallent alla assister au concert d'un groupe qui faisait des reprises de Springsteen et du E Street Band dans un bar près de chez lui à Sea Bright, il apprit que son double à la basse gagnait trois fois plus d'argent pour jouer ses parties que Tallent lui-même pour les avoir créées, enregistrées et interprétées sur scène aux quatre coins du pays.

L'hiver fut rude. Le mazout pour le chauffage coûtait plus cher que jamais et ce n'était pas leur petite renommée mondiale qui empêchait le vent glacé de l'Atlantique de s'insinuer par les interstices de leurs fenêtres mal scellées. Par le passé, les membres du groupe pouvaient arrondir leurs fins de mois entre les périodes de tournée en faisant des petits concerts à côté ou en jouant sur les disques d'autres artistes. Mais maintenant que Bruce sentait la presse musicale démangée par l'envie d'écrire sa nécrologie professionnelle – le poncif de « l'ascension fulgurante qui finalement retombe comme un soufflé » étant bien sûr extrêmement vendeur –, une règle stricte, bien que tacite, était entrée en vigueur : on serre les rangs. On ne fait pas bande à part, on ne va pas raconter aux journalistes à quel point la situation est tendue. Plus que jamais, la loyauté était de mise. On fait corps, on prend sur soi, et tout le reste finira par s'arranger en temps voulu.

Mais cela faisait maintenant plus de quatre ans qu'ils entendaient ce discours. Au moins la moitié des musiciens du E Street Band commencèrent l'année 1977 en se disant qu'ils étaient sans doute arrivés à la fin du voyage avec Bruce. Près de dix-huit mois après la sortie de *Born to Run* et toujours dans l'impossibilité de se mettre à l'enregistrement d'un prochain album, ils pouvaient raisonnablement penser que l'élan de ce succès était désormais derrière eux. Et ce n'était pas comme si la genèse de *Born to Run* ni même les quelques mois de gloire qu'il leur avait valu avaient été une période d'insouciance. « Jouer dans un groupe, c'est du plaisir, par définition, dit Roy Bittan. Mais, en toile de fond, on avait toujours l'impression que la Faucheuse était tapie dans un coin, attendant de mettre un terme à la carrière de Bruce. »

Alors, est-ce qu'ils étaient tous obligés de tomber avec lui ? Bruce n'était pas le seul à avoir consacré sa vie à la musique. Ils jouaient tous depuis aussi longtemps que lui, souvent dans les mêmes rades, les Hullabaloo et autres, les bars de la plage et les clubs de nuit. Ils avaient tous contribué à son succès et, même si Bruce était le seul auteur et le seul esprit derrière *Born to Run*, le travail du groupe n'était pas passé inaperçu. Ils avaient tous reçu des coups de fil pour enregistrer en studio avec d'autres artistes ; certains même des invitations à rejoindre d'autres groupes en vogue. À la fois Bittan et Weinberg, par exemple, participèrent aux sessions de l'album *Bat Out of Hell* de Meat Loaf[4]. Ce que Bruce apprécia modérément, mais il apprécia encore moins quand deux de ses musiciens durent s'inscrire au chômage pour pouvoir tenir. C'est que, avec les rentrées d'argent qui s'amenuisaient et aucun dénouement légal en vue, la situation commençait à s'envenimer au sein du groupe. Un jour où Bruce quitta les répétitions plus tôt que d'habitude, les autres musiciens se mirent à parler de faire leurs valises et de continuer la route chacun de leur côté[5]. Dans le souvenir de Van Zandt, ils frôlaient le point de rupture.

---

4. Dont le son très *Born to Run*-esque lui valut d'être multi-disque de platine.

5. Que toute cette conversation se soit limitée à cette discussion informelle ou qu'elle ait débouché sur une autre réunion plus organisée n'est pas clair : les souvenirs des uns et des autres diffèrent à ce sujet. Van Zandt, qui donne la

« C'était une vraie crise sérieuse, dit-il. En quittant la répète, je me suis dit : "Oh, non, c'est la fin ! Il faut absolument faire quelque chose pour que le groupe n'explose pas." » En fidèle lieutenant, Van Zandt protégea Bruce de cette nouvelle décourageante et alla directement trouver Steve Popovich, ancien cadre de Columbia Records et fan perpétuel de Bruce qui était récemment passé chez Epic, l'autre label de CBS, où il avait fait signer Southside Johnny and The Asbury Jukes. Popovich et Van Zandt étaient si proches que le guitariste n'essaya pas de lui cacher la vérité : le E Street Band était au bord de l'implosion. « Il faut qu'on trouve de l'argent ! » résuma-t-il. C'était soit ça, soit le groupe ne tiendrait pas une semaine de plus. Popovich réagit du tac au tac : « Pas de panique. Ne bouge pas. Laisse-moi trouver une solution. »

À partir de là, sauvegarder l'unité du groupe devint également la mission de Popovich. « Je *vivais* à Freehold, me confia-t-il quelques mois avant sa mort en 2011. J'avais ma famille là-bas. Quand je me disputais avec ma femme, je regardais où Bruce et son groupe passaient et j'allais là. C'était ma thérapie. » Refusant d'assister les bras croisés au délitement de son groupe préféré, Popovich rappela Van Zandt avec exactement le genre de proposition qu'il leur fallait : il venait d'enrôler chez Epic l'ex-chanteuse des Ronettes, Ronnie Spector. Billy Joel avait écrit un morceau dans le style des Ronettes intitulé « Say Goodbye to Hollywood » qui devait être le titre phare de son futur album solo. Il ne leur manquait plus qu'un super groupe de rock pour l'aider à enregistrer la chanson. Alors, quoi de mieux

---

version la plus précise des événements, affirme qu'il y eut une vraie réunion, sans Bruce, et qu'ils procédèrent à une sorte de vote à main levée à l'issue duquel ils se retrouvèrent à égalité, trois partout, Clemons, Bittan et Federici pensant qu'il était temps de partir tandis que Weinberg, Tallent et Van Zandt étaient partisans de se serrer les coudes. Mais Tallent et Weinberg ne se souviennent d'aucune réunion de ce genre et d'ailleurs ne voient pas pourquoi ils auraient dû voter quoi que ce soit puisqu'ils étaient tous des musiciens individuels au service de Bruce.

que le E Street Band ? Et vu la réputation qu'ils s'étaient taillée avec Bruce, il n'avait aucun problème à les rémunérer au double du tarif syndical pour leurs services. « Il parlait de cinq cents, six cents dollars par personne, l'équivalent de trois semaines de salaire », dit Van Zandt. Bruce, qui était non seulement fan de Ronnie Spector, mais aussi conscient des difficultés financières de son groupe, leur donna volontiers son feu vert et se joignit même à eux pour jouer de la guitare. Tout le monde repartit avec son chèque et le calme revint. « On n'a plus jamais reparlé de faire sécession », conclut Van Zandt.

Quand on rapporte à Bruce un résumé de ce qui précède, il secoue la tête. « Je ne sais pas, tout le monde a sa version. Les gars du groupe ont peut-être eu cette discussion entre eux, mais jamais avec moi, il me semble. La seule chose dont je me souvienne, c'est que les temps étaient durs. Il y a eu une session d'enregistrement avec Ronnie Spector produite par Steve [Popovich]. J'y suis allé pour jouer de la guitare ou je ne sais plus quoi, mais je ne me rappelle pas qu'il y ait un lien entre tout ça. »

Manquant encore d'argent pour financer la suite de la tournée, l'agent artistique de Bruce, Sam McKeith, demanda à ses patrons chez William Morris de bien vouloir accorder à son client un prêt qu'il leur rembourserait sur les recettes à venir. Mais ils ne consentirent qu'à un montant largement inférieur, et uniquement à condition que le chanteur signe un nouveau contrat avec l'agence, si bien que Bruce était coincé. De 1973 à 1975, le travail de McKeith – qui s'occupait de leur décrocher des concerts dans des lieux stratégiques – s'était avéré si déterminant pour bâtir la popularité de Bruce dans l'Est et ces quelques petites niches improbables du Sud-Ouest (Austin, Phoenix, Houston) qu'il était l'une des trois seules personnes à être citées nommément dans les remerciements de *Born to Run*. Comme Bruce l'avait reconnu lui-même, il devait une partie de son succès aux efforts de McKeith et il lui devait donc fidélité.

« J'aimais beaucoup Sam, dit-il. Si quelque chose avait pu me retenir chez eux, ç'aurait été lui. »

Mais alors Frank Barsalona, président de l'agence artistique Premier Talent, se déplaça dans le New Jersey et leur proposa un prêt sans conditions d'un montant de cent mille dollars, de quoi financer la dernière partie de la « tournée du procès » début 1977, tout ça sur une simple poignée de main et une déclaration de bonne foi qui était du genre à conquérir le cœur de Bruce à jamais. « Il est venu me voir et il m'a dit : "Hé, vous avez besoin d'aide ? Je suis votre homme", se souvient Bruce. Et ce fut le début d'une magnifique relation. » Barsalona ne demanda même pas à Bruce de signer le moindre contrat, même si Bruce finit par signer chez Premier Talent. Aujourd'hui encore, c'est l'agent Barry Bell[6] qui s'occupe de ses tournées.

Au même moment, Mike Tannen et Yetnikoff parvinrent à un accord pour que Bruce puisse signer directement avec CBS dès que la situation avec Appel serait réglée et cette fois avec des royalties de super star d'un dollar par album vendu. À la suite d'informations préjudiciables pour Appel révélées au cours des

---

6. Bell fit la connaissance de Bruce, puis d'Appel et du reste de la troupe, alors qu'il travaillait avec Sam McKeith à l'agence William Morris. L'histoire de son passage chez Premier et de la façon dont il prit la place de McKeith comme agent artistique de Bruce est donc un peu complexe. Bell avait d'abord accepté d'unir ses forces à celles d'Appel afin de monter une agence indépendante dont Bruce serait le fleuron, mais pas nécessairement le seul artiste. Ce projet s'effondra quand Appel refusa la proposition de Bruce de remplacer leurs contrats par une poignée de main. En attendant, Bell avait sympathisé avec Bruce (leurs petites copines respectives étaient voisines) et quitté son poste chez William Morris pour en accepter un meilleur chez Premier. L'éviction de McKeith, selon Bell, était la conséquence de ses liens trop étroits avec Appel et du mécontentement de Bruce à l'égard de l'agence William Morris. McKeith, de son côté, pense que Bell, comme beaucoup d'agents juniors avant et après lui, a simplement cherché à construire une relation personnelle avec Bruce dont il s'est servi pour le pousser à quitter McKeith et William Morris et à rejoindre Premier, où il pourrait devenir son agent. Cela dit, il y avait aussi d'autres facteurs en jeu et encore aujourd'hui McKeith semble furieux de la façon dont ça s'est passé. Et vu les épreuves à la fois personnelles et professionnelles qu'il était sur le point d'endurer, tout cet épisode est l'un des moins joyeux dans la longue carrière de Bruce. Mais, comme le dit Mike Tannen, ainsi va la vie dans le monde du show-biz.

mois précédents (dont une déposition de Bob Spitz dans laquelle il se rappelait avoir entendu Appel admettre que n'importe quel juge de bon sens trouverait ces contrats « inadmissibles »), les avocats des deux parties négocièrent pendant tout le printemps, et en mai 1977 ils finirent par trouver un compromis : Appel recevrait huit cent mille dollars et conserverait cinquante pour cent des droits d'édition sur les vingt-sept chansons que Bruce avait sorties *via* Laurel Canyon. Tout le reste, y compris les droits de toutes ses futures chansons, appartenait à Bruce.

Maintenant qu'Appel ne représentait plus une menace, l'image démoniaque qu'il avait revêtue dans le regard de Bruce se dissipa pour révéler l'homme qu'il avait toujours été : le guerrier vigoureux au langage cru et au cœur d'or, plein de bonnes intentions mais aussi de tragiques imperfections. Encore un de ceux qui avaient aidé Bruce dans son ascension, qui avaient porté ses amplis, joué leur vie dans ses concerts, qui s'étaient parfois fait prendre à lui facturer en double leurs coups de téléphone et dont Bruce voyait le reflet quand il se regardait dans le miroir. Alors, quand ses avocats l'informèrent que la position d'Appel devant les tribunaux était devenue si fragile qu'ils pouvaient sans doute le plumer de beaucoup plus – voire de tout –, Bruce secoua la tête. « Je ne veux pas faire de mal à ce mec, dit-il à Tannen. Je veux m'en séparer, mais il a été là quand j'avais besoin de lui. Ce qu'il a obtenu, il le mérite. »

Le jour où l'argent changea de mains – quand Appel rendit les royalties de Bruce pour *Born to Run* et tout le reste, et que CBS signa l'avance de huit cent mille dollars que Bruce allait devoir donner à Appel –, Bruce sortit du building de CBS sur la 6ᵉ Avenue, contempla les chèques qu'il avait entre les mains, tous libellés à l'ordre de M. Bruce Springsteen, et éclata de rire. « Regarde ! dit-il à Joy Hannan. Je suis millionnaire ! » Ils savaient tous les deux que c'était temporaire : il allait remettre les huit cent mille dollars à Appel d'ici quelques heures et une proportion non négligeable de ses royalties servirait directement à rembourser les dettes, les salaires en retard, etc. Mais ils foncèrent pourtant jusqu'à la cabine la plus proche dans laquelle ils se serrèrent pendant qu'il composait le numéro de ses parents à San Mateo. Quand Adele décrocha, il cria : « Hé, m'man ! » et lui annonça la nouvelle. « C'était mignon, raconte Hannan. Ses parents étaient tellement contents pour lui et il était tellement heureux que le procès soit fini. » Ils avaient tous fait un sacré bout de chemin depuis ce jour neigeux de 1964 où il avait montré à Adele la guitare Kent dans la vitrine de chez Caiazzo's Music en lui disant « S'te plaît, m'man » pour que le père Noël lui apporte ce modèle-là.

15

Y a toujours de la place pour jeter

Quand ils faisaient une pause pour dîner, ça se voyait tout de suite à la façon dont ils se répartissaient autour de la longue table dans la salle à manger de Bruce. Au milieu se trouvaient la plupart des musiciens – Max Weinberg, Roy Bittan, Garry Tallent, Danny Federici, Clarence Clemons –, agglutinés avec le directeur de tournée et premier assistant de Bruce (Rick Seguso d'abord, puis Bob Chirmside) ainsi que toute autre personne de passage ce soir-là. Bruce se réservait la place d'honneur à l'extrémité de la table, avec à ses côtés son plus vieux copain, co-guitariste, co-arrangeur, stratège et co-conspirateur tous azimuts, Steve Van Zandt. « C'était une sorte de dialogue permanent entre Bruce et Steve, dit Weinberg. Et ça fonctionnait exactement comme ce que Charlie Watts a pu me raconter sur la façon dont Keith [Richards] et Mick [Jagger] fonctionnaient ensemble. Ils formaient un duo incroyable. Bruce était le visionnaire. C'est lui qui avait les chansons, même si elles n'étaient pas toujours suffisamment étoffées. Et Steve était un genre de mécanicien génial, le type qui arrivait avec sa clé à molette pour tout ajuster. »

Et c'est ainsi que s'écoula l'année et demie après la sortie de *Born to Run*. Les membres du groupe se retrouvaient chez Bruce tous les jours à quatorze heures, s'enfermaient dans la salle de répétition lambrissée de sa maison de Holmdel, empoignaient leurs instruments et se mettaient au travail: lisser les passages un peu rugueux dans les arrangements live, apporter leur patte aux reprises qu'ils décidaient d'ajouter à leur playlist, revisiter leurs anciennes chansons et apprendre les nouvelles que Bruce avait dans son cahier. Stimulée par la pression du procès, l'imminence d'une catastrophe financière et autres aiguillons, la production de Bruce était encore plus prolifique qu'avant. Il suffisait de lui mettre une guitare entre les mains, de l'asseoir au piano ou juste de le laisser tranquille un moment et d'attendre : les chansons jaillissaient à flots, souvent par deux, trois, six ou même plus. Il les apportait toutes, certaines complètement écrites, d'autres se résumant à un couplet, un riff et quelques bribes de texte. Ou parfois rien qu'un mot, comme dans le cas de ce rock sur quatre accords qui résonna pour la première fois dans la salle de répétition alors que ses paroles se limitaient au mot *badlands* chanté sur le refrain. Et il y en avait toujours d'autres en réserve. Des gros rocks bruts de décoffrage à base de jolies filles et de voitures nerveuses ; des ballades d'amour sensuelles ; des jérémiades à la sauce R&B sur les misères infligées par de méchantes *girlfriends* ; des évocations songeuses de renégats, de coureurs automobiles, d'amoureux transis, de routes hallucinées suspendues entre l'échec et l'espoir.

Aux oreilles de Steve, les nouvelles compositions de Bruce sonnaient comme les cloches d'une église. Les morceaux pop – « Ain't Good Enough for You », « Fire », « Rendezvous », etc. – avaient la verve des tubes rock de la fin des années 1950 et début des années 1960 qui avaient électrisé leurs postes de radio pendant toute leur adolescence, tandis que « Talk to Me », « It's a Shame » et « The Brokenhearted » possédaient le swing majestueux des classiques de la musique soul. D'autres chansons évoquaient encore d'autres courants tout aussi fondamentaux du rock, de la soul et de la country, et, ajoutées à celles dans lesquelles Bruce abordait avec une grande complexité émotionnelle ses batailles juridiques, musicales ou existentielles – « The Promise », « Something in the Night », « Breakaway », « Racing in the Street », pour n'en nommer que quelques-unes –, cela constituait l'œuvre musicale la plus importante et la plus vitale que Bruce ait jamais produite. « C'est ce truc-là qu'il ignore totalement sur lui-même et qui représente, pour moi, sa plus grande évolution, explique Van Zandt. C'est *facile* d'être intime. C'est *facile* d'être original, croyez-le ou pas. Pink Floyd : facile. "Louie Louie" : dur. *Sgt. Pepper's* ? D'accord, génial. Mais "Gloria" ? Beaucoup plus dur. Allez-y, prenez-moi ces trois accords et faites en sorte que ça marche. Ça, c'est le savoir-faire/l'art/l'inspiration/la motivation ultimes du rock'n'roll. C'est tout ! » En entendant ça, Bruce secoue la tête en riant. « C'est mon pote, ça, vous savez. Il est très pointilleux sur les trucs qu'il aime. »

Landau apportait à Bruce une palette d'influences différentes. Tout aussi immergé dans les racines du rock, de la soul et de la country que Van Zandt, c'était aussi, comme Bruce le décrit, un formaliste, persuadé que la meilleure façon de capturer l'énergie dissipée du rock'n'roll était d'en jouer d'une manière profession-nelle, de l'enregistrer avec clarté et de le mixer suffisamment proprement pour révéler les nuances de chaque instrument[1]. Comme Bruce le savait d'avance, les points de vue de Landau et Van Zandt allaient diverger sur beaucoup d'aspects (une réité-ration de la dichotomie Appel/Landau qu'il avait mise en place pour *Born to Run*). Mais, confia-t-il au documentariste Thom Zimny en 2010, il avait ses raisons. Comme il l'explique lui-même, se placer entre deux fortes influences contradictoires était devenu une habitude depuis son plus jeune âge. « C'est la règle de trois, dit-il. Ma grand-mère, ma mère et moi. Mike, Jon et moi. Jon, Steve et moi. Et c'est encore valable aujourd'hui. »

---

1. Le meilleur exemple de la signature sonore de Landau en dehors de Springsteen est sans doute l'album *The Pretender* de Jackson Browne, qu'il produisit en 1976. Comparé aux précédents disques plus rustiques de Browne, *The Pretender* étoffait son mélange habituel de guitare acoustique, piano, violon et guitare hawaïenne avec assez de cordes, de cuivres, de chœurs gospel et autres instruments exotiques interculturels pour donner une portée plus ample à ses textes largement autobiographiques.

Attiré par l'humour ténébreux des histoires de famille d'un écrivain du Sud comme Flannery O'Connor, Bruce se sentait aussi en lien avec les personnages lourds en émotions d'*Assurance sur la mort*, du *Facteur sonne toujours deux fois* et autres romans noirs du même James M. Cain. « Toutes ces lectures résonnaient très fort avec ma vie intérieure et avec quelque chose de mon enfance, dit-il. Ces héros de polars, ils avaient toujours des sables mouvants sous les pieds. » L'atmosphère pesante de cette littérature policière faisait écho à son identité spirituelle de catholique. « Ce sentiment de se faire bousculer, dénigrer, et de ne pas pouvoir s'en échapper. » Quoi de plus proche du roman noir que de vivre dans un monde régi par un Dieu impétueux dont la conscience est aussi insondable que son œil omniscient est lourd de jugement ?

S'inspirant de l'attention que Landau portait au sous-texte des films, Bruce regardait désormais ses westerns et ses films de série B favoris avec un intérêt particulier pour l'histoire et la technique cinématographiques. De nouvelles grilles de lecture s'ouvraient à lui, qu'il n'avait jamais soupçonnées jusque-là. Même l'écran des drive-in semblait s'élargir, révélant des symboles, des messages et des perspectives auxquels il n'avait jamais prêté attention consciemment. Ce nouveau point de vue lui offrait par la même occasion une approche différente de ses propres œuvres, notamment concernant les vertus des images brutes et des structures narratives sobres, sans fioritures. Les disques de Hank Williams et d'autres grands artistes de musique country l'aidaient à resserrer ses chansons autour de l'essentiel : quelques accords, une mélodie simple, des paroles directes, presque sur le ton de la conversation. Les solos étaient courts et sans digressions, pour la plupart des reprises exactes ou de légères variations sur la mélodie principale[2]. « C'est un album austère,

---

2. « Adam Raised a Cain » étant l'exception manifeste à cette règle, mais même là, les hurlements de Bruce évoquant un chaos émotionnel ont un rôle bien précis dans la narration.

dit Bruce en parlant du futur *Darkness on the Edge of Town*.
L'idée, c'était de tout dépouiller, de tout rendre très frontal. »

Bruce tomba sur ce qui deviendrait une de ses influences
majeures un soir par hasard en allumant sa télé : un vieux
film en noir et blanc sur des métayers qui essayaient de s'en
sortir pendant la Grande Dépression, avec Henry Fonda dans
le rôle d'un ouvrier agricole du nom de Tom Joad. Il avait raté
la première moitié, et donc le titre, mais l'histoire de cette
famille appauvrie luttant pour retrouver du travail et la dignité
le fascina. Au dîner, le lendemain, il en parla à Landau, qui sut
exactement de quoi il s'agissait : l'adaptation au cinéma par
John Ford en 1940 des *Raisins de la colère* de John Steinbeck.
Ils discutèrent un long moment du film et bientôt Landau
perçut un changement dans la façon que Bruce avait d'envisager
son prochain album. « Il avait l'air de prendre une nouvelle
direction dans sa manière d'aborder les choses. » Comme le
déclara Bruce dans une interview télévisée en 1995, le film de
John Ford[3] ne le quitta jamais. « Il y avait quelque chose dans
ce film qui pour moi était une sorte de quintessence de tout le
reste, dit-il. Quelque chose qui n'a jamais cessé de résonner à
travers presque tout ce que j'ai écrit depuis. »

Comme sur *Born to Run*, cette nouvelle fournée de chansons
s'intéressait aux personnages de la classe populaire que Bruce
avait toujours côtoyés, les anciens voisins, coéquipiers et camarades de classe qui, comme lui, étaient à cet instant charnière
de leur vie où l'on est assez mûr pour comprendre le besoin de
stabilité, mais encore assez jeune pour avoir envie de plus que
ça. Sauf que, désormais, depuis l'autre côté de son succès, Bruce
avait vu ce que le temps et l'expérience pouvaient faire à vos
rêves les plus chers. Il était en train d'explorer les véritables
débuts de l'âge adulte, confiait-il dans le documentaire de Thom

---

3. Il ne trouva le temps de lire le roman original de John Steinbeck (datant de
1939) que bien des années plus tard, après avoir fait la connaissance de sa veuve.

Zimny en 2010. Ce moment à l'approche de la trentaine où l'on est assez mature pour se rendre compte que « la vie n'est plus grande ouverte. La vie d'adulte est pleine de compromis. Et c'est nécessaire. Parce qu'il y a beaucoup de choses sur lesquelles vous êtes prêt à en faire, et d'autres pas ». Mais en quoi tout ça pouvait s'appliquer à une rock star dont le dernier album s'était vendu, à ce stade, à plus d'un million d'exemplaires ? « On avait fait ce très gros succès, disait Bruce à Zimny. Mais je... je suis rentré à Asbury Park avec des millions de dollars de dettes. »

À la suite de ces deux années d'exil forcé loin des studios d'enregistrement, une autre question planait : à part le noyau dur de ses fans, principalement sur la côte Est, qui se souviendrait de Bruce Springsteen ou serait intéressé par son nouvel album tant retardé après l'énorme succès de *Born to Run* ? La scène musicale avait radicalement changé depuis 1975. C'était désormais le son brut et agressif des Clash, des Sex Pistols ou des Ramones qui était à la pointe du rock. Une fois de plus, Bruce pouvait sentir le souffle glacé de la Faucheuse dans sa nuque. Une fois de plus, il entra en studio en ayant à l'esprit que ce serait peut-être son baroud d'honneur. « Je n'en savais rien, ça pouvait très bien être mon dernier disque, dit-il à Zimny. Tout ce que j'avais, il fallait que je le sorte *maintenant*, sur cet album-là. Il n'y aurait peut-être pas de lendemain... juste l'instant présent. »

D'un autre côté, si finalement son existence continuait à baigner dans la gloire et les privilèges, c'était peut-être pire. Aussi brève fût-elle, son incursion dans le monde scintillant des médias de masse l'avait « séparé des choses avec lesquelles j'ai essayé d'établir des liens toute ma vie. Et ça m'a terrifié parce que j'ai compris que ce que j'avais de plus précieux était mon identité profonde. Et mon identité profonde, c'était l'endroit où j'avais grandi, les gens que j'avais connus, les expériences que j'avais vécues ».

Pour le dire autrement, il était déjà voué à la damnation parce qu'il était devenu célèbre. Et si ce disque faisait un bide, il serait damné parce qu'il tomberait dans l'oubli. En gros, *il était damné*. Peut-être était-ce une crainte qui venait aisément aux catholiques. Mais, pour Bruce, le goût âcre des flammes de l'enfer avait moins à voir avec la juste fureur divine qu'avec les esprits sombres qui couvaient à l'intérieur de lui-même et qui à la fois le tourmentaient et alimentaient ses besoins désespérés, comme ils avaient alimenté l'angoisse qui continuait à flamber dans le noir de la cuisine de son père en Californie. « Beaucoup des chansons [de cette époque] traitent de mon obsession autour de l'idée du péché, dit-il à Zimny. Qu'est-ce que c'est ? Qu'est-ce que c'est dans une *bonne* vie ? Parce qu'il tient une place importante aussi dans une bonne vie. Alors qu'est-ce qu'on en fait ? On ne peut pas s'en débarrasser. Comment on trimballe ses péchés ? »

Le chemin vers sa propre rédemption était aussi clair que vertigineux : « Plus que riche, plus que célèbre, plus qu'heureux, je voulais être *un grand*. » Ce ne serait pas facile. À vrai dire, c'était même le contraire de facile. « Il avait besoin de travailler jusqu'au bout de ses forces, jusqu'à ce que sa vue se brouille, qu'il se mette presque à délirer et qu'il s'écroule d'une manière ou d'une autre, émotionnellement ou physiquement, raconte Roy Bittan. Ce niveau de créativité, on n'y parvient pas dans un état conscient. C'est quelque chose de souterrain auquel vous accédez. Et quand vous faites ça, vous êtes ailleurs. » Bruce le savait aussi : « C'était à la fois de la complaisance et la seule méthode qu'on connaissait. La partie obsessionnelle compulsive de ma personnalité faisait que je les rendais tous fous simplement parce que je pouvais me le permettre. C'était dangereux de traîner autour de moi. »

Le directeur de tournée et factotum domestique Rick Seguso en fit la cruelle expérience. S'étant vu confier certaines tâches de management basiques pendant la période du procès, il s'était imaginé qu'il pourrait tenter sa chance en solo. Ils n'avaient qu'à monter une structure de management en interne qui leur permettrait d'être autonomes sans avoir à dépendre d'étrangers potentiellement mal intentionnés. Bruce ne dit pas oui à l'idée, mais ne dit pas non non plus, ce qui plaça Seguso dans la curieuse position d'être en charge de rien, mais responsable de beaucoup. Le fait de travailler selon des contours aussi flous finit par poser un problème lorsque Seguso dut s'arranger pour concilier les dates de tournée du groupe avec les engagements que Clarence Clemons avait pris en acceptant un rôle dans le film que Martin Scorsese réalisa en 1977, *New York, New York.* Quand une série de deux concerts à Philadelphie en octobre s'avéra entrer en conflit avec ce que Seguso décrit comme une convocation de Clemons à la dernière minute sur le tournage à Los Angeles, la star du film, Robert De Niro, téléphona à Bruce pour se plaindre. Les deux hommes étaient amis, mais, en bon fan de cinéma, Bruce admirait tellement le travail de l'acteur, que lorsque ce dernier commença à vitupérer au bout du fil, lui aussi devint furieux contre Seguso. Refusant d'entendre les arguments de son employé sur les messages souvent tardifs et parfois même incohérents des producteurs du film, Bruce rétorqua par un ordre implacable : « Débrouille-toi pour arranger ça ! » Paniqué, Seguso supplia l'organisateur du concert à Philadelphie de reculer de vingt-quatre heures la date du second show, permettant ainsi à Clemons de prendre un vol de nuit pour Los Angeles, de faire sa scène et de reprendre l'avion le soir même pour Philadelphie, à temps pour le deuxième concert. Mais Bruce ne pardonna jamais complètement à Seguso cet imbroglio et ne tarda pas à le licencier[4].

Après son départ, Bruce fit appel à Bobby Chirmside, autre vétéran de l'équipe, pour remplir le rôle de directeur de tournée. Ce qui, bien entendu, ne se limitait pas aux tournées. « Le truc, lui dit Bruce, c'est que tu dois venir habiter chez moi. »

---

4. Seguso reconnaît aussi qu'il buvait plus que de raison cet hiver-là et se mettait ainsi dans de fâcheuses situations qui n'arrangeaient pas son cas dans les environs de Holmdel.

Chirmside, qui vivait encore chez ses parents à l'époque, n'y voyait aucun inconvénient. Oh, mais Bruce avait encore une question : « Tes parents n'auraient pas des meubles en rabe ? Parce que tout ce que j'ai, c'est un flipper Buckaroo, un bureau, deux lits, une télé portable dix-neuf pouces et une table de billard. C'est tout. » Chirmside emménagea quelques jours plus tard, avec dans ses bagages un canapé pour le salon, et la vie de Bruce dans sa maison de dix chambres sur Telegraph Hill Road entra dans une nouvelle ère.

Les journées ordinaires démarraient vers onze heures ou midi, quand Bruce émergeait de sa chambre en traînant des pieds et se préparait un bol de Cheerios pour le petit-déjeuner. Revigoré, il grimpait ensuite dans son vieux pick-up poussiéreux, fourrait une cassette de Hank Williams dans l'autoradio et partait en cahotant fouiller les rayonnages de la bibliothèque municipale à la recherche de nouveaux livres, déambuler chez les brocanteurs de Long Branch ou se balader sur une des promenades du bord de mer. « C'était vraiment son moment de solitude », raconte Chirmside, qui restait à la maison pour faire la vaisselle, lancer une machine avec les jeans, les tee-shirts et les sweats de Bruce et filait au supermarché se réapprovisionner pour les quelques jours à venir. Quand Bruce rentrait en milieu d'après-midi, il avalait un sandwich puis allait se mettre au piano ou s'enfermer dans sa chambre avec une guitare acoustique. Il passait des heures tous les jours à travailler sur de nouvelles chansons, concoctant une progression d'accords avant de chanter ou de fredonner une mélodie par-dessus. Des bribes de paroles apparaissaient ensuite, parfois piochées entre les pages du cahier dont il ne se séparait jamais. Il restait ainsi à travailler des heures d'affilée, sans jamais dire un mot de ce qu'il avait fait ni de comment ça avançait.

« Quand tu écris bien, tu ne sais jamais trop comment tu as fait, explique Bruce. Ni si tu arriveras à le refaire. Ce que tu recherches, c'est justement cet élément inexplicable. Cet élément qui insuffle de la vie et du caractère dans les gens ou les situations sur lesquels tu écris. Alors, pour y arriver, tu es obligé de convoquer plus que... Enfin, ça ne peut pas être simplement mathématique. Il y a forcément un aspect mystique. Et quand ce troisième élément arrive, c'est un peu comme si un plus un faisaient trois. » La recherche perpétuelle de l'inspiration et la pression constante (bien qu'auto-générée) pour parvenir à une écriture de plus en plus forte absorbaient totalement l'attention de Bruce sur son travail. Non pas qu'il n'ait pas le temps pour les copains, les copines et les virées dans les bars. Mais tout ça devait se caler dans les interstices d'une vie dominée par ses propres visions, intrigues et énigmes intérieures.

Comme Bruce en avait averti Chirmside, la déco de la maison de Telegraph Hill donnait un nouveau sens au mot « minimaliste », avec ses piles de bouquins, ses caisses de 33 tours et ses magazines disséminés un peu partout. Imaginez la garçonnière d'un étudiant en lettres doté d'une passion pour la musique et d'une carte de bibliothèque du comté de Monmouth, eh bien c'était à peu près ça. Une table de billard et une autre de billard à bouchon occupaient une des chambres du fond. Les disques d'or et autres récompenses avaient fini dans un placard, tandis que Bruce gardait les espaces d'exposition les plus en vue pour les tableaux et dioramas que les fans lui envoyaient afin d'exprimer ce que leur inspiraient leurs chansons ou album préférés. « Quelqu'un lui avait fabriqué une boîte avec une route en gravier, une voiture de course sur la route et un panneau disant "Thunder Road", et il l'avait posée sur sa cheminée, raconte Lance Larson, musicien vétéran d'Asbury Park et ami à la fois de Bruce et de Chirmside. On n'avait pas intérêt à s'amuser avec ce truc, il se foutait en rogne. *"Touche pas à ça !"* Il en prenait grand soin. »

L'intensité des sentiments de Bruce à l'égard de ses fans pouvait s'incarner en la personne d'Obie Dziedzic, dont il avait fait connaissance en 1969 alors qu'elle était au premier rang de tous les concerts de Child/Steel Mill. Brune, des lunettes en cul de bouteille, cette adolescente timide s'était tenue à distance respectueuse de son héros pendant toute la première année, même si elle déposait des repas faits maison pour Tinker West et les autres techniciens à la console de mixage. West parla de Dziedzic à Bruce et il se mit à la chercher des yeux près de la scène, rarement déçu puisque quasiment rien ne pouvait lui faire rater un concert. Quand Steel Mill donna son dernier show au Upstage en 1971, Bruce l'interpela depuis la scène et lui fit une place à la table du groupe lors de la petite fête qui eut lieu ce soir-là au Green Mermaid. Dziedzic resta tout aussi fidèle durant l'ère du Bruce Springsteen Band, à tel point que Bruce prit l'habitude de se faire conduire par elle à ses shows au Student Prince. À partir de là, il mit un point d'honneur à l'inscrire sur sa liste d'invités à tous les concerts qu'il donnait. Lorsqu'il devint suffisamment connu pour jouer dans des théâtres puis des salles omnisports, il fit insérer une clause dans son contrat-type disant que deux billets (premier rang, centre) devaient être laissés au guichet au nom d'Obie Dziedzic. Tous les soirs. Peu importe dans quelle ville ou dans quel pays. « C'est un peu le patient zéro, explique Bruce. L'origine de l'épidémie. C'était genre : "Hé, regardez, on a une fan ! Elle est venue plus d'une fois ! Elle fait les trucs que font les fans !" Pour nous, elle représentait ça et c'est toujours le cas. »

Lorsque Van Zandt songea sérieusement à devenir producteur et manager de Southside Johnny, il embaucha Dziedzic comme assistante. Elle resta auprès de lui jusqu'en 1977, quand Bruce insista pour qu'elle vienne plutôt travailler pour lui. (« Et Steve ? » demanda-t-elle. « T'occupe pas de lui », rétorqua Bruce en balayant la question d'un revers de main.) Dès lors, elle devint partie intégrante du staff de Bruce, s'occupant de lui faire son marché, ses courses quotidiennes, son ménage, de s'occuper de ses vêtements et de lui cuisiner les dîners qu'il choisissait parmi les menus qu'elle élaborait afin d'élargir sa palette gustative et la valeur nutritive de son alimentation encore obstinément adolescente. Et, chose étonnante, ça marchait. Bruce se laissa convaincre de manger des légumes et des accompagnements plus élaborés que les sauces tomate en boîte dont il arrosait ses spaghettis. Les fois où Lance Larson venait dîner, il était toujours étonné par la façon systématique dont Bruce exigeait qu'on ne gâche aucune nourriture. « Quand je laissais un peu de salade dans mon assiette, il me regardait en disant : "Tu ne manges pas ça ?" Et si j'étais déjà passé au poulet alla parmigiana ou je sais pas quoi, il me la piquait directement dans mon assiette, genre : "Tu déconnes ou quoi ? Donne-moi cette salade ! C'est bon pour la santé !" »

Les soirs où Bruce avait envie de sortir, ils montaient tous les trois dans le pick-up ou une autre de ses voitures pour aller au Stone Pony. Bruce avalait en général une ou deux bières, peut-être un shot de Jack Daniel's. Mais alors que Chirmside et Larson s'excitaient sur la piste de danse, lui restait au bar à bavarder avec des amis ou juste à écouter le groupe en s'imprégnant de l'ambiance festive et alcoolisée autour de lui. « Il est très introspectif, c'est ça le truc, explique Larson. Entre nous, on se disait : "Génial, il vient pour nous regarder vivre nos expériences et ensuite il va écrire dessus !" Alors on lui faisait : "Hé, Bruce, t'as besoin de nouvelles chansons ? Viens, on sort !" »

Des femmes s'approchaient timidement pour lui dire bonjour, il y avait toujours de vieilles copines dans les parages et, quand la musique chauffait pour de bon, Bruce choisissait une fille dans l'assemblée pour transpirer un peu sur la piste. Lorsque la nuit se prolongeait et qu'il dansait avec la même depuis plusieurs heures d'affilée, il s'éclipsait discrètement avec elle, l'aidait à monter dans la cabine de son pick-up et disparaissait au bout de la rue. Et juste au moment où Chirmside et Larson commençaient à penser qu'il ne reviendrait pas, il réapparaissait. « Il les traitait comme des sœurs, raconte Larson. Il les déposait chez elles et revenait nous chercher. » Comme ses copains le savaient, la vie amoureuse de Bruce tournait désormais autour de Lynn Goldsmith, une célèbre photographe de musique qui se trouvait aussi être une sublime brune aux cheveux longs animée du même tempérament passionnel qui avait attiré Bruce chez Diane Lozito quelques années plus tôt.

Les sessions d'enregistrement pour ce crucial quatrième album débutèrent aux Atlantic Studios en plein cœur de Manhattan une semaine après l'accord juridique qui séparait Bruce d'Appel une bonne fois pour toutes. Avec Bruce et Landau comme coproducteurs et l'aide de Van Zandt sur les arrangements, la petite bande s'arma de courage pour le long voyage qui l'attendait.

Les problèmes commencèrent avec la batterie de Max Weinberg et la recherche visiblement impossible d'un agencement de micros qui donnerait à son instrument le son d'une batterie et non d'une baguette tapant sur une batterie. Ils ne découvriraient que bien plus tard que ce défaut qu'ils n'avaient jamais vraiment réussi à réparer était le résultat d'une installation défectueuse dans le studio. Mais, pour Bittan, cette quête interminable du son de batterie de Dieu en personne était aussi une forme de procrastination : la tentative inconsciente d'un artiste angoissé pour esquiver la lutte intérieure éreintante qu'il devait mener afin de sortir le meilleur de lui-même.

Les sessions s'enlisèrent pendant tout l'été. Puis, en septembre, tout le monde migra à la Record Plant où le travail se poursuivit jusqu'en janvier 1978. Contrairement à l'enregistrement de *Born to Run*, ce processus de neuf mois avançait plutôt vite d'une chanson à l'autre, Bruce guidant le groupe à travers l'énorme répertoire de morceaux qu'ils avaient commencé à répéter dans sa maison de Holmdel au fil de l'année, en plus des nouvelles idées qui continuaient à lui venir. À la fin des sessions, ils avaient enregistré quelque chose comme soixante-dix nouveaux morceaux, en sachant qu'au moins quatre-vingts pour cent d'entre eux finiraient sur l'étagère des rebuts ou se verraient proposés à un autre artiste. Southside Johnny and The Asbury Jukes récupérèrent ainsi « Talk to Me » et « Hearts of Stone », ce qui convenait parfaitement à Van Zandt. Mais, quand Bruce arriva avec le morceau rock très années 1950 façon Elvis Presley « Fire[5] » et la torride chanson d'amour « Because the Night » pour finalement les éliminer tous les deux, Van Zandt ne put que repartir en pestant. « Bruce passait son temps à distribuer ses meilleures compos aux autres ou à ne pas les sortir. C'était son truc. » Landau, même avec un œil sur les questions pragmatiques – la publicité, les radios, les disquaires et les ventes – comprenait pourtant le point de vue créatif de Bruce. « Je pense qu'il s'est dit que si "Fire" était sur l'album, ce serait devenu *le* tube de l'album et ça aurait défini tout le reste, explique Landau. Il ne pouvait pas mettre "Fire" dessus et dire au label qu'il ne voulait pas le sortir comme single. Ça lui aurait forcément échappé. » Alors, songeait Bruce, autant prendre les devants et planquer le morceau dans un coin.

Avec une telle quantité de matière de premier choix écrite et enregistrée, Bruce franchit un nouveau cap dans l'errance qui lui tenait lieu de méthode de production. Cette fois, au lieu de passer des mois à ressasser les dynamiques internes de chaque chanson, il livrait une avalanche de matière brute, *puis* passait des mois à trier, choisir, classer, astiquer et jeter. Après quoi il recommençait depuis le début jusqu'à ce qu'un sens narratif global se révèle à lui. Car, même si la simple joie du rock'n'roll suffisait à le faire vibrer, Bruce était encore plus déterminé à donner à sa musique une charge intellectuelle et émotionnelle. Il voulait qu'elle soit suffisamment puissante pour refléter sa vie et son époque tout en redéfinissant les possibilités du rock américain.

À bien des égards, tout ça remontait à Elvis Presley, dont le génie naïf avait fait fusionner la culture blanche et la musique

---

5. Que Bruce avait précisément écrit en pensant qu'il réussirait peut-être à le vendre au héros de son enfance comme possible nouveau single.

noire. Ce big bang accidentel qui avait propulsé la culture populaire dans l'ère du Technicolor avait déclenché une révolution et, presque aussitôt, était devenu le fond de commerce d'une industrie familiale cupide qui avait vidé Presley de sa magie jusqu'à ce qu'il soit trop triste et trop faible pour danser. Pendant des années, la lente dégradation du King avait servi d'exemple numéro un pour illustrer les pulsions les plus rapaces du capitalisme américain. Ce qui était parfaitement relaté dans le livre révélation écrit d'après le récit de deux de ses anciens gardes du corps, *Elvis: What Happened* (en français, *Elvis ou le Roi déchu*), que Bruce (ainsi que Van Zandt et plusieurs autres membres du groupe) avait lu. Pourtant Bruce ressentait encore si fort le poids d'Elvis qu'il avait fait de sa tentative de 1975 pour rendre visite au King en escaladant les grilles de son domaine de Graceland un bijou d'autodérision et d'hommage idolâtre qu'il racontait sur scène comme intermède comique. Plus récemment, Bruce avait pris des places pour le concert de Presley prévu au Madison Square Garden en septembre 1977. Quand la nouvelle de sa mort déferla sur les chaînes de télé le 16 août 1977, Bruce le vécut très mal. «Il était réellement bouleversé, raconte Chirmside. Juste super énervé.»

Deux jours plus tard, Bruce, Van Zandt et le photographe Eric Meola s'envolèrent ensemble pour Salt Lake City, jetèrent leurs sacs à l'arrière d'une décapotable Ford Galaxie 500XL rouge de 1965 et roulèrent dans la fournaise du désert en direction des routes poussiéreuses à une voie qui contournent les mesas, reliant les ranches et les réserves indiennes aux petites villes et aux cactus qui lèvent les bras à l'horizon. Tandis que Meola scrutait le paysage à la recherche de reliques photogéniques de la Frontière du vingtième siècle, Bruce et Van Zandt devisaient sur le déclin de Presley et la façon dont le cocon de ses plus vieux et plus proches amis avait dorloté leur copain magnifique jusqu'à creuser sa tombe. Elvis considérait les gars de la «Memphis Mafia» comme ses meilleurs amis au monde. Mais, quand il avait commencé à sombrer, ils n'avaient pas ouvert la bouche. « Tous ces types, tous ses potes l'ont abandonné », dit Van Zandt. Ils venaient toucher leur salaire et laissaient le King se noyer dans les médocs, le silence et un livre sur Jésus qu'il ne terminerait jamais.

Ils roulèrent non-stop pendant les trente premières heures, portés chaque fois un peu plus loin par la curiosité de Bruce, suivant les ornières des pistes jusqu'à ce qu'elles débouchent sur une nouvelle route ou simplement disparaissent dans le sol rocailleux du désert. Quand ils croisèrent une petite épicerie générale, ils se garèrent devant la pompe à essence, achetèrent des Coca et laissèrent à Meola le temps de dégainer son appareil et de faire quelques photos. Bruce et la voiture, Bruce et le grand Ouest, Bruce et les gros nuages d'orage qui déchiquetaient les rayons du soleil en lambeaux. Dans le décor de ces bleds paumés du désert, Meola espérait évoquer la même mélancolie que Robert Frank dans son magistral *Les Américains*, une galerie de portraits qui révélait le visage du quart-monde des années 1950 et 1960 dans des villes désolées et des quartiers brisés. Bruce s'était reconnu dans l'œuvre de Frank au premier coup d'œil ; comme *Les Raisins de la colère* de John Ford, *Les Américains* dépeignait le monde qu'il voyait quand il fermait les yeux. Meola, qui avait fait découvrir à Bruce la photographie de Frank, s'aventura sur son terrain en choisissant le noir et blanc, ce qui permettait aussi de faire ressortir la texture du désert et l'amplitude des mesas surgissant du sol plat. Par un après-midi brûlant, un énorme amas nébuleux déboula en grondant par-dessus les crêtes, dans un déchaînement de tonnerre, d'éclairs et de vents qui soulevèrent la poussière jusqu'à ce qu'elle se mélange aux nuages. « On aurait dit une tempête biblique, raconte Meola, un truc comme je n'en avais jamais vu. »

Ils laissèrent passer l'orage avant de reprendre la route, roulant jusqu'à plus de minuit, quand ils trouvèrent une rue poussiéreuse qui avait été autrefois l'artère principale d'une petite ville. Il ne restait plus que quelques maisons debout et une meute de chiens qui aboyaient dans la nuit en poursuivant des créatures dans les broussailles. Ils s'arrêtèrent quelques heures pour dormir, Bruce allongé sur la banquette avant, Van Zandt à l'arrière tandis qu'il ne restait à Meola que le grand capot plat de la voiture. «Il faisait une chaleur de bête et il y avait ces chiens qui hurlaient au bout de la rue», se souvient le photographe. À l'aube, ils se réveillèrent, s'ébrouèrent pour se remettre les idées en place et continuèrent la route jusqu'à Salt Lake City où les attendait l'avion du retour.

Meola rentra chez lui avec ses portraits du désert et une série de clichés sur lesquels on voyait Bruce avec la voiture tandis que la tempête se levait sur les hauts plateaux derrière lui. Quant à Bruce, il digéra à sa façon ce voyage à travers le Sud-Ouest aride, mélangeant la beauté crue du désert avec le fantôme d'Elvis, l'orage et les chiens hébétés de chaleur pour en faire une nouvelle ode à l'esprit de ces terres sauvages. «Il va y avoir une tornade qui va tout emporter / Tout ce qui n'a pas la foi de résister», écrivait-il dans le dernier couplet («*Gonna be a twister to blow everything down / That ain't got the faith to stand its ground*»), décrivant ensuite une tempête suffisamment dévastatrice pour balayer les tendres rêves et les douces folies qui rendent une personne trop vulnérable pour avoir une chance de survivre dans l'âpre réalité de l'Ouest. «Monsieur, je suis pas un gamin, non, je suis un homme, déclare-t-il. Et je crois en une terre promise.» («*Mister, I ain't a boy, no, I'm a man / And I believe in a promised land.*»)

Lorsque les sessions furent transférées à la Record Plant, Bruce et Landau ne perdirent pas de temps et passèrent en revue tous les morceaux qui leur restaient à enregistrer, dont ils discutaient avec la brièveté sténographique de deux esprits qui se comprennent à demi-mot. Bruce empoigna sa Fender pour livrer une première version de «Come On (Let's Go Tonight)», tandis que Landau claquait des doigts, dodelinait de la tête et improvisait des chœurs de temps en temps. Quand Bruce releva les yeux, Landau opina vigoureusement du chef : « C'est super. Vraiment super. Qu'est-ce que t'as d'autre ? » Bruce posa sa guitare et se dirigea vers le piano, où il ouvrit son cahier et reprit le couplet de « Come On » en se concentrant sur les allusions à la mort d'Elvis Presley. « La force des images, disait-il, c'est qu'elles ne sont pas l'élément central de la chanson, mais plutôt quelque chose de, tu vois... »

LANDAU : ... tangent. C'est bien. Très très bien. C'est subtil.
BRUCE : Ça la pose comme un fait accompli [la mort de Presley], mais... Je sais pas, c'est un peu bizarre.
LANDAU : [citant les paroles] « *Some came to witness, [...] some came to weep.* » (« Certains sont venus pour voir, d'autres sont venus pour pleurer. ») C'est une super phrase. Ça fait une différence très importante entre, genre, les curieux et les... C'est super. Vraiment super.

Bruce tourna quelques pages de son cahier, reposa les mains sur le clavier et joua les premiers accords de ce qui deviendrait « Candy's Room ». Dans cette version de la chanson, l'image principale est une mystérieuse maison ; un manoir entouré d'un mur qui attire le narrateur jusqu'à ses grilles, à travers lesquelles il aperçoit de vastes pelouses et, au fond, le visage d'une femme qui l'observe derrière une vitre.

LANDAU : C'est super. Vraiment super. C'est tellement détaillé, tellement précis...
BRUCE : J'essaie de travailler sur des images plus simples, plus claires, vraiment.
LANDAU : Là, t'as trouvé, c'est exactement ça. C'est aussi pénétrant qu'avant, mais en plus...

Bruce hocha la tête, satisfait, et se remit à chanter.

LANDAU : C'est super, la façon dont elle arrive là-dedans...
BRUCE : Ouais, ça donne un truc un peu sexuel, genre...
LANDAU : ... l'intérieur de la maison, c'est la partie femelle,
et l'extérieur, la partie mâle.
BRUCE : Exactement.
LANDAU : La construction formelle est incroyable.
BRUCE : C'est vraiment un truc cinématographique. Mais
les paroles sont pas encore super au point, j'arrive pas à
trouver...
LANDAU : C'est parfaitement au point.

Quand Bruce s'arrêta de jouer, Landau hocha la tête en
souriant.

LANDAU : Génial. C'est flippant. Ça me fait halluciner
d'entendre tous ces trucs après tout ce temps. Et d'entendre
que ça fonctionne tellement bien ensemble... La combinaison de la première version que tu m'as montrée pour
« Come On » et de la première version de celui-là...
BRUCE : Je crois que ça marche. Ça marche. On a des bons
trucs, là.

Landau retourna dans la régie et, quand Van Zandt arriva
dans le studio, Bruce lui annonça d'un air grisé que de nouvelles
chansons étaient en route.

BRUCE : On va répéter d'autres trucs cette semaine.
VAN ZANDT : Tu déconnes ?
BRUCE : Nan, je suis sérieux.
VAN ZANDT : Mais qu'est-ce que tu vas jeter ?
BRUCE : Pour l'instant, je vois pas. Mais je vais trouver.

Il pivota et se pencha pour continuer à plaquer des accords sur le clavier tandis que Van Zandt secouait la tête en grimaçant.

Par-dessus son épaule, Bruce lui lança : « T'inquiète, y a toujours de la place pour jeter! »

Musicalement austère, avec des textes épurés jusqu'à devenir des portraits sépia, *Darkness on the Edge of Town* décrit les dessous de la culture américaine du « tout, tout le temps ». La toile de fond varie d'une chanson à l'autre, d'Asbury Park au Dakota en passant par le Freehold des années 1950, le Sud-Ouest, les bassins industriels, la route et autres lieux. Mais le véritable décor reste cette Amérique oubliée que Robert Frank avait saisie dans les recoins perdus des petites villes et des grands espaces. « Lumières éteintes ce soir, troubles au cœur du pays » (« *Lights out tonight, trouble in the heartland* »), dit le premier vers de « Badlands », ce rock martial qui ouvre l'album. « Adam Raised a Cain », le morceau suivant, retourne le point de vue dans la direction opposée : le narrateur affronte ses propres démons incarnés sous la forme d'un père triste et rageur[6]. Ce blues tendu et brutal, où le piano de Federici résonne comme un orgue d'église détraqué et les chœurs répondent aux cris et à la guitare cinglante de Bruce, nous plonge au cœur de la trilogie maudite du père, du fils et du monde qui les entoure : « Papa a travaillé toute sa vie pour rien à part de la souffrance, hurle-t-il à la fin. On hérite des péchés, on hérite des flammes. » (« *Daddy worked his whole life for nothing but the pain [...] You inherit the sins, you inherit the flames.* »)

Encore une fois, le personnel se transforme en politique et le socioculturel surgit des racines enchevêtrées d'existences

---

6. Pour expliquer au mixeur Chuck Plotkin l'effet qu'il recherchait à travers cette chanson, Bruce lui décrivit une scène de film dans laquelle deux jeunes amoureux pique-niqueraient dans un parc. Le soleil brillerait, l'herbe serait vert émeraude, les canards barboteraient dans la mare devant eux. Et puis le cadre s'élargirait pour révéler, juste derrière eux, un cadavre couché dans les buissons. « Cette chanson, dit Bruce à Plotkin, c'est ce cadavre. »

individuelles. Le décor industriel assourdissant de la morne ballade country « Factory » (avec de nouvelles paroles sur la mélodie de « Come On (Let's Go Tonight) ») ouvre la voie à « Streets of Fire » et son portrait façon « évangile des damnés » d'un marginal dans une société qui sent le soufre. « Something in the Night » décrit la même vision d'un point de vue post-« Born to Run », où même une évasion réussie peut se terminer en fiasco. « Tu es né sans rien, et c'est bien mieux comme ça, chante Bruce. Dès que tu as quelque chose, on t'envoie quelqu'un pour essayer de te le reprendre. » (« *You're born with nothing, and better off that way / Soon as you got something, they send someone to try and take it away.* »)

Dans une interview accordée à Eve Zibart du *Washington Post* juste après la sortie de l'album, Bruce reconnaissait que sa vision s'était assombrie. « Il y a un peu plus de solitude dans les personnages, moins de monde sur le disque », disait-il. À propos du dernier morceau de l'album, « Darkness on the Edge of Town », qui allait lui donner son titre, Bruce confia à Dave Marsh en 1981 qu'il le considérait comme une plongée au cœur de l'existence individuelle. « Le type à la fin de "Darkness" a atteint ce point où il faut juste se dépouiller de tout ce qu'on a pour pouvoir se retrouver soi-même. »

Ainsi qu'il l'avait fait pour *Born to Run*, Bruce construisait ses chansons à partir d'une expression, d'un vers ou d'une image qui jaillissait de son cahier ou se détachait dans le texte d'un autre morceau. Ça pouvait aussi commencer simplement par un groupe de mots qu'il avait griffonné sur une page (comme par exemple « force motrice », « les trois-huit », « avec la mort dans les yeux », « les parias », etc.). Ce que toutes ces paroles avaient en commun, c'était la place qu'elles occupaient dans le vocabulaire que Bruce avait accumulé pour livrer son interprétation de ce qu'il avait traversé et de ce qu'il avait vu pendant les deux ou trois années écoulées depuis *Born to Run*.

Le vécu personnel de Bruce se retrouve à travers tout l'album, de façon évidente dans «Racing in the Street» et «Darkness», qui se concluent toutes les deux par des interrogations de leur narrateur qui se demande, à l'opposé de ses ambitions initiales, si sa réussite peut bien valoir les sacrifices qu'il a fallu pour en arriver là. Dans le mélancolique «Racing», le triomphe s'avère être le combat lui-même et l'esprit d'aventure qui peut remplir la vie la plus banale d'une sorte de sanctification: «Malgré tous les inconnus au visage fermé et les bolides de course / Qui filent comme des anges sur cette terre promise / Ce soir ma chérie et moi on va rouler jusqu'à la mer / Et laver nos mains de ces péchés.» («*For all the shut down strangers and hot rod angels / Rumbling through this promised land / Tonight my baby and me we're gonna ride to the sea / And wash these sins off our hands.*») Le narrateur de «Darkness» parvient à une conclusion similaire, bien que moins affirmative, puisque le vœu qu'il fait de continuer suppose aussi d'accepter l'isolement affectif qui va avec le fait de «désirer des choses qu'on ne peut que trouver / Dans les ténèbres aux abords de la ville» («*wanting things that can only be found / In the darkness on the edge of town*»). Les derniers instants de la chanson (et de l'album) évoquent les premières mesures de «Something in the Night» et le frisson qui parcourt tout le disque: la crainte lancinante que les choses qui vous font sentir le plus vivant se révèlent finalement être à la fois irréalisables, sans aucune valeur et autodestructrices.

Ce qui rejoint parfaitement les derniers mots de «The Promise» et de ce coureur automobile spirituellement détruit qui finit par admettre qu'il a toujours su que cette route ne menait nulle part: «Souviens-toi de ce que Billy et moi on disait toujours / Qu'on allait tout prendre et ensuite tout jeter.» («*Remember what me and Billy we'd always say / [...] We were gonna take it all, and throw it all away.*»)

16
Big Man! Ils tiennent encore debout?

Le disque bouclé au printemps 1978[1], Bruce entreprit de concevoir la campagne marketing de la pré-sortie avec autant d'autorité qu'il en avait mis dans le processus d'enregistrement. Il se rendit à l'imprimerie pour s'assurer que la reproduction du portrait de Frank Stefanko qu'ils avaient choisi pour la pochette ne pousse pas trop dans les tons pâles ou orangés. Encore échaudé par le battage agressif fait quelques années plus tôt, il rencontra à Los Angeles Dick Wingate, attaché de presse chez CBS, pour le mettre en garde contre une campagne massive sur le thème « Bruce revient ». « Si ça ne tenait qu'à moi, dit-il à Wingate, personne ne saurait que l'album doit sortir avant qu'il soit dans les bacs. » En conséquence, il n'y aurait ni articles avant-coureurs dans les magazines, ni interviews, ni extraits envoyés en exclusivité à certaines radios choisies. Tout ce que les gens avaient besoin de savoir, décréta-t-il, c'était que Bruce Springsteen sortait un nouvel album et qu'il ressemblait à ça.

_____

1. Après un mois de mixage durant lequel, une fois de plus, alternèrent des phases de confiance, de frustration, de morosité, d'angoisse et de découragement, avant que Landau, au bord de la panique, n'appelle à Los Angeles le producteur Chuck Plotkin en lui disant : « On n'arrive pas à mixer l'album ! » Assis à la console un ou deux jours plus tard, Plotkin lança la bande de « Prove It All Night », écouta Bruce lui raconter à quel point cette chanson était merdique et ne pourrait à la rigueur être sauvée que par un nouveau solo de guitare, puis lui fit signe de se tenir tranquille. « Écoute, on va appuyer sur quelques boutons et bouger quelques manettes, ça ne va pas être très compliqué. » Deux heures après, Bruce et Landau étaient tellement contents de ce qu'ils entendirent que Plotkin devint dès lors un pilier de l'équipe et la structure Springsteen-Landau-Plotkin-Toby Scott (l'ingénieur du son de Bruce) resta plus ou moins en place jusqu'à 2001.

Sorti le 2 juin 1978, *Darkness on the Edge of Town*[2] venait au monde avec une sérieuse concurrence en face : l'album plébiscité des Rolling Stones *Some Girls*, ainsi que les nouveaux opus du rocker Bob Seger et du groupe Foreigner. « Je nous revois en train de regarder l'agenda des sorties et de nous demander comment faire », raconte Wingate. La direction de CBS voulait clairement que l'album fasse un carton, malgré la réticence de leur artiste à toute forme de promo tape-à-l'œil. Des publicités parurent dans les magazines et les quotidiens la semaine de la sortie et celle d'avant. Des spots télévisés (une rareté à l'époque) furent diffusés sur les chaînes nationales le week-end du Memorial Day. Quand les disc-jockeys des radios new-yorkaises WNEW-FM et WPLJ-FM dégainèrent plus tôt que prévu en passant le premier 45 tours, « Prove It All Night », pendant la période d'embargo, CBS leur envoya aussitôt des mises en demeure, ne voulant pas laisser même leurs plus loyaux supporters perturber leurs plans.

En dépit de critiques euphoriques (« Springsteen vise la lune et les étoiles ; décroche la lune et les étoiles », disait le bref encadré dans *Rolling Stone* cet été-là) et d'une rapide incursion dans le Top 10 du magazine *Billboard*, l'album ne décollait pas vraiment. Le premier single, « Prove It All Night », se

---

2. L'album connut toute une série de titres alternatifs, y compris (pour plaisanter) *Viva Las Vegas*, une idée qui leur vint un jour où Bruce et son groupe se lancèrent dans une reprise improvisée du tube d'Elvis et que Landau imagina une illustration pour la pochette qui montrerait le nom de Bruce en grand sur la marquise du vieil International Hotel, avec le reste du fameux « strip » de Las Vegas réduit à un aspect de ville fantôme. Une option plus sérieuse, *Badlands*, tomba à l'eau quand l'ancien musicien d'Asbury Park, Billy Chinnock (désormais installé dans le Maine), sortit un album et un 45 tours intitulés précisément *Badlands*. Sachant que Chinnock était proche de Garry Tallent, Bruce accusa son bassiste d'avoir soufflé l'idée au musicien. Tallent jure que c'est faux. « J'ai répondu : "Peut-être qu'il a simplement vu le même film de Martin Sheen que toi !" » raconte Tallent. Bruce n'y crut pas et apparemment n'y croit toujours pas. Tallent : « Il dit : "Tu peux dire ce que tu veux, je sais que c'est toi." Et moi je dis : "Tu peux croire ce que tu veux, c'est toujours pas moi." »

[*Badlands*, en français *La Balade sauvage*, est un film de Terrence Malick sorti en 1973, avec Martin Sheen et Sissy Spacek, *(N.d.T.)*

hissa jusqu'à la trente-troisième place du classement tandis que le suivant, «Badlands», piétina à la quarante-deuxième. «*Darkness* pataugeait un peu, se souvient Landau. Il ne tenait pas bien sur ses jambes. Et il n'avait certainement pas l'impact de *Born to Run*.» Inquiet que ce disque puisse être vu comme un échec commercial, Bruce revint sur ses réticences envers la promo. «Je me rendais compte que j'avais travaillé un an, un an de ma vie, sur quelque chose, et que je n'essayais pas de le diffuser activement auprès du public, dit-il à Dave Marsh. J'avais été super agressif dans mon approche du disque et mes efforts pour le faire exister... Et quand il est sorti j'ai fait: "Oh, non, j'ai pas trop envie de le pousser"... C'était ridicule de se tirer une balle dans le pied comme ça.»

Prenant conscience que beaucoup des problèmes autour de la sortie de *Darkness* provenaient de l'absence d'un manager à plein-temps pour aider à planifier et mettre en œuvre ce genre de campagne délicate, Bruce sollicita Landau. Ils avaient déjà évoqué en théorie la possibilité de son engagement à long terme dans la carrière de Bruce. Mais, comme en convient Landau lui-même, il était assez improbable qu'il puisse devenir le manager de qui que ce soit. Car même s'il avait accumulé une certaine expertise quant aux mœurs de l'industrie musicale, il lui manquait une solide formation en marketing et en comptabilité que tout artiste de premier ordre était en droit d'attendre chez son principal associé. Mais, quand Landau fit remarquer à Bruce ce point faible évident, celui-ci se contenta de hausser les épaules. «T'es un mec intelligent. C'est pas sorcier non plus. On a confiance l'un dans l'autre et c'est tout ce qui compte.» Ils se mirent d'accord sur une manière de fonctionner en l'espace de quelques minutes et acceptèrent tous les deux de se laisser une période d'essai de six mois avant de rendre la chose officielle. «Et, conclut Landau, on n'est plus jamais revenus en arrière.»

Avec un de ses fidèles amis dans le fauteuil de manager, Bruce décida de faire monter d'un cran la campagne promotionnelle de *Darkness* en se confiant à Dave Marsh, alors journaliste à *Rolling Stone*, afin d'alimenter un article de couverture sur le nouvel album et la nouvelle tournée. Publié à la mi-août, le papier de Marsh («*Bruce Springsteen Raises Cain*[3]») relatait les quelques jours où la tournée de Bruce avait fait escale à Los Angeles et où une série de concerts, de fêtes et de célébrations du 4 juillet donnaient l'occasion à Marsh de se replonger dans le passé de l'artiste, son éternelle philosophie et sa passion pour le rock. Portrait le plus vivant de Springsteen à ce jour, l'article était également frappant par le plaidoyer qu'il dressait ouvertement en faveur de son sujet. «Je me suis toujours considéré comme un journaliste engagé, m'écrivait Marsh dans un récent e-mail. Je n'ai jamais, jamais prétendu à "l'objectivité", qui je pense est une bêtise et fait plus de mal que de bien. »

Alors, même s'il n'est nulle part fait mention de l'amitié de Marsh avec Bruce, ni de sa relation de longue date avec Landau, ni du rôle crucial qu'il avait joué en présentant le musicien à son futur coproducteur et manager[4], ce récit du passage de Bruce à Los Angeles était nourri de pensées, d'aventures et de séquences de rock'n'roll si pures et si belles qu'il se lit comme de la mythologie, bien que tout y soit véridique. On y voit Bruce bras dessus bras dessous avec ses fans dans la fosse du Forum de Los Angeles, ordonnant aux agents de sécurité de reculer pour le laisser communier avec son public pendant «Spirit in the Night»: «Vous travaillez ici ou quoi? crie-t-il dans le micro. Dégagez... ces gens sont mes amis. » Ailleurs, on retrouve

───────────

3. Le titre de l'article est à la fois une allusion au morceau «Adam Raised a Cain», littéralement «Adam a élevé Caïn», mais *to raise Cain* est aussi une expression qui signifie «faire un boucan de tous les diables», donc ici: «Bruce Springsteen fait du raffut ». *(N.d.T.)*

4. «Il était parfaitement évident que j'avais pu avoir largement accès à Bruce, dit Marsh. Et il était donc, ou il aurait dû être, parfaitement évident que n'importe quel journaliste à qui on donnait si facilement accès était un "ami" de la personne en question, ou du moins perçu comme tel. » Néanmoins, dans ses futurs articles et livres, Marsh prit soin de faire état de ses liens avec Bruce et sa bande.

Bruce dans cette même salle, balayant d'un geste les critiques dithyrambiques parues dans la presse : « La belle affaire, hein ? Je vais vous dire, je lévite jusqu'au balcon supérieur seulement le mercredi et le vendredi. Et je ne fais même pas les vitres. » Quand le bruit se répand que la prochaine apparition de Bruce sera un concert surprise au Roxy Theatre, une salle de cinq cents places sur Sunset Boulevard, un millier de fans se pressent instantanément devant les guichets. Et lorsqu'il apparaît qu'une bonne partie des billets a été réservée pour des personnalités de l'industrie musicale, Bruce commence le concert par un *mea-culpa* : « Je voudrais m'excuser auprès de tout le monde, déclare-t-il, pour ce qui s'est passé avec les tickets pour ce soir. C'est de ma faute et je suis vraiment désolé. C'est pas que je voulais faire de cette soirée une réception privée. Je ne joue plus dans les fêtes privées. À part les miennes. » Hurlements de la foule, puis le groupe attaque une reprise électrique de « Rave On » de Buddy Holly, début d'un show survolté de trois heures et demie qui laisse le critique du *LA Times* Robert Hilburn dans un état de panique, se demandant comment il va bien pouvoir expliquer à ses lecteurs que ce concert était encore mieux que celui de la veille au Forum, qu'il vient juste de chroniquer comme un des meilleurs événements musicaux de l'histoire de Los Angeles[5].

---

5. D'après Paul Rappaport, chargé de la promotion chez CBS, Landau avait organisé le concert au Roxy pour déclencher un buzz que celui au Forum n'avait pas réussi à attiser. « Il faut qu'on fasse quelque chose pour tout faire péter dans cette ville, dit-il à Rappaport. On n'a même pas provoqué *une éraflure*, pour l'instant. » Une fois que Landau eut réservé le Roxy pour le 7 juillet, Rappaport se démena pour obtenir une retransmission en direct sur KMET-FM, la radio alors dominante, et tout un tas d'autres choses qui conférèrent effectivement au passage de Bruce à Los Angeles l'électricité qu'un seul concert au Forum n'avait pas suffi à provoquer. Assis dans un bar aux premières heures du jour le lendemain du concert, Rappaport fut approché par Bruce, qui lui dit qu'il avait entendu parler du boulot qu'il avait abattu pour rendre ce show possible. « Tu ne peux pas savoir à quel point je me démène pour que ça marche, dit-il en parlant de sa carrière. Je ne pourrai jamais te remercier assez de nous aider à faire ça. » Après quoi, se souvient Rappaport, le musicien lui attrapa la main, la porta à ses lèvres et l'embrassa.

Et, plus cool encore, si c'était possible, voilà Bruce au petit matin du 5 juillet, donnant l'assaut au panneau géant *Darkness on the Edge of Town* perché sur le toit d'un immeuble de Sunset Boulevard et que lui, Clemons et Tallent, avec l'aide d'un peloton enthousiaste de quelques techniciens, défigurent en y taguant sur toute la largeur l'inscription à la bombe « PROVE IT ALL NIGHT » (titre d'un morceau de l'album, littéralement « prouve-le toute la nuit »), le tout signé d'un plus petit « E STREET ». « J'aurais voulu pouvoir atteindre mon visage et me peindre une moustache, raconte-t-il à Marsh quelques heures plus tard. Mais c'était trop haut, putain. » On dirait un scénario de film digne des paroles d'une de ses chansons. Jusqu'à ce que Marsh pose une question qui, volontairement ou non, amène Bruce à révéler le calcul astucieux derrière cette grosse blague de potaches.

MARSH : Vous n'aviez pas peur de vous faire prendre ?
BRUCE : Nan, je me disais que si on se faisait prendre, c'était génial. Et si on passait entre les gouttes, c'était encore mieux.

En d'autres termes, s'il fallait qu'il se fasse arrêter pour se réaffirmer comme le mec le plus normal et le plus anti-star du rock'n'roll, qu'à cela ne tienne.

L'engouement autour de la tournée *Darkness* avait commencé dès le premier show à Buffalo le 23 mai 1978 et ne s'était pas démenti durant toute la série de concerts à travers les points névralgiques habituels de la côte Est (Boston, Philadelphie, l'axe New York/New Jersey), puis la virée dans le Midwest et la première partie de la côte ouest jusqu'à Los Angeles début juillet. Pourtant les ventes de billets ne suivaient toujours pas. Alors, même si la plupart des salles dans lesquelles ils se produisaient étaient plus petites que le Kiel Auditorium de Saint

Louis, où plus d'un tiers des dix mille places resta invendu, de larges portions du pays avaient soit oublié Bruce depuis *Born to Run*, soit jamais assisté à un show du E Street Band. « On faisait que dalle dans le Sud, vraiment, raconte Van Zandt. À Austin, ça allait à peu près, dans quelques autres villes du Texas aussi. Philadelphie super, Boston, Cleveland, et quelques endroits au Texas. Dans le reste du pays, c'était plutôt mou. Je me souviens d'avoir joué devant des tonnes de salles vides. *Des tonnes* de salles vides. »

Mais, comme l'avait bien expliqué Frank Barsalona de l'agence Premier Talent, le but de cette tournée était de faire de *tout* le pays un point névralgique pour Bruce. Pas *via* la com' ni par la grâce des critiques de l'album ou d'une couverture médiatique nationale, mais en se produisant partout où on les inviterait et en donnant tout sur scène, soir après soir, jusqu'à ce que chaque grande ville et chaque bled paumé aient eu l'occasion de goûter en direct à leur puissance. Comme si Bruce ou n'importe lequel de ses musiciens avaient besoin qu'on leur rappelle les vertus de la route. Mais, à force de semer le chaos du rock'n'roll aux quatre coins du pays sans épargner personne sur leur passage, l'intensité naturelle de Bruce devint de plus en plus implacable. « C'est cohérent avec mes disques et mes valeurs, la morale de mes disques, confia-t-il à Marsh. Il y a une certaine morale dans mes concerts et elle est très stricte. Tout compte. Chaque personne, chaque individu dans le public compte. Pour moi. »

De plus en plus obsédé par la qualité technique de ses shows (surtout dans les grandes salles), Bruce transforma les balances de l'après-midi en vrais marathons de trois heures pendant lesquels ils jammaient, corrigeaient les erreurs de la veille, répétaient le ou les morceaux qu'il voulait ajouter à la playlist du soir et mettaient au point de nouveaux petits intermèdes théâtraux pour ajouter une dimension à ses récits comiques les plus grandiloquents. Puis venait le rituel de Bruce d'arpenter littéralement chaque section et recoin de la salle, micro à la main, afin de débusquer les zones où le son passait mal, les fréquences de batterie indésirables et, plus que tout, la présence d'écho. Et s'il s'avérait que les choses n'étaient pas absolument parfaites, pour quelque raison que ce soit, Bruce arrêtait tout jusqu'à ce qu'ils aient rectifié le tir. Tels étaient l'ampleur de ses attentes et son besoin irrépressible de résoudre le moindre problème et de supprimer le moindre obstacle qui puisse se dresser entre lui et son public. Il lui devait le meilleur de lui-même, tout comme à Barsalona, à Landau, aux membres du groupe, à ses techniciens, et particulièrement aux fans qui venaient tous les soirs chercher quelque chose de supérieur à ce qu'ils pouvaient trouver dans leur vie quotidienne. Dans l'esprit de Bruce, le poids de cette responsabilité était autant un calvaire qu'une inspiration.

« Tout le monde avait la pression, mais surtout Bruce, parce que c'était lui qui mettait son nom en avant, raconte Garry Tallent. Il était très sombre, parfois difficile à vivre. Simplement de mauvaise humeur une bonne partie du temps, toujours prêt à tomber sur le dos de quelqu'un. » Certes, le perfectionnisme jusqu'au-boutiste avait toujours été une constante dans la carrière musicale de Bruce. Mais ce qui devint de plus en plus clair à mesure que la tournée avançait dans l'été, c'est que les concerts de Bruce, auparavant des démonstrations de poésie pure et de défoulement viscéral, s'étaient transformés en quelque chose qui relevait davantage de l'épreuve, d'un supplice rituel qui consistait à mettre son âme à nu, à créer une communion et à produire une énergie suffisamment puissante pour porter le public et lui-même jusqu'à la rédemption du rock'n'roll.

Sur scène, Bruce et ses musiciens étaient tous habillés sur une variation de la tenue que le chanteur privilégiait désormais : blazer, pantalon et chemise fermée, le tout bien coupé et de couleur unie. Souvent il y ajoutait une fine cravate, en général nouée de façon très lâche autour d'un col déboutonné. Avec son

visage rasé de près et ses cheveux plus courts, bien que perpétuellement décoiffés, il avait une allure à mi-chemin entre le
poète urbain et l'employé harassé, même si les bottes pointues
qui dépassaient de ses revers apportaient une petite touche
rock'n'roll, particulièrement quand il se hissait sur la pointe
des pieds, guitare prête à faire feu, pour attaquer les premiers
accords de « Badlands ». Le show commençait par une heure
consacrée aux nouvelles chansons, à l'exception de « Spirit in
the Night » et de son traditionnel plongeon dans la foule qui
tenait une place cruciale dans la séquence d'ouverture.

Puisant en profondeur dans l'étoffe des chansons de *Darkness*,
Bruce avait travaillé avec Bittan afin de composer des intros
originales au piano et à l'orgue pour les nouveaux morceaux
qu'il voulait présenter. Il avait ajouté des paroles supplémentaires ou remaniées à « Streets of Fire » et « Darkness on the
Edge of Town », et réarrangé le premier couplet de « Factory »
en une marche funèbre atonale à la batterie et à l'orgue. Les
titres plus rock avaient aussi gagné en intensité, en particulier le
spectaculaire « Prove It All Night », dont le duel de guitare entre
Bruce et Van Zandt durait plus de douze minutes et faisait partie
des moments forts du spectacle. La version arrangée par Van
Zandt de l'inédit « Because the Night[6] » était un déferlement
de guitare tandis que les morceaux encore nouveaux ou largement méconnus tels que « Point Blank », « The Ties That Bind »,
« Independence Day » ou bien le plus ancien mais rarement joué
« The Fever » bouillonnaient tous de la même friction entre
espoir et crainte. Ne négligeant pas l'aspect visuel de ses shows,
Bruce arpentait la scène comme un guerrier, tantôt brandissant
sa Fender comme un sabre, tantôt la maniant façon mitraillette. Pendant le sprint final de « Rosalita », « Born to Run » et
« Tenth Avenue Freeze-Out », puis les rappels dominés par les

6. Inédit par Bruce, « Because the Night » était cependant connu du public
grâce à la version de Patti Smith qui en avait fait un tube (numéro 13 au hit-
parade) ce printemps-là.

reprises de standards, le visage de Bruce s'embrasait et sa façon de danser devenait frénétique. Quand le public déferlait vers la scène, les talons de ses bottes semblaient carrément décoller du sol. *Fuiiitt*, il bondissait sur le piano où il se trémoussait debout dans la lumière. *Vlam*, il sautait sur l'estrade pour aussitôt escalader la haute tour d'enceintes au sommet de laquelle il prenait une pose héroïque, puis dansait sur le refrain avant de foncer vers son micro pour y chanter le dernier couplet du dernier morceau. À la fin, il était en nage et plié en deux, agrippé au pied du micro alors qu'il braillait d'une voix cassée son ultime confession : « Je suis juste un prisonnier… [longue pause pour reprendre son souffle]… du rock'n'roll ! »

Dans le feu du moment, baigné dans le bruit et la lumière d'une nouvelle soirée triomphale, ça résonnait comme une promesse. Puis le noir se faisait, les spectateurs regagnaient les sorties, les roadies démontaient les projecteurs, la batterie, les amplis et les claviers pour les charger à l'arrière des camions. Et c'était le retour dans le bus, sur la route qui menait à la prochaine salle, dans la prochaine ville où la prochaine fournée de fans et de convertis potentiels attendait de le voir tout recommencer.

La tournée dura tout l'été, revenant dans le Sud avant de remonter la côte Est où Bruce et son groupe remplirent le Spectrum de Philadelphie deux soirs d'affilée. Après un jour de relâche, ils jouèrent à guichets fermés trois soirs de suite au Madison Square Garden de New York avant de refaire un petit tour dans leur zone de prédilection du Nord-Est puis de retourner dans le Midwest.

L'organisation logistique reflétait et amplifiait à la fois la pression de la tournée. Bruce, ses musiciens, l'équipe de production, le management et leurs divers assistants se déplaçaient à bord de deux bus identifiés par le plus haut gradé de leurs passagers. Celui de Bruce, également connu sous le nom de « Bus Repos », avait quelques rangées de sièges seulement, une douzaine de couchettes superposées et une petite chambre séparée à l'arrière où le chef pouvait dormir ou se détendre sans être dérangé[7]. L'autre bus, sous les ordres du capitaine Clemons, était le « Bus Teuf », peuplé principalement des techniciens, des parasites de passage et de tout autre membre de l'équipe (tel que Federici) ayant envie d'une nuit de bière, d'alcool, de musique, de franche rigolade et d'un certain nombre de substances pas tout à fait licites.

Mieux valait ne rien faire de tout ça devant Bruce, cependant, ni foirer quoi que ce soit qui puisse lui faire suspecter que vos petits plaisirs personnels affectaient votre engagement dans la tournée. Alors, le soir où il fit une petite visite surprise dans la loge du groupe, juste avant un concert au Music Hall de Boston, l'ambiance devint explosive dès qu'il eut franchi la porte.

« J'étais avec lui, raconte le directeur de tournée Bobby Chirmside. Et quand on est entrés, un des musiciens tenait une cuillère de cocaïne sous le nez d'un autre. Et ils se sont fait surprendre. C'était comme si le temps s'était arrêté. » À quelques mètres de là, Clemons ne pouvait qu'assister impuissant à la scène : « Je me suis dit : *"Oh merde !"* Et tout ce que le mec a trouvé à dire, c'est : *"Ah, salut. T'en veux ?"* Et Bruce a répondu : *"Euh, non."* » Comme s'en souvient Chirmside, le visage du chanteur devint cramoisi et ses muscles tendus de rage.

« Si je... revois ça... encore... une seule fois, l'entendit grogner Chirmside. Peu importe de qui il s'agit. Il dégage. Sur-le-champ.

---

7. Ce qui peut sembler assez luxueux jusqu'à ce que vous vous rendiez compte que l'énorme moteur pas spécialement silencieux du véhicule grondait et vrombissait à quelques centimètres sous le plancher de la chambre. Toute la cabine vibrait dès que le chauffeur mettait le contact et, quand il accélérait, le bruit devenait assourdissant. Comment Bruce arrivait à dormir là-dedans, c'est un mystère. Et vouloir s'essayer à quelque activité méditative comme la contemplation songeuse, sans même parler de relaxation, paraît encore plus improbable. Mais, après trois heures et quelques de rock'n'roll à pleins décibels soir après soir, peut-être qu'il ne remarquait plus le bruit.

Viré. » Il pivota d'un seul coup et repartit d'un pas furibond. Quand Chirmside le rejoignit dans sa loge, il le trouva encore fulminant et lui laissa quelques instants pour se calmer. « Puis je lui ai dit : "Boss, t'es sérieux ? Tu les virerais sur-le-champ ?" »

Bruce n'hésita pas une seconde : « Absolument. Je peux très bien remplacer *n'importe* lequel de ces mecs en vingt-quatre heures. » Puis il réfléchit un moment. « Sauf Clarence. Pour remplacer Clarence, il faudrait un peu plus de temps. »

En effet, la légende de Scooter et du Big Man[8] était un élément crucial de l'alchimie du groupe sur scène. Et même si les dernières compositions de Bruce s'éloignaient d'un rhythm and blues saturé de saxophone, la silhouette massive de Clemons, souvent parée de costumes en soie et portée avec un élégant mélange de douceur, de talent et de menace urbaine, restait le principal faire-valoir de Bruce. Il était l'épaule sur laquelle s'appuyer au milieu d'un solo, le fantôme sombre d'un Stagger Lee, le saxo doré auréolé d'autant d'héroïsme que la propre Excalibur à six cordes de Bruce. Alors, bien que sur scène Bruce ait aussi la possibilité de faire appel à Van Zandt pour le soutenir à la fois musicalement et théâtralement, son lien avec Clemons – et l'incarnation de l'harmonie raciale, de l'admiration réciproque et de la puissance de l'amour fraternel – était ce qui donnait aux concerts leur dimension mystique. « La spontanéité entre nous était incroyable, me confia Clemons quelques semaines avant sa mort. Je commençais tous les shows en me demandant : "Où est-ce qu'il va m'emmener cette fois-ci ? Où est-ce que la musique va nous emmener ? Qu'est-ce qu'on peut faire ce coup-ci pour vraiment tout défoncer ?" »

Quand ils en étaient au énième rappel, bien après l'heure où n'importe quel groupe normal serait déjà remonté dans le bus et qu'il aurait été parfaitement acceptable de saluer une dernière

---

8. Scooter et Big Man sont les deux personnages de la chanson « Tenth Avenue Freeze-Out », où Scooter est le double de Bruce Springsteen et Big Man de Clarence Clemons. *(N.d.T.)*

fois de la main et de fermer boutique, Bruce s'en remettait à Clemons pour qu'il lui décrive l'état du public. « Il me demandait : "Big Man ! Ils tiennent encore debout ?" » racontait le saxophoniste. Et si Clemons jetait un œil depuis les coulisses et voyait la foule massée devant la scène et réclamant leur retour à grands cris, il donnait le signal par un hochement de tête et Bruce hurlait aux autres : « Les gars ! On y retourne[9] ! »

Ne serait-ce que parce que Bruce n'avait rien de mieux à faire ce soir-là. Ni le lendemain, à part attendre le show suivant. Et, d'après Clemons, le reste de la bande était exactement dans le même état d'esprit : « Les autres groupes de l'époque, ils étaient toujours pressés de retourner s'amuser. Mais nous, c'était *sur scène* qu'on s'amusait. C'était ça, notre joie. Pas ce qui pouvait se passer après. On laissait tout sur scène, tout le temps. » Sauf ce qu'il emportait avec lui dans son « bus teuf » personnel, bien sûr. Mais vu sa vision chamanique de la musique et de la vie, tout ça était une façon de courtiser les esprits et de se laisser traverser par eux.

En tant que photographe accréditée et petite amie de Bruce, Lynn Goldsmith vécut tout ça de l'intérieur. Ses images noir et blanc de la tournée *Darkness*[10] montrent la route du rock'n'roll comme un labeur quotidien fait d'étonnants contrastes, depuis les bus couverts de poussière et les petits déjeuners dans les restoroutes jusqu'aux loges exiguës et souvent délabrées. Les valises s'ouvrent dans des éruptions de chemises froissées et de chaussettes dépareillées. Les repas arrivent dans des bacs en inox et sont servis dans des assiettes en carton accompagnées

---

9. Clemons jurait aussi que lors d'une escale à Atlanta cette année-là, en voyant les spectateurs quitter la salle, Bruce était sorti par une porte de service et avait foncé jusqu'à l'entrée du théâtre pour leur ordonner de regagner leur siège. « Hé, on n'a pas fini ! » Une anecdote qui paraissait plutôt apocryphe, mais il maintenait mordicus qu'elle était vraie.

10. Dont beaucoup sont rassemblées dans son livre *Springsteen Access All Areas*, paru chez Universe/St. Martin's en 2000.

de couverts en plastique. Puis le décor bascule à cent quatre-vingts degrés quand les lumières s'éteignent et que Bruce et le groupe entrent en scène. Grisé par les projecteurs, le bruit et la musique, Bruce s'avance comme un super héros rock. Il prend des poses avec sa Fender burinée, se dresse au-dessus de la foule de ses disciples, promène les doigts sur leurs têtes, se tient parmi eux dans la fosse, se blottit sur les genoux de quelqu'un ici, pose la tête sur l'épaule d'un autre là. Et puis il y a Clemons, apparition blanche et or qui souffle dans son saxo comme un ange Gabriel en beaucoup plus balèze et beaucoup plus cool.

Ensuite on les retrouve en coulisses, Bruce affalé mais euphorique sur une chaise pliante en métal, ou jetant un regard noir dans l'objectif de Goldsmith alors qu'elle le surprend dans la douche des vestiaires. Bien qu'elle prenne soin de le cadrer au-dessus de la taille, la dureté dans les yeux de Bruce trahit la tension dans leur relation à la fois professionnelle et personnelle. Goldsmith est la bienvenue dans sa sphère la plus intime, mais pas son appareil photo ni le pouvoir qu'il lui confère.

Le sentiment était réciproque. Photographe alors déjà reconnue dans l'univers du rock, Goldsmith passait une bonne partie de son temps avec Bruce à s'inquiéter des conséquences de leur histoire sur sa réputation. « Je ne voulais pas qu'on me connaisse autrement que comme Lynn Goldsmith, dit-elle. Je n'aimais pas l'idée de travailler tout en étant la petite amie de Bruce. Ce n'était pas quelque chose de positif pour moi. » D'autres clichés montrent la tendresse entre eux : Bruce dansant comme un idiot dans sa loge ; affalé devant la télé de son salon avec le programme de la semaine ouvert à côté de lui sur le canapé. Mais c'était une relation par intermittence, raconte Goldsmith, chose pour laquelle elle se sent autant responsable que lui. « À cette époque, j'étais toujours dans un rapport "un pas en avant, deux pas en arrière" avec les hommes. Je n'étais pas capable d'aimer quelqu'un comme j'aurais voulu l'être moi-même en retour. En tant que petite amie, je n'étais vraiment pas là pour lui. »

Au suivant, donc. Lors de ce fameux séjour à Los Angeles où ils se produisirent au Roxy, Bruce fit la connaissance de Joyce Hyser, une jeune actrice pétillante. Originaire de Philadelphie, elle avait eu son bac à seize ans avant de déménager en Californie pour essayer de percer dans le cinéma. Alors que la petite bande s'installait à l'hôtel Sunset Marquis sur Sunset Boulevard, Hyser passa dire bonjour à une amie qui était mariée à un des techniciens. Quand Bruce aperçut cette jolie brune aux yeux espiègles près de la piscine, il eut un tel coup de foudre qu'il demanda à l'acteur Gary Busey[11] de la lui présenter. Ils discutèrent pendant des heures, se souvient Hyser, et il lui plut instantanément. Mais elle n'était pas venue à Los Angeles pour jouer les petites copines de star. « Je voulais réussir par moi-même et être une artiste à part entière, dit-elle. Mais il était tellement, tellement gentil. » La chanteuse de blues Bonnie Raitt, qui se trouvait être au même hôtel cet après-midi-là, sentit également les étincelles entre eux et écrivit « Ici, se rencontrèrent Joyce et Bruce » sur le mur juste au-dessus de l'endroit où ils étaient assis.

Lorsque Bruce proposa à Hyser de l'accompagner à San Diego pour le concert du lendemain soir, celle-ci accepta à condition de dormir chez une amie et non pas dans sa chambre d'hôtel. Il trouva que c'était une bonne idée. « Il était en train de sortir de sa relation avec Lynn et il m'a dit que jamais dans sa vie il n'avait eu de coup d'une nuit. Je me suis demandé comment c'était même possible. C'était une immense star. Mais il m'a aussi dit qu'il n'avait jamais fumé de cigarette ni de joint, alors j'ai pensé : "C'est ça, ouais ! Il est déjà en train de me baratiner ou quoi ?" »

En fait, oui et non. « Je voulais dire dans le milieu des musiciens, pas des vraies gens, précise Bruce. En particulier au début,

---

11. Qui à l'époque s'était attiré une avalanche de louanges pour son rôle-titre dans le film *The Buddy Holly Story* et était donc à des années-lumière de sa carrière hollywoodienne plus récente de joyeux cinglé, voire occasionnellement dangereux.

où vous étiez toujours dépendant de la gentillesse des inconnus. Je crois que j'avais l'intuition générale que ça ne se faisait pas de coucher avec des citoyens lambda. Mais les règles sont faites pour être transgressées, alors si on venait me chercher, ou si une occasion se présentait... » On peut imaginer pourquoi il ne se donna pas la peine de terminer sa phrase.

Quoi qu'il en soit, une histoire commença entre eux et à l'automne ils ne se quittaient plus. Lorsque Bruce déménagea de sa maison de Holmdel pour s'installer dans une villa en bordure d'un lac à Colts Neck, une zone résidentielle dix minutes à l'est de Freehold, Hyser l'aida à se meubler en sillonnant le comté de Monmouth en voiture le jour des encombrants à la recherche de chaises et de tables abandonnées sur le trottoir.

Ce qu'ils n'arrivèrent pas à se procurer gratuitement, ils l'achetèrent au grand magasin ABC Carpet & Home de Manhattan ou le chinèrent chez un des petits brocanteurs de Long Branch où Bruce aimait flâner. Il loua également un modeste appartement à Miracle Mile, un quartier de la classe moyenne de Los Angeles, pour y loger quand Hyser travaillait à Hollywood. Et lorsqu'ils allaient rendre visite à ses parents un peu plus au nord à San Mateo, ils dormaient soit dans la minuscule chambre d'amis, soit, si d'autres membres de la famille étaient de passage, par terre dans le salon. « On ne voyait presque jamais de célébrités et on ne fréquentait pas d'autres rockers, dit Hyser. Le soir, on sortait au cinéma ou au restaurant. On avait une vie normale, qui tournait presque exclusivement autour de nos familles. »

Bruce préférait éviter d'avoir une vie personnelle trop compliquée, mais quelque chose dans sa relation avec Lynn Goldsmith rendait impossible une rupture claire et nette. Ayant pris l'avion pour New York afin d'assister à ses concerts au Madison Square Garden à la fin du mois d'août, Hyser venait d'arriver dans la chambre de Bruce au Navarro Hotel quand Goldsmith tambourina à la porte. Furieuse de trouver là Hyser et ses valises, Goldsmith laissa échapper sa colère avant que Bruce ne l'entraîne à l'écart dans le couloir pour discuter. Quand il revint, raconte Hyser, il avait l'air mortifié par sa propre incapacité à contrôler sa vie privée. « Elle était en colère, moi, j'étais contrariée, et lui se sentait nul pour un tas de raisons. » Ce soir-là, plus de trois heures à s'agiter dans tous les sens devant vingt mille spectateurs au Madison Square Garden remontèrent le moral de Bruce. Mais quand l'euphorie retombait entre les périodes de tournée, il allait souvent se réfugier dans un hôtel en plein désert de l'Arizona où il passait des jours, voire des semaines tout seul à gratter sa guitare, à griffonner dans ses éternels cahiers et à contempler le néant à l'horizon.

« Je crois que Bruce avait peur d'être heureux, dit Hyser, parce que ça risquait d'anéantir sa force créative. À cette époque, en tout cas, il puisait son inspiration dans une forme de colère, pas de bonheur. Je crois qu'il était extrêmement analytique, mais aussi que la souffrance lui faisait peur. Et à ce stade, il n'avait encore jamais vu de psy. »

17

C'est ton chrono interne, mon pote

Bruce et le groupe conclurent les cent quinze étapes de la tournée *Darkness* par deux concerts de nouvel an au Richfield Coliseum, en banlieue de Cleveland. Après quoi Bruce avait trois mois pour reprendre son souffle et composer de nouvelles chansons en vue de son prochain album, qu'ils prévoyaient de commencer à enregistrer à New York. Loin du bruit, des projecteurs et des hourras, ses pensées se tournèrent une fois de plus vers les personnages de son enfance et le train-train quotidien qui les faisait avancer d'un jour à l'autre tout en creusant les rides de leur visage. Ce monde-là ne semblait exister nulle part sur les routes qu'il avait parcourues pendant la moitié de sa vie, mais de retour à la maison il le voyait partout autour de lui. Dans les yeux de sa sœur Ginny et de son mari Mickey, qui fêtaient déjà leurs dix ans de mariage entourés de gamins crapahutant à leurs pieds. Bruce pouvait toujours dire que c'était la faute de son boulot, des tournées et de l'extrême investissement qu'il mettait dans son travail. Mais la plupart des autres membres du groupe et de l'équipe réussissaient pourtant à avoir une vraie vie à côté. Bruce voyait bien tout ça, mais de loin.

« Quand vous avez vingt-neuf ou trente ans, c'est des choses qui commencent à arriver dans le paysage, dit-il. Alors ça m'intéressait d'écrire là-dessus, parce que ce n'étaient pas des thèmes sur lesquels j'avais écrit jusque-là, même s'ils étaient au cœur de l'endroit où j'avais grandi et des gens que j'avais côtoyés. »

Mais quelle que soit la quantité de temps qu'il passait avec Joyce Hyser, quels que soient ses efforts pour mener une vie simple, Bruce ne pouvait lutter contre ses instincts de solitaire. Par la force des choses ou à dessein, il s'était construit une vie dans laquelle il n'y avait de place que pour une personne. Alors il prit sa plume en essayant d'imaginer les choses à côté desquelles il passait. « Pour *The River*, je m'aventurais sur un terrain où je pensais simplement à ces choses-là, voire je commençais à les tester, raconte Bruce. Vous testez telle ou telle identité pendant quelques minutes et vous regardez l'effet que ça vous fait de chanter une chanson là-dessus. Parfois ça vous rapproche de là où vous en êtes dans votre vie personnelle. »

Reprenant là où *Darkness* s'était arrêté, les nouveaux morceaux s'inspiraient des sons et des voix entendus dans les disques essentiels des débuts du rock et de la country. Trois, parfois quatre accords, une construction couplet-refrain-couplet très simple et des histoires racontées avec les mots du commun des mortels. Pas de commentaires omniscients, pas de grandes révélations poétiques ni de déclarations emblématiques. Rien que des instantanés du quotidien vus à travers les espoirs, le labeur, les peurs, les joies et les luttes de la multitude anonyme. Les gens, disait Bruce, qui ne bouleversaient peut-être pas le monde mais qui continuaient à le faire tourner jour après jour.

Les sessions commencèrent en mars 1979 à la Power Station, un studio new-yorkais comprenant une salle de la taille d'un gymnase avec un parquet en bois (et non de la moquette), conçue pour pouvoir capturer la clameur d'un groupe de rock comme sur scène. Ni Bruce ni Landau n'avaient songé à travailler là jusqu'à ce que Weinberg, Tallent et Bittan y enregistrent l'album *You're Never Alone with a Schizophrenic* de Ian Hunter. Leur description enthousiaste de l'atmosphère live de l'endroit convainquit tout le monde de changer les plans. « On s'est dit qu'on n'aurait qu'à brancher les micros, envoyer la caisse claire, faire vibrer les murs et enregistrer du rock super explosif », se souvient Bruce.

Les mots d'ordre du moment devinrent *live* et *immédiat*. Ce qui aurait pu être le signe d'une approche plus relax s'ils avaient eu le moindre effet sur la recherche obstinée de la perfection chez Bruce. Mais non. Les interminables enregistrements et réenregistrements de chaque instrument séparé se transformèrent donc en d'interminables prises avec le groupe au complet, à s'acharner sur le même morceau pendant des heures d'affilée en attendant que Bruce et/ou Landau décident finalement que la deuxième tentative d'un jour et demi plus tôt était la meilleure. D'autres fois, Bruce jetait à la poubelle les vingt ou trente premières prises parce qu'il avait trouvé entre-temps une mélodie différente, d'autres paroles pour le refrain ou carrément une nouvelle chanson fabriquée à partir de bribes éparses de la première. Ensuite, il fallait encore qu'il arrive à assembler tout ça, à le chanter avec du cœur *et* à jouer exactement le bon solo de guitare pendant que chaque autre musicien s'acquittait de sa partie à la perfection. À la fin de la première journée, Van Zandt en avait déjà ras le bol. Il prit Bruce à part pour lui dire qu'il arrêtait. « J'ai dit : "Écoute, je suis désolé, mais je ne peux pas revivre ça. Continue, moi, je me casse. Je démissionne." Et il m'a répondu : "Non, non, ce ne sera pas pareil, cette fois !" »

Van Zandt ne voulait rien entendre. Le vrai problème, expliqua-t-il à Bruce, c'était que son équipe de production – Landau, Chuck Plotkin et l'ingénieur du son Jimmy Iovine – « n'y connaissait que dalle ». Trente et un an plus tard, il modère ses critiques, à part sur Bruce et sa méthode de travail patholo-gique. « Ils avaient chacun leurs talents et je le savais. Mais, en imaginant les *plombes* qu'il allait falloir pour faire un album, je ne m'en sentais pas capable. Je n'avais pas la patience. Et c'est là qu'il a dit : "Non, non, je veux que tu le produises avec moi." Et je cite mot à mot. »

Comme toujours, Van Zandt allait chercher la vérité et la beauté dans les aspérités du garage-rock et les joyaux minutieusement ciselés de la pop des années 1960. Commençant par « Roulette », un rock déchaîné inspiré du récent accident qui avait failli déboucher sur une catastrophe à la centrale nucléaire de Three Mile Island, Van Zandt poussa le groupe à s'inspirer de l'intensité sauvage du punk rock. Weinberg, encouragé à prendre exemple sur Keith Moon, le batteur explosif des Who à qui ses nombreux excès avaient fini par être fatals, attaquait ses toms avec une force sismique. Il en résulta un morceau si décapant que Van Zandt demanda à Weinberg de continuer à jouer comme ça pour la suite des sessions. « Les chansons que Bruce écrivait à l'époque étaient assez brutes et intenses, se souvient Weinberg. Lui et surtout Steve faisaient souvent référence à Keith Moon. Mais je crois que c'est un des points sur lesquels Steve était en désaccord avec Jon, parce que Jon préférait de loin le style du label Stax Records, bien plus économe. »

Weinberg faillit perdre son job durant l'enregistrement de *The River*, en partie à cause de cette dérive stylistique qui avait commencé dès les premières semaines de studio. Avec en outre un sens du rythme détraqué à force d'accélérer et de ralentir les tempos au gré des pics et des creux émotionnels des prestations live de Bruce, le batteur tomba en disgrâce auprès de Landau, qui finit par émettre suffisamment de doutes sur sa qualité de jeu pour convaincre Bruce de le prendre à part et de lui conseiller de se faire aider, et vite. Apprenant que Landau avait déjà évoqué la possibilité de le remplacer par un des meilleurs batteurs de studio, Russ Kunkel (qui avait travaillé avec Jackson Browne, James Taylor, etc.), Weinberg embaucha un professeur, mit de côté tout ce qu'il croyait savoir et retrouva sa précision en peu de temps.

S'embarquant pour ce qu'ils pensaient devoir être cinq semaines d'enregistrement (et qui au final dura un an et demi), le groupe travaillait aux horaires qui convenaient le mieux à Bruce, de sept heures du soir à neuf heures du matin non-stop. Après quelques sessions avec la star des ingénieurs du son Bob Clearmountain[1], ils poursuivirent avec Neil Dorfsman, un débutant si excité à l'idée de collaborer avec Bruce qu'il annonça à ses patrons chez Power Station qu'il était prêt à le faire gratuitement[2]. Alors que les jours se muaient en semaines, s'étiraient en mois, et finalement en arrivèrent à former une année et même plus, Dorfsman prit note de l'équilibre compliqué que Bruce entretenait entre ses deux coproducteurs dissonants. « Steve était le maestro de l'ambiance, dit-il. C'était un peu comme un agent émulsifiant : le gars qui rassemble tout le monde dans la pièce et qui fait monter la sauce avant de jouer. » Landau, quant à lui, parut à Dorfsman quelqu'un « d'extrêmement intelligent et perspicace. Et, comme beaucoup d'artistes, Bruce avait besoin d'une caisse de résonance ; une personne qui lui renvoie ce qui était en train de se passer de façon semi-objective. Jon ne disait pas grand-chose, mais sa présence était rassurante. Au bout de plusieurs mois, Bruce m'a sorti : "Tu dois te demander ce que fait Jon." Mais j'avais déjà compris. Il était capable de faire bouger les choses en deux ou trois mots ».

Nuit après nuit, les membres du groupe reprenaient leur position et se préparaient au déluge de nouveaux morceaux avec lesquels Bruce arriverait sans doute. Certains étaient plus fragmentaires que d'autres, mais dès qu'un lui semblait à peu près acceptable il le rajoutait à sa liste. Quand ils avaient terminé une chanson, Bruce feuilletait les pages du cahier qui était posé devant lui sur un pupitre jusqu'à ce qu'il en trouve une autre qui corresponde à l'humeur du moment. « Ah, y a aussi ça », disait-il en grattouillant les accords à la guitare pendant

---

1. Qui dut partir en cours de route pour tenir des engagements pris précédemment, mais qui reviendrait par la suite au moment du mixage de certains morceaux.

2. Démarrant ainsi une carrière qui l'amènerait à travailler comme ingénieur du son et producteur pour Bob Dylan, Paul McCartney, Sting, Dire Straits et bien d'autres.

que ses musiciens l'écoutaient. Si c'était un morceau relativement complexe – plus de trois ou quatre changements, avec un
refrain et un pont –, il le leur apprenait par segments en suivant
les accords et la mélodie et parfois en demandant un effet ou
un riff particulier de tel ou tel instrument. Il désignait chaque
segment par une lettre dans l'ordre de leur dévoilement. Mais
c'était une ruse. Car la véritable structure du morceau, qu'il
ne leur révélerait qu'au moment de le jouer en entier, n'avait
rien à voir avec l'ordre alphabétique. La partie « C » pouvait très
bien être l'intro, tandis que la « E » s'enchaînait après le premier
couplet, que la « B » correspondait au pont et débouchait sur
la boucle finale (« D »), etc. Un peu bizarre, comme méthode,
mais ainsi que l'explique Garry Tallent, Bruce tenait à garder ses
musiciens en état d'alerte. « Il ne voulait pas qu'on se sente trop
en confiance, dit-il. Il essayait d'éviter que Roy [Bittan], moi ou
les autres en fassions trop. »

Si une nouvelle chanson se présentait sur une base rock
élémentaire de trois accords, Bruce maintenait la spontanéité
en lançant la première prise sans dire à personne ce qui les
attendait ni même dans quelle tonalité jouer. « Il disait juste
"Suivez-moi !" et on y allait, se souvient Tallent. On entendait
la chanson pour la première fois pendant qu'on l'enregistrait. »

Bruce prit beaucoup plus de précautions quand ils en arrivèrent à « The River », une ballade acoustique laconique qui
racontait l'histoire d'un jeune couple condamné – par une
grossesse adolescente non désirée, la pression sociale et l'absence
de perspectives – à la même vie de labeur qui avait consumé
celle de leurs parents et de leurs grands-parents avant eux. Un
sacrifice de plus sur les autels jumeaux de la religion institution-
nalisée et du système de classes américain. « The River » se trouvait aussi être une description à la lettre de la vie qu'avait vécue
Ginny, la sœur de Bruce, depuis sa grossesse accidentelle à l'âge
de dix-huit ans et son mariage précipité avec Mickey Shave.
Écrite à la première personne, la chanson déborde d'empathie

et d'une bonne dose de colère. Dans le dernier couplet, le narrateur repense à ces moments juvéniles d'amour et de promesse comme à un piège pour la vie qui les lui a volés. À la fin, il reste sur une énigme des plus décourageantes : « Un rêve est-il un mensonge s'il ne se réalise pas / Ou quelque chose de pire ? » (« *Is a dream a lie if it don't come true / Or is it something worse?* »)

Pour Ginny, qui ne savait pas que son frère avait écrit une chanson sur elle, l'entendre pour la première fois en live au Madison Square Garden fut assez troublant, pour ne pas dire plus. « C'était formidable qu'il l'ait écrite, tout ça, mais absolument *tout* était vrai, dit-elle. Et moi j'étais là [dans le public], complètement exposée. Au début je ne l'aimais pas... même si maintenant c'est ma préférée. »

La première de « The River » eut lieu le 21 septembre 1979, au cours d'un set raccourci que Bruce et le E Street Band donnèrent dans le cadre d'un des cinq concerts de charité *No Nukes* (« Non au nucléaire ») organisés par le groupe d'artistes militants Musicians United for Safe Energy (MUSE, ou Musiciens unis pour une énergie sûre). Espérant lancer une grande vague de contestation contre l'énergie nucléaire – et le spectre d'accidents graves risquant de tuer ou de contaminer des centaines de milliers de personnes, comme avait failli le faire l'incident de Three Mile Island –, les principaux instigateurs, Jackson Browne, Bonnie Raitt, Graham Nash et John Hall, avaient fait appel à des dizaines d'artistes parmi les plus populaires de l'époque[3].

Bruce, en tant que rocker montant salué par la critique et drainant un public local notoirement fanatique, semblait s'imposer dans la programmation. Mais, malgré son amitié de

3. Les organisateurs eux-mêmes, plus les partenaires de Nash, David Crosby et Stephen Stills, les Doobie Brothers, Carly Simon, Tom Petty and the Heartbreakers, Chaka Khan, Raydio, Gil Scott-Heron, Jesse Colin Young, Sweet Honey in the Rock, et d'autres.

longue date avec Browne, Raitt et Hall (qu'il avait rencontré au Cafe Wha? en 1967), il n'était pas si évident que l'icône du New Jersey accepte la proposition. Après tout, Bruce avait refusé d'associer son nom à tout événement politique depuis le gala pour la campagne présidentielle de George McGovern en 1972. « Je trouvais que ma musique possédait sa propre force, dit-il. Quand quelque chose fonctionne [d'un point de vue artistique], c'est qu'il y a une vision du monde. » Inversement, vouloir faire passer un programme politique précis réduisait trop souvent ce qui aurait dû être de l'art à un dogme. Mais à l'été 1979, Bruce s'était mis de nouveau à envisager d'utiliser sa musique pour soutenir les causes qui faisaient vibrer sa conscience. « Je cherchais une façon de connecter ce que je faisais musicalement avec une action tangible. » Prendre le train d'un mouvement lancé par des amis qu'il respectait semblait une bonne manière de commencer, alors, même si Bruce n'alla pas jusqu'à publier une déclaration dans le programme des concerts comme l'avaient fait tous les autres artistes, il se sentait entièrement impliqué. « Je me disais que si je devais faire une déclaration, je le ferais depuis la scène. Et aussi par le simple fait d'être là, parce que je n'aurais jamais engagé la puissance de mon groupe à la légère. C'était quelque chose en quoi je croyais et que je prenais très au sérieux. »

Comme s'en souvient Jackson Browne, la participation de Bruce eut exactement l'effet escompté : « C'était une sorte d'icône, avec une image de rébellion et d'honnêteté. Le fait d'avoir quelqu'un comme Bruce dans la programmation nous donnait une validité et une légitimité auprès des gens de la rue. » Prévu en tête d'affiche des deux derniers shows au Madison Square Garden (les organisateurs de MUSE avaient aussi monté un énorme concert gratuit à Battery Park le 23 septembre, auquel Bruce ne participa pas), Bruce arriva avec une dose de trac bien plus importante que d'habitude. Six mois après le début des enregistrements, son nouvel album n'avait pas encore pris forme dans sa tête. Et si ces deux concerts pouvaient constituer une distraction momentanée, il fallait aussi affronter la pression d'un événement d'une telle ampleur, sans compter que lui et son groupe n'étaient pas remontés sur scène depuis la fin de la tournée *Darkness* neuf mois plus tôt. Il allait également devoir raccourcir son set habituel de trois heures à quatre-vingt-dix minutes maxi afin de laisser de la place à tous les autres artistes au programme. Et, pire, Bruce allait avoir trente ans le 23 septembre, ce qui voulait dire qu'il serait sans doute obligé d'y faire allusion pendant le show du 22 au soir.

C'est peut-être ce qui le stressait le plus. Quand Danny Goldberg, un des deux réalisateurs du documentaire destiné à couvrir la série des cinq concerts *No Nukes*, lui demanda ce que ça lui faisait d'atteindre la trentaine, Bruce laissa clairement entendre que ça ne lui plaisait pas du tout. « Il m'a répondu : "Putain, ça fait un drôle d'effet." Aujourd'hui, ça doit lui paraître totalement anecdotique. »

Bruce était pourtant un des plus jeunes sur scène et, vu sa popularité considérable à New York et dans la région, il représentait un atout commercial majeur : les ventes de billets pour les deux derniers shows étaient un peu à la traîne jusqu'à ce que Bruce se rajoute au programme et là, toutes les places partirent instantanément. Ce qui lui valut un degré de déférence auquel les autres artistes ne pouvaient pas, ou ne voulaient pas prétendre. Tandis qu'ils partageaient tous des loges collectives, Bruce et ses musiciens avaient leurs quartiers privés dans une zone accessible seulement aux personnes munies d'accréditations spéciales. Plus tard, Goldberg n'eut aucun mal à trouver des images des autres stars en train de papoter et de s'amuser ensemble en coulisses. Mais le seul moment où l'on apercevait Bruce était un plan de dix secondes où on le voyait dire bonjour au jeune fils de Jackson Browne.

Quoi qu'il en soit, le set de douze chansons que Bruce et son groupe jouèrent le soir du 21 remplit merveilleusement le rôle de bouquet final que tous les spectateurs attendaient. Mélange de ses morceaux cultes («Born to Run», «Thunder Road», «Rosalita»), de nouveaux inédits («Sherry Darling» et «The River», à la grande surprise de Ginny Springsteen) et de reprises survoltées de vieux standards («Detroit Medley», «Rave On»), le concert laissa Bruce en nage, lessivé et, comme on pouvait s'y attendre, euphorique.

Les choses prirent une tournure moins réjouissante le lendemain quand les «bon anniversaire!» commencèrent à affluer du public. Lorsqu'un fan lui tendit un gâteau à bout de bras, Bruce le balança sur la tête des spectateurs massés au pied de la scène. Il finit par admettre son année de plus au compteur dans son petit topo d'introduction d'habitude jovial avant la chanson encore inédite «Sherry Darling»: «O.K., dit-il, aujourd'hui, c'est ma grande soirée d'anniversaire. Je suis officiellement passé de l'autre côté, putain. Je peux plus me faire confiance[4]. Alors faites du bruit, allez!» Et du bruit, il y en eut, avec suffisamment d'enthousiasme pour le propulser jusqu'à la fin du set et les rappels, qui se conclurent par une reprise particulièrement hystérique du «Quarter to Three» de Gary U.S. Bonds, transformé en presque dix minutes de hurlements à s'en écorcher la gorge, de solos de guitare acérés, de danse et de bonds en l'air. Et ils étaient encore en train de jouer à plein tube, dans une joyeuse explosion d'énergie, quand Bruce repéra dans le public un visage qu'il connaissait bien, trop bien, et sentit un déclic se produire.

D'après Lynn Goldsmith, il n'aurait pas dû être surpris, encore moins énervé. Elle était une des principales bénévoles de MUSE depuis des mois, en tant que responsable photo. Chargée de produire ses propres images et de coordonner les autres photographes couvrant l'événement, elle avait à la fois

---

4. Allusion au slogan des années 1960 selon lequel aucun jeune ne devrait jamais faire confiance à quelqu'un de plus de trente ans.

des fonctions en coulisses et sur le podium réservé à la presse, au onzième rang face à la scène. Bien qu'ils aient gardé des relations à peu près cordiales depuis leur séparation, les choses étaient quand même suffisamment sensibles pour que Bruce ait demandé à Goldsmith de se tenir éloignée de sa loge avant le concert.

« Il était venu chez moi et on avait prévu un plan, juste entre nous », raconte-t-elle. Goldsmith lui expliqua ce qu'elle était censée faire pendant la soirée et lui dit qu'elle enverrait un autre photographe, Joel Bernstein, travailler dans les loges une fois que Bruce serait là. « Il devait arriver à une certaine heure et à ce moment-là je devais passer dans la salle et ne plus retourner en coulisses après ça. Je pensais qu'on s'était bien compris. »

Apparemment pas. Alors, même si Goldsmith avait couvert le premier des deux shows sans incident, le second, avec ses vœux d'anniversaire malencontreux, avait déjà mal commencé avant que Bruce n'aperçoive son ex-petite amie parmi les autres photographes agglutinés sur l'estrade au-dessus du onzième rang. « Elle était tout près, et pile au milieu, c'est-à-dire en plein dans le champ de vision de Bruce », se souvient le directeur de tournée Bobby Chirmside. Bruce se mit d'abord à faire les cent pas sur la scène, puis il fixa Goldsmith d'un regard noir jusqu'à ce que leurs yeux se croisent. « Il a posé un genou à terre et il m'a fait un geste en repliant son index, du genre "Viens par ici", raconte Goldsmith. Je connaissais cette expression, il n'était pas question que j'y aille. » Quand Bruce la vit remballer son matériel, il se pencha vers Clemons et cria : « Regarde bien ça ! » Puis il bondit de la scène et fonça dans l'allée. Goldsmith essaya de disparaître dans la foule, mais il la rattrapa en quelques secondes et l'agrippa par le bras. « Je lui disais : "Arrête, s'il te plaît, tu me fais mal" », se souvient-elle. Mais Bruce ne pouvait pas s'arrêter. Il lui tordit le bras si violemment qu'elle crut qu'il allait le lui casser. Entouré d'une marée de visages horrifiés, il traîna Goldsmith dans l'allée et jusqu'à son micro au centre de la scène.

« Mesdames et messieurs ! cria-t-il. Mon ex-petite amie ! » Ainsi exposée devant tout le monde, Goldsmith s'efforça d'en rire, mais alors il la tira vers le côté de la scène et la poussa dans les bras de Chirmside en lui ordonnant de la foutre dehors. Chirmside la prit par les épaules avec plus de douceur que ne l'avait fait Bruce, mais il l'escorta néanmoins dans les entrailles de la salle, où elle comprit qu'il comptait appliquer les ordres de son boss. « Elle m'a dit : "Bobby, tu ne vas pas réellement me foutre dehors ?" raconte Chirmside. J'ai répondu : "Moi, non. Mais je vais te remettre entre les mains de la sécurité, et *eux*, ils vont devoir le faire." »

Humiliée et furieuse, Goldsmith sortit dans la nuit. Les autres artistes n'avaient aucune idée de ce qui venait de se passer. « Je suis resté cloué sur place, la mâchoire béante », se souvient Browne. En coulisses, tout le monde crut comprendre que Goldsmith, malgré son rôle de chef d'équipe parmi les photographes de MUSE, avait bafoué l'accord qu'elle avait avec Bruce de se tenir à l'écart pendant sa prestation. Ce qui n'en rendait pas moins choquante et mesquine la réaction du chanteur. « C'était Bruce qui lavait son linge sale en public, dit Browne. Et je connais Lynn, c'est une chouette fille. C'est un genre de malentendu qui a pris un tour mélodramatique. »

Et le mélo ne fit que s'aggraver lorsque Joyce Hyser, qui avait assisté à tout ça depuis la salle, débroula dans les loges, les joues brûlantes d'indignation. Bruce ne lui avait pas parlé du conflit qui couvait avec Goldsmith, alors quand elle avait vu son copain aller chercher son ex dans le public et la présenter comme sa petite amie, Hyser – qui avait visiblement raté le « ex » dans sa phrase – avait légitimement pensé qu'elle s'était fait avoir. Fonçant comme une furie à la rencontre de Bruce, elle fut interceptée par Browne, qui l'emmena dans une loge et lui passa un bras autour des épaules pour tenter de la calmer[5]. Ils étaient toujours dans cette position lorsque Bruce, euphorique, arriva de la scène en sautillant, suivi du reste du groupe qui chantait le refrain de la chanson « Macho Man » des Village People dans son sillage. « Il était gonflé à bloc et là il me trouve dans les bras de Jackson, en larmes, dans un état pas possible », raconte Hyser. En voyant le chanteur californien enlacer sa petite amie (l'actuelle, cette fois), Bruce perdit à nouveau son sang-froid. « Qu'est-ce que c'est que ce bordel ? » aboya-t-il, déclenchant un flot d'explications frénétiques de la part de Browne et Hyser. Bruce passa le reste de la nuit à implorer le pardon de Hyser, en revanche, quand il recroisa Goldsmith un an plus tard à l'hôtel Sunset Marquis de Los Angeles, il refusa de s'excuser pour quoi que ce soit. À la place, se souvient l'intéressée, il lui reprocha même de lui avoir fait une scène en public. « Il m'a dit : "Pourquoi tu as fait ça ?" et j'ai éclaté de rire. "Pourquoi *j'ai* fait ça ? Pourquoi *tu* as fait ça, oui !" Et on s'est marrés ensemble. »

Bruce avait totalement retrouvé ses esprits lorsque vint le moment de superviser la partie le concernant dans le documentaire *No Nukes* dont la sortie en salles était prévue à l'été 1980. Même si Danny Goldberg se souvient d'un Bruce particulièrement sympathique et charmant tout du long, il n'empêche que le musicien donna du fil à retordre à la production, à commencer par les morceaux que les réalisateurs voulaient pouvoir utiliser dans le film et sur l'album live concomitant. Le premier montage que Goldberg et son coréalisateur Anthony Potenza avaient fait comprenait quatre chansons de Bruce : « The River », « Thunder Road », « Stay[6] » et « Quarter to Three ».

---

5. Browne dit qu'il se souvient d'avoir consolé Hyser, mais pas de l'avoir prise dans ses bras. « Mais qu'est-ce qu'elle était jolie ! N'importe qui aurait eu envie de la prendre dans ses bras. Elle était *incroyablement* jolie. »
6. En duo avec Browne, qui avait fait un carton avec sa reprise en 1977 de ce tube créé en 1960 par Maurice Williams and the Zodiacs.

Mais quand Bruce vint jeter un coup d'œil à ces extraits et évaluer l'allure, le son et l'effet qu'ils avaient, quelque chose lui posa un problème. Vu la gravité des concerts et son propre désir d'être pris au sérieux, il ne voulait pas que ses morceaux les plus festifs dominent sa prestation dans le film. Donc on pouvait laisser « The River » et « Thunder Road », mais pas « Stay » ni « Quarter to Three ».

Il ne fut jamais malpoli ni péremptoire, assure Goldberg. La plupart du temps, Bruce se contenta de réagir aux supplications des réalisateurs en gardant le silence. Et quand Goldberg finit par trouver le bon argument en lui expliquant que la structure du film, qui contenait déjà plus de passages sur les technologies énergétiques que la plupart des amateurs de documentaires musicaux ne pourraient en supporter, avait besoin du souffle explosif d'un rappel de Springsteen, Bruce hocha la tête. « Il m'a pris dans ses bras et il m'a dit : "O.K., je comprends. Tu peux utiliser ces chansons", raconte Goldberg. C'est un des moments les plus forts de ma vie. »

À partir de là, Bruce élut domicile dans la salle de montage, examinant ses scènes avec le regard acéré d'un auteur, demandant à tester des plans ou des angles différents[7]. Et quand il mit les pieds dans le studio de montage son, il chipota sur le mixage à un tel niveau de micro-détails et de macro-lenteur que Goldberg en arriva à supplier Toby Scott (le fidèle ingénieur du son de Bruce, qui avait été appelé pour contrôler le mix sur les séquences du chanteur) d'accélérer le rythme quelque part entre minuit et l'aube car les règles syndicales de l'industrie cinématographique venaient de les faire basculer dans un créneau d'heures supplémentaires tellement surtarifées (« Je crois qu'on était en heures sup double super premium, quelque chose

---

7. L'incident avec Lynn Goldsmith avait été coupé de « Quarter to Three » bien avant que Bruce ne voie la moindre image du film, pour des raisons évidentes de longueur, de discrétion et parce que personne ne tenait spécialement à revivre ça.

comme ça », résume Scott) qu'ils risquaient de mettre la production à genoux. « Après ça, on a bouclé en deux heures », dit Scott.

Le travail sur le futur album de Bruce se prolongea jusqu'à la fin de l'année 1979 et les premiers mois de 1980. Les tentatives pour faire un choix de chansons parmi cette nouvelle fournée échouèrent toutes. Ils continuèrent à enregistrer et quand ils arrivèrent à trois cents cassettes et que ça grossissait encore, ils envoyèrent un des techniciens acheter une énorme caisse de trois mètres de long pour en faire un coffre de stockage à l'intérieur même du studio. À la fin de chaque session, ils rangeaient les nouvelles bandes dedans et la refermaient solidement avec plusieurs chaînes et cadenas. Bientôt, ce coffre – baptisé la Banquette aux morts ou la Malle Houdini – devint une métaphore visuelle de cet interminable projet.

Comme avec ses deux précédents albums, Bruce ne pouvait s'arrêter de réfléchir et de s'inquiéter pour ce disque. Et plus ça mûrissait, plus il avait d'énergie pour écrire encore de nouvelles chansons. Comme s'en souvient Hyser, son esprit était constamment en ébullition, constamment en train d'absorber et d'analyser ce qu'il voyait, entendait, vivait et ressentait afin de le restituer à travers sa guitare puis sous forme de bribes de paroles qu'il notait dans son cahier (ou, s'il ne l'avait pas sous la main, sur des bouts de papier qui s'accumulaient sur les tables de cafés, les comptoirs et les tables basses où il s'asseyait quand l'inspiration lui venait). « Il avait toujours sa guitare, dit Hyser. Bruce était très romantique mais aussi très détcrminé à ce que rien ne vienne entraver son travail, y compris les histoires d'amour et les amitiés. C'était sa raison de vivre, à l'époque... et c'était constant. »

Quand la facture du studio atteignit un million de dollars et continua à grimper, le président de CBS, Walter Yetnikoff, vint leur rendre une petite visite pour s'assurer que Bruce comprenait bien que la maison de disques ne réglait l'addition *qu'en apparence*. Au bout du compte, toutes ces charges finiraient par être déduites de ses propres royalties. « Sa réponse a été : "Comment je pourrais mieux dépenser mon argent que dans mon art ?" se souvient Yetnikoff. Qu'est-ce que vous vouliez que je lui dise ? "Non ! Tu devrais dépenser tout ton argent en drogue !" ? » Bruce se montra aussi convaincant lorsqu'il décréta que *The River* ne pourrait fonctionner que comme un double album. Les dirigeants de labels ont tendance à détester ce genre de chose (les doubles albums coûtent plus cher à l'achat et se vendent donc moins bien), mais quand Bruce lui expliqua qu'un album simple ne lui laissait pas assez de place pour dire ce qu'il avait à dire, Yetnikoff raconte qu'il ne sut que répondre. « Vous ne pouvez pas discuter avec ça. Il n'y a rien à rétorquer à part : "D'accord, tu as gagné !" » Néanmoins, Yetnikoff avait peu de patience pour l'obsession de Bruce de vouloir réussir le mixage le plus parfait de tous les temps. « Je lui ai dit : "Tu sais quoi ? Tout le monde se contrefout du son de la caisse claire. Je vais te le mixer, ton disque. Tu n'as qu'à me montrer le bouton *voix* et je te mixe ton putain de disque. Et t'en fais pas pour la caisse claire, personne ne l'entendra. Les musiciens, peut-être, mais tous les autres, c'est ta voix qu'ils écoutent !" » Bruce déclina la proposition.

Au début des sessions en 1979, Bruce était arrivé avec « Hungry Heart », un joyeux morceau pop construit autour d'un riff de piano qu'il avait emprunté au tube des Four Seasons de 1964, « Dawn (Go Away) ». Il fit faire quelques prises à ses musiciens avant de s'en désintéresser, le trouvant trop désinvolte pour l'album âpre qu'il avait en tête. Pourtant les premières versions de « Hungry Heart » dessinent une triste histoire, dans laquelle le narrateur admet : « Parfois je ne m'explique pas les trucs que je fais / Sans doute que j'ai fait ça parce que j'en avais envie. » (« *Sometimes I can't explain the things I do / I guess I did it 'cause I wanted to.* ») Les mots du titre (« un cœur affamé ») apparaissaient aussi dans une version antérieure et encore plus sombre de « Stolen Car », où le personnage confesse que son mariage a échoué parce qu'il a été « la proie d'un cœur affamé » (« *I fell victim to a hungry heart* »). D'ailleurs même les paroles définitives de « Hungry Heart » – qui commence quand le narrateur abandonne sa famille, avant de décrire le début et la fin d'une autre relation en l'espace d'une seule phrase (« *We fell in love, I knew it had to end* » : « On est tombés amoureux, je savais que ça devait s'arrêter ») – paraissent en décalage avec sa mélodie guillerette. Mais Bruce abandonna la chanson et décida de la donner aux Ramones pour leur prochain album. Sauf que Landau n'était pas d'accord. Et il trouva un fervent allié en la personne de Steve Van Zandt. « C'est juste qu'elle avait ce groove... dit Van Zandt. Je ne sais pas, il y avait quelque chose dans cette chanson. Alors j'ai dit : "Si on essayait d'ajouter des harmonies super aiguës ?" » Ils firent venir Mark Volman et Howard Kaylan, cofondateurs du groupe des années 1960 les Turtles (« Happy Together », etc.), pour apporter une petite touche Beach Boys aux chœurs. Trouvant que la grosse voix de crooner de Bruce donnait à la chanson un son un peu trop *mûr* pour les radios à tubes, Plotkin accéléra la bande afin de colorer son timbre d'une inflexion plus juvénile. « On a accéléré jusqu'à ce que ça fasse carrément Mickey Mouse, et puis on a rétrogradé », raconte Landau. Après avoir fini son bricolage, Van Zandt passa le relais pour le mixage à Bob Clearmountain, connu pour sa capacité à conférer aux tubes potentiels exactement le bon vernis de finition. Il y avait de l'excitation dans l'air.

Jusqu'à ce qu'ils passent le morceau achevé à Bruce, qui l'écouta en secouant la tête. Il ne lui plaisait toujours pas. Trop pop, trop léger. Alors qu'on le refile à quelqu'un d'autre, comme ils l'avaient déjà fait avec « The Fever », « Because the Night » et « Fire », que les Pointer Sisters avaient fait grimper à la deuxième place du hit-parade en février 1979. Fin de la discussion. Eh bien, non. Parce que, comme Van Zandt et Landau le savaient tous les deux, il était temps pour Bruce d'avoir un vrai gros tube sur les radios populaires. « C'est un choix délicat, explique Van Zandt. Il faut vraiment que ce soit le bon single au bon moment, sinon vous perdez votre crédibilité rock. Mais c'était notre cinquième album. On avait payé notre dette. Et ça semblait la bonne chanson. »

Finalement convaincu que « Hungry Heart » avait sa place sur l'album et ferait un excellent 45 tours de lancement, Bruce arrêta de s'inquiéter des effets corrosifs du Top 40. Il commença même à attendre avec impatience les conséquences que pourrait avoir un énorme succès sur sa carrière, en particulier quand Paul Rappaport, responsable de la promotion chez CBS, le prit à part en octobre pour lui annoncer à quel point la réaction des programmateurs radio et autres factotums de l'industrie musicale était positive. « J'ai dit à Bruce : "Hé, ça prend ! Ce morceau va faire un carton !" » Bruce rayonnait. « Génial, rétorqua-t-il. Je voulais justement m'acheter des nouveaux pneus pour ma Corvette ! » Rappaport éclata de rire. « Je lui ai dit : "Tu pourras sûrement te payer une *usine* de Corvette quand tout ça sera fini." Il m'a regardé comme si j'étais dingue et il est parti. »

Bruce ne se rendait pas compte. Sorti le 17 octobre 1980, *The River* s'envola à la première place du hit-parade des albums et se vendit à plus d'un million et demi d'exemplaires dans la période avant Noël. Le single « Hungry Heart », sorti quatre jours après, passa en boucle sur toutes les radios pendant tout l'automne, grimpant jusqu'à la cinquième place des classements de 45 tours. Aucun single de Bruce ne s'était jamais approché du Top 10. Lorsque le groupe monta sur la scène du Rosemont Horizon dans le nord de l'Illinois le 20 novembre, la petite ritournelle de l'intro déclencha une telle hystérie dans le public que Bruce ne réussit pas à chanter le premier vers du premier couplet sans être noyé sous la clameur des fans qui hurlaient les paroles à l'unisson. « Bruce avait les yeux qui lui sortaient des orbites, genre "Putain, l'hallu !" se souvient Rappaport. Depuis il a toujours laissé le public chanter le premier vers à sa place, mais c'est là qu'il s'est passé un truc. Le choc sur son visage, le bonheur pur. C'était magnifique. »

Surfant sur deux courants opposés d'extase et de terreur, *The River* en dit plus long sur la vie intérieure de Bruce qu'il n'en avait jamais montré en public. La plupart des morceaux avaient été enregistrés en studio dans les conditions du live (puis des chœurs et/ou des solos de guitare et de saxophone avaient été rajoutés sur les instruments de base), ce qui leur donnait une ambiance de salle de bar qui remplaçait la précision de *Born to Run* et de *Darkness on the Edge of Town* par la puissance sonore du E Street Band. « J'avais envie d'un disque qui combinerait l'énergie joyeuse du groupe et les histoires que je racontais. De trouver un moyen de combiner ces choses-là et de restituer en plus grand ce qu'on faisait sur scène devant les gens. »

Les légions de nouveaux fans qui allaient hisser *The River* jusqu'au statut de quintuple disque de platine découvrirent donc un artiste et un groupe dont l'approche était définie par ce que Bruce décrit lui-même comme « une énergie du désespoir » : un joyeux boucan destiné à tenir à distance la mélancolie ambiante, du moins pour un temps. Avec la voix rauque d'un gars normal pris dans les difficultés du quotidien, Bruce racontait ses histoires de façon aussi directe et sans fioritures que possible. « Ça m'intéressait de comprendre ce que signifiait la vie d'adulte, explique-t-il. Ce n'était pas la vie que je menais, mais en l'observant de l'extérieur, j'en étais admiratif à bien des égards. Je pensais en tout cas que c'était de là que je venais, comme les gens autour de moi. » Des gens qui travaillaient dur, qui avaient la vie dure et qui célébraient leurs moments de gloire et apaisaient leurs blessures au son du rock'n'roll.

Vu de loin, les joies simples du rock traversent l'album de part en part, depuis le rock blues « Sherry Darling » avec ses applaudissements, ses hourras et ses chœurs bricolés en studio jusqu'aux guitares et percussions tendues de « The Ties That

Bind », « Two Hearts » et « Out in the Street ». Mais tout comme la musique légère de « Hungry Heart » donne une fausse idée de son message inquiet, la célébration de la plus luxueuse des grosses américaines dans « Cadillac Ranch », avec ses références aux célèbres icônes des courses de voitures Junior Johnson, James Dean et Burt Reynolds[8], se conclut par une longue Cadillac noire qui emporte tous ses passagers pour un dernier voyage sans retour[9]. Le narrateur de « Ramrod » a lui aussi la mort dans un coin de la tête, même quand il pousse son jargon automobile dans la zone rouge de la métaphore sexuelle[10]. « Ce type... il est là, mais en fait il n'est déjà plus là », confia Bruce à Dave Marsh en 1981. La dernière phrase de la chanson, « Dis-moi oui maintenant, chérie, on pourra faire coulisser nos pistons jusqu'à la fin des temps » (« *Give me the word now, sugar, we'll go ramroddin' forever more* »), faisait planer l'ombre de la mort de façon inéluctable, en tout cas aux yeux de son auteur. « Je ne sais pas, dit-il à Dave Marsh, parfois je trouve cette phrase vraiment triste. » Trente ans plus tard, Bruce a moins de mal à mettre le doigt sur ce qui lui donnait cette impression : « Quand tu fais les grands choix dans ta vie – avec

---

8. Robert Glenn Johnson Jr, surnommé Junior Johnson, fut l'une des premières stars des courses de stock-cars américaines dans les années 1950 et 1960. Il remporta cinquante trophées de la Nascar dans toute sa carrière. James Dean était un passionné de courses automobiles et la scène du duel au bord de la falaise dans *La Fureur de vivre* (1955) est devenue mythique. L'acteur Burt Reynolds possédait une écurie de Nascar et incarnait dans la comédie *Cours après moi shérif* (1977) un contrebandier qui tente de semer la police à bord de sa Pontiac Trans Am noire. *(N.d.T.)*

9. Voir aussi la photo au bas de la double page contenant les paroles de l'album qui renvoie à la source d'inspiration directe de la chanson : le véritable « Cadillac Ranch », un alignement de dix épaves de Cadillac à demi enterrées à la sortie d'Amarillo, au Texas, installation de 1974 du groupe d'art conceptuel baptisé Ant Farm (les architectes Chip Lord, Hudson Marquez et Doug Michels).

10. En anglais, le mot *ramrod* désigne la baguette qu'on insérait dans le canon des premières armes à feu se chargeant par la bouche (mousquets, canons) pour le nettoyer, tasser la poudre ou y enfoncer le projectile, dans un mouvement de va-et-vient très suggestif : l'image peut s'appliquer aux pistons d'une voiture, mais pas seulement... *(N.d.T.)*

qui tu vas être, où tu vas vivre, qu'est-ce que tu vas faire comme métier –, il y a un tic-tac qui se met tout naturellement en marche. Eh ben, c'est ton chrono interne, mon pote. »

Alors, même si *The River* évoque le coût humain des inégalités économiques et sociales (en particulier dans la chanson titre, dans « Jackson Cage » et dans « The Price You Pay »), la réalité crue des amours adultes (« I Wanna Marry You ») et la froideur de la solitude affective (« Stolen Car »), tout ce voyage s'achève finalement, dans le symbolisme le plus riche qui soit, avec l'épave sanguinolente et le corps déchiqueté de « Wreck on the Highway ». « À la fin du disque, c'est l'idée qui reste, explique Bruce. La route se termine à un moment ou un autre. Vous avez droit à un certain nombre de kilomètres. C'est une reconnaissance de notre mortalité. »

18
Délivrez-moi du néant

L a tournée en cent quarante étapes de *The River* fut lancée à Ann Arbor, dans le Michigan, le 3 octobre 1980, et fit *grosso modo* escale dans toutes les grandes villes du pays avant un dernier show à Indianapolis le 5 mars 1981. Pour la première fois, une vraie tournée européenne devait démarrer à Brighton, en Angleterre, le 17 mars. Mais, quand Bruce fut terrassé pendant plus d'une semaine par le rhume contre lequel il avait lutté durant toute la fin de la tournée américaine, il se rendit compte à quel point il avait tiré sur la corde. Réticent à l'idée de retourner au Royaume-Uni sans toute la puissance d'un moteur ronflant à plein régime – notamment à Londres, d'où il avait encore l'impression d'avoir été renvoyé chez lui avec une bonne fessée en 1975 –, il s'arrangea avec Landau pour remanier l'itinéraire et faire en sorte de terminer par les douze dates britanniques.

Alors qu'il arrivait pour le concert inaugural à Hambourg, en Allemagne, le 7 avril, l'appréhension de Bruce monta encore d'un cran quand l'organisateur l'avertit que le public local était notoirement peu démonstratif. Ce n'était pas parce que les spectateurs restaient assis en silence sans aucune expression sur le visage qu'ils ne s'amusaient pas, lui expliqua-t-on. Mais qu'il ne s'attende pas à une éruption d'énergie à l'américaine. « Et donc les gens sont restés sagement assis pendant tout le premier set, comme ça, *rien*, jusqu'à ce qu'on revienne et qu'on commence le deuxième set avec "Badlands", se souvient Bruce. Là ils se sont levés, se sont rués vers la scène, et ç'a été comme ça pendant tout le reste de la tournée. L'hystérie partout où on passait. »

Cet accueil tonitruant les accompagna dans toute l'Europe et jusqu'en Grande-Bretagne, avec une réception particulièrement électrique à la Wembley Arena de Londres, dont Bruce et son groupe remplirent les douze mille cinq cents places les six soirs où ils s'y produisirent à cheval sur la fin mai et les premiers jours de juin. « C'était incroyable, dit Bruce. Si je devais énumérer les grands moments de ma carrière, cette tournée européenne en ferait très certainement partie. »

Van Zandt non plus n'en revenait pas. « On débarque en Europe et ça marche ! On fait un carton. Et on se dit : "Ouah ! Ça y est, on y est arrivés !" Après quinze ans de métier. » Comme le lui avait prédit Frank Barsalona, son agent chez Premier Talent, l'Europe était, et reste encore aujourd'hui, un marché lucratif pour Bruce.

Plus important encore, ce voyage avait permis à Bruce et à tous les autres membres du E Street Band et de l'équipe de regarder le monde sous un angle différent. Pour des Américains de province protégés dans la bulle d'une tournée de rock, ce périple à travers d'autres pays, villes et communautés offrait une perspective totalement nouvelle. La plupart des gens qu'ils rencontraient, notamment les jeunes adultes qu'ils croisaient dans les cafés et les bars, en étaient arrivés à voir l'Amérique comme une présence impérialiste menaçante. « Je me souviens d'un gosse qui m'accusait d'avoir mis des missiles dans son pays, raconte Van Zandt. Et moi je lui ai rétorqué : "De quoi tu me parles ? C'est une guitare que j'ai dans cet étui, pas un missile." Mais ça m'est resté dans la tête, jusqu'à ce que je comprenne que, dès que tu sors de ce pays, tu es un Américain. Pas un démocrate ou un républicain, un chauffeur de taxi ou un musicien rock. Un Américain, point. Et vu qu'on est censés être une démocratie, tu es responsable des actions de ton pays. »

Bruce avait déjà exprimé ses craintes sur scène au lendemain de l'élection de l'ultraconservateur Ronald Reagan le

4 novembre 1980[1]. Ses angoisses, notamment quant aux positions belliqueuses du nouveau président sur l'Union soviétique et le bloc de l'Est, s'étaient déjà concrétisées en Europe de l'Ouest, où un afflux de missiles et de personnel américains réveillait des souvenirs vieux de quarante ans de colonnes de soldats et de chars implacables, sans compter la peur d'une guerre chimique moderne qui pouvait réduire leurs existences en un petit nuage de poussière toxique. Bruce avait rapidement revu la structure de ses concerts pour y questionner l'idée même de l'Amérique, dans toute sa beauté et ses failles. Dès la fin décembre, il y avait intégré une reprise saisissante du « This Land Is Your Land » de Woody Guthrie, en faisant bien remarquer chaque fois que cette chanson folk considérée par beaucoup comme une ritournelle de feu de camp avait été écrite comme une réfutation au triomphalisme gaga du « God Bless America » d'Irving Berlin. L'ajout de deux morceaux de Creedence Clearwater Revival datant de l'époque du Vietnam, « Who'll Stop the Rain » et « Run Through the Jungle », ne faisait que prolonger la critique sociale déjà contenue dans « Thunder Road », « The Promised Land » et surtout « Badlands ».

À la même époque, Bruce concentrait ses lectures sur l'histoire américaine, à la recherche de récits et d'analyses pouvant apporter de nouvelles perspectives à l'épopée communément admise des premiers pèlerins, des pères fondateurs, des grands hommes et de la « destinée manifeste[2] ». Le livre de Joe Klein, *Woody Guthrie : A Life*, dessinait un portrait grandeur nature

---

1. « Je ne sais pas ce que vous pensez de ce qui s'est passé hier, dit-il au public de l'Arizona State University le soir du 5 novembre, mais moi, je trouve ça assez flippant. »

2. La « destinée manifeste » (en anglais *Manifest Destiny*) est une idéologie développée aux États-Unis au dix-neuvième siècle selon laquelle les colons américains avaient pour mission divine de répandre la démocratie et la civilisation vers l'Ouest. Elle est invoquée dans les années 1840 pour justifier la guerre contre le Mexique, à l'issue de laquelle, en 1848, le Mexique cède aux États-Unis la moitié de son territoire. *(N.d.T.)*

des routes, des lieux de travail et des campements visités par la famille Joad dans *Les Raisins de la colère* de Steinbeck, tandis que la *Petite Histoire des États-Unis* de Henry Steele Commager et d'Allan Nevins décrivait le développement du pays d'un point de vue populaire qui reflétait la propre enfance de Bruce au sein de la classe ouvrière. « Je n'entendais jamais personne parler de politique dans mon quartier, raconte-t-il. Ça avait dû tomber sur le tapis un jour à l'école parce qu'un soir je suis rentré et j'ai demandé à ma mère si on était républicains ou démocrates. Elle m'a répondu qu'on était démocrates, parce qu'ils défendaient les travailleurs. Et c'est la seule discussion politique que j'aie eue de toute mon enfance. »

Ayant grandi en regardant l'histoire américaine à travers les yeux des opprimés, Bruce pouvait désormais faire le lien entre les luttes de ses parents et la dynamique plus vaste d'un pays enclin à délaisser ses citoyens les plus vulnérables. Être un Springsteen à Freehold, c'était bien connaître la vulnérabilité et le goût des cendres répandues sur les gens qui n'arrivaient pas à trouver la force de se défendre tout seuls. C'était la même histoire que celle qu'il avait écrite sur son père dans « Adam Raised a Cain », le portrait enflammé d'un homme contraint de travailler toute sa vie « pour rien à part de la souffrance ». Sauf qu'à présent il était capable d'inscrire le combat de Doug Springsteen dans un contexte plus large, comme un révélateur de plus des dessous du rêve américain.

Une grande part de l'ambition de Bruce et de l'énergie obstinée qu'il avait investie dans sa carrière avait été nourrie par sa détermination à éviter le même sort que son père. Au milieu de son plus gros succès[3], le temps était maintenant venu de tourner son attention, et surtout celle de son public, vers les citoyens que la nation avait laissés de côté. Après tout, un

---

3. Cette fois, Bruce allait terminer la tournée de *The River* avec tous les profits qu'il n'avait pas vus après celles de *Born to Run* et de *Darkness*.

pourcentage non négligeable de ses amis et de ses fans étaient précisément les gens qui souffraient de cette structure économique pyramidale. «Notre public à l'époque, c'était justement les plus mal lotis, raconte Bruce. Alors, c'est devenu partie intégrante du spectacle. Encore aujourd'hui, je réserve toujours un petit moment de la soirée pour un message d'intérêt général. Je crois vraiment qu'il y a une partie de mes fans qui se sentent concernés par ce que je fais, alors je m'adresse à eux, ça me paraît naturel. »

De retour aux États-Unis mi-juin, Bruce décida de s'engager pour une cause qui travaillait sa conscience depuis sa rencontre à la fin des années 1970 avec Ron Kovic, vétéran du Vietnam handicapé à vie, militant pacifiste et auteur de la célèbre autobiographie en forme de manifeste politique *Né un 4 juillet*[4]. Bruce était tombé sur une édition en poche lors d'une virée dans le Sud-Ouest et il l'avait lue dans un motel en plein désert quelque part entre Phoenix et Los Angeles. Quelques jours plus tard, au bord de la piscine du Sunset Marquis, un homme en fauteuil roulant s'était approché de lui pour le saluer. Ils avaient bavardé quelques minutes avant que Bruce ne s'aperçoive qu'il avait devant lui l'auteur du livre qu'il venait de terminer. «C'était très étrange, raconta-t-il à Will Percy pour le magazine *Double Take* en 1998. Je lui ai dit: "Vous n'allez pas le croire, mais j'ai acheté votre livre dans un drugstore en Arizona et je viens de le lire. C'est incroyable." » Kovic l'avait emmené dans un centre pour vétérans du quartier de Venice, puis l'avait mis en contact avec Bobby Muller, également un ancien combattant blessé au Vietnam qui avait fondé pour lui et ses contemporains une association nationale baptisée Vietnam Veterans of America (VVA).

En 1981, apprenant que l'association de Muller était à court d'argent et allait devoir fermer ses portes, Bruce l'invita

---

4. Plus tard adaptée au cinéma par Oliver Stone, avec Tom Cruise dans le rôle de Kovic.

en juillet à un de ses concerts dans la salle omnisports de la Meadowlands Arena qui venait d'ouvrir dans le New Jersey et lui demanda de rester après la fin pour qu'ils puissent discuter. Au cours de cette conversation, Bruce, Muller et Landau conçurent un plan : quand la tournée repasserait par Los Angeles à la fin du mois d'août, ils feraient de leur première date à la Los Angeles Sports Arena un gala de charité au profit des VVA.

Sous le regard d'un bataillon d'anciens combattants, dont beaucoup grièvement blessés, installés sur une estrade spécialement construite sur le côté de la scène, Bruce ouvrit le concert par un bref discours ému. Décrivant la période du Vietnam comme une longue marche dans une ruelle sombre où des gangsters attaquent certaines personnes tandis que d'autres continuent leur chemin sans lever les yeux, il enjoignit les spectateurs à tendre une bouée de sauvetage aux victimes de cette guerre. « Tant qu'on n'arrivera pas à parcourir ces ruelles sombres en regardant en face les hommes et les femmes qui s'y trouvent et les choses qui s'y sont passées, on ne pourra pas rentrer chez nous », dit-il. Après quoi Muller prit la parole, concluant son allocution en faisant remarquer que la musique rock avait toujours été *le* lien entre tous les Américains de sa génération. « Alors arrêtons les bla-bla et place à l'action, *place au rock'n'roll !* » Bruce et le groupe commencèrent par la reprise de Creedence Clearwater Revival « Who'll Stop the Rain » et se donnèrent à fond pendant près de quatre heures, terminant par l'hymne oublié des Byrds « Ballad of Easy Rider », une longue version du « Detroit Medley » puis un retour aux sources avec une reprise déchaînée de « Twist and Shout ».

Événement capital pour les VVA et avancée importante pour la cause des vétérans du Vietnam en général (Muller déclara plus tard : « Sans Bruce Springsteen, il n'y aurait pas de mouvement des vétérans du Vietnam »), ce concert était aussi une façon pour Bruce de saluer la mémoire de Bart Haynes, le « jeune batteur swinguant » des Castiles mort à la guerre en 1967, et de Joe

Curcio, un de ses camarades de classe au Freehold Regional qui était parti au front avec toute la fougue et l'énergie d'un gamin de dix-huit ans et qui en était revenu deux ans plus tard comme un fantôme brisé, les épaules voûtées sous le poids de ce qu'il avait vu et fait. Comme s'en souvient Curcio, Bruce s'était toujours donné du mal pour se montrer gentil avec lui durant ses années les plus noires, même quand il le trouvait au fond d'un bar ou effondré sur un trottoir, accablé par le fardeau qu'il portait et l'effet des substances qu'il avait consommées pour anesthésier sa détresse. « J'étais complètement largué, mais il était toujours sympa, raconte Curcio. Bruce est ce genre de personne. »

Du genre aussi à se rendre compte que les petites histoires qu'il racontait sur scène pour expliquer comment il avait évité la guerre (tout au long des années 1970, Bruce avait inventé un tas d'anecdotes délirantes sur ses tentatives pour convaincre l'armée qu'il était fou) risquaient de choquer certains vétérans, ou des proches qui avaient perdu quelqu'un au Vietnam. C'étaient des tactiques courantes à la fin des années 1960[5], mais ça ne justi-fiait pas pour autant de se vanter d'un stratagème qui avait eu pour conséquence d'envoyer d'autres Américains se battre à sa place. Surtout que l'ironie avait voulu qu'il n'ait qu'à montrer son dossier médical – avec les notes sur la commotion cérébrale et la blessure au genou qu'il s'était faites lors de son accident de mobylette en 1968 – pour être réformé sur-le-champ. Lorsqu'il prit l'habitude d'évoquer cette histoire en guise d'introduction à « The River » au début des années 1980, toute trace de burlesque avait disparu. Et quand les spectateurs l'acclamaient au moment où il racontait qu'il avait raté l'examen médical de l'armée, il les interrompait : « Y a pas de quoi applaudir. »

---

5. Beaucoup de musiciens d'Asbury Park suivaient les consignes de Billy Chinnock pour se faire réformer, car il avait transformé sa propre stratégie payante en une formule facile à appliquer pour tous ses amis.

Un soir de relâche à Denver pendant la tournée *The River*, Bruce alla au cinéma voir le dernier film de Woody Allen, *Stardust Memories*. Comme il le confia plus tard à Dave Marsh, sa soirée en solitaire prit une tournure inattendue devant le stand de pop-corn, quand un jeune fan s'avança pour lui serrer la main. Constatant que Bruce était tout seul, il lui proposa de venir voir le film avec lui et sa sœur. Bruce accepta et ils regardèrent tous les trois ensemble ce conte acide sur la célébrité. Quand les lumières se rallumèrent dans la salle, l'adolescent avait l'air effaré. « La vache, je sais pas quoi vous dire, s'exclama-t-il. C'est vraiment comme ça ? C'est ce que vous vivez ? » Bruce le rassura en lui répondant qu'il ne se sentait jamais harcelé par ses fans, ce qui mit le jeune homme suffisamment à l'aise pour inviter le musicien à le raccompagner chez lui et à rencontrer ses parents. Bruce n'hésita pas une seconde et, après une brève séquence de « Non, mais c'est une blague ou quoi » sur le pas de la porte (résolue quand le gamin courut chercher dans sa chambre son exemplaire de *The River* et tendit la photo de la pochette à côté du visage de Bruce), les parents l'accueillirent comme un membre de la famille qu'ils auraient perdu de vue depuis un bout de temps, préparant de quoi dîner tous ensemble puis restant des heures à table à lui parler de leur vie, de leurs ambitions et du reste. Quand il rapporta la scène à Marsh, Bruce était presque sans voix. « Tu te retrouves avec toute la vie de quelqu'un en trois heures, dit-il. Tu as les parents, tu as la sœur, tu as leur vie de famille, en trois heures. Ensuite je suis rentré à l'hôtel et je me sentais vraiment bien, je me disais "Ouah !" » Comme il l'avait déjà mentionné, c'était un des privilèges les plus précieux de la célébrité : « C'est une chose qui peut m'arriver à moi, mais pas à la plupart des gens. »

Et ce n'était pas une expérience isolée. Comme Bruce le racontait à Fred Schruers dans un article qui fit la couverture de *Rolling Stone* en janvier 1981, un autre fan était récemment venu lui dire qu'il avait fait dix heures de bus pour pouvoir fêter ses vingt et un ans au concert de ce soir-là. Et surtout, le fait de pouvoir le dire à Bruce en chair et en os était la chose la plus importante qui lui soit jamais arrivée. « En dix minutes, j'en sais plus sur lui que son père et sa mère, peut-être même que son meilleur ami, expliquait Bruce à Schruers. C'est vraiment fort, super émouvant ; c'est le truc le plus pur que t'aies jamais ressenti. Tu es obligé d'aimer ce mec. Sinon c'est qu'il y a quelque chose qui déconne chez toi. »

Mais il y a aussi quelque chose qui déconne chez un homme de trente et un ans qui se sent plus à l'aise qu'ailleurs dans ce genre de brefs échanges de fan à star. Même s'il mettait toute son énergie pour offrir aux gens une soirée de musique tellement sincère et prenante qu'ils s'en rappelleraient longtemps[6], il en ressortait chaque jour avec la sensation non pas d'avoir fait la fête en compagnie de ses vingt mille nouveaux amis, mais plutôt de s'éclipser discrètement de la chambre d'une femme avec ses chaussures à la main, comme un séducteur de passage. « Je préfère reprendre le bus directement pour la ville suivante que de rester [après un concert], confia-t-il à Robert Hilburn pour le *LA Times*. Je n'aime pas rester. C'est bizarre, mais ça me met mal à l'aise. » Tout comme l'idée d'avoir une maison à lui plutôt que les piaules de dépannage et les villas de location à peine meublées qu'il avait enchaînées pendant plus de dix ans. Même après avoir acheté un petit appartement à Los Angeles où logeait Joyce Hyser quand elle travaillait là-bas – souvent avec Pam, la sœur de Bruce, comme colocataire –, lorsqu'il passait en ville, Bruce préférait généralement le confort et l'anonymat du Sunset Marquis. « Il adorait vraiment la vie d'hôtel, dit Hyser. Il adorait être sur la route. »

---

6. Comme le raconte Jon Landau, les concerts de la tournée *River* étaient devenus encore plus longs que ceux de *Darkness*. Jusqu'à ce que Bruce finisse par se rendre compte qu'il perdait le contrôle de lui-même. « Je me souviens d'un soir à Los Angeles où il est sorti de scène à une heure vingt du matin. Et je me souviens qu'il a dit : "Je vais trop loin." Après ça on a rarement dépassé une heure. »

Alors, au milieu des quatre années de son histoire avec Bruce, Hyser avait largement l'occasion de percevoir les tensions entre la sensibilité de son amoureux et son besoin instinctif de se réfugier derrière la barrière intérieure qu'il avait érigée pour se protéger des autres. Même si Bruce était heureux d'inclure sa petite amie dans les réunions de la famille Springsteen et qu'il avait lui-même créé des liens avec son père, il n'avait jamais l'air tellement contrarié quand elle balayait d'un haussement d'épaules ses lubies occasionnelles de mariage. « Une des raisons pour lesquelles on a pu rester ensemble si longtemps, dit-elle, c'est qu'on avait toujours chacun un pied dedans, un pied dehors. On avait toujours une échappatoire. » Bruce formulait les limites de son propre engagement en comparant sa vie à un mât totémique, sur lequel une seule force l'emporterait toujours sur les autres. « Honnêtement, il n'y avait rien de plus important que sa carrière, reconnaît Hyser. Au bout du compte, ça se résumait à ça. » Ça, et la conscience que leur relation devait s'effacer devant son besoin de solitude. « Son grand truc à l'époque, c'était : "Quand j'ai envie de te voir, il faut que tu sois là et quand j'ai pas envie il faut que tu disparaisses." »

La tournée *The River* se termina par deux concerts à Cincinnati à la mi-septembre 1981, après quoi tout le E Street Band s'envola pour Hawaï avec femmes, petites copines, équipe de management et staff technique au complet pour célébrer le mariage de Clarence Clemons et de Christina Sandgren, qu'il avait rencontrée en Scandinavie lors de leur virée européenne ce printemps-là. Bruce était le témoin du marié et lui et son groupe jouèrent un long set pendant la réception, mélange de vieux standards et de morceaux originaux. De retour dans sa maison de location du New Jersey, il se retrouva plongé dans le silence de l'après-tournée avec des sentiments partagés. Ayant enfin récolté les dividendes de la gloire longtemps attendus, il avait la liberté financière de faire en gros tout ce dont il avait envie. Sauf qu'il ne voyait pas très bien de quoi il avait envie, à part d'écrire et d'enregistrer un nouvel album, d'être sur la route, d'aller faire le bœuf au Stone Pony ou dans le nouveau club de Clemons, le Big Man's West, quelques kilomètres plus haut sur la côte, à Red Bank.

« C'était clairement la conclusion d'une phase antérieure de ma vie, la phase initiale des voyages, des tournées et de mes premiers disques, dit Bruce. Il y avait davantage de contemplation. J'avais trente ou trente et un ans, et quelque chose faisait que je me tournais vers ma petite enfance. C'est ce qui a débouché sur *Nebraska*, donc c'était assez efficace. Je ne sais pas très bien d'où m'est venue cette musique, en fait. »

Sans doute du même élan qui le poussait, soir après soir, à monter dans sa voiture et à sillonner les rues de Freehold, retournant sur l'emplacement vide de Randolph Street, là où il vivait autrefois avec ses grands-parents ; devant la maison d'Institute Street où il avait déménagé ensuite ; puis celle de South Street du temps de son adolescence. Il n'avait aucune idée de ce qu'il venait y chercher, admit-il plus tard. Mais ça ne l'empêchait pas d'y retourner. Où qu'il soit, les souvenirs de la maison de Randolph Street et les vestiges de la vie que ses grands-parents avaient perdue à la mort de leur fille l'assaillaient. Lorsqu'il vit *Badlands* (*La Balade sauvage*), le film de 1973 de Terrence Malick inspiré des aventures du très jeune tueur en série Charles Starkweather et de sa petite amie de quatorze ans, Caril Ann Fugate[7], le vide dans les yeux des personnages, la sensation de vivre si loin de toute forme de lien social cohérent que le reste du monde apparaît comme dans un brouillard le ramenèrent dans le salon glacé de ses grands-parents. « J'essayais de retrouver l'ambiance qui régnait dans cette maison quand j'étais enfant, dit-il. Austère, hantée... Un incroyable tourment intérieur. »

─────────

7. En 1957, au cours d'un *road trip* sanglant avec Fugate, du Nebraska au Wyoming, Starkweather, alors âgé de dix-neuf ans, tua onze personnes au hasard de sa route.

Le morceau que Bruce avait d'abord appelé « Starkweather » prit forme rapidement, la lecture de la biographie non autorisée de Caril Ann Fugate par Ninette Beaver et une vieille carte du Nebraska qu'il avait dégotée quelque part l'aidant à transposer ses souvenirs d'enfance dans cette saga meurtrière du Midwest. Associé à une autre chanson récemment écrite, « Mansion on the Hill », il plantait résolument dans sa jeunesse à Freehold le cadre émotionnel de l'album et, même si les textes allaient de l'autobiographie non dissimulée (« Used Cars », « My Father's House », « Mansion on the Hill ») à de sombres histoires de criminels, de flics et de guerres de gangsters (« Johnny 99 », « Highway Patrolman », « Atlantic City ») en passant par « Born in the U.S.A.[8] », le récit amer de la vie d'un vétéran du Vietnam dans une petite ville de province, la même atmosphère de désolation unifiait les morceaux en un tout cohérent. D'une chanson à l'autre, d'une histoire à l'autre, d'un personnage à l'autre, les mêmes images et pensées se répétaient, souvent mot pour mot : « J'avais des dettes que nul honnête homme ne peut rembourser » (« *I got debts that no honest man can pay* »), déclare le narrateur de la dernière chance dans « Atlantic City ». La même phrase se retrouve dans « Johnny 99 », cette fois dans la bouche d'un criminel suppliant le juge de le condamner à mort plutôt qu'à la prison.

Quand ce n'est pas la pauvreté qui menace, c'est le vide spirituel. « Délivrez-moi du néant » (« *Deliver me from nowhere* »), réclame le psychopathe en puissance de « State Trooper ». Moins effrayant, mais tout aussi paumé, le narrateur de « Open All Night » place ses espoirs dans son poste de radio : « Hé, ho, rock'n'roll, délivre-moi du néant. » (« *Hey, ho, rock'n'roll, deliver me from nowhere.* ») Et si les morceaux explicitement autobiographiques perdent l'élément criminel, l'angoisse n'y est pas moins pesante. Le jeune narrateur de « Mansion on the Hill »

---

8. Qui ne sera finalement pas utilisée sur cet album. *(N.d.T.)*

(dont le nom rappelle clairement la «maison sur la colline» d'Anthony Zerilli) se cache avec sa sœur dans un champ de maïs pour profiter incognito de la musique et des lumières d'une fête estivale. Les souvenirs des fois où il accompagnait son père chez un concessionnaire de voitures d'occasion résonnent comme autant de séances d'humiliation dans «Used Cars», tandis que «Reason to Believe», qui dans un autre contexte pourrait être le titre d'un hymne d'espoir (littéralement : «raison de croire»), est plutôt un manifeste existentialiste. «Pourtant, à la fin de chaque journée durement gagnée, les gens trouvent quelque raison de croire», conclut-il («*Still, at the end of every hard-earned day, people find some reason to believe*»). C'est ce «quelque» qui fait toute la différence : mettez votre foi dans ci ou dans ça, pour le bien que ça fait, qu'est-ce que ça change au fond?

Se retrouvèrent aussi sur cette liste de chansons «Bye-Bye Johnny», qu'ils avaient déjà jouée en public; «Losin' Kind», une autre épopée meurtrière; «Child Bride», une ballade sur des amants en cavale; «Pink Cadillac», une histoire de désir refoulé; et «Downbound Train», encore une fable sur l'appauvrissement économique et personnel. Chaque fois, le même vide spirituel béant s'ouvrait sous les pieds des personnages. «C'est la frontière étroite entre la stabilité et ce moment où le temps s'arrête et tout devient noir, écrivit Bruce au sujet de cet album dans le recueil de paroles qu'il publia en 1998, *Songs*. Quand les choses qui vous relient au monde – votre boulot, votre famille, vos amis, votre foi, l'amour et la grâce dans votre cœur – vous lâchent.»

Habitué à enregistrer chez lui des démos de ses chansons sur un ghetto-blaster de base, Bruce décida de s'équiper d'un système un peu plus professionnel. Il envoya son technicien de guitare, Mike Batlan, lui acheter un magnétophone Teac à quatre pistes, en se disant que les pistes supplémentaires lui permettraient d'ajouter une deuxième guitare, des chœurs, des percussions, ou toute autre couleur susceptible d'aider le groupe à se faire une idée du son qu'il voulait donner au morceau définitif. Pour le mixage, il se servirait d'une radiocassette Panasonic non professionnelle, mais de bonne qualité tout de même, ce qui suffirait amplement pour le travail de maquette maison qu'il avait en tête.

Un auteur-compositeur plus exigeant techniquement aurait opté pour une table de mixage plus sophistiquée, d'autant que cette radiocassette Panasonic avait déjà connu quelques mésaventures. Plus tôt cet automne-là, Bruce l'avait emportée lors d'une balade en bateau qu'il avait faite avec Garry Tallent sur la Navesink River. Ils naviguaient tranquillement en musique quand le fleuve devint plus agité. « Une vague est passée par-dessus la proue et a inondé la radiocassette, qui s'est arrêtée net », raconte Bruce. Il la rapporta chez lui à Colts Neck et la posa sur son canapé[9], où il l'oublia jusqu'à une ou deux semaines plus tard, une nuit où il regardait la télévision. « Tout à coup, *pchhhk-chhk-kroumpch* ! J'entends ce bruit et ça me fout une de ces trouilles ! *Qu'est-ce que c'est que ce bordel ? !!* Et puis encore quelques explosions et bing ! le machin se remet en route. » Vu qu'il marchait encore le lendemain matin, Bruce le remit dans sa pile de matériel et, quand il appela Batlan pour l'aider à enregistrer sa nouvelle fournée de chansons, ils supposèrent tous les deux que le Panasonic ressuscité était utilisable.

Batlan se présenta pour commencer le travail en début d'après-midi le 3 janvier 1982, monta avec Bruce dans sa chambre, où il avait posé le Teac et deux micros sur son bureau. Ni l'un ni l'autre ne savaient exactement comment tout ça marchait. Mais avec le manuel d'utilisation à portée de main, Bruce empoigna sa guitare, attendit que Batlan oriente les micros dans la bonne direction et joua les parties de guitare et de

---

9. Pourquoi Bruce avait choisi de ranger une radiocassette trempée sur le *canapé de son salon*, mystère. Il était jeune, il vivait seul, et c'est un détail trop absurde pour douter de sa véracité.

voix pour « Nebraska ». Quand Batlan rembobina la bande pour réécouter la prise, ils furent tous les deux agréablement surpris d'entendre la chanson exactement telle que Bruce venait de la jouer. « On s'est dit : "Hé, ça marche !" raconte Bruce. C'était fait complètement au petit bonheur et à l'improviste, mais c'est ça qui était chouette. »

Travaillant jusque tard dans la nuit, Bruce et Batlan enregistrèrent quinze morceaux, la plupart en quatre ou six prises maximum pour la piste de base. Les ajouts de pistes supplémentaires furent minimes et, après deux ou trois jours de mixage (« le mix sur ghetto-blaster noyé », appelle ça Bruce), ils transférèrent le tout sur une cassette que Bruce avait achetée dans un drugstore. Le processus terminé, Bruce la glissa dans la poche de son blouson et la déposa au bureau new-yorkais de Landau, accompagnée de plusieurs pages de notes décrivant le contenu et les sources d'inspiration de chaque chanson.

Impressionné par la force de ces histoires minimalistes – et aussi par le désespoir criant de leur interprétation –, le producteur manager n'en fut que plus impatient de retourner en studio avec Bruce. Même si la mélancolie omniprésente de ces enregistrements l'inquiétait quelque peu sur l'état émotionnel de son ami, en tant que manager il sentait qu'un nouvel horizon s'ouvrait sur la voie créative de son artiste. Quand Landau se rendit à Colts Neck pour discuter des morceaux, il proposa d'enregistrer la plupart avec des arrangements sobres, très folk : des guitares acoustiques, une contrebasse, une batterie jouée avec des balais. Rien, disait-il, ne devait faire obstacle entre l'intimité feutrée de la voix de Bruce et l'oreille de l'auditeur. Mais, comme certaines chansons se prêtaient néanmoins à un accompagnement plus présent avec le reste du groupe, Landau réserva le grand studio-gymnase chez Power Station et Bruce convoqua tout le monde pour démarrer les sessions quelques jours plus tard.

La première journée de travail ne donna rien d'intéressant. Mais, quand ils se retrouvèrent le lendemain après-midi, Bruce leur passa la maquette de « Born in the U.S.A. » puis écouta Roy Bittan chercher quelque chose sur le clavier du synthétiseur Yamaha qu'il venait d'acheter. Lorsque le musicien trouva une grille d'accords répétitive dans les aigus dont les sonorités lui semblaient suffisamment asiatisantes pour évoquer l'ambiance exotique d'une jungle vietnamienne et que Max Weinberg y ajouta sa puissante ligne de batterie, Bruce attrapa sa guitare électrique et donna le signal de la première prise. Revisité en un gros rock au marteau-piqueur, « Born in the U.S.A. » prit une nouvelle teinte explosive et rageuse. Capturé live en studio, il ne lui fallut que quelques prises pour être déclaré fini. L'ingénieur du son en chef Toby Scott et les producteurs Jon Landau et Chuck Plotkin lui trouvaient quelque chose qu'ils n'avaient jamais vraiment entendu jusque-là. « On se l'est repassé, Chuck, Jon et moi, raconte Scott, et j'ai dit : "Ça ne ressemble pas au Bruce Springsteen de *The River*, mais c'est vraiment bien." Juste cette sensation de live, avec la batterie qui fait boum-tchac, boum-tchac. Du coup, on a continué et tout s'est enchaîné de façon très fluide. »

Ensuite Bruce et le groupe avancèrent très vite, enregistrant des versions définitives (ou quasi définitives) à partir des idées, paroles ou mélodies notées dans son dernier cahier. Au bout de trois semaines, ils avaient une bonne douzaine de chansons dans la boîte, dont « Born in the U.S.A. », « Glory Days », « Cover Me », « Darlington County », « Working on the Highway » (remaniée à partir de « Child Bride »), une version torride et drôle de « Pink Cadillac » et une première esquisse de « My Hometown ». Ils firent une pause après ce sprint initial et, lorsqu'ils se réunirent à nouveau quelques semaines plus tard, Bruce sortit sa cassette et annonça qu'il voulait changer de braquet un moment. Ils passèrent quelques jours à chercher des arrangements pour les morceaux de la cassette dans la salle de musique chez Roy Bittan, mais quand ils revinrent en studio pour essayer d'enregistrer avec tout le groupe les versions complètes de

« Johnny 99 », « Mansion on the Hill », « My Father's House »,
« Open All Night » et quelques autres, quelque chose n'allait
pas. L'intimité de la maquette originelle, le sentiment de
mystère et de mélancolie ambiante avaient disparu. Une partie
du problème, explique Plotkin, venait du fait que le passage en
studio a tendance à standardiser les sons, à les capturer avec une
limpidité parfaite. « Mais on ne voulait pas que les chansons
de *Nebraska* soient lisses et propres, dit-il. Ce n'est pas l'effet
qu'elles cherchent à exprimer. »

La magie de la cassette démo, finirent-ils par comprendre,
venait de ses défauts sonores : le son fantomatique, le côté
plaintif de la voix de Bruce, les rythmes imprécis et les restes
de boue fluviale qui mettait de la désolation dans les histoires
des personnages. Il devint vite évident que le disque que Bruce
pouvait tirer de ces chansons cliquetait déjà dans la poche de
son blouson. « Il s'est tourné vers moi et il m'a dit : "Toby, est-ce
qu'on peut faire un master à partir de ce truc ?" raconte Scott.
Et il a sorti la cassette et il me l'a balancée. Littéralement. »
S'emparant de la démo pour tenter de la transformer en un
produit commercialisable, Scott se rendit compte à quel point
les enregistrements de Bruce et Batlan étaient défectueux. Bruce
ne s'était jamais donné la peine de nettoyer les têtes du magnétophone, un réflexe de routine chez les ingénieurs travaillant
sur du matériel professionnel. Aucun des deux hommes ne
savait à quoi servait le bouton de variation de la vitesse, si bien
qu'ils ne s'aperçurent pas qu'il était réglé accidentellement sur
un niveau plus rapide que la normale. Quand Bruce tiqua enfin
et le remit en position normale, les enregistrements parurent
tous mous, comme au ralenti. « Et ça nous a créé un tas de
problèmes », conclut Scott. Des mois et des mois de problèmes,
à vrai dire. « Je me rappelle avoir pensé qu'on n'arriverait jamais
à transférer ces morceaux sur un disque, raconte Plotkin.
Je restais assis dans ma chambre d'hôtel à pleurer, c'était tellement frustrant. »

À la fin de ces mois laborieux de masterisation, Bruce et Landau apportèrent leur proposition de futur album à Walter Yetnikoff et Al Teller, les présidents respectifs de CBS Records Group et de Columbia, et furent soulagés de recevoir un accueil enthousiaste de la part des deux. *Nebraska* ne connaîtrait sans doute pas le succès massif de *The River*. Mais, comme le déclara Yetnikoff, la beauté austère de sa musique et ce que ce disque représentait dans le développement artistique de Bruce exigeaient qu'il soit édité et soutenu. Son collègue était d'accord. «En tant que fan de Bruce, j'adorais ce disque, se souvient Teller. Mais c'était un petit album, il ne pourrait jamais casser la baraque.» Teller dit à Landau que, du moment qu'ils étaient prêts à accepter des ventes inférieures à un million d'exemplaires – et une campagne de promotion qui n'essaierait pas de faire le buzz comme si *Nebraska* était censé être le prochain *The River* –, il ne voyait pas d'inconvénient à ce que ce soit le nouvel album de Bruce. Comme le rappelle Teller, Columbia/CBS n'avait de toute façon plus le pouvoir de rejeter ses disques. «Par contrat, Bruce était seulement tenu de nous soumettre une collection de dix à treize chansons techniquement exploitables. La qualité, le contenu et tout le reste n'étaient plus un critère.»

La sortie de *Nebraska* à l'automne 1982, à temps pour la période de Noël, s'accompagna de publicités discrètes, des louanges habituelles de la part des critiques et d'une certaine confusion chez les fans de circonstance ou de toujours. Où était passé le Bruce qui martelait la scène de ses semelles et se pavanait sous les projecteurs? Le gamin fougueux qui délaissait les villes de losers et partait en quête de la terre promise? Qui refusait de capituler jusqu'à ce que les *badlands* – les mauvaises terres – et toutes les figures de l'autorité qui les maintenaient en ébullition comprennent qu'elles ne pourraient pas le broyer sous leur poussière? Ces déclarations ne venaient pas de nulle part: la noirceur dans l'âme de Bruce avait toujours sous-tendu ses rêves de gloire. Mais *Nebraska* n'était *que* noirceur, depuis les gémissements plaintifs de l'harmonica en ouverture du morceau titre jusqu'aux meurtres en série, arrestations, procès et condamnations à mort qui le traversaient. Il n'y avait pas un seul espoir de salut dans tout l'album. Il suffit de jeter un œil aux textes imprimés sur la pochette intérieure. Les derniers vers de quasiment toutes les chansons dépeignent la même vision accablante de la vie : « Je crois juste qu'il y a de la méchanceté dans ce monde » (« *I guess there's just a meanness in this world* »); « J'ai rencontré un type et je vais lui rendre un petit service » (« *I met this guy and I'm gonna do a little favor for him* »); « Laissez-les me raser la tête et m'envoyer dans le couloir de la mort » (« *Let 'em shave off my hair and put me on that execution line* »); « Hé, ho, rock'n'roll, délivre-moi du néant » (« *Hey, ho, rock'n'roll, deliver me from nowhere* »); « De l'autre côté de cette route sombre où nos péchés gisent, inexpiés » (« *'Cross this dark highway where our sins lie unatoned* »). Le clip promotionnel d'« Atlantic City », première contribution de Bruce à la nouvelle mais déjà incontournable MTV, était tout aussi morne, balade en noir et blanc délavé dans une station balnéaire croulant sous les néons et les paillettes des promesses de richesse et de glamour de l'industrie du jeu.

Pourtant *Nebraska* trouva son public, dont une bonne partie jusque-là ignorait totalement l'existence de Bruce, ou le considérait avec mépris comme un pur produit marketing. « Je ne savais pas qu'il pouvait y avoir de la musique comme ça, aussi lourde et aussi marquante que l'était *Nebraska*, dit Tom Morello, alors un jeune rocker punk de dix-huit ans qui deviendrait quelques années plus tard le leader du groupe Rage Against the Machine. C'était la première fois qu'une musique exprimait l'aliénation que je ressentais et je suis devenu un très gros fan[10]. »

---

10. Ce n'est en fait que plusieurs années après la sortie de *Nebraska* que Morello découvrit l'album. Mais son expérience est néanmoins représentative, en particulier chez les fans qui ne se reconnaîtraient pas dans la musique plus commerciale que produirait Bruce au milieu des années 1980.

Une fois *Nebraska* terminé, Bruce s'efforça de se remettre à l'album qu'il avait commencé avec le groupe à l'hiver et au printemps 1982, et sur lequel ils semblaient déjà avoir beaucoup avancé. Mais il y avait toujours de nouvelles chansons à enregistrer, de nouvelles idées à jeter dans le mix, de nouvelles raisons de continuer à cogner la masse contre le roc jusqu'à ce que la terre se fissure et qu'en jaillissent les rayons de la sagesse divine. Pourtant les pensées de Bruce tournaient en boucle et ne cessaient de le ramener aux mêmes scènes qu'il avait déjà tenté d'exorciser dans *Nebraska*. Incapable de se libérer du passé, il fit son sac, le jeta dans le coffre de sa voiture et passa chercher son vieux copain Matty Delia[11] pour une traversée du pays est-ouest jusqu'à la nouvelle maison qu'il avait achetée à Beverly Hills. Le voyage se passa bien, mais l'arrivée ne fit que raviver la panique qui l'avait fait fuir le New Jersey. « J'avais envie de remonter direct dans la voiture et de continuer, confia-t-il à Dave Marsh au milieu des années 1980. Je n'arrivais même pas à rester assis tranquille. »

L'analogie de son comportement avec celui de Doug Springsteen, qui partait souvent sur les routes pour tenter de restaurer son ordre intérieur, aggravait encore le désarroi de Bruce. « Il traversait clairement une très grosse crise psychologique à cette période, dit Marsh. J'aurais pu être plus explicite dans mon livre[12], je ne l'ai pas fait parce que je n'étais pas très à l'aise avec ça à l'époque. Mais je l'ai assez côtoyé pour pouvoir dire que le gars dans "Nebraska" n'est pas Charles Starkweather. C'est lui. »

Pourtant Bruce minimise l'importance de cet épisode, en disant que toutes les légendes qui racontent qu'il retourna à

---

11. Un homme dont les nombreuses carrières incluent : patron d'un magasin de motos, patron d'une boutique de location d'outillage, quelque chose qui semble plus ou moins lié à la programmation et/ou la production de concerts de rock dans des boîtes de nuit, et Dieu sait quoi d'autre encore. Bruce et Delia sont de grands amis depuis des décennies.

12. *Glory Days*, Pantheon, 1987 (traduit en français par Michèle Valandina sous le titre *Bruce Springsteen : vie de rocker*, Carrère, 1988).

sa voiture dare-dare et rebroussa chemin le pied au plancher sont des exagérations. « J'ai pu en avoir envie, confie-t-il. Mais j'avais acheté une petite maison à Los Angeles et j'y suis resté un moment à travailler sur ma musique. Je n'ai pas refait la route en sens inverse tout de suite. » Au contraire, il demanda à Mike Batlan de lui installer un studio professionnel à domicile dans sa nouvelle maison, située sur Sunset Boulevard tout près du Beverly Hills Hotel. Ainsi équipé, il passa cinq mois à Los Angeles à écrire et enregistrer tout seul.

Même aujourd'hui, Bruce a du mal à parler de ce qui l'avait poussé à partir ou de ce qui lui avait pris en arrivant en Californie. Certains amis emploient des mots comme « suicidaire », mais lui reste sur un registre plus général. « Les choses peuvent venir de tout au fond du puits. C'est dans votre ADN, dans les cycles de votre corps. Vous allez très bien et tout à coup, boum, ça vous tombe dessus. » Après une pause, il ajoute : « Alors je me suis trouvé un psy quelques jours après mon arrivée à Los Angeles et, quand je suis rentré sur la côte est, j'en ai trouvé un autre à New York. »

Avançant dans l'année 1983 avec une vision évolutive, bien que pas tout à fait linéaire, de sa direction et de son travail, Bruce continua à écrire et enregistrer d'autres chansons. Travaillant de chez lui, il jouait et chantait toutes les parties lui-même, prolongeant ainsi la méthode solo qu'il avait initiée avec les démos de *Nebraska* un an plus tôt. Les nouveaux morceaux partageaient la structure dépouillée et les thèmes lugubres qu'il avait déjà explorés dans *Nebraska*, mais avec quelques lueurs qui laissaient au moins entrevoir la possibilité d'une rédemption. Quand James Lucas, l'ancien détenu narrateur de « Richfield Whistle », se fait prendre par son chef en train de le voler, l'homme refuse de le renvoyer en prison et le laisse partir en secouant la tête avec un soupir. « Si tu avais besoin d'un peu d'argent, Jim, tu n'avais qu'à demander. » (« *If you needed some extra money, Jim, all you had to do was ask.* ») Lucas entre dans un magasin de spiritueux avec l'intention de braquer la caisse, mais l'accueil chaleureux du vendeur («*Can I help you find somethin', friend ?*»: «Je peux t'aider à trouver quelque chose, l'ami ?») l'arrête sur-le-champ et le réexpédie dans les bras de sa femme. D'autres chansons étaient plus sombres, mais «County Fair» allait précisément dans le sens opposé, décrivant une banale foire d'été comme une sorte de vision idyllique, avec tous les voisins qui dansent sous les étoiles au son de «James Young and the Immortal Ones / Deux guitares, bébé, basse et batterie / Pour swinguer à la foire du comté» («*James Young and the Immortal Ones / Two guitares, baby, bass and drums / Just rockin', down at the county fair*»).

Travaillant chez lui sans personne d'autre que Mike Batlan, Bruce appréciait l'indépendance que lui offraient les technologies nouvelles. Il aimait jouer toutes les parties lui-même, et ce qui n'était pas à sa portée – comme un motif de batterie un tant soit peu élaboré – pouvait être produit par la boîte à rythme dernier cri dont il avait fait l'acquisition. Et le fait d'utiliser autant la technologie ne lui apparaissait plus comme un pari aléatoire puisque les frappes métronomiques de la batterie correspondaient à l'effet qu'il recherchait. Comme les morceaux arrivaient à leur stade d'achèvement, presque exploitables tels quels, Bruce envisagea de reporter une fois de plus l'album avec le groupe. Ou peut-être de disséminer seulement quelques-uns de leurs titres sur un disque qui serait dominé par ses chansons en solo enregistrées maison. Cependant, il ne pouvait pas imaginer de dissoudre le groupe. Quand viendrait le moment de repartir swinguer à la foire du comté, il savait qu'il voudrait avoir ses gars avec lui. Ne serait-ce que parce qu'il avait encore une montagne à gravir et ce n'était pas une chose qu'il pouvait faire tout seul.

Alors, tandis que son nouveau travail prenait forme et que le ciel s'éclaircissait au-dessus de sa tête, l'approche de 1984 – année prévue pour son prochain album – lui fit prendre conscience que le moment était venu de faire le pas dont il rêvait depuis qu'Elvis, les Beatles et tous les autres rockers qu'il aimait avaient allumé une étincelle dans ses yeux : « Plein de courants avaient convergé ensemble. Et quand j'en suis arrivé là, j'étais cet homme. Voilà, j'en étais là. On peut toujours se persuader du contraire, mais alors à quoi ça sert d'avoir fait tout ça ? »

19
Le troubadour en col bleu

Déjà conscient du lien entre sa constitution athlétique et l'exultation qu'il sentait le parcourir quand il était sur scène, Bruce se mit en quête de nouvelles manières d'atteindre ces pics d'endorphines euphorisants. Il commença par s'acheter un vélo et faire de longues balades au hasard de routes qu'il n'avait jamais explorées, se retrouvant souvent à quinze ou vingt kilomètres de chez lui, obligé d'appeler Obie Dziedzic pour lui dire où elle pouvait venir le chercher. Quand un ami lui présenta un coach spécialisé dans le body-building, Bruce s'inscrivit au club de gym où il officiait. Et, dès l'instant où il mit le pied dans une salle de musculation, il se sentit chez lui.

« J'adorais faire des choses vaines et répétitives, raconte Bruce. Et qu'est-ce qu'il y a de plus vain que de soulever un objet très lourd et de le reposer au même endroit où vous l'avez trouvé ? Il y a sans doute d'autres explications psychologiques là-dessous, mais en tout cas, ça m'allait comme un gant. Le côté Sisyphe de la chose convenait parfaitement à ma personnalité. » Les muscles qu'il voyait gonfler dans ses épaules, son torse, ses bras et ses abdos convenaient tout aussi bien à sa vanité et, avec l'habitude qu'il avait également prise d'aller courir régulièrement et qui renforçait son souffle et ses jambes, la silhouette de Bruce revêtit une nouvelle carrure[1].

1. Bruce refuse de répondre aux questions directes sur ses exploits dans la salle de muscu, mais quand un visiteur annonce le poids maximum qu'il arrivait à soulever en développé couché à la même époque, Bruce ricane joyeusement. « Ah, je te battais ! Pas de beaucoup, cela dit. »

À part sa salle de gym, Bruce fréquentait aussi assidûment le Club Xanadu, une nouvelle discothèque sur Kingsley Street à l'emplacement de l'ancien Student Prince. Tenu par l'ex-trompettiste des Asbury Jukes, Tony Pallagrosi, le Xanadu programmait des groupes live certains soirs et le reste du temps des DJ venaient y mixer les premiers beats hip-hop, de l'électro, du rock et les tubes pop du moment. Pris par la transe hypnotique de la musique, Bruce campait au bar en regardant la nouvelle génération d'Asbury Park se trémousser sur ces rythmes à cent vingt pulsations minute.

Les barmen stars du club, Paul Smith et Buddy Gac, avaient eux-mêmes leurs admirateurs, en grande partie grâce à leur inépuisable bonne humeur et leur extravagante réserve d'énergie. Soignant leur tenue, depuis leur short de sport moulant aux manches coupées de leur chemise militaire et au bandana assorti noué autour du frou, Gac et Smith faisaient tourner les têtes en agitant leurs shakers au rythme de la musique. Quand ça se mettait à chauffer sérieusement sur la piste, ils grimpaient sur le comptoir pour danser. Rien d'extraordinaire, mais Gac avait ce petit déhanché boogie suffisamment reconnaissable pour que certains se posent des questions en voyant un autre type avec un bandana se l'approprier dans un clip sur MTV à la mi-1984.

De retour dans les studios de Power Station à Manhattan dans les derniers mois de 1983, Bruce, le groupe, Landau, Plotkin et Scott continuèrent à travailler avec acharnement autour de ce que pouvait ou devait être le prochain album. Près de deux ans après le début spectaculaire des sessions en janvier 1982 (une douzaine de morceaux bouclés en trois semaines), ils en avaient enregistré soixante de plus. Tous avaient leur charme, la plupart méritaient de sortir et quelques-uns donnaient déjà l'impression de classiques attendant leur heure de gloire. Une fois de plus, l'éventail de styles et d'humeurs aurait pu s'étendre à plusieurs albums pour plusieurs groupes différents. « Lion's Den » et « Pink Cadillac » faisaient très rhythm and blues, tandis que «Stand on It» et «Delivery Man» tiraient plutôt du côté rockabilly. «Murder Incorporated» et «My Love Will Not Let You Down» étaient des rocks purs et durs. Quant à «This Hard Land», «County Fair» et «None but the Brave», ils mélangeaient un peu de tout ça avec des traces de country, de folk, et la touche personnelle de Bruce. Mais, malgré toutes ces chansons – et bien d'autres –, l'album refusait de prendre forme. À la fin de l'été, le coproducteur Plotkin n'avait aucune idée de la direction que prenait le disque. La liste provisoire des morceaux retenus par Bruce, sur laquelle «Working on the Highway», «I'm on Fire» et «My Hometown», entre autres titres datant des sessions de janvier 1982, avaient disparu au profit d'enregistrements plus récents comme «My Love Will Not Let You Down» et «None but the Brave», apparaissait à Plotkin comme un fatras conceptuel. «Je lui ai dit: "Le disque que j'ai en tête commence par 'Born in the U.S.A.' et se termine par 'My Hometown'." Je voulais réintégrer "Working on the Highway", "I'm on Fire" et quelques autres.»

Puisant davantage dans les premières sessions de 1982, l'album qui commençait à émerger s'éloignait de la morosité contre-utopique de *Nebraska* pour se concentrer sur le monde vivant de l'amour, du travail et de la quête boitillante du bonheur. Le rythme martial et le refrain rugissant de «Born in the U.S.A.» peuvent passer pour un hymne tandis que la virée entre potes de «Darlington County» égrène une série de petites aventures avant que le narrateur ne quitte la ville avec l'image de son copain menotté dans le rétroviseur. Le personnage principal de «Working on the Highway» paie le prix de son histoire d'amour avec une (un peu trop) jeune fille en traînant son boulet de forçat sur une route en construction du comté de Charlotte, et même l'exultant «Glory Days» tire sa lumière d'une certaine nostalgie plutôt que d'une foi dans l'avenir.

Dans les premières semaines de 1984, il semblait bien que l'album désormais intitulé *Born in the U.S.A.* était terminé...

jusqu'à ce que Landau déclare qu'il leur manquait toujours la chanson cruciale qui leur servirait de premier single et donnerait ainsi sa couleur à tout le projet. Un morceau, expliqua-t-il, qui serait comme un manifeste de la personne que Bruce était devenue ; un autoportrait que ses fans comprendraient et dans lequel ils pourraient se reconnaître suffisamment pour ressentir un lien direct, humain, avec lui. Bruce apprécia très moyenne-ment la requête de son manager, à qui il rétorqua qu'il avait déjà pondu six douzaines de chansons et que Landau n'avait qu'à s'y coller s'il pensait pouvoir faire mieux. Une fois sa colère retombée, Bruce déclara qu'il voulait bien essayer et retourna se reposer à l'hôtel. De retour au studio le lendemain soir, il ouvrit son cahier sur une page fraîchement griffonnée, attrapa sa guitare et joua d'une seule traite « Dancing in the Dark », une histoire de frustration et de solitude mélodique et tendue. Plantée dans le décor qu'il connaissait si bien d'horaires décalés, de studios d'enregistrement, de chambres d'hôtel et de rues sombres, la chanson commençait sur les chapeaux de roues et ne mollissait plus ensuite. Quand le couplet basculait sur le refrain, la voix de Bruce grimpait avec les accords. « On ne peut pas allumer un feu sans une étincelle, chantait-il. Ce flingue est à louer, même si c'est juste pour danser dans le noir. » (« *You can't start a fire without a spark / This gun's for hire / Even if we're just dancing in the dark.* »)

Profondément ancrée dans le terreau musical et textuel de Bruce, « Dancing in the Dark » sortait pourtant des enceintes enrobée d'un net parfum de Top 40. Avec le synthétiseur de Bittan au premier plan du mix et Weinberg qui maintenait un rythme régulier de cent quarante-huit beats par minute sous la voix claire et urgente de Bruce, « Dancing » était le pas le plus délibéré qu'il ait jamais fait en direction du grand public. À une époque, il n'aurait même pas envisagé de faire une chose pareille. Mais c'était plus facile maintenant qu'il était un peu plus âgé, plus expérimenté, qu'il avait davantage confiance dans ses capacités et sa stature. Et aussi dans le message cinglant contenu dans la chanson-titre de l'album ainsi que la conscience de classe qui traversait la plupart des autres morceaux. En plein milieu de l'ère Reagan et du « matin en Amérique[2] » qu'il décrivait – malgré le marasme économique juste sous les fenêtres des ghettos pour privilégiés –, Bruce ressentait le besoin d'incarner une forme de dissidence à travers sa musique et son image.

« J'avais une idée et c'était une idée sur laquelle je travaillais depuis plusieurs disques, dit-il. C'était déjà présent dans *Nebraska*, dans *The River*, dans *Darkness on the Edge of Town* et même, en fait, dans *Born to Run*. J'étais le produit étrange d'un croisement entre Elvis et Woody Guthrie, et je poursuivais le rêve de la Cadillac rose à ma façon, mais j'étais fasciné par les gens qui étaient devenus la voix de leur époque. Elvis, Woody Guthrie, Curtis Mayfield, Bob Dylan bien sûr. Je ne sais pas si j'avais l'impression d'en être capable ou si je voulais juste prendre cette direction, mais en tout cas, c'était quelque chose qui m'intéressait. Sans doute parce que c'était très lié à des questions d'identité. » Le travail introspectif de Bruce se mêlait à ses ambitions sociales, politiques et commerciales. « On ne peut pas comprendre qui on est si on ne comprend pas d'où on vient, quelles sont les forces qui ont agi sur notre vie enfant, adolescent et jeune adulte. Quel rôle doit-on jouer ? Comment fait-on pour se valoriser ? »

Bruce avait compris comment se valoriser la première fois qu'il avait posé le pied sur une scène avec une guitare dans les mains. Il avait gravi les échelons depuis l'invisibilité sociale de son enfance à Freehold jusqu'à la popularité locale puis régionale et enfin la célébrité d'une star du rock. *Born to Run* et *The River*

───────────

2. *Morning in America* était le nom d'un des spots télévisés de la campagne pour la réélection du président Ronald Reagan en 1984. On y voyait des images d'hommes et de femmes se rendant au travail pendant qu'une voix-off proclamait que « le matin [était] de retour en Amérique » et énumérait les accomplissements du premier mandat de Reagan. *(N.d.T.)*

avaient fait de lui une figure culturelle et, avec un nouvel album dont il savait déjà qu'il le porterait encore plus haut dans la conscience publique, il percevait la possibilité de produire un impact bien au-delà des hit-parades, des pages de *Rolling Stone* et des salles de concert. Il pouvait représenter un autre visage de l'Amérique : celui de ceux qui partaient à la guerre, qui sacrifiaient leur santé physique et mentale et qu'on ignorait quand ils rentraient chez eux ; des travailleurs qui se dévouaient à des boulots aussi essentiels que méprisés.

C'était en tout cas la partie la plus noble de son raisonnement, qui l'aidait certainement à apaiser ses craintes quant aux effets que risquaient d'avoir sur son intégrité artistique un tel succès retentissant et sur sa qualité de vie un tel degré de starisation. Mais ces questions ne le firent nullement hésiter. Ils avaient déjà engagé le meilleur mixeur pop/rock/dance de l'époque, Bob Clearmountain, pour qu'il opère sa magie sur les nouvelles chansons et les rende radio-compatibles. Et, vu la réputation de Clearmountain et son pedigree (le tube des Rolling Stones « Miss You » et leur album *Tattoo You*, dont l'énorme hit « Start Me Up » ; l'album *Sports* de Huey Lewis and the News, plusieurs fois disque de platine ; l'album *Avalon* de Roxy Music ; et bien d'autres), il était trop tard pour se défiler. Ce qui, en soi, constituait un changement radical.

« Sur *The River*, Bob avait mixé tous les morceaux et finalement ce n'est pas ceux qu'on a utilisés sur l'album, raconte Bruce. Il n'était pas aussi dysfonctionnel que nous, donc il travaillait vite. Nous, on voulait passer des plombes à cogiter. En tout cas, moi, et les autres acceptaient de suivre. On avait bidouillé tout ça avec de la colle et du scotch et, euh, pas mal de talent. Mais passer à Bob, c'était la reconnaissance de l'endroit où j'en étais arrivé musicalement ; la reconnaissance que, oui, j'avais des ambitions. Il fallait que j'arrive à dire : "Je vais utiliser ce truc et pas celui-là, parce que je crois que celui-ci peut toucher le public alors que celui-là non, ou pas sûr." Donc je devais reconnaître mes ambitions, reconnaître qu'on était passés à un stade où désormais on allait travailler avec des professionnels. »

Cela dit, le mixeur de tubes fut sidéré d'entendre le master de «Dancing in the Dark ». «C'est un morceau assez différent du reste de l'album, explique Clearmountain. Avec un groove vraiment commercial. Il m'a fallu à peine quelques heures pour le mixer. Un boulot hypersimple et encore à ce jour un des disques les plus faciles que j'aie jamais faits. Mais quand je l'ai écouté, je me suis dit: "Ouah, ça sent vraiment le tube, *d'où* ça sort?" » Comme le dit Landau, ça sortait directement des ambitions que Bruce et lui avaient toujours partagées, qui les avaient réunis au milieu de *Born to Run*, guidés pour *Darkness on the Edge of Town* – lequel avait fini par bien se vendre après ses débuts laborieux – et qui avaient convaincu Bruce d'embaucher le non moins ambitieux Landau comme son manager à l'été 1978. «S'il n'avait pas eu envie d'avoir un succès et un impact énormes, dit Landau, il ne m'aurait pas choisi moi. Parce que moi, c'est ce qui m'intéressait. Comment Bruce se voyait, son rôle, sa carrière, toutes ces choses-là, pas seulement le succès. Mais il voulait clairement – *on* voulait clairement – casser la baraque. Et c'est tout ce qu'on a fait ensemble qui a fini par culminer avec *Born in the U.S.A.* »

Pour s'assurer qu'ils ne faisaient pas fausse route avec leur nouveau single tout juste achevé, Bruce prit un exemplaire acétate de la chanson et l'apporta au Club Xanadu d'Asbury Park. Installé à sa place habituelle au bar, il commanda une bière et un shot en attendant que la salle se remplisse. Quand la piste fut noire de monde, il tendit le disque au DJ et lui expliqua de quoi il retournait. Bruce ne voulait pas d'hystérie. «Ne dis à personne ce que c'est, insista-t-il. Mets-le simplement et on verra ce qui se passe. » Le DJ s'exécuta et, quand il baissa le volume du morceau précédent pour lancer «Dancing in the Dark », les danseurs exultèrent et tout le club sembla décoller au-dessus de Kingsley Street. «C'est devenu délirant, raconte Paul Smith. Tout à coup on s'est retrouvés à danser sur le bar. »

Les grands chefs de Columbia et CBS, Al Teller et Walter Yetnikoff, se mirent à exulter eux aussi lorsque Landau les invita en studio pour écouter le nouvel album en avant-première. L'ambiance était au beau fixe, surtout dans la foulée de *Nebraska,* que le label avait aidé à atteindre le statut de disque d'or avant Noël, puis de platine quelques mois plus tard. Ce qui n'était déjà pas mal en soi, et quasi miraculeux pour une série de maquettes acoustiques lugubres. Landau avait prévenu que le nouvel album avait beaucoup plus en commun avec *The River* qu'avec *Nebraska,* si bien qu'ils arrivèrent en s'attendant à quelque chose qui aurait l'odeur du succès. Ils ne furent pas déçus.

« Ils commencent à nous le mettre, se souvient Teller, et j'écoute avec deux cerveaux à la fois : mon cerveau de fan et mon cerveau professionnel. Mon cerveau de fan adore. Mais mon cerveau professionnel pète carrément les plombs. J'entends tube après tube. Il y en a au moins cinq ou six dans le tas et dans ma tête je suis déjà en train de réfléchir à l'ordre des singles. » Écoutez l'album et vous verrez vous-même. Depuis les premières notes tonitruantes de synthétiseur et de batterie sur la chanson titre jusqu'à la guitare virulente, les claviers entrelacés et le rythme ultradansant de « Cover Me[3] » en passant par les cloches à vache, les coups de caisse claire et le mélange orgue et piano de carnaval sur « Darlington County », au son nettement nouveau et pourtant encore enraciné dans le sol de l'Amérique profonde que Bruce avait toujours connue. La basse de Tallent est à la fois économe et mélodieuse. « Working on the Highway » évoque en même temps le rockabilly et le ska d'un groupe comme The Beat, tandis que « I'm on Fire » fait penser à un morceau de Johnny Cash gonflé au néon. Avant de leur passer la dernière chanson, Landau arrêta la bande et leur raconta

---

3. Écrite à l'origine pour la chanteuse de R&B Donna Summer, spécialisée dans les tubes disco qui ressemblaient beaucoup à du rock'n'roll.

l'histoire : qu'ils s'étaient rendu compte seulement quelques semaines plus tôt qu'il leur manquait encore le single parfait pour lancer l'album, que Bruce avait bien voulu faire un ultime effort. « Et là, je crois qu'on le tient », dit-il avant de faire signe à l'ingénieur de redémarrer la bande. C'est alors qu'ils entendirent « Dancing in the Dark ».

« Je me suis tapé la tête contre le plafond », dit Teller. Yetnikoff aussi : « Je ne sais plus si j'ai mouillé mon pantalon, mais c'est bien possible. Ça m'est arrivé d'autres fois. J'étais aussi fan qu'une ado du New Jersey. Parfois il arrive que les dirigeants de maisons de disques *aiment* vraiment ce qu'ils font. Et j'étais très excité par ce que Bruce était devenu en tant qu'artiste et ce qu'il représentait dans le monde de la musique, dans le monde du rock. »

Teller se tourna vers Landau et lui dit de se préparer pour un tour comme Bruce et lui n'en avaient jamais fait. « Je ne fais pas souvent de prédictions, raconte-t-il, mais là j'ai dit à Jon, je lui ai *garanti*, que cet album était un carton assuré. Qu'on en vendrait des dizaines de millions aux États-Unis et qu'il aurait une durée de vie d'au moins deux ans et demi. Je lui ai dit qu'ils feraient deux cycles de tournée derrière et que *ça* ["Dancing in the Dark"], ce serait numéro un au hit-parade. »

Quand Bruce entra – il était parti se cacher, et peut-être épier les réactions des chefs, dans la pièce d'à côté –, Teller le prit dans ses bras. « Laisse tomber ! s'extasia-t-il. Ça va être ton album le plus phénoménal. Et de loin. » À part un léger accroc (« Dancing in the Dark » ne réussit jamais à détrôner le « When Doves Cry » de Prince à la première place du Top 40), chacune des prédictions de Teller se réalisa.

Quand Landau avait demandé à Bruce d'écrire une chanson plus personnelle, le musicien avait composé « Dancing in the Dark » et « Bobby Jean », un rock ardent où il disait adieu à un ami de longue date. Difficile de savoir s'il s'adresse à une ex ou à un vieux copain. Le nom du personnage est sexuellement ambigu et les paroles n'aident pas à trancher dans un sens ou dans l'autre. Ce qui est parfaitement clair, en revanche, c'est le lien à la vie à la mort entre deux amis qui se connaissent depuis l'adolescence. « Maintenant y aura jamais plus personne nulle part / Qui me comprendra aussi bien que toi », chante Bruce (« *Now there ain't nobody nowhere nohow / Gonna ever understand me the way you did* »). Et l'amour dans sa voix est aussi vif que la douleur dans le refrain : « J'aurais voulu que tu me préviennes / J'aurais voulu pouvoir te parler / Simplement pour te dire au revoir, Bobby Jean » (« *Now I wished you would have told me / I wished I could have talked to you / Just to say goodbye, Bobby Jean* »).

Pas vraiment le genre de chose que Bruce avait l'habitude, ou la capacité, de dire à quelqu'un les yeux dans les yeux. Mais « Bobby Jean » s'adressait à une personne en particulier à propos d'un événement bien précis : Steve Van Zandt avait quitté le E Street Band. Et peut-être cela n'avait-il rien d'étonnant vu que le guitariste parlait de partir depuis le début des sessions d'enregistrement pour *The River* en 1979. L'insistance de Bruce pour que Van Zandt devienne membre à part entière de l'équipe de production lui avait permis de garder son copain d'enfance à bord jusque-là, mais la frustration de Steve s'était à nouveau manifestée durant les sessions de *Born in the U.S.A.* en 1982. Van Zandt forma son propre groupe, les Disciples of Soul, pour se changer les idées pendant l'interruption, et produisit rapidement un premier album avec une musique cinglante, ouvertement politique, intitulé *Men Without Women* (1982), qu'il fit suivre d'une longue tournée en Europe. Un deuxième album parut en 1984, *Voice of America*, qui donna lieu à une nouvelle tournée. Mais, malgré les efforts que faisait Bruce pour soutenir le travail solo de son ami – jouant des parties sur le premier album, même s'il n'est pas crédité –, la distance qui se créait entre eux devenait de plus en plus flagrante, bien que Bruce refusât de l'admettre.

Ce qu'il n'admettait pas non plus et qui contrariait nettement plus Van Zandt, c'était le déclin de son influence au sein de l'équipe de production et auprès de Bruce lui-même. Pendant longtemps, l'équilibre entre Landau et Van Zandt avait été tendu, mais de façon productive. « Jon à sa droite et moi à sa gauche, raconte le guitariste. Jon représentant la carrière, le business, le côté narratif. Moi représentant le rock'n'roll, la rue, les racines. Un équilibre sain et qui s'était révélé plutôt fructueux[4]. » Van Zandt avait eu un rôle déterminant sur les sessions incroyablement fécondes de janvier 1982 au cours desquelles avait été produite la majorité des chansons qui se retrouvèrent finalement sur l'album *USA* en 1984. Entre ça et l'énorme succès de « Hungry Heart » que Van Zandt avait contribué à sauver de l'indifférence de Bruce, il avait l'impression de ne réclamer que ce qui lui était dû.

« À un certain stade, j'avais besoin que mon rôle prenne plus d'importance, explique-t-il. Je connaissais exactement le son qu'avait Bruce, le son qu'avait le groupe, je savais exactement ce qu'il entendait dans sa tête et à quoi il voulait que ressemble le prochain album. En tout cas, c'est ce que je croyais. » Mais le balancier penchait au contraire de l'autre côté. « Tout à coup je me suis rendu compte qu'il ne m'entendait plus. La communication ne passait plus. C'était nouveau pour moi et ça me mettait mal à l'aise. » Quand on lui répète ça en 2011, Bruce paraît d'abord intrigué, puis hausse les épaules. « Ça, c'est Steve, dit-il. Parfois il ne se sent pas tout à fait apprécié à sa juste valeur. »

Dans le souvenir de Van Zandt, leurs rapports devinrent d'abord tendus, puis glaciaux, puis quasiment hostiles. « Je sentais que notre relation était en danger. Et j'ai pensé que la seule façon de préserver notre amitié, c'était de partir. Je savais

---

4. Même si Landau possédait également un profond sens musical et que Van Zandt pouvait se révéler un futé manager. À la limite, c'est plutôt que leurs talents étaient trop redondants.

que, si je restais, nos désaccords pour l'instant courtois risquaient de le devenir nettement moins. » Van Zandt fit de brèves apparitions au cours des sessions avec le reste du groupe au printemps 1983, puis ne se montra plus du tout pendant le travail en studio entre l'automne 1983 et février 1984. Pourtant ni lui ni Bruce n'évoquaient publiquement leur rupture, tous les deux parlant des Disciples of Soul comme d'un projet parallèle. Et, dans la tête de Bruce, Van Zandt serait évidemment de la partie pour la tournée mondiale qu'il avait prévu de commencer avec le E Street Band à l'été 1984.

En février, cependant, il tomba des nues en voyant un reportage sur MTV annonçant que Van Zandt s'était séparé du E Street Band. « Un ramassis de conneries ! » marmonna-t-il à son invité du week-end, le guitariste Nils Lofgren.

« J'étais choqué, raconte Lofgren. Je sais que Bruce est très pudique et Dieu sait qu'il a appris à gérer les contrariétés, avec les rumeurs et tout ça. » Bruce avait rencontré Lofgren pour la première fois en 1970 lors de l'audition à l'Avalon Ballroom dans laquelle Steel Mill avait placé tant d'espoirs durant son bref séjour à San Francisco. Lofgren avait percé plus tôt que Bruce, d'abord en tant que musicien de Neil Young puis comme leader d'un trio appelé Grin, qui s'était fait un petit public d'adorateurs au début des années 1970. Ils avaient continué à se croiser de temps en temps sur le circuit des clubs après que Lofgren avait décidé de faire carrière en solo à partir de 1973 et, quand il s'était fait lâcher par sa maison de disques en 1984, Bruce avait tenu à lui exprimer son soutien.

« J'avais le moral à zéro, raconte-t-il. Et là il m'a dit : "Pourquoi tu ne viens pas passer un week-end ici ?" » Ils traînèrent ensemble quelques jours, égayant leurs soirées en faisant la tournée des clubs du coin et en montant sur scène pour taper le bœuf avec les groupes qui jouaient. « C'était son truc, dit Lofgren. Les gars nous dégotaient deux guitares, Bruce

prenait les commandes et tout le monde suivait. » Cette paren-
thèse fit beaucoup de bien à Lofgren. « Ça aide toujours de faire
la tournée des bars et d'improviser avec Springsteen à côté de
soi. Mais surtout on a écouté *Born in the U.S.A.* et j'ai trouvé
que c'était un disque vraiment, vraiment génial. » Alors, quand
ils tombèrent sur le reportage de MTV, Lofgren ne résista pas à
la tentation de proposer ses services. « Je lui ai dit : "Écoute, si
jamais tu cherches un guitariste, je veux bien passer l'audition."
Il a relevé les yeux et il a fait : "C'est vrai ?" » Puis ils se remirent
à regarder des clips.

Lorsque Bruce tenta une dernière fois de convaincre Van
Zandt de rester à bord, il s'assura que son ami soit bien au
courant du buzz qui précédait la sortie de *Born in the U.S.A.*
« Il avait l'intuition que le disque allait faire un carton, dit Van
Zandt. Et je crois qu'il voulait légitimement que je récolte la
part qu'il pensait que je méritais, vu que j'avais coproduit
l'album et joué un grand rôle dessus. » Ils discutèrent pendant
des heures, évoquant notamment la possibilité que les Disciples
of Soul fassent la tournée en tant que première partie de Bruce,
avec Van Zandt qui jouerait dans les deux groupes. Mais, dans
la mesure où Bruce ne prenait jamais de première partie – et
sur cette tournée en particulier, il ne pouvait pas concevoir
de limiter son temps de scène –, l'idée ne tenait pas. Et puis
Van Zandt n'était pas fan des nouvelles ambitions commerciales démesurées de Bruce. Quand on peut vendre un ou
deux millions d'albums et remplir des salles omnisports tout en
gardant une vie privée relativement normale, travailler à devenir
une super star mondiale lui paraissait absurde. Néanmoins, Van
Zandt dit que cette discussion et sa décision finale d'officialiser
son départ du E Street Band marquèrent un tournant déterminant dans leur amitié. « Ce n'était pas une dispute, mais un
moment profondément émouvant. Une sorte de réconciliation
affective. L'acceptation que nos chemins se séparaient. La séparation de deux frères qui suivent chacun leur voie, pour des

raisons personnelles. C'était à la fois émouvant et décevant. Mais pas du tout offensif[5]. »

Début mai, Bruce appela Lofgren chez lui dans le Maryland. «Hé, si ça te dit, tu peux revenir faire quelques jams avec le groupe.» Lofgren répondit de façon tout aussi détachée («J'ai fait : "Ouais, d'accord !" »), mais dans sa tête, les voyants se mirent à clignoter et les sonnettes à tinter. «Je me disais : "Qu'est-ce que ça veut dire? Des *jams*? Pour quoi faire?" » Mais, en fait, il savait très bien ce que ça voulait dire. Toujours l'élève modèle, Lofgren fonça aussitôt chez un ami qui collectionnait les enregistrements pirates, lui emprunta quelques concerts de Bruce et transcrivit à l'oreille les grilles d'accords de tous les morceaux. Son copain possédait également une cassette pirate de l'album *Born in the U.S.A.* qui n'était pas encore officiellement sorti et il nota aussi les accords de ces chansons-là. Il prit un vol pour un petit aéroport du sud du New Jersey et trouva Bruce qui l'attendait sur le parking. Comme il s'en était douté, Bruce l'avait fait venir pour auditionner à la place de Van Zandt. Mais il fut quand même stupéfait de découvrir, en arrivant chez Bruce à Rumson, dans le New Jersey[6], le reste du E Street Band assis autour de la table de la salle à manger. Bruce se glissa sur une des deux chaises libres et lui désigna l'autre, toute seule au bout de la table. «J'ai pensé : "Et merde !" mais bon, c'était moi ou personne.»

Le groupe répétait à Red Bank, dans le bâtiment vide qui avait jadis hébergé le night-club jamais très rentable de Clemons, Big Man's West. Lofgren se joignit à eux pendant deux jours et remballa sa guitare à la fin de la deuxième journée avec un

---

5. À l'été 2011, Van Zandt affirme que Bruce ne lui a jamais rien dit sur la source d'inspiration de «Bobby Jean». «Les gens disent que ça parle de moi. Je n'en sais rien. Si c'est le cas, c'est sympa. Mais on n'en a jamais parlé, jusqu'à ce jour.»

6. Première maison que Bruce avait réussi à acheter dans son État d'origine, grâce aux profits de la tournée *The River*.

sentiment de satisfaction : quel que soit le résultat des courses, il avait donné le meilleur de lui-même. Bruce avait disparu dans une pièce attenante quelques instants après qu'ils avaient fini de jouer et, quand il revint, Lofgren s'avança pour le remercier et lui dire au revoir. Bruce sourit.

« Il m'a dit : "Écoute, j'ai parlé avec tout le monde. Pour nous, c'est bon. Alors est-ce que tu veux intégrer le E Street Band ?" J'ai fait : "Quoi ? Tu veux dire, tout de suite ? En tant que membre du groupe à part entière, pas juste comme remplaçant ?" Et il m'a dit : "Ouais. Faire partie du groupe." Alors j'ai répondu : "*Carrément ! J'en suis !*" » Lofgren reprit l'avion pour le Maryland ce soir-là, mit dans ses valises tout ce dont il pensait avoir besoin pour une tournée, les chargea dans le coffre de sa voiture et roula jusqu'au New Jersey.

Il avait cinq semaines avant la première date, prévue à Saint Paul, dans le Minnesota, à la fin du mois de juin. S'il apprit les parties de guitare sans trop de peine, en revanche, il avait plus de mal à trouver parallèlement le cran et la puissance nécessaires pour reprendre les chœurs aigus de Van Zandt. Mais Bruce avait déjà une solution en tête. Il téléphona à Patti Scialfa, qui avait bel et bien grandi, comme le lui avaient conseillé Bruce et Van Zandt quand elle avait postulé pour Dr. Zoom and the Sonic Boom treize ans plus tôt. Bruce avait songé à ajouter une voix féminine dans le groupe même avant le départ de Van Zandt (Scialfa avait d'ailleurs auditionné quelques mois plus tôt), alors, quand il la rappela pour lui proposer une place de choriste, elle sauta de joie et devint la première femme membre officielle du E Street Band. Svelte rousse aux pétillants yeux verts, elle avait une présence scénique espiègle et sensuelle, et tournait dans le circuit d'Asbury Park depuis si longtemps que son intégration ne perturba pas tellement leur petite bande de garçons. Elle arrivait aussi avec de sérieuses références universitaires, y compris un diplôme de musique de la New York University et une formation au conservatoire de jazz de la Frost School of Music à la fac de

Miami. Scialfa avait passé des années à chanter dans la rue et dans les clubs avec son groupe cent pour cent féminin baptisé Trickster (avec Soozie Tyrell et Lisa Lowell), et elle avait également enregistré en studio comme choriste et joué en tournée avec David Johansen et Southside Johnny and the Asbury Jukes. « Patti m'a sauvé la vie, dit Lofgren. Elle s'est retrouvée embarquée encore plus tard que moi, mais Patti peut tout chanter. »

Il y eut d'abord le clip vidéo. En 1984, MTV avait trois ans d'existence, mais s'était déjà imposée comme la plaque tournante de la culture musicale pop du pays (et, peu à peu, du monde), si bien que toute velléité de succès grand public passait forcément par un clip présentant le single de l'artiste ainsi que l'image qu'il voulait donner de lui et l'humeur de son nouvel album. Bruce avait résisté à l'attraction gravitationnelle de MTV dans le clip austère d'« Atlantic City » en 1982, mais ses grandes ambitions pour *Born in the U.S.A.* exigeaient une campagne beaucoup plus accrocheuse. Cela dit, Bruce, qui était tombé amoureux de la musique à l'ancienne, *via* la radio, restait très méfiant. « J'étais plutôt d'accord avec lui, renchérit Teller. Je savais que les clips vidéo entravaient la capacité des gens à appréhender la musique par eux-mêmes. » Mais le président de Columbia savait aussi comment fonctionnait l'industrie musicale en 1984 et Landau lui promit qu'il essaierait de faire quelque chose.

Quand le manager revint lui présenter le résultat après une journée de travail dans les studios Kaufman Astoria dans le Queens, à New York, avec le réalisateur Jeff Stein (surtout connu à l'époque pour *The Kids Are Alright*, son spectaculaire documentaire de 1979 sur les Who), Teller fut totalement déconcerté. Plutôt que de montrer le groupe ou n'importe quelle autre situation live, le clip ne mettait en scène que Bruce, dans un espace entièrement noir, vêtu d'un pantalon noir et d'un débardeur blanc avec de fines bretelles noires et un gros bandana assorti noué autour du front, qui s'agitait comme un mime qui aurait des fourmis dans son pantalon. Seul au milieu d'un vaste plateau, Bruce chantait les paroles en play-back tout en livrant son meilleur boogie, avec de temps en temps une pirouette à trois cent soixante degrés pour faire bonne mesure. Et c'était tout, jusqu'à ce qu'un Clarence Clemons en costume rouge surgisse pour simuler son solo de saxophone à la fin du morceau. «Pas de décor, pas de groupe, rien, résume Teller. Ça ne faisait que montrer à quel point il était mal à l'aise avec les clips.» À la fin du visionnage, Teller releva les yeux vers Landau et secoua la tête. «Jon et moi, on s'est simplement regardés et j'ai dit: "Pas question!"[7]» Landau acquiesça – presque comme s'il s'attendait à cette réaction – et dit qu'il essaierait de faire mieux.

Et puis un miracle se produisit. Bruce accepta non seulement de tourner un clip lors d'un vrai concert, mais aussi de suivre les consignes très hollywoodiennes du réalisateur Brian de Palma, qui avait dirigé le sanguinolent film d'horreur *Carrie* et le non moins sanguinolent thriller *Scarface*. Filmé sur scène le premier soir de la tournée *Born in the U.S.A.* à Saint Paul, le clip de De Palma commençait par un plan qui remontait sur les bottes de Bruce, puis dévoilait son jean tout neuf et sa chemisette blanche à manches courtes. Dansant sur les premières mesures de la chanson, il apparaissait comme une caricature kitsch et clinquante de lui-même, luisant comme si on l'avait pré-humidifié, avec un sourire idiot accroché aux lèvres. Sur fond de fumée artificielle, Bruce et ses musiciens tout aussi

---

7. D'après le site internet «Golden Age of Music Video» de l'historien de la pop musique Stephen Pitalo, une grande part du problème avec le clip de Stein venait d'un désaccord entre Bruce et le directeur de la photographie Daniel Pearl : fallait-il une lumière tamisée ou au contraire les violents projecteurs blancs dont Pearl pensait qu'ils mettraient en valeur la nouvelle musculature du chanteur ? Pearl convainquit Bruce d'essayer cet éclairage cru pour une ou deux prises, mais Bruce ne se sentait pas à l'aise, alors, après seulement quelques tentatives, il s'éclipsa dans les loges pour faire une pause puis continua jusqu'au parking, jusqu'à sa voiture et finalement jusqu'à chez lui. «Il n'a rien dit à personne, raconte Pearl. Il est parti, c'est tout.» Ils furent donc obligés de faire avec ce qu'ils avaient.

luisants mimaient leurs rôles en play-back tandis que les contre-champs sur le vrai public finissaient par se focaliser sur une jeune femme étonnamment jolie (qui s'avère être la future star de *Friends*, Courteney Cox) qui se trémoussait au premier rang. Alors que le morceau se concluait sur un passage instrumental, Bruce, sans se départir de son sourire, tendait la main à la fille, qui comme par hasard portait le tee-shirt officiel de la tournée et dont le visage luisant se figeait alors brièvement en un « Oh, mon Dieu, c'est pas possible je rêve » avant qu'elle se retrouve sur scène à danser avec Bruce Springsteen en personne dans la lumière hollywoodienne des projecteurs.

Et, en 1984, c'est ce qu'on pouvait appeler le top du top du clip MTV. « Moi aussi, ça m'a fait tiquer, avoue Teller. Ça faisait tellement artificiel. J'ai dit à Jon : "C'est super nunuche !" Du coup, je n'ai jamais pu regarder *Friends*. » Quoi qu'il en soit, le clip fit un carton immédiat. Entre juillet 1984 et février 1985, *Born in the U.S.A.* et l'album *Purple Rain* de Prince se disputèrent à tour de rôle la première place du classement. Et la carrière du disque, tout comme le grand bond de Bruce au firmament de la culture mainstream, ne faisaient que commencer.

Pendant la première partie de la tournée américaine cet été-là, tout paraissait rouler comme d'habitude. Certes, ça roulait davantage sur l'or. Les places pour les concerts partaient en un clin d'œil, les obligeant souvent à programmer plusieurs dates dans une même salle qu'ils avaient eu du mal à remplir par le passé. Le public excédait largement désormais le noyau dur des zélateurs de Springsteen, grâce au succès commercial de « Dancing in the Dark » à la fois sur les radios et en vidéo. Bruce et Landau avaient aussi engagé le meilleur remixeur dance du moment, Arthur Baker, pour créer un remix rallongé et largement remanié[8] à destination des boîtes de nuit du monde entier.

---

8. Insistant lourdement sur la boîte à rythme et les effets d'écho sur la voix, avec également de nouveaux chœurs et autres éléments rajoutés.

Au même moment, Bruce accepta les demandes d'interviews d'importants médias «people», dont, entre autres, l'émission de télé *Entertainment Tonight* et le magazine *People*[9]. Enfin, ils collaborèrent avec MTV pour concevoir le concours «Deviens roadie pour Bruce», dont le gagnant remporterait un job temporaire dans l'équipe technique de la tournée (et donc le droit d'appeler pour de vrai le Boss «boss»).

Bruce pénétra le marché de la culture de masse avec une force étonnante. Dans une décennie de musique populaire de plus en plus dominée par les femmes (Stevie Nicks, Debbie Harry, Madonna, Cyndi Lauper et d'autres) et par des hommes repoussant les contours de l'identité sexuelle masculine (Michael Jackson, Prince, Boy George), les jeans et les débardeurs de Bruce, ainsi que le cadre rock traditionnel de ses chansons, ramenaient la musique en territoire familier. Quand les journalistes de la presse à potins vinrent voir d'un peu plus près ce que cette idole en herbe avait dans le ventre, ils furent aussi impressionnés par son humilité à la ville qu'ils l'avaient été par ses exploits à la scène. «En coulisses, les signes extérieurs de la superstarisation brillaient par leur absence, écrivait Chet Flippo dans un article du magazine *People* intitulé "Le troubadour en col bleu". Pas de limousines extralongues pour ces rock stars mais des vans passe-partout; pas de drogues, et rien de plus fort que de la bière comme boisson.» En tout cas, certainement pas là où Flippo aurait pu les voir. Bruce tenait dur comme fer à garder les semelles de ses bottes sur terre. Comme il le confia à Kurt Loder, journaliste à *Rolling Stone* (et également présentateur vedette d'une émission d'actualités musicales sur MTV), le traitement de star ne faisait que séparer l'artiste des gens qu'il avait le plus besoin de comprendre et inversement. «La vie d'un groupe de rock dure tant que vous pouvez regarder votre public et vous

9. Qui, pour ne rien vous cacher, fut aussi l'employeur de l'auteur de 1996 à 2000.

y voir, et qu'ils peuvent vous regarder et s'y voir, disait-il. Si le prix de la célébrité est que vous devez vous isoler des gens pour qui vous écrivez, alors, c'est carrément trop cher payé. »

Pourtant le physique body-buildé de Bruce ainsi que sa capacité à élever ses concerts en quelque chose qui ressemblait à la Première Église du Rock (pour citer l'article de Flippo) lui conféraient l'aura d'un super héros : un personnage plus vrai que nature protégeant le monde au nom de la vérité, de la beauté et des bienfaits purificateurs du rock'n'roll. Ajoutez-y l'imagerie en bleu, rouge et blanc de *Born in the U.S.A.* et ses chansons sur le travail et la famille, et vous avez le profil d'un vrai héros américain. Ou, comme Flippo l'expliquait aux quarante millions de lecteurs hebdomadaires du magazine *People* : « C'est un héros folk en bottes de motard, jean moulant, foulard autour du front et chemisette aux manches roulées sur les épaules pour étaler ses biceps fraîchement gonflés. »

En cette année d'élection présidentielle définie par le fameux clip vaporeux *Morning in America* de la campagne Reagan, le sous-texte patriotique de l'image populaire de Bruce faisait de lui une cible irrésistible des manœuvres et des manipulations politiques. La première vaguelette arriva dans l'article de *People* quand Flippo décrivit le morceau « Born in the U.S.A. » comme un hymne fier chanté dans la voix d'un vétéran du Vietnam ravagé par la guerre à qui « la vie n'a pas fait de cadeaux mais qui reste un "un vieux qui se la joue cool aux USA" ["*a cool rocking Daddy in the USA*"] ». Difficile de comprendre qu'un chroniqueur musical aussi raffiné que Flippo[10] ait pu entendre la rage qui infusait cette chanson et ne pas voir que le rugissement final du narrateur malmené n'était rien d'autre qu'une amère ironie. Mais le pire était encore à venir.

---

10. Surtout connu pour son travail de critique et de rédacteur en chef à *Rolling Stone* durant son apogée dans les années 1970, puis sa série de livres très appréciés sur la musique country.

Ça commença par une invitation bien intentionnée de Max Weinberg. Le batteur et sa femme Becky étaient des téléspectateurs assidus de l'émission politique hebdomadaire *This Week* sur ABC, alors présentée par David Brinkley, surtout pour la partie débat dans laquelle un panel de chroniqueurs tels que le plutôt progressiste Sam Donaldson et le très conservateur George Will discutaient des sujets de la semaine. Curieux de voir ce que ces politicards endurcis penseraient d'un concert de rock, Weinberg invita tous les chroniqueurs de l'émission à venir assister à leur show lors du passage de la tournée à Largo, dans le Maryland, à une demi-heure de route de Washington DC. Will fut le seul à faire le déplacement[11], si bien que lorsque Weinberg le reçut en coulisses pour lui montrer les rouages internes du spectacle, Will eut l'occasion de rencontrer Bruce et de prendre la température ambiante. Le journaliste partit après l'entracte, mais décida néanmoins de consacrer son édito du 13 septembre à cet événement. L'article, intitulé « Bruce Springsteen, USA », fantasmait le groupe en général et Bruce en particulier en un délire politique qui en disait plus long sur les intentions électorales de l'auteur que sur le credo et le message de son sujet. Commençant par relever avec un soulagement approbateur l'absence d'androgynie dans le personnage de Bruce[12], Will comparait son look de macho à celui de Robert De Niro dans les scènes de combat de *Voyage au bout de l'enfer*[13]. Ce qui expliquait la vision qu'il avait de Bruce comme d'un « présage culturel salutaire » dont la propre ascension de la misère à la gloire prouvait bien la croyance conservatrice selon laquelle nul handicap socioéconomique ne pouvait résister

---

11. Vêtu de ses éternels blazer croisé et nœud papillon.

12. Contrairement à cet hurluberlu de Prince, par exemple, qui se pavanait les joues fardées en sortant sa langue à tout bout de champ.

13. Ce film de guerre tellement bon enfant dont les trois personnages principaux finissent (a) handicapé à vie, (b) suicidé et (c) trinquant dans un bar en chantant « God Bless America ».

à une dose acharnée de travail honnête et non syndiqué. Que son succès extraordinaire puisse être le fruit d'un talent surnaturel qui n'était donné qu'à très peu de personnes sur terre n'avait pas effleuré l'esprit de Will. En revanche, il lui paraissait évident que le fait de prononcer à répétition les mots « *born in the U.S.A.* » (« né aux États-Unis ») revenait à une déclaration de patriotisme et donc à un soutien de Ronald Reagan et de sa politique. L'idée plaisait tellement à Will qu'il la réutilisait dans la chute de son article : « Aujourd'hui encore, rien ne vaut d'être né aux États-Unis[14]. »

Weinberg, pour le dire poliment, fut contrarié. Il ne savait pas que Will avait l'intention d'écrire un papier sur le concert, encore moins de transformer Bruce en un chantre du libéralisme. Et, bien que Bruce n'abordât jamais ouvertement le sujet, le batteur sentit clairement un froid quand il arriva dans les loges pour le show suivant. « J'étais pratiquement excommunié par certaines factions de la tournée, dit-il. Banni. Comme si j'avais trahi une idéologie. Et même si on [Becky et lui] l'avait invité au concert, ce serait exagéré de prétendre que George Will était un ami. Je veux dire, je l'ai rencontré pour la première fois *ce soir-là.* »

La situation se compliqua encore un peu une semaine plus tard quand Reagan tint un meeting de campagne à Hammonton, dans le New Jersey, et chercha à se mettre le public local dans la poche en déclarant : « L'avenir de l'Amérique réside dans les milliers de rêves dans vos cœurs ; il réside dans le message d'espoir des chansons d'un homme que tant de jeunes Américains admirent : votre Bruce Springsteen bien de chez vous. Et vous aider à ce que ces rêves se réalisent, voilà quel est mon boulot. » Envoyez les ballons, envoyez les applaudissements, envoyez

---

14. Dans la mesure où la remarque de Will indiquant qu'on surnommait Bruce « le troubadour en col bleu » faisait directement référence, bien que sans le citer, à l'article tout juste paru du magazine *People*, on peut aussi penser qu'il avait emprunté à Chet Flippo son interprétation patriotique de « Born in the U.S.A. ».

le cortège présidentiel pour le retour à Air Force One, direction la prochaine étape de la campagne. « Il s'est fait prendre en photo avec les ballons bleus blancs rouges et il a cité mon nom, résume Bruce. Ça faisait partie de la liste des trucs à faire pour le JT. Et moi, je ne voulais pas être sur cette liste, vous comprenez ? »

En route vers leur concert suivant à Pittsburgh, Bruce et Landau tombèrent d'accord qu'il fallait dire quelque chose pour déjouer les tentatives de récupération de Reagan. Après les cinq premiers morceaux, Bruce s'approcha du micro, guitare acoustique à la main, et rappela que le président l'avait mentionné récemment dans un discours. « Du coup, je me suis demandé quel album de moi il devait préférer, dit-il. Je ne pense pas que ce soit *Nebraska*. Je ne pense pas qu'il l'ait vraiment bien écouté. » Puis il se lança dans une version intense de « Johnny 99 », cette histoire d'un ancien employé de l'automobile au chômage dont la vie dérape en une sanglante épopée meurtrière. En introduction à « My Hometown », dans un laïus sur les différents monuments aux morts qu'il avait visités à Washington et côtoyés durant son enfance à Freehold, Bruce n'alla pas jusqu'à citer le nom de Reagan, mais il traça une limite claire entre la politique de laissez-faire du président et ses propres idéaux progressistes. « Il y a un gouffre entre le gouvernement qui est censé représenter tout le peuple et ce qu'il a l'air de... Il y a beaucoup de choses qu'on enlève à beaucoup de gens à qui on ne devrait pas les enlever. Parfois, ce n'est pas facile de se souvenir que cet endroit [le pays] nous appartient. Que c'est chez nous [*"our hometown"*]. »

Le candidat démocrate, l'ancien vice-président Walter Mondale, profita du faux pas politique de Reagan pour déclarer que Bruce « était peut-être né pour courir [*"born to run"*] mais n'était pas né de la dernière pluie. » Mais, lorsque son équipe de campagne prétendit à tort que Bruce avait accepté de soutenir sa candidature, les responsables furent contraints de publier un

démenti officiel. Malgré sa volonté de marquer profondément
la culture américaine, Bruce n'avait toujours pas l'intention de
plonger dans l'arène de la bataille électorale. «Je ne crois pas que
les gens viennent écouter de la musique pour chercher un avis
politique, dit-il. Ils viennent pour être touchés, émus, inspirés,
et si vous avez écrit sur certains thèmes [politiques] parmi les
choses que vous faites – et que vous le faites bien –, alors vous
les touchez et vous les inspirez sur ces thèmes-là. Mais les gens
ne viennent pas sur la base d'informations précises. J'ai été attiré
par Dylan parce qu'il avait quelque chose dans sa musique qui
semblait dire la vérité. Je ne me suis pas assis pour étudier ses
paroles. C'était juste quelque chose dans sa musique.»

20

On souriait comme des cons,
tout le monde était enfin heureux

À la fin de l'année 1984, l'image de Bruce – les cheveux bouclés coupés court, la mâchoire carrée, les épaules balèzes et la Fender Telecaster en bois – était entrée au panthéon mondial des icônes américaines. Après toutes ces couvertures de magazines, tous ces reportages télé, le matraquage en boucle des clips de «Dancing in the Dark» et de «Born in the U.S.A.» sur MTV, les articles de journaux et autres, vous n'aviez pas besoin de savoir reconnaître une seule note de sa musique pour voir exactement qui il était et ce que son personnage représentait. Mais la plupart des gens *avaient* entendu sa musique, qui était tout aussi inévitable que le battage médiatique autour. Bruce était donc devenu une marque déposée et, quand la tournée *Born in the U.S.A.* débarqua en Australie fin mars 1985 pour une durée d'un mois – ses premiers concerts au pays des kangourous –, la célébrité après laquelle il avait couru toute l'année précédente se retourna contre lui.

«Le génie était sorti de la bouteille», dit Garry Tallent. Quand l'avion du groupe se posa à Sydney, des reporters semblait-il de tous les journaux, toutes les chaînes de télé et toutes les radios du pays les attendaient à l'aéroport armés de leurs carnets, de leurs caméras et de leur scepticisme. «On est arrivés et ça a fait la une des médias, poursuit Tallent. Et les légendes des photos étaient toutes des ragots, du genre "Bruce Springsteen et ses gorilles". On avait peut-être *un* garde du corps avec nous. Brusquement vous vous retrouvez dans une position où des gens ont envie de vous descendre, juste comme ça.»

Tout en aidant Bruce à tenir à distance la presse à scandale, Jon Landau et ses amis durent batailler pour satisfaire une demande de billets sans précédent. À Brisbane, il fallut déplacer le show prévu au Chandler Velodrome (huit mille places) dans le QEII Sports Centre (cinquante mille places). Ce qui serait le premier concert de Bruce dans un stade frôla la catastrophe dès le début. Il pleuvait des cordes, la sono n'était pas assez forte pour remplir l'espace et la campagne de police visant à mettre en œuvre une nouvelle règle interdisant l'alcool éternisait les files d'attente à l'entrée. Même Bruce ne semblait pas au mieux de sa forme dans ce décor gigantesque, mais à vrai dire les choses s'enchaînaient si vite qu'ils ne pouvaient rien faire d'autre que de retenir la leçon et remonter dans l'avion dare-dare car leur première tournée japonaise était sur le point de commencer, et ce pays connaissait une vague de ferveur pour le champion du rock'n'roll américain.

Partout où ils allèrent au Japon, Bruce et le groupe furent accueillis par une sorte de Beatlemania version années 1980 : des fans qui les attendaient à l'aéroport, des paparazzi surgissant d'une embrasure de porte ou suspendus aux balcons, des meutes devant leur hôtel espérant les apercevoir à travers les vitres. Le même genre de scènes se reproduirait pendant la majeure partie de la tournée européenne au printemps, puis, à la fin de l'été, le circuit des plus grands stades américains (dont six soirs à guichets fermés au Giants Stadium, juste en face de New York sur l'autre rive de l'Hudson River, et les quatre dernières dates de la tournée au Los Angeles Memorial Coliseum du 27 septembre au 2 octobre 1985).

Même si c'était une sensation incroyable de faire l'objet du même genre d'hystérie autrefois réservée à Elvis et aux Beatles, Bruce était suffisamment fin pour en percevoir les dangers. « Le succès à ce niveau est une chose délicate, parce qu'il y a beaucoup de déformation, confia-t-il à Steve Pond en 1988. Il y a les chansons que vous écrivez et les trucs que vous racontez,

et puis il y a ce qui vous arrive, et ça, c'est une autre histoire...
Votre propre réussite est en soi une plus grosse histoire que tout
ce que vous essayez de dire sur scène. »

Aux yeux de certains critiques, la réputation de Bruce en
tant qu'authentique héros rock de la classe populaire se heurtait à tout ce qu'ils savaient des lois de la célébrité. Il était déjà
connu depuis dix ans, sans doute cédait-il aux mêmes appétits
pour le champagne et la déférence qui transformaient les plus
humbles des stars en divas inaccessibles. Loin de son image
de dieu vivant globe-trotter, il travaillait avec hargne à garder
l'apparence d'un mec normal. Au moins une personne de la
tournée *Born in the U.S.A.* se rappelle être tombée sur lui alors
qu'il sortait de la buanderie de l'hôtel avec un panier rempli
de tee-shirts et de caleçons dans les bras. Ce qui peut paraître
absolument héroïque jusqu'à ce que vous appreniez à quel point
l'obsession de Bruce pour sa crédibilité populo pouvait tourner
au vinaigre quand il soupçonnait quelqu'un de son staff de trans-
gresser les restrictions afférentes au mec normal.

L'affaire en question : le soir où une grève des conducteurs de
vans obligea les techniciens chargés de transférer à l'hôtel les
bagages de l'équipe à louer des limousines pour le transport.
Sur le moment, ça leur avait semblé une idée de génie : le prix
était quasiment le même et les bagages ne furent livrés qu'avec
un tout petit retard. Une victoire pour ces roadies fiers de leur
initiative. Jusqu'au moment où un Bruce insomniaque sortit
du foyer de l'hôtel, aperçut ses gars en train de décharger les
valises du coffre de chatoyantes limousines et se demanda, à
voix haute, quel était le connard qui avait décidé d'utiliser *son*
fric pour transporter des bagages comme ça. Il partit comme
une furie et, quand Landau vint lui expliquer le pourquoi du
comment le lendemain, il demanda simplement à ce que les
gars fassent vraiment un effort pour ne pas recommencer.

Peu de temps après, un autre membre haut placé de la tournée
lui fit remarquer que c'était peut-être un peu ironique qu'il

fasse à ce point sa diva pour imposer sa loi du mec normal. Bruce ne lui donna pas tout à fait tort. Mais, comme Landau et quelques autres l'avaient déjà compris, l'obsession qu'il avait de rester fidèle à ses racines découlait de l'isolement social de son enfance. « Ce dont j'ai le sentiment, explique Landau, c'est que pour Bruce, être un type normal n'est pas être un cran en dessous de la célébrité. Dans son expérience, c'est un cran *au-dessus* vers l'intégration dans la société. Plutôt que d'en être tenu à l'écart. »

Au fil de la tournée, les discours d'introduction des chansons et les anecdotes que racontait Bruce sur scène se concentrèrent sur un thème qu'il avait rarement abordé frontalement : le sexe et l'amour. Surtout le sexe, à vrai dire. Même presque exclusivement le sexe, à bien y repenser. Pour présenter « Glory Days », il se remémorait ses ébats adolescents dans sa chambre chez ses parents, avec comme couverture sonore les boules s'entrechoquant sur sa table de billard (il suffisait d'y passer négligemment le bras de temps en temps). Divers récits d'introduction à « Pink Cadillac » rendaient encore plus explicites ses paroles déjà très suggestives, tandis que l'intro de « I'm Goin' Down » retraçait le parcours d'un couple à travers ses habitudes sexuelles : « Au début, vous faites l'amour tout le temps, trois ou quatre fois par jour. Vous revenez un peu plus tard et, euh, c'est plutôt du genre : "Est-ce que tu vas me faire l'amour ce soir ou on va encore devoir attendre la pleine lune ?" » Ces petites allusions sexuelles avaient commencé à apparaître quelques semaines après le début de la tournée en juin 1984, mais explosèrent brusquement fin octobre après une série de sept shows à la Los Angeles Sports Arena. Ce n'était pas un hasard.

« Je connaissais des gens qui connaissaient beaucoup d'acteurs, alors j'ai rencontré Julianne, raconte l'agent de Bruce, Barry Bell. Je l'ai invitée à un des concerts et je l'ai présentée à Bruce. Je me disais qu'elle serait bien pour lui parce qu'elle avait vraiment les pieds sur terre. Et la suite, vous la connaissez. »

Une suite assez sombre, vu ce que l'avenir leur réservait. Mais, étant donné l'ascension fulgurante de Bruce au rang de star internationale, son histoire d'amour naissante avec une jeune actrice montante devint inévitablement un sujet de prédilection pour les médias du monde entier.

Née à Chicago en 1960, Julianne Phillips avait grandi à Lake Oswego, une banlieue résidentielle de l'Oregon à environ dix minutes de Portland, le long de la Willamette River, dans le genre de confort arboré que n'avait pas connu Bruce dans sa jeunesse. Sixième et dernier enfant de Bill, cadre en assurances prospère, et de son épouse Ann, femme au foyer, Julianne avait traversé sa scolarité avec la grâce désinvolte d'une jeune fille parfaitement bien dans sa peau. Le teint clair et les yeux bleus, avec une silhouette agile et des traits classiques, c'était une bonne élève du Lake Oswego High School, faisant la pom-pom girl les samedis soir et se promenant avec grande allure dans le coupé décapotable MG de son père sur Macadam Avenue. Après un petit tour dans une fac privée de Long Beach, en Californie, Julianne était partie s'installer à New York au début des années 1980 où elle avait intégré l'agence de mannequins Elite. De retour à Los Angeles en 1983, elle avait démarré une carrière d'actrice sur les chapeaux de roues avec d'abord un rôle dans un clip du groupe de rock sudiste .38 Special, puis dans divers téléfilms.

Toutes choses que Bruce trouva absolument fascinantes, d'autant qu'il sentait aussi chez elle une vraie chaleur et une absence de vanité hollywoodienne. Le fait qu'elle ait par ailleurs une solide culture des classiques du rock était un bonus supplémentaire. Après avoir bavardé un moment avec elle en coulisses, Bruce demanda à la revoir et, quand ce nouveau rendez-vous se passa bien, ils devinrent de plus en plus proches et bientôt inséparables. «Je savais qu'ils s'étaient plu, mais je ne pensais pas que ça irait si vite», raconte Bell. *Très* vite, en l'occurrence. Bruce emmena sa nouvelle amoureuse dans le New Jersey pour la présenter à sa famille et ses amis pendant la pause hivernale, puis rentra avec elle à Los Angeles et l'accompagna à Palm Springs, en Californie, afin d'y faire la connaissance de ses parents qui étaient de passage en février 1985. Il partit seul pour l'Australie en mars, mais Julianne rejoignit la tournée au Japon trois semaines plus tard. Ce ne fut qu'amour et sucres d'orge au pays du soleil levant, et les courtes vacances qu'ils passèrent à Hawaï sur le chemin du retour semblèrent sceller l'affaire. «Elle était forte, confia-t-il à Dave Marsh à l'époque. Elle avait de l'assurance et de la résistance, et elle n'avait pas peur d'affronter les événements ni leurs répercussions.»

Un jour ou deux après être rentrée d'Hawaï, Julianne appela ses parents à Lake Oswego pour leur dire qu'ils feraient bien d'organiser un mariage, et vite. Et en secret, aussi. Parce que si des fuites parvenaient aux oreilles de la presse déjà fanatisée, le déluge serait immédiat, intense et implacable. Le père et la mère de Julianne étaient aux anges, comme le rapporta un ami d'Ann à un journaliste de *People* quelques semaines plus tard. «Bruce était très calme, très discret, il ne buvait pas, ne fumait pas.» Mais il y eut évidemment des fuites – la seule chose qui a encore plus horreur du vide que la nature, c'est une presse à potins émoustillée – et en l'espace de quelques heures l'allée devant la villa des Phillips devint un campement pour les nuées de reporters qui avaient envahi Lake Oswego dans l'espoir d'apercevoir un cheveu des heureux tourtereaux. Des photographes héliportés montaient des attaques aériennes et on en arriva vite au point où l'absence d'infos et d'images devint un sujet en soi[1].

La cérémonie elle-même fut miraculeusement préservée de l'hystérie médiatique, bien que cet exploit ait nécessité un degré de ruse et de clandestinité (voitures-leurres, faux plannings, escapades par la sortie de secours, etc.) digne d'un film

───────

1. À ce stade, il n'était pas étonnant que le mariage de Bruce fasse autant de bruit dans les médias : de quoi alimenter une nouvelle couverture du magazine *People* et des centaines de unes dans les journaux du monde entier.

de James Bond. Lorsque Bruce et Julianne s'avancèrent jusqu'à l'autel de l'église catholique Our Lady of the Lake le 13 mai 1985 peu après minuit, il y avait à leurs côtés leurs parents, le E Street Band sur les bancs de la nef et aucun journaliste à l'horizon. Bruce avait trois témoins : Clemons, Van Zandt et Landau. La réception officielle eut lieu deux jours plus tard dans la petite ville résidentielle de Tualatin, dans l'Oregon, avec des hélicoptères tournoyant dans le ciel, des reporters faisant le pied de grue le long de la route et des photographes perchés dans les arbres. Quand tout fut terminé, Bruce se retrouva avec une bague au doigt, une femme à son bras et les deux pieds dans une vie de famille qu'il avait pris bien soin d'éviter jusque-là. Il lui avait fallu du temps avant d'en arriver là, mais désormais il était bien décidé à tout faire pour que ça marche.

Si le clip de « Dancing in the Dark » était le summum d'un Bruce retouché et aseptisé, celui de « Born in the U.S.A. » prenait le contre-pied. Réalisé par le cinéaste et scénariste indépendant John Sayles, il mélangeait des images de concert (où l'on voyait un Bruce beaucoup plus dur et hargneux), des plans sur des usines et des ouvriers, et des extraits de films super-huit de ce qui semblait être des familles populaires des années 1960 et début 1970. Le clip de « I'm on Fire », du même réalisateur, revenait à une cinématographie plus classique, délaissant toute référence visuelle au Bruce musicien en le filmant dans le rôle d'un humble (mais indéniablement sexy) mécanicien qui a visiblement tapé dans l'œil d'une riche femme dont on ne voit jamais le visage (doublée par la voix de l'épouse de Sayles, l'actrice et coproductrice Maggie Renzi) puisqu'elle ne veut confier sa rutilante Thunderbird[2] blanche qu'à lui. Bruce, qui avait quelques répliques simples à dire au début, paraissait étonnamment

_____

2. Littéralement la même voiture que celle conduite par la divine Suzanne Somers dans le film de 1973 *American Graffiti*.

à l'aise. Ce qui ne surprit pas Sayles, qui avait l'habitude de prendre des acteurs non professionnels dans ses films. « Ce qu'il y a, dit-il, c'est que les gens qui savent raconter les histoires ont le sens des personnages. Si vous leur donnez des choses à faire et qu'ils comprennent le personnage, en général ils s'en sortent plutôt bien. » Bruce avait aussi un rôle de composition, toujours sous la direction de Sayles, dans le clip de « Glory Days », qui mêlait des extraits de concert dans un bar et des séquences sur la nostalgie d'un grutier pour ses exploits passés sur les terrains de base-ball, bien qu'il ait l'air de mener une vie heureuse avec sa femme (incarnée par Julianne) et leurs deux charmants garçons. Le dernier clip de cet album, pour « My Hometown », était une performance live.

Tous ces clips passèrent en boucle sur MTV. Les sept singles extraits de *Born in the U.S.A.* se classèrent dans le Top 10 du magazine *Billboard*, tandis que l'album lui-même y resta quatre-vingt-quatre semaines d'affilée et devint la meilleure vente de l'année 1985, remportant dix disques de platine. Au même moment, l'ambition qu'avait Bruce d'incarner la voix de son époque s'imposa comme un fait établi. Et d'abord au sein même de la communauté musicale, où son engagement à participer au projet caritatif collectif *We Are the World* mis sur pied par Michael Jackson, Lionel Richie et Quincy Jones décida une flopée de rockers réticents et/ou d'auteurs compositeurs sérieux (qui craignaient de s'associer à un groupe de pop stars futiles) à dire oui eux aussi[3]. Bruce avait également sensibilisé

---

3. Malgré le célèbre avertissement de Jones précisant que tous les artistes pénétrant dans le studio devraient « laisser leur ego au vestiaire », beaucoup furent épatés que Bruce soit venu avec sa propre voiture (de location), ait lui-même trouvé une place où la garer, puis soit arrivé tout seul au studio, sans assistant ni rien. Richie, quant à lui, en profita pour faire remarquer tout haut que si les A&M Studios explosaient avec toutes ces stars fabuleuses à l'intérieur, l'icône des années 1970 John Denver pourrait redevenir numéro un au hit-parade, ha ha ha. La blague était d'autant plus cinglante quand on savait que Denver avait bel et bien demandé à faire partie du projet *USA for Africa*, mais s'était vu opposer un refus parce qu'il n'était plus assez « cool ». Ce raisonnement

l'opinion et levé de l'argent (en plus de ses propres donations) grâce aux appels qu'il lançait soir après soir dans ses concerts en faveur des banques alimentaires, des centres pour vétérans et autres organisations humanitaires locales dans les villes où il se produisait. Et puis, à travers ses chansons et ses textes, il avait attiré l'attention sur les difficultés quotidiennes des travailleurs ordinaires. Il était monté sur les plus grandes scènes et avait fait encore plus de bruit qu'il avait jamais rêvé d'en faire.

En cours de route, il était aussi devenu une icône internationale, symbole à lui tout seul des États-Unis d'Amérique avec tout leur sens du spectacle, leur raffut et leur portée hégémonique. Et si la multitude de son public dans le monde entier ne lui suffisait pas, Landau avait aussi reçu une offre de plusieurs millions de dollars de la marque automobile Chrysler pour que Bruce devienne le visage de leur nouvelle campagne publicitaire. Mais Bruce n'envisagea jamais sérieusement aucune chose de la sorte : il n'avait certainement pas besoin d'argent et, maintenant qu'il avait l'attention de toute la planète, vendre des voitures était bien la dernière de ses envies. Les membres du E Street Band aussi avaient profité de cette ascension au sommet. Mais, même s'ils savouraient cette tournée triomphale de stades pleins à craquer et appréciaient les zéros supplémentaires sur leurs chèques de salaire, ce succès s'accompagnait d'un certain malaise.

« J'ai eu l'impression que la fin de la tournée *Born in the U.S.A.* sonnait la fin de la cohésion, raconte Max Weinberg. Je sentais que les choses étaient en train de changer. J'étais très solidaire du concept selon lequel le groupe poussait la vision de Bruce vers l'avant. Mais, entre janvier 1985 et octobre 1985,

---

n'expliquait pas la présence de Kenny Rogers ni du gars de Huey Lewis and the News qui n'était *pas* Huey Lewis. Certes, Denver n'avait jamais été cool, même à l'époque de son succès dans les années 1970. Mais ses engagements caritatifs dépassaient de très loin ceux de Richie, ce qui rendait ces ricanements d'autant plus odieux.

c'est-à-dire la fin de la tournée *Born in the U.S.A.*, c'est là que j'ai senti la dissolution se produire. Je me souviens que j'étais très déprimé après le dernier concert qu'on avait donné au LA Coliseum le 2 octobre et que j'ai dit à ma femme : "C'est fini." »

C'était un sentiment partagé. « Étant moi-même une star, ça ne m'importait pas tellement, me confia Clarence Clemons en 2011. La seule chose qui comptait pour moi, c'était ma relation avec Bruce. J'avais l'impression qu'une certaine distance se creusait entre Bruce et le groupe, et que c'était la volonté de Jon. Les choses changeaient. Bruce changeait. »

Comment son intronisation au panthéon des plus grandes stars aurait pu ne pas altérer l'idée que Bruce se faisait de lui-même et de sa place dans le monde ? « Il était cité par le président des États-Unis. Il avait toutes les formes de reconnaissance possibles et imaginables ici, en Europe, au Japon et en Australie, dit Landau. Et quand ça s'est fini, je crois que c'était un événement tellement considérable, un tel bouleversement de sa vie qu'il avait simplement envie de changement. J'avais le sentiment, au bout du compte, que la période *Born in the U.S.A.* avait été une super expérience pour nous deux. Mais je comprenais très bien qu'on avait maintenant besoin de basculer sur un mode qu'on allait pouvoir tenir pour le restant de ses jours. » Et si ça voulait dire créer un cadre et un son totalement nouveaux pour sa musique, qu'à cela ne tienne. Bruce avait déjà dissous tous les groupes dont il avait fait partie. Alors rien d'étonnant à ce que son engagement au sein du E Street Band ait aussi ses limites. Maintenant qu'ils avaient vu leurs années de lutte en commun atteindre les sommets extravagants de *Born in the U.S.A.*, que leur restait-il à faire ensemble ?

Sauf que le boulot n'était pas encore complètement terminé. Comme tous les concerts-marathons de Bruce, la tournée *Born in the U.S.A.* avait aussi son rappel : le tant attendu album live. Dix ans et des dizaines de millions d'albums plus tard, les enjeux étaient différents. À présent une compilation live ferait office de monument commémoratif retraçant les treize années de carrière en studio de Bruce et les plus de vingt ans qu'il avait passés sur scène avec le noyau dur de musiciens qui partageaient sa musique et sa vie depuis qu'ils étaient ados. Vu l'ampleur colossale de cette histoire et l'intense fébrilité de la demande populaire, la tâche était faramineuse. Plus qu'un simple, qu'un double ou même qu'un triple album, le projet prit la forme d'un coffret de cinq vinyles ou, pour les technologies les plus avancées, de trois CD. Ce format 5LP/3CD n'était pas tout à fait sans précédent dans l'histoire du rock : Bob Dylan l'avait inauguré avec *Biograph*, la compilation rétrospective de sa carrière sortie à l'automne 1985. Mais ce serait en revanche le premier album de rock live à recevoir un tel traitement exceptionnel.

À partir d'une collection d'enregistrements live de qualité professionnelle qui remontaient à la tournée *Born to Run*, Bruce, Landau, Chuck Plotkin et l'ingénieur du son Toby Scott passèrent en revue les concerts à la recherche d'une séquence qui puisse représenter la palette musicale et philosophique de Bruce, tout en racontant parallèlement la trajectoire du groupe depuis les salles de bars jusqu'aux stades de base-ball. Ils décidèrent de se limiter à la décennie entre les shows intimes de l'époque *Born to Run* en 1975 et la dernière partie de la tournée *Born in the U.S.A.* dans les grands stades américains. Attentifs à la fois à la qualité et à la portée historique de chaque prestation individuelle et à former un ensemble narratif cohérent, ils compilèrent un album de quarante titres qui allaient de la version tamisée piano et voix de « Thunder Road » par laquelle Bruce ouvrait ses concerts de 1975 au Roxy Theatre de Los Angeles à « Born to Run » et toute une série de chansons de *Born in the U.S.A.*[4] reprises en chœur par cent mille

---

4. Pas moins de huit morceaux sur les douze de l'album *U.S.A.*, ce que d'aucuns trouvèrent un peu exagéré, surtout vu le nombre de chansons plus anciennes et moins rebattues qui furent recalées.

spectateurs dans des stades en plein air. Si « Thunder Road » était la mise en branle d'un rêve, les versions massives de « Born to Run » et « The Promised Land » montraient bien que, même dans ses fantasmes les plus fous, le jeune homme d'alors ne s'était jamais imaginé pouvoir en arriver là où la vie l'avait finalement conduit. Mais, dix ans plus tard, son triomphe personnel ne lui suffisait déjà plus. Comme il le criait aux foules gigantesques de fans venant assister à ses shows soir après soir : « N'oubliez pas qu'au bout du compte personne n'est gagnant si tout le monde n'est pas gagnant. Et un, deux, et un deux trois quatre[5] ! » Et sur cette bénédiction arrivait « Born to Run », ce récit des rêves de gloire d'un couple transformé en un hymne pour le commun des mortels.

Prêt à sortir en novembre 1986, le coffret *Bruce Springsteen & the E Street Band Live/1975-85* présentait une énigme pour les analystes de l'industrie musicale et les dirigeants de chez Columbia/CBS. Le *Biograph* de Dylan s'était vendu à environ deux cent cinquante mille exemplaires dans l'année suivant sa sortie, ce qui représentait un score bien plus considérable si l'on comptabilisait album par album, à savoir que la vente d'un coffret équivalait à la vente de cinq albums individuels (donc 250 000 = 1,25 million). Alors, même si CBS s'attendait à ce que le live de Bruce s'arrache dans presque tous les pays du monde, les estimations initiales prévoyaient des ventes globales d'environ deux millions de coffrets (soit dix millions d'albums). Mais les précommandes des disquaires pour les États-Unis seulement atteignirent déjà un million et demi, avec l'avertissement de devoir probablement se réapprovisionner dès la première semaine. Les commandes internationales furent du même acabit et le jour de la mise en vente, le 10 novembre 1986, les acheteurs, les disquaires et les médias en manque de

---

5. Bien qu'elle ait été coupée sur l'album, on peut entendre cette déclaration d'intégration communautaire sur le clip réalisé pour le live de « Born to Run ».

Springsteen se préparèrent comme pour un événement : des files d'attente devant la porte des magasins, des scènes d'émeutes à l'intérieur, d'heureux consommateurs repartant chez eux avec leur butin sous le bras. Les disquaires eux-mêmes et les observateurs professionnels se chargèrent de fournir les superlatifs : le *Live/1975-85* était comparable à un nouvel album des Beatles ; ce pourrait bien être l'album de la décennie ; c'était la poule aux œufs d'or pour tous ceux ayant touché de près ou de loin à sa production, son édition, sa distribution et/ou sa vente[6].

Comment un coffret de cinq disques de ce qu'on qualifiait désormais de « rock heartland » pourrait se révéler à la hauteur de telles attentes ? Débarquer directement à la première place du classement *Billboard* était déjà un bon début, puis tenir cette position pendant toute la saison des fêtes et jusqu'au milieu du mois de janvier contribua à faire en sorte que la réalité dépasse l'hyperbole[7]. Les ventes furent aussi dopées par le succès du premier single extrait du coffret, une furieuse reprise de la *protest song* « War » d'Edwin Starr, datant de l'époque du Vietnam, qui culmina à la huitième place du hit-parade, totalisant à huit le nombre de 45 tours de Bruce classés dans le Top 10. Le suivant, « Fire », mit radicalement fin à cette série victorieuse en stagnant à la quarante-sixième place.

---

6. Néanmoins, il y avait aussi beaucoup de discussions et de dissentiment parmi les fans : en plus des chansons recalées (« Incident on 57th Street » ! « Jungleland » !), vous pouviez aussi râler sur les choix du montage (où était passé tout le milieu de la version de « Backstreets » qu'ils avaient choisie [Roxy Theatre, 7 juillet 1978] ? Pourquoi avaient-ils censuré le speech de Bruce pendant « Raise Your Hand » où il enjoignait les auditeurs radio de mettre la main sur le bouton du volume et de « [tourner] ce bordel le plus fort possible » ?). Tout un passage parlé au milieu de « Fire », également tiré du même soir au Roxy, avait lui aussi disparu. Etc.

7. Début 2012, *Bruce Springsteen & the E Street Band Live/1975-85* était crédité de plus de treize millions de ventes. Difficile de dire toutefois si ce chiffre est calculé selon les critères de l'époque, à savoir un coffret = cinq disques vinyles, vu la suprématie actuelle du format CD. Les décisions de cette nature émanent du royaume trouble où la comptabilité se confond avec le chamanisme. Ou peut-être avec le réalisme magique.

Il s'avère que les consommateurs qui laissèrent ce single dans les rayons[8] n'étaient pas les seuls à avoir envie d'une pause dans cette overdose de Springsteen. « Je faisais un peu une Bruçophobie, confia Bruce à Jim Henke quelques années plus tard. J'étais genre : "Ouah, j'en ai ma claque." Vous finissez par créer ce genre d'icône et au bout du compte ça vous oppresse... Toute cette image qui avait été fabriquée – et à laquelle j'ai sans doute contribué –, ça me donnait toujours une impression de : "Hé, mais c'est pas moi !" Ça n'a jamais été moi. » Même si, comme il le reconnaissait dès la seconde d'après, ce n'était pas tout à fait vrai non plus : « C'est peut-être un peu plus moi que je veux bien le croire. »

Temporairement déchargé des fardeaux mouvants de l'art, de la gloire et du commerce, Bruce tourna son attention vers les défis plus calmes de la vie conjugale auprès de sa nouvelle épouse. D'un côté, Julianne et lui n'étaient pas très différents de n'importe quel autre couple de jeunes professionnels accomplis devant jongler entre leur relation, leur métier et la vie intérieure qui les avait menés jusqu'au point de leur rencontre. C'est déjà difficile quand vous n'êtes pas au sommet d'une des carrières les plus en vue du monde. Ajoutez-y une épouse plus jeune, mais tout aussi ambitieuse et un mari dont l'engagement sentimental est contrebalancé par des couches de doute et d'inquiétude psychologique, et le « ils vécurent heureux jusqu'à la fin des temps » devient un chemin semé d'embûches. Est-ce qu'il y avait des conflits ? Bien sûr que oui : quel couple n'en a pas ? Mais lorsqu'ils rentrèrent dans le New Jersey pour s'installer dans la maison de Bruce à Rumson, il se remit aussitôt à faire les choses qu'il avait toujours faites, sauf qu'il avait désormais une jeune actrice à son bras. D'après ce que leurs amis et les observateurs extérieurs pouvaient voir, Julianne était comme un

---

8. C'est-à-dire pas les fanatiques qui se ruèrent dessus pour pouvoir écouter le live d'« Incident on 57th Street » sur sa face B.

poisson dans l'eau, aussi enthousiaste de faire la connaissance des anciens voisins de son mari à Freehold que de passer une soirée avec ses fréquentations plus illustres. Le jour où Bruce recroisa son vieux copain Bobby Duncan à la gym[9], Julianne se lia instantanément avec lui, déroulant souvent son tapis près du sien pour pouvoir bavarder et, raconte Duncan, se montrer aussi sympathique et charmante qu'on est en droit de l'attendre de la part de la femme de son ami d'enfance. « Juli était très simple et gentille, dit-il. Elle essayait de faire marcher sa carrière d'actrice, à l'époque. Mais surtout elle était extravertie, chaleureuse, elle avait vraiment l'air de quelqu'un de bien. »

Et visiblement partante pour tout ce que son mari avait envie de faire. Une soirée au Stone Pony ? Vous la trouviez plantée au comptoir avec Bruce, écoutant le groupe qui jouait, puis s'écartant discrètement lorsqu'une nuée de fans venait l'assaillir. Et s'il fallait qu'il échappe à la cohue en s'éclipsant par une porte de service – toujours en chargeant un ami d'exfiltrer Juli en toute sécurité pour venir le rejoindre à un point de rendez-vous plus discret –, elle l'acceptait sans sourciller. Quand l'ingénieur du son Toby Scott vint à Rumson aider Bruce à installer un studio d'enregistrement dans l'ancien hangar à calèches adjacent à la maison, il les trouva aussi joyeux que n'importe quel couple de jeunes mariés. « On dînait tous les trois ensemble, dit-il, Bruce, Juli et moi. Ils étaient très casaniers. Elle aimait rester à la maison, faire du pop-corn, regarder la télé en mangeant. Les gens me demandaient souvent s'ils avaient des problèmes, je répondais toujours que non. Je trouvais que ça allait très bien entre Bruce et Juli. » Mais, un soir où ils sortirent au restaurant avec Roy Bittan et sa femme, le pianiste rentra chez lui avec

---

9. Duncan, qui n'avait pas vu Bruce depuis au moins dix ans, était en train de se faire sèchement éconduire par le patron du club, Tony Dunphy, coach personnel de Bruce, quand la star déboula en courant, tomba dans les bras de son vieux copain et l'entraîna dans les vestiaires pour se remémorer le bon vieux temps pendant une heure.

un sentiment de malaise. « Ce n'était pas comme sortir avec le Bruce et la Julianne que je connaissais, dit-il. Juli était une fille charmante, c'est juste qu'il avait l'air d'essayer d'être quelqu'un d'autre. Je crois qu'il essayait de se fabriquer une façade sociale. Et Julianne ne tenait aucune place dans le fil de ses pensées. »

Autant qu'il le pouvait, Bruce s'efforçait de faire marcher son couple. Il avait prononcé les vœux du mariage, il savait qu'il devait être à la hauteur. Dans toutes ses précédentes relations, la sortie était toujours à portée de main, pas plus loin que la porte de la maison et la route qui passait devant. Mais cette bague à son doigt signifiait qu'il avait renoncé pour toujours à la solution de fuite. « Ce qu'il y avait de bien dans les [chansons qu'il avait commencé à écrire], c'est que je disais qu'on pouvait *ressentir* ça et quand même en tirer quelque chose de positif, dit Bruce. Faire l'expérience de l'amour, de la vie de couple, et aussi de l'ambivalence, qui fait partie de toute relation humaine. La clé, c'est de savoir comment vivre avec et comment la gérer au quotidien. C'était un peu à ça que j'étais confronté : mon idée adolescente de l'amour romantique et comment la concilier avec la complexité de ce que je découvrais. »

Avec sa guitare à la main ou son cahier ouvert sur le piano devant lui, Bruce déroulait les fils noueux de sa vie conjugale en essayant de les tisser en mots et en musique. Certaines chansons avaient le son éthéré du grand amour : « La pluie, la tempête et les ciels d'orage / N'ont aucune importance / Quand vous avez une fille qui vous aime / Et qui veut bien porter votre alliance », chantait-il dans l'aérien « All That Heaven Will Allow » (« *Rain and storm and dark skies / Well now they don't mean a thing / If you got a girl that loves you / And who wants to wear your ring* »). Le tendre « Two for the Road » décrivait la route comme une échappatoire pour deux tandis que « When You Need Me » et la ballade « Tougher Than the Rest[10] » évoquaient la relation

───────────
10. D'abord écrite et enregistrée comme un morceau de rockabilly enlevé.

sentimentale dans les termes bien rock de la foi, de l'amour et de l'engagement : « La route est sombre, et la corde est raide / Mais je veux que tu saches que pour toi je la suivrai n'importe quand », promettait-t-il dans « Tougher » (« *The road is dark, and it's a thin thin line / But I want you to know I'll walk it for you any time* »).

Mais ce genre de proclamations courageuses ne valent plus grand-chose au plus noir de la nuit, et arriva donc « Cautious Man », une ballade dépouillée dans le style de l'album *Nebraska* qui racontait l'histoire de Bill Horton (« *a cautious man of the road* » : « un prudent homme de la route ») et de ses tâtonnements pour s'adapter à la vie conjugale. Son amour est sincère et il ne doute pas du dévouement de sa femme, mais il est déstabilisé par un profond tourment intérieur symbolisé par les mots *amour* et *peur* tatoués sur ses phalanges[11]. Une nuit, Bill est réveillé par un cauchemar, s'habille et sort discrètement de la maison pour aller se planter au bord de la route, où il a deux révélations : la route solitaire ne mène nulle part et ce besoin de disparaître dans la nature n'arrêtera jamais de le démanger. Retournant se coucher, il caresse les cheveux de sa femme et remarque un rayon de lune sur son visage « qui remplit leur chambre de la beauté de la lumière divine » (« *Filling their room with the beauty of God's fallen light* »). Bruce, qui affirme que la plupart de ces chansons n'étaient pas autobiographiques, ne peut pas nier la portée de « Cautious Man ». « C'est une des plus réussies, dit-il. S'il y avait une partie de moi-même que je tentais d'expliquer, pour le meilleur ou pour le pire, cette chanson la décrit assez largement. »

À partir de là, la majorité des nouveaux morceaux traçaient les lignes de faille de l'engagement amoureux en général et du mariage de Bruce en particulier. « Two Faces » décrivait son

---

11. Une image adaptée de *La Nuit du chasseur*, un film de 1955 dans lequel Robert Mitchum incarne un pasteur autoproclamé qui cache en fait un assassin.

agitation en termes de bipolarité, dans laquelle une personnalité plus sombre tentait de subvertir sa bonne nature à toutes les occasions. Même en appeler à l'aide de Dieu ne suffisait pas à chasser cet esprit maléfique : « Mais il ne dira jamais au revoir / J'ai deux visages » (« *But he'll never say goodbye / Two faces have I* »). L'ardent « One Step Up » racontait une version différente de la même histoire, décrivant une relation tendue comme une série de disputes, de réconciliations et de fantasmes. Et là encore, quand le narrateur s'affranchissait de sa colère, il ne lui restait plus que le sentiment d'échec de ne pas réussir à être à la hauteur de ses propres attentes : « Quelque part en chemin j'ai dérapé / Je me surprends à faire un pas en avant, deux pas en arrière » (« *Somewhere along the line I slipped off track / I'm caught movin' one step up and two steps back* »). La seule chanson que Bruce écrivit spécifiquement au sujet de son mariage avec Juli, « Walk Like a Man », s'adressait à Doug Springsteen en se remémorant l'époque où son fils rêvait de suivre son exemple. Le destin et les circonstances les avaient éloignés l'un de l'autre, mais la solidité des presque quarante années de mariage entre Doug et Adele remettait Bruce dans la position de l'enfant qui s'efforce de marcher dans les pas de son père sur le sable : « En regardant ma promise s'avancer dans la nef, je prie / Pour avoir la force de marcher comme un homme. » (« *As I watch my bride coming down the aisle I pray / For the strenght to walk like a man* »).

En février 1987, Bruce fit venir Toby Scott pour l'aider à enregistrer de nouvelles démos dans son studio à domicile. Désormais équipé d'un synthétiseur Kurzweil K250 qui offrait toute une variété de cuivres, d'instruments à cordes, de claviers et autres, ainsi que d'une basse et d'une boîte à rythme dernier cri, Bruce construisait les morceaux couche après couche, commençant par un simple beat, puis ajoutant un charley et d'autres accents rythmiques pour obtenir un sample sur deux mesures qu'il répétait ensuite sur toute la durée. La batterie ainsi établie, il prenait une guitare ou bien s'asseyait au clavier pour jouer les accords élémentaires, posait une ligne de basse avant de retourner au synthé afin de compléter le tout avec d'autres sons de clavier, des fioritures de cuivres ou de cordes, des parties de guitare additionnelles et des percussions. Il lui fallut environ trois semaines pour enregistrer tous les morceaux et y ajouter suffisamment d'overdubs et d'effets pour leur donner le son riche d'enregistrements aboutis. En écoutant les versions finies, Bruce s'émerveilla de constater à quel point son petit orchestre en solo (plus un ingénieur du son) sonnait live et authentique. « Mec, ce disque est *bouclé* », dit-il. Qui plus est, le processus avait été facile et même *relaxant*. « C'est l'album qui a été le plus marrant à faire », déclara-t-il. En balayant d'un geste le studio vide autour de lui, il avait les yeux qui brillaient devant l'absence d'autres musiciens et des besoins et attentes qu'ils entraînent toujours avec eux. « Là, je n'ai pas six autres personnes qui mettent leur grain de sel. Je peux faire exactement ce que *je* veux et ce dont *j'ai* envie. Et le résultat est génial. Pourquoi ça ne serait pas le master, tel quel ? Il *faut* que ce soit le master. »

Lorsque Landau vint quelques jours plus tard écouter les nouveaux morceaux, il dit plus ou moins la même chose : « On n'a qu'à le sortir comme ça ! » Mais, cette fois, en entendant la suggestion venir de quelqu'un qui n'avait jamais fait partie du E Street Band, Bruce se ravisa. « Attends, dit-il. J'ai quand même un groupe. » C'était une chose de sortir les démos de *Nebraska* sous forme d'enregistrements solo ; tout le monde savait que ces chansons étaient à part et que la tentative de les recréer avec l'ensemble du groupe n'avait pas marché. Mais celles-ci, en revanche, *étaient* des chansons de groupe. Aucune raison que les musiciens du E Street Band ne puissent pas les jouer, si ce n'est que Bruce les avait pris de vitesse. Et peut-être que ce n'était pas la bonne chose à faire. « Je devrais sans doute mettre les gars là-dessus », conclut-il. Pourtant il ne pouvait s'empêcher de penser à la liberté que ces sessions lui avaient donnée. Pas de désaccords, pas d'engueulades, pas d'explications à fournir.

Quant à savoir si Bruce s'était tourné vers l'isolement musical à cause de la nature intime de ces morceaux ou du stress émotionnel qui les avait inspirés (si sa relation centrale battait de l'aile, comment pouvait-il affronter les innombrables relations, besoins et opinions qu'il aurait à gérer quand le groupe se réunirait à nouveau?), c'était moins clair que le fait qu'il soit de plus en plus tenté de se transformer en homme-orchestre. Alors, quand le coproducteur Chuck Plotkin arriva dans le New Jersey pour jeter une oreille à tout ça, sa première réaction – après avoir quasiment fondu en larmes en entendant ce cortège de chansons d'amour brisé et en avoir déduit que «Oh, mon Dieu, ce garçon a des problèmes» – fut de suggérer qu'en tout cas certaines d'entre elles auraient sans doute un son plus rond si c'étaient les vrais musiciens du E Street Band qui jouaient dessus. Les yeux de Bruce se mirent à lancer des éclairs. «Il était furax. *Vraiment* furax, raconte Plotkin. Alors j'ai dit sur le ton le plus accommodant possible: "Je ne sais pas si ça améliorera quoi que ce soit, mais une chose qui *pourrait* être intéressante, ce serait d'essayer quelques-uns de ces morceaux live avec le groupe. On obtiendra peut-être une ambiance différente qui nous plaira, ou peut-être pas." Mais il a mauvais caractère et il peut s'énerver très facilement. J'avais l'impression qu'il était à deux doigts de me renvoyer en Californie jusqu'à ce que je reprenne mes esprits.» Au lieu de ça, Bruce conçut un plan qui donnerait à chaque membre du groupe sa chance de participer à l'album. Sauf qu'au bout du compte ça ne fit que les blesser encore davantage qu'ils l'auraient été par un album solo.

Ils baptisèrent ce processus «Plus fort que les démos». Bruce invita chaque musicien séparément à venir à Rumson pour tenter de proposer quelque chose de plus intéressant que ce que Bruce et Scott avaient déjà enregistré tout seuls. «S'ils jouaient mieux, on prenait leur contribution, explique Scott. Sinon on gardait la version originale de Bruce. Et c'est dur, parce que Bruce préfère toujours les démos. »

Dans le souvenir de Garry Tallent, cette nouvelle méthode ne fut qu'un long après-midi d'humiliation organisée. « Un jour, ils m'appellent et me demandent de venir jouer de la basse. Ils me présentent toute une nouvelle série de chansons et ils me disent : "Joue ci, joue ça !" Je n'avais jamais entendu les morceaux, mais soit. J'étais là : "Attendez, laissez-moi au moins cinq minutes pour trouver quelque chose !" Mais c'était vraiment : "O.K., c'est ta chance." Et ensuite l'album sortirait et peut-être que je serai sur une ou deux chansons ? Finalement il s'avère qu'ils ont préféré les démos, donc c'était vraiment dévalorisant. »

Quant aux autres musiciens, soit ils acceptèrent le processus, soit ils préférèrent garder leurs sentiments pour eux. Comme on peut le concevoir, la contrariété de chacun était presque exactement proportionnelle à la durée de son engagement dans le groupe. Les membres originaux d'Asbury Park (Clemons, Federici, Tallent) étaient furieux ; les recrues de 1974 (Bittan et Weinberg) le prirent avec du recul (Weinberg : « Le truc, c'est que ce n'est pas le premier album solo. Ce sont *tous* des albums solo »), tandis que le petit dernier, Nils Lofgren, s'estimait déjà heureux de collaborer avec Bruce à quelque degré que ce soit. « Même si je comprends très bien pourquoi les autres étaient vexés », dit-il. Lorsque le disque sortit, la vague mention du E Street Band était à peine plus qu'un geste. La vérité se cachait dans les crédits individuels de chaque musicien, qui révélaient à quel point les contributions du groupe étaient minimes : Weinberg avait ajouté des percussions additionnelles sur huit des douze chansons, tandis que Federici jouait de l'orgue sur quatre, qu'on pouvait entendre la basse de Tallent sur un seul petit morceau et que le saxophone de Clemons n'apparaissait nulle part. Son unique crédit est pour une voix sur les chœurs de « When You're Alone ».

« Ma vie avait changé, j'étais marié, je découvrais l'ambivalence des relations qui avait toujours été un courant sous-jacent de mon psychisme, dit Bruce. Donc, j'écrivais là-dessus et je cherchais une autre voie qui pourrait avoir un intérêt pour moi, ma vie intérieure et mes fans. À l'époque, on avait tellement d'impact que je ne voulais pas me reposer sur mes lauriers et continuer tranquillement comme on avait toujours fait jusque-là. Je pensais que c'était ma responsabilité d'offrir quelque chose de nouveau à mes fans et à moi-même. Je pensais que c'était le deal que j'avais avec mes fans, même si ce n'était peut-être pas le deal que j'avais avec *tous* mes fans, donc certains auraient peut-être préféré autre chose. »

21

Je ne connaissais même pas le langage du couple

En plein mixage de l'album à l'été 1987, Bruce arriva avec une nouvelle chanson qui semblait pouvoir être la clé de voûte de tout le travail en cours. Construite sur une analogie entre le mariage et un manège de fête foraine, elle était plus ample et plus pétillante que les autres morceaux qu'il avait enregistrés cette année-là. Un arrangement avec le groupe au complet paraissait s'imposer sur « Tunnel of Love », mais vu l'ambiance très marquée des titres à dominante de synthé que Bruce et Scott avaient déjà mis en boîte, Bruce préféra s'en tenir au synthétiseur, à la boîte à rythme et à sa stratégie de l'homme-orchestre. « J'ai tracé la structure en commençant par programmer la batterie et les percussions, raconte Scott. Et puis Bruce s'est mis à jouer par-dessus » sur ses nombreux instruments. « Et il a fait : "Ouah, c'est génial !" Il ne s'était jamais senti autant libéré dans sa créativité. » Cependant, le choc des différents styles et textures sonores heurtait l'oreille de Bruce, et il se décida à utiliser quatre membres du E Street Band (Weinberg, Bittan, Lofgren et Scialfa) ainsi que les cris de passagers surexcités des montagnes russes au parc d'attractions de Point Pleasant[1].

---

1. Enregistrés par Scott et un assistant, qui passèrent presque une journée d'été entière à recruter puis diriger les clients du parc pour qu'ils aient la gentillesse de bien vouloir se tourner vers les micros qu'ils verraient dépasser du sol dans le dernier virage. La famille Schiffer mentionnée dans les crédits de la chanson était propriétaire et gérante du parc. Ce n'était pas la première fois que Bruce utilisait des sons d'ambiance sur ses albums. Plusieurs années auparavant, alors qu'ils étaient en train d'enregistrer le master de « County Fair », le bruit

Désormais intitulé *Tunnel of Love*, l'album débarqua chez les disquaires le 9 octobre 1987, avec en couverture une photo montrant le rocker marié de trente-huit ans vêtu comme un cow-boy romantique : costume noir, chemise blanche, cravate-lacet et ceinture en cuir noir à boucle argentée. La musique à l'intérieur était surprenante à la fois pour le virage qu'elle représentait par rapport à l'emphase de *Born in the U.S.A.* et pour le portrait lucide qu'elle dressait des difficultés de l'amour – ce qui pouvait sembler particulièrement étonnant vu qu'il avait évité toute sa carrière ce qu'il appelait jusqu'à récemment avec mépris « la musique conjugale ».

Considéré comme une suite de *Born in the U.S.A.*, ce nouveau disque frappa les critiques comme un audacieux contre-pied. Soulignant la réputation qu'avait Bruce de romancer ses sujets, le journaliste de *Rolling Stone* Steve Pond commençait son article élogieux en déclarant que sur *Tunnel of Love* « il ne romance même pas la romance ». Et même si la plupart des critiques relevaient également le changement radical par rapport aux rugissements à plein volume des albums antérieurs de Bruce, Jon Pareles du *New York Times* établissait un parallèle entre les chansons d'amour tendues de ce nouvel opus et les analyses sombres de ses précédents sur l'égalité des chances et le rêve américain : « [Désormais] il se confronte à une autre illusion : le mythe de l'amour comme idéal du bonheur parfait. »

Même si, volontairement, Bruce n'avait pas cherché à reconquérir le public de masse qu'il avait eu au milieu des années 1980, il n'était pas contre l'idée de faire un malheur avec son nouvel album. De sorte que lui, Landau et tout le monde chez Columbia/CBS se réjouirent de voir *Tunnel* faire de très bons

---

des grillons pénétra par une fenêtre ouverte et Bruce demanda à Scott de prendre un magnétophone et de s'enfoncer dans les buissons pour capturer le son au plus près. La version définitive du morceau (paru comme un bonus sur l'album *The Essential Bruce Springsteen* en 2003) mélange les grillons accidentels à ceux minutieusement enregistrés ainsi.

scores, se classant numéro un des ventes trois semaines après sa sortie et se vendant au total à plus de trois millions d'exemplaires aux États-Unis la première année. Les trois premiers singles firent des tubes («Brilliant Disguise», qui se classa numéro cinq; «Tunnel of Love», numéro neuf; «One Step Up», numéro treize), accompagnés de clips très populaires sur MTV. Mais, même les millions d'albums supplémentaires vendus à l'international ne suffirent pas à faire taire la rumeur selon laquelle la plus grande rock star américaine des années 1980 était déjà sur le déclin. Bruce avait la tête ailleurs.

«Ça m'avait toujours intéressé de voir comment j'allais pouvoir prendre cette musique et y apporter des préoccupations d'adulte sans lui faire perdre sa vitalité, sa jeunesse et son fun. J'y pensais depuis 1977, avec *Darkness*. Alors, dix ans plus tard, ça se manifestait sous une forme différente. Je me disais: "O.K., on a grandi ensemble, mon public et moi." Et je prenais cette idée au sérieux. Mon utilité en tant que mec de trente-huit ans allait forcément être différente de mon utilité à vingt-sept ans. Mais je cherchais toujours des façons d'être utile. C'est ce qui comptait pour moi, ce qui m'excitait, comment je pouvais faire pour être à la fois divertissant et de bon conseil.»

Pour la nouvelle tournée mondiale prévue en 1988, Bruce n'arrivait pas à décider s'il voulait emmener le E Street Band ou la faire en solo. Landau et lui programmèrent une série de salles de moyenne capacité (trois mille à cinq mille places) en pensant que ce serait la bonne dimension pour un show solitaire ou quasi solitaire (si jamais il voulait s'adjoindre une petite formation). Mais Bruce y réfléchit à nouveau vers la fin de l'automne et convoqua son gang de fidèles acolytes. «On se retrouvait deux jours par semaine dans le New Jersey pour répéter les chansons de *Tunnel*, raconte Lofgren. Il explorait les différentes façons d'aborder la tournée cette fois-ci. Un week-end, j'y suis allé tout seul avec des instruments acoustiques. Heureusement, fin 1987, il a décidé qu'il voulait tourner avec le E Street Band et aussi emmener les cuivres. »

Quand Bruce abandonna l'idée de faire cavalier seul, il opta pour un orchestre élargi par rapport au groupe habituel en y ajoutant les Miami Horns, un ensemble de cinq musiciens tournants qui avait débuté comme section cuivre de Southside Johnny and The Asbury Jukes au milieu des années 1970 (le nom « Miami » était un hommage à Steve Van Zandt, producteur et arrangeur originel du groupe). Les Miami Horns avaient déjà joué avec Bruce et le E Street Band par intermittence sur la tournée 1976-1977 et participé à plusieurs de leurs concerts au fil des ans[2].

Alors que Bruce tentait de se projeter dans la tournée à venir, d'autres changements lui vinrent à l'esprit. Résolu à ne pas rejouer le même rituel soir après soir et année après année, il dressa la liste des incontournables de ses concerts – « Thunder Road », « The Promised Land », « Badlands », etc. – et les élimina de sa playlist. « C'est juste que je sentais qu'il fallait me débarrasser de toutes les pierres angulaires de mon show », confia-t-il aux journalistes lors du premier concert de la tournée à Worcester, Massachusetts, le 25 février 1988. D'humeur à tout remettre en cause, il reconfigura aussi la disposition scénique en délogeant la batterie de Weinberg de sa place habituelle dans le fond au centre pour la réinstaller dans le coin arrière gauche. Les claviers de Bittan et Federici échangèrent leurs côtés de la scène tandis que Clemons passa de la droite à la gauche de Bruce. À l'ancienne place du saxophoniste se tenait désormais Scialfa, qui jouait de la guitare acoustique pendant presque tout le set, tout en assumant aussi une bonne part des fonctions

---

2. Ils sont surtout connus maintenant pour avoir fait partie des Max Weinberg 7, le groupe à demeure de l'émission de NBC *Late Night with Conan O'Brien* de 1993 à 2009, après quoi ils suivirent O'Brien quand il devint brièvement animateur du *Tonight Show* sur la même chaîne. Weinberg quitta l'orchestre lorsque O'Brien passa sur une chaîne du câble en 2010, les cuivres le suivirent.

de Clemons en tant que faire-valoir du chanteur, dansant avec lui sur certains morceaux et le rejoignant au centre de la scène pour des duos sur d'autres.

Ces nouveaux placements s'accompagnaient de toute une palette d'autres idées, stratégies et consignes que Bruce demandait désormais à ses musiciens d'appliquer. Dans un revirement spectaculaire par rapport à toutes leurs précédentes tournées, la setlist de ces shows resterait presque exactement la même d'un soir sur l'autre. Quand ils ne participaient pas à des déplacements chorégraphiés d'avance ou à des petits numéros entre les chansons, les musiciens étaient priés de garder leur position désignée sur scène. En outre, ils avaient dû chacun prendre rendez-vous avec la costumière de la tournée afin de définir ensemble un choix de tenues compatibles avec le look élégant que Bruce avait souhaité endosser pour souligner le son plus adulte de sa nouvelle musique.

Entre tout ça et la toile peinte en fond de scène (un mélange coloré du jardin d'Éden, de dessins animés et des mots *Tunnel of Love* en lettres rouges), plus le numéro d'ouverture dans lequel on voyait un guichet de fête foraine (tenu par l'assistant de Bruce, Terry Magovern), l'aspect très structuré et théâtralisé que prenait la tournée fit sonner toutes sortes de signaux d'alarme dans la tête des membres du groupe. « C'était un show à la Broadway », dit Tallent. Weinberg ne manqua pas de remarquer que le nom lui-même de la tournée – *Bruce Springsteen's Tunnel of Love Express Featuring the E Street Band* (le Tunnel of Love Express de Bruce Springsteen, avec le E Street Band) – indiquait la distance de Bruce avec le groupe. « Avant, il était l'un des nôtres, explique le batteur. Là, on devenait une entité totalement séparée. » Accompagner les nouveaux morceaux en solo de Bruce était aussi déconcertant pour des musiciens habitués à jouer des partitions originales qu'ils avaient eux-mêmes développées. « Je crois que certains d'entre nous n'ont jamais été à l'aise avec ça, dit Bittan. Les parties de batterie créées sur la boîte à rythme ne convenaient pas à Max et la basse n'était pas dans le style de Garry. »

Et puis les musiciens constatèrent également un nouveau système de castes dans la logistique de la tournée, où Bruce et quelques personnes importantes du management logeaient dans des hôtels différents du reste du groupe, et où les fêtes les plus sélectes – les soirées champagne et caviar organisées par les promoteurs et les pontes des maisons de disques – n'incluaient plus le E Street Band. « On en entendait parler le lendemain, raconte Tallent. C'est pas forcément qu'on aurait eu *envie* d'y aller, mais peut-être, alors on aurait au moins aimé qu'on nous demande notre avis. Bruce y allait, avec les gens du management et du label. Les gars de la com' aussi. Tout le monde sauf le groupe, en gros. C'était ça l'ambiance. Danny et moi, on n'en pouvait plus. » Bruce garde un souvenir différent de cette tournée, surtout en ce qui concerne les fêtes.

Les concerts du *Tunnel of Love Express* étaient largement plus en retenue que tous ceux qu'avait pu donner Bruce jusque-là, commençant par un premier set construit de façon très cadrée autour des chansons de *Tunnel* et d'un assortiment inattendu de faces B et autres raretés (y compris quelques faces B de l'époque *The River* – « Roulette », « Be True » – et une reprise ébouriffante du « Boom Boom » de John Lee Hooker), avec pour finir « War » et « Born in the U.S.A. ». Puis un deuxième set plus fougueux mélangeait quelques classiques du E Street Band (« She's the One », de temps en temps « Backstreets » ou « Rosalita ») à une flopée de morceaux plus récents ou obscurs : une composition originale presque jamais jouée intitulée « Part Man, Part Monkey », le ressuscité « Light of Day » et une reprise du mini-hit de 1963 du chanteur R&B de Detroit Gino Washington, « Gino Is a Coward », rebaptisé pour l'occasion « I'm a Coward (When It Comes to Love) ». Les rappels en revenaient à des succès populaires, avec une emphase sur des tubes radio comme « Hungry Heart », « Glory Days » ou « Dancing in the Dark ». Mais l'incontournable « Born to Run » était donné dans un arrangement acoustique solo sans ferveur, moins un appel au passage à l'acte que la prise de conscience d'un homme mûr, comme le répétait Bruce chaque soir dans son introduction : « Je pensais écrire sur un mec et une fille qui voulaient monter en voiture et rouler, rouler sans s'arrêter. Et je me suis rendu compte plus tard que ce n'était pas vraiment à l'extérieur qu'on pouvait trouver l'endroit où on se sent bien, mais enfoui quelque part au fond de soi. »

Les concerts avaient leurs moments joyeux, bien sûr. Mais certains soirs Bruce arrivait sur scène avec l'air agité. Parfois il défoulait sa colère contre le public, comme le jour où les spectateurs se lançaient entre eux de gros ballons de plage. Bruce conclut la première chanson par un ordre abrupt : « Soyez gentils, virez-moi ces putains de ballons. » À Tacoma, dans l'État de Washington, la première semaine de mai, Bruce réagit avec tout autant de virulence lorsqu'un fan indiscipliné réussit à se glisser sur scène et à interrompre son discours d'introduction avant « Spare Parts ». La sécurité l'avait maîtrisé en quelques secondes, mais même après le départ de l'intrus, Bruce jeta un regard glacial en direction du public. « Petit message d'intérêt général, aboya-t-il. Personne d'autre sur scène que le groupe, bordel. » En se retournant brièvement vers l'endroit d'où le type avait émergé, il ajouta en secouant la tête : « Je déteste ce genre de connard. »

Des accès de colère surprenants de la part d'un homme qui n'avait pas de plus grande joie au monde que d'être sur scène avec une guitare dans les mains et un public à ses pieds. Mais il avait ses raisons. Quelques jours auparavant, Julianne et lui s'étaient séparés.

Évoquant son mariage auprès du journaliste Steve Pond de *Rolling Stone* un peu plus tôt ce printemps-là, Bruce s'enthousiasmait sur le sentiment de sécurité que lui procurait le fait de se sentir engagé dans une relation. Quand on lui demandait s'il avait enfin trouvé cet insaisissable « endroit où on a vraiment envie d'aller » qu'il évoquait dans « Born to Run » (« *that place where we really want to go* »), il hochait la tête. « Parfois j'en ai réellement l'impression, disait-il. Après il faut trouver la force de l'entretenir, de bâtir par-dessus, de travailler pour... Mais, bon sang, je suis marié depuis tout juste trois ans et c'est comme si on venait à peine de se rencontrer. » Était-ce une façon de dire que son mariage possédait encore la magie des débuts, ou bien que ces trois années ensemble n'avaient pas réussi à installer l'intimité affective que les couples mariés sont censés développer en partageant la vie l'un de l'autre ? Bruce n'avait pas l'air de le savoir. « Il y a une partie de vous qui désire la stabilité et le côté famille, et une autre qui n'en est pas si sûre... Il y a des jours où vous en êtes tout proche et d'autres où vous vous sentez très loin. »

Les deux parties concernées gardèrent la nouvelle de leur séparation aussi discrète que possible. Pas de communiqué de presse, pas de fuites auprès d'amis journalistes, pas de confessions intimes au magazine *People* ni dans l'émission de Barbara Walters. Certains observateurs particulièrement attentifs auraient pu remarquer que Bruce avait enlevé son alliance. En coulisses, le staff et les visiteurs constatèrent que Julianne, toujours présente lors des premiers concerts de la tournée, avait désormais disparu, même le jour de leur troisième anniversaire de mariage, le 13 mai 1988. En revanche, on pouvait voir que les duos que partageait Bruce avec une Patti Scialfa de plus en plus présente, en particulier sur « Tougher Than the Rest », étaient devenus si torrides que la ferveur romantique entre les deux chanteurs paraissait un peu trop réaliste pour se limiter à la scène. Mais ce qui pouvait sembler choquant aux yeux du grand public – Bruce avait-il *vraiment* une liaison avec sa choriste ? – n'était pas une surprise pour quiconque avait vécu la tournée *Born in the U.S.A.* de l'intérieur. « Ce qui crevait les yeux pendant la tournée *Tunnel* crevait déjà les yeux dès le début de la tournée *Born in the U.S.A.*, disons ça comme ça », confie Dave Marsh. Mais, même si l'électricité entre Bruce et Patti paraissait évidente en 1984, les ragots internes n'avaient pas circulé au-delà de l'équipe. Quand Julianne débarqua dans le paysage à l'automne 1984, tout le monde la prit pour une lubie passagère. Aussi, en apprenant que Bruce voyagerait avec sa petite amie officielle sur la partie asiatique de la tournée au printemps 1985, certains membres du staff supposèrent qu'ils pourraient ainsi économiser une chambre d'hôtel pour le groupe. « Je sais que j'ai été surpris quand il est arrivé au Japon avec quelqu'un d'autre que Patti », dit Marsh.

Pourtant, lorsqu'il songea à s'engager dans une relation durable, quelque chose poussa Bruce dans une direction différente. Sans doute que la beauté, la chaleur et l'intelligence de Julianne avaient leur propre pouvoir magnétique. Et la perspective de vivre une histoire d'amour avec la dernière recrue du E Street Band, ajoutant cela à l'alchimie déjà complexe du groupe tout en déclenchant l'hystérie des tabloïds, n'était peut-être pas très enviable. C'est ainsi qu'arriva Julianne, le mariage et ces trois années dans lesquelles quasiment tout le monde voyait la manifestation d'une relation tendre et affectueuse. Quand Julianne avait accompagné Bruce sur les premiers concerts de la tournée *Tunnel* fin février-début mars, les gens avaient été impressionnés de les voir aussi détendus et heureux ensemble. Mais la réalité était autre.

Les deux membres du couple furent à l'époque et restent encore muets sur les rouages internes de leur mariage. Se confiant à Nick Dawidoff au milieu des années 1990, Bruce dit simplement : « Juli est l'une des plus belles personnes que j'aie jamais rencontrées. Mais on était très différents et je me suis rendu compte que je ne savais pas être un homme marié. » Quand on l'interroge aujourd'hui, Bruce rétorque par une question : « Est-ce que Juli vous a parlé ? » Comme on lui répond que, pour ainsi dire, non, il se contente d'évoquer les forces de son ex-femme et ses propres faiblesses : « Les émotions que j'ai découvertes en moi en essayant d'avoir une vie d'adulte avec une compagne et de faire en sorte que ça marche m'ont révélé des tas de choses que j'avais évitées et pas voulu affronter jusque-là », dit-il, sans s'étendre davantage. Julianne lui retourne l'amabilité. « J'ai toujours été très pudique sur ma vie privée, explique-t-elle. La seule chose que je veux bien dire, c'est que cette période a été pour moi un moment incroyable de maturation personnelle et d'introspection. Et ça, j'en serai toujours reconnaissante à Bruce. » Ce qui est remarquablement gracieux de sa part vu la vitesse et la légèreté avec lesquelles Bruce passa à l'étape suivante de sa vie.

Dès que Bruce se montra en coulisses sans son alliance, Patti et lui arrêtèrent de cacher leurs sentiments au reste de l'équipe. Ils s'enlaçaient dans les loges, s'asseyaient côte à côte dans l'avion qui les menait d'un concert à l'autre. Vu qu'ils n'avaient pas été prévenus officiellement de la séparation, Tallent et sa petite amie furent choqués le jour où ils tombèrent sur Bruce et Patti qui s'embrassaient à bord du jet. « Ma copine m'a fait : "C'est quoi ce délire ?" et je n'ai vraiment pas su quoi lui répondre. » Mais la nouvelle resta plus ou moins confidentielle jusqu'à la fin de la tournée américaine le 23 mai et les premières dates en Europe. Mi-juin, toute la troupe arriva à Rome.

Il faisait un temps radieux, le ciel était bleu azur et le balcon de leur chambre d'hôtel irrésistible lorsque Bruce et Patti se réveillèrent le matin du 15 juin et sortirent admirer la vue. Grisés par le soleil et leur amour naissant, ils s'enlacèrent en contemplant les toits de la Ville éternelle... sans se douter qu'un photographe attentif, un professionnel au pays où fut inventé le terme *paparazzi*, les épiait à travers son viseur. *Clic clic clic.* Ils étaient maintenant allongés, cocktails à la main, sur la même chaise longue au bord de la piscine. *Clic clic.* Ces photos firent la une des journaux à travers toute l'Europe et les États-Unis, et le 17 juin Jon Landau Management publia une déclaration reconnaissant que Bruce et Julianne s'étaient séparés. Le lendemain, Bruce et Patti officialisèrent la rumeur en se promenant bras dessus, bras dessous dans Paris sous les yeux d'une nuée de journalistes et de photographes français.

Sur le moment, avec le souvenir du mariage de Bruce et Julianne encore si frais dans les esprits, la preuve en images de son infidélité frappa aux fondements de l'intégrité morale qu'il semblait incarner sur scène. Que cette saine vision de lui ne soit que le dernier de ses avatars en plus de vingt ans de croissance, de changement et de quête d'identité ne semblait avoir aucune importance. La grande majorité des médias populaires ne connaissaient Bruce que depuis qu'il avait endossé ce personnage de héros propre sur lui de la classe ouvrière. Étiqueté comme tel, il était censé se comporter en conséquence. La première vague de gros titres fut aussi cinglante qu'on peut l'imaginer. Les amis de Julianne montèrent au créneau pour défendre leur proche légitimement blessée. Mais vu la dignité de sa réaction (en gros, se refusant à tout commentaire public, à part une interview axée exclusivement sur sa carrière au magazine *Us* en août, suivie de plus de vingt ans de silence), et peut-être le présage annonciateur dans quasiment toutes les chansons clés de *Tunnel of Love*, le scandale s'essouffla vite. Comme l'expliquait David Hinckley dans le *Daily News*, de nombreux fans acceptèrent la liaison extraconjugale de Bruce, non comme un signe de perfidie ou d'hypocrisie, mais de sa condition d'être mortel. Et si l'argument du « ça l'humanise » sentait un peu la justification de la part de son public masculin, une analyse plus poussée de son œuvre – depuis l'époque des Castiles et la face B « That's What You Get » – mettait en évidence que les tiraillements conflictuels entre le péché et la grâce n'avaient jamais laissé son âme en paix.

Rien de tout ça ne légitime de mal se conduire, peu importe envers qui. Mais il était (et il demeure) impossible d'accuser

Bruce de violer un quelconque code éthique qu'il aurait prescrit à autrui dans le texte de ses chansons puisque le vrai combat que livraient ses personnages avait presque toujours lieu à l'intérieur d'eux-mêmes. Quasiment tous les hommes apparaissant sur *Tunnel of Love* comme sur les faces B et les morceaux éliminés enregistrés pendant ces sessions avaient une sorte de double maudit qui hurlait à leur porte. « Quand je me regarde je ne vois pas / L'homme que je voulais devenir », chantait-il (« *When I look at myself I don't see / The man I wanted to be* ») dans l'auto-flagellateur « One Step Up », où un mari malheureux et paumé fait de l'œil à une fille en face de lui au comptoir d'un bar. Comme Bill Horton de « Cautious Man », dont les mains tatouées s'efforçaient de réconcilier les forces opposées de l'amour et de la peur, Bruce ne pouvait que lever les poings en espérant ne blesser personne d'autre autant que lui-même.

« Mais, bien sûr, ce ne fut pas le cas, dit-il. Je n'ai pas protégé Juli. J'aurais dû faire une sorte d'annonce officielle, mais j'étais trop inquiet pour ma propre intimité. J'ai mal géré tout ça et je m'en veux encore. C'était cruel pour les gens de l'apprendre de cette façon. »

Loin de chez lui, libéré des chaînes de la colère ou de la culpabilité qu'il avait pu traîner pendant les derniers mois de son mariage, Bruce débeula sur les scènes européennes avec un appétit retrouvé pour le rock sans retenue. Au cours des dernières semaines de la tournée américaine, il avait déjà remplacé le romantique « Be True » par le très viril « Boom Boom », sur lequel le saxophone de Clemons achevait d'enfoncer les portes que la guitare de Bruce avait déjà largement fissurées. Un torride « Because the Night » enflamma le second set du premier show européen à Turin tandis que les morceaux phares de la tournée américaine qu'avaient été « Bobby Jean », « The River » et « Downbound Train » revinrent en force dans la playlist au cours des deux semaines suivantes. À Munich, le 17 juillet,

Bruce lança « Badlands » sur un coup de tête et fut si électrisé par la réaction du public, bras en l'air, qu'il en fit le morceau d'ouverture lors du concert d'après, le surlendemain, suivi immédiatement de « Out in the Street », et un peu plus tard de « The Promised Land », un autre incontournable qui avait été mis à l'index. Ce qui pourrait passer pour une sorte de capitulation conceptuelle si ce n'est que ce show du 19 juillet avait lieu à Berlin-Est, juste de l'autre côté de ce mur qui incitait tant de pays à se considérer mutuellement comme des ennemis.

Déjà conscients que les peuples d'Europe de l'Est étaient en train de s'affranchir du joug de l'empire soviétique, Bruce et Landau avaient imaginé l'impact que pourrait avoir un gros concert de rock sur ces populations avides de liberté. Landau demanda à l'organisateur de la tournée de voir si le gouvernement est-allemand autoriserait un grand show gratuit de son côté du mur. L'idée plut beaucoup aux officiels, surtout que Bruce avait des origines prolétaires et des sympathies apparemment anticapitalistes. Le concert fut programmé au vélodrome de Weissensee et les dirigeants communistes empruntèrent son scénario à Ronald Reagan en intégrant Bruce de force dans leurs manœuvres politiciennes. Alors que la guerre faisait rage entre le gouvernement socialiste du Nicaragua et les rebelles soutenus par les Américains (les Contras), les Allemands de l'Est baptisèrent ce show retransmis à la télé nationale « Concert pour le Nicaragua ». Et même si Bruce n'approuvait pas la guerre par procuration de Reagan contre le gouvernement du président nicaraguayen Daniel Ortega, il n'avait pas non plus l'intention de laisser les Soviétiques lui faire brandir un drapeau rouge.

Devant cent soixante mille Berlinois et bien plus de téléspectateurs est-allemands, Bruce et ses musiciens entrèrent sur scène avec autre chose en tête que les intrigues amoureuses du moment. Entre « Badlands », « Out in the Street », « The Promised Land », « War », « Born in the U.S.A. » et le premier arrangement de « Born to Run » avec le groupe au complet depuis 1985, le concert fut une sorte de manifeste du droit fondamental à la liberté. Afin de faire passer son message – et de réfuter la tentative de récupération des dirigeants –, Bruce rédigea (puis fit traduire phonétiquement par son chauffeur allemand) une déclaration où il se démarquait de tout gouvernement ou système politique : « Je suis ici pour jouer du rock'n'roll aux Berlinois de l'Est, dans l'espoir qu'un jour tous les murs tomberont. » Du moins, c'était le plan jusqu'à ce qu'il y ait des fuites sur le contenu de son message et que, paniqué, l'organisateur ouest-allemand le supplie de remplacer « murs » par le moins offensif « barrières ». Bruce accepta la modification, mais s'il prit des gants à ce moment-là, sa reprise du « Chimes of Freedom » de Bob Dylan juste après (dans l'arrangement des Byrds, avec des chœurs et des solos de guitare stridents) ne faisait aucun mystère de son apologie de la liberté.

« Je crois que c'est le record du plus gros concert de tous les temps en Europe », dit Landau. Le show rappelait également la récente annonce indiquant que Bruce partagerait la scène avec, entre autres, Sting, Peter Gabriel, la folk star montante Tracy Chapman et le chanteur sénégalais Youssou N'Dour pour une tournée mondiale de vingt dates baptisée *Human Rights Now!* et destinée à collecter des fonds et sensibiliser l'opinion publique en faveur d'Amnesty International. Le soutien de Bruce à cette organisation était teinté d'une charge politique très claire, vu les liens qu'elle entretenait avec les gouvernements et les groupes de gauche à travers le monde. Cette tournée de six semaines aux quatre coins du globe – avec des étapes en Afrique, Europe, Asie, Inde, Amérique centrale, du Sud et du Nord – déclencha moins de polémique sur son passage qu'au siège de CBS, où le président, Walter Yetnikoff, entra dans une rage folle en apprenant que Bruce s'était engagé auprès d'Amnesty.

Aujourd'hui, Yetnikoff admet que sa réaction était surtout due aux sautes d'humeur de sa nouvelle abstinence, mais ce fervent supporter du gouvernement israélien gardait (et garde encore) une dent contre Amnesty en raison de ses dénonciations des violations des droits de l'homme commises par l'État juif. « Alors j'ai appelé Landau et je lui ai dit que j'étais furax et il m'a répondu : "Tu ferais mieux de ne pas aborder ces histoires de politique avec Bruce." » Landau proposa d'amener au siège de CBS le directeur d'Amnesty, Jack Healey, pour qu'ils puissent en discuter tous ensemble, mais à partir de là Yetnikoff arrêta de prendre Landau au téléphone. « Est-ce que j'ai dit que j'avais raison ? précise Yetnikoff. J'étais dans mon propre trip narcissique à la con. Je n'avais pas raison, et je me suis sans doute trompé de combat. Mais j'avais pas mal de problèmes à l'époque. » Déjà fragilisé au sein du conseil d'administration de CBS, le dirigeant au sang chaud perdit encore des soutiens lorsque Bruce et Landau prirent publiquement leurs distances avec lui. Yetnikoff finit par être poussé vers la sortie en 1990.

Pour Bruce et le E Street Band, cette tournée Amnesty représentait un changement de rythme vivifiant. Les musiciens apprécièrent l'esprit de camaraderie qui liait tous les artistes et leurs groupes – dans un contraste flagrant avec la distance que Bruce avait gardée avec eux tout au long de la tournée *Tunnel* –, et le fait de pouvoir visiter des villes, des pays et des continents dans lesquels ils n'avaient jamais mis les pieds, encore moins joué, fut une expérience marquante pour tout le monde. « C'est la tournée que j'ai préférée, me confia Clarence Clemons. Quand on est allés en Afrique, tout le public était noir. C'était la première fois que je voyais plus d'un Black aux concerts de Bruce. Les gens étaient tous habillés de rouge ou de jaune vif, les jacarandas faisaient des fleurs violettes, et moi, je me disais : "Ouah ! Des arbres violets et pas un seul Blanc ! On doit être au paradis !" »

Bruce eut lui aussi son lot de révélations, et toutes ne venaient pas de sa nouvelle prise de conscience à propos de la planète et de ses peuples. Ayant l'occasion de passer du temps avec d'autres stars aussi créatives et populaires que lui, il se lia particulièrement d'amitié avec Sting, avec qui il avait en commun des origines prolétaires et une relation conflictuelle avec son père. « Bruce et moi, on s'en est sortis, raconte Sting. Mais, malgré le succès, tu restes toujours sur ta faim, ce qui est plutôt une bonne chose. La complaisance, ou même le bonheur, c'est vraiment un concept bovin. Ce qui est intéressant, c'est qu'on se bat tous les deux pour comprendre ce que c'est que ce putain de truc. » Sting avait quitté Police et remporté coup sur coup deux triomphes en solo avec *The Dream of the Blue Turtles* et *Nothing Like the Sun*. Peter Gabriel avait lui aussi connu de nouveaux sommets artistiques et commerciaux depuis son départ de Genesis en 1975. Alors que la tournée avançait et que Bruce avait l'occasion d'observer Sting et son nouveau groupe à l'œuvre, le musicien britannique sentait naître chez l'Américain une fascination grandissante à son égard. « Bruce regardait notre groupe – Branford Marsalis et toute une bande de musiciens incroyables – et il était évident qu'il était tenté de faire la même chose, de travailler avec de nouvelles personnes. »

Ce que vit Bruce confirma sa conviction que le moment était venu de reprendre son indépendance. D'avec les ombres du passé, d'avec les relations qui l'avaient toujours défini, d'avec les images, les sons et les riffs qui étayaient son existence depuis l'enfance.

Même en y ajoutant les concerts Amnesty à l'automne, la tournée *Tunnel* de 1988 était la plus courte qui suivait la sortie d'un album depuis les cinq mois post-*Born to Run* en 1975. De retour chez lui à la mi-octobre, le temps commença à se rafraîchir. Dans le numéro de décembre du magazine *Esquire* parut un long article destiné à déconstruire la réputation de Bruce sur tous les plans imaginables. Avec une illustration de couverture sardonique représentant Bruce sous les traits d'un saint catholique et pour titre « Saint Boss » (sous-titre :

« La gloire a-t-elle crucifié Bruce Springsteen[3] ? »), ce papier
de plus de sept mille mots commençait par une interminable
et méandreuse dissertation de John Lombardi sur un phénomène prétendument nouveau qu'il appelait « la branchitude
de masse » – par exemple la culture populaire –, puis se transformait en un exposé mal informé sur la vie et la carrière de
Bruce, culminant avec le récit d'un concert gâché par le fait que
le passe de Lombardi pour accéder aux coulisses ne lui permettait cependant pas d'utiliser les toilettes du groupe. Redirigé
vers les toilettes publiques du hall par deux agents de sécurité,
l'auteur prenait sa revanche en citant des paroles de fans visiblement choisis parmi les plus demeurés. L'article se concluait,
de façon assez inexplicable, par une analyse de la célèbre sexo-
logue Dr. Ruth Westheimer. « Bruce est un monument national,
disait-elle. C'est ça, l'Amérique ! »

L'article en lui-même est moins intéressant que la tendance
hostile qu'il révèle. Après des années où il s'était présenté
comme le dernier vrai disciple du rock et où les médias
l'avaient dépeint comme un parangon de vertu morale et musicale, Bruce se retrouvait perché sur un piédestal trop haut pour
lui. Que vous les aimiez ou pas, ses chansons n'étaient plus le
problème. C'était maintenant une histoire d'image et de story-
telling. Et même si Bruce avait certainement contribué à – et
bénéficié de – son aura de super héros, il savait aussi que c'était
un piège. Les dons à la banque alimentaire, les collectes de
fonds pour les vétérans et les nombreux contes sur les déshérités qu'il avait écrits mettaient la barre trop haut. S'il avait
donné tant d'argent à une cause, pourquoi s'arrêtait-il là ?
Comment pouvait-il critiquer l'égoïsme de n'importe quel autre
millionnaire quand la taille de sa propre fortune aurait pu faire
perdre sa moustache au monsieur du Monopoly ? Tout ce bla-bla
sur la foi et la vertu de la part d'un type qui s'était fait prendre

3. Réponse implicite : pas encore, mais lisez la suite.

en flagrant délit d'adultère sur un balcon romain! Et, pire, comment Bruce pouvait-il défendre les droits des travailleurs quand les gens qui travaillaient pour lui affirmaient *qu'il* avait violé leurs droits?

Une seconde. *Pardon?*

Noyée dans le flot polémique de Lombardi, il y avait une seule vraie info. Deux anciens employés de Bruce, Doug Sutphin et Mike Batlan, avaient porté plainte en déclarant, entre autres, que Springsteen Inc. avait enfreint le droit du travail concernant le paiement des heures supplémentaires. Et encore, ce qui dans leur déposition était réellement passible de poursuites paraissait moins choquant que les allégations sur l'habitude qu'avait Bruce de mettre des amendes aux employés qui le décevaient, par exemple quand Sutphin avait dû payer cent dollars pour avoir touché la guitare de Nils Lofgren ou quand Batlan prétendait qu'on lui avait retenu plus de trois cents dollars sur son salaire après qu'une tempête avait emporté un des canoës de Bruce. De même, racontaient les plaignants, l'intendante Obie Dziedzic avait dû puiser sur ses deniers durement gagnés le jour où elle était arrivée en retard avec le sandwich et la soupe de Bruce avant un concert. *La déduction à la source de la soupe royale!* Pas un crime punissable, certes, mais l'amende la plus injuste de Bruce serait jugée par le tribunal de l'opinion publique.

Batlan avait démissionné et Sutphin fut remercié à la fin de la tournée *Born in the U.S.A.*, tous les deux empochant des indemnités à six chiffres qui équivalaient à environ deux ans de leurs salaires à plus de cinquante mille dollars l'année. Sur le moment, leur départ avait paru bien se passer, avec, comme s'en souvient Bruce, « des étreintes et des poignées de main dans tous les sens ». Tout le monde mena sa petite vie pendant les deux années suivantes, jusqu'à ce que Batlan et Sutphin engagent des poursuites devant le tribunal du comté de Monmouth. Difficile de savoir s'ils comptaient aller jusqu'au procès ou s'ils espéraient que Bruce mettrait la main à la poche pour s'éviter un cauchemar médiatique. Quoi qu'il en soit, on ne pouvait ignorer la charge émotionnelle qui sous-tendait la plainte et qui remontait en fait à l'époque où Batlan avait rejoint la bande en 1973, quand Bruce et ses musiciens gagnaient encore trente-cinq dollars par semaine et que Mike Appel devait jongler entre les chèques pour continuer à faire tourner la machine. Bruce avait alors vingt-quatre ans et faisait souvent de grands discours en déclarant que tous les membres de son organisation faisaient partie de la famille et que, lorsqu'il aurait décroché le jackpot, il s'assurerait que les autres aient aussi leur part du gâteau. Quant à savoir si ce genre de déclaration peut ou doit être considéré comme un engagement juridique quinze ans plus tard, c'est une question intéressante.

Cela dit, certains membres du staff de Bruce compatirent au sentiment d'injustice de Batlan. Car si Bruce était rentré chez lui après la tournée *Born in the U.S.A.* à la tête d'une fortune colossale, après douze ans de bons et loyaux services, Batlan n'avait toujours pas d'apport pour s'acheter une simple maison familiale. Quand il s'adressa directement à Bruce pour lui rappeler ses promesses antédiluviennes, son patron autrefois si généreux l'ignora. Du moins à ce qu'en dit Batlan. Mais, lorsque l'ancien batteur Vini Lopez, qui s'était fait virer des années avant qu'ils commencent à voir venir l'ombre d'un centime, fut contacté pour raconter dans une déposition ses souvenirs des garanties orales de Bruce, il réfuta aussitôt les revendications de Batlan. « Arrête tes conneries, dit-il. Et ne me pose pas de questions [au tribunal], parce que je te donnerai les réponses, putain. »

Finalement réglée à l'amiable pour un montant confidentiel que la rumeur évalue à environ trois cent vingt-cinq mille dollars, l'affaire laissa un goût amer à Bruce. « J'avais travaillé longtemps avec ces deux gars et je pensais vraiment avoir fait ce qui fallait, confia-t-il à David Hepworth en 1992. Et puis un an plus tard, bam ! » Poursuivant son raisonnement avec Jim Henke dans

Rolling Stone cette même année, Bruce faisait remarquer que la majorité des membres de son staff avaient tendance à lui rester fidèle pendant des années, voire des décennies. «Mais il suffit d'une personne mal lunée ou mécontente, et c'est ça que tout le monde a envie d'entendre. On commence à rouler le tambour... Mais, en dehors de ça, ben... si vous avez passé autant de temps avec quelqu'un et qu'il y a un malentendu aussi profond, vous le vivez forcément mal.»

Il fut (et il est encore) impossible de connaître les pensées, sentiments et/ou regrets de Sutphin et Batlan concernant ce procès: en contrepartie de leurs trois cent vingt-cinq mille dollars, ils signèrent une clause par laquelle ils s'engageaient à ne jamais prononcer le moindre mot en public sur cette affaire, sur Bruce ou sur ses entreprises, et ce «jusqu'à la fin des temps», comme on prétend qu'il était précisé dans le document juridique.

Avec l'enchaînement de l'album en 1987 et de la tournée en 1988, plus les débuts électriques de son histoire d'amour avec Patti désormais derrière lui, Bruce se retrouvait une fois de plus à la dérive. Une fois de plus, les plaisirs quotidiens de la vie ordinaire le laissaient indifférent. Et encore une fois, les mêmes démons qu'avant l'entraînaient vers les ténèbres. «J'avais des tas de projets, mais quand on est rentrés à la maison, j'ai juste tourné en rond», dit-il à Henke. La tentative de s'installer dans la maison de Rumson se heurta à la présence fantomatique de Julianne et des autres spectres de son passé récent. Bruce et Patti essayèrent un appartement à New York, mais le côté renfermé le faisait se sentir à l'étroit, lui qui avait grandi dans une petite ville: pas assez d'espace pour bouger, pas de voiture en bas de chez lui et beaucoup trop de bouchons pour pouvoir circuler même s'il en avait une. «J'étais perdu, dit-il. Et ça a duré environ un an. Quelque part entre la prise de conscience et le passage à l'acte, j'étais en train de me noyer. J'étais pétri de peur. Je tenais à peine le coup. Je nous rendais la vie globalement désagréable.

Alors à un moment, avec Patti, on s'est dit : "Et merde, si on partait à LA ?" »

Installé dans une maison sur le haut des Hollywood Hills, Bruce se prépara à donner une nouvelle chance à sa vie domestique. « Je savais que ça allait être difficile pour moi parce que j'avais tellement de liberté personnelle, dit-il. Je ne connaissais même pas le langage du couple. Je ne connaissais pas les comportements de base, genre, par exemple, quand tu ne rentres pas, c'est sympa de prévenir. Ça faisait vingt ans que je ne prévenais jamais personne. Donc, il y avait un million de petits trucs auxquels j'avais du mal à m'adapter. Je suis sûr que c'est la même chose pour plein de gens. Mais j'ai voulu essayer, donc j'imagine que j'étais prêt, aussi prêt qu'on peut l'être. En fait, j'essayais depuis mes trente ans, finalement. » Ce qui lui facilitait la tâche, poursuit-il, c'était que Patti aussi avait passé toute sa vie d'adulte dans le monde du rock. « Elle aussi, elle était complètement décalée ; ce truc conjugal était un peu nouveau pour elle aussi. C'est peut-être pour ça que ça a marché. C'était un peu bizarre pour nous deux, et on se disait : "Comment on va faire pour inventer ça ensemble ?" »

La brise californienne finit par adoucir le cœur impénétrable de Bruce. Perché au-dessus de cette ville d'illusion et de réinvention, les liens du passé ne paraissaient plus aussi contraignants.

« Les gens sont toujours venus dans l'Ouest pour se retrouver ou se recréer d'une manière ou d'une autre, confia-t-il à David Hepworth. Souvent de façon dévoyée, mais la matière brute est là. » Cela dit, quand il parut évident à Bruce – et peut-être surtout à Patti – que ses blessures psychiques ne s'évaporeraient pas au soleil de Los Angeles, il s'orienta vers la psychothérapie. « Je savais que j'avais dû passer huit heures par jour avec une guitare dans les mains pour apprendre à en jouer, expliqua-t-il à Jim Henke. Maintenant il fallait que je consacre autant de temps à retrouver ma place. » Dépassant les symptômes superficiels de son malaise, Bruce plongea aussi profond qu'il le put. « J'ai foncé en moi-même et je me suis vu comme j'étais vraiment. J'ai questionné toutes mes motivations. Pourquoi j'écris ce que j'écris ? Pourquoi je dis ce que je dis ? Est-ce que c'est du pipeau ? Est-ce que j'essaie juste d'être le mec le plus populaire du coin ? J'ai questionné tout ce que j'avais fait jusque-là et c'était bien. »

Les progrès étaient lents, mais il y en avait. De retour dans le New Jersey à l'été 1989, Bruce fit la tournée des clubs, tapant le bœuf avec n'importe quels vieux copains, connaissances ou amis de circonstance qui se trouvaient sur scène à ce moment-là. Ces frasques estivales atteignirent leur apogée le 23 septembre lorsque Bruce fêta ses quarante ans au bar Rum Runner de son copain Tim McLoone à Sea Bright. Avec une salle remplie d'amis et sur l'estrade autour de lui le E Street Band au grand complet – y compris Steve Van Zandt –, Bruce aborda cet anniversaire charnière avec beaucoup plus d'aplomb que ses trente ans une décennie plus tôt. Il joua avec son groupe une longue liste de vieux standards et de raretés du rock, puis se lança dans une version déchaînée de « Glory Days » en brandissant le poing au nez du temps qui passe. « Je dédie cette chanson à, à... à *moi* ! J'ai peut-être quarante balais, mais merde, je suis encore beau gosse ! » Bruce attaqua les premiers accords, Van Zandt et Lofgren le suivirent, bientôt rejoints par Bittan et Federici, et ils serrèrent tous les rangs derrière Bruce qui menait la marche vers les gloires du passé et cette envie naturelle de recréer des moments qu'on ne pourra plus jamais revivre. « Les jours de gloire, ils défileront devant toi, chantaient-ils tous ensemble. Les jours de gloire, dans le clin d'œil d'une jeune fille, les jours de gloire. » (« *Glory days, well they'll pass you by / Glory days, in the wink of a young girl's eye / Glory days.* »)

22
Allez-y, balancez l'hostilité, j'encaisse

L e 18 octobre 1989, Bruce prit son répertoire téléphonique et s'attela à une tâche qu'il avait à la fois redoutée et attendue pendant près de dix ans : celle de dissoudre le E Street Band. « Je crois qu'on s'était un peu enlisés dans nos relations, il y avait aussi ça, dit-il. Les relations étaient devenues pesantes, peut-être à cause de la codépendance, je ne sais pas. Et sans doute que ça agaçait tout le monde. J'avais besoin d'un break, de faire d'autres choses, comme de jouer avec d'autres musiciens, ce qui ne m'était pas arrivé depuis longtemps.

« Alors j'ai appelé les gars un par un et je leur ai parlé du mieux que j'ai pu. Je n'ai jamais considéré que le groupe était mort, *kaput*, fini. C'était plutôt un coup de fil pour dire : "Je vais faire autre chose et pour le moment vous n'allez pas en faire partie." Et c'était très dur, à la fois pour eux et pour moi. » Le pressentiment que Max Weinberg et les autres avaient eu lors du dernier concert de la tournée mondiale triomphale de *Born in the U.S.A.* se confirmait à la lettre.

« C'est juste que je ne savais pas quoi faire de plus avec le groupe, explique Bruce. On semblait avoir atteint l'apogée de ce qu'on essayait de dire et de faire ensemble. »

Certains eurent moins de mal à l'accepter que d'autres. Tallent, par exemple, remarqua qu'il n'y avait précisément rien de définitif dans ce que disait Bruce. « Il n'a jamais dit qu'il dissolvait le E Street Band, raconte-t-il. C'était plutôt du genre : "Je voulais te prévenir que pendant quelque temps je vais faire d'autres trucs, et donc tu es libre de faire d'autres trucs aussi."

C'était un appel de courtoisie pour nous informer qu'on était libres de suivre n'importe quel chemin qui nous semblait intéressant. Donc, ça m'a paru plutôt sympa et élégant de sa part. » Lofgren, qui avait commencé sa carrière de musicien accompagnateur auprès de l'imprévisible Neil Young, ne broncha pas. « Il faut se rendre compte que ce mec avait passé toute sa vie à jouer avec les sept mêmes personnes, dit-il. Ils ont beau être bons, à un moment vous avez envie de jouer avec d'autres gens, d'essayer des choses différentes. »

Weinberg l'avait vu venir. « Il fallait être complètement aveugle pour ne pas s'apercevoir que des changements majeurs se préparaient. » Mais la nouvelle était quand même « horriblement déprimante », ne serait-ce que parce que, quelques semaines plus tôt, Bruce avait mentionné comme ça, en passant, qu'il avait écrit de nouvelles chansons et qu'il pensait réunir le groupe pour commencer des sessions en janvier 1990. Mais alors Weinberg avait appris en lisant *Rolling Stone* que Bruce était déjà retourné en studio afin d'enregistrer une version exubérante de « Viva Las Vegas » pour un album en hommage à Elvis Presley, accompagné par une tripotée des plus grands musiciens de studio de Los Angeles. Au téléphone, Bruce le supplia de ne pas le prendre personnellement. « C'est juste quelque chose que je sens que j'ai besoin de faire artistiquement parlant. » Percevant le choc dans la voix de son batteur, Bruce fit ce qu'il put pour le réconforter. « Je sais que ça va faire mal, dit-il. Mais un jour tu te rendras compte que c'était le bon choix. »

Clarence Clemons reçut l'appel au Japon, où il était, avec Lofgren, sur la tournée du premier All-Starr Band de Ringo Starr. Dans le souvenir de Clemons, Bruce lui avait paru si naturel qu'il avait pensé que c'était pour reconvoquer le E Street Band. « J'ai décroché et je l'ai entendu dire : "Salut, Big Man !" J'ai répondu : "Salut, Boss !" Et il m'a fait : "Bon, on arrête tout." J'ai dit : "Ah bon, OK", parce que je croyais qu'il me demandait d'arrêter avec Ringo pour revenir à New York et rentrer en studio ou recommencer une nouvelle tournée. » Le saxophoniste lui assura qu'il serait de retour le plus vite possible, mais alors Bruce le corrigea. « Il m'a dit : "Nan, nan, nan. J'arrête le groupe." » Bruce se rappelle avoir longuement parlé avec Clemons. « J'avais pris des gants pour lui annoncer ce que je savais qu'il prendrait comme une très mauvaise nouvelle. » Mais Clemons était déjà hors de lui, hésitant entre la surprise, le chagrin et l'envie soudaine de réduire en miettes sa chambre d'hôtel. Tellement d'années sur la route, tellement de sacrifices, les milliers d'heures passées à attendre que Bruce entende exactement le son qu'il voulait dans les enceintes du studio d'enregistrement. « Et je me disais : "Tout ça pour ça ? Une vie entière dévouée à ce groupe, à cette situation, à cet homme, à ce en quoi il croit, et je suis à l'étranger et je reçois un putain de coup de fil ?" » Heureusement, il était en compagnie de Ringo Starr, qui avait lui-même vécu une rupture traumatisante avec l'implosion des Beatles en 1970. Et finalement Clemons ne mit pas très longtemps avant d'accepter simplement ce changement pour ce qu'il était : « Quelque chose au fond de ma psyché me disait : "Ce n'est pas grave. Il reviendra. Parce que rien d'aussi grand ne peut être complètement détruit. Rien de ce que la divinité a créé ne peut être balayé. Ça va revenir." »

Juste avant Thanksgiving 1989, Bruce et Patti apprirent qu'elle était enceinte de leur premier enfant. Un fils, Evan James, naquit le soir du 24 juillet 1990. Dans la salle d'accouchement, Bruce fut envahi d'un élan d'émotion qui vint se fracasser sur cette partie de lui-même qu'il gardait verrouillée depuis qu'il était assez grand pour avoir appris à se protéger. « Je n'étais pas loin d'un sentiment de vrai amour, pur, inconditionnel, sans plus aucune barrière de défense, raconta-t-il à David Hepworth. Tout à coup, ce qui se produisait était tellement immense que ça a pulvérisé toute la peur l'espace d'un instant et je me suis senti submergé. Mais j'ai aussi compris pourquoi ça faisait si peur. Quand ce monde d'amour déferle en vous, il y a un monde de peur qui déferle avec. » C'était un moment que Bruce avait imaginé, décrit et chanté pendant des années. « Depuis cinq ans, ma musique traite de ces questions quasi primitives. Ça parle de quelqu'un qui traverse ce monde de peur pour pouvoir vivre dans le monde de l'amour. »

Bruce et Patti officialisèrent leur union lors d'un mariage dans l'intimité au printemps suivant, et leur fille Jessica Rae vit le jour le 30 décembre 1991. « J'ai dû changer mes vieilles attitudes et laisser pas mal de peurs derrière moi », confia Bruce à Edna Gundersen pour *USA Today* en 1995. Il disait qu'avoir une famille était « la naissance de [sa] seconde vie ».

Non pas qu'il ait réussi à se débarrasser de toutes les ombres qui planaient. Installés à Los Angeles, Bruce et Patti étaient à une heure d'avion de la maison qu'il avait achetée à ses parents à Belmont, une charmante banlieue résidentielle à dix minutes au sud de San Mateo. Bruce adorait la compagnie de sa mère, mais la perspective de voir son père lui mettait toujours les nerfs à fleur de peau. « Même adulte, il avait du mal avec Doug, raconte Shelley Lazar, qui travaillait sur ses tournées depuis longtemps et était devenue une amie proche à la fois de Bruce et de Patti. Il était toujours un peu plus tendu que lorsqu'il était chez lui. Je ne sais pas si c'était de l'intimidation ou tout simplement le respect qu'il avait pour son père. » Dans les premiers temps de son combat contre l'emphysème, la respiration de Doug devint laborieuse et sa santé vacillante. « Bruce savait que Doug était son père et qu'il n'allait pas bien. »

La colère entre les deux hommes s'était largement atténuée, à la fois grâce au passage du temps et à d'autres développements plus inattendus. Doug avait fait une attaque en 1979, et c'était comme si de nouveaux branchements avaient reconnecté la partie de sa personnalité qui l'empêchait jusque-là de partager ses émotions. « Après ça, il ne pouvait plus rien cacher, raconte Pam Springsteen. Il suffisait de mentionner le nom d'un de ses enfants pour qu'il éclate en sanglots. On voyait bien ce qui comptait le plus pour lui. C'était devenu quelqu'un d'incroyablement vrai. Pas de faux-semblants, pas de masque. Et tout le monde l'adorait. »

Cette nouvelle personnalité à cœur ouvert de Doug avait un effet magnétique sur les personnes qui le croisaient. « Il était très sympathique, dit Pam. Il attirait les gens à lui, surtout les femmes. Vous le mettiez dans un avion et en quelques secondes, l'hôtesse était à ses côtés. Et sans qu'il ne fasse *rien*. Il était juste gentil et chaleureux, il avait de la chaleur dans la voix. » Comme Bruce le raconta au journaliste Nick Dawidoff, il était en train de s'installer pour recevoir sa famille dans sa loge après un concert à la fin des années 1980 quand son père le retint par la main. Il voulait que son fils s'asseye sur ses genoux. Décontenancé, Bruce balbutia : « Tu es sûr ? » Doug hocha la tête. Alors Bruce se posa, avec toutes ses années de souffrance, de colère et d'incompréhension, sur les cuisses de son père. Ça ne devait être confortable ni pour l'un ni pour l'autre, physiquement, émotionnellement et tout le reste. Mais ce malaise même en disait long sur l'histoire d'un père vieillissant et de son grand fils qui peinaient toujours à exprimer l'amour qui les avait hantés tous les deux si longtemps. Certaines cicatrices ne guérissent jamais et l'étrangeté de la situation faisait peser une gêne dans la pièce. Mais ils restèrent pourtant assis comme ça un long moment.

L'amour entre les hommes de la famille Springsteen se manifestait peut-être de façon insolite, mais à leurs yeux, ça ne le rendait que plus éloquent. Un jour où Bruce avait son propre fils sur ses genoux quelques années plus tard, Patti remarqua que son mari ne lui lisait pas un seul mot du livre d'images qu'il avait à la main. Au lieu de ça, il le tenait à bout de bras de façon à ce qu'ils puissent le voir tous les deux, puis, après une ou deux minutes de silence, il tournait la page pour qu'ils puissent regarder ensemble l'image suivante.

Intriguée, Patti lui lança : « Mais tu ne le lui *lis* pas ! » Bruce haussa les épaules. « C'est comme ça, dit-il, que lisent les hommes Springsteen. » Le bambin, lui, avait les yeux pétillants. « Evan adorait ça, témoigne Shelley Lazar. Il y avait quelque chose de non verbal qui passait entre eux, c'était très émouvant. »

Environ un mois après les coups de fil fatidiques à ses musiciens, Bruce appela Roy Bittan, le pianiste du E Street Band, pour l'inviter au restaurant. Bittan avait emménagé à Los Angeles quelques mois plus tôt et ils n'habitaient pas très loin, si bien qu'il était facile de prendre la voiture et d'improviser un dîner en ville. Bruce sentait que les rouages internes de sa machine à composer étaient grippés depuis quelque temps et il cherchait l'inspiration. Quand ils revinrent chez Bittan, la conversation s'embraya sur le studio à domicile et le synthé dernier cri que le pianiste s'était fait installer dans son garage. Bruce voulut absolument aller voir et écouter quelques morceaux que son ancien collègue avait enregistrés avec cet appareil. « Je l'ai emmené dans mon garage, j'ai tout allumé et je lui ai passé ma démo de "Roll of the Dice", se souvient Bittan. Ça lui a fait un choc. »

Au début, Bruce fut émerveillé par la palette des sons disponibles sur l'installation de Bittan. Quasiment tout ce qu'il entendait – les guitares, la batterie, les percussions, entre autres – avait été si bien simulé qu'il fallait se pincer pour croire que ce n'étaient *pas* de vrais instruments. Et, comme l'explique Bittan, il avait écrit « Roll of the Dice » avec le style de Bruce en tête. « C'était un morceau pour le E Street Band. Il avait le riff, tout. Le glockenspiel, le tambourin, tout le tralala. » Curieux d'en entendre davantage, Bruce écouta encore deux ou trois compositions instrumentales de Bittan. Ce dernier n'avait écrit ni mélodie ni paroles, mais le corps des morceaux était là, ainsi que les riffs principaux et la structure. Bruce était conquis. « Fais-moi une cassette », dit-il. Il repartit chez lui avec le soir même.

À neuf heures et demie le lendemain matin, le téléphone de Bittan sonna. Lorsqu'il décrocha, une voix familière lui aboya un seul mot : « *Hit !* » Bittan reconnut Bruce mais ne comprit rien de ce qu'il voulait dire. « J'ai écrit un hit hier soir », déclara Bruce. Bittan éclata de rire. « Ah, super », dit-il. Bruce lui expliqua qu'il avait passé la nuit à composer sur les instrumentaux que Bittan lui avait confiés à peine douze heures plus tôt et que le pianiste ferait bien de rappliquer dans la minute pour écouter ça. Bittan fonça chez Bruce. À son arrivée, son hôte enclencha la cassette avec laquelle il était reparti la veille en chantant par-dessus les mélodies et les paroles qu'il venait tout juste d'écrire. « Et j'ai fait : "Oh, la vache" », raconte Bittan.

Bruce était dans le même état. Les morceaux de Bittan avaient réveillé sa propre inspiration et la facilité du pianiste à manipuler la technologie numérique (encore un nouveau bond en avant dans l'enregistrement à domicile) lui ouvrait de nouvelles perspectives. Avec une liste de chansons potentielles qui grossissait de jour en jour, Bruce demanda à Bittan s'il accepterait de coproduire son prochain disque. Bittan était partant. « Moi aussi, j'avais reçu le coup de fil de rupture et j'étais aussi dévasté que les autres », dit-il. Alors, si on lui offrait la possibilité de reprendre le train en marche, il n'allait pas refuser. Quand le bruit de cette nouvelle association créative parvint aux oreilles des autres anciens du E Street Band, leurs réactions furent on ne peut plus mitigées. « Je n'en ai pas parlé avec les gars, confie Bittan. Max m'appelait de temps en temps – on avait une relation particulière du fait d'avoir intégré le groupe ensemble. Mais je voyais bien à sa voix que ça lui faisait quelque chose que je travaille avec Bruce. Sincèrement, je ressentais la culpabilité du survivant. C'est comme quand un avion s'écrase et que tout le monde meurt sauf une personne. Je ne pouvais pas m'empêcher de me demander "Pourquoi moi ?" »

La question qui occupait l'esprit de Bruce était plutôt : « Et maintenant ? » Il fit venir Landau de New York, l'accueillit dans son studio et lui joua deux nouvelles chansons – « Roll of the Dice » et « Trouble in Paradise » – en chantant les paroles sur la musique enregistrée. « Il était incroyablement excité par ces deux morceaux et il se trouve qu'ils m'ont beaucoup plu aussi, raconte Landau. Ça nous a remis en selle. » Tout déterminé qu'il fût à lâcher le E Street Band pour de nouveaux horizons, Bruce n'était pas convaincu de vouloir se séparer complètement des gens sur qui il s'était toujours appuyé. L'équipe de production resta donc composée de Springsteen, Landau et Plotkin, avec en plus Bittan élevé au rang de coproducteur. Craignant de retomber dans des tropismes familiers, Bruce établit une règle : Bittan devrait abandonner le piano et s'en tenir aux synthétiseurs et autres claviers électroniques.

Tout commença par une série de démos faites maison avec uniquement l'aide de Bittan et de l'ingénieur du son Toby Scott. Quelques semaines plus tard, ils s'installèrent aux Ocean Way Studios avant de déménager chez Soundworks West, un studio plus connu sous son ancienne appellation de Motown's Los Angeles. N'étant plus lié aux capacités et aux textures du E Street Band, Bruce remonta le cours de sa propre histoire musicale jusqu'aux morceaux soul qui avaient été à l'origine de sa passion pour la musique et de sa manière d'en jouer. Sa panne d'inspiration débloquée, il se remit à pondre plus de chansons qu'il ne pourrait jamais en utiliser. La plupart ne survécurent pas à l'épreuve du tri, mais parmi celles qui restèrent, beaucoup portaient la marque de la psychothérapie tandis que d'autres avaient le langage structuré et résolument optimiste des livres de développement personnel. « Si j'arrive à trouver le cran de te donner tout mon amour / Alors je me sentirai un vrai homme » (« *If I can find the guts to give you all my love / Then I'll be feelin' like a real man* »), déclarait Bruce dans le viril et hâbleur « Real Man ». Son pendant, « Man's Job », reprenait le même sentiment à gros sabots : « Trouver le courage, c'est une affaire d'homme / T'aimer, c'est une affaire d'homme » (« *Gettin' up*

the nerve is a man's, man's job / Lovin' you's a man's job »).
D'autres morceaux abordaient des thèmes plus viscéraux –
le désir sexuel dans « Cross My Heart » et « All or Nothin' at
All »–, mais leurs formules conceptuelles sonnaient bizarrement
comme des directives post-thérapie.

De nouveau convaincu qu'il se trouvait à un tournant crucial
de sa carrière du type « ça passe ou ça casse », Bruce fit traîner
l'enregistrement en longueur. Les sessions se prolongèrent
pendant des mois, un an, et ce n'était pas fini. Désireux à la
fois de se projeter dans l'avenir tout en restant fidèle à l'esprit
authentique qui avait toujours habité sa musique, Bruce, aidé
de son équipe, plaquait le grain de sa voix et le son de sa guitare
sur le fond de synthé et de boîte à rythme qui caractérisait le
hip-hop et la soul des années 1990. Espérant ajouter davantage
d'alchimie humaine à ce mélange, Bruce, Bittan et les autres
convoquèrent une pléiade de musiciens de studio de premier
ordre : Omar Hakim, le batteur de Sting ; Bill Payne, le synthé
de Little Feat ; Ian McLagan, ancien de Faces et longtemps
clavier des Rolling Stones ; Randy Jackson, bassiste et future
star du jury d'*American Idol* ; et, choix étonnant, le pianiste
David Sancious, jadis membre du E Street Band ; et enfin Jeff
Porcaro, champion des batteurs de studio et cofondateur du
célèbre groupe de pop rock Toto. Au bout du compte, le noyau
du groupe fut composé de Bruce, Bittan, Porcaro et Jackson.
Le casting de choristes invités était encore plus impressionnant, incluant Sam Moore de Sam & Dave, Bobby Hatfield
des Righteous Brothers et l'idole de tout auteur-compositeur,
Smokey Robinson. Pourtant l'homogénéité du projet continuait
à leur échapper. « L'ambiance était parfois un peu morose, mais
souvent très excitante, raconte Landau. Je crois que c'était un
moment très délicat pour Bruce. Il essayait de faire un album
rock dans ce nouveau monde qu'était le sien sans le E Street
Band. Je crois qu'il prenait beaucoup de temps pour faire le
travail qu'il faisait et réfléchir au travail à venir. » Dans son rôle

de coproducteur, Bittan le formule plus simplement: «Il n'avait pas de vraie vision de là où il voulait en venir. Et la production en a beaucoup souffert. »

Interrompant les sessions à la mi-novembre 1990 pour partager l'affiche deux soirs de suite avec Jackson Browne et Bonnie Raitt à l'occasion d'un gala de charité au Shrine Auditorium de Los Angeles au profit du Christic Institute, un cabinet d'avocats de droit public, Bruce rompit deux ans d'éloignement de la scène avec des sets qui revisitaient en version solo plus intime des chansons piochées dans toute sa carrière. Ouvrant le premier show avec une invitation au silence («Ça fait un bail que je n'ai pas fait ça, alors s'il vous prend l'envie d'applaudir en cours de route, merci de vous abstenir»), il empoigna une guitare acoustique pour un «Brilliant Disguise» crispé qu'il enchaîna avec un «Darkness on the Edge of Town» sur un tempo accéléré presque fébrile. «Tenth Avenue Freeze-Out» et «Thunder Road» résonnèrent comme les souvenirs lointains d'une jeunesse perdue, posant le décor pour un retour surprise de «Wild Billy's Circus Story», un morceau qu'il n'avait plus joué live depuis le milieu des années 1970. Bruce en revenait aussi au bon vieux temps dans ses introductions, se livrant de façon personnelle comme il l'avait rarement fait en public. À côté d'anecdotes affectueuses sur Patti et les autres artistes invités, il raconta une ou deux de ses histoires à la Flannery O'Connor sur son enfance à Freehold, parla ouvertement de ses séances de thérapie et évoqua avec tendresse le jour où il avait assisté à la naissance de son premier fils, Evan. «On arrive à l'hôpital et moi, je suis là à me dire: "OK, faut pas que je tombe dans les pommes, c'est mon principal souci."» Il marqua une pause, comme s'il se rendait compte de l'égocentrisme de ce qu'il venait de dire. «C'est dégueulasse, hein?»

Il joua aussi cinq nouveaux morceaux pour la première fois, dont le blues comique sur les médias modernes «57 Channels (And Nothin' On)» et une chanson d'amour rockabilly et/ou courrier des lecteurs du magazine *Penthouse*, « Red Headed Woman », qui décrivait distinctement l'enthousiasme de l'auteur à pratiquer le cunnilingus sur sa femme. Ses collaborations avec Bittan, « Soul Driver » et « Real World », la première jouée à la guitare et la seconde au piano, ressemblaient à du Bruce vintage, avec leurs grilles d'accords rock élémentaires servant de solide plate-forme pour des textes intenses décrivant l'amour comme une impasse entre les anges et les « serpents, grenouilles et l'amour en vain » (« *snakes, frogs, and love in vain* ») qui rôdaient dans la forêt. Interprétées par un musicien solitaire uniquement armé de sa guitare et d'une conscience accrue de sa propre psyché, elles étaient chargées de chair et de vécu, le son d'un homme qui commençait tout juste à croire qu'il pouvait se faire confiance pour devenir la personne qu'il voulait être.

De retour en studio début 1991, Bruce explosa les délais pour une sortie au printemps comme ils l'avaient imaginé, ne reprenant son souffle qu'au milieu de l'été quand Bittan, Plotkin, Landau et lui se penchèrent ensemble sur la pile de morceaux enregistrés afin de la réduire à quelque chose qui convienne davantage à la longueur d'un album. Bob Clearmountain vint pratiquer ses rites de mixologie et après que Bruce eut donné au projet le titre provisoire de *Human Touch* – d'après un duo avec Patti sur un amour qui renaît de ses cendres –, ils décrétèrent une pause dans le processus de production.

« Tous les assistants du studio étaient là : "Vous avez fini ! Enfin !" parce qu'on avait l'impression d'avoir commencé depuis des lustres, raconte l'ingénieur du son Toby Scott. Et moi, j'ai répondu : "On n'a pas fini. On s'est juste arrêtés, mais on n'a pas encore fini." » Une semaine plus tard, son téléphone sonna. C'était Bruce. « Il m'a dit : "Hé, Toby, on n'a pas du matos d'enregistrement qui traîne quelque part ? On ne pourrait pas l'installer dans la maison d'à côté ?" » (Bruce venait d'acheter une petite maison adjacente à la sienne qu'il comptait utiliser à la fois pour loger les invités et comme studio d'appoint.) Parti dans l'idée d'écrire un single pour l'album tant attendu, il se retrouva à l'arrivée avec toute une série de nouvelles chansons. « Il se sentait libéré et heureux, explique Plotkin. Le fait d'avoir accouché de *Human Touch* l'avait débloqué et, tout à coup, *bam !* il avait pondu tout un nouvel album en quelques jours. »

Mais aucun de ces morceaux ne semblait pouvoir frayer dans les mêmes cercles chics que les chansons sur lesquelles Bruce avait sué sang et eau depuis plus de deux ans. C'étaient des compositions rugueuses et tendues, des structures façonnées à la main sur des bases de trois ou quatre accords, évoquant une fois de plus son voyage poignant à travers ses propres ténèbres empoisonnées jusqu'au « fragment de lumière éternelle du Seigneur » (« *a little piece of the Lord's undying light* ») qu'il avait aperçu à la naissance de son fils. Les paroles sortaient en vrac, parfois dépassées par la liberté sauvage de leur création. « J'ai pissé sur le doux baiser de la fortune » (« *I took a piss at fortune's sweet kiss* »), clame Bruce dans « Better Days », tandis que le refrain de « Leap of Faith » se contente d'une vague injonction à « faire bouger les choses » (« *to get things going* ») en « se montrant courageux » (« *show some guts* »). Mais ce qui ne se voit pas sur le papier – le feu dans la voix de Bruce, le riche chœur de gospel derrière lui et la joie de la mélodie – l'emporte sur tout le reste, comme dans l'incitation à l'action de « Lucky Town » (qui finira par donner son titre à l'album), le contrit portrait-de-l'artiste-en-célébrité-convalescente de « Local Hero » et la corruption morale de tous les jours décrite dans le monde trouble du folk blues « The Big Muddy », construit sur des accords ouverts, irrésolus, qui soulignent les sables mouvants psychologiques des paroles.

Le tout brut de décoffrage, spontané, prêt à être enregistré de la même façon exubérante que la musique avait jailli. Quand Scott eut fini d'installer le nouveau studio dans la maison d'amis des Springsteen, Bruce et lui reformèrent leur duo de travail habituel, programmant une ligne de batterie sur laquelle Bruce empilait les guitares, les claviers, la basse, les voix et les effets. Ayant bouclé les pistes de base en deux semaines, ils firent une courte pause avant de déménager aux A&M Studios de Hollywood. Là, le batteur Gary Mallaber (du Steve Miller Band, entre autres) remplaça la boîte à rythme et un petit groupe d'autres invités – Roy Bittan, le clavier Ian McLagan, le bassiste Randy Jackson, les choristes Patti Scialfa, Lisa Lowell et Soozie Tyrell – apportèrent leurs talents là où il le fallait. Bob Clearmountain réalisa un mixage basique et l'album était dans la boîte. « Je crois que tout le processus a dû prendre quatre semaines », dit Scott.

Comment Bruce pouvait-il d'un côté mettre plus d'un an à accoucher péniblement de *Human Touch* et de l'autre écrire, enregistrer et finaliser un album entier en un mois ? Rien d'étonnant, expliqua-t-il à David Hepworth : « Tout ce travail sur *Human Touch* a servi à m'emmener jusqu'au point où je pourrais faire *Lucky Town* en trois semaines. »

Début 1992, plus de quatre ans après la sortie de *Tunnel of Love* et deux ans après la fin du E Street Band, Bruce avait deux nouveaux albums très différents dans ses tiroirs. En principe, Bruce était du genre à évaluer chacun des deux, à comparer les chansons une à une, à se demander à quel point elles reflétaient le message et les sentiments qu'il voulait exprimer, et à en sortir un tout en enfermant l'autre dans son coffre-fort, qui commençait à être sérieusement encombré. Lorsqu'il fit écouter les versions presque définitives des deux disques à Steve Van Zandt, son ancien acolyte et plus vieil ami lui conseilla d'abord de jeter tous les enregistrements de *Human Touch* et de les refaire avec le E Street Band. « Et il avait peut-être raison ! reconnaît Bruce aujourd'hui. Mais ce n'était pas quelque chose que j'étais d'humeur à faire à ce moment-là. En fait, c'était même exactement ce que j'étais d'humeur à *ne pas* faire. Ensuite je lui ai fait écouter *Lucky Town* et il m'a dit : "Oui, là c'est déjà mieux." » Mais Van Zandt insistait : il n'aimait pas du tout la froideur qu'il percevait dans la production de *Human Touch*. « Il n'avait aucun intérêt personnel à me dire ça vu qu'à l'époque il ne faisait plus partie du groupe, raconte Bruce. Pourtant il m'a répété : "Écoute, ce sera super avec le groupe, ce sera super avec leur manière de jouer." Et je pense qu'il avait sans doute vu juste. » Landau n'était pas d'accord. « Rien que le temps qu'on avait passé sur *Human Touch*, dit-il. Je crois qu'il y avait trop de belles choses, de sang, de sueur et de larmes sur *Human Touch*. J'étais complètement désorienté. Bruce en est vite arrivé à la conclusion que le mieux à faire était de les sortir tous les deux. »

Sauf qu'il y avait quelques impondérables. Bruce était désormais un mari et un père de quarante-deux ans, aussi éloigné de la pop dance de Paula Abdul que de la pop rock de Bryan Adams ou du hard rock de Guns N' Roses. Même les excellents groupes grunge de Seattle – Nirvana, Alice in Chains, etc. – semblaient venir d'une autre planète, bien plus cynique. Par ailleurs, Bruce s'était distancié du noyau dur de ses fans, qui ne lui pardonneraient jamais complètement d'avoir abandonné sa terre natale et les fidèles musiciens qui l'avaient aidé à gravir péniblement les échelons depuis les bars d'Asbury Park jusqu'aux plus hauts sommets de la gloire, de l'argent et du pouvoir. Pourtant, en dépit des nombreuses métamorphoses qu'avait connues le paysage culturel depuis 1987, Bruce et Landau mirent de côté leur prudence habituelle et annoncèrent au nouveau président de Columbia Records[1], Don Ienner, qu'ils voulaient sortir les deux albums. Mieux, ils voulaient les sortir le même jour. Et pas comme un double album ni en les liant d'une manière ou d'une autre. Juste comme deux disques autonomes.

Cette stratégie avait un précédent tout frais : quelques mois plus tôt, Guns N' Roses avait sorti deux albums le même jour,

---

1. Désormais intégrée au géant japonais des médias, Sony.

Use Your Illusion I et *Use Your Illusion II*, récoltant des chiffres de ventes ébouriffants pour les deux. C'était dans cet esprit, expliqua Landau à Ienner, que le finement ciselé *Human Touch* et le mal dégrossi *Lucky Town* émergeraient ensemble au printemps 1992. Même si Ienner était conscient des positions commerciales respectives de chacun (Guns N' Roses s'apprêtant à atteindre son apogée tandis que Bruce était volontairement redescendu d'un cran par rapport à son succès phénoménal du milieu des années 1980), c'était moins le potentiel de vente qui le préoccupait que la portée de l'œuvre de Bruce et le fait de respecter la vision d'un de ses plus grands artistes. « Il aurait été difficile et aberrant d'essayer de combiner les deux disques en un seul, dit-il. Ils n'avaient rien à voir ensemble. Et en bazarder un, par rapport à la vie de Bruce, n'était visiblement pas la solution non plus. Donc on s'est dit : "Guns N' Roses vient de le faire, pourquoi ne pas essayer ?" »

Sortis le 31 mars 1992, *Human Touch* et *Lucky Town* présentaient Bruce sous deux facettes différentes. Sur le premier, il flottait dans une lumière vaporeuse comme un pirate de Hollywood revêtu de chemises soyeuses, de bijoux en argent et, sur certaines photos moins posées, d'un feutre mou parfaitement funky. D'un autre côté, le chanteur de *Lucky Town* arborait une barbe de trois jours et une chemise débraillée comme s'il venait de descendre de la grosse moto garée dans la poussière un peu plus loin. Alors, si les deux disques évoquaient le même tronçon de vie avec ses hauts et ses bas, ils donnaient chacun une image très différente du voyage.

Précédé du morceau éponyme et premier single de l'album, *Human Touch* apparaissait comme le travail soigné d'un auteur compositeur aussi à l'aise dans le « roots rock » que dans la soul traditionnelle ou le funk urbain parlé sur fond de drum and bass. Mais le cœur de l'œuvre, le combat pour parvenir à une vie d'adulte émotionnellement accomplie, est davantage évoqué que réellement incarné. Le très rock « Gloria's Eyes » perd de sa verve dans le flou de la production tandis que ses paroles restent à la surface de l'âme des personnages. Le même genre de problèmes se répète sur tout l'album, bien que les meilleures chansons possèdent une certaine force. Conte moral sur un gamin ambitieux, « With Every Wish » flotte avec grâce sur des percussions à main légères et les riffs de trompette bouchée de Mark Isham; « Cross My Heart » jette des étincelles dans la nuit torride; et « Roll of the Dice », malgré son côté volontairement fanfaron, est un morceau enthousiasmant. En revanche les deux titres phares du gala pour le Christic Institute, « Soul Driver » et « Real World », sont écrasés sous un rythme au pas de course et des couches impeccablement superposées de batterie et de percussions informatisées. La perfection numérique, mais pas une once de grâce, encore moins de rock'n'roll.

Lucky Town, quant à lui, fonce vers l'auditeur dans un panache de poussière et de gravier, le carburateur vrombissant comme un essaim de guêpes. De la déclaration d'indépendance de « Better Days » au rugissement de vie de « Living Proof », puis aux visions d'enfer de « Souls of the Departed », c'est une musique qui grouille de terminaisons nerveuses, d'étincelles de joie, de geysers de mépris, de chuchotements d'amour et de peurs ouvertement avouées. Quasiment dépouillées des talents de médiateur du rocker professionnel, les chansons attrapent l'auditeur au collet et refusent de le lâcher : *Écoute-moi ça tout de suite !* Mais cette éruption de sentiments était-elle trop brute, trop riche en vie, en mort et en détresse pour être digérée par le public ?

Bien que le terrain ait été préparé par des semaines de spéculations sur ces deux albums et la façon dont ils lanceraient ou pas Bruce dans sa carrière post-E Street Band, post-New Jersey, post-quarantaine, leur sortie ne fit presque pas de vagues. Les critiques étaient plutôt bonnes dans l'ensemble, mais beaucoup étaient nuancées de réserves et de reproches. Dans *Rolling Stone*, Anthony DeCurtis estimait que « Real Man » avait un

« agaçant riff de clavier lisse et racoleur » qui lui faisait penser à Phil Collins. Mais si David Browne dans *Entertainment Weekly* jugeait sévèrement « le flou confus du fracas des guitares et des sections rythmiques anonymes » et qualifiait la plupart des chansons de « lamentablement génériques », Jay Cocks dans le *Time* trouvait les deux disques « formidables » et concluait en disant que « Springsteen [était] ressuscité et reparti pour un tour », plus ou moins sur la même longueur d'onde que David Hepworth du magazine de rock anglais *Q* et que Lloyd Sachs du *Chicago Sun-Times*.

D'un point de vue commercial, les albums démarrèrent très fort, *Human Touch* se classant directement à la deuxième place et *Lucky Town* juste derrière, à la troisième. Mais le spectacle de Bruce se faisant distancer par le groupe de métal Def Leppard (dont l'album *Adrenalize* était numéro un du classement la première semaine), puis par les gamins du duo de rap Kris Kross (qui arrachèrent la couronne la semaine suivante), suivi de la dégringolade des deux disques de Bruce vers les tréfonds du Top 100, n'était pas à la hauteur du retour triomphal que Bruce, Landau et Columbia espéraient. « C'est vrai, les ventes ont été décevantes, dit Ienner. Mais il y avait deux disques qui se faisaient de la concurrence entre eux. Certaines personnes étaient fâchées que le E Street Band ne soit plus là, d'autres qu'il ait quitté le New Jersey. La musique était en train de changer de façon spectaculaire. Mais il faut voir qu'en additionnant les ventes des deux albums on avait exactement le chiffre qu'on pouvait escompter à l'époque avec un seul. » Et, comme le souligne Ienner, même avec la concurrence directe qu'ils se faisaient mutuellement, *Human Touch* et *Lucky Town* vendirent suffisamment de copies pour être chacun disque de platine.

Quoi qu'il en soit, Bruce avait bel et bien l'intention de lancer sa nouvelle musique, ainsi que son identité post-E Street Band, aussi haut que possible dans le firmament, ce qui supposait de partir sur les routes. La tournée mondiale qui s'annonçait longue devait commencer par l'Europe en juin, et Bruce passa l'hiver et le printemps, souvent aidé de Roy Bittan, à mettre sur pied un orchestre de onze musiciens qui aient la puissance pour jouer les vieux morceaux du E Street Band et la souplesse pour jongler entre la soul, le funk, le gospel, le folk et le rock. Tout aussi, voire plus important, il fallait qu'ils abordent la musique avec le bon esprit: leur propre version de la spontanéité débridée qu'il avait découverte dans les jam-sessions nocturnes du Upstage à Asbury Park près de vingt-cinq ans plus tôt.

Sachant déjà que Bittan serait le seul clavier du groupe – ce qui lui demanderait de jouer en même temps ses parties et celles de Federici –, Bruce auditionna une flopée de batteurs et de bassistes. Il finit par se décider pour Zach Alford, un jeune batteur new-yorkais surtout connu pour son travail avec les B-52's pendant leur triomphale tournée *Cosmic Thing* en 1989, et le bassiste Tommy Sims, qui à vingt-six ans avait émergé comme l'un des jeunes musiciens pop les plus talentueux de la profession. Bruce eut moins de mal à trouver un guitariste. En zappant à la télé un jour pendant la période des fêtes, il était tombé sur une rediffusion d'un épisode de 1986 de *Saturday Night Live* avec pour invité musical le groupe de country rock Lone Justice. À côté de la chanteuse Maria McKee se trouvait un guitariste anglais, Shane Fontayne, dont le style à la fois rugueux et mélodique accrocha l'oreille de Bruce. Fontayne avait quitté le groupe de McKee, mais le manager de Lone Justice, Jimmy Iovine, ancien ingénieur du son sur *Darkness*, appela Fontayne pour lui transmettre le message de Bruce.

«Il m'a dit qu'il avait un ami qui voulait savoir si j'accepterais de faire sa tournée, raconte Fontayne. J'ai dit: "Quel ami?" et il m'a répondu: "Springsteen."» Fontayne s'envola pour Los Angeles quelques jours plus tard et se présenta au studio de Bittan pour auditionner. Le guitariste trouva tout le matériel qu'il avait demandé disposé en rond par terre. Avec Bittan au clavier, Alford à la batterie et un autre musicien à la basse[2], Bruce lança un blues et ils se mirent à jouer. Durant une pause, deux heures plus tard, Bruce jeta un coup d'œil à Bittan. « Beaucoup de cordes pincées par là-bas », dit-il en désignant Fontayne. Le guitariste s'inquiéta : « Trop ? » Bruce et Bittan répondirent à l'unisson : « Non. »

Le lendemain soir, ils jouèrent avec un autre bassiste, puis Fontayne rentra chez lui sur la côte Est. Il fut de nouveau convoqué fin avril pour un deuxième tour de piste, cette fois avec Sims à la basse et toujours Alford à la batterie. Après un petit conciliabule avec Landau et Bittan dans la pièce d'à côté, Bruce réunit les musiciens autour de lui et leur annonça : « C'est bon, les gars ! Bienvenue dans la danse ! »

« Bruce avait énormément de considération pour les autres, raconte Alford. Il traitait tout le monde avec respect et il avait beaucoup plus les pieds sur terre que je ne m'y attendais pour quelqu'un d'aussi connu. »

Le noyau dur des cinq musiciens du groupe ainsi mis en place, Bruce étoffa le son gospel/R&B qu'il recherchait grâce à une demi-douzaine de choristes, dont Bobby King, un fidèle des albums folk blues de Ry Cooder. Les autres étaient Cleopatra Kennedy, Gia Ciambotti, Carol Dennis, Angel Rogers et Crystal Taliefero, une jeune chanteuse et guitariste qui ajouterait bientôt le saxophone à son arsenal. Patti, absente de presque toute la tournée pour s'occuper d'Evan et Jessie, faisait des apparitions sur « Human Touch » et quelques autres chansons quand elle pouvait les rejoindre.

Les répétitions commencèrent fin avril sur un plateau de cinéma des Hollywood Center Studios et se prolongèrent pendant la première semaine de mai, après quoi toute l'équipe se transféra au Bottom Line de New York pour y donner un concert privé devant deux cents cadres de Columbia/Sony et, quelques

───────────

2. J'espère ne pas vexer cet homme, mais les années ont émoussé pas mal de souvenirs.

jours plus tard, participer au premier *Saturday Night Live* de Bruce depuis les studios de la chaîne NBC au Rockefeller Center. De retour à Hollywood deux semaines plus tard, ils travaillèrent jusqu'à début juin afin de préparer une séance de répétition qui serait ouverte à un petit public d'invités et surtout à une équipe radio qui la retransmettrait en direct dans tout le pays. À côté des questions et dilemmes habituels qui s'étaient posés à lui avant chaque tournée précédente, Bruce devait aussi désormais trouver une façon de combiner cette nouvelle étape de sa carrière avec les vingt années de travail qui l'avaient conduit jusque-là. Ayant besoin d'un peu de distance, il appela Steve Van Zandt en lui demandant de venir à Los Angeles pour lui prodiguer ses conseils.

Après avoir supervisé un remix de « 57 Channels » – ajoutant de nouvelles strates de percussions, de musique, de voix et de sons samplés qui conféraient à la chanson des intonations politiques plus dures[3] –, Van Zandt resta répéter quelques jours avec le groupe. Pendant un temps, certains membres crurent que le vieux copain de Bruce allait se joindre à eux. « Bruce avait l'air de réfléchir à la possibilité de l'embarquer sur les routes avec nous, raconte Fontayne. Il hésitait à savoir si c'était une bonne idée ou pas. »

Van Zandt ne s'en souvient pas exactement comme ça. « C'était juste histoire de les aider à bien piger les morceaux », dit-il. Pourtant il se rappelle que Bruce lui demanda ce qu'il avait prévu pour l'année à venir. Bruce se souvient plus ou moins de la même chose. « Ouais, enfin, j'ai peut-être envisagé l'idée de le prendre avec nous, dit-il. Genre : "Puisqu'il était dans le E Street Band, il peut bien être dans ce groupe-là aussi !" Mais je ne sais pas pourquoi, finalement ça ne s'est pas fait. » Van Zandt repartit donc, non sans avoir plaidé auprès de son ami pour qu'il joue

---

3. Qui devinrent particulièrement d'actualité après que la répétition du 29 avril avait été interrompue par le début des émeutes qui embrasèrent Los Angeles suite à l'acquittement de quatre policiers filmés en train de passer à tabac un automobiliste noir non armé du nom de Rodney King.

davantage des vieilles chansons que son public avait visiblement envie d'entendre. Comme toujours, les mots de Van Zandt pesèrent : les premières notes qui résonnèrent à la radio lors de cette répétition publique furent celles de « Born in the U.S.A.[4] ».

Démarrer la tournée mondiale par un mois à travers l'Europe permit à Bruce de recharger ses batteries, vu la proportion de ses fans les plus fervents qui se trouvaient désormais hors des États-Unis. Et, en effet, les concerts européens affichèrent tous complets et reçurent un accueil délirant, particulièrement quand Bruce jouait un des six morceaux de *Born in the U.S.A.* qu'il avait pris l'habitude d'ajouter à l'improviste entre les chansons plus récentes pour booster l'ambiance. La partie américaine de la tournée commença par une série record de onze dates à la Brendan Byrne Arena (également appelée Meadowlands Arena) à East Rutherford, dans le New Jersey. Il se fit copieusement huer quand il évoqua le fait de vivre à Los Angeles. « Allez-y, balancez l'hostilité, j'encaisse, rétorqua-t-il, déclenchant une nouvelle vague de sifflets et d'acclamations. Encore un effort, vous pouvez mieux faire ! » Alors que cette fois les applaudissements l'emportaient, il reprit avec un grand sourire : « Bon. J'en étais où ? »

À part ce retour au pays triomphal, les cinq mois de tournée américaine ne suscitèrent pas l'élan d'enthousiasme auquel Bruce et ses musiciens s'étaient accoutumés depuis *The River* en 1980. « Programmer les dates n'était pas un problème, raconte Barry Bell, l'agent de Premier Talent qui s'était occupé d'organiser *tous* les concerts de Bruce sans exception depuis 1977. Mais les vendre, c'était une autre paire de manches. » La marée s'était inversée. Les villes où il avait fallu à une époque plusieurs shows d'affilée pour satisfaire la demande se contentaient désormais d'une seule soirée, et pas toujours complète. « La plupart des concerts se sont bien vendus, poursuit Bell.

---

4. Avis aux petits malins : oui, le concert commença en fait par « Better Days ». Mais là nous parlons de la *retransmission radio*.

Mais ça partait vite à certains endroits et plus lentement là où le marché était plus faible. » En entendant un rapport de Bell sur les ventes de billets cet automne-là, Bruce secoua la tête. « Ouah, on est revenus comme en 1978 ! » s'exclama-t-il.

Il ne croyait pas si bien dire. Sauf que, cette fois, le désintérêt du public paraissait moins grave que la désapprobation émanant du cercle proche de Bruce. Le président de Columbia, Ienner, qui avait dansé sur « Thunder Road » avec sa femme le jour de leur mariage, trouvait le look du nouveau groupe horripilant, en particulier le guitariste, avec ses bottes pointues, ses pantalons moulants et son épaisse crinière de boucles brunes. « Shane n'avait rien à faire sur scène avec Bruce, dit Ienner. C'était un excellent musicien, mais il faisait un peu bizarre là-dedans, avec sa coiffure et ses bottes de Beatles. Steve [Van Zandt] aussi avait un côté étrange. Mais c'était *la famille*. Je m'y étais habitué au bout de quelques concerts. Et quand vous êtes habitué à voir quelque chose, c'est dur de changer. » Certains membres du staff technique de Bruce avaient l'impression que des intrus avaient envahi leur scène. Ils parlaient de ces nouveaux musiciens comme de « L'Autre Groupe », et chaque fois qu'ils remarquaient un défaut dans leur jeu ils s'empressaient de le faire savoir à tout le monde.

Si Bruce était au courant de ces choses-là, en tout cas, il n'en laissa jamais rien paraître à ses musiciens. Pour commencer, il aimait ce qu'il entendait. Et quand il avait le sentiment que ça ne marchait pas – si des problèmes techniques avaient ramolli l'énergie du groupe, ou simplement si le public n'accrochait pas –, il serrait les dents et continuait à se battre. « Rien ne pouvait l'arrêter, commente Alford. Il donnait tout ce qu'il avait jusqu'à ce qu'à la fin les spectateurs soient tous debout. Je n'ai jamais vu aucun autre artiste faire ça. Je ne suis même pas sûr qu'il y ait un autre artiste *capable* de ça. Et au bout du compte il arrivait toujours à les amener là où il voulait les amener : dans un état de béatitude. »

En repartant pour une deuxième tournée européenne au printemps 1993, la nouvelle formation avait désormais la force tranquille de n'importe quel groupe bien rodé. Les solos de guitare ondulants de Shane Fontayne contrastaient subtilement avec le jeu puissant de Bruce, tandis que la basse de Tommy Sims avait un côté pop qui s'accordait bien avec la batterie légère de Zach Alford. La ligne arrière de choristes enrobait d'or tout ce qu'ils touchaient et la chanteuse multi-instrumentiste Crystal Taliefero était devenue un faire-valoir si attachant pour Bruce que ce n'était (presque) pas un choc de la voir au centre de la scène à la fin du set pour jouer le solo de saxophone de «Born to Run». Mais, chaque fois qu'un ancien membre du E Street Band venait faire une apparition dans le spectacle, il provoquait des explosions de joie qui soulignaient la différence entre un concert de rock ordinaire et la communion que Bruce et son groupe avaient autrefois suscitée. Clarence Clemons garda ses distances jusqu'à l'avant-dernière étape de la tournée, un concert de charité contre la faim dans le monde à la Brendan Byrne Arena. Lorsqu'il se montra enfin au milieu de «Tenth Avenue Freeze-Out», sortant de l'ombre juste au moment où Bruce évoquait l'arrivée du Big Man dans le groupe, l'ovation faillit arracher Fontayne à ses bottes. «Je n'avais jamais entendu une réaction aussi intense», dit-il.

Bruce, si. Il en avait même été le centre pendant la majeure partie de sa vie d'adulte. Et même si les nouveaux musiciens du groupe achevèrent cette année passée sur les routes avec l'assurance qu'ils continueraient très probablement par une virée au Japon et sans doute encore davantage après, Fontayne croisa les doigts tout en décidant de se réjouir de ce qu'il avait déjà vécu jusque-là. «Tout s'était passé au top, dit-il. Il n'y avait pas eu besoin de négocier les contrats et personne n'avait de quoi se plaindre parce que tout était super bien organisé, sympa, parfait. Vous compreniez vite que c'était le genre d'organisation pour laquelle vous bossiez et qu'il n'y avait aucun souci à se faire.»

23
Merde alors, me revoilà

Après avoir accepté la demande du réalisateur Jonathan Demme de lui composer une chanson pour son film sur un homosexuel séropositif confronté à la discrimination institutionnelle, Bruce n'eut qu'à se replonger dans son enfance. Tout ce qu'il avait besoin de savoir résidait déjà dans sa mémoire. Les autres gamins qui se moquaient de ses vêtements ; la distance entre les jeux de la cour de récré et lui tout seul contre la palissade. Il avait connu ce mépris et il en avait toujours gardé un goût de cendre dans la bouche. « C'est tout ce que demande n'importe qui : en gros d'être accepté et de ne pas rester isolé », déclara-t-il au magazine de la communauté gay *The Advocate* en 1996. Il avait toujours eu ces paroles et cette musique dans un coin de la tête. Et puis il avait aussi d'autres émotions plus récentes dans lesquelles puiser. Une amie homosexuelle qui avait succombé à un sarcome. La fille de copains proches, une jeune femme pétillante qui entrait à peine dans la vie d'adulte, perdant ses cheveux, sa santé et finalement sa vie dans une lutte contre une autre sorte de maladie mortelle.

Ainsi naquit « Streets of Philadelphia », et avec Toby Scott dans le nouveau studio installé à Rumson dans la maison voisine de la sienne, Bruce commença par essayer un arrangement hard rock. Qu'il ralentit ensuite en un rythme rock beaucoup plus doux. Revenant vers le style contemporain que Bruce avait cherché à atteindre pendant les sessions de *Human Touch*, le morceau évolua alors en une ballade urbaine dépouillée. Posé sur un sample de batterie légèrement funk, avec des accords de synthé et d'orgue et un chœur de « la-la-la-la » en fond sonore, le texte mélancolique est aussi simplement construit que les quelques notes qui composent la mélodie. Si les accords s'élèvent pendant le pont, ce n'est pas pour nous emmener, pas plus que le narrateur, vers des sommets divins : « Y aura pas d'ange pour m'accueillir, chante-t-il d'une voix blanche. On n'est plus que toi et moi, mon pote. » (« *Ain't no angel gonna greet me / It's just you and I, my friend.* »)

Sorti sur les écrans à la veille de Noël 1993, le film de Demme, *Philadelphia*, dans lequel Tom Hanks joue un avocat atteint du sida qui attaque sa boîte en justice après avoir été renvoyé à cause de sa maladie tant stigmatisée, fut un succès à la fois critique et commercial ; et, aux yeux des militants homos, un pas crucial dans la lutte contre les préjugés. Bien que les membres de l'Academy of Motion Picture Arts and Sciences ne l'aient pas retenu pour les catégories meilleur film et meilleur réalisateur, *Philadelphia* obtint cinq nominations aux Oscars, dont deux différentes pour la meilleure chanson originale : une pour « Streets of Philadelphia » et l'autre pour le morceau tout aussi émouvant de Neil Young, « Philadelphia ». Le film valut à Tom Hanks son premier Oscar du meilleur acteur. Et lorsqu'on ouvrit l'enveloppe de la meilleure chanson originale, le gagnant fut... Bruce Springsteen. Ce cinéphile de toujours monta sur scène recevoir son trophée avec un bref discours, remerciant les gens du cinéma de l'avoir « invité à [leur] fête », et repartit avec chez ses parents. Quand il posa la statuette sur la table de la cuisine devant Doug Springsteen, ce dernier pleura de fierté. Puis il répéta la phrase qu'il avait déjà prononcée le jour où son fils avait téléphoné pour annoncer qu'il avait signé un contrat chez Columbia Records : « Je ne dirai plus jamais à personne ce qu'il faut faire ou pas. »

Le président de Columbia, Don Ienner, était, lui, précisément payé pour dire aux gens ce qu'il fallait faire. Ou, dans le cas de Jon Landau et de Bruce Springsteen, pour les convaincre de coopérer lorsque son instinct lui soufflait qu'ils avaient entre les mains un produit qui méritait le traitement promotionnel plein pot de la compagnie. Aussi, quand les passages radio de « Streets of Philadelphia » explosèrent après les Oscars, il rencontra Landau et lui parla de sortir la nouvelle chanson de Bruce sous forme de single. Dix ans plus tôt, la réponse aurait été évidente. Mais, au milieu des années 1990, la structure de l'industrie de la musique pop s'était fracturée en sous-catégories qui se recoupaient rarement. « Ce morceau ne ressemblait à rien de ce qui passait à la radio à l'époque, raconte Ienner. Et ce clip de Bruce qui marchait dans la rue[1] n'était pas non plus à la sauce MTV du moment. » Comme Landau s'inquiétait du risque que le disque passe à la trappe (« On ne peut pas le sortir et qu'il finisse à la quatre-vingt-dix-neuvième place du hit-parade ! »), Ienner reconnut qu'il ne pouvait rien garantir. « Mais est-ce que ce ne serait pas dommage de ne même pas essayer ? rétorqua-t-il. De ne *pas* le faire arriver là où il aurait pu arriver parce qu'on a peur des classements ? » Cet argument convainquit Landau.

Le manager donna son feu vert et, même si cette chanson un peu hors normes dut louvoyer entre les formats radio, les critères de beat-par-minute et l'esthétique des clips de l'époque, Ienner et ses équipes commerciales ne baissèrent pas les bras. « Elle montait, elle descendait, elle allait faire un hit, elle n'allait pas faire un hit, raconte-t-il. Ça partait dans tous les sens ! » Leur travail finit par payer : au moment de sa sortie en février 1994, « Streets of Philadelphia » fut instantanément un carton planétaire, se classant numéro un dans huit pays, atteignant la neuvième place du hit-parade Hot 100 des singles et se vendant à plus d'un demi-million d'exemplaires uniquement aux États-Unis.

---

1. Plus précisément dans les rues délabrées de Philadelphie, chantant en direct à l'intention de la caméra et du micro qui l'accompagnaient en travelling (parmi les bruits ambiants de la ville, aboiements de chiens et autres).

Alors que « Streets of Philadelphia » caracolait dans les classements, Bruce retrouva le chemin de son studio à Los Angeles[2]. Armé d'une pile de CD contenant des samples de batterie prêts à l'emploi, il passa le plus clair de l'année à plancher sur une nouvelle collection de morceaux à base de synthétiseur. Avec l'aide occasionnelle de Zach Alford, de Shane Fontayne et surtout de Tommy Sims (qui coproduisit certains titres), le travail expérimental de Bruce allait bien plus loin que tout ce qu'il avait fait au cours de la décennie précédente. Beaucoup de ce qui en sortait, se souvient Toby Scott, avait un son ondoyant, presque de transe, unifié par ce qu'il décrit comme « une pulsation underbeat ». La plupart des vingt ou vingt-cinq chansons qu'ils terminèrent n'ont jamais été entendues ni même évoquées en public. Les deux exceptions, une première version de « Secret Garden », qu'on peut trouver sur un maxi sorti en 1995, et « Missing », qui fut utilisée sur la bande originale de *Crossing Guard*, réalisé par Sean Penn la même année, permettent d'avoir un aperçu : des percussions insistantes, des nappes flottantes de synthétiseur, un riff de guitare rythmique reggae à la wah-wah et, au moment où le morceau touche à sa fin, un solo de guitare métallique qui transperce toutes les autres couches.

Les sessions de 1994 continuèrent jusqu'à la semaine avant Noël, quand Bruce, Patti et les enfants rentrèrent dans le New Jersey pour passer les fêtes en famille. Scott retourna chez lui à Whitefish, dans le Montana, où il était encore en train de profiter des montagnes enneigées lorsque le téléphone sonna le 5 janvier et qu'il reconnut la voix de Landau au bout du fil. « Toby ! lança ce dernier. Tu sais, tous les trucs sur lesquels on a travaillé ? Eh ben, on arrête. On passe à autre chose. » C'est

---

2. Ou plutôt de celui que Toby Scott lui avait temporairement installé dans une maison de location à Bel Air après que le puissant tremblement de terre du 17 janvier 1994 avait causé suffisamment de dégâts à la résidence des Springsteen pour que la famille ait dû déménager dans la maison pour les amis que Bruce utilisait jusque-là comme studio.

là que Scott tendit l'oreille. « Écoute, y a tout le E Street Band
qui débarque à New York lundi. Les gars sont prêts, alors j'ai
besoin que tu nous trouves un studio et que tu rappliques pour
enregistrer. »

Après avoir raccroché, Scott jeta un œil au calendrier posé sur
son bureau. On était jeudi. Il avait jusqu'à lundi. Quatre jours.
Il sortit son carnet d'adresses avec sa liste des studios d'enregistrement new-yorkais et se mit à passer des coups de fil.

Tout avait commencé quand Bruce s'était rendu compte que
cet album très axé autour des synthés sur lequel il avait travaillé
pendant presque toute l'année 1994 risquait de faire fuir défi-
nitivement le noyau dur de son public. « J'ai senti que j'avais
besoin de me reconnecter à mes sources, à notre histoire », dit-il
rétrospectivement. Sortir un best of – un atout que Landau et lui
gardaient dans leur manche depuis l'époque *Born in the U.S.A.* –
était une solution évidente. Mais l'idée de réunir le E Street Band
afin d'enregistrer de nouveaux morceaux à y ajouter[3] ne prit
forme que lorsque le projet démarra. « Vraiment, le groupe pour
moi à ce moment-là était une façon de me restabiliser, explique
Bruce. De faire savoir aux gens que j'honorais leur ressenti et
que ces choses qui comptaient tellement pour eux comptaient
aussi pour moi. C'était juste une façon de garder le contact. »

Ce qui s'avérait particulièrement important pour un artiste
vétéran qui ne supportait pas l'idée d'être considéré comme une
figure du passé. « Vous êtes en conversation avec votre public,
dit-il. Si vous perdez le fil de cette conversation, vous perdez
votre public. Et quand les gens disent qu'untel ou untel ne fait
plus de bons disques, ou qu'ils parlent de leur groupe préféré
dont ils n'ont plus acheté un seul album depuis quinze ans, j'ai
toujours l'impression que c'est parce qu'ils ont perdu le fil de

───────────

3. C'était l'usage pour les compilations de best of dans les années 1990,
en grande partie afin d'appâter aussi les fans qui possédaient déjà les albums
originaux.

cette conversation et l'envie de la continuer. » Avec le succès de « Streets of Philadelphia » qui venait de faire remonter sa cote, le timing semblait parfait. Alors, plus de six ans après le dernier concert du E Street Band et plus de onze ans depuis la dernière fois qu'ils avaient pénétré ensemble dans un studio, Bruce s'attela à composer une ou deux chansons qu'il pourrait enregistrer avec eux.

Après avoir reçu le coup de fil chez lui à San Francisco, Clemons sauta si vite dans un avion pour New York qu'il n'eut même pas le temps d'annuler la fête d'anniversaire que ses amis lui avaient organisée dans un des plus grands night-clubs de la ville. « Je suis sûr qu'il y a encore des gens qui errent dans les rues de San Francisco à la recherche de cette fête », me confiat-il en 2011. Plus de quinze ans après, son visage s'illuminait toujours en y repensant. « Je n'attendais que ça. »

Mais, si les autres membres du groupe étaient tout aussi excités que lui de rejouer avec Bruce, leur enthousiasme s'accompagnait à quantités égales de confusion, de blessure et de rancœur. Tous avaient peiné à se reconstruire une carrière post-E Street Band. Certains avaient eu plus de mal que d'autres, mais six ans plus tard, ils s'étaient tous adaptés à cette nouvelle réalité. Clemons jouait et enregistrait avec son propre groupe ; Max Weinberg était le leader de l'orchestre de l'émission *Late Night with Conan O'Brien* sur NBC ; Roy Bittan produisait des artistes et travaillait comme musicien de studio à Los Angeles, tandis que Garry Tallent faisait la même chose à Nashville. Danny Federici avait embrassé une carrière de jazzman et Nils Lofgren avait repris le cours de la sienne, jouant avec Ringo Starr sur deux de ses tournées mondiales et composant des musiques pour des séries télé. Le fait que l'invitation de Bruce ait été formulée avec des limites clairement établies – ne comptez pas que ça débouche sur un nouvel album complet, sur une tournée ni quoi que ce soit, avaient-ils été prévenus – n'était pas pour aider.

« La plaie était encore ouverte, dit Bittan. Vous êtes là et vous recevez un coup de fil vous demandant de venir. Et, comme toujours, c'est abrupt : "Arrive demain." Ou peut-être qu'on a eu un peu plus de temps. Mais la question c'était : "O.K., mais pour quoi faire ? C'est quoi l'idée ?" Et, comme d'habitude, on est censés rien demander. On est censés le faire, point. Et être contents de le faire. » Sauf que, cette fois, la perspective de se réunir arrivait sur fond de stress post-traumatique. Même Weinberg, devenu une star du petit écran, était encore ébranlé par la dissolution du groupe. « Je ne me suis jamais remis de la rupture[4] », dit-il. Même s'il pouvait comprendre la complexité émotionnelle de ce que vivait Bruce. « Je crois que ça a dû être extrêmement pénible pour lui d'avoir à faire ça. Et parfois, quand vous êtes obligé de faire des choses aussi dures, vous perdez pied. Alors cette réunion n'a pas été un épisode sympathique, vu la façon dont ça s'est passé. »

Depuis son poste d'observation derrière la console, le coproducteur Chuck Plotkin voyait comme le nez au milieu de la figure le problème que tout le monde faisait semblant d'ignorer. « Ils essayaient de comprendre ce qui s'était passé, dit-il. "Est-ce qu'on est devenus mauvais du jour au lendemain ?" Tout le monde s'efforçait de déchiffrer ce que Bruce avait dans la tête. Mais le E Street Band n'est pas le groupe de gens le plus à l'aise en société que je connaisse. Et j'ai appris énormément de Bruce sur le pouvoir de se taire. »

La tentative de Bruce pour écrire une chanson qui capturerait l'essence de leur histoire commune était loin de la fraternité à la vie à la mort qu'il avait évoquée dans « No Surrender » dix ans plus tôt. À la place, « Blood Brothers » décrit d'anciens « rois de la montagne » réduits par le temps et la vie à être des travailleurs

---

4. Et il le dit à l'automne 2011, plus de douze ans après que Bruce a reconstitué le groupe pour de bon (malgré son attitude de « je fais ce que je veux, c'est quand ça me chante ») et quelques mois avant le début de la longue tournée que Bruce a promise pour 2012-2013.

ordinaires, si absorbés par leurs tâches quotidiennes que les déclarations de fidélité et d'amitié d'autrefois sonnent aussi creux
qu'une « blague idiote » (« *a fool's joke* »). Faisant directement
référence à la série de coups de fil qu'il venait de passer à ses
musiciens et copains d'antan, Bruce paraissait pour le moins scep-
tique sur ce qui les attendait. Pourquoi avait-il décidé de reformer
le groupe ? Est-ce que ça avait même aucune importance ? Pas
vraiment un cri de ralliement vibrant ! Au moins, dit-il, c'était
honnête. « C'était fidèle à mes sentiments de l'époque. J'étais
encore très partagé par rapport au groupe à ce moment-là. »

Pourtant, aux yeux des observateurs et des caméras d'Ernie
Fritz, le réalisateur que Landau avait engagé pour filmer la
première journée de studio à des fins marketing et historiques[5],
la scène aurait pu être tout droit tirée des sessions d'enregistrement de *The River* : avec Landau, Plotkin et Scott à leur poste
habituel dans la régie, Bruce au centre du studio expliquant un
nouveau morceau aux musiciens du E Street Band[6] qui tous
notaient dans leur coin les changements d'accords, les riffs et
les intentions de jeu, il aurait pu s'agir d'un retour à la source du
rock américain moderne.

Ils empoignèrent donc leurs instruments, attendirent que
Bruce compte jusqu'à quatre et s'essayèrent timidement au
premier couplet de « Blood Brothers », dominé par la guitare
acoustique et le piano. Ils montèrent d'un cran quand l'orgue
et les balais de la batterie s'invitèrent pour accueillir les légères
pointes de guitare qu'ajoutait Lofgren, puis se jetèrent de toutes
leurs forces dans le dernier couplet afin de franchir la ligne
d'arrivée. Peut-être avec un peu *trop* de force. Comme les prises
suivantes ne fonctionnaient pas non plus, Bruce revint avec une
version complètement différente de la chanson, réécrite sous la

───────────

5. Landau décida rapidement de garder Fritz et son équipe jusqu'à la fin des
sessions.
6. Sans Patti Scialfa, qui ne devait arriver que pour l'enregistrement des voix
un peu plus tard.

forme d'un rock électrique en mode mineur avec une mélodie et des paroles qui s'attardaient davantage sur les routes paumées et poussiéreuses que sur le pacte de sang d'un groupe de jeunes rockers. Voyant que ça ne marchait pas davantage, ils passèrent à autre chose. Comme toujours, Bruce avait plus d'un nouveau morceau dans son sac.

Vinrent ensuite la chanson d'amour semi-apocalyptique « Waiting on the End of the World » et l'érotique et lugubre « Secret Garden ». Puis un morceau soul à vous fendre le cœur intitulé « Back in Your Arms », reprise presque note pour note de « High Hopes », une chanson du groupe folk punk de Los Angeles Havalina ; un morceau dansant un peu mou baptisé « Without You » ; et enfin une nouvelle version du merveilleux « This Hard Land », titre enregistré puis écarté en 1982. Pendant qu'il filmait tout ça pour la postérité, le réalisateur Ernie Fritz remarqua avec quelle prudence ces vieux copains s'adressaient les uns aux autres. « Si ces gars étaient fâchés, dit-il, ils ne le montraient pas. Tout le monde faisait bonne figure. C'était plutôt : "Hé ! Sympa de te voir !" Point barre. Ils marchaient tous sur des œufs mais ils étaient contents de le faire. »

Bruce finit par proposer un arrangement de « Blood Brothers » qui convenait à la fois à lui et à Landau : un retour à la structure originelle, mais dans une version si tamisée que, à part les doux riffs de saxophone de Clemons, les contributions des autres perçaient à peine derrière la guitare, l'harmonica et le chant velouté de Bruce. Les sessions d'enregistrement terminées à la mi-janvier, chacun reprit le cours de sa vie jusqu'au 21 février où ils se retrouvèrent tous à New York afin de tourner un clip live (devant les caméras de Jonathan Demme, le réalisateur de *Philadelphia*) pour le premier single extrait du best of, « Murder Incorporated[7] ». Le groupe se serra sur la scène intime

---

7. Encore un déchet des sessions de *Born in the U.S.A.* en 1982, finalement sorti par Bruce en hommage au fan anonyme qui avait assisté à des dizaines de

du Tramps, un petit night-club de Chelsea, et enchaîna les prises successives de « Murder » pour l'objectif des caméras, intercalant de temps en temps quelques classiques du E Street Band, histoire de récompenser le public de sa patience. Au total un mini-set un peu haché, mais plein d'entrain composé de treize chansons, dont « Darkness on the Edge of Town », « Prove It All Night », « Thunder Road » et « Badlands ».

Bien que l'album *Greatest Hits* soit sorti fin février 1995, le groupe à peine réuni se dispersa de nouveau pendant tout le mois de mars. Bruce fêta le début de cette pause en remportant trois Grammy Awards pour « Streets of Philadelphia » (meilleure chanson rock, meilleur chanteur rock, chanson de l'année). Puis il retourna à New York retrouver le E Street Band et préparer leur longue journée de travail du 5 avril, qui débuta par l'enregistrement de l'émission *Late Show with David Letterman*, après quoi ils se déplacèrent aux Sony Music Studios où devait être filmé le premier concert officiel du E Street Band depuis la fin de la tournée Amnesty International en octobre 1988. Ce serait aussi le dernier engagement prévu pour cette mini-réunion et avec aucun signe de quoi que ce soit d'autre en perspective, les nerfs en coulisses étaient plus à vif que jamais. Personne n'y fit aucune allusion, bien sûr. Jusqu'à ce que Bruce et ses musiciens sortent des loges et se dirigent vers la scène et le public déjà en liesse qui les attendait de l'autre côté.

À mi-parcours, Bruce remarqua le dessin sur le tee-shirt de Federici et conclut qu'il ne lui plaisait pas. Comme n'importe quel leader de groupe l'aurait fait, il se tourna alors vers son pianiste et lui demanda d'aller en changer en vitesse. Federici devint aussitôt cramoisi. « Non ! aboya-t-il. J'adore ce tee-shirt. Je *garde* ce tee-shirt ! Qu'est-ce que tu vas faire, de toute façon : *me virer ?* » Bruce se raidit et riposta sur le même ton. C'est alors

---

ses concerts dans les années 1980 en brandissant toujours la même pancarte « Murder, Inc. ».

que tout le monde, y compris Nils Lofgren, se dit qu'il valait mieux disparaître, n'importe où et sur-le-champ. « Écoutez, minimise Lofgren, il y avait des raisons que ce soit tendu. Mais personne n'était armé, personne ne s'est battu. C'était une dispute philosophique. » Laquelle, comme ils le savaient tous, n'avait quasiment rien à voir avec le tee-shirt de Federici. « *C'était* un tee-shirt débile, admet Tallent. On connaissait tous les critères de ce qu'on pouvait porter ou pas sur scène. Donc, je crois qu'il est allé se changer, mais tout le monde était à cran. »

L'album *Greatest Hits* – une compilation de quatorze singles dont huit avaient été des tubes (comme « Hungry Heart » et « Dancing in the Dark ») ou bien, sans l'être, s'étaient avérés décisifs dans la carrière de Bruce (« Thunder Road », « The River »), plus un titre récupéré dans les rebuts (« Murder Incorporated »), un autre réenregistré (« This Hard Land ») et enfin les deux nouvelles chansons du E Street Band (« Blood Brothers » et « Secret Garden ») – reçut des critiques mitigées[8]. Il se classa pourtant numéro un au hit-parade des albums dans une douzaine de pays et se vendit à plus de dix millions d'exemplaires. Invité à jouer un rôle important lors des festivités de l'inauguration du Rock and Roll Hall of Fame à Cleveland en septembre 1995, Bruce réunit de nouveau le groupe (cette fois avec Steve Van Zandt) afin d'interpréter quelques-uns de leurs morceaux tout en servant aussi de musiciens d'accompagnement à Chuck Berry et Jerry Lee Lewis. Le show avait lieu au Municipal Stadium de Cleveland, où les problèmes commencèrent quand Lewis apprit que Bruce et son groupe ouvriraient le bal avec Berry, que le « Killer » considérait comme son grand rival. « Du coup Jerry Lee Lewis était d'une humeur de chien,

---

8. Ce qui peut paraître étrange vu les flots d'adoration que nombre de ces mêmes critiques avaient déversés sur ces morceaux lors de leur sortie d'origine. Mais les journalistes avaient leurs raisons. Certains regrettaient que l'absence de titres pré-*Born to Run* ôte au projet son intérêt de rétrospective historique, sans être pour autant une vraie compilation des plus grands succès puisque certains des plus gros tubes de la période *Born in the U.S.A.* n'y figuraient pas non plus.

raconte Landau. Quelque chose l'avait vexé et il était extrême-ment tendu. » Pour une raison ou une autre, cette mauvaise énergie contamina le E Street Band. « C'est un des rares concerts ratés que j'ai faits avec n'importe qui, confie Van Zandt. Encore plus avec le E Street Band. Personne n'était dedans, c'était très bizarre. J'avais l'impression que Bruce n'avait pas envie d'être là, il y avait vraiment un gros malaise. Tout le monde avait l'air de se demander ce qu'il faisait là. Et, aujourd'hui encore, je ne m'explique pas très bien pourquoi. Trop tôt, peut-être. »

De retour chez lui à Los Angeles, Bruce ressortit sa moto et partit pour une de ses excursions régulières dans le désert. « Ça prend environ une demi-heure d'arriver jusqu'aux contre-forts des monts San Gabriel. Une fois là-bas, vous montez vers les sommets et la vue est incroyable, raconte-t-il. Si vous avez deux jours devant vous, vous pouvez les franchir et redescendre par le versant est en sinuant sur toutes ces petites routes qui sont encore relativement désertes. J'avais fini par connaître des gens dans les différents relais et restaurants sur le chemin et j'allais les voir de temps en temps. »

Quand son vieux copain et compagnon de moto Matty Delia vint lui rendre visite avec son frère Tony, ils enfourchèrent tous les trois leurs bécanes et partirent en virée. « On était dans un vieux motel, dans un bled paumé au milieu du désert sur la frontière californienne, en train de passer le temps, quand on a rencontré un gars. Il a fini par nous parler de son frère qui s'était tué dans un accident de moto. » Cette tragédie, comme tant d'histoires similaires que Bruce entendait autour de lui, ne devait rien au hasard. La nuit émergeaient les hordes poussié-reuses de travailleurs immigrés en quête d'un boulot et, jamais très loin, les passeurs de drogue à la petite semaine. Toute une économie secrète qui vibrionnait du mauvais côté de la loi, en grande partie alimentée par des gens prêts à faire n'importe quoi pour s'en sortir. « Toutes ces histoires planaient autour de nous, se souvient Bruce, elles étaient dans l'air. Le choc des cultures, les gens qui essayaient de trouver leur place, de s'adapter et de se conformer à ces normes. »

À Los Angeles, le désespoir était de plus en plus palpable. Dans les campements de fortune sous les ponts et sur les visages des familles latino qui faisaient la queue pour un travail à la journée. Comme si rien n'avait changé depuis les années 1930, quand John Steinbeck évoquait les ouvriers agricoles chassés de leurs terres par la sécheresse. Il y avait quelque chose qui touchait profondément Bruce chez ces immigrés mexicains cherchant à survivre en dépit de la discrimination raciale, culturelle et économique. « Il parlait souvent de choses qu'il avait lues et de gens qu'il avait croisés », raconte le producteur Chuck Plotkin. Une fois de plus, les histoires de ces inconnus résonnaient avec les souvenirs terribles de son enfance solitaire. « Il répétait toujours : "Ils sont comme moi. Tout ça, c'est moi." »

Les premiers germes de ce futur projet apparurent en janvier, quand Bruce entreprit d'écrire de nouvelles chansons pour le E Street Band destinées à l'album *Greatest Hits*. En combinant ses propres expériences à des histoires glanées çà et là entre les pages du *Los Angeles Times* et d'un livre sur le quart-monde nord-américain, Bruce composa « The Ghost of Tom Joad », un portrait de la pauvreté moderne qui faisait du personnage des *Raisins de la colère* de Steinbeck un guide spirituel pour tous les déplacés et les maltraités. L'ex-prisonnier reconverti en honnête père de famille de « Straight Time » vit sur un fil, sans cesse tenté par l'attrait de l'argent facile. Le narrateur de « Highway 29 », lui, succombe à la tentation au point que son existence vole en éclats, tandis que le vagabond de « The New Timer » pleure le meurtre d'un ami jusqu'à ce que le poison finisse par couler dans ses propres veines.

Comme sur *Nebraska*, tout est empreint d'une morosité lugubre. Mais, treize ans après, avec entre-temps une expérience de vie de famille et un long travail de psychothérapie, l'espoir

ne peut pas être totalement absent. Avec une petite formation acoustique (Gary Mallaber à la batterie, Marty Rifkin à la
guitare pedal steel, Danny Federici aux claviers et Garry Tallent
à la basse) qui apporte de la couleur et un sentiment implicite
de communauté, les lueurs d'humanité ne s'éteignent jamais
tout à fait. Les mains assassines sont interceptées ; l'amour défie
les lois les plus inhumaines ; et un rêve fragile de terre promise
perdure même. « Car que sommes-nous / Sans espoir dans nos
cœurs ? » (« *For what are we / Without hope in our hearts ?* »)

Si Bruce n'était pas prêt à embarquer son propre groupe sur
un nouvel album et une nouvelle tournée en 1995, il trouva
cependant une façon d'exaucer son envie de faire du boucan
grâce à Joe Grushecky et à son groupe de Pittsburgh, les Iron
City Houserockers. Amis depuis que le groupe en question avait
collaboré avec Steve Van Zandt et l'ancien cadre de Columbia,
Steve Popovich, à la fin des années 1970 et au début des années
1980, les deux compositeurs interprètes guitaristes étaient restés
en contact même après que les Houserockers s'étaient séparés
en 1984 et que Grushecky avait repris son boulot d'éducateur
spécialisé à Pittsburgh. Il avait consacré les dix années suivantes
à élever ses enfants sans jamais cesser d'écrire des chansons et
de se produire dans des clubs. Les chemins des deux musiciens
se croisaient de temps en temps et, chaque fois, Bruce s'arran-
geait pour lui faire signe. Les chansons de Grushecky – avec
leur son des bars de la côte est, parsemées d'observations implacables sur le quotidien de la classe ouvrière – avaient beaucoup
en commun avec les goûts de Bruce lui-même, qui appréciait
la sensibilité de cet auteur compositeur. Mais la carrière de
Grushecky continua son déclin dans les années 1990, et au
début de 1995 l'artiste désormais solo (qui jouait plusieurs
soirs par semaine dans un restaurant mexicain miteux) se disait
qu'il était en bout de course. Tenté de carrément tout laisser
tomber, il suivit néanmoins l'avis de sa femme et passa un coup

de fil à son célèbre ami du New Jersey. Bruce le rappela un ou deux jours plus tard et l'invita à venir à Los Angeles faire un peu de musique avec lui. « J'ai dû emprunter de l'argent à mon père pour le voyage », raconte-t-il.

Après avoir entendu une douzaine de ses nouvelles compositions, Bruce lui conseilla de les retravailler. « Il m'a dit : "Je crois que tu peux faire beaucoup mieux que ça" », se souvient Grushecky. Mais, quand il joua à Bruce une première ébauche de « Homestead », une chanson sur la mine de Pennsylvanie qui employait presque tous les hommes de sa ville natale dans son enfance, les yeux de Bruce s'illuminèrent. Il l'aida à terminer les paroles, coécrivit un autre morceau avec lui (le récit amérindien « Dark and Bloody Ground ») puis proposa à Grushecky d'enregistrer cet album dans son studio personnel du New Jersey, en commençant dès que possible. « Ce disque est devenu *American Babylon*, qu'il a produit gracieusement pour nous », raconte Grushecky. À vrai dire, le projet lui tenait tellement à cœur que Bruce décida de se joindre aux Houserockers, reformés pour l'occasion, en tant que choriste et guitariste solo pour la mini-tournée en six étapes que Grushecky avait prévue afin de lancer la sortie de l'album en octobre. « C'était complètement dingue, quand on y pense, commente Grushecky. Qu'il soit venu jouer dans des bars avec des mecs de Pittsburgh. »

Sorti le 21 novembre 1995, *The Ghost of Tom Joad* réconforta les chroniqueurs déconcertés par *Human Touch*. Il valut à Bruce un nouveau concert de critiques élogieuses, souvent nourries de la propre expertise de leurs auteurs en matière d'histoire politique, littéraire et culturelle. Ce qui était parfaitement justifié puisque, comme l'indiquait clairement la bibliographie dans les notes du livret, les chansons de l'album émanaient de sources et de références précises qui allaient de films ou de livres sur la grande dépression à des articles récents du *Los Angeles Times*. « À une époque d'inégalité salariale grandissante, alors que la droite détourne l'attention en tapant sur les immigrés, Springsteen, le rocker du peuple, offre un rappel éloquent de ce qu'ont en commun les Blancs pauvres et en colère et les basanés désespérés qui traversent la frontière, écrivait David Corn dans l'hebdomadaire politique *The Nation*. Où d'autre dans la méga-culture populaire les cauchemars des déshérités américains et immigrés sont-ils reconnus et traités avec compassion? » En effet, *The Ghost of Tom Joad* contient certains des textes les plus poignants de Bruce : des descriptions cinglantes de l'injustice économique dans « The Ghost of Tom Joad » et « Youngstown »; des portraits du racisme ordinaire dans « Galveston Bay » et « The Line »; et les petites vies et morts symboliques racontées dans « Sinaloa Cowboys », « The New Timer » et « Balboa Park ».

Peut-être n'est-il pas étonnant que *The Ghost of Tom Joad* soit aussi l'album le moins musical de toute la carrière de Bruce. Même *Nebraska*, qui repose entièrement sur la guitare, l'harmonica et les percussions de Bruce, asseyait sa vision désespérée sur des morceaux possédant des rythmes, des changements d'accords et des mélodies bien reconnaissables. Sur *Joad*, même les cinq chansons (sur les douze) auxquelles participent les autres musiciens font à peine figure de constructions musicales. Ces derniers effleurent tout juste leurs instruments. La voix de Bruce n'est guère plus qu'un murmure sur la plupart des titres, accentuant leur intimité mais dressant en même temps une barrière pour les auditeurs : pour vraiment appréhender ces histoires, il fallait pouvoir trouver un endroit tranquille, fermer la porte et se concentrer. De préférence avec les paroles sous les yeux. Certes, Bruce ne peut s'empêcher de livrer quelques mélodies mémorables quand il a une guitare entre les mains. Mais les chansons de *Joad* qui portent sa signature musicale[9] l'arborent avec la plus grande discrétion. Dans le contexte de

---

9. En particulier la chanson-titre et « Youngstown », qui devinrent toutes les deux des succès récurrents en concert dans leur version ultérieure réarrangée pour le groupe au complet.

l'album, cette approche se comprend. Attiré par le style folk mi-commentaire mi-journalisme de Woody Guthrie, Bruce s'était surtout attaché à la charge sociale de ses textes. Tout ce qui faisait obstacle entre la voix du personnage et l'oreille de l'auditeur était de trop. Et même si les ventes de l'album s'en ressentirent fatalement[10], la prise de risque valait la peine pour un artiste dont les lubies s'étaient toujours avérées lucratives au cours des deux décennies précédentes.

Plus de deux ans et demi après le dernier show de la tournée *Human Touch* & *Lucky Town* en 1992-1993, Bruce s'apprêtait à repartir sur les routes, cette fois en solo. Rien que lui, avec quelques guitares et harmonicas, à la limite un piano, peut-être un tapis par terre. Dans la série des nouvelles expériences, celle-ci n'était pas totalement inédite. Les deux concerts solo qu'il avait donnés au gala pour le Christic Institute en 1990 lui servirent de modèle pour envisager la façon dont il pouvait présenter ses chansons, y compris celles qui d'habitude faisaient vibrer des stades entiers, dans des arrangements qui tireraient précisément leur puissance du vide d'habitude occupé par les rugissements d'un groupe de rock.

Tout comme l'album qui l'avait précédée, la tournée *The Ghost of Tom Joad* était résolument nouvelle en termes d'attentes et d'esthétique. Se produisant dans des salles de deux à cinq mille personnes – minuscules comparées aux salles omnisports et aux stades qu'il remplissait depuis près de vingt ans –, Bruce arrivait sur scène vêtu de pantalons amples et de chemises dans des tons terre, son bouc et ses cheveux longs soigneusement plaqués en arrière lui donnant l'air d'un universitaire passionné bien que sérieux. Négligeant son sens du spectacle, il commençait chaque soir par donner pour consigne au public de respecter son besoin de calme et de silence pendant les chansons. Pas d'applaudissements

10. *Joad* culmina à la onzième place du Top 200, premier de ses albums à ne pas atteindre le Top 5 depuis *The Wild, the Innocent & the E Street Shuffle* en 1973.

intempestifs, en somme. Pas de refrains chantés en chœur. Si les gens étaient touchés par ce qu'ils entendaient, qu'ils gardent leur enthousiasme pour eux jusqu'aux dernières notes du morceau. Ce qui peut paraître beaucoup plus déplaisant que ça ne l'était en réalité, dans la mesure où Bruce savait formuler ces requêtes avec drôlerie et autodérision, implorant les spectateurs de ne pas l'obliger à ruiner sa réputation de brave type comme il avait été forcé de le faire à Los Angeles quand un public dissipé l'avait contraint à mal parler à des top-modèles, à confisquer des téléphones portables, etc.

L'image austère que Bruce donnait de lui ne pouvait cependant tout à fait éclipser la joie qu'il éprouvait à jouer devant les fans qu'il voyait les yeux levés vers lui soir après soir. Malgré la gravité de ses nouveaux morceaux – et des anciens qui racontaient des versions différentes des mêmes histoires (entre autres « Darkness on the Edge of Town » et « Born in the U.S.A. ») –, il trouvait aussi la place de caser « No Surrender », « This Hard Land » ou même des raretés comme « Does This Bus Stop at 82nd Street ? » et « Blinded by the Light ». Au fil de la tournée, il s'attacha aussi à égayer l'ambiance avec une ou deux de ses nouvelles compositions pleines d'humour noir comme la ballade coquine « It's the Little Things That Count » ou la satire sur le téléachat « Sell It and They Will Come ».

La tournée solo *Tom Joad* dura de la fin 1995 au printemps 1997, avec deux cycles de concerts aux États-Unis et en Europe ainsi qu'un passage au Japon et en Australie. Bruce récolta le Grammy Awards du meilleur album folk contemporain, mais aucun show ne fut aussi chargé en émotion que la soirée qu'il donna au gymnase de l'école élémentaire Saint Rose of Lima à Freehold. Il gardait peu de bons souvenirs de cet endroit – essentiellement les bals pour ados qu'y avaient animés les Castiles quelques vendredis soir de 1965. Pourtant il avait parlé de cette école dans ses chansons, sous une forme ou une autre, pendant quasiment toute sa vie d'adulte. En 1996, l'établissement fêtait son soixante-quinzième anniversaire avec une population latino de plus en plus prédominante et, quand l'administration lui avait demandé s'il voulait bien donner un concert de charité dont les bénéfices seraient reversés au fonds de solidarité pour les boursiers de l'école, Bruce n'avait pas pu refuser.

Annoncé pour le 8 novembre, l'événement fit plus de bruit à Freehold que la visite du président Bill Clinton deux mois plus tôt. Craignant un afflux massif de non-résidents, les organisateurs établirent des règles strictes pour la vente des billets, exigeant un document d'identité ou toute autre preuve de domicile à l'entrée de l'école. Le soir venu, les spectateurs massés dans le gymnase accueillirent Bruce exactement comme ils le faisaient autrefois en le voyant passer dans la rue. Même les hurlements habituels («*Bruuuuce!*») le faisaient sourire comme un gosse tant ils paraissaient familiers. Et le sentiment était réciproque. Beaucoup de ses anciens amis et voisins l'avaient vu jouer dans des bars à ses débuts ou avaient fait le déplacement pour assister à ses gros concerts à la Meadowlands Arena ou au Giants Stadium en s'émerveillant du chemin qu'il avait parcouru. Mais là, dans le quartier de son enfance, il était aussitôt redevenu l'un d'entre eux: un gamin qui avait réussi à faire le mur pour la soirée.

Après avoir attaqué par «The River», Bruce marqua une pause afin de souligner l'incongruité de la situation. «Je n'y aurais jamais cru moi-même si je n'étais pas là pour le voir, dit-il en gloussant. Et juste en dessous de la croix, en plus!» Tout le monde éclata de rire et il raconta la réaction qu'avait eue un de ses amis en apprenant qu'il allait jouer dans son ancienne école catholique. «Il m'a fait: "Ah, une revanche, hein?" Mais je lui ai dit: "Non, non, pas du tout."» Après quelques secondes, il ajouta: «Enfin, peut-être juste un peu.»

Bruce ne plaisantait pas, comme allait bientôt s'en rendre compte le père Gerald McCarron de Saint Rose. Mais il avait quand même à partager quelques réminiscences et remarques plus sérieuses – et souvent assez touchantes –, comme par exemple une tendre dédicace de « The Ghost of Tom Joad » à une nonne, sœur Charles Marie, dont il se souvenait qu'elle lui avait enseigné l'empathie et la gentillesse. Il parla longuement des Vinyard, se souvenant de Tex (disparu en 1988) et de l'aide cruciale que Marion et lui avaient apportée aux Castiles, puis dédiant « This Hard Land » à Marion. Il s'adressa aussi très affectueusement à Adele, en concluant par une de ses rarissimes interprétations live de ce qu'il appelait sa « chanson d'amour pour [sa] mère », « The Wish ».

Mais les souvenirs chaleureux s'arrêtaient là. Car aucun retour au berceau de sa jeunesse n'aurait été complet sans un rappel des tensions de « Adam Raised a Cain » ou de la joyeuse rébellion soufflant dans « Growin' Up ». Replongé au cœur de son éducation catholique, juché sur une scène surmontée d'un immense crucifix en bois, Bruce ne pouvait résister à la tentation de repousser les limites de l'acceptabilité jusqu'à les faire craquer. Il commença en douceur dans son introduction à « Highway 29 », en faisant remarquer que le genre de sagesse évoquée dans le dernier vers ne venait « généralement que quand vous avez vraiment merdé quelque part ». Il lança alors un regard contrit en direction du directeur de l'école, mais il n'était pas si désolé que ça, comme le père McCarron et quelques autres fidèles pris de court s'en aperçurent lorsque Bruce présenta sa chanson en hommage à Patti, « Red Headed Woman ».

« Maintenant je vais vous faire un morceau que j'aime beaucoup sur un sujet que j'aime beaucoup, annonça-t-il. Le *cunni... lingus*. » Il laissa le mot planer dans l'air un instant. « Je sais, je sais. Vous vous dites : "Bruce, comment peux-tu chanter une chanson sur le cunnilingus dans ton ancienne école catholique ?" Mais j'ai parlé au père McCarron, je lui ai demandé : "Mon père, est-ce que je peux chanter une chanson sur le cunnilingus dans votre école ?" Il m'a dit [prenant une voix glacée]: "Je ne suis pas sûr." J'ai pris ça pour un oui. »

« C'est là que le prêtre est sorti, je crois bien, raconte le journaliste et historien Kevin Coyne, originaire de Freehold. Je ne sais plus s'il est parti furieux ou dignement, mais en tout cas, il est parti, c'est sûr. »

Si Bruce s'en rendit compte, il ne se laissa pas démonter. « Parce que je parle de sexe *conjugal* dans cette chanson, poursuivit-il. Parfaitement, de sexe *conjugal*. Et, comme on le sait, la doctrine là-dessus, c'est que le pape dit: "Moi, j'ai pas le droit, mais vous, allez-y." Donc, bref, à l'heure où on parle il y a sans doute des gens qui pratiquent le cunnilingus ici même, dans ma ville natale. Enfin, en tout cas, j'espère. Il *faut* pratiquer, parce que ça prend du temps avant de choper le coup de main. Enfin... de langue ! »

De crainte qu'on puisse croire qu'il était venu là pour tourner la paroisse en ridicule, humilier son directeur et couvrir ses anciens voisins de honte, Bruce avait composé une chanson originale pour l'occasion : une ballade tantôt acérée, tantôt attendrie pour cette ville et ces gens qu'il ne se résoudrait jamais à abandonner complètement. Intitulé « In Freehold », ce morceau évoquait sa jeunesse, de Randolph Street à Saint Rose of Lima en passant par les fois où il allait récupérer Doug dans les bars, sa première guitare, son premier baiser, les Vinyard, la tragédie de la vie de son père et l'étroitesse d'esprit qui faisait de Freehold « un peu une ville de péquenauds » (« *a bit of a redneck town* ») à l'égard des étrangers et des marginaux. « Là, il tapait en plein dans le mille », dit l'ancien musicien devenu maire Mike Wilson. Bruce y mêlait aussi des souvenirs plus récents : le jour où il s'était promené à Freehold avec ses enfants et qu'il les avait emmenés faire un tour dans le camion des pompiers (sans mentionner le fait qu'il avait entièrement financé de sa poche l'achat de ce nouveau véhicule), en étant heureux, était-il obligé de reconnaître, de revenir sur les lieux où il avait grandi. « Je suis parti en jurant de ne jamais remettre les pieds ici, Jack / Ce soir tout ce que je peux dire c'est "Merde alors, me revoilà." » (« *I left and swore I'd never walk these streets again, Jack / Tonight all I can say is, "Holy shit, I'm back."* »)

En effet. Après huit années passées à Los Angeles, Bruce et Patti avaient pris leurs enfants sous le bras – y compris le petit dernier, Sam Ryan, né en 1994 – et avaient emménagé à Colts Neck, une petite ville tranquille, en partie rurale, à dix minutes du centre-ville de Freehold.

24
Espoir, rêves et résurrection

Bruce et Patti étaient revenus vivre dans le New Jersey en 1996, dans une ferme en pleine campagne à l'est de Freehold. Le fait de s'installer si près de sa ville natale n'était pas un hasard, me confia Bruce. « Mon fils aîné entrait à l'école primaire et on venait de décider qu'on ne voulait pas élever nos enfants à Los Angeles. Patti et moi tenions à ce qu'ils aient une enfance la plus normale possible. » À Colt Necks, explique-t-il, « nous vivions dans un quartier chic et les enfants allaient dans de bonnes écoles, mais à part ça, ils étaient entourés de teinturiers, de chasseurs, de gens qui faisaient toutes sortes de choses différentes. Donc, vraiment, notre intention était de leur créer une vie aussi ordinaire que possible et ça nous convenait très bien. On a une famille très étendue, dans laquelle tout le monde s'entend à merveille. C'est un vrai miracle, vous savez. »

De retour sur sa terre natale, Bruce se mit à endosser simultanément les rôles de voisin comme un autre, de père, de vieux copain et de légende locale. D'ailleurs, la simplicité avec laquelle il jouait le premier ne faisait que renforcer l'aura surnaturelle du dernier : plus il se conduisait comme quelqu'un de normal, plus ça paraissait extraordinaire.

On n'entendait pas tellement parler de lui, à moins de vivre dans la région. Mais, autour des épicentres springsteeniens de Freehold et d'Asbury Park, certaines anecdotes ont l'écho de véritables mythes populaires. Le voici sur Main Street, le soir de la parade hebdomadaire des voitures vintage dans les rues de Freehold, son fils perché sur les épaules. Vous voyez ce type dans la Range Rover avec les sièges enfants à l'arrière ? C'est Bruce Springsteen qui dépose ses gamins à l'école. Une heure plus tard, il est en nage au club de gym du centre commercial, soulevant des poids sous les encouragements de son coach. En milieu d'après-midi il revenait à la sortie de l'école, arrivant suffisamment en avance pour avoir le temps de s'asseoir sur la butte qui surplombait la cour de récré et de regarder les enfants courir et faire de la balançoire. « C'est mon garçon, là-bas », se vanta-t-il un jour à un ami en lui désignant son aîné. Il semblait rayonner de fierté. Peut-être parce que son fils n'était pas perdu, à l'écart des jeux de ses camarades ; au contraire, il était en plein dans l'action, jouant et riant avec les autres.

Bruce ne savait pas non plus dire non quand on l'invitait à se joindre à une fête. Un jour où il se rangea sur le bord de la route 97 pour regarder de plus près une Harley-Davidson portant un écriteau « à vendre », Bruce se présenta au propriétaire de l'engin lorsque ce dernier sortit de chez lui ; ils parlèrent un peu de la Harley, passèrent un moment à se raconter leurs souvenirs respectifs de virées à moto et, quand le type mentionna qu'il était en train de faire un barbecue et de boire des bières avec des amis dans son jardin, Bruce le suivit aussitôt. Il serra la main de tout le monde et finit par rester avec eux deux heures, descendant quelques Budweiser et une assiette de côtelettes grillées avant de se rendre compte qu'il commençait à se faire tard. L'été, on pouvait le trouver allongé sur le sable de Manasquan Beach ou installé sur la promenade d'Asbury Park, juste devant la petite cabane où Madame Marie disait la bonne aventure. Il ne portait pas de postiches, ne se baladait pas entouré de sa bande ni même d'un seul garde du corps. Il menait simplement la version adulte de la vie qu'il avait toujours vécue.

Depuis le milieu des années 1980, l'ingénieur du son en chef de Bruce, Toby Scott, avait passé ses périodes hors studio à réécouter, cataloguer et convertir au format numérique l'énorme quantité de musique que son boss avait accumulée au fil des années. Des enregistrements de répétitions, de concerts, les montagnes de prises éliminées en cours de route et certaines versions primitives de morceaux réécrits différemment par la suite. Un travail herculéen vu la production démesurément prolifique que Bruce cultivait depuis si longtemps. « On avait au moins trois cent cinquante chansons non utilisées jusqu'à 1997 », dit Scott. Et pas toutes écartées parce que jugées de moindre qualité. Un certain nombre avaient été sacrifiées au profit d'autres morceaux dont l'atout principal était ce qu'ils apportaient à la structure narrative de l'album et non leur propre force individuelle. « Prenez "Roulette", par exemple, c'est un petit bijou, dit Jon Landau au sujet de ce morceau recalé sur *The River*. Avec Bruce, quand on l'a réécouté, on s'est regardés, sous le choc, et on s'est exclamés en chœur : "C'est pas moi qui ai voulu l'enlever de l'album !" On avait nos raisons sur le moment et chaque décision comportait une part de choix. »

Avec autant de chansons dans les tiroirs, dont beaucoup au moins aussi bonnes que celles qui avaient eu l'honneur de figurer sur un album, Bruce prit le temps de réécouter son parcours musical et d'apprécier chaque étape de sa propre évolution : le chanteur folk solitaire se pliant aux consignes de John Hammond en 1972, les visions grandiloquentes de *Born to Run*, l'époque *Born in the U.S.A.*, les sessions du début des années 1990, l'album abandonné de 1994, etc. Bruce fut particulièrement frappé par les rebuts de *The Wild, the Innocent & the E Street Shuffle*, que ce soit par les multiples strates et circonvolutions de ses compositions ou par l'énergie débridée que mettaient Vini Lopez, Clarence Clemons, David Sancious, Garry Tallent et Danny Federici à les jouer. Quand il tomba sur une version studio instrumentale de « Thundercrack », il en resta bouche bée. « La vache, écoute-moi ça ! » dit-il à Scott.

Au départ, l'idée pour cet album de compilation était de s'en tenir au mixage approximatif d'origine de chaque morceau. Mais, plus l'enthousiasme de Bruce grandissait pour ce projet, plus il avait d'ambitions sur la façon de présenter toute cette matière inexploitée. Ce qui avait commencé comme une simple collecte d'esquisses oubliées se transforma en un véritable boulot de production, avec trois binômes d'ingénieurs du son et de mixeurs travaillant simultanément dans trois studios différents. Scott avait pris ses quartiers dans le studio semi-permanent que Bruce avait installé dans une ferme du dix-huitième siècle qui faisait partie de sa propriété. Il y avait en outre un préfabriqué mobile garé non loin et le studio Mix This! de Bob Clearmountain à Los Angeles, qui pouvait envoyer et recevoir des fichiers grâce à sa ligne de téléphone RNIS. Bruce supervisait toutes les opérations, passant chaque après-midi à écouter les résultats de la journée et soit les valider, soit indiquer les modifications qu'il souhaitait y voir apportées. Et quand il trouvait qu'il manquait un petit quelque chose sur un enregistrement d'origine – une section de cuivres, des chœurs ou même une voix principale –, il emportait la bande en studio pour y rajouter des pistes.

Les changements les plus spectaculaires concernèrent « Thundercrack », qui n'avait depuis 1973 que quelques paroles clairsemées et pas de chœurs. Déterminé à recréer le morceau tel qu'il aurait été à l'époque, Bruce téléphona à Lopez et commença par l'inviter à dîner, puis à une session de retrouvailles avec Federici, Clemons et lui-même afin qu'ils chantent chacun les parties qu'ils avaient interprétées sur scène toutes ces années plus tôt. « Je me suis contenté de chanter les parties que je chantais alors et Bruce était bluffé de voir que je m'en souvenais encore, raconte Lopez. Mais moi, je n'oublie pas ce genre de trucs. Donc on a refait les voix, c'était sympa. J'arrive encore à sortir toutes ces notes dans les aigus. » Bruce s'efforça de retrouver sa voix de 1973 pour combler les trous de sa partie à lui. Quand ils eurent terminé, le résultat était parfait. La seule chanson qu'ils durent réenregistrer totalement fut « The Promise », que Bruce décida d'ajouter à la dernière minute.

Même s'ils en avaient toute une série de versions différentes à disposition, aucune ne semblait faire l'affaire. Et quand Bruce comprit à quel point le processus serait complexe s'ils voulaient pouvoir adapter les prises originales à la technologie moderne, il secoua la tête et se mit au piano. Il répéta les accords dans son coin une ou deux fois avant de se tourner vers Scott. « Toby, allume la machine. » Deux prises plus tard, il se leva. « O.K., c'est bon, tu peux le mettre sur le disque[1]. »

Intitulé *Tracks* – un double sens puisque le mot désigne à la fois les « pistes » enregistrées en studio et les différentes « pistes » suivies par l'artiste, ainsi que l'explique Bruce lui-même dans le livret où il décrit le projet comme « un chemin alternatif vers certaines des destinations que j'ai explorées dans mes disques » –, l'album se présenta au bout du compte sous la forme d'un mastodonte de soixante-six morceaux : un coffret de quatre CD accompagné d'un livret richement illustré avec les paroles et les crédits de chaque chanson. Plus ou moins – mais pas tout à fait – organisés par ordre chronologique, les quatre disques partagent les vingt-cinq années de carrière de Bruce en quatre périodes.

Le premier démarre par « Mary Queen of Arkansas » et trois autres extraits de son audition solo avec John Hammond ; fait brièvement escale au club Max's Kansas City pour un live acoustique ; puis enchaîne avec une poignée de versions studio de chansons beaucoup jouées en concert (« Santa Ana », « Seaside Bar Song », « Zero and Blind Terry » et « Thundercrack ») enregistrées pendant les sessions pour *The Wild, the Innocent & the E Street Shuffle* mi-1973. Il se termine par deux rebuts de *Born to Run* (« Linda Let Me Be the One » et « So Young and in Love ») et quelques recalés de *Darkness on the Edge of Town* de 1977 et 1978.

---

1. La chanson sortirait en bonus sur le CD *18 Tracks*, version condensée du coffret complet.

Le deuxième disque commence par un long retour sur les sessions de *The River* en 1979 et 1980[2] avant de puiser dans la volumineuse collection de rejets de l'époque *Born in the U.S.A.*, qui occupent le reste du disque numéro deux et presque tout le numéro trois à l'exception des quatre derniers titres qui proviennent de la période *Tunnel of Love*. Le quatrième disque retrace sa carrière solo des années 1990, avec un seul morceau («Back in Your Arms») tiré des sessions «Blood Brothers» avec le E Street Band.

Sorti à l'automne 1998, *Tracks* ne connut pas le même succès que le coffret live douze ans plus tôt, même s'il rappela avec force aux fans à quel point la musique de Bruce était puissante entre les mains du E Street Band. Alors pas étonnant que sa propre immersion dans ses œuvres oubliées ait modifié le regard de Bruce lui-même sur ses anciens compagnons de route. «Je me souviens, c'était Roch Hachana [en septembre 1998] et il m'a demandé de venir le voir, raconte Max Weinberg. J'étais en chemin pour aller chez ma mère et il m'a dit qu'en travaillant sur ce projet pour *Tracks* il était complètement retombé amoureux du E Street Band.» Lorsque Weinberg vint écouter le résultat, ils commencèrent par échanger leurs souvenirs sur chaque chanson jusqu'à ce que Bruce se mette à évoquer distraitement l'avenir. «Il m'a un peu sondé sur l'idée d'une tournée. Je lui ai répondu que ça poserait sans doute des problèmes de planning[3] mais que j'adorerais.» Bruce ne s'en tint pas là.

Un peu plus tard ce même automne, il appela Roy Bittan pour tâter le terrain et savoir si une tournée de réunification pourrait le tenter. Bien qu'engagé en tant que coproducteur et musicien sur l'album *Car Wheels on a Gravel Road* de la chanteuse country

---

2. Avec un flash-back sur les sessions de *Darkness* de 1977 et un bond en avant sur celles de *Born in the U.S.A.* en 1982 pour des raisons thématiques que je ne m'explique pas très bien.

3. À cause de son boulot à plein temps comme chef d'orchestre de l'émission *Late Night with Conan O'Brien*.

Lucinda Williams, Bittan se montra plus qu'intéressé. « Le E Street Band était un groupe fantastique, mené par un compositeur interprète exceptionnel doublé d'une bête de scène, dit-il. Dylan et Elvis réunis. Combien de fois vous voyez un truc comme ça dans une vie ? » Bruce avait encore une autre question à lui poser : que pensait-il de ramener Steve Van Zandt dans l'aventure ?

Tout le monde savait que Steve avait sa place dans le groupe. Mais Bittan sentait bien que le doute dans la voix de Bruce était beaucoup plus profond qu'une simple inquiétude à l'idée que Van Zandt et Lofgren puissent se marcher sur les pieds. « Il était partagé, dit Bittan. Peut-être qu'il avait peur de reformer le groupe et que ça le fasse reculer au lieu d'avancer. Je crois qu'il avait beaucoup d'appréhensions. »

« C'est juste que je n'étais pas sûr, dit Bruce. Je ne voulais pas que ça se résume à un exercice nostalgique et que ça me mette mal à l'aise. » Il était encore moins à l'aise avec les aléas émotionnels qui ne manqueraient pas d'accompagner chaque étape d'une réunification. « Quand on avait évoqué l'éventualité d'une tournée avec le groupe, raconte Landau, Bruce avait suggéré qu'on prévoie seulement dix concerts, parce qu'il n'était pas sûr de l'alchimie entre eux. Je lui ai expliqué que ce n'était pas possible, parce que si on annonçait dix ou quinze dates, on était obligés de prendre en compte les fans : qu'est-ce qu'on allait leur dire ? Et qu'est-ce qu'on allait dire au E Street Band ? » Bruce ne pouvait que se ranger à cet argument.

Lorsqu'il passa son premier coup de fil à Clarence Clemons, il fit en sorte de flatter l'instinct de majesté du saxophoniste. « Il m'a appelé et il m'a dit : "Big Man ! J'ai besoin de toi !" me raconta Clemons en 2011. Je m'y attendais. Ça devait arriver. Il était parti en tournée avec cet autre groupe, là, qui était nul comparé à nous. Je savais que j'apportais à Bruce quelque chose qu'il n'avait pas, ou du moins qu'il n'avait pas avant que j'arrive. Je ne dis pas ça pour me faire mousser, mais c'est la vérité, on était faits l'un pour l'autre. »

Pourtant les incertitudes de Bruce pesèrent encore sur les coups de téléphone passés à certains des membres du groupe par un des comptables du bureau de management qui s'occupait souvent de négocier ce genre de contrats. Au moins deux des musiciens – Garry Tallent et Danny Federici – ne furent pas contactés directement par Bruce, mais informés du projet de réunification par le coup de fil d'un comptable qui semblait lire tout haut un synopsis écrit. L'homme commença par souligner à quel point il était gracieux de la part de Bruce d'inclure le E Street Band dans sa prochaine tournée et termina par une offre tellement sous-évaluée qu'elle les renvoyait à ce qu'ils gagnaient à l'époque de la tournée *The River* en 1980 et 1981. Leurs salaires avaient considérablement augmenté sur la tournée *Born in the U.S.A.* avant de régresser un peu sur *Tunnel of Love*, conséquence logique de la plus petite taille des salles dans lesquelles ils se produisaient et de la brièveté de l'itinéraire. Tallent se sentit extrêmement blessé. « Après tout ce temps, recevoir un coup de fil du comptable pour nous dire qu'on devrait s'estimer *heureux* d'avoir la chance de faire ça ? C'était carrément insultant. J'ai dit : non, merci. » Tallent appela alors Weinberg, qui venait d'avoir la même conversation avec Federici. Qu'est-ce que c'était que cette histoire ? voulaient-ils savoir tous les deux. Qu'est-ce qu'on est censés faire de ça ? Weinberg leur suggéra de garder leur calme et d'attendre la suite. « J'étais d'accord avec eux sur le fait que ça ne me paraissait pas compatible avec le statut du groupe, ses capacités et le facteur réunification, dit-il. Mais, d'un autre côté, c'est le boulot des managers. Leur client, c'est une seule personne, alors ils cherchent à lui obtenir le meilleur deal possible s'ils y parviennent. Je ne peux pas leur en vouloir de tenter leur chance. »

Bruce non plus, comme le découvrit Tallent le lendemain. « Bruce m'a appelé, je pense qu'il était au volant d'une décapotable ou je ne sais pas quoi. Il y avait un bruit de vent pas possible, je comprenais à peine ce qu'il me disait, mais en tout cas, il se marrait. Il m'a dit quelque chose comme : "Ha, ha, ha, tu as bien raison ! Envoie-les se faire foutre, c'est comme ça qu'il faut faire ! Vas-y !" Je n'ai pas tout compris, mais en gros, ça voulait dire qu'il ne voyait pas d'inconvénient à ce que je négocie. Alors, c'est ce qu'on a fait et, bien évidemment, ça a marché. » Pourtant, même après le début des répétitions en février 1999, les doutes de Bruce persistèrent.

« On avait réuni le groupe pour répéter, c'était acquis, on allait faire une tournée de retrouvailles. Sauf si Bruce... » Landau ne termine pas sa phrase. Le scénario catastrophe qu'il avait imaginé sembla se réaliser lorsque Bruce l'appela, paniqué, quelques jours plus tard. Leur vieille complicité n'était plus là, s'inquiétait-il. Il manquait quelque chose d'important... une étincelle, un courant électrique, quelque chose... alors peut-être qu'en fait tout ça était une énorme erreur et que...

« Je lui ai dit : "Écoute, je pense que ça va marcher", continue Landau. "Je pense que vous allez retrouver votre complicité. Parce que ce que je vois, c'est que vous allez jouer les chansons de Bruce Springsteen avec le groupe de Bruce Springsteen pour le public de Bruce Springsteen." » Mais Bruce n'était toujours pas convaincu. Jusqu'à ce qu'ils décident d'inviter une poignée de fans à assister à la fin d'une répétition. « On a laissé entrer une cinquantaine de fans qui faisaient le pied de grue devant la salle et là *boum !* tout est devenu électrique d'un seul coup, se souvient Bruce. Après ça, je ne me suis plus fait aucun souci. »

Une fois Bruce rassuré, la compagnie de ses plus vieux et plus proches collaborateurs soulagea un peu le chagrin qui s'était emparé de lui depuis 1997, quand il était devenu clair que Doug Springsteen n'allait pas tarder à perdre son long combat contre son emphysème et ses problèmes cardiaques (il avait subi un quadruple pontage quelques années plus tôt). « Il était malade, on savait que ça allait venir, raconte Bruce. Les médicaments qui l'aidaient d'un côté l'affaiblissaient de l'autre. Au bout d'un moment il n'y a plus de marge de manœuvre et ça devient une question de temps.» Et même si Bruce n'avait jamais vraiment eu l'impression de percer la muraille autour de son père, il n'y avait pas de doute sur la chaleur dans les yeux du vieil homme et l'étreinte de ses mains fripées. «Une génération plus tôt, il serait sans doute mort comme ses parents, autour de la soixantaine. Mais il a vécu assez longtemps pour connaître tous ses petits-enfants. Et eux l'ont connu, c'est très important.»

Le cœur souffrant de Doug s'arrêta de battre le 26 avril 1998 et sa famille endeuillée prit aussitôt les dispositions nécessaires pour rapatrier son corps à Freehold où il fut exposé à la Freeman Funeral Home lors d'une veillée ouverte aux parents et amis. Seuls quelques intimes assistèrent à la messe d'enterrement à l'église Saint Rose of Lima. Au fil des oraisons funèbres se dessina le portrait d'un fils, d'un mari, d'un père et d'un cousin aimant, et d'un ami et camarade de classe discret mais chaleureux qui n'avait jamais un mot méchant pour personne. Tel était l'homme qui émergeait lorsque le brouillard se levait suffisamment pour lui laisser quelques précieuses heures ou journées de lucidité. «Dougie, tu dors enfin, la bataille et les horreurs sont derrière toi, déclara son cousin Glenn Cashion dans son oraison. Avec ta coiffe de capitaine et ton sourire, tu dors enfin.» Cashion conclut par une dernière pensée: «Il aima tendrement et fut tendrement aimé.»

«Il a plu pendant des jours et des jours après la mort de mon père, se souvient Bruce. Il a vraiment plu sans interruption pendant des semaines. Et, je ne sais pas pourquoi, je n'avais pas envie de rester à l'intérieur. J'ai passé beaucoup de temps dehors. J'ai fini par m'en remettre, mais c'était très dur. Une grande perte.»

Les répétitions de la tournée coïncidèrent avec les festivités autour de la nomination de Bruce au panthéon du Rock and Roll Hall of Fame à la mi-mars 1999, dès la première année où il était éligible[4]. Rien d'étonnant à cela puisque Bruce avait non seulement participé à l'inauguration du musée de cette institution en 1995 lors de l'énorme show au Municipal Stadium de Cleveland réunissant une brochette de stars ainsi qu'aux traditionnelles jam-sessions lors de nombreuses cérémonies précédentes, mais il avait aussi incarné pendant toute sa carrière le personnage le plus méritoire du rock mainstream : un rebelle/paria qui avait eu l'ambition de plier le rock grand public à sa volonté, le génie de concilier l'artistique et le commercial, et le bon sens de le faire au sein d'une très grosse maison de disques, vendant ainsi cent millions d'albums et remplissant à plusieurs reprises toutes les plus grandes salles de concert du monde. Comme pour Elvis Presley, Chuck Berry, les Beatles, les Rolling Stones et Bob Dylan, l'ascension de Bruce était courue d'avance.

Après un discours d'intronisation prononcé par le chanteur de U2, Bono – dont le groupe réussissait le même équilibre magistral entre art, contestation et succès populaire que Bruce, et dont le charisme oscillait entre grandiloquence et humilité –, Bruce livra un hommage à la fois drôle et émouvant à toutes les grandes figures de sa vie et de son œuvre : sa mère, bien sûr, pour lui avoir acheté cette fameuse guitare Kent dont ils savaient l'un comme l'autre qu'elle n'en avait pas les moyens ; son père pour lui avoir fourni tant de sujets d'inspiration ; Tex et Marion Vinyard pour avoir offert aux Castiles un lieu où répéter ; Tinker West pour l'avoir aidé à passer au niveau professionnel ; Mike Appel pour l'avoir lancé dans la cour des grands. Puis vint le tour de Landau, bien entendu, et de chaque membre du E Street Band, y compris les anciens comme David Sancious, Vini Lopez et Ernest « Boom » Carter, les deux derniers ayant accepté l'invitation de Bruce d'assister à la cérémonie. Lorsqu'arriva le moment

──────────

4. C'est-à-dire très exactement vingt-cinq ans après la sortie de *Greetings from Asbury Park, N.J.* en 1973 puisque la cérémonie de 1999 célébrait la promotion de 1998. [La règle veut que les artistes soient éligibles au Rock and Roll Hall of Fame vingt-cinq ans après leur premier enregistrement, *N.d.T.*]

pour Bruce d'empoigner sa guitare et de jouer le traditionnel mini-set composé de ses plus grands succès, le E Street Band tout juste ressuscité monta sur scène pour l'accompagner avec à peine deux semaines de répétitions derrière lui. Bruce croisa le regard de Lofgren au milieu d'une chanson et leurs visages s'illuminèrent d'un grand sourire béat. Il était encore plus hilare en faisant le clown avec Clemons pendant « Tenth Avenue Freeze-Out » et, quand à un moment il cria à Van Zandt : « Steve, viens là ! », son ex-futur lieutenant arbora une mine extatique : la mine d'un homme qui avait enfin retrouvé la place qu'il était né pour occuper.

Ayant décidé de démarrer la tournée par l'Europe, Bruce et le groupe commencèrent par deux concerts survoltés dans un stade de Barcelone les 9 et 10 avril 1999 avant d'enchaîner par Munich, puis trois mois à travers la plupart des grandes villes du continent et des îles britanniques. Après plus de dix ans d'absence, la réapparition du E Street Band au côté de Bruce suscitait des réactions enthousiastes partout où ils se produisaient. En particulier quand ils en arrivaient au morceau phare de la soirée, que Bruce introduisait en promettant que ces retrouvailles ne seraient pas éphémères. « C'est la résurrection de notre groupe, la renaissance de notre groupe, proclamait-il à la fin de chaque concert. Nous sommes ici pour vous servir et donc nous allons vous quitter ce soir avec une nouvelle chanson qui s'appelle "Land of Hope and Dreams" ["Terre d'espoir et de rêves"]. »

Une avalanche de batterie, le petit carillon d'un riff de guitare sur deux accords, puis une ligne d'orgue aérienne bientôt doublée par une mélodie au piano complètement différente et un riff encore plus mélodique de Van Zandt à la mandoline. Et enfin la voix de Bruce, vibrante de conviction : « Prends ton billet et ta valise / Le tonnerre gronde sur cette ligne / Tu ne sais pas encore où tu vas / Mais tu sais que tu ne reviendras pas. » (« *Grab your ticket and your suitcase / Thunder's rolling down this track /*

You don't know where you're going now / But you know you won't be back »). Suivaient un solo de saxophone exceptionnel de Clarence Clemons et un refrain qui évoquait l'essence de la foi et décrivait le cœur de cet endroit auquel aspiraient toutes les chansons de Bruce, dont elles questionnaient l'existence et poursuivaient la quête inlassablement. Composée spécialement pour cette tournée et en partie adaptée de « This Train Is Bound for Glory » de Woody Guthrie, avec quelque chose du standard de blues popularisé par Elvis, « Mystery Train », et l'influence de trop de morceaux de gospel pour pouvoir les citer, « Land of Hope and Dreams » assimile la foi à une force aussi robuste et fiable qu'une locomotive à vapeur. Sauf que, contrairement à la vision de Guthrie, le train de Bruce ouvre ses portes au tout-venant : saints ou pécheurs, perdants, gagnants, putains et joueurs, les puissants et les oubliés, les bons, les mauvais et les carrément monstrueux. Tous sont les bienvenus là où « les rêves ne seront pas déçus / [et] la foi sera récompensée » (« *Dreams will not be thwarted / [and] faith will be rewarded* »).

Afin de lancer la tournée américaine à la mi-juillet, Bruce et le groupe commencèrent par une série exceptionnelle de quinze concerts à la Meadowlands Arena, dans le New Jersey, alors rebaptisée Continental Airlines Arena. La totalité des trois cent huit mille places mises en vente partirent en vingt-quatre heures, et les fans historiques affluèrent dans la salle tels des pèlerins retrouvant enfin La Mecque qui leur était interdite depuis plus de dix ans. Chaque soir, dès l'instant où les lumières s'éteignaient, l'énergie émotionnelle qui planait dans l'air ôtait toute ironie au prosélytisme humoristique de Bruce. Car même quand il s'amusait à caricaturer les télévangélistes en clamant aux spectateurs qu'il était là « pour [les] réanimer, pour [les] régénérer, pour [les] reconfisquer, pour [les] réendoctriner, pour [les] resexualiser, pour [les] reconsacrer, pour [les] relibérer par la puissance et la promesse, par la majesté, le mystère et le minis-tère du rock'n'roll ! » les vingt mille visages tournés vers lui laissaient échapper un rugissement qui venait de si profond dans leurs tripes que personne ne pouvait prendre ça pour une blague.

La tournée américaine fit escale dans seize villes en quatre mois, jouant plusieurs soirs d'affilée dans la plupart (dont six dates à Philadelphie, cinq à Boston, quatre à Los Angeles) avant de marquer une pause de la fin novembre 1999 à la fin février 2000. Puis ils repartirent pour une nouvelle salve de quatre mois dont l'apogée fut une série de dix concerts à guichets fermés au Madison Square Garden de New York. Et si Bruce s'émerveillait de la maestria qu'avaient acquise séparément ses musiciens en l'espace de dix ans, le temps avait aussi largement amélioré leur faculté à supporter et même à apprécier les excentricités de chacun. « Le respect mutuel et la capacité à prendre en compte l'unicité de chaque musicien étaient plus forts que jamais, dit Tallent. Quand je balayais la scène du regard, j'étais béat d'admiration. Tout le monde avait grandi, tout le monde jouait merveilleusement bien, tout le monde était un professionnel accompli. »

Au bout d'un an de tournée, Bruce commença à venir aux balances de l'après-midi avec de nouvelles chansons à travailler. « American Skin », parfois aussi appelée « 41 Shots », fit sa première apparition lors de la balance avant le show à la Raleigh Arena en Caroline du Nord le 22 avril, puis disparut jusqu'au 29 mai, quand Bruce la réintroduisit lors des répétitions avec « Further On (Up the Road) », un autre morceau qu'il avait écrit l'hiver précédent. Arrivèrent ensuite « Another Thin Line » et « Code of Silence », composées avec Joe Grushecky. Bruce et le groupe ne les dévoilèrent au public que lors de l'avant-dernière étape de la tournée à Atlanta début juin. Le deuxième soir dans cette ville, le 4 juin, ils ouvrirent le concert avec « Further On », revinrent en terrain connu avec cinq chansons classiques puis, sans transition, attaquèrent l'introduction au piano calme mais insistante du morceau désormais intitulé « American Skin (41 Shots) ».

Ils commencèrent dans le noir, tous les musiciens de la première ligne – Clemons, Lofgren, Bruce, Van Zandt et Patti – se tenant immobiles, les pieds plantés dans le sol, le regard droit devant. Après la séquence d'accords introductifs, Clemons fit un pas en avant et chanta : « *Forty-one shots* » (« quarante et un coups de feu »). Lofgren répéta les mêmes mots, suivi par Van Zandt et Patti. Lorsque Bruce s'avança à son tour, ils les chantèrent en chœur quatre fois de suite, puis Bruce entama le premier couplet, qui évoquait une fusillade. Les balles qui fusaient, la victime se vidant de son sang par terre, quelqu'un agenouillé près d'elle en priant pour qu'elle vive. Les paroles du refrain explicitaient clairement à quelle fusillade Bruce faisait référence.

> Est-ce un revolver ? / Est-ce un couteau ? / Est-ce un porte-feuille ? / C'est ta vie.
> (« *Is it a gun ? / Is it a knife ? / Is it a wallet ? / This is your life* »)

N'importe quelle personne un peu au courant des récentes controverses new-yorkaises comprenait tout de suite de quoi il s'agissait. Début février 1999, quatre policiers en civil du NYPD qui recherchaient un violeur qu'on disait avoir vu traîner dans le Bronx interpellèrent Amadou Diallo, immigré guinéen de vingt-trois ans, alors qu'il s'engouffrait dans le hall d'entrée de son immeuble. Fraîchement débarqué aux États-Unis et n'en connaissant pas encore tous les codes, Diallo réagit aux cris des forces de l'ordre comme il était d'usage de le faire en Guinée, en cherchant ses papiers dans sa poche. Un ou plusieurs des policiers prit le portefeuille pour un revolver et les quatre ouvrirent le feu avec leurs armes automatiques. En quelques secondes, ils avaient tiré quarante et un coups. Dont dix-neuf atteignirent Diallo, qui s'écroula, mortellement blessé.

Le scandale éclata aussitôt. Musulman pratiquant, Diallo ne possédait ni revolver ni casier judiciaire. Alors que les policiers responsables de sa mort avaient, eux, un passé chargé. Appartenant à l'agressive Street Crime Unit du NYPD, trois avaient déjà été impliqués dans des fusillades pendant leur service[5], dont une mortelle pour laquelle l'un d'entre eux était encore sous le coup d'une enquête. Dans la foulée d'autres bavures policières, et au moment où de nombreux New-Yorkais avaient perdu leur enthousiasme pour la campagne du maire Rudy Giuliani visant à éradiquer la criminalité urbaine, la désobéissance civile et la décadence en général, un large consortium de militants politiques ou de quartier passa à l'action. Des manifestations commencèrent à New York avant de s'étendre à Washington DC, où le bureau du procureur général des États-Unis lança une enquête fédérale sur la mort de Diallo. Parallèlement, des voix s'élevèrent parmi l'équipe de Giuliani et les forces de l'ordre (dont celles des représentants syndicaux) pour protester avec véhémence.

C'est dans ce contexte que Bruce avait écrit « American Skin ». Le premier couplet décrit la fusillade de Diallo du point de vue d'un policier qui prie pour la vie de cet innocent et se souvient de l'élan de panique qui lui fit prendre le portefeuille en cuir pour une arme mortelle. Le couplet suivant met en scène une mère qui rappelle à son jeune fils comment se comporter dans la rue pour ne pas paraître menaçant aux yeux de la police : « ... ne t'enfuis jamais en courant / Promets à maman que tu garderas tes mains bien en vue » (« ... *never ever run away / Promise Mama you'll keep your hands in sight* »). Si la chanson contient une accusation, elle vise les divisions raciales, sociales et politiques qui nourrissent la peur, la confusion et la violence par lesquelles les forces d'humanité et de communauté se font écraser. La phrase la plus marquante du refrain – « Tu peux te

---

5. Détail particulièrement frappant, comme le soulignait le *New York Times*, puisque plus de quatre-vingt-dix pour cent de tous les policiers du NYPD passent toute leur carrière sans dégainer une seule fois leur arme, encore moins s'en servir pour tirer sur quelqu'un.

faire tuer simplement parce que tu vis / Dans ta peau d'Américain » (« *You can get killed just for living* / *In your American skin* ») – concerne la société dans toutes ses divisions raciales, politiques et de classes. Si bien que les quarante et un coups de feu et l'affaire Diallo deviennent ensuite une métaphore du délitement social qui engendre une grande partie de la violence du monde. Personne n'est épargné, y compris l'auteur de la chanson. « J'ai trempé mes bottes dans cette boue, chante Bruce. Nous sommes baptisés dans ces eaux / Et dans le sang des uns des autres. » (« *Got my boots caked in this mud* / *We're baptized in these waters* / *And in each other's blood* »).

Dévoilée au public sans avertissement préalable et suivie d'aucune annonce officielle de la part de Landau Management (comme par exemple une déclaration d'intention ou la publication du texte des paroles), cette nouvelle chanson de Bruce fit aussitôt parler d'elle dans les rédactions (« Springsteen déplore la fusillade du Bronx dans une nouvelle chanson ») et sur les sites internet et les forums de discussion naissants où toutes sortes d'analyses au pied levé, de critiques et de défenses explosèrent bientôt en une véritable tempête médiatique. Moins de quatre jours après le concert d'Atlanta, le journal online de Microsoft, *Slate*, publia un article de l'éditorialiste politique Timothy Noah dans lequel il suggérait que Bruce avait écrit ce morceau dans l'intention d'aider Hillary Clinton à battre Rudy Giuliani lors des élections sénatoriales de 2000. Le fait que Giuliani se soit retiré de la course dès la mi-mai ne semblait pas gêner Noah dans son argumentation puisqu'il croyait savoir (à juste titre d'ailleurs) que Bruce avait composé cette chanson plusieurs mois plus tôt. Si les spéculations de Noah sur la Hillarymania supposée de Bruce étaient un peu tirées par les cheveux[6], il mettait en revanche le doigt sur

---

6. Interrogé aujourd'hui, Noah s'empresse de dire que cet article était un post de blog, donc plus proche d'un billet d'humeur que des analyses soigneusement documentées et pesées qu'il publie dans d'autres médias. Il souligne aussi qu'il est un fan de longue date de Springsteen et qu'il n'a jamais voulu le condamner.

une chose importante : à l'exception du morceau « Roulette » inspiré de l'accident de Three Mile Island en 1979, « American Skin » était la première chanson de Springsteen à faire référence à des événements précis qui faisaient au même moment la une de l'actualité. En cela, Bruce avait franchi un pas qu'il avait toujours évité durant les vingt années depuis qu'il s'était mis à explorer les facteurs socioéconomiques qui présidaient au sort de la classe ouvrière et des pauvres. En abordant ces vastes thématiques à travers des histoires incarnées par des personnages individuels, il arrivait facilement à éluder les polémiques précises. « Quand on mélange la politique et la musique pop, ça ne fait pas forcément bon ménage, dit-il. La musique populaire restera toujours quelque chose que les gens emportent chez eux et dont ils se servent sans lire le mode d'emploi. C'est comme ça et ce n'est pas grave. Mais, en fait, peut-être qu'on *devrait* lire le mode d'emploi. »

Le président du syndicat du NYPD, Patrick Lynch, répliqua sans se faire attendre. Il appela les policiers à ne pas assurer la sécurité lors des concerts de Bruce au Madison Square Garden. « Je trouve scandaleux que Springsteen essaye de se remplir les poches en rouvrant les blessures de cette affaire tragique », déclara-t-il. Le maire Giuliani et son préfet de police Howard Safir publièrent également des communiqués critiquant Bruce et « American Skin » ; Giuliani se plaignit que « des gens essaient de créer l'impression que ces policiers sont coupables » tandis que Safir affirmait que les agents municipaux avaient le droit de ne pas aimer Bruce Springsteen si c'était leur choix. « Personnellement je n'aime pas particulièrement sa musique ni ses chansons », ajoutait-il. Et peu importait que « American Skin » n'ait jamais incité à la réciproque contre la police ni que personne n'ait obligé les policiers du NYPD à acheter les albums de Bruce Springsteen. Mais ni Giuliani ni Safir n'arrivaient à

« Je ne vois pas ce qu'il y a de mal à chercher à atteindre un objectif politique à travers une chanson, dit-il. Je trouve que l'engagement politique est une bonne chose. »

la cheville de Bob Lucente, chef de la section new-yorkaise du syndicat Fraternal Order of Police, qui traita Bruce de « pédé flottant » et de « fumier » pour avoir critiqué le NYPD[7].

« Je crois que Stevie est arrivé en courant avec le journal – c'est toujours Steve qui apporte les nouvelles – en disant : "Hé, mec, t'as vu ça ? Regarde de quoi ils te traitent en première page !" » raconte Bruce. Van Zandt lui tendit alors le *New York Post* du jour, qui faisait sa une sur la polémique en question. « J'ai fait : "Hein ? Quoi ?" Visiblement le mec n'avait même pas entendu la chanson ! » Mais le fait que « American Skin » ne critique ni le NYPD ni la police en général n'avait aucune importance.

Quand Bruce et son groupe prirent leurs quartiers au Madison Square Garden le 12 juin pour une série de dix concerts, ils ouvrirent le premier show avec une autre nouvelle chanson, « Code of Silence », qui semblait être encore une provocation. Car, quand bien même les paroles ne précisent jamais si le conflit dont il est question concerne des amants, une famille ou des institutions civiques, les amateurs de controverse ne purent s'empêcher de les interpréter comme une nouvelle salve de contestation ou de mépris. « American Skin » trouva sa place parmi les chansons les plus graves au milieu du set et, sous le regard de la famille Diallo (quand ils avaient appelé le bureau de Landau, Bruce s'était assuré qu'ils reçoivent un traitement préférentiel), elle devint le centre gravitationnel de la soirée, un pivot entre la morosité de « Point Blank » et l'optimisme résolu de « The Promised Land ». À l'oreille, la réaction du public ressemblait davantage à de l'adhésion que de la désapprobation, même si, comme le soulignait Jon Pareles dans le *New York Times*, il aurait été difficile de percevoir la différence entre des huées et le flot perpétuel des « *Bruuuuuuce !* » criés par les fans.

───────

7. Lucente s'excusa presque instantanément quand ses propos furent rapportés dans la presse, mais n'expliqua jamais le sens ni l'origine de l'expression « pédé flottant ».

Au moins un des spectateurs exprima nettement sa pensée en se plantant au pied de la scène avec les deux majeurs brandis vers le chanteur.

Pareles publia la critique de ce premier concert au Madison Square Garden deux jours plus tard en y incluant le texte complet de « American Skin ». Dans le même numéro du *Times*, à la page « Opinions », un article de l'éditorialiste libertarien John Tierney attaquait la chanson et Bruce en répétant l'accusation infondée selon laquelle ce morceau était une violente charge contre la police new-yorkaise. Afin de bien montrer son mépris, Tierney commençait par tourner en ridicule la répétition des mots « quarante et un coups de feu » au début de la chanson (« il est clairement opposé au gaspillage des munitions »). Puis il avançait l'argument de l'homme qui a trahi ses origines (« Springsteen n'a plus besoin de faire du stop sur la route 9 ») et affirmait que cet ancien porte-parole de la classe ouvrière américaine était devenu un « humaniste en limousine » obsédé par « les causes humanistes conventionnelles comme le sida et les sans-abri ». Bien qu'il puisse paraître surprenant que Tierney assimile les indigents et certaines personnes gravement malades à des symboles abstraits et des clichés politiques, il affirme aujourd'hui que c'est exactement ce que faisait de Diallo le tollé anti-NYPD déclenché par les manifestants. « Pour moi, l'insistance de la chanson sur les quarante et un coups de feu exploitait la mentalité anti-police qui régnait à l'époque, m'a-t-il écrit dans un e-mail. C'était le cri de ralliement de ceux qui essayaient de récupérer cette tragédie au service de leurs propres intérêts politiques. Et le fait que Springsteen ait choisi ces paroles m'a frappé comme un nouvel exemple de la façon dont il préférait flatter le public des quartiers chics de Central Park West plutôt que celui d'Asbury Park. »

Tierney, qui n'entend pas non plus se faire le défenseur de la police autoritaire ni des maires, est libre de ses opinions sur les instincts grégaires des humanistes new-yorkais. Mais

sa dissertation sur « American Skin » prend suffisamment
de libertés avec la véritable intention des paroles pour rendre
son analyse douteuse. Quant à ses assertions selon lesquelles
la richesse de Bruce discréditerait ses déclarations d'empathie
envers les moins favorisés, elles semblent relever davantage
d'une tactique politique que d'autre chose. Ce qui dérangeait
surtout Bruce dans tout ça, comme dans les commentaires
amers de Giuliani, Safir et consorts, c'était de voir à quel point
ils étaient éloignés de la réalité.

« On était exactement dans un cas de déformation volontaire, dit-il. Je ne vais pas être naïf et dire que c'est choquant,
parce que ce n'est pas choquant. Je sais comment fonctionne le
monde. Mais quand même, il y a quelque chose qui m'échappe.
Ce n'est pas que ces gens avaient mal compris l'histoire. C'est
une déformation volontaire de ce que vous essayez de dire. J'ai
eu ce problème pas seulement avec "American Skin" mais déjà
avec Reagan et "Born in the U.S.A.". *La déformation volontaire
de ce que vous essayez de dire.* »

25

Le pays que nous portons
dans nos cœurs nous attend

Pour Bruce, ce mardi commença à peu près comme pour tous les Américains qui avaient la chance de ne pas être dans les tours ou dans un des avions kamikazes. Il était à la table de sa cuisine en train de terminer un bol de céréales aux fruits rouges quand quelqu'un entra en courant pour lui dire d'allumer la télé. Un avion venait de s'écraser sur la tour nord du World Trade Center. Le deuxième avion frappa la tour sud quelques instants plus tard. L'après-midi venu, les attaques terroristes du 11 septembre 2001 avaient fait s'écrouler les deux gratte-ciel, éventré une aile du Pentagone, précipité un autre avion dans un champ de Pennsylvanie et plongé le pays dans le chaos. Bruce prit sa voiture pour rouler jusqu'au pont entre Rumson et Sea Bright et contempler le skyline de Manhattan au loin vers le nord. « Je n'avais pas vraiment réalisé jusqu'à ce que je traverse le pont et que je m'aperçoive qu'il n'y avait plus rien à l'endroit où se dressaient avant les tours », confia-t-il au journaliste Robert Hilburn.

Quelques jours plus tard, alors qu'il était retourné constater les dégâts depuis la plage de Sea Bright, il venait juste de remonter dans sa voiture quand un automobiliste baissa sa vitre et lui cria en passant : « On a besoin de toi, mec ! »

« Je voyais très bien ce qu'il voulait dire, raconta Bruce au journaliste de NBC Matt Lauer un an après. Je pense qu'une des choses que les gens avaient envie de voir dans ces premiers jours, c'était les visages des personnalités qui leur étaient familières, des personnalités qui comptaient pour eux... On avait toujours bossé dur pour que ma musique tienne une place centrale et significative dans la vie de mon public. Alors ça m'a fait comme un déclic. »

Lorsque les dirigeants des quatre plus grandes chaînes de télévision unirent leurs forces avec le réalisateur Joel Gallen et l'acteur George Clooney pour organiser un téléthon national afin de venir en aide aux familles des victimes, Jon Landau reçut un coup de fil de Jimmy Iovine, l'ancien ingénieur du son reconverti en pile électrique de l'industrie musicale[1] qui était chargé de recruter des stars pour ce projet. Quand Landau mentionna que Bruce avait déjà une chanson toute prête qui parlait du chagrin et de la détermination qu'ils espéraient susciter, Gallen lui proposa un créneau en ouverture du programme qui allait être diffusé sur les quatre grandes chaînes en question ainsi qu'un grand nombre de chaînes du câble aux États-Unis et dans le monde entier.

Cette émission du 21 septembre commença par des images en direct du port de New York : un travelling sur un remorqueur avec la statue de la Liberté au premier plan et le vide laissé par les deux tours derrière. Puis l'image s'assombrit et on passa en fondu enchaîné au plateau éclairé aux bougies où se tenait Bruce, guitare à la main et porte-harmonica autour du cou, accompagné d'une chorale de sept personnes[2]. Il n'y eut aucune présentation orale, aucun bandeau affiché au bas de l'écran. Bruce joua une introduction, prononça une brève dédicace – « Voici une prière pour nos frères et nos sœurs tombés » – et attaqua le premier couplet de « My City of Ruins », une ballade mélancolique façon gospel qu'il avait composée un an plus tôt en pensant au déclin d'Asbury Park. Mais, quelques jours

---

1. Iovine avait fondé le label Interscope Records au début des années 1990. En 2001, il était président du groupe Interscope-Geffen-A&M.

2. Composée de Steve Van Zandt, Clarence Clemons, Patti, ses vieilles amies Lisa Lowell et Soozie Tyrell ainsi que la première choriste du Bruce Springsteen Band, Delores Holmes, et sa fille Layonne.

après les attaques sur New York, le pays tout entier se sentait aussi endeuillé que la petite ville oubliée qu'évoquait Bruce, avec les bancs des églises aussi vides que les vitrines des magasins et les habitants aussi égarés que leurs espoirs. Lorsque le narrateur de la chanson s'adressait à une amante disparue, sa description du vide dans son lit n'était hélas que trop familière à ceux qui avaient perdu un être cher dans la catastrophe. « Dis-moi comment faire pour recommencer, chantait-il. Ma ville est en ruines. » (« *Tell me how do I begin again ? / My city's in ruins* »).

Mais, comme dans tout gospel et (sans doute pas par hasard) tant de ses propres chansons, les moments les plus noirs de la nuit laissent toujours entrevoir l'aube. « Maintenant, avec ces mains, avec ces mains, avec ces mains... » (« *Now with these hands, with these hands, with these hands...* »). Le chœur le rejoignit d'abord doucement, puis avec de plus en plus de ferveur et d'urgence alors que la voix de Bruce montait en puissance. Enfin, il éleva la voix encore plus haut, implorant le ciel de leur donner un signe d'espoir.

Je prie pour avoir la force, Seigneur / Je prie pour avoir la foi, Seigneur / Nous prions pour les disparus, Seigneur / Nous prions pour avoir la force, Seigneur...
(« *I pray for the strength, Lord / I pray for the faith, Lord / We pray for the lost, Lord / We pray for the strength, Lord...* »)

Dans son dos, les sept choristes se tenaient par la main et se balançaient en rythme, leurs voix exprimant le chagrin ambiant et le plus américain de tous les idéaux, à savoir que nulle tragédie ne peut anéantir un être humain ou une communauté déterminés à se relever, à se remonter les manches et à reconstruire. Et c'est par ces paroles, proférées dans un rare moment de solidarité nationale posttraumatique, que la voix de

Bruce donna le ton de la soirée et, pour beaucoup de téléspectateurs, ouvrit le chemin de la dévastation vers la rédemption.

La transformation de Bruce de rock star en symbole culturel était de plus en plus flagrante depuis le début de la tournée de réunification. Sur les affiches pour les dix concerts de clôture au Madison Square Garden puis sur la jaquette du CD *Live in New York City* tiré des deux derniers soirs (sorti en 2001), la vignette centrale montrait les silhouettes de Bruce et Clarence Clemons sur scène : Bruce avec sa Fender Telecaster, Clemons avec son saxophone. Le fond rouge du ciel derrière eux conférait à l'image un aspect industriel : la machinerie du rock nourrie par l'énergie de deux cœurs en fusion. Le nom de Bruce s'affichait en premier, avec celui du E Street Band juste en dessous, pour des raisons esthétiques plus qu'informatives. Car ce visuel à lui tout seul – la stature imposante de Bruce, légèrement penché sur sa guitare, et les épaules de Clemons rejetées en arrière – était devenu un symbole reconnaissable. Le symbole d'un certain type de rock'n'roll né dans les arrière-salles de bar, certes. Mais aussi d'un ensemble d'idées et de valeurs. Il n'était pas nécessaire d'aimer la musique de Bruce pour respecter l'engagement qu'il mettait dans son travail ni pour admirer les idéaux égalitaires qu'il avait à la fois poursuivis et utilisés comme thèmes de ses chansons depuis tellement d'années. Le fait qu'autant de ses textes décrivent et célèbrent les valeurs américaines fondamentales ou en déplorent l'absence donnait encore à Bruce davantage de crédibilité. Plus que n'importe quel autre artiste contemporain, il était devenu l'incarnation de la cause du peuple ; un compagnon de route qui suivait les traces de Woody Guthrie, John Steinbeck, Mark Twain et Pete Seeger.

Pourtant il avait toujours résisté au piège de la prise de position partisane. À l'exception de quelques commentaires sur scène de temps en temps (par exemple quand il avait confié au public de Tempe, en Arizona, le 5 novembre 1980, qu'il trouvait l'élection de Ronald Reagan de la veille « assez flippante ») et de son désarroi patent devant les tentatives de récupération du même Reagan en 1984, son militantisme public pendant cette décennie-là s'était essentiellement limité à soutenir les vétérans du Vietnam et les banques alimentaires. Si sa participation à la chanson anti-apartheid « Sun City » écrite par Steve Van Zandt en 1985 montrait qu'il était prêt à s'engager sur des sujets beaucoup plus polémiques, il avait minimisé le côté politique en faveur d'un message populiste, vaguement contre les multinationales et pour les travailleurs qui aurait tout aussi bien pu venir d'un conservateur de droite sensible à la cause populaire. « Je pense que Bruce incarnait et représentait une veine patriotique alternative à celle qui dominait dans le pays à l'époque, explique Eric Alterman, auteur de nombreux livres et analyste politique, entre autres pour *The Nation*, MSNBC et *The Jewish Daily Forward*. Il était devenu en quelque sorte le président d'une Amérique imaginaire, l'*autre* Amérique, afin que le reste du monde puisse continuer à admirer les États-Unis librement, sans être obligé d'accepter le fait que Reagan ou George Bush parlaient au nom du peuple américain. »

Bruce devint de plus en plus explicite quant à ses positions politiques dans les années 1990, apparaissant dans des galas de charité au bénéfice du Christic Institute, notoirement à gauche, puis jouant un rôle central dans l'opposition à la Proposition 187 en Californie, une mesure soumise à référendum en 1994 et visant à interdire aux immigrés clandestins l'accès aux hôpitaux, aux écoles et à d'autres services sociaux[3]. Son plus gros tube de la décennie, « Streets of Philadelphia », fit de Bruce la première rock star hétéro à exprimer le ressenti intérieur d'un

---

3. La Proposition 187 fut approuvée haut la main par les électeurs, mais n'entra jamais en vigueur en raison d'une série d'appels, d'ordonnances restrictives, d'une décision de justice l'estimant anticonstitutionnelle puis de l'élection d'un gouverneur démocrate, Gray Davis, qui en 1999 retira l'appel de l'État contre cette décision.

homosexuel. En revanche, le scandale autour de « American Skin » fit très peu de vagues en dehors de New York, où la plupart des habitants qui n'avaient pas de lien direct avec le NYPD ou la mairie y virent davantage un énième épisode du psychodrame de l'administration Giuliani que le signe qu'un de leurs plus anciens héros locaux s'était révélé comme un extrémiste anti-flics.

Bien que la sensibilité de Bruce découlât en grande partie des idées progressistes du New Deal, son idéalisme prolétaire s'accompagnait de convictions de base sur les vertus du travail, de la famille, de la foi et de la communauté. Dont aucune n'aurait été considérée comme partisan d'un camp politique ou d'un autre si l'effondrement du progressisme américain à la fin des années 1970 et dans les années 1980 n'avait pas conduit à une redéfinition massive des valeurs traditionnelles sous l'étiquette conservatrice. Le fait que Bruce n'ait jamais accepté ni reconnu la politisation de ces valeurs était visible dans sa propre éthique de travail et dans la communion symbolique qu'il formait avec le E Street Band et avec les fans qui achetaient ses disques et assistaient à ses concerts. Et même quand ses chansons décriaient la cupidité de la classe dominante et l'effritement de la protection sociale, elles étaient toujours habitées de drapeaux, de vétérans, de travail, de foi, et des fondations inébranlables du foyer et de la famille. « Il n'essaie pas de cacher ses opinions politiques, écrivirent Christopher Borick et David Rosenwasser dans "Springsteen's Right Side : A Liberal Icon's Conservatism" ("Le côté droit de Springsteen : le conservatisme d'une icône progressiste"), un essai présenté lors d'un symposium sur Bruce Springsteen à la Monmouth University en 2009. Il a une idéologie démocrate, un vocabulaire républicain et un système de distribution populiste. »

De la même manière qu'il avait réussi à synthétiser le gospel, le rock'n'roll, le rhythm and blues, le folk, le jazz et la musique de fête foraine en un son qui faisait écho aux clameurs de la nation tout entière, la magie particulière de Bruce venait de sa capacité à faire émerger les liens qui unissaient le monde, même lorsqu'il semblait à deux doigts de voler en éclats.

Pendant des semaines, les cloches des églises du Jersey Shore sonnèrent sans interruption, annonçant funérailles après funérailles. Des pompiers, des policiers, des banquiers, des traders, des cadres de compagnies d'assurances. Mais aussi des secrétaires, des employés de base, les passagers des avions à destination de San Francisco et Los Angeles. Les journaux locaux contenaient des pages entières de notices nécrologiques. Tenant à rendre hommage individuellement à chacune des plus de trois mille victimes, le *New York Times* lança «Portraits of Grief» («Portraits du chagrin»), une série de mini-articles dans lesquels elles étaient décrites par leurs amis et leur famille. Le fan invétéré des Giants, le jardinier dévoué, le champion de tango, etc. Bruce les lut tous et fut abasourdi de voir à quel point son nom revenait souvent. Le service funéraire en souvenir de Jeremy Glick, un des passagers qui avaient tenté de libérer le vol United 93 des terroristes à bord, s'était conclu par un fervent «Born in the U.S.A.» entonné en chœur par toute l'assistance. Thomas Bowden, originaire du New Jersey, était présenté comme quelqu'un de «profondément, ouvertement et émotionnellement fidèle à Bruce Springsteen». Le portrait consacré à Jim Berger, cadre dans les assurances, était intitulé «Un fan du Boss» et évoquait, outre son amour pour ses fils et les New York Yankees, une tendance à chanter «Thunder Road» à qui voulait – ou ne pouvait s'échapper à temps pour ne pas – l'entendre. «Chaque fois que vous montiez dans la voiture de Jim, racontait sa femme Suzanne, vous écoutiez Bruce, que ça vous plaise ou pas.»

Bruce notait les noms des personnes que ses fans avaient laissées derrière eux et souvent se manifestait auprès d'elles. Il leur passait un coup de fil, généralement sans se faire annoncer, pour leur présenter ses condoléances et, quand c'était possible, en savoir un peu plus sur la vie du disparu. Difficile de dire s'il considérait ces appels comme un hommage aux défunts, un geste de générosité envers leur famille ou un acte qui s'inscrivait plus globalement dans sa démarche de mobilisation; même lui ne le sait pas[4]. Mais pour Stacey Farrelly, dont le mari, Joe, était capitaine des pompiers à New York, entendre cette voix et cette compassion au bout du fil de la part d'un homme que son époux avait toujours admiré fut un vrai réconfort. « Après avoir raccroché, le monde m'a paru un peu plus petit, confia-t-elle à Josh Tyrangiel pour le magazine *Time* quelques mois plus tard. Cet appel m'a permis de tenir pendant les funérailles de Joe et pendant un bon mois et demi après. »

Rétrospectivement, Bruce tint à préciser qu'il n'avait jamais eu l'intention de composer un album sur le 11 septembre. Il avait commencé à travailler sur de nouvelles chansons plusieurs mois avant la tragédie, déjà dans l'idée de refaire un disque avec le groupe. Comme l'inspiration lui venait moins facilement qu'il ne l'avait espéré (il souffrait d'une crise de confiance, n'ayant pas sorti de véritable album rock depuis *Lucky Town* fin 1991), il décida à nouveau de collaborer avec le rocker de Pittsburgh Joe Grushecky, avec qui il coécrivit « Another Thin Line », « Code of Silence » et six autres morceaux avant que les horreurs du 11 septembre ne consument ses pensées. Alors que les ruines du World Trade Center étaient encore fumantes, que des rubans de crêpe noir pavoisaient tant de rues du New Jersey[5] et que le président George W. Bush préparait le terrain pour entrer en guerre contre le gouvernement des talibans en Afghanistan, la muse de Bruce revint au galop. « Into the Fire », un morceau mi-blues, mi-gospel qui évoquait à la fois la tristesse de la mort

---

4. Il est encore très réticent à parler de ça, visiblement par respect pour les familles et par volonté de ne pas passer pour un saint ou, au contraire, pour un genre de charognard.

5. Le comté de Monmouth à lui seul perdit plus de cent cinquante habitants dans les attaques du 11 septembre.

des pompiers et la beauté spirituelle de leur sacrifice, lui vint juste après les attaques. C'était d'ailleurs son premier choix pour le téléthon *America : A Tribute to Heroes* avant qu'il se rende compte que cette composition toute fraîche manquait encore un peu de travail et qu'il lui préfère « My City of Ruins » à la place. « You're Missing », une ballade métronomique adaptée d'un titre écarté en 1994 (« Missing »), arriva peu de temps après.

D'autres chansons suivirent et, après avoir esquissé quelques démos avec Toby Scott, Bruce entama le processus d'enregistrement proprement dit. Cela faisait presque trente ans qu'il coproduisait ses propres albums, dont vingt-cinq avec diverses combinaisons associant Scott, Landau, Chuck Plotkin et Steve Van Zandt. Le moment lui semblait maintenant venu à la fois de trouver un nouveau producteur et de se désengager complètement de cette fonction. Plusieurs personnes lui recommandèrent de s'adresser à Brendan O'Brien, un producteur, mixeur et multi-instrumentiste basé à Atlanta, connu pour ses collaborations avec Pearl Jam, Paul Westerberg, les Stone Temple Pilots et bien d'autres. Bruce invita O'Brien à venir écouter les démos dans son propre studio du New Jersey et ils se mirent au travail aussitôt.

« Il m'a passé "You're Missing", raconte O'Brien, et je me rappelle avoir dit : "Le pont, c'est en fait ton refrain ; tu devrais améliorer le refrain et le réarranger. Je peux te le jouer au piano tout de suite." » Bruce écouta les modifications proposées par O'Brien et prit sa guitare pour enregistrer dans la foulée une nouvelle démo. Sur le moment, il avait l'air impressionné. Mais, comme O'Brien s'en aperçut plus tard dans une interview accordée par Bruce à *Rolling Stone*, son futur patron était loin d'être emballé. « J'avais tout de suite commencé à tripatouiller ses chansons et ça ne lui plaisait pas du tout. En réalité, il était super énervé. » Quoi qu'il en soit, ce qu'il entendit convainquit suffisamment Bruce pour qu'il confie le boulot à O'Brien.

Lorsque les sessions démarrèrent au studio d'O'Brien à Atlanta, Bruce s'efforça de se concentrer sur son rôle d'artiste tandis que son nouveau producteur gérait le reste. S'occupant d'abord de la section rythmique – Bruce, Garry Tallent, Max Weinberg et Roy Bittan –, O'Brien leur fit rapidement enregistrer une première piste rudimentaire pour «Into the Fire». Le fait de laisser autant de place aux overdubs marquait clairement un changement de style dans la méthode de travail du groupe. Mais cela permettait aussi à O'Brien, à Bruce et au noyau dur de ses musiciens de poser des fondations solides sur lesquelles les solistes et les choristes pourraient ensuite venir ajouter leur partie. Si cette technique perdait un peu de l'excitation du live que Bruce et son groupe avaient si longtemps cherché à recréer en studio, elle gagnait aussi en clarté et en précision. «Il y avait beaucoup de monde, beaucoup de personnalités, dit O'Brien. Je ne savais pas trop à quel point ils étaient encore proches les uns des autres, tout était très secret.» En tout cas, les sessions avançaient vite et de façon productive. Clemons, Federici, Lofgren et Patti vinrent chacun leur tour enregistrer leurs parties tandis qu'O'Brien fit venir une section de cordes et, quand ils écoutèrent le résultat, Bruce fut émerveillé d'entendre comme le E Street Band reformé avait un son différent et pourtant parfaitement juste dans le studio d'O'Brien. «C'était le son du groupe, mais comme je ne l'avais jamais entendu avant, et c'était exactement ce que je recherchais, confia Bruce à Adam Sweeting pour le magazine *Uncut*. Je voulais que ça fasse : "Voilà ce qu'est le E Street Band *aujourd'hui*."»

Les musiciens aussi étaient contents du résultat. Pour la plupart. «Les morceaux avaient tout de suite un son cool et assez expérimental, dit Tallent. On passait du temps à essayer différents sons. Les gens venaient faire leur partie individuellement, donc il n'y avait pas beaucoup de camaraderie. Mais c'était efficace. Le disque est un peu trop sombre à mon goût et c'est un changement de cap, mais ça reste Bruce et le E Street Band.» Van Zandt, Bittan, Weinberg et Clemons étaient du même avis. «Le style de Brendan a une sensibilité un peu différente, dit Van Zandt. Les morceaux sont bien. Vraiment. Et Bruce était beaucoup plus détendu que d'habitude, même s'il était très impliqué. »

« Je ne me rappelle pas avoir jamais discuté avec Bruce de donner à l'album une coloration 11 septembre, dit O'Brien. Quand il était là, on se contentait de travailler et de voir comment ça venait. » De fait, seules quelques chansons parlaient directement des attaques terroristes. « Into the Fire » et « The Rising » évoquaient l'effondrement du World Trade Center, décrivant l'horreur du moment et trouvant de l'inspiration, voire de la transcendance, dans le courage des pompiers, des secouristes et des nombreux anonymes qui avaient tout risqué pour venir en aide à d'autres victimes. « Nothing Man », « You're Missing », « Mary's Place » et « Empty Sky » parlaient de la façon dont ceux qui avaient perdu un être cher s'efforçaient de reconstruire leur vie ou de maintenir un lien avec le disparu. À aucun moment il n'était question de l'identité des terroristes ni d'analyser leurs motivations ou leur moralité. Les chansons restaient dans le domaine de l'intime, esquissant une variante moderne de *Roméo et Juliette* sur la rupture entre l'Occident et le Moyen-Orient dans « Worlds Apart » ou les tentations suicidaires d'un poseur de bombe kamikaze et d'une veuve endeuillée dans « Paradise ». D'autres morceaux – « Lonesome Day », « Further On (Up the Road) », « Countin' On a Miracle », « The Fuse » – soulignaient les liens personnels qui font que la vie mérite d'être vécue et la façon dont leur absence peut conduire quelqu'un à croire qu'une idéologie ou un conflit précis est capable de réduire à néant la valeur d'une autre existence humaine.

Une fois l'album – intitulé *The Rising* – bouclé et prêt à sortir pour la fin juillet 2002, Bruce et Landau s'attelèrent à préparer le terrain afin de s'assurer qu'il reçoive toute l'attention méritée. Le fait que ce soit le premier disque de Bruce avec le E Street

Band depuis *Born in the U.S.A.* aurait déjà été une nouvelle suffisamment fracassante en soi. Mais, dans la mesure où cet album était la réponse de Bruce au 11 septembre – et sans doute la première grande œuvre d'art populaire à traiter le sujet des attaques terroristes –, il revêtait encore plus d'importance culturelle. En tout cas, il avait un sens très fort pour Bruce. Lors d'une réunion de pré-lancement avec les dirigeants de Columbia/Sony, il annonça clairement jusqu'où il était prêt à aller pour que *The Rising* rencontre le plus large public possible. « C'est pas du business, dit-il. C'est personnel. » Comme le raconte le président de Columbia, Don Ienner, la formule devint instantanément un cri de ralliement pour toute la maison de disques. « Le lendemain, on avait fait imprimer des tee-shirts avec marqué "The Rising" et sa phrase : "C'est pas du business, c'est personnel." C'est un des grands moments galvanisants de Bruce avec la compagnie. On se foutait complètement des radios ou quoi. On s'est juste défoncés. »

Bruce le premier, se jetant corps et âme dans la campagne promotionnelle la plus agressive qu'il ait jamais menée, préfigurant la sortie de l'album par une série de longs entretiens dans plusieurs grands magazines et quotidiens du monde entier. Puis il accorda une interview à Ted Koppel qui fut diffusée en épisodes dans son émission *Nightline* sur ABC-TV toute la semaine de la sortie. Le jour J, le mardi 30 juillet 2002, les festivités commencèrent par une édition spéciale du *Today Show* sur NBC en direct d'Asbury Park. Tandis que les animateurs Matt Lauer et Katie Couric étaient installés sur la promenade le long de la plage, d'autres reporters étaient disséminés ailleurs dans la ville et les deux heures de programme se concentrèrent autour du Convention Hall où Bruce et le groupe interprétèrent quelques extraits de *The Rising* ainsi qu'un ou deux classiques devant un public de deux mille cinq cents chanceux tirés au sort. La promo se poursuivit le lendemain lorsque Bruce et ses musiciens jouèrent deux morceaux sur le plateau du *Late Show* de David Letterman[6]. La tournée démarra par un concert unique le 7 août à la Continental Airlines Arena de East Rutherford, dans le New Jersey. Les places partirent instantanément – ce qui n'avait rien d'étonnant pour un concert unique, puisqu'en 1999 ils avaient joué à guichets fermés quinze dates d'affilée dans cette même salle – et l'atmosphère électrique le soir venu marqua l'apogée de cette intense campagne de promotion dont ils récoltaient à présent les fruits. Dès la première semaine, les ventes de *The Rising* dépassèrent le demi-million d'exemplaires, le propulsant directement à la première place du Top 200 de *Billboard*. Il y resta trois semaines de suite, battant finalement les records de ventes de tous les albums de Bruce depuis *Tunnel of Love* en 1987.

Avec ses quinze titres et ses soixante-quinze minutes de musique, *The Rising* s'imposa d'emblée comme un monument. En couverture de *Time*, un gros plan de Bruce, regard droit dans l'objectif et barbe de trois jours, était accompagné du titre en bleu-blanc-rouge : « *Reborn in the USA* : Comment Bruce Springsteen a tendu la main aux survivants du 11 septembre et transformé l'angoisse de l'Amérique en art. » Dans *USA Today*, la journaliste Edna Gundersen qualifiait de « boursouflures patriotiques » les hymnes post-11 septembre de Paul McCartney et du musicien country Toby Keith avant d'affirmer qu'il « fallait un rocker populaire comme Bruce Springsteen pour faire ça bien ». Si bien, même, que le critique de films du *New York Times* A. O. Scott, écrivant dans le magazine Internet *Slate*, le sacra « poète lauréat du 11 Septembre ». La presse conservatrice, dont la *National Review* et le *New York Post* (lequel avait joué un rôle central dans le déclenchement de la polémique autour de « American Skin »), publia des critiques dithyrambiques[7]. Tous les journalistes n'étaient pas aussi emballés, en particulier une

---

6. « The Rising » fut diffusé le 31 juillet et « Lonesome Day » le soir suivant.

7. Bien que le chroniqueur de la *National Review*, Stanley Kurtz, déplorât l'absence de drapeaux américains, de déclarations explicitement patriotiques

fois qu'ils dépassaient le terreau émotionnel de l'album pour souligner qu'il aurait sans doute gagné en puissance en éliminant un ou deux morceaux – « Let's Be Friends (Skin to Skin)» et « Further On (Up the Road)» arrivant en tête – et ce que Keith Harris du *Village Voice* appelait « l'éternel flou » des paroles[8]. Mais, à ce stade, l'album et son créateur avaient déjà été portés aux nues. La tournée avait démarré sur les chapeaux de roues en 2002 (quarante-six concerts dans quarante-six villes des États-Unis, puis sept dans sept villes européennes, ce qui laissait encore de nombreux fans sur leur faim) et se prolongea sur une bonne partie de l'année 2003 pour finir par trente-trois shows dans des grands stades dont dix soirs au Giants Stadium et trois concerts de clôture au Shea Stadium du Queens. Si la tournée de réunification du E Street Band en 1999-2000 devait en partie son succès à la nostalgie de fans impatients de réentendre les vieilles chansons, les shows de 2002-2003 tiraient au contraire leur force des titres les plus récents. Beaucoup de gens dans le public étaient venus pour écouter les morceaux de *The Rising*, de la même façon que *Born in the U.S.A.* avait attiré de nouvelles têtes au milieu des années 1980. Au bout du compte, après l'ultime rappel au Shea Stadium le 4 octobre 2003, la tournée *The Rising* se solda par un résultat encore plus positif que celle de la réunification, engrangeant un bénéfice de plus de deux cent vingt et un millions de dollars en cent vingt dates.

Quand Bruce vit à la télé les bombes s'abattre sur les rues de Bagdad en mars 2003, que les troupes américaines déferlèrent sur l'Irak et que les États-Unis entrèrent en guerre, une pensée

---

et d'un soutien clair à la guerre en Afghanistan. « Il manque quelque chose de fondamental », regrettait-il.

8. « On peut errer dans *The Rising* de couplet en couplet sans jamais trébucher sur un seul objet concret », écrivait Harris. Et il n'a pas tort, si ce n'est qu'avoir supprimé les détails au profit d'une certaine universalité était une décision réfléchie de la part de Bruce.

lui vint aussitôt à l'esprit : « Dès qu'on a envahi l'Irak, j'ai su que j'allais m'impliquer dans les élections [de 2004], confia-t-il à Jann Wenner dans *Rolling Stone*. J'avais le sentiment qu'on nous avait trompés. Que [le gouvernement de George W. Bush] avait été fondamentalement malhonnête et avait effrayé et manipulé le peuple américain pour le conduire à la guerre. [...] Et je ne pense pas que ça ait mis l'Amérique en sécurité. »

Il fut un temps où Bruce aurait traduit sa colère en musique, peut-être sous la forme d'une petite histoire comme celle de « Seeds », qui déconstruisait puis reconstruisait l'économie de l'ère Reagan à travers le prisme d'un travailleur itinérant de l'industrie du pétrole mis au chômage et forcé de passer une nuit glaciale avec sa famille dans l'habitacle étriqué de sa voiture. Mais, à l'approche des élections présidentielles de 2004, il se sentait tenu d'étendre son influence au-delà des limites de la musique rock. « Rester assis sur le banc de touche aurait été trahir les idées sur lesquelles j'écrivais depuis toujours, dit-il à Wenner. Ne pas s'investir, se contenter de garder le silence ou de rester évasif sur le sujet... cette fois-ci ça ne suffisait pas. J'avais la conviction que c'était un tournant historique très net. »

Tout ça était en germe depuis les premières semaines de panique après le 11 septembre. Si la rapide mobilisation des forces américaines contre l'Afghanistan des talibans pouvait avoir un sens à la lumière des liens de coopération qu'ils entretenaient avec les terroristes d'al-Qaida, le vote du Patriot Act, qui renforçait les pouvoirs du gouvernement (en particulier en matière de police) aux dépens des libertés individuelles, avait mis Bruce hors de lui. Lorsque les velléités militaires de l'administration Bush se déplacèrent d'Afghanistan – pays qui avait aidé les terroristes du 11 Septembre – en Irak – qui n'avait rien à voir là-dedans[9] –, le spectre des attaques musela le débat et

---

9. Malgré l'assurance répétée du contraire par l'administration Bush, ce qui se révéla tout aussi mensonger que les affirmations selon lesquelles le gouvernement de Saddam Hussein possédait des armes de destruction massive.

rendit tout dissentiment assimilable à une sédition. Alors que son fils adolescent avait exactement l'âge qu'avait Bruce quand les premiers garçons de Freehold avaient été envoyés pour combattre au Vietnam, sa décision fut vite prise. Si le gouvernement Bush pouvait utiliser le 11 Septembre au service d'un tas d'objectifs sans aucun rapport sur la liste de priorités des néoconservateurs, il pouvait lui-même profiter de l'autorité que lui avait conférée *The Rising* afin de pousser en sens inverse. La plupart des grands concerts dans les stades de l'été 2003 s'interrompaient au milieu des rappels pendant que Bruce délivrait un discours («mon message d'intérêt général», comme il dit), incitant le public à rester très attentif à ce que le gouvernement pouvait faire au nom de la sécurité nationale. « Manipuler la vérité en temps de guerre a toujours été le jeu des administrations démocrates ou républicaines par le passé, disait-il. Exiger des comptes de nos dirigeants et prendre le temps de chercher la vérité... c'est ça, l'esprit américain. »

Au moment où le sénateur John Kerry remporta l'investiture du parti démocrate pour l'élection présidentielle en juillet 2004, il connaissait Bruce personnellement depuis presque vingt-cinq ans et de réputation depuis encore plus longtemps que ça. Vétéran du Vietnam abondamment décoré devenu un fervent opposant à la guerre à son retour du front, Kerry avait rencontré Bruce lors d'un gala de charité au profit d'une association de vétérans à Los Angeles en 1981 et il avait gardé dans ses bureaux successifs une affiche dédicacée du concert pendant toute son ascension, de gouverneur adjoint du Massachusetts à sénateur des États-Unis. Quand Kerry reprit contact avec Bruce au cours de l'été 2004, le musicien n'hésita pas une seconde à lui apporter son soutien. C'était un pas qu'il n'avait jamais franchi jusque-là, du moins tant que sa musique et sa carrière primaient sur tous les autres aspects de sa vie. Mais, avec trois enfants à la maison, d'autres priorités primaient désormais. « C'est votre lien en chair et en os avec l'avenir, dit-il. C'est ce qui va rester quand je ne serai plus là. Leur présence déclenche un tas de prises de conscience qui vous affectent à tous les niveaux, y compris politique. » Quelles que soient les raisons qui l'avaient poussé à accepter, le candidat était ravi de l'avoir à ses côtés. « Il y a une authenticité chez Bruce qui est absolument irréfutable, dit Kerry. Je crois que c'est parce qu'il est tellement fidèle à ce qu'il est et que les gens le savent. »

Bruce avait également accepté (avec le E Street Band) d'être la tête d'affiche de la tournée *Vote for Change* organisée par le groupe politique MoveOn.org. Cette série de gros concerts de charité rassemblait des stars de la pop et du rock (Bruce, R.E.M., John Legend, John Mellencamp, les Dixie Chicks, Pearl Jam et d'autres) tous aussi déterminés à faire changer la manière dont était dirigé le pays. Comme ils le savaient ou l'apprendraient bientôt à leurs dépens, des célébrités ne pouvaient pas s'attendre à se lancer en politique sans essuyer le feu de plusieurs fronts à la fois. Même Ted Koppel, qui avait consacré tellement de temps de son émission *Nightline* à la sortie de *The Rising*, ne cacha pas son scepticisme lorsque Bruce fut réinvité deux ans plus tard pour parler de la campagne présidentielle. « Mais qui est Bruce Springsteen pour dire aux gens ce qu'ils doivent voter ? » demanda Koppel d'un ton plein de sous-entendus. Bruce reconnut lui-même que certains fans l'abordaient dans la rue pour lui expliquer pourquoi ils ne viendraient plus à ses concerts. Mais ça lui était égal. « C'est une intervention d'urgence, dit-il à Elysa Gardner de *USA Today*. Il faut qu'on ait un gouvernement qui soit plus attentif aux besoins de tous ses citoyens, qui ait une politique étrangère plus saine, qui soit plus attentif aux problèmes écologiques. »

La tournée *Vote for Change* se termina à la mi-octobre et, quand la campagne entra dans sa dernière semaine à la fin du mois, Bruce repartit sur les routes, chauffant la salle lors des ultimes meetings de Kerry avant le jour de l'élection le 2 novembre 2004. Il se présentait façon Woody Guthrie ou Pete Seeger, avec sa guitare acoustique et deux chansons – « The Promised Land » et « No Surrender » – évoquant la bataille électorale à venir et les visions qui la nourrissaient. Lorsque Kerry et Bruce arrivèrent à Madison, dans le Wisconsin, le 28 octobre, la foule remplissait toute la place du Capitole et débordait dans les rues adjacentes. « L'avenir, c'est maintenant, et c'est le moment de déchaîner vos passions, lança Bruce. Le pays que nous portons dans nos cœurs nous attend. » Quand le candidat monta sur la scène, il fut lui-même surpris. « C'était énorme, se souvient Kerry. Extraordinaire. Il y avait du monde partout, il devait y avoir plus de cent mille personnes devant nous, et l'ambiance était électrique. Un magnifique après-midi d'automne vers la fin de la campagne. Il y avait une énergie et une magie particulières ce jour-là. »

Un après-midi éblouissant pour conclure une campagne surchauffée qui se terminerait, pour Bruce, par une immense déception alors que les premiers retours optimistes s'assombrissaient de plus en plus au fil de la soirée électorale. Kerry reconnut sa défaite face à Bush tard le lendemain matin. « Patti m'a ramassé en miettes, raconta Bruce à Matt Lauer sur NBC. J'étais déçu, comme tout le monde. » Le lendemain, le téléphone de Brendan O'Brien sonna à Atlanta et la voix éraillée de Bruce se fit entendre au bout du fil : « Je suis prêt à me remettre au boulot, dit-il. Je vais te jouer quelques chansons, tu me diras ce que tu en penses et on verra où ça nous mène. »

Lorsque Bruce réémergea quelques mois plus tard, ce fut dans les bottes de cow-boy et les costumes noirs des fantômes du grand Ouest. Il était revenu aux maisons esseulées et aux âmes mornes qui les peuplaient. Intitulé *Devils & Dust*, ce nouvel album comprenait douze titres austères centrés sur des personnages individuels, dans la même veine que ses deux précédents projets acoustiques en solo, *Nebraska* et *The Ghost of Tom Joad*.

Ces chansons n'étaient pas le fruit d'un récent accès de créativité, mais plutôt d'un tri méticuleux dans ses vieux cahiers et ses enregistrements archivés. Le morceau-titre, le monologue d'un soldat fusil au poing dans une zone de combat non identifiée mais désertique, datait de 2003. Et c'était la chanson la plus récente de l'album. « All the Way Home » avait été composée en 1991 tandis que beaucoup d'autres remontaient aux sessions de *Tom Joad* en 1995.

O'Brien conseilla à Bruce d'ajouter un peu plus de texture que les deux fois précédentes. « Je lui ai dit : "Tu peux faire ça de deux façons, raconte le producteur en se remémorant sa première écoute des démos. Soit sans rien toucher, comme pour *Nebraska*, et ça ne parlera pas à grand monde. Soit autrement." » Ils choisirent la seconde option, boostant les morceaux avec des instruments et des chœurs additionnels, donnant à cette matière disparate un son plus homogène. Les textes tournaient surtout autour des relations amoureuses : ce qui les fait tenir, ce qui les détruit, ce qui survit ou pas à leur éclatement. Beaucoup plus mélodiques et fougueuses que sur les autres albums folk de Bruce, les chansons de *Devils & Dust* s'écartaient aussi davantage de la structure traditionnelle. Les couplets s'enchaînaient en fonction des besoins de la narration, délaissant les contraintes de la métrique. Rares étaient les morceaux à posséder un refrain au sens habituel du terme. Exemple frappant, les couplets de « Matamoros Banks » décrivaient la mort par noyade d'un immigré mexicain dans une chronologie inversée, commençant par son corps qui remontait à la surface du fleuve et se terminant par le moment où il disait au revoir à sa fiancée en lui faisant promettre de le retrouver au bord de ce même fleuve où il allait laisser sa vie.

Sorti fin avril 2005, *Devils & Dust* établit le schéma de vente que suivraient désormais les albums non-rock de Bruce dans le paysage nouveau du numérique et d'iTunes. Porté par le noyau dur des fans toujours empressés de découvrir ses disques dès la minute de leur mise sur le marché, il débuta directement à la première place du classement avant d'entamer une lente descente, amortie – parfois même inversée – au gré de la couverture médiatique et des dates de concerts. Il devint disque d'or (cinq cent mille exemplaires) en l'espace de quelques semaines avant de continuer lentement mais sûrement son chemin vers le platine. Les ventes de Bruce bénéficiaient en tout cas de son appétit infatigable pour la route. Après la tournée marathon de la réunification en 1999-2000, il avait soutenu une charge encore plus longue pour la promotion de *The Rising* en 2002-2003, prenant une pause d'un an seulement avant d'embarquer son groupe dans l'aventure *Vote for Change* à l'automne 2004. Il s'était ensuite écoulé quelques mois à peine avant que Bruce ne se lance dans une tournée mondiale pour *Devils & Dust*, se produisant dans soixante-douze villes à travers les États-Unis et l'Europe.

Contrairement aux concerts austères de la tournée *Tom Joad* dix ans plus tôt, ceux de *Devils* se déroulaient sur une scène encombrée d'instruments, les guitares acoustiques rejointes par un piano, un harmonium, un banjo et plusieurs sortes de claviers et de synthétiseurs. Juste au bord de la scène, un collaborateur invisible, Alan Fitzgerald, passait des samples et ajoutait d'autres textures. Bruce changeait d'instrument selon son humeur, jouant parfois « I'm on Fire » au banjo, trouvant de nouveaux sons sur ses claviers, ses synthés et ses machines. L'exemple le plus frappant arrivait en fin de concert quand il s'asseyait à l'harmonium pour une reprise du duo électronique punk Suicide, « Dream Baby Dream ». Avec un rythme ralenti par rapport à l'original pour donner au morceau un flow dense et hypnotique, Bruce chantait les paroles répétitives comme une incantation de sa voix de crooner à la Roy Orbison, rappelant le romantisme qui avait éclos sur « Born to Run », comme si les années et les kilomètres au compteur n'avaient rien changé, comme s'il croyait encore qu'une simple grille d'accords et quelques phrases sentimentales pouvaient illuminer la nuit et modifier le cours d'une vie. « Viens et ouvre ton cœur, chantait-il. Viens et rêve, bébé, rêve. » (« *Come on and open up your heart / Come on and dream, baby, dream.* »)

Bruce continuait donc à avancer et à rêver. À rêver de l'horizon, tout en gardant les yeux bien ouverts sur les réalités rugueuses du quotidien et l'évolution de sa propre vie : ce qu'il avait ressenti, ce qu'il avait entendu et appris sur la musique folk depuis l'époque où son cousin Frankie Bruno l'avait aidé à accorder sa guitare et lui avait montré deux ou trois accords. Frankie avait laissé tomber l'accordéon au moment du renouveau de la folk au début des années 1960 et il avait donc initié son jeune cousin aux merveilles et aux possibilités de cette musique simple et spontanée. Trois accords et la vérité, et ce n'était que la deuxième partie qui était compliquée. De là découla son obsession pour Bob Dylan quelques années plus tard, puis une passion pour Woody Guthrie autour de la trentaine. Mais ces toutes premières chansons, où il était question de travail, d'esclavage, de personnages hors du commun qui maniaient la hache, le marteau, la pioche et les pistolets qui avaient bâti l'identité de l'Amérique, si ce n'est le pays lui-même, n'avaient jamais quitté l'imaginaire de Bruce.

Invité en 1997 à participer à un album en hommage au grand militant et chanteur folk Pete Seeger, Bruce accepta avec enthousiasme et s'entoura pour l'occasion d'un groupe de musiciens constitué comme au bon vieux temps : il prit tout simplement les gars qui venaient de jouer à son anniversaire. Les Gotham Playboys étaient un groupe zarico-cajun de New York dont faisaient partie entre autres la partenaire musicale de Patti, Soozie Tyrell, au violon et à la voix, ainsi que le pianiste et accordéoniste Charlie Giordano. Ils savaient jouer n'importe quoi avec une bonne dose de charme et de talent, donc ils seraient parfaits. Convoqué pour une journée de travail début novembre 1997, le groupe enregistra, sous la direction de Bruce, six morceaux que Seeger avait joués (mais pas forcément écrits) au cours de sa carrière.

Réunis dans une des fermes restaurées autour de la propriété de Bruce et Patti, les musiciens arrivèrent à froid, ce qui était exactement la volonté de Bruce. « J'ai eu l'impression qu'on n'allait pas forcément rechercher la perfection, mais plutôt l'énergie et la spontanéité, raconte Giordano. C'était ça, l'approche. Il fallait qu'on s'amuse. » Après avoir déballé leurs instruments, les musiciens se livrèrent aux réglages techniques habituels : s'accorder, placer les micros, faire la balance, etc. Mais, dès que Bruce passa la sangle de sa guitare, les préparatifs s'arrêtèrent. Il annonça un titre de chanson, compta jusqu'à quatre et *paf !* ils se lancèrent. Si vous n'arriviez pas à deviner la tonalité en observant les accords que formaient ses doigts sur le manche de sa guitare, tant pis pour vous. « Il fallait juste se concentrer, écouter, regarder et ne pas réfléchir », dit Giordano.

« C'est fascinant d'enregistrer un morceau que les musiciens ne connaissent pas, confia Bruce à Edna Gundersen dans *USA Today*. Quand les gens apprennent trop bien leur partie, ils s'appliquent au lieu de jouer. Alors que, quand vous vous lancez directement, ça brise une barrière entre vous et le public. Une couche de solennité en moins. » Bruce savait aussi prendre un peu plus de temps quand la situation le demandait ; comme par exemple pour la version tamisée de l'hymne du mouvement des droits civiques « We Shall Overcome » qu'il choisit finalement d'apporter en contribution à l'album d'hommage à Seeger. Mais, en gros, sa ligne esthétique pouvait se résumer aux indications qu'il donna après avoir entendu l'intro au pied levé d'un des morceaux : « C'est très bien », dit-il. Puis il agita les mains pour interrompre les musiciens. « Si ça devient mieux que ça, ce sera *pire*. »

Les années passèrent, mais Bruce se souvenait toujours de cette journée avec émotion et, lorsque Landau et lui se replongèrent

dans les archives avec l'idée de sortir une suite à *Tracks*, il
réécouta ces enregistrements et décida aussitôt de réunir à
nouveau la petite bande et de remettre ça. Ils se retrouvèrent le
19 mai 2005 – cette fois avec le fils de Frankie Bruno, Frank Jr.,
à la guitare rythmique – et mirent en boîte quelques morceaux
supplémentaires. Dix mois plus tard, Bruce les convoqua pour une
dernière session en janvier 2006, suite à laquelle ils avaient largement de quoi faire un album. *We Shall Overcome : The Seeger
Sessions*[10] sortit trois mois après et donna envie à Bruce de repartir
sur les routes du monde avec son nouveau groupe. Landau organisa une tournée de cinquante-six dates qui commença par une
émouvante prestation au premier New Orleans Jazz and Heritage
Festival depuis que l'ouragan Katrina avait dévasté la ville en
septembre 2005. Puis ils firent un long détour par l'Europe avant
de revenir aux États-Unis pour encore quelques mois de tournée
et enfin terminer de nouveau par l'Europe un peu avant Noël.
Il faut dire que Bruce avait un nouveau stock de morceaux de rock
dans ses tiroirs qu'il voulait faire écouter à Brendan O'Brien. Deux
mois plus tard, il était de retour à Atlanta pour travailler sur le
prochain album du E Street Band.

Dans les semaines qui avaient suivi Katrina, Bruce ne pouvait
s'enlever ces images de la tête. Le rôle de La Nouvelle-Orléans
dans la naissance du jazz ainsi que son riche mélange de tradi-
tions ethniques et culturelles (africaine, cajun, caribéenne,
latino, française et autres) en faisaient déjà une référence indispensable. Et ce n'était rien par rapport au fait que la vie d'un
demi-million d'Américains était en danger immédiat. Pour

---

10. L'album avait été réalisé sans l'aide du producteur des deux précédents,
Brendan O'Brien, en grande partie parce que ce genre d'enregistrement semi-
improvisé de chansons folk n'était pas tellement son truc. « Il savait que ça ne
me plairait pas et il n'avait pas envie de l'entendre de ma bouche, confie O'Brien.
Et il avait parfaitement raison. Je lui ai juste dit : "Mec, bravo à toi. T'inquiète
pas pour moi." »

Bruce, peu importaient les motivations : le gouvernement avait tout simplement négligé de venir en aide à des citoyens qui en avaient désespérément besoin. « Quand vous voyez la dévastation et que vous vous rendez compte de l'ampleur du soutien dont la ville va avoir besoin pour se relever, c'est impossible de comprendre la logique de quelqu'un qui insiste pour offrir de nouvelles réductions d'impôts au un pour cent le plus aisé de la population, confia-t-il à Edna Gundersen dans *USA Today*. C'est de l'inconscience et c'est une subversion de tout ce qu'est censée incarner l'Amérique. »

Bruce composa une série de morceaux qui décrivaient ce qu'il considérait comme les thématiques et les échecs principaux de l'administration Bush en des termes suffisamment intimes pour évoquer le parallèle avec une rupture amoureuse. « Les meilleures de mes chansons qui ont des implications sociales fonctionnent comme ça, explique-t-il. Elles visent d'abord le cœur, elles parlent à votre âme, ensuite elles pénètrent dans vos veines, elles circulent dans le reste de votre corps et jusqu'à votre esprit. » Cette approche se retrouve dans chaque note de « Livin' in the Future », ce rock trompeusement guilleret qu'il avait écrit fin 2003. La chanson a l'air de commencer comme une réponse contrite à une lettre de rupture : le narrateur se souvient de son ex, depuis le premier moment où il l'a vue marcher vers lui en se déhanchant sur ses bottes dont les talons claquaient « comme le barillet d'un pistolet qu'on fait tourner » (« *like the barrel of a pistol spinnin' round* »). Trop aguicheuse, trop dangereuse et trop alléchante pour résister, malgré les signaux d'avertissement évidents ; il n'y a qu'à voir le goût du sang sur sa langue quand elle l'embrasse. À partir de là, la mer monte, la terre se dérobe, les forces de liberté et de justice se ruent vers la sortie. Il faut dire qu'ils se sont rencontrés le jour des élections. Sous un ciel gris comme de la poudre à canon. À présent sa foi est anéantie, le tonnerre résonne comme le fracas de la vertu qui se disloque. Que reste-t-il ? Rien, à part peut-être le déni: « On vit dans le futur et rien de tout ça n'est encore arrivé » (« *We're livin' in the future and none of this has happened yet* »).

D'un point de vue sonore, Bruce était d'humeur plutôt expansive, travaillant avec O'Brien à sculpter les chansons pour aboutir au genre de production complexe auquel il ne s'était plus risqué depuis que Mike Appel et lui avaient passé six mois à fignoler « Born to Run » à la main pour en faire une symphonie rock. « Il était vraiment prêt à mettre le paquet, cette fois-ci, raconte O'Brien. J'ai toujours pensé que si vous arrivez à enrober des paroles dures sous une certaine brillance, ça empêche la chanson d'être trop unidimensionnelle. Et il était d'accord. D'accord pour qu'on enrobe tout ça de miel et de douceur. Et moi je ne demandais que ça. »

Sorti à l'automne 2007, *Magic* et sa tournée en cent dates coïncidèrent avec l'élection présidentielle américaine. Même si Bush arrivait à la fin de sa carrière personnelle, sa philosophie et sa politique planaient sur le climat ambiant. Cherchant parmi les candidats celui qui lui semblait représenter le mieux l'image qu'il se faisait du pays dans lequel il avait grandi, Bruce porta son choix sur le sénateur de l'Illinois Barack Obama. Clairement, les positions à la fois progressistes et réalistes d'Obama correspondaient à sa sensibilité. Mais, après avoir lu son autobiographie pré-politique, *Les Rêves de mon père*, il fut encore plus impressionné par le parcours de ce sénateur. Et l'impact symbolique d'élire le premier président afro-américain du pays rendait l'enjeu encore plus crucial. « C'est un personnage unique dans l'histoire, dit Bruce à Mark Hagen, journaliste à l'hebdomadaire britannique *The Observer*. L'américanité fondamentale de son histoire et le fait qu'il représente [...] une image et une vision du pays qui manquaient cruellement depuis si longtemps... C'est fabuleux. »

Lorsque la campagne acharnée pour l'investiture démocrate devint particulièrement houleuse lors de la primaire en

Pennsylvanie au mois d'avril[11], Bruce annonça haut et fort sur son site officiel qu'il soutenait Barack Obama. « Il a la profondeur, la réflexion et l'endurance pour être notre prochain président, écrivit-il. Il s'adresse à l'Amérique que je décris dans ma musique depuis trente-cinq ans, une nation généreuse dont les citoyens sont prêts à s'attaquer à des problèmes complexes et nuancés, un pays qui s'intéresse à son destin collectif et au potentiel de son esprit rassemblé. Un endroit où [citant ici les paroles de « Long Walk Home », un morceau de l'album *Magic*] "personne ne vous piétine et personne ne va seul." »

Publiée à l'insu de l'équipe de campagne d'Obama, cette déclaration de soutien prit le candidat par surprise. « On était dans le bus de campagne en Pennsylvanie et il est revenu en disant : "Bruce Springsteen vient de m'apporter son soutien !" » se souvient David Axelrod, stratège en chef de la campagne. Obama s'est alors assis et lui a passé son BlackBerry, tout sourire. « En général, je ne suis pas impressionné par les soutiens de célébrités, mais je viens de lire ça, expliqua le candidat. Et j'aime *beaucoup* ce type. J'ai un tas de ses chansons sur mon iPod. Je l'aime vraiment beaucoup. »

Obama appela Bruce au téléphone l'après-midi même et, lorsque la campagne proprement dite commença à l'automne, le musicien se mit à jouer un rôle central dans les collectes de fonds et les derniers meetings. Après sa victoire en novembre, Obama invita Bruce à participer au concert *We Are One* organisé deux jours avant son investiture, au cours duquel Bruce chanta « The Rising » sur les marches du Lincoln Memorial accompagné par un chœur de gospel puis revint avec Pete Seeger pour une reprise de « This Land Is Your Land ». Quand Bruce fut choisi pour recevoir un prestigieux Kennedy Center Honor en 2009, il assista à la cérémonie depuis la loge présidentielle, assis

---

11. En partie à cause des liens d'Obama avec un pasteur afro-américain assez radical du nom de Jeremiah Wright.

juste à côté de la première dame, elle-même assise à côté de son époux. À portée d'oreille des nombreux commentaires en aparté dont Barack Obama ne fut pas avare ce soir-là.

« Je crois que le président voit Springsteen comme une sorte de poète du rêve américain, dit Axelrod. Un poète qui donne vie de façon originale et merveilleuse aux espoirs, aux aspirations et aux défis du quotidien auxquels les gens ont à faire face. »

26
C'est un gros requin, mec

Assis sur le balcon de son appartement-terrasse au trentième étage d'un immeuble en bord de mer à Singer Island, en Floride, Clarence Clemons prenait le soleil du matin tout en réfléchissant à l'avenir du E Street Band. Il serait prêt, il en était sûr. C'était un mercredi au début de mars 2011, quelque part entre la fin de sa séance de kinésithérapie matinale et le début de celle qui occuperait une bonne partie de son après-midi. Deux mois après son soixante-neuvième anniversaire, le majestueux saxophoniste accumulait les pépins de santé. Des problèmes de genoux, les hanches bousillées, la colonne vertébrale qui lui faisait tellement mal qu'il avait dû se faire souder certaines vertèbres juste pour pouvoir tenir debout. Il répétait partout dans les interviews qu'il se sentait davantage bionique qu'humain tant il avait de parties du corps remplacées par des prothèses artificielles, dont certaines fonctionnaient mieux que d'autres. Depuis quelques années, il avait besoin d'une voiturette de golf pour aller des loges à la scène. « J'ai vécu l'enfer, mec, me dit-il avec un haussement d'épaules. Devoir grimper ces quelques marches pour monter sur scène... c'est une douleur atroce rien que pour *accéder* à ces marches. Mais je m'en fous. Je vais y arriver. C'est dans ma nature, je suis comme ça. »

Ses paupières se plissèrent et il hocha la tête en direction de l'océan sous nos yeux. « Tu vois ça ? » Au début non, mais il tendit le doigt pour me montrer le requin épineux d'un mètre cinquante de long qui fendait les vagues. On aurait dit une ogive : incolore, rapide, avec un aileron en rasoir. Même à trente étages en surplomb, ça donnait des frissons. Clemons gloussa. Il m'expliqua qu'il en voyait souvent passer. De grands bancs migratoires qui exploraient les fonds à la recherche de quelque chose – ou quelqu'un – à se mettre sous la dent. « Oh, ouais, les gens se font bouffer, dit-il. Mais pas aussi souvent qu'on pourrait le croire, remarque. » L'animal s'approcha, dépassa l'immeuble et continua son chemin. « C'est un gros requin, mec », conclut Clemons.

Puis il se mit à me parler de Danny Federici. Ils avaient toujours fait les quatre cents coups ensemble, depuis le temps où ils partageaient cette maison avec Vini Lopez en 1973, quand ils gagnaient tous trente-cinq dollars par semaine. À l'époque ils étaient obligés d'unir leurs talents pour ne pas mourir de faim : Lopez savait pêcher des poissons, Clemons les nettoyer et les cuisiner, et Federici cuire les pâtes. Tellement de kilomètres, tellement de nuits sur la route, tellement de shows mémorables, tellement de rebondissements inattendus. Par exemple la fille que Federici avait rencontrée à Houston en 1974 et qui lui avait proposé ainsi qu'à son copain saxophoniste de les accompagner en voiture jusqu'à Dallas, où ils avaient un concert le lendemain, afin qu'ils puissent profiter du paysage et s'amuser un peu en route. Qui aurait cru qu'elle avait volé cette voiture ? Ou qu'elle venait juste de sortir de prison ? Ou que son père était flic ? « Je *savais* qu'il y avait une embrouille quelque part, me raconta Clemons en riant. Il y avait *toujours* une embrouille quelque part. »

En revanche, au clavier de son orgue Hammond B3, c'était autre chose. « Danny a eu un rôle capital dans le son du groupe, dit Clemons. J'ai toujours pensé que Bruce composait ses morceaux en fonction des musiciens qu'il avait à sa disposition. Il était capable d'anticiper sur le résultat que ça donnerait. » Sauf qu'il fallait savoir que Federici ne jouerait jamais deux fois la même partie de la même façon. Si Bruce ou n'importe qui le priait de répéter une de ses prestations, il haussait les épaules. « Quand vous lui demandiez de refaire la même prise en studio, il vous répondait : "Je ne sais pas si je vais m'en souvenir", raconte Roy Bittan. Mais ensuite il vous sortait autre chose qui collait parfaitement et qui était très beau et très naturel. » Nils Lofgren, créateur d'un million de grilles harmoniques incroyablement compliquées, était émerveillé par la faculté de son collègue à aller dans la direction inverse. « Danny était un musicien qui jouait à l'instinct, dit-il. La moitié du temps il était incapable de vous dire les accords d'un morceau, mais il avait une extrême précision technique. Il jouait comme un dieu, avec de l'émotion et une facilité déconcertante. »

Sur son balcon, Clemons avait les larmes aux yeux. « On a toujours été très proches, depuis l'époque où on était colocs. Sur scène il était du même côté que moi, donc on avait nos petits trucs entre nous. On commentait les filles du premier rang : "la veste blanche sur ma droite !" Alors ça a été particulièrement dur pour moi. »

En novembre 2005, Federici découvrit des taches sur son dos, consulta un dermatologue et apprit qu'il avait un mélanome malin. Le traitement lui offrit une rémission temporaire, mais une rechute le frappa juste au début de la tournée *Magic* à l'automne 2007. Il avait participé à toutes les répétitions, il était derrière ses claviers pour le grand lancement de l'album dans le *Today Show* et il s'embarqua avec toute la troupe pour la première partie de la tournée, six semaines de concerts à travers l'Est et le Midwest américains. Lorsqu'il apprit début novembre que Federici allait devoir s'arrêter pour lutter contre son cancer, Bruce fit appel à Charlie Giordano, le pianiste et accordéoniste du groupe des *Seeger Sessions*, pour le remplacer au pied levé. Après avoir passé une semaine à potasser studieusement le répertoire de Bruce, souvent avec l'aide de Federici lui-même, Giordano rejoignit la tournée afin d'observer l'organiste dans le feu de l'action. « J'ai assisté à trois shows, raconte-t-il, et Danny a été adorable, il m'a aidé tant qu'il pouvait, malgré les douleurs terribles qu'il endurait et aussi la tristesse. »

Lors des derniers saluts à la fin du dernier concert de cette série, Bruce se dirigea droit vers Federici, le prit par les épaules et l'entraîna au centre de la scène. Encadré par Bruce d'un côté et Steve Van Zandt de l'autre, le seul parmi ceux de la E Street qui pouvait prétendre faire partie du groupe depuis plus long-temps que Bruce lui-même (dans la mesure où c'étaient Lopez et lui qui l'avaient engagé comme guitariste et chanteur de Child) sourit face aux projecteurs et s'abandonna à l'étreinte de son ami. Federici cria quelque chose à l'oreille de Bruce et ils éclatèrent de rire tous les deux, parlant le même langage du Jersey Shore, le même langage des musiciens, le langage des amis d'enfance.

Bruce et le groupe prirent cinq jours de repos avant de traverser l'Atlantique pour une tournée de trois semaines en Europe. Quand les premiers accords de « Radio Nowhere » réson-nèrent dans le Palais des Sports de Madrid le 25 novembre 2007, Giordano était assis à la place de Federici. Il y resta pendant toute la partie européenne et le deuxième segment de la tournée américaine. Au bout d'une douzaine de chansons lors du concert d'Indianapolis le 20 mars 2008, Giordano s'éclipsa et quitta discrètement la scène.

« On vous a réservé une surprise, ce soir ! » s'exclama Bruce tandis que Federici, tout sourire sous un béret sombre, s'asseyait au clavier et attaquait « The Promised Land » avec l'aisance de quelqu'un qui n'était jamais parti. Vint ensuite « Spirit in the Night », après quoi Federici empoigna son accordéon et s'avança vers le bord de la scène. « Avant le début du show, je lui ai demandé ce qu'il voulait jouer, raconta Bruce quelques semaines plus tard. Il m'a répondu : "Sandy." Il avait envie d'enfiler son accordéon et de revisiter la promenade de notre jeunesse, les soirs d'été, quand on flânait le long de la plage avec tout le temps devant nous. [...] Il avait envie de jouer une dernière fois cette chanson qui parle bien sûr de la fin d'une chose merveilleuse et du début d'une autre, nouvelle et inconnue. » Le cancer de Federici avait métastasé dans son cerveau. Lorsque Bruce rejoua cette chanson, c'était à la cérémonie funèbre le 21 avril à Red Bank.

Bruce et le groupe annulèrent trois concerts après la mort de Federici, puis se rendirent à Tampa, en Floride, pour honorer leur engagement du 22 avril. La soirée commença par un petit film en hommage à leur organiste disparu, à la fin duquel un seul faisceau de lumière blanche éclaira un très long moment la place vide derrière le Hammond B3 avant que ne résonnent les premières notes de «Backstreets», cette chanson sur l'amour innocent, le temps qui passe et les cruelles vérités de la vie. Le show se transforma en une sorte de veillée publique, une succession d'hommages musicaux et de joyeuses anecdotes sur la folle époque du E Street Band. La douce folie de Federici continua à planer sur les concerts suivants, avec d'autres vieux morceaux chargés de souvenirs («Does This Bus Stop at 82nd Street?», «Spirit in the Night», «Blinded by the Light» et «Wild Billy's Circus Story»), d'autres anecdotes et le sentiment croissant que Danny avait emporté quelque chose de fondamental avec lui.

«Ce dont j'étais le plus fier depuis longtemps, c'était que contrairement à beaucoup d'autres groupes, les membres du E Street Band étaient toujours vivants, confia Bruce à Mark Hagen dans *The Observer*. Et c'était quelque chose qui relevait d'un effort collectif. Quelque chose qu'on faisait ensemble, survivre. On se regardait les uns les autres. Et ça témoignait de la force de vie qui, je crois, était au cœur de notre musique. Personne n'était jamais lâché. Ça a tenu longtemps.»

Les fissures inévitables dans les fondations de la E Street avaient commencé à apparaître un an plus tôt. Durant plus de vingt années, Bruce s'était reposé sur les larges épaules de Terry Magovern, ancien de la marine, patron de club et (surtout) doux géant qui lui servait depuis toujours d'assistant personnel, de garde du corps et à la fois de tampon et de lien avec le monde extérieur. Magovern remontait lui aussi aux temps préhistoriques du Jersey Shore[1]. Il savait exactement qui était qui, pourquoi ils comptaient, et il gardait les bras croisés et le cœur ouvert à ceux qui en avaient besoin. « C'était un ange gardien, dit Bruce. Et ce n'est pas un boulot que vous choisissez. C'est qui vous êtes à l'intérieur. » Autrefois expert en explosifs chez les Navy SEALs, Magovern avait aussi suivi un entraînement pour pouvoir porter secours aux astronautes américains au cas où leurs amerrissages tournent mal. « Il était toujours en train de sauver quelqu'un, écrivit Bruce sur son site internet. C'était sa bénédiction et sa tragédie. » Le corps affaibli par un cancer et des problèmes cardiaques, l'esprit anéanti par la mort de sa fiancée, Joan Dancy, qu'il avait accompagnée tout au long d'une sclérose latérale amyotrophique, Magovern mourut dans son sommeil, incitant Bruce à ajouter à la dernière minute sur *Magic* la chanson qu'il venait juste d'écrire en son hommage, « Terry's Song ». « Cette attitude est un pouvoir plus fort que la mort », chantait-il. (« *That attitude's a power stronger than death.* »)

Un an plus tard, Bruce composa « The Last Carnival » pour Federici, revisitant la roulotte de Wild Billy presque quarante ans après qu'il s'était embarqué pour une vie de paillettes, d'audace et d'illusion. En les imaginant tous les deux comme un duo de casse-cou – trapézistes, funambules, dompteurs de lions –, Bruce monte tout seul à bord du train en partance, prenant le temps de jeter un dernier coup d'œil au terrain vague mélancolique qu'il laisse derrière lui.

----

1. Leur première rencontre datait de 1972, quand Bruce avait donné un concert avec le Sundance Blues Band de Van Zandt au club Captain's Garter de Magovern à Neptune, dans le New Jersey. Ayant attiré un public décent qui s'était montré enthousiaste, ils étaient allés trouver le patron en pensant qu'il serait ravi de les reprogrammer régulièrement. Au lieu de quoi Magovern les avait remerciés. Malgré l'affluence et la bonne réception, ils ne vendaient pas assez de consos. Et, leur avait dit Magovern, au cas où ils ne l'avaient pas remarqué, son métier, c'était de vendre des consos.

Crépuscule, crépuscule / Désert est le champ de foire /
Où es-tu à présent mon beau Billy ?
(«*Sundown, sundown / Empty are the fairgrounds / Where
are you now my handsome Billy ?* »)

Le lendemain, des nuages entachèrent le ciel de Floride et
Clemons resta dans sa cuisine. Il avait un tabouret pivotant
et suffisamment d'envergure pour atteindre le frigo à sa droite
et régler le feu de la gazinière devant lui. Il avait une soupe
qui chauffait et une bonne bouteille de rouge qu'un ami lui
avait récemment expédiée de son vignoble en Italie. « Je suis
pas vraiment censé boire, ces temps-ci, dit-il. Mais si *toi* t'en
veux... » Il sortit deux verres et suggéra de le laisser respirer
quelques minutes.

Clemons se confia longuement, se remémorant les nombreuses fois où Bruce et lui s'étaient tenus côte à côte – le génial
gringalet blanc et son chaman noir –, se prélassant dans l'aura
l'un de l'autre. « À l'époque, on dansait comme des dingues, on
faisait des glissades à travers la scène. C'était complètement
spontané, magique. Comme cette fois où il s'est jeté dans mes
bras pour m'embrasser. C'était improvisé, ça sortait de nulle
part et ça a fait tout un buzz. » Mais les plaques tectoniques
bougèrent et les relations changèrent. Quand Bruce se tourna
vers d'autres horizons pour y chercher l'inspiration, Clemons lui
en voulut, même s'il comprenait son besoin de le faire. « C'est
comme quand tu es marié à quelqu'un. Tu attends certaines
choses de la personne parce que tu l'aimes. Mais ensuite ce
genre de situation se produit et elle ne s'en rend même pas
compte. Alors j'ai eu l'impression d'avoir donné beaucoup et
pas reçu grand-chose en échange. » Clemons eut ce sentiment
pendant presque toute la décennie 1990. Puis le téléphone sonna
en 1998 et tout revint d'un coup.

« Bruce est tellement passionné quand il croit à quelque
chose que, si tu es dans les parages, ça te contamine forcément,

ça devient ta passion aussi. Je croyais en lui comme je crois en Dieu. Ce genre de foi-là. Il était toujours tellement droit et dévoué à ce qu'il croyait que tu devenais toi-même croyant rien qu'à le regarder. Les gens le voient et se disent: "C'est comme ça que ça doit être, c'est comme ça que les choses sont censées se passer." Tu consacres ta vie à quelque chose. Et Bruce représente ça. »

À la veille de son soixantième anniversaire, après avoir réussi tout ce qu'il avait jamais imaginé réussir et même plus, Bruce se sentait libre de suivre son instinct. « J'étais arrivé à un âge où vous vous laissez moins piéger par le fait de penser que vous avez des choses à protéger, dit-il. Du coup vous êtes plus détendu par rapport à qui vous êtes. C'est toujours une question que vous prenez autant au sérieux, mais ça vous paraît moins éphémère qu'avant. Ça ne vous paraît plus quelque chose qui risque de s'envoler ou de disparaître. » Quand une nouvelle floraison de chansons lui tomba dessus à la fin des sessions de *Magic*, il réunit à nouveau le groupe pour enregistrer des pistes basiques puis profita de ses jours de repos sur la tournée pour visiter çà et là d'autres studios aux quatre coins du pays. Continuant dans la même veine de riches arrangements à la Brian Wilson que sur son album précédent, ces nouveaux morceaux étaient agrémentés de cordes, de cloches et autres fantaisies sonores. Mais si, sur *Magic*, ces fioritures étincelantes venaient en contrepoint des visions sombres des textes, ces chansons-là étaient plutôt optimistes ou fantasques: des méditations sur les supermarchés, des légendes de cow-boys, les joies et les complexités de l'amour au long cours. Certaines ont un charme indéniable. « What Love Can Do » est tout en angles et en accords mineurs, ses amants réunis sur fond d'apocalypse où « notre mémoire a été corrompue et notre ville asséchée » (« *our memory lay corrupted and our city lay dry* »). « Surprise, Surprise » virevolte comme une ritournelle pop des années 1960, avec une mélodie si facile à retenir que même le roi de la pop Mike Appel se déclara impressionné. « C'est incroyablement mélodique, dit-il à Bruce, je ne pensais pas que tu étais capable de ça ! » Son ancien protégé partit d'un rire joyeux. « Tu vois ! » rétorqua-t-il.

« Queen of the Supermarket » imagine la beauté pure entre les rayons du supermarché Whole Foods du coin[2]. Dans un autre genre, le blues noueux de « Good Eye » disparaît sous les couches de satin des arrangements de studio. « Working on a Dream[3] » emprunte la même route que celle foulée par tant d'ouvriers résolus des précédentes chansons de Springsteen, sauf que cette fois elle ne mène nulle part ailleurs qu'au rêve imprécis mentionné dans son titre.

Pourtant le morceau en hommage à Danny Federici, « The Last Carnival[4] », vibre de tant d'amour et de chagrin qu'il vous met facilement les larmes aux yeux. Et le véritable joyau de cette collection, enregistré par Bruce tout seul dans son studio à domicile, s'avère être « The Wrestler », la chanson élégiaque qu'il avait composée pour la bande originale du film à petit budget du même nom. Incarné par le brillant, mais versatile Mickey Rourke, ce portrait d'un catcheur professionnel

───────────

2. Bien que ce soit l'une des chansons les moins appréciées et même les plus haïes du répertoire de Bruce, « Queen » n'est pas si mal que ça en réalité, surtout quand on connaît le processus de création tel que Bruce le décrivit à Mark Hagen : « Ça faisait un bail que je n'avais pas mis les pieds dans un supermarché, et j'ai trouvé cet endroit spectaculaire... C'est le royaume des fantasmes ! [...] Il y a un sous-texte très appuyé. Genre : "Est-ce que les gens viennent vraiment ici pour faire leurs courses ou pour baiser par terre ? !" Ils n'ont aucune pudeur, ils débordent de générosité. » D'où la vision de la jolie fille qui entasse les boîtes de conserve dans une allée, « quelque chose de merveilleux et rare » (« *something wonderful and rare* »), et son sourire tellement puissant qu'il « fait tout péter dans ce putain d'endroit » (« *that blows this whole fucking place apart* »). Difficile de faire plus décalé pour une ballade amoureuse, mais avec une ligne de piano aérienne, les tintements du glockenspiel, un léger voile de cordes et la grosse voix rauque de Bruce au maximum de son registre, tout ça donne un résultat délicieusement vivant et réel.

3. Jouée pour la première fois en public lors des meetings de Barack Obama à l'automne 2008.

4. Avec le fils de Danny, Jason, à l'accordéon de son père.

brisé qui risque sa vie pour retrouver son ancienne gloire paraissait incroyablement familier à Bruce. Suivant son personnage
à travers les mêmes petites villes décaties du New Jersey que
celles de son enfance, ce film lui faisait l'effet d'une vision
cauchemardesque de ce qu'il aurait pu devenir si la colère
l'avait consumé et qu'il avait fini tout seul dans un mobil-home
déglingué à ruminer sa rage, fauché et sourd, sa Telecaster
depuis longtemps déposée au clou. Ce n'était pas le destin de
Bruce. Mais il savait ce qui aurait pu l'y conduire. Encore une
variation sur la figure archétypale jouée par John Wayne dans
le western lourd de tension *La Prisonnière du désert*. L'histoire
d'un jeune rocker si déterminé à se faire une famille dans la
musique qu'il n'avait ni le temps ni la place d'en avoir une dans
la vraie vie. « Ces choses qui m'ont réconforté, je m'en éloigne /
Cet endroit qui est chez moi, je ne peux pas y rester / Ma seule
foi réside dans les os brisés et les bleus que j'exhibe... » (« *These
things that have comforted me, I drive away / This place that is
my home, I cannot stay / My only faith is in the broken bones
and bruises I display...* »)

Intitulé *Working on a Dream*, avec en couverture un portrait
à l'aérographe de Bruce sur fond d'océan et de ciel nocturne
(parsemé moitié d'étoiles, moitié de nuages d'été, le tout parfaitement onirique), ce nouvel album fut mis en vente le 27 janvier
2009. Sorti tout juste seize mois après *Magic* en septembre 2007,
c'étaient les deux disques les plus rapprochés de Bruce avec
le E Street Band depuis *Greetings from Asbury Park, N.J.* en
janvier 1973 suivi dix mois après de *The Wild, the Innocent
& the E Street Shuffle* en novembre. Bien qu'il ait reçu globalement des critiques mitigées – mais respectueuses[5] –, *Working*

---

5. Ann Powers, du *Los Angeles Times*, résumait bien le sentiment général :
« Seul un grand artiste pouvait faire un album à la fois si ténu et poignant. Mais
c'est le Boss, après tout, il serait capable de trouver du sens dans un torchon à
vaisselle. »

correspondit pourtant à une période où Bruce enchaîna certaines de ses apparitions les plus spectaculaires.

Il commença par la cérémonie des Golden Globes, où « The Wrestler » remporta le prix de la meilleure chanson originale. Puis Bruce participa aux festivités de l'investiture de Barack Obama le 18 janvier avant d'attaquer aussitôt les répétitions en vue d'un autre événement d'ampleur nationale : le show de la mi-temps du quarante-troisième Super Bowl. « Je n'en attendais pas grand-chose, confie Bruce. Je voyais plutôt ça comme, O.K., on a un album qui sort, on cherche de nouvelles façons de faire entendre notre musique. Et puis ça faisait dix ans qu'ils me le demandaient. »

Pourquoi avait-il refusé de jouer lors du Super Bowl pendant toutes ces années ? Récemment, certaines pop stars (de Michael Jackson à Shania Twain en passant par Britney Spears) avaient transformé le traditionnel concert de la mi-temps en un énorme coup de promo pour leur album ou leur tournée du moment. Alors que les rockers « sérieux » continuaient à s'adresser à leur public *via* la radio et les salles de concert. Du moins ça fonctionnait comme ça jusqu'à ce que les émissions de radio se désagrègent en minuscules fragments programmés par ordinateur. Pour la plupart des chaînes commerciales américaines, même les artistes les plus adulés se réduisaient désormais à la somme de leurs plus gros tubes. Peu importait que vous soyez quelqu'un d'extrêmement prolifique ou que votre dernier album soit salué par la critique, vous aviez peu de chances de faire découvrir des nouveautés aux auditeurs. Au milieu des années 2000, le paysage avait déjà suffisamment changé pour convaincre Paul McCartney d'accomplir son pèlerinage à La Mecque du football américain en 2005. Les Rolling Stones suivirent en 2006, puis Prince en 2007. Et quand Jon Landau vit Tom Petty and the Heartbreakers se produire à la mi-temps du Super Bowl 2008, il eut une petite révélation. « Je me suis dit : "Ça pourrait être nous" », raconte-t-il. Il décrocha son téléphone pour appeler

Bruce, qui se trouvait lui aussi devant sa télévision. « Il avait eu la même réaction », dit Landau. Ce dernier appela les dirigeants de la National Football League et il ne leur fallut pas longtemps pour parvenir à un accord. Bruce et le E Street Band seraient les stars du show 2009.

Malgré les milliers et milliers de concerts que Bruce avait donnés au fil des années, ces douze minutes à la mi-temps du Super Bowl furent les premières à être scénarisées de façon aussi scrupuleuse. Mais, comme les spectacles de Bruce comportaient souvent des jeux de lumières ou même des petits sketches qui supposaient que les musiciens se trouvent à un endroit précis à un moment précis, ça ne représentait pas de difficulté pour lui ni son groupe. La seule exigence qu'avait soumise Landau aux producteurs, connaissant les goûts en la matière de son chef, c'était : pas de feu d'artifice. Parcourant le story-board de l'événement quelques mois plus tard, un seul détail fit plisser le front à Bruce : « Et le feu d'artifice, c'est quand ? » demanda-t-il. Comme Landau lui expliquait qu'il l'avait fait supprimer, Bruce le dévisagea avec incrédulité : « Tu veux faire un Super Bowl sans feu d'artifice ? T'es dingue ? ! » Alors qu'approchait l'heure du match à Tampa, en Floride, Bruce gonfla ses musiciens à bloc en leur suggérant de penser aux cent millions de paires d'yeux qui seraient braquées sur eux pendant le show. « Je leur ai dit : "Écoutez, aujourd'hui, c'est un jour où on va pouvoir faire ce qu'on a toujours voulu faire : on va jouer pour *tout le monde*." »

Conçu comme un genre de version BD de l'histoire et de l'esprit de Bruce Springsteen et le E Street Band, le show commença avec les silhouettes de Bruce et Clemons adossés l'un à l'autre qui se découpaient en ombres chinoises sur un drap blanc, évoquant la pochette de *Born to Run*, d'autant que leurs profils instantanément reconnaissables étaient augmentés de leur attribut respectif : un saxophone et une guitare Telecaster. Ils se séparèrent sur les premiers accords de « Tenth Avenue Freeze-Out », Bruce rejoignant le centre de la scène et jetant son instrument à son fidèle technicien Kevin Buell[6] avant de prendre le micro pour attaquer ce morceau archi-célèbre sur la légende du E Street Band. Puis ils enchaînèrent aussitôt sur « Born to Run » amputé de son deuxième couplet mais avec son « baiser interminable » (« *everlasting kiss* ») ponctué par des geysers d'étincelles. En longues toges argentées, la chorale des Joyce Garrett Singers envahit alors la scène pour ajouter une touche de gospel à une version raccourcie de « Working on a Dream » à laquelle succéda « Glory Days » avec des paroles adaptées pour l'occasion (« *I had a friend was a big football player* » : « J'avais un ami qui était un grand joueur de football ») et un arbitre en costume rayé qui accourut en brandissant un mouchoir de pénalité pour retard de jeu alors que le show menaçait de dépasser le temps imparti. Une autre salve de fusées accompagna la sortie de scène du groupe et un avion privé ramena Bruce dans le New Jersey à temps pour allumer un feu de joie dans son jardin et contempler les étoiles quasiment jusqu'à l'aube, avec la vibration des cent millions de spectateurs encore au bout des doigts. « Je ne m'attendais pas à ça, dit-il, mais en fait, c'était comme un petit sacrement. Pendant des semaines, tout le monde venait me

---

6. Bruce avait pris l'habitude de balancer ses guitares à Buell pendant la tournée de réunification de 1999-2000. Au début, il les lui lançait doucement et d'assez près, mais peu à peu il s'était mis à le faire avec de plus en plus d'élan, souvent en les propulsant vers le ciel avec plus ou moins de réussite. Résigné à accepter son rôle dans ce petit numéro désormais attendu des spectateurs, Buell n'est pourtant pas fan de ce rituel. Les guitares électriques sont des objets à la fois lourds et peu maniables, avec beaucoup d'angles pointus et de parties mobiles. Si elles retombent vers vous manche le premier, vous avez du souci à vous faire. Si le lanceur ne vise pas très bien ou qu'il est du genre à essayer de temps en temps de vous prendre par surprise, vous avez *aussi* du souci à vous faire : fractures des doigts, bleus sur les bras, etc. Regardez attentivement la vidéo du Super Bowl et vous verrez Buell, qui avait à ce moment-là un doigt cassé, trébucher et manquer de s'écrouler sur la batterie en rattrapant le projectile. Plus tard, Bruce qualifia ça de la meilleure interception de tout le match. « Je n'essaie pas de le piéger, dit-il. J'essaie que ce soit *excitant*. » Quand on lui demande s'il a déjà laissé tomber une guitare par terre, Buell secoue la tête : « Je dirais qu'il y a eu quelques passes périlleuses, mais aucune balle perdue. » Bruce précise : « Il y en a peut-être eu quelques-unes qui ont un peu rebondi sur lui, mais il est plutôt bon, en général. »

voir pour me dire ce qu'il en avait pensé. Le type qui s'occupait des bagages à l'aéroport, telle personne, telle autre, un gamin de neuf ans dans la rue. "Hé, mais c'était pas toi qui..." Vous comprenez ? C'était assez fabuleux et finalement ça a beaucoup compté pour nous tous. »

Clemons faillit ne pas pouvoir participer au show. Début octobre 2008, il avait été hospitalisé à New York pour se faire poser deux prothèses aux genoux. Le processus de convalescence fut extraordinairement douloureux. C'était une souffrance, confia-t-il à Don Reo, ami intime et co-auteur de son autobiographie, *Big Man*, qui ne ressemblait à rien de ce qu'il avait jamais vécu. « Ils n'ont pas de médicament assez puissant pour s'attaquer à cette douleur, dit-il. J'ai l'impression de n'être *que* douleur. » Pratiquement convaincu qu'il ne serait jamais remis à temps pour le Super Bowl, Clemons passa néanmoins la fin de l'année et le mois de janvier à s'entraîner avec des coachs. Et lorsque les lumières s'allumèrent dans le stade de Tempa ce soir-là, cent millions d'Américains – et Dieu sait combien d'autres téléspectateurs à travers le monde – le virent fièrement debout, se balançant en rythme pendant ses solos légendaires et s'avançant tranquillement vers Bruce pour ponctuer d'une grande tape dans la main le moment de « Tenth Avenue Freeze-Out » où Scooter déclarait que le Big Man et lui allaient mettre le feu au Super Bowl. « Il se passe quelque chose quand vous êtes sur scène, disait Clemons. C'est comme une cure miraculeuse. Je fais tous ces trucs et ensuite j'y repense et je me dis : "Merde, comment j'ai réussi à faire ça ?" C'est vivifiant. »

Clemons put encore participer à la tournée *Working on a Dream*, bien qu'avec l'aide d'une voiturette de golf et d'un monte-charge, ainsi que d'un tabouret sur lequel s'appuyer quand il n'avait pas un rôle actif dans la chanson en cours. Comme sur la tournée *Magic*, sa claudication diminuait sa présence. Ne pouvant plus arpenter la scène ni s'élancer sous les projecteurs, il restait en retrait avec ses lunettes de soleil, son chapeau mou et son grand manteau noir, presque invisible dans l'ombre jusqu'au moment où un faisceau de lumière illuminait son saxophone et où il jetait ses épaules en arrière. « Je vais bientôt avoir soixante-dix ans, me dit Clemons ce fameux après-midi sur son balcon. Je suis bien obligé de trouver des ressources dans d'autres parties de mon corps pour continuer. »

Bruce, quant à lui, était bâti comme Peter Pan, le torse et les épaules body-buildés et la taille incroyablement fine. Et son jeu de scène, dans lequel il continuait à sauter partout, se pavaner et danser sur le piano, semblait tout aussi électrique que dans les années 1990, 1980 et même 1970. Cette fois-ci, cependant, ses nouveaux morceaux n'enflammaient pas les stades comme ceux de *Magic* et surtout de *The Rising*. D'habitude, Bruce construisait toujours ses shows autour de ses chansons les plus récentes[7], y intercalant des anciennes pour mettre en valeur certains thèmes ou leur permettre de prendre une dimension nouvelle à la lumière d'une époque et d'un contexte différents. Fidèle à cette tradition, le premier concert de la tournée *Working on a Dream*, le 1er avril 2009 à San Jose, en Californie, comportait une demi-douzaine de morceaux du dernier album, avec en deuxième position une version de « Outlaw Pete » de près de dix minutes. Arrivé à Philadelphie le 28 avril, le nombre des chansons de *Working* s'était réduit à quatre et diminua encore jusqu'à deux au début de la tournée européenne le 30 mai. Lors de la dernière date à Buffalo six mois plus tard, il ne restait au programme que la chanson-titre. « C'est un disque qui n'a pas eu autant de succès que beaucoup des précédents, reconnaît

---

7. Y compris pendant la tournée de réunification de 1999-2000, dont les concerts commençaient souvent par « My Love Will Not Let You Down », tout juste sorti sur *Tracks*, et incluaient régulièrement d'autres morceaux jamais joués par le E Street Band comme « Youngstown », « Murder Incorporated », « If I Should Fall Behind » et « Land of Hope and Dreams » qui devint instantanément un classique.

Landau. Sur la tournée *Magic*, il jouait sept ou huit morceaux de l'album tous les soirs. Mais sur la tournée *Working*, les [nouvelles] chansons ne fonctionnaient pas sur les spectateurs comme on l'aurait espéré. Ce n'est pas faute d'avoir essayé, pourtant. »

Sentant un relâchement dans l'enthousiasme de son public, Bruce se mit à puiser dans son répertoire des morceaux rarement joués, souvent inspirés par les pancartes artisanales que brandissaient certains spectateurs afin de réclamer au pied levé « New York City Serenade », « I'm on Fire » ou autres. Le simple fait que Bruce prenne ces pancartes en considération représentait un changement de philosophie. Elles avaient commencé à apparaître neuf ans plus tôt au cours de la tournée de réunification, lorsqu'un effort concerté des fans du noyau dur (mis en contact pour la première fois à travers les forums internet) avait tenté d'arracher à Bruce « Rosalita », le seul classique qu'il s'obstinait à ne pas jouer sur cette tournée.

À l'époque, ces « putains de pancartes », comme il les appelait, l'énervaient tellement que l'unique fois où il joua en effet « Rosalita », à la fin de la série des quinze concerts à la Continental Airlines Arena, c'était parce qu'il n'avait *pas* vu de pancarte « Rosalita » dans la foule. Bruce vira d'attitude à cent quatre-vingts degrés pendant la tournée *Magic* en 2008 et prit l'habitude de demander qu'elles soient toutes rapatriées vers le devant de la scène, où il pouvait les passer en revue et faire son choix parmi elles. Il prit goût en particulier aux requêtes pour les vieux morceaux obscurs et/ou carrément pas du E Street Band, ce qui se transforma en un petit exercice régulier baptisé « Collez le groupe ». Tout pouvait arriver, selon les pancartes du jour. Un soir « I'm Bad, I'm Nationwide » de ZZ Top. Le lendemain, « 96 Tears » du groupe Question Mark & the Mysterians. Ou encore « Wild Thing » des Troggs, « You Really Got Me » des Kinks. Et pourquoi pas un medley « Hava Nagila / Blinded by the Light » ?

Pendant la dernière partie de la tournée à l'automne 2009, Bruce et le groupe entreprirent une série de concerts au cours desquels ils se concentraient sur un des albums mythiques qu'ils jouaient du début à la fin. Ils commencèrent par l'intégralité de *Born to Run* à Chicago, réitérèrent la performance au Giants Stadium puis, dans ce même stade, mirent successivement à l'honneur *Darkness on the Edge of Town* et *Born in the U.S.A.*. De retour à New York après un détour par quelques grandes salles de la côte Est et du Midwest (avec plusieurs intégrales *Born to Run*), ils enflammèrent leurs concerts au Madison Square Garden par une reconstitution morceau par morceau de *The Wild, the Innocent & the E Street Shuffle* (où Richard Blackwell venait jouer des congas comme sur l'original de «New York City Serenade») puis l'intégralité des deux disques de *The River*. Suivirent quelques autres spéciales *Born to Run*, mais Bruce se réserva la dernière date de la tournée – dans une salle omnisports de Buffalo – pour reprendre la totalité de son tout premier album, *Greetings from Asbury Park, N.J.* Mike Appel les avait accompagnés dans l'avion puis dans les loges et, avant de monter sur scène, Bruce forma un cercle avec ses musiciens dans lequel il l'inclut et s'adressa à toutes les personnes une par une – Clemons, Tallent, Appel et Van Zandt, mais aussi les absents Federici et Vini Lopez – qui l'avaient aidé à mettre un pied dans ce premier studio d'enregistrement. Sur scène, Bruce dédia le concert à son ex-manager. «C'est *ça*, le miracle, dit-il. C'est avec ce disque qu'on est passés de *loiiin* en dessous du zéro à, euh... à un.» Il évoqua John Hammond et cette audition qu'il avait décrochée uniquement grâce à l'insistance d'Appel. «Alors ce soir j'aimerais dédier ça à l'homme qui m'a ouvert la porte. Mike Appel est ici ce soir. Mike, c'est pour toi.» Un riff de guitare tonitruant lança «Blinded by the Light» et ils déroulèrent ensuite tout l'album, revenant sur ces premiers pas hésitants dans l'industrie du disque et sur la route qui les avait menés si loin.

Quand ils arrivèrent à « Growin' Up » et à l'endroit au milieu de la chanson où la musique baissait toujours pour que Bruce puisse raconter une de ses fantaisies sur la genèse du groupe, il prit sa voix la plus onirique et commença par la formule désormais classique : « J'étais là... C'était un soir de tempête à Asbury Park, New Jersey. »

Le public rugit de bonheur.

« Il soufflait un vent à décorner les bœufs, qui secouait les lampadaires et balayait tout sur Kingsley Avenue. Steve et moi, on était dans un petit club tout au sud de la ville. Quand soudain la porte s'est ouverte d'un coup, arrachée par le vent. Une silhouette colossale est entrée. Je l'ai bien regardée. King Curtis ? King Curtis s'est échappé de mes rêves et vient de s'incarner devant moi ? Non ! Junior Walker ? Il a marché jusqu'à la scène et... »

Clemons, le regard dur et le visage impassible, s'avança vers le micro de Bruce et parla de sa grosse voix de baryton lugubre : « J'veux jouer avec toi. »

Bruce éclata de rire.

« Qu'est-ce que vous vouliez que je dise ? J'ai dit d'accord ! Il a porté son saxophone à ses lèvres et là j'ai entendu... »

Clemons joua un joli petit riff.

« Quelque chose d'aussi doux qu'un ruisseau. »

Clemons émit alors un grondement de blues.

« Et puis j'ai entendu une force de la nature. Et au bout de la nuit on s'est simplement regardés et on s'est dit... »

Les deux hommes se plantèrent face à face et se fixèrent droit dans les yeux en hochant la tête trois fois à l'unisson. Clemons se tourna face au public, mit son saxophone à la bouche et se baissa pour que Bruce, Telecaster à la taille, puisse s'appuyer sur son épaule dans la pose iconique de *Born to Run*.

« On est montés dans la voiture, reprit Bruce. Une *lonnngue* Cadillac. On a roulé jusqu'au bois à la sortie de la ville. Et là on commençait à avoir très sommeil. Alors on est tombés dans ce long, long, long rêve. Et quand on s'est réveillés... »

Bruce marqua une pause, histoire d'entretenir le suspense.

« ... on était à Buffalo, bordel ! »

Avalanche de batterie et dernier couplet de la chanson, où Bruce trouvait « la clé de l'univers sur le contact d'une vieille voiture stationnée » (« *the key to the universe in the engine of an old parked car* »).

Trois semaines plus tard, Bruce réunit les survivants du groupe époque 1978 – Bittan, Clemons, Tallent, Van Zandt et Weinberg, plus Giordano à la place de Federici – pour reprendre l'intégralité de *Darkness on the Edge of Town* au cinéma historique Paramount Theater sur le front de mer d'Asbury Park. La salle était vide, à l'exception du documentariste Thom Zimny et de son équipe, et Bruce et son groupe jouèrent les morceaux sans penser à leur futur public, les yeux dans les yeux, leurs corps abandonnés au rythme. Filmés par Zimny en couleurs complètement délavées, Bruce et ses musiciens semblaient perdus dans le temps, encore en train de lutter pour s'arracher aux planches de la promenade, quitter cette petite ville et prendre la route de l'Ouest. Comme s'ils ne l'avaient pas déjà faite cent fois, cette route. Comme si les années n'avaient rien changé au lien qui les unissait ni à leur foi dans la musique.

Le coffret *Darkness*, sorti en 2010, arrivait cinq ans après celui en commémoration du trentième anniversaire de *Born to Run*. Les deux comprenaient une version remasterisée de l'album original ainsi que des CD de bonus et un documentaire réalisé par Thom Zimny, le documentariste attitré de Bruce depuis 2000. Le coffret *Born to Run* incluait la vidéo intégrale du célèbre concert londonien de 1975 au Hammersmith Odeon tandis que celui de *Darkness* contenait celle d'un concert de 1978 à Houston et, pour la plus grande joie de Van Zandt, un double disque de toutes les chansons d'inspiration pop des années 1960 que Bruce avait écrites et enregistrées pour finalement les mettre à la poubelle. « Dieu merci, il a fini par les sortir ! s'exclame Van Zandt. C'est le sommet de son art et il ne s'en rend même pas compte[8]. » Comme pour montrer de quoi il était encore capable, Bruce prit l'ossature de « Save My Love », un morceau non exploité qu'on apercevait dans une répétition filmée en 1976 que Zimny avait intégrée à son documentaire sur *Darkness*, termina les paroles et convoqua le groupe de l'époque (plus Giordano) dans son studio maison afin de l'enregistrer selon la méthode d'alors : tous dans la même pièce en même temps, jouant exactement comme quand ils étaient une bande de gamins maigrichons et chevelus réunis dans la cave de chez Bruce pour faire du bruit.

Aucune tournée n'étant prévue en 2011, Bruce fit quelques apparitions sur le plateau de plusieurs talk-shows[9], puis début décembre 2010 rassembla à nouveau le groupe de *Darkness* pour jouer une poignée de ces chansons récemment déterrées au Carousel House à Asbury Park. Devant un petit public d'invités et les caméras de Zimny (qui devaient filmer le concert afin d'en diffuser quelques jours plus tard une version montée sur Internet), le groupe – épaulé par les Miami Horns et le violoniste David Lindley, qui avait participé à certaines des sessions originales – paraissait un peu raide. Peut-être à cause du froid glacial dans la salle non chauffée du Carousel House, d'une année passée sans jouer ensemble, de la présence des caméras. Mais il faut aussi relever la platitude de la prestation de Bruce. Et quand il passe le relais à Clemons pour son grand solo dans

---

8. Van Zandt poursuit : « Ma chanson préférée, toutes époques confondues, c'est "The Little Things (My Baby Does)". Pourquoi ? Parce qu'elle est *parfaite*. Elle a tout bon. On entend comment la guitare et le piano répondent à la voix et, pour une fois, les niveaux sont à peu près justes. Et tout, l'arrangement, la sensibilité, c'est la meilleure de toutes. »

9. Dont un passage dans l'émission *Late Night with Jimmy Fallon* sur NBC où Bruce interpréta « Save My Love » avec Bittan, Van Zandt et le groupe à demeure, les Roots, puis participa à un sketch mémorable dans lequel il avait revêtu ses vieux habits de la période *Born to Run* (et une perruque brune frisée) pour une reprise du tube complètement nunuche de Willow Smith, « Whip My Hair », en duo avec Fallon et sa guitare acoustique dans une imitation parfaite de Neil Young.

« Gotta Get That Feeling », se dirigeant vers lui sans doute pour l'encourager et se coller à lui épaule contre épaule, il le trouve rivé à son tabouret, les yeux cachés derrière d'épaisses lunettes noires, tout entier absorbé par les notes qu'il jouait autrefois en arpentant la scène tel un colosse.

De retour dans son appartement en Floride, Clemons était dans son salon, remontant les stores après avoir visionné le dernier montage de son documentaire *Who Do I Think I Am ?* sur la révélation spirituelle qu'il avait vécue en voyageant à travers l'Asie où personne ne connaissait ni ne s'intéressait à sa gloire et ses réussites dans le monde occidental. Le film avait été sélectionné dans quelques festivals. Clemons avait beaucoup de projets en cours. Quelques semaines plus tôt, il avait enregistré en studio avec la sensation pop Lady Gaga et avait trouvé l'expérience euphorisante.

« Quand je lui ai demandé ce qu'elle voulait, elle m'a juste dit : "Sois Clarence Clemons, c'est tout. Joue ce que tu veux, sois qui tu es. J'appuie sur le bouton et tu y vas." Donc, c'est ce que j'ai fait et elle a adoré. C'était très cool. Une sensation que je n'avais pas retrouvée depuis très longtemps, depuis les premiers albums de Bruce. Arriver quelque part et jouer, juste ça. Ça m'a rappelé pourquoi j'aimais être musicien et faire ce que je faisais. » À présent, elle voulait qu'il apparaisse dans son clip et qu'il l'accompagne sur le plateau d'*American Idol* pour la finale de la saison.

Il avait un pied dans le bonheur et l'autre dans l'amertume. Bruce était entré au Rock and Roll Hall of Fame, et c'était mérité, mais *quid* du E Street Band ? Est-ce qu'ils n'avaient pas quelque chose à voir dans ce son puissant et reconnaissable entre tous qui avait valu à Bruce son immense popularité ? « On est quoi, merde, du pâté pour chiens ? Je peux aller en taule à cause du groupe mais pas au Hall of Fame ? » Le Big Man était clairement en colère, mais au bout du compte, il haussa les épaules et retrouva le sourire. « Le truc, c'est que maintenant ils ont un de mes sax au musée du Hall of Fame. Mon manager de l'époque m'avait dit que ce serait une bonne idée de le leur offrir. Mais *moi*, par contre, j'y suis toujours pas. Mon putain de *saxophone* y est et pas moi. Pourtant c'est bien moi qui en jouais, merde ! Voilà, donc mon sax est au Hall of Fame, mon cul est sur la pochette de *Born to Run*, et nous, on est là. Oh, mec ! »

Victoria Clemons appela les secours vers trois heures du matin dans la nuit du 12 juin 2011. Clarence venait de faire une attaque d'apoplexie. Les chirurgiens firent de leur mieux pour arrêter l'hémorragie cérébrale, réparer l'artère et minimiser les dégâts éventuels. Lorsque Bruce apprit la nouvelle en France, où Patti et lui fêtaient leur vingtième anniversaire de mariage, il sauta dans le premier avion pour Palm Beach avant que Patti et le reste du groupe le rejoignent dans la foulée. Le diagnostic officiel ne cachait pas que Clemons était gravement atteint, avec une importante paralysie du côté droit. Pourtant, les quelques heures et jours qui suivirent semblèrent prometteurs. Le mardi, il était conscient et dans un état stable. « Les miracles existent ! » confia un ami anonyme au site internet Backstreets. Mais la famille et les proches reçurent un autre message : venez au plus vite.

L'état de Clemons s'aggrava jusqu'à une absence totale d'activité cérébrale. Comprenant que son corps ne renfermait plus son âme, sa famille choisit le samedi 18 juin pour le laisser partir. Lorsqu'ils débranchèrent les machines, Bruce apporta sa guitare et resta trois heures dans la chambre à jouer et chanter avec sa famille pour accompagner le départ de son ami et peut-être, d'une certaine façon, faciliter son voyage. « Il va me manquer, lui, son saxo, la force de la nature du son qu'il avait, sa gloire, sa folie, ses talents, son visage, ses mains, son humour, sa peau, son bruit, sa confusion, sa puissance, sa paix », dit Bruce dans son éloge funèbre.

« Mais son amour et son histoire, l'histoire qu'il m'a offerte, qu'il me murmurait à l'oreille, qu'il m'autorisait à raconter... et qu'il vous offrait... ne va pas s'arrêter. Je ne suis pas mystique, mais les courants souterrains, le mystère et la puissance de Clarence et de notre amitié, me portent à croire qu'on a déjà dû être ensemble dans d'autres temps plus anciens, au bord d'autres fleuves, dans d'autres villes, d'autres prairies, à accomplir notre modeste version du travail de Dieu... un travail qui reste inachevé. Alors je ne vais pas dire au revoir à mon frère. Je vais simplement dire : "Rendez-vous dans la prochaine vie, un peu plus loin sur la route, où on reprendra ce travail où on l'a laissé pour le terminer." »

27

Semer des graines pour l'avenir

Quelques secondes après midi le 15 mars 2012, Roland Swenson, directeur du festival de musique South by Southwest à Austin, Texas, lança les festivités de la journée avec une introduction élogieuse de son invité d'honneur. Un artiste sans compromis, dit-il. Une énergie débridée, une droiture inflexible et la détermination à « donner tout ce qu'il a, sans hésiter, chaque fois qu'il monte sur une scène ». Sur quoi Bruce Springsteen arriva en trottinant jusqu'au lutrin, sortit quelques feuilles froissées de la poche de son jean et balaya des yeux le public du Convention Center.

« Pourquoi on est debout si tôt, bordel ? lança-t-il en guise de préambule. Comment peut-on prendre ce discours au sérieux s'il est programmé à midi ? Tous les musiciens qui se respectent dorment encore. Ou en tout cas ils dormiront avant que j'aie terminé mon speech, je vous le garantis. »

Pourtant ce fut loin d'être un discours assommant. Nonchalamment appuyé contre le podium, Bruce livra les notes qu'il avait préparées sur la musique et la vie avec le flot jazzy d'un poète vagabond. « Le doo-wop ! s'exclama-t-il. La musique la plus sensuelle qui ait jamais existé ! Le son du sexe à l'état brut. Le froufrou des bas de soie sur le tissu de la banquette arrière, le *clac* des soutiens-gorge qui se dégrafent aux quatre coins des États-Unis ; des délicieux mensonges murmurés dans des oreilles parfumées au Tabu. Le son du rouge à lèvres qui bave, des chemises arrachées, du mascara qui coule, des larmes sur votre oreiller, des secrets chuchotés au plus noir de la nuit, des gradins du lycée et de l'obscurité à la cantine du YMCA. La bande originale du moment incroyablement merveilleux où vous rentriez chez vous, la démarche boitillante et les testicules en feu à force d'avoir tellement dansé. Oh! Qu'est-ce que c'était bon d'avoir mal!»

Ignorez la tentation de vouloir tracer des lignes, ériger des règles et écarter quiconque propose une autre façon de faire, dit-il. «La pureté de l'expression et de l'expérience humaines ne se limite pas à des guitares, à des câbles, à des tourne-disques, à des puces électroniques. Il n'y a pas de bonne façon, de façon pure, de faire les choses. Il y a juste à les faire, point.» S'adressant directement aux musiciens dans la salle, à ceux cuvant encore leur soirée de festival de la veille et à tous les autres à travers le monde, Bruce proposa sa propre expérience intérieure comme code de conduite universel:

Ne vous prenez pas trop au sérieux. Prenez-vous autant au sérieux que la mort elle-même. Ne vous faites pas de souci. Faites-vous du souci à en crever. Ayez une confiance en vous inébranlable, mais doutez. Ça permet de rester éveillé et vigilant. Prenez-vous pour le mec le plus cool du monde... et le plus nul. Ça permet de rester honnête. Soyez capable de maintenir à tout moment au fond de votre cœur et dans un coin de votre tête deux idéaux totalement contradictoires. Si ça ne vous rend pas fou, ça vous rendra plus fort. [...] Et quand vous monterez sur scène ce soir pour faire du bruit, faites comme si c'était tout ce qu'on avait... mais n'oubliez pas que c'est seulement du rock'n'roll[1].

Neuf heures plus tard au Moody Theater d'Austin, Bruce fournissait le même discours en version musicale. Commençant

---

1. En anglais, la phrase évoque immédiatement le titre d'un album des Rolling Stones sorti en 1974: *It's Only Rock 'N Roll*. Les paroles de la chanson éponyme disent plus précisément: «*It's only rock 'n roll, but I like it*» (c'est seulement du rock'n'roll, mais j'aime ça). *(N.d.T.)*

par une reprise acoustique accompagnée d'une chorale de gospel de « I Ain't Got No Home » de Woody Guthrie, ce concert de près de trois heures alterna avec aisance le folk/rock/soul de son nouvel album tout juste sorti, *Wrecking Ball*, le R&B de « The E Street Shuffle », les visions pleines de poussière et de cambouis de « Badlands » et de « The Promised Land », et autres. Tom Morello, du groupe Rage Against the Machine, l'incarnation même de l'anarchie musicale trash, vint ajouter des chœurs et des crissements de guitare au nouvel arrangement de « The Ghost of Tom Joad » et aux deux morceaux de *Wrecking Ball* sur lesquels il avait joué. Les rappels allèrent chercher encore plus loin, avec la participation du héros reggae Jimmy Cliff sur « The Harder They Come », « Time Will Tell » et « Many Rivers to Cross » ; du chanteur des Animals, Eric Burdon, sur « We Gotta Get Out of This Place[2] » ; puis, en conclusion, une reprise de « This Land Is Your Land » avec tous les précédents plus les deux artistes de la première partie (The Low Anthem et Alejandro Escovedo), Garland Jeffreys et certains membres du groupe de rock indé Arcade Fire.

L'objectif de Bruce, qui consistait apparemment à asseoir ses références et sa vitalité artistique persistante auprès des jeunes générations, s'avéra une totale réussite. Du QG des organisateurs du festival aux bars à bière de la 6ᵉ Rue et jusqu'aux relais routiers pourris aux abords de la ville, les gros durs étaient d'accord avec les punks qui eux-mêmes étaient d'accord avec les blogueurs : ce type savait faire un spectacle. « Un des concerts les plus enthousiasmants et les plus inspirants de l'histoire du festival », écrivit Dennis Shin sur le site PopMatters. Josh

---

2. Bruce s'était répandu en éloges sur Burdon et les Animals dans son discours de l'après-midi, pour découvrir ensuite qu'il se trouvait justement à Austin ce jour-là. Invité au pied levé à participer au concert du soir, Burdon était passé pendant la balance, avait répété quinze minutes avec le groupe et avait joué impeccablement la chanson lors des rappels. « Il a encore un son du tonnerre », me confia Bruce le lendemain.

Modell, sur le site A.V. Club, décrivit sa réaction en ces termes : « Je n'avais jamais vu Springsteen en live, même si bien sûr j'avais entendu ce qu'on disait sur lui et le E Street Band [...]. Ce fut, comme prévu, une incroyable expérience. »

Quinze mois plus tôt, à la fin 2010, Bruce avait appelé Ron Aniello, un producteur et arrangeur que lui avaient recommandé Toby Scott et Brendan O'Brien (et qui avait collaboré à l'album de Patti, *Play It as It Lays*), pour lui demander s'il pouvait l'aider à terminer des morceaux sur lesquels il était en train de travailler. Dans le souvenir d'Aniello, ces trente ou quarante chansons ne ressemblaient à rien de ce que Bruce avait jamais fait. « C'est sidérant, vraiment. Un peu à la Aaron Copland, dont les œuvres évoquaient les vastes paysages américains. Profonds et tendres, avec de grands cieux ouverts. Il y a clairement une histoire dessous, mais différente. Simplement douce, belle, complètement désarmante. » Aniello composa un arrangement symphonique pour un des morceaux et travailla encore quelques mois avec Bruce pour finaliser de la même façon une poignée d'autres titres. Ils avancèrent régulièrement jusqu'à la Saint-Valentin 2011, quand Bruce interrompit une de leurs sessions afin de jouer à Aniello une chanson qu'il avait imaginée en faisant des courses l'après-midi même. Bruce attrapa une guitare acoustique, Aniello brancha un micro et trois minutes et demie plus tard ils avaient une première ébauche de « Easy Money », un morceau sur trois accords d'inspiration country, dont le narrateur était un braqueur prenant pour modèle les traders et banquiers de Wall Street. Le lendemain matin, Bruce arriva encore avec une nouvelle idée et, quand, quelques instants après, ils réécoutèrent la démo qu'ils venaient d'enregistrer pour « We Take Care of Our Own », Bruce leva les yeux vers Aniello. « Ce jour va changer ta vie », lui dit-il.

Jon Landau fit la route depuis New York pour venir jeter une oreille. Il écouta d'abord les dix morceaux orchestrés puis les deux démos qu'ils avaient faites au cours des derniers jours. À la fin de « Easy Money », le visage du manager s'illumina. « Le rock'n'roll est de retour ! » s'exclama-t-il. Bruce et Landau s'isolèrent un moment pour discuter et, quand ils revinrent au bout d'une heure et demie, Bruce prit Aniello dans ses bras. Cette fois, c'était sûr, ils faisaient un nouvel album. « Et c'est toi le producteur », ajouta Landau. Alors qu'Aniello se demandait tout haut comment ils feraient pour trouver une unité entre les morceaux orchestrés et le rock'n'roll hargneux, Landau évacua la question : « Oublie. Bruce va écrire un nouveau disque. Ça commencera par "Easy Money". » Tous les matins pendant les deux semaines suivantes, Bruce arrivait au studio armé de nouvelles compositions. « Je me suis dit : "C'est ça de travailler avec un génie", raconte Aniello, qui redouta vite de ne pas pouvoir suivre. Je me suis dit : "Il me tue. C'est *trois* producteurs qu'il va lui falloir." » Bruce maintenait qu'il n'y avait pas de quoi en faire un plat. « Je suis un artisan, expliqua-t-il à Aniello. Tu me donnes une pelle, je continue à creuser jusqu'à ce que je trouve ce qu'on cherche. »

Huit mois plus tard, Bruce accueillit un visiteur dans le studio d'enregistrement qui constituait l'épicentre de son univers musical. C'était la fin octobre. L'album était presque fini, il ne manquait plus que le tout dernier mixage. D'après Landau, c'était la première fois que Bruce faisait écouter sa nouvelle musique à quelqu'un d'extérieur au noyau dur de ses proches. La perspective était source à la fois d'excitation et d'appréhension. En descendant de la Jeep qu'il utilisait pour faire la route de terre battue entre sa maison et le studio, Bruce avait l'air en effet davantage pensif qu'un peu plus tôt dans la journée. Mais après une nuit blanche[3] et un long après-midi d'entretien,

---

3. Il avait passé la soirée de la veille à regarder les St. Louis Cardinals arracher *in extremis* la victoire contre les Texas Rangers, pourtant favoris, dans les World Series de base-ball. Trop euphorique pour trouver le sommeil, il était resté

il faut dire qu'il était assez claqué. Il poussa néanmoins la porte en expliquant comment cette structure en bois et en verre – le premier vrai studio qu'il possédait de sa vie – avait été construite sous l'égide de Patti. Du hall d'entrée, on accédait directement à la salle d'enregistrement, ouverte et spacieuse, avec la console à un bout et une collection d'instruments digne d'un magasin professionnel dispersée un peu partout : des claviers numériques et vintage, des basses, une batterie, diverses percussions, un large choix de guitares électriques, acoustiques ou pedal steel[4] et, accrochés aux murs, des tas de câbles, de micros et de pédales à effets. Près de la porte, un coin salon était équipé d'un canapé, de quelques fauteuils confortables et d'une table basse sur laquelle était posée en évidence une nouvelle édition des *Américains* de Robert Frank, le livre de photos qui avait inspiré tant des chansons de *Darkness on the Edge of Town*.

Bruce se dirigea droit vers la console, présenta Rob, un de ses ingénieurs du son, et désigna les deux chaises vides qui restaient à côté de lui, devant lesquelles étaient préparés deux jeux dactylographiés de paroles. Juste avant que Rob ne lance la première chanson, Bruce se tourna vers son invité : « Une chose pour

---

debout des heures après la fin du match à fêter leur exploit. À la question de savoir si une partie de sa joie venait du fait de voir s'effondrer une équipe si intimement liée à (son ancien propriétaire) George W. Bush, Bruce répondit avec un grand sourire : « Exactement. »

4. Pour quelqu'un dont toute la vie a tourné autour des guitares, Bruce a très peu d'intérêt pour les instruments exotiques ou de collection. « Je n'ai jamais été un aficionado, dit-il. Je ne suis pas un obsédé de la technique. Je n'accorde pas beaucoup d'attention au matériel. Mon but est très simple : jouer quelque chose qui fonctionne et entendre quelque chose qui me plaît. » À part sa légendaire guitare-croisement entre une Telecaster et une Esquire, toutes les autres sont interchangeables. La plupart de ses guitares électriques sont des rééditions standards de Telecaster des années 1950 (avec quelques Mustang et autres dans le tas) qui sont ensuite entièrement démontées et remontées par son technicien Kevin Buell, qui trafique on ne sait quoi avec les branchements et l'électronique, puis s'attaque au corps et au manche pour leur donner l'allure et le toucher d'une vieille gratte qui a roulé sa bosse. S'il y a une seule exception à la règle de l'interchangeabilité à part la Telecaster-Esquire, c'est la Gibson J-45 Sunburst acoustique que Toby Scott lui a offerte pour Noël en 1987.

laquelle je dois m'excuser par avance : les musiciens aiment écouter leur musique très fort. » La sirène du début de « We Take Care of Our Own » jaillit des enceintes et Bruce se laissa aller contre le dossier de sa chaise, dodelinant du chef en rythme. Il avait le regard dans le vague, penchant la tête sur le côté de temps en temps puis se jetant brusquement en avant pour ajuster un réglage. D'autres fois il gardait les yeux fermés. Mais, juste au moment où on aurait pu croire qu'il s'était assoupi, il bondissait pour pousser un autre niveau de quelques millimètres. À la fin du dernier morceau, Bruce accepta les compliments avec un grand sourire avant de retourner à la voiture pour rejoindre la maison.

Bruce parla beaucoup de ce nouvel album pendant les quelques jours qui suivirent. Presque n'importe quel sujet le ramenait à un aspect ou un autre des chansons et de leur production, comme s'il avait pris toutes ses expériences et ses pensées des deux dernières années pour les transformer en mots, en accords, en rythmes et en mélodies. L'été d'avant, Landau avait décrit ce disque comme un résumé, ou peut-être une itération moderne, des thèmes que Bruce avait explorés pendant toute sa carrière. « Je suis toujours à la recherche de nouvelles façons de raconter l'histoire qui m'intéresse, dit Bruce. L'idée, c'est de revenir à la charge encore et encore jusqu'à ce que les gens vous entendent. C'est ça l'idée. Il faut trouver de nouvelles manières de dire la même chose, à des niveaux différents et plus profonds. » Pour un artiste obnubilé par les histoires intimes de citoyens ordinaires dont le labeur et la sueur ne faisaient qu'aider à concrétiser les rêves des plus riches, le début du vingt et unième siècle ne manquait pas d'inspiration. « Les gens se sont rués sur l'argent facile, dit-il autour d'une pizza à Freehold. Ils ont tout foutu par terre. Sans se préoccuper des autres ni d'eux-mêmes, d'ailleurs. » Il parlait de l'Amérique en laquelle ses parents lui avaient appris à croire, celle qu'il décrivait dans une de ses chansons comme un endroit où « personne ne vous piétine et personne ne va seul » (« *Nobody crowds you / Nobody goest it alone*[5] »). « Et si vous foutez ça en l'air, ou si vous crachez dessus, c'est *tout ça* que vous foutez en l'air, poursuivit-il en balayant d'un grand geste la salle et le pays au-delà. Et si vous faites ça, il doit y avoir des gens qui en parlent et il doit y avoir de l'indignation. »

Les chansons de *Wrecking Ball* ne lésinaient pas sur l'indignation. Les roulements de batterie de « We Take Care of Our Own » menaient la charge contre ceux qui avaient détourné le regard pendant que La Nouvelle-Orléans se noyait sous les eaux, ceux dont le cœur s'était endurci comme de la pierre. « Easy Money » comparait les financiers à des petits malfrats avec un .38 coincé dans la taille de leur pantalon. « Jack of All Trades » et « Death to My Hometown » racontaient la même chose du point de vue des ouvriers, tandis que « Rocky Ground » et « We Are Alive » rapportaient les luttes d'aujourd'hui à une histoire entière de crises. Et le chagrin ne s'arrêtait pas aux aléas politiques ou économiques. La mort de Clarence Clemons, quatre mois après le début de l'enregistrement, avait laissé Bruce hagard, comme un fantôme, contraint de contempler un futur sans l'homme dont l'esprit avait en quelque sorte permis au sien de briller plus fort et de voir plus grand. Pas étonnant, dans ce cas, que le sépulcral « This Depression » évoque un désespoir qui paraît davantage psychologique qu'économique. « Je n'ai pas toujours été fort, mais je ne me suis jamais senti aussi faible, chante le narrateur. Toutes mes prières, envolées pour rien. » (« *I haven't always been strong, but never felt so weak / All of my prayers, gone for nothing.* »)

Quant à la musique, elle tendait vers un style résolument nouveau de folk funk rythmique qui pouvait rappeler à la fois l'Irlande de son ancêtre Ann Garrity, le cyberespace, les églises gospel de Harlem, le Jersey Shore ou encore le jazz de La Nouvelle-Orléans. La veille, au moment où un saxophone familier avait jailli des enceintes du studio au milieu du nouvel

---

5. Extrait de « Long Walk Home », sur l'album *Magic* en 2007.

enregistrement de « Land of Hope and Dreams », Bruce avait tapoté le bras de son visiteur et crié par-dessus la musique : « Le dernier solo de Clarence ! » Plus tard, Bruce ajouta quelques précisions : « En fait, c'est un mélange de plusieurs choses qu'il avait enregistrées. Il le jouait souvent en concert, donc on a pu utiliser des bouts par-ci par-là. Et c'était très important pour moi, qu'on puisse se dire : "Ouais ! C'est ça, c'est le morceau avec le solo." » Difficile de savoir ce que les gens allaient en penser, comme d'ailleurs de tout l'album. « Ça va être intéressant, disait Bruce. Il est très différent et je sais qu'il y a beaucoup de choses à digérer en une seule écoute, mais je voulais vous donner une idée de ce que je suis en train de préparer pour la suite. Il y a des liens avec *The River, Tom Joad* et *Darkness*. Thématiquement, il y a des liens avec beaucoup de ma musique passée. Mais maintenant on commence à semer des graines pour l'avenir. »

Quatre mois plus tard, Bruce et le E Street Band – Steve Van Zandt, Garry Tallent, Roy Bittan, Max Weinberg, Nils Lofgren et Patti Scialfa, avec en outre Charlie Giordano à l'orgue, Soozie Tyrell au violon, une section cuivre de cinq musiciens, les choristes Cindy Mizelle, Curtis King et Michelle Moore, ainsi qu'Everett Bradley aux percussions et aux chœurs – s'étaient installés sur la scène de l'Expo Theater en plein centre de Fort Monmouth, une base militaire désaffectée près de Tinton Falls, dans le New Jersey. La journée de répétitions devait commencer plus tard que d'habitude car un costumier était venu conseiller les musiciens sur leur tenue en vue de la prochaine cérémonie des Grammy Awards, aussi Bruce s'était-il assis dans la salle en les attendant. Il parla un peu de Jake Clemons, un neveu de Clarence qui seconderait le vétéran du Jersey Shore Eddie Manion[6] au saxophone. Au début personne ne savait trop quel

---

6. Manion dirigeait la section cuivres, qui comprenait le tromboniste Clark Gayton, les trompettistes Curt Ramm et Barry Danielian, et ce jeune saxophoniste dont le nom de famille rappelait vaguement quelque chose…

genre de présence aurait Jake, à part sa place parmi les cuivres au fond à gauche de la scène. Mais, quand il devint clair que son jeu et son talent ainsi que son charisme étaient tout aussi saisissants que ceux de son oncle, Bruce sentit s'imposer comme une évidence : « Un autre grand saxophoniste de la même famille ? disait-il. Quelles sont les probabilités pour ça[7] ? »

Vêtu d'un tee-shirt blanc, d'un pantalon et de bottes noirs, Bruce ouvrit la séance de répétition en s'avançant à grands pas vers le centre de la scène pour annoncer dans son micro « O.K., tout le monde à son poste ! » et en attrapant la Telecaster que lui tendit Kevin Buell. Une fois les musiciens et les choristes en place, il lança le décompte de « We Take Care of Our Own », qu'ils enchaînèrent directement avec « Wrecking Ball », puis « Badlands » et enfin « Death to My Hometown ». Certaines chansons étaient plus au point que d'autres. Nils Lofgren rata quelques raccords, Max Weinberg oublia un break de batterie, ce qui lui valut un regard pivotant de Bruce et un grand éclat de rire général. Quand la section cuivres resta muette pendant ce qui était censé être un riff concerté, Bruce se tourna vers Manion et rit à nouveau. « Va falloir revoir ce passage, messieurs ! » lança-t-il à la fin du morceau. Bruce a l'habitude de construire ses shows de façon modulaire, avec des mini-séries de chansons qui ont chacune leur tonalité ou leur thématique. La répétition s'interrompait entre deux mini-sets, et chaque fois qu'ils s'y remettaient des éléments de jeu de scène commençaient à émerger.

---

7. Comme Jake le raconta quelques semaines plus tard, son histoire tenait presque autant du conte de fées que l'arrivée à faire voler les portes de son oncle dans le groupe. Né dans une famille de musiciens (son père aussi était un professionnel, qui avait fait ses armes en tant que chef d'orchestre dans la marine), Jake datait sa passion pour le saxophone du soir où il avait vu jouer son oncle lors de la tournée *Tunnel of Love* en 1988. Lui-même excellent guitariste et auteur-compositeur, Jake arrivait dans le E Street Band avec des années d'expérience en tant que leader de groupe et saxophoniste de métier. Presque aussi imposant que Clarence physiquement, avec sa touffe de cheveux afro et un indéniable magnétisme, il prit la place de son oncle dans le groupe tout en restant lui-même.

Lofgren tournoyait sur lui-même ; Bruce sautait sur son ampli pour se mettre à la hauteur de Weinberg, puis faisait quelques bonds pour souligner les changements de rythme ou d'humeur. À la fin du deuxième mini-set, il était en nage. « Très bien ! Excellent ! Génial ! cria-t-il dans le micro. Ouais, ouais, ouais ! »

Plus tard dans l'après-midi, Landau rejoignit Bruce sur scène afin de procéder avec lui à quelques modifications sur les riffs de piano et les harmonies de « We Take Care of Our Own ». Bruce s'éclipsa ensuite pour une pause bien méritée, mais quand il revint une demi-heure plus tard, il avait la mine défaite et les épaules voûtées. « Même heure, même endroit demain », me dit-il d'une voix blanche. Une heure après, Landau me téléphona pour m'expliquer. Dans sa loge, Bruce avait appris la mort brutale d'un ami proche âgé d'à peine quarante ans. Bruce était dévasté et se sentait beaucoup trop vulnérable pour avoir un invité aux répétitions du lendemain. Il me rappellerait dans l'après-midi. C'est exactement ce qu'il fit, s'excusant du changement de programme et disant qu'il passerait me voir d'ici une demi-heure. Pourquoi trouvait-il plus confortable de se faire interviewer que d'avoir un observateur extérieur lors d'une répétition ? Étrange et difficile à comprendre. Mais, tenant parole, Bruce se présenta au bar de l'hôtel à l'heure dite, prêt à me raconter de nouvelles histoires sur sa vie, son travail et sa glorieuse carrière.

L'entretien terminé, il resta boire une bière et me parler de l'ami qu'il venait de perdre. Il avait grandi dans un milieu défavorisé et, comme Bruce, n'avait pas eu la chance de faire de grandes études. Mais il avait travaillé dur jusqu'à monter sa propre société, se marier et avoir des enfants. Bruce avait vécu à peu près la même chose dans un autre registre et il espérait pouvoir soutenir son ami dans sa nouvelle vie. Mais maintenant que le destin avait frappé, tout ce que Bruce ou n'importe qui d'autre pouvait faire était d'absorber le choc. Dans le silence qui suivit, il n'avait plus l'air d'une icône culturelle ni d'une rock star. Il ressemblait plutôt à un de ses personnages. Fort mais triste et un peu érodé sur les bords.

Bruce a dû composer avec ses humeurs et une psyché génétiquement encline aux extrêmes pendant la majeure partie de sa vie d'adulte. Des décennies de psychothérapie l'ont aidé à mettre au grand jour certains de ses traumatismes et conflits intérieurs les plus primitifs, mais ses moments d'abattement, et parfois de dépression pure et dure, n'ont jamais totalement disparu. « Vous traversez des périodes où tout va bien, et puis tout à coup quelque chose le déclenche, dit-il. L'horloge, un souvenir, on ne peut jamais savoir. L'esprit voudrait toujours pouvoir attribuer tous vos sentiments à une cause. Je ressens *ça* parce que j'ai fait telle chose, ou parce que telle autre s'est produite. »

Au bout du compte, Bruce avait fini par comprendre que ses pires états d'âme n'avaient rien à voir avec ce qui se passait concrètement dans sa vie. Les choses les plus horribles, les plus stressantes pouvaient arriver – des conflits, des tensions, des déceptions, la mort – et il restait imperturbable. Et puis tout était paisible, facile, et il se retrouvait à terre. « Vous allez très bien et tout à coup *boum!* ça vous tombe dessus. Ce sont des choses qui remontent de tout au fond du puits. Sans aucune relation de cause à effet, c'est juste inscrit dans votre ADN, dans les cycles de votre corps. »

Peu de temps après la fin de la tournée *The Rising* en 2003, Bruce avait commencé à prendre des antidépresseurs. En quelques jours, il avait eu l'impression qu'un poids s'était soulevé de ses épaules. « C'était du genre : "Filez-moi encore de ces trucs, c'est trop bien" », se souvient-il. Même s'il n'avait jamais cessé d'être un auteur prolifique, Bruce s'était mis non seulement à composer et enregistrer un tas de nouveaux morceaux, mais aussi à les sortir. *Devils & Dust*, le coffret multi-disques de *Born to Run*, *We Shall Overcome: The Seeger Sessions*, *Live in Dublin* (un double album live avec le groupe des Seeger Sessions), *Magic*, le maxi-musique et vidéo des *Magic Tour Highlights*, puis *Working on a Dream* étaient tous sortis entre 2005 et 2009, parallèlement à quatre tournées mondiales, faisant de ces années les plus productives de sa carrière, et de loin.

Pourtant Bruce sait que cette chimie particulière de son cerveau ne le laissera jamais complètement en paix. « Vous arrivez à gérer, vous apprenez, vous évoluez, mais à un moment il faut aussi prendre conscience que c'est les cartes qu'on vous a données au départ, dit-il. Ces choses-là ne sortiront jamais de votre vie. Vous devrez toujours rester vigilant et réaliste à leur sujet. »

La sortie du nouvel album début mars 2012, intitulé *Wrecking Ball*, fut saluée par des critiques dans l'ensemble positives, même si elles étaient loin d'atteindre le tsunami de vénération qui avait porté certains de ses précédents albums aux nues[8]. Le premier single, « We Take Care of Our Own », déclencha plus de discussions que tout ce que Bruce avait pu faire depuis « The Rising ». L'apparition du groupe en ouverture des Grammy Awards fit encore parler d'eux, alors que les débuts du E Street Band remanié sans Clarence Clemons – lors d'un concert spécial dans l'antre de la musique soul, l'Apollo Theater de Harlem, diffusé en direct sur la radio satellite SiriusXM – étendait la réputation du groupe à une nouvelle décennie. Pendant ce temps, *Wrecking Ball* caracolait en tête des classements dans quinze pays différents, y compris les États-Unis.

L'après-midi du premier concert officiel de la tournée à Atlanta le 18 mars 2012, Bruce et le groupe répétèrent quelques

---

8. Un nombre étonnant de mauvaises critiques, en particulier celles de Jon Caramanica dans le *New York Times* et de Jesse Cataldo dans le magazine *Slant*, voyaient « We Take Care of Our Own » comme une célébration chauvine (le mot était utilisé par Caramanica et Cataldo) de l'esprit américain plutôt que ce qu'elle était réellement, à savoir la critique amère de ceux qui l'avaient transgressé. Étant donné la véhémence des paroles et les allusions frappantes aux manquements des secours après l'ouragan Katrina, peut-être que ces journalistes auraient mérité d'écouter la chanson un peu plus attentivement.

chansons en se concentrant essentiellement sur les transitions entre chacune d'elles. Lors d'une interruption, Bruce contempla la scène autour de lui pendant un moment puis s'approcha du micro pour interpeller un de ses techniciens d'une puissante voix de stentor : « Hé, l'éclairagiste, viens ici, j'ai une idée ! » Le type accourut de derrière sa console au centre de la fosse et prit note des consignes de Bruce, puis repartit à son poste pendant que Bruce et ses musiciens reprenaient le passage en question pour voir les changements en application. Comme ils n'arrivaient pas, Bruce leva une main et beugla à nouveau dans le micro : « Allez, j'ai rien d'autre à foutre que m'amuser ! » Deuxième tentative. Le groupe se lança, pas les lumières, et quand Bruce arrêta de nouveau la musique, il ne plaisantait pas du tout. « O.K., putain, je veux que quelqu'un vienne ici *tout de suite* m'expliquer ce qui se passe. » Il s'avança d'un pas furieux vers le bord de la scène, s'accroupit et se mit à compter les secondes jusqu'à ce qu'un homme avec un bloc-notes à la main arrive en courant pour expliquer le problème[9]. Dans le genre grosse colère, on avait vu pire dans l'histoire du rock, mais c'était tout de même déconcertant. Le Bruce qu'on connaît, tel qu'il transparaît dans tant de livres, tant d'articles, tant de récits sur sa bonhomie de mec normal, et dans ses propres méditations musicales sur le bien et le mal, ne fait pas ce genre de chose.

Sauf que si, bien entendu. Il est capable d'autant d'altruisme que d'égoïsme. Si vous êtes en crise, il pourra tout lâcher pour venir vous aider à régler la situation et rester à vos côtés jusqu'à ce qu'elle le soit. Mais un autre jour il pourra aussi bien se ficher complètement que vous ayez promis de passer chercher le gosse à l'école dans un quart d'heure. « Pas mon problème. J'ai besoin de toi ici. » « Quand vous êtes dans votre cuisine, raconte son fidèle ingénieur du son Toby Scott, vous savez qu'il y a une

9. En un mot : l'effet que voulait Bruce dépendait directement d'un des éclairagistes de la salle, qui ne devait arriver aux balances que deux heures plus tard.

gazinière et une bouilloire pour faire chauffer l'eau. Pour Bruce, le studio est comme sa cuisine, et moi je fais partie des meubles. Donc il a besoin de savoir que je serai là, prêt à travailler quand il sera prêt, lui. » La plupart du temps, Bruce est plus tempéré que ce jour-là à Atlanta. Mais pas toujours, et malheur à qui ne sait pas déchiffrer ses humeurs. Surtout dans une situation de stress d'avant-concert. Pas seulement parce qu'il est plus qu'un peu narcissique, mais aussi totalement dévoué à l'idée que la musique, et en particulier la sienne, a réellement le pouvoir de changer des vies. Être en position de jouer éventuellement ce rôle est à la fois un immense privilège et un fardeau presque impossible à porter. « Ce soir je serai le gardien des sentiments et des souvenirs de tous ces gens, dit-il à Atlanta. C'est ma responsabilité. Il y a tellement de choses que j'ai le devoir d'honorer. On vient de traverser la période la plus difficile de la vie du groupe, cette dernière année. Et le E Street Band est une organisation dédiée à ses objectifs, vous comprenez. »

Les lumières de la salle s'éteignirent juste après vingt heures et les musiciens arrivèrent sur scène dans le noir, chacun trouvant sa place dans la pénombre. Quand la rampe de projecteurs au sol s'alluma derrière lui, la silhouette de Bruce apparut en contrejour comme celle d'un géant et il resta immobile un instant avant que l'intro fracassante de « We Take Care of Our Own » ne fasse se lever tout le public, ébloui par la vue d'un homme dont les bottes noires semblaient aussi enracinées dans l'histoire américaine que leurs propres collections de disques et souvenirs de culture pop.

Les murs en béton de la salle omnisports tremblèrent encore plus fort deux heures et demie plus tard quand Bruce et son E Street Band XXL entamèrent « Born to Run » toutes lumières allumées, connectant le devant de la scène au dernier rang des spectateurs, tous debout et dansant au son de leur propre rébellion adolescente. Puis vint « Dancing in the Dark » ; puis le morceau folk rock d'immigré irlandais « American Land » ; et enfin « Tenth Avenue Freeze-Out », l'histoire de Scooter et du Big Man, de Bruce et du E Street Band, du rock'n'roll et de tous ceux qui avaient jamais entendu leurs propres pensées, rêves ou chagrins sortir d'un poste de radio. Inutile de dire que les larmes coulèrent sur de nombreux visages ce soir-là. Peut-être cela avait moins à voir avec Bruce (et ses jeux de lumière) qu'avec les souvenirs de temps, d'amis et d'amours disparus. Ou peut-être avec la fragile vision de ce que la vie pouvait encore offrir. À moins que ça ne vienne bel et bien de cet homme de soixante-deux ans qui arpentait la scène en brandissant sa guitare et en tapant des pieds, preuve vivante que la Thunder Road était toujours là et menait toujours à cet « endroit où on a vraiment envie d'aller ».

Quand on mesure ça, tout prend sens. Ce qui explique pourquoi le directeur de tournée George Travis[10] tient à ce que toute nouvelle personne de l'équipe, ou tout vétéran victime d'un coup de mou, l'accompagne jusqu'au fond de la salle au milieu du show. De là, il leur dit à tous la même chose : qu'entre Bruce et eux se tiennent x milliers de personnes, dont une petite portion non négligeable rentreront chez elles avec quelque chose qu'elles garderont en elles toute leur vie. Ça peut être la bande de copains qui a vécu un truc ensemble. Ça peut être le type qui choisit ce moment et ce lieu pour demander sa copine en mariage. Faire partie de l'équipe de Bruce, c'est faire partie de ces choses-là. « Et je veux que tous les gars qui bossent avec moi gardent ça à l'esprit, dit Travis. C'est ce qui donne de l'importance à leur boulot, quel qu'il soit. »

Ce qu'il décrit est le même sentiment qui avait poussé Tinker West à ouvrir son usine de planches de surf à ce quatuor de

---

10. Dont la capacité à assurer la fluidité du spectacle même dans les circonstances les moins fluides qui soient, ainsi que la faculté surnaturelle à faire apparaître mettons vingt-cinq tasses de café chaud et de parts de gâteau, le tout dans de la vaisselle en porcelaine à deux heures du matin en réaction à la petite blague spontanée de quelqu'un ont depuis longtemps fait de lui une légende à travers l'industrie du disque.

jeunes chevelus en 1969, puis à investir de son temps et de son argent pour leur construire un système de sonorisation et leur faire sillonner le Jersey Shore et les États-Unis à bord de son pick-up; qui avait convaincu Mike Appel et Jimmy Cretecos de tout lâcher et de miser leur vie sur ce rocker gringalet; qui avait incité quelques cadres de chez Columbia à coincer leurs supérieurs entre quatre yeux et à insister pour qu'ils gardent cet artiste au répertoire de la compagnie; qui avait poussé un Jon Landau complètement chamboulé à risquer sa réputation en désignant un illustre inconnu comme l'avenir du rock. Quand il entend le mot « apôtre » pour décrire cette première génération de supporters de Bruce, Landau rétorque avec un grand sourire : « Et vous savez ce que ça fait de moi, du coup ? Moi, je suis Paul. »

Landau a fait de Bruce et de sa musique sa vie, sa carrière et un business florissant. Largement reconnu comme l'un des meilleurs et des plus durs managers dans le milieu de la musique populaire, cet ancien critique est un ardent défenseur de la vie et l'œuvre de son principal client, mais aussi quelqu'un qui sait vendre intelligemment sa musique et tous ses produits dérivés. La compréhension qu'il a de la vision créatrice de Bruce a contribué à venir à bout de ses résistances envers les grandes salles, le hit-parade, la promotion, les stades et le statut de super star dont il rêvait secrètement, sans pour autant manquer d'encourager les instincts moins commerciaux qui furent à l'origine de *Nebraska*, *The Ghost of Tom Joad* ou d'autres travaux expérimentaux. Alors que l'industrie du disque grandissait, évoluait, s'écroulait et se transformait entièrement, Landau (avec l'aide de son associée Barbara Carr qui, sous ses airs de flic sévère, apportait elle aussi idées et projets) a toujours continué à faire tourner les affaires, se servant de l'héritage incomparable de Bruce pour maintenir l'intérêt suscité par ses nouveaux albums à un niveau bien plus élevé que ne peuvent s'en prévaloir la plupart des artistes de sa génération. Les propres capacités de Bruce, sa personnalité et son intarissable pulsion créatrice ont toujours donné de quoi faire à Landau, tout comme l'art de la planification et de la négociation de Landau a rehaussé l'image du musicien et l'a maintenue à flot, et parfois en pointe, de la culture populaire. Les ratages occasionnels, en particulier un deal mal négocié permettant au géant de la distribution Walmart de commercialiser un best of sous sa propre marque, furent surtout notables de par leur rareté.

« Si Jon n'est pas le meilleur manager de son époque, il est certainement premier *ex æquo*, dit Danny Goldberg, qui a dirigé plusieurs labels et managé les carrières de Nirvana, Tom Morello, Bonnie Raitt et bien d'autres. Mais pour moi il n'y a aucun doute que si Jon n'avait pas existé, Bruce aurait trouvé quelqu'un d'autre et serait quand même devenu Bruce Springsteen. » Landau le voit aussi comme ça. « Ma vie a tellement bénéficié de notre amitié et de notre relation de travail que je n'ai pas assez de mots pour l'exprimer, dit-il. Mais, au fond, ce que je retiens surtout de lui, c'est que c'est un grand homme. Il a fait de grandes choses, il a un grand cœur et un grand esprit, et avoir la chance d'apporter ma contribution au projet d'ensemble, c'est le bonheur d'une vie[11]. »

Il est difficile d'imaginer que Landau puisse quitter, on qu'on lui demande de quitter un jour, l'organisation de Bruce. Mais d'autres ont fait des allées et venues, certains partant pour de nouvelles fonctions ou opportunités rendues possibles par leur collaboration avec lui. D'autres encore sont là depuis des décennies, sans la moindre intention de bouger. L'ingénieur du son Toby Scott a largement passé le cap des trente ans, tandis que George Travis a presque trente-cinq ans d'ancienneté et certains membres du staff davantage encore. Même topo du côté du E Street Band : avec Steve Van Zandt de retour au bercail, aucun musicien du groupe n'est parti de son plein gré depuis

---

11. « J'utilise beaucoup le mot "grand" quand je parle de Bruce, pas vrai ? » ajoute-t-il d'un air penaud.

la défection de David Sancious et de « Boom » Carter en 1974. Beaucoup des employés de longue date qui ont dû quitter l'aventure pour des raisons indépendantes de leur volonté décrivent ce départ comme une rupture amoureuse, voire une mort. Le concepteur lumière Marc Brickman affirme que son départ en 1984 (un sujet qui visiblement met encore mal à l'aise toutes les personnes concernées) a été bien plus dévastateur émotionnellement que n'importe lequel de ses divorces. Chuck Plotkin, qui a mixé puis coproduit la musique de Bruce pendant près de vingt-cinq ans, est parti dans des circonstances moins controversées, mais a encore les larmes aux yeux quand il évoque le jour où Bruce lui a annoncé qu'il avait besoin de travailler avec de nouveaux producteurs pour un temps. « Ça me manque, dit-il. *Il* me manque. On a passé ensemble des heures et des heures, des jours, des semaines, des mois, des années, et ça me manque. C'est triste. Et puis il y a la dimension de l'œuvre, la portée significative de l'œuvre. Ça me manque aussi de ne plus être impliqué dans quelque chose d'aussi significatif que ça. »

Bruce est de retour à Freehold, debout sur le trottoir devant la maison étriquée, mais bien entretenue, dans laquelle vit sa tante Dora Kirby depuis plus de cinquante ans. De là, il est à cinquante mètres de l'endroit où se trouvait jadis la porte du 87 Randolph Street, et en vue du coin de rue où le tricycle de la jeune Virginia Springsteen versa sur le trottoir par un après-midi printanier de 1927. Il fait le tour pour entrer par la porte de la cuisine et toque à la moustiquaire. « Salut, ma grande ! » lance-t-il quand sa tante apparaît. Après les étreintes, les embrassades et les présentations, il ressort faire quelques courses. Dora m'accueille dans son salon coquet, me montrant au passage le clavecin vers lequel son neveu se précipitait quand il était enfant, tendant les bras en l'air jusqu'à ce que ses petits doigts parviennent à appuyer sur les touches. « C'est juste une personne ordinaire qui a un talent merveilleux et une passion pour la musique, me dit-elle. Pour moi, c'est juste un gentil garçon ordinaire. »

Mais tellement extraordinaire aussi. Étant donné les histoires des familles Springsteen et Zerilli, le long schéma de labeur et de sacrifices, de santé fragile, de démons intérieurs et de mort, il est le seul qui, par son esprit radieux, a réussi à changer le sens du destin de ses ancêtres. Près de quatre siècles après avoir quitté la Hollande, le bateau de Caspar Springsteen a enfin trouvé prise sur les rivages dorés de l'Amérique. Le hêtre irlandais d'Ann Garrity a donné un fruit miraculeux. Les investissements d'Anthony Zerilli ont décroché un plus gros jackpot qu'il n'aurait jamais pu l'imaginer.

« Alors, est-ce que c'est un cadeau que Dieu nous a fait ? Est-ce que c'est un cadeau, ou est-ce qu'on a été choisis ? »

L'autre tante de Bruce, Eda, assise dans son salon non loin de la maison de Dora sur McLean Street, troque son sourire coutumier pour le masque solennel d'une femme brusquement rattrapée par le poids des années. Par la mort de la petite fille sur le tricycle, par les vies fracturées de ses parents, le mari qu'elle a perdu à la guerre, les fardeaux que ses sœurs et elle ont endossés pendant toutes ces décennies. Elle a maintenant quatre-vingt-dix ans et, d'après ce que son médecin lui a dit hier, il n'est pas sûr qu'elle puisse fêter son quatre-vingt-onzième anniversaire. Eda est remarquablement joyeuse compte tenu des circonstances, mais dans des moments comme ça, il est difficile de ne pas chercher une forme de sagesse supérieure. « Pourquoi une personne est-elle choisie ? Est-ce qu'on est choisi dans ce monde pour faire du bien aux autres ? Bruce est talentueux, mais a-t-il été choisi ? Je ne sais pas. Je sais juste qu'il a une grande responsabilité. Dieu la lui a donnée et il faut qu'il soit à la hauteur. Quand le groupe a terminé, les spectateurs sont tellement heureux. S'ils étaient tristes en arrivant, ils repartent heureux à la fin. Nous aussi, on est heureux. Et c'est une grande responsabilité. »

Surtout dans un monde où le chagrin et la douleur ne s'arrêtent jamais. Le clan Springsteen-Zerilli a subi un nouveau coup dur en 2008 quand un cousin du nom de Lenny Sullivan, qui avait travaillé comme assistant sur les tournées de Bruce pendant dix ans, est mort d'une overdose d'amphétamines et d'héroïne dans une chambre d'hôtel de Kansas City au milieu de la tournée *Magic*. «Quand mon neveu est mort, je ne me doutais de rien, dit Eda. Je veux toujours essayer d'arranger les choses et, si j'avais eu le moindre signe, je n'aurais certainement pas laissé ce garçon mourir. J'ai travaillé avec des jeunes. Si j'avais su qu'il se droguait...» Elle secoue la tête. «Mais je n'ai rien vu et je me demande comment j'ai pu être aussi bête.»

Si proche de cet insatiable trou noir, la vie étonnamment bénie de son autre neveu. «Bruce a été choisi, mais est-ce que c'est venu du côté de Douglas? Est-ce que c'est par Douglas? Est-ce que c'est son père et sa mère qui étaient si dévastés de chagrin? Qu'est-ce qui a donné à Adele la force de faire ce qu'elle a fait? Moi, je ne sais pas si j'en aurais été capable[12].»

Adele Springsteen n'avait d'autre choix que de se lever tous les matins et de faire ce qu'il fallait pour maintenir sa famille en vie et en bonne santé. Les années de labeur se sont muées en décennies, la vie est devenue un brouillard ordinaire, puis soudain un brouillard tout à fait extraordinaire. Elle a perdu son mari, gagné une légion de petits-enfants et, à l'approche de son quatre-vingt-dixième anniversaire, alors que plane l'ombre de sa propre mort, elle se sent entièrement comblée. «Je crois qu'avec tous les problèmes qu'on a eus dans nos vies, Dieu m'a récompensée. Et je remercie Dieu pour ça. Je pourrais en pleurer. C'est moche de se vanter. Mais je peux me vanter puisque je suis sa mère, pas vrai? J'ai même du mal à croire que c'est mon fils.»

---

12. Même si, en réalité, elle l'a été aussi, après que son premier mari est mort pendant la Deuxième Guerre mondiale avant même d'avoir pu poser les yeux sur le fils qu'elle baptisa Frank Bruno Jr.

Une petite ville ouvrière, pleine de vie. Un quartier arboré avec des maisonnettes modestes mais coquettes. L'église au coin, la boutique de sandwichs par ici, la station-service par là, le lycée un peu plus loin. C'était un chaud après-midi d'été de 1968 et, dans ce jardin derrière le 68 South Street, une petite fille était assise sur la pelouse avec son grand frère, tous les deux observant les papillons en se lançant mollement une balle. Pam Springsteen avait six ans, Bruce dix-huit, dix-neuf d'ici un ou deux mois. Ses cheveux bruns tombaient en boucles épaisses sur ses épaules, mais elle ne savait rien des hippies et des fils à papa, ni de la guerre des générations, ni rien de tout ça. Bruce lui racontait des histoires quand elle s'ennuyait et lui préparait à manger quand elle avait faim. Il lui faisait ses lacets, la relevait quand elle tombait, il lui jouait des chansons à la guitare et la posait quand elle avait envie d'aller jouer dehors.

Au bout d'un moment, il prit la balle et se mit à la lancer en l'air et à la rattraper, puis à la lancer un peu plus haut, encore un peu plus haut. « Après il a dit : "Je peux lancer cette balle si haut dans le ciel qu'elle ne retombera jamais," raconte Pam. Alors je lui ai dit : "Vas-y ! Fais-le !" »

Bruce se leva, planta ses pieds dans l'herbe, prit une grande inspiration et pencha la tête en arrière pour observer les gros nuages floconneux qui glissaient sur le bleu du ciel. Il respira encore un coup, arma son bras et envoya la balle en l'air de toutes ses forces. « Elle est montée, montée, montée, raconte Pam. Je ne la quittais pas des yeux. » Elle continuait à s'élever dans les airs. De là où Pam était assise, puis debout, la balle blanche paraissait de plus en plus petite. « Je l'ai vue monter et j'ai attendu, attendu. » Bruce resta regarder avec elle un moment puis retourna dans la cuisine, laissant Pam seule dehors, les yeux écarquillés vers le ciel. Elle n'a pas d'explication à ce qui s'est passé ce jour-là : est-ce que Bruce avait un truc, de vrais pouvoirs magiques, ou tout simplement la capacité physique de propulser une balle de base-ball ordinaire jusqu'aux strates supérieures de l'atmosphère terrestre? Tout ce qu'elle sait avec certitude, c'est ce qu'elle a vu. Ou, plus précisément, ce qu'elle n'a pas vu.

La balle n'est jamais retombée.

À PROPOS DES SOURCES

J'ai lu, annoté et puisé des informations vitales dans des milliers de livres, de journaux, de magazines et d'articles internet au cours de mes recherches. Les sources de chaque citation et anecdote précises sont citées dans le texte.

Le processus de narration commença de façon informelle en 1978 avec l'article époustouflant de Dave Marsh annoncé en couverture de *Rolling Stone* (j'ai toujours dans le tiroir de mon bureau l'exemplaire original que j'avais acheté cet été-là), avant d'atteindre un nouveau sommet avec la sortie du livre de Dave, *Born to Run : The Bruce Springsteen Story*, encore aujourd'hui un des textes clés pour comprendre le potentiel supérieur du rock en général et de Bruce Springsteen en particulier. *Glory Days*[1], le récit que Dave fit en 1987 du parcours de Bruce jusqu'à et pendant la période *Born in the U.S.A.*, décrit l'expérience de l'avènement d'une super star dans ses moindres détails.

J'ai aussi consulté régulièrement la formidable compilation d'interviews, de critiques et d'analyses de June Skinner Sawyers, *Racing in the Street : The Bruce Springsteen Reader*. Même chose avec *Bruce Springsteen : The Rolling Stone Files ; Local Heroes : The Asbury Park Music Scene*, d'Anders Martensson et Jorgen Johansson ; *It Ain't No Sin to Be Glad You're Alive*,

---

1. Les deux livres de Dave Marsh sont à ce jour les seuls parmi toutes les sources citées ici à avoir été traduits en français : *Born to Run : The Bruce Springsteen Story* sous le titre *Bruce Springsteen* (traduit par John Debs et Jacques Vassal, Albin Michel, 1981) et *Glory Days* sous le titre *Bruce Springsteen : vie de rocker* (traduit par Michèle Valandina, Carrère, 1988). *(N.d.T.)*

d'Eric Alterman; *Born in the U.S.A.: Bruce Springsteen in the American Tradition*, de Jim Cullen; la charmante autobiographie *John Hammond On Record*; *4th of July, Asbury Park*, de Daniel Wolff; *Marching Home*, de Kevin Coyne; les superbes photos de Lynn Goldsmith dans *Springsteen Access All Areas*; *The Mansion on the Hill*, de Fred Goodman; *Down Thunder Road*, de Marc Eliot et Mike Appel; *It's Too Late to Stop Now*, de Jon Landau; et les commentaires et paroles de chansons dans le recueil *Songs* de Springsteen lui-même.

La toile regorge de sites, bases de données, forums de discussions et autres consacrés à Springsteen. Parmi tout ça, le *backstreets.com* de Christopher Phillips et compagnie est la source la plus fiable d'actualités, de setlists et de récits détaillés sur tel ou tel concert ou événement, tout en incluant la bourse d'échange de billets la plus honnête que j'aie jamais vue : valeur d'achat uniquement. Brucebase (*http://brucebase.wikispaces.com/*) est le site qui relate le plus en détail toute l'activité musicale de Bruce jour après jour de 1956 à hier, le tout accompagné de photos, posters, sons et clips vidéos d'époque. Leur quête de toujours plus de précisions continue à la minute même, ce qui devrait leur valoir une médaille. Le site officiel *brucespringsteen. net* rassemble toute sorte d'infos amusantes et utiles, ainsi que les clips officiels et une fonction très bien faite de recherche dans le corpus des paroles. Je vais aussi quasiment tous les jours sur Blogness on the Edge of Town (*http://blogs.wickedlocal.com/ springsteen/#axzzlIBr8bJIl*), qui combine des reportages sérieux, des réflexions stimulantes et la dose parfaite d'ironie. La base de données de Paolo Calvi (*http://www.brucespringsteen. it/*) possède une collection extrêmement complète de paroles (incluant souvent des premières versions jamais enregistrées). J'ai aussi trouvé une petite montagne d'articles, d'interviews et de critiques d'archives sur *http://www.greasylake.org/home.php*.

Sur les milliers d'interviews que Bruce a données au fil des années, dont beaucoup sont citées et mentionnées dans le texte de ce livre, je suis particulièrement reconnaissant à Joan Pikula pour son travail au *Asbury Park Press* ; à Greg Mitchell et Peter Knobler de *Creem* ; à Jerry Gilbert de *Sounds* ; au journaliste anonyme qui parla à Bruce après son concert du 24 mai 1974 au Celebrity Theater de Phoenix (note personnelle à son attention : si vous lisez ces lignes, merci de me contacter et je vous créditerai en bonne et due forme dans la prochaine édition de ce livre) ; à Paul Williams de *Crawdaddy!* ; à John Rockwell du *New York Times* ; et à Maureen Orth et Jay Cocks respectivement de *Newsweek* et du *Time*. Également à James R. Petersen de *Playboy* ; à Eve Zibart du *Washington Post* ; à Robert Hilburn du *Los Angeles Times* ; à Bill Flanagan de *Musician* ; à Fred Schruers, Kurt Loder, Steve Pond, Joe Levy et Jim Henke, tous journalistes à *Rolling Stone* ; à Neil Strauss et Nick Dawidoff du *New York Times* et du *New York Times Magazine* ; à Will Percy de *DoubleTake* ; à Adam Sweeting de *Uncut* ; à Ted Koppel, alors présentateur de l'émission *ABC Nightline* ; à Andrew Tyler du *New Musical Express* ; et à David Hepworth, à l'époque journaliste au magazine *Q* (David fut ensuite rédacteur en chef de *The Word*, qui publia en 2010 une première ébauche de certains passages qui font désormais partie de ce livre).

Je suis aussi reconnaissant au cinéaste Bary Rebo qui commença à travailler à un documentaire sur un jeune rocker fauché du Jersey Shore en 1971. Il filma des concerts, des répétitions, des sessions d'enregistrement et plus encore avant de passer à autre chose en 1980. Faites-moi confiance sur ce point : ses images sont spectaculaires et en quantité étonnamment volumineuse. Une partie d'entre elles est visible dans les documentaires fouillés et pénétrants que Thom Zimny assembla pour les coffrets de *Born to Run* et *Darkness*. Thom a aussi réalisé plusieurs films indispensables de Bruce en concert, chacun vital à sa façon, mais aucun n'est plus beau que celui où Bruce et son groupe rejouent l'intégralité de l'album *Darkness on the Edge of Town*, tourné au Paramount Theater d'Asbury Park en 2009.

Merci également aux multitudes de fans qui ont filmé et continuent de filmer des vidéos avec leurs téléphones portables de tant de moments de concerts mémorables depuis une ou deux décennies.

REMERCIEMENTS

L'idée de ce livre m'est venue pour la première fois lors d'une conversation téléphonique mi-2009 avec mon éditeur d'alors, Zachary Schisgal. Zach a changé de métier pour devenir agent littéraire depuis, mais son enthousiasme et sa confiance sont aux sources de ce projet. Matthew Benjamin, qui prit une fonction de conseiller éditorial en arrivant chez Simon & Schuster, a été un soutien immuable tout du long. Je dois aussi des remerciements à l'éditrice de chez Touchstone Stacy Creamer, à Kiele Raymond et à la seule et unique commerciale avec qui je veux désormais travailler, Jessica Roth. Merci également à Simon Lipskar, Dan Conaway, Joe Volpe, Stephen Barr, et tous les autres chez Writers House.

Une légion d'amis et collègues m'ont inspiré, guidé, encouragé et m'ont parfois fourni leurs notes pour m'aider à écrire ce livre. Un immense merci à vous : Dave Marsh, Claudia Nelson et Rory Dolan, Katherine Schulten et Mike Dulchin, Christie Beeman et Peter Weber, Brendan et Christe White, Amy Abrams, Tim Goodman, Bill Goodykoontz, Ryan White, Kasey Anderson, Tim Riley, George Kalogerakis, Glenn Cashion, Tad Ames, James Parker, Geoff Kloske, Bob Spitz, Jim Brunberg, David Leaf, Cutler Durkee, Lanny Jones, Jamie Katz, Jack Ohman, Don Hamilton, et mon meilleur pote dans la blogosphère musicale, Sal Nunziato (http://burnwoodtonite.blogspot.com/).

L'historien et journaliste originaire de Freehold, Kevin Coyne, a été infiniment généreux de son temps, de son savoir et de ses anecdotes personnelles sur l'histoire de sa ville natale et du comté de Monmouth. Il a été une source infiniment précieuse et une agréable compagnie chez Sweet Lew's et Vincente's ainsi que sur les gradins du terrain de base-ball de la petite ligue de Freehold.

Un immense merci également pour leur amitié et leurs connaissances aux experts musicaux du Jersey Shore Bob Crane, Stan Goldstein (qui organise des visites hautement informatives), Billy Smith (pour les connexions, les détails, les photos) et Carl Beams (musique, musique, musique). Et un merci spécial à Jim Harre, qui incarne à lui seul le sens civique de tous les sérieux fans de Bruce partout dans le monde. Je suis aussi reconnaissant de son aide à Christopher Phillips, rédacteur en chef du magazine *Backstreets* (et un grand coup de chapeau au fondateur et premier rédacteur en chef de *Backstreets*, Charles R. Cross). Je dois également beaucoup à Albee « Albany Al » Tellone pour sa chaleur, sa mémoire incisive et son point de vue généreux mais honnête sur tout, depuis l'époque du Upstage et du Monopoly-Sans-Pitié aux premières mésaventures du E Street Band. Dans un monde de souvenirs et d'interprétations contradictoires, le seul à fournir des faits et des détails que personne n'a jamais contestés fut Albee.

J'ai été amené à passer beaucoup de temps à Freehold au cours de ce projet et je sais gré de leur aide et de leur générosité aux ex-Castiles George Theiss, Frank Marziotti et Vinny Manniello (RIP). Merci également à Bobby Duncan ; Bill Starsinic ; Richard Blackwell ; David Blackwell ; Joe Curcio ; Barney, Peggy et Mike DiBenedetto ; Norman Luck ; Bill Burlew ; Lou Carotenuto ; Carl Steinberg ; Mike Wilson ; Jimmy Mavroleon ; le père Fred Coleman ; Bernadette Rogoff et tous ses collègues de la Monmouth County Historical Association ; Ed Johnson et Joe Sapia au *Asbury Park Press*. Et, enfin et surtout, ce grand natif du New Jersey devenu californien, Victor « Igor » Wasylczenko.

À Asbury Park, Vini Lopez et Carl « Tinker » West m'ont servi de comité d'accueil à l'Adriatic et m'ont indiqué toutes les bonnes personnes. Merci également à Patti Lasala de la bibliothèque municipale d'Asbury Park, à Howard Grant, à Todd Sherman, et à John Graham et Mike Burke du groupe Earth.

Richie Yorkowitz m'a ouvert les portes du Upstage ; Geoff Potter, Joe Petillo, Bobby Spillane, Jim Fainer et Jim Phillips m'en ont raconté les histoires et les anecdotes. Je suis également reconnaissant à Bill Alexander, Greg Dickinson, Barbara Dinkins, Harvey Cherlin, Doug Albitz, Bobby Feigenbaum, Norman Seldin, Rick DeSarno, Lance Larson, Tim Feeney, Joe Prinzo, Tom Cohen, Karen Cassidy et Paul Smith. Un merci tout particulier à Tony Pallagrosi, au grand Sonny Kenn, à Robbin Thompson et aux garçons du groupe Sunny Jim : Bo Ross, Tom Dickinson et Tom Cron. Merci aussi à Jack Roig, Dorothea « Fifi Vavavoom » Killian, Marilyn Rocky (« la proprio »), et un merci extra-particulier à Eileen Chapman, qui fait partie du paysage d'Asbury Park depuis des décennies et apporte désormais son expertise à la Bruce Springsteen Special Collection dans son nouvel écrin à la Monmouth University.

Autres ressources vitales en cours de route : Barry Rebo, Diane Lozito en personne, Debbie Schwartz Colligan, Pam Bracken, Frank Stefanko, Eric Meola, Joy Hannan, Lynn Goldsmith, Jack Ponti, Robyn Tannenbaum et Shelley Lazar. Total respect à Joyce Hyser qui s'est d'abord montrée légitimement suspicieuse avant de devenir une précieuse alliée. Merci également à Julianne Phillips, dont la force et la gentillesse peuvent s'apprécier dans tout ce qu'elle ne dit pas.

Merci aussi à Mike Appel, Stephen Appel, Bob Spitz, David Benjamin, Jim Guercio, Greg Mitchell, Peter Parcher, Peter Golden, Mike Tannen et Sam McKeith, dont les contributions à la carrière de Bruce ne doivent jamais être oubliées. Également inoubliables, les cadres et employés de Columbia/CBS/Sony qui ont permis que tout ça se réalise. Un grand, grand merci à Clive Davis, Walter Yetnikoff, Al Teller, Bruce Lundvall, Don Ienner, Peter Philbin (tout particulièrement), Michael Pillot,

Ron Oberman, Ron McCarrell, Steve Popovich (RIP), Glen Brunman, Paul Rappaport, Dick Wingate, Charles Koppelman et Greg Linn.

Des visions, des mots et encore davantage : Ernie Fritz, Lawrence Kirsch, Peter Cunningham, Rocco Coviello, Mary Evans, Cliff Breining, John Sayles, Bob Leafe, Brent Wojahn, Ross W. Hamilton et Pam Springsteen, Maureen Orth, Jay Cocks et Jim Henke. Je suis aussi profondément reconnaissant à Danny Goldberg, Don Mischer, Jackson Browne, Joe Grushecky, l'ancien député démocrate de New York John Hall, John Sayles, John Fogerty, Sting, Tom Morello et Wayne Kramer de Detroit. Pour les observations sur les campagnes présidentielles : David Axelrod, le sénateur John Kerry, Timothy Noah, John Tierney et Eric Alterman. J'aurais adoré pouvoir m'entretenir avec le plus grand fan de Bruce du côté des républicains, le gouverneur du New Jersey Chris Christie, mais son emploi du temps ne l'a pas permis. La prochaine fois, j'espère.

Merci également pour son aide vitale à Craig Williams, qui a non seulement transcrit mes entretiens, mais les a en outre écoutés si attentivement qu'il m'a fait apparaître des éclairages et des connexions qui m'avaient échappé.

Sincères remerciements aux musiciens du E Street Band qui m'ont tous accordé de multiples entretiens, écrit des e-mails, fourni des textes, etc. C'est Vini Lopez qui fut à l'origine de tout, à bien des égards. Je suis également très reconnaissant du temps, des souvenirs et des analyses que m'ont offerts Garry Tallent, Max Weinberg, Roy Bittan, Steven Van Zandt et Nils Lofgren. Patti Scialfa s'est tenue en retrait, mais s'est toujours montrée chaleureuse. Charlie Giordano du groupe des Seeger Sessions puis du E Street Band ; Jake Clemons ; et deux musiciens essentiels de l'époque californienne de Bruce au début des années 1990, Shayne Fontayne et Zack Alford. Enfin et surtout, Clarence Clemons, dont la générosité a commencé par les efforts qu'il a faits pour dégager du temps pour nos entretiens, s'est démultipliée lorsqu'il m'a accueilli chez lui, m'a fait partager ses histoires et ses réflexions sans tabous, avant de préparer à déjeuner et de sortir une bouteille de vin. Sa mort quelques semaines après fut, et reste, une perte immense.

Je travaillais déjà sur ce livre depuis un an et demi quand j'ai entendu la voix de Jon Landau, qui m'a téléphoné un beau jour pour me demander si j'avais le temps de discuter. Euh... oui. Ceci n'a jamais été une biographie « autorisée » à proprement parler (je n'avais aucune relation contractuelle avec Bruce, ni Thrill Hill Productions, ni Jon Landau Management ; ils n'avaient aucun contrôle sur ce que je pourrais écrire au bout du compte). Mais, à partir de ce moment-là, Jon s'est toujours montré enthousiaste, coopératif et respectueux de mon indépendance. Merci, Jon.

Un grand merci également à l'associée de Jon, Barbara Carr, à l'incroyable Alison Oscar, à Mary MacDonald et Kelly Kilbride chez Thrill Hill et à Marilyn Laverty chez Shorefire qui ont toutes été bienveillantes du début à la fin. Surtout Ali.

Le cinéaste et documentariste Thom Zimny a été généreux de son temps, de son aide et de son inspiration, et a même fait participer la prochaine génération de cinéastes de la famille Zimny (Hunter Zimny). Merci également à Kurt Ossenfort de m'avoir accordé l'espace pour travailler. Le directeur de tournée George Travis m'a fait partager ses histoires et ses coulisses avec un charme et une générosité immenses. Tout comme le technicien guitare Kevin Buell, par ailleurs l'incarnation du mec cool sous tous rapports. Merci aussi à Jerry Fox Jr. qui m'a ouvert les portes aux quatre coins du pays. Un grand merci enfin à tous les membres de l'équipe, passés ou présents, dont Barry Bell, Rick Seguso, Bobby Chirmside, Marc Brickman, Obie Dziedzic et quelques autres qui se reconnaîtront.

Les collaborateurs de studio de Bruce, les producteurs, ingénieurs du son, mixeurs et remixeurs qui ont contribué à façonner sa musique ont tous été partants pour en parler, souvent avec force détails. Il faut ici de nouveau rendre hommage à Mike Appel, même s'il a gentiment refusé de s'exprimer officiellement, et à Jimmy Cretecos. Jon Landau a été très présent là aussi, ainsi que le passionné et généreux Chuck Plotkin et l'encyclopédie vivante de la musique doublé d'un magicien de la technique, Toby Scott, qui ont tous les deux passé des heures et des heures à me décrire avec précision le travail d'enregistrement de Bruce. Merci également à Neil Dorfsman, Bob Clearmountain, Arthur Baker, Brendan O'Brien et Ron Aniello.

Les membres de la famille Springsteen élargie m'ont ouvert leurs maisons, leurs cœurs et leurs archives personnelles. Pam Springsteen a partagé ses histoires, ses photos et ses vidéos amateurs à Los Angeles. Adele Springsteen m'a invité chez elle pour me faire partager tous ses plus précieux souvenirs, avec l'aide et souvent les petits sourires complices de sa fille aînée, Virginia Springsteen Shave. Merci également aux autres sœurs Zerilli, Dora Kirby (RIP) et Eda Urbalis. Dora est morte à la toute fin de l'écriture de ce livre, mais j'ai laissé ses citations au présent car je suis persuadé qu'elle aurait trouvé un moyen de revenir et, comme son neveu disait un jour sur un autre sujet, de me « botter l'arrière-train » si je l'avais écartée. Un grand merci aussi à Glenn Cashion, qui m'a brossé l'histoire plus large de la famille ; à Frank Bruno ; et, parmi la famille plus éloignée, à Robert F. Zerilli à New York et à Anne Springs Close en Caroline du Sud pour sa généalogie de la lignée Springsteen/ Springs.

Bruce Springsteen a toujours été clair que la seule chose que je lui devais était un récit honnête de sa vie. Il m'a accueilli dans son monde, m'a accordé plusieurs longs entretiens et a fait des heures sup afin de s'assurer que j'avais tous les outils nécessaires pour pouvoir faire mon travail. Merci pour ça, Bruce. Et pour tout le reste aussi.

Les derniers mots iront à mes enfants, Anna, Teddy et Max, dont la musique, la lumière et les rires me donnent tout l'espoir dont j'ai besoin. Merci de me faire partager tout ça (et à maman aussi), j'ai hâte de voir la suite.

Ah, non, attendez. Les vrais derniers mots et peut-être le plus grand merci de tous vont à ma femme, Sarah Carlin Ames, pour m'avoir permis de me jeter à corps perdu dans ce livre, quoi qu'il en advienne. Et aussi pour en avoir trouvé le titre.

Index